公務人員
「高等考試三級」應試類科及科目表

高普考專業輔考小組◎整理

✪普通科目

1. 國文◎（作文80%、測驗20%）
2. 法學知識與英文※（中華民國憲法30%、法學緒論30%、英文40%）

✪專業科目

類科	科目		
一般行政	一、行政法◎　二、行政學◎ 四、公共政策		三、政治學
一般民政	一、行政法◎　二、行政學◎ 四、地方政府與政治		三、政治學
社會行政	一、行政法◎　二、社會福利服務 四、社會政策與社會立法　五、社會研究法		三、社會學 六、社會工作
人事行政	一、行政法◎　二、行政學◎ 四、公共人力資源管理		三、現行考銓制度
勞工行政	一、行政法◎　二、勞資關係 四、勞工行政與勞工立法		三、就業安全制度
戶　政	一、行政法◎ 二、國籍與戶政法規（包括國籍法、戶籍法、姓名條例及涉外民事法律適用法） 三、民法總則、親屬與繼承編 四、人口政策與人口統計		
教育行政	一、行政法◎　二、教育行政學 四、教育哲學　　五、比較教育		三、教育心理學 六、教育測驗與統計
財稅行政	一、財政學◎　二、會計學◎ 四、民法◎		三、稅務法規◎
金融保險	一、會計學◎　二、經濟學◎ 四、保險學　　五、財務管理與投資學		三、貨幣銀行學
統　計	一、統計學　二、經濟學◎ 四、抽樣方法與迴歸分析		三、資料處理
會　計	一、財政學◎　二、會計審計法規◎ 四、政府會計◎		三、中級會計學◎

法 制	一、民法◎　　　二、立法程序與技術　　　三、行政法◎ 四、刑法　　　五、民事訴訟法與刑事訴訟法
法律廉政	一、行政法◎　　二、行政學◎ 三、公務員法（包括任用、服務、保障、考績、懲戒、交代、行政中立、利益衝突迴避與財產申報） 四、刑法與刑事訴訟法
財經廉政	一、行政法◎　　二、經濟學與財政學概論◎ 三、公務員法（包括任用、服務、保障、考績、懲戒、交代、行政中立、利益衝突迴避與財產申報） 四、心理學
交通行政	一、運輸規劃學　二、運輸學　　　　　　三、運輸經濟學 四、交通政策與交通行政
土木工程	一、材料力學　　二、土壤力學　　　　　三、測量學 四、結構學　　　五、鋼筋混凝土學與設計 六、營建管理與工程材料
水利工程	一、流體力學　　二、水文學　　　　　　三、渠道水力學 四、水利工程　　五、土壤力學
水土保持 工程	一、坡地保育規劃與設計（包括沖蝕原理） 二、集水區經營與水文學 三、水土保持工程（包括植生工法） 四、坡地穩定與崩塌地治理工程
文化行政	一、文化行政與文化法規　　　　　　　　二、本國文學概論 三、藝術概論 四、文化人類學
機械工程	一、熱力學　　　二、流體力學與工程力學　三、機械設計 四、機械製造學

註：應試科目後加註◎者採申論式與測驗式之混合式試題(占分比重各占50%)，應試科目後加註※者採測驗式試題，其餘採申論式試題。

各項考試資訊，以考選部正式公告為準。

千華數位文化股份有限公司
新北市中和區中山路三段136巷10弄17號
TEL: 02-22289070　FAX: 02-22289076

公務人員
「普通考試」應試類科及科目表
高普考專業輔考小組◎整理

✪普通科目
1.國文◎（作文80%、測驗20%）
2.法學知識與英文※（中華民國憲法30%、法學緒論30%、英文40%）

✪專業科目

類科	科目	
一般行政	一、行政法概要※ 三、政治學概要◎	二、行政學概要※
一般民政	一、行政法概要※ 三、地方自治概要◎	二、行政學概要※
教育行政	一、行政法概要※ 三、教育行政學概要	二、教育概要
社會行政	一、行政法概要※ 三、社會政策與社會立法概要◎	二、社會工作概要◎
人事行政	一、行政法概要※ 三、公共人力資源管理	二、行政學概要※
戶　政	一、行政法概要※ 二、國籍與戶政法規概要◎（包括國籍法、戶籍法、姓名條例及涉外民事法律適用法） 三、民法總則、親屬與繼承編概要	
財稅行政	一、財政學概要◎ 三、民法概要◎	二、稅務法規概要◎
會　計	一、會計學概要◎ 三、政府會計概要◎	二、會計法規概要◎
交通行政	一、運輸經濟學概要 三、交通政策與行政概要	二、運輸學概要
土木工程	一、材料力學概要 三、土木施工學概要 四、結構學概要與鋼筋混凝土學概要	二、測量學概要

水利工程	一、水文學概要　　　　　　二、流體力學概要 三、水利工程概要
水土保持 工程	一、水土保持（包括植生工法）概要 二、集水區經營與水文學概要 三、坡地保育（包括沖蝕原理）概要
文化行政	一、本國文學概要　　　　　　二、文化行政概要 三、藝術概要
機械工程	一、機械力學概要　　　　　　二、機械設計概要 三、機械製造學概要
法律廉政	一、行政法概要※ 二、公務員法概要（包括任用、服務、保障、考績、懲戒、交代、行政中立、利 　　益衝突迴避與財產申報） 三、刑法與刑事訴訟法概要
財經廉政	一、行政法概要※ 二、公務員法概要（包括任用、服務、保障、考績、懲戒、交代、行政中立、利 　　益衝突迴避與財產申報） 三、財政學與經濟學概要

註：應試科目後加註◎者採申論式與測驗式之混合式試題(占分比重各占50%)，應
　　試科目後加註※者採測驗式試題，其餘採申論式試題。

各項考試資訊，以考選部正式公告為準。

千華數位文化股份有限公司
新北市中和區中山路三段136巷10弄17號
TEL: 02-22289070　　FAX: 02-22289076

目次

輕躍榜單的捷徑

踏入公職之門的要領在於：

一、首先，自我心理建設

「有志者事竟成」，是每一位參加任何考試者必備的座右銘。每一位參試者皆必須抱著「有考必上」的決心，衝刺到底，這也是維持漫長的準備過程、艱辛的痛苦日子中，最佳的充電劑。常發現很多朋友三心二意、裹足不前，抱著汲取經驗、姑且一試、明年再來的心態，一再放任自己、姑息自己，為自己找藉口、尋臺階，臨到考期尚厚道的安慰自己，今年沒多大希望，只有當啦啦隊的份。試想，秉持如此寬大的心理，焉能嚐到歡欣勝利的甜果。既已決定參戰，就必須抱持必勝的決心，勉勵自己，督促自己，盡全力做準備，短期的緊張與辛苦，換來甜蜜的代價，何樂不為呢？考前的心理建設得當，無疑已踏出勝利的第一步。

二、其次，瞭解考試內容、命題趨勢，進而收集資料

未曾參加同類科考試的朋友，不是相關科系畢業的人士，對於本類科的考試科目及命題內容，應是相當的陌生。當務之急在於，請具有本類科經驗的朋友指點迷津、提供資料或者可到圖書館的參考室，抑或上網到考選部皆可找到考畢的各科試題詳加瞭解，本項工作關係著準備方向的正確性，更攸關能否事半功倍。常見很多人非常用功的準備，所花費的心血之大，令人咋舌，結果卻仍是敬陪末座；但有少數人，雖是輕鬆準備、愉快應考，成績卻很理想。兩者的差異在於：方向的正確性及資料收集的周全性。

三、接著，研擬讀書計畫，消化資料暨整理重點

凡事擬訂計畫，不慌不忙，按部就班的如期實施，即使不能擬訂相當詳細的計畫，最起碼對於研讀科目的進度及時間，應有概略的腹案。至於準備時間應該多長，才為足夠，是因人而異的。若個人的讀書速度快，摘取重點的功夫也到家，當不需耗費太多的時間，應可駕輕就熟的完成。反之，若離開書本已有一段時間，且以往讀書的效果及經驗也不是很好，則可能要耗費較多

的時間作準備。其次，個人有無工作、全心準備的時間有多少，亦是要列入考慮的因素。一般在考前三至六個月再開始準備即足夠，主要理由是，時間太長容易疲勞，無法維持衝勁到考前，往往半途而廢；而太短，又覺得時間不夠，容易急就章，匆忙上陣，均不適宜。待時間及讀書計畫大略底定，則應隨即進行消化工作。而應如何安排科目順序，是少數朋友的困擾之一，主要技巧在於，將個人咸認為最困難、最不熟悉、分數最低或最沒有把握的科目，排在前面，先行準備，必要時可選取本科目較為淺顯的書籍或文章，以克服不易瞭解的瓶頸；接著，再以較深入或較充實的書籍作為探析的對象，至於時間上的安排，對於較難的科目可搭配較容易或有興趣的科目準備，可先以簡單易讀的科目為先，待自覺進度接近，且讀書情緒已建立時，再將難讀的科目拿出來，當可克服無法投入心情及延緩進度之苦。而重要資料，必須將其摘要在一本筆記簿或書卡上，以便可隨時作補充，同時可確實掌握應考內容，並可作為考前兩星期記憶或複習的一個基本工具，對於應考者而言，應是一必備的工具。尤在每一科目考前三十分鐘的休息時間，本項筆記更可發揮短時間、全部瀏覽與背誦的功用。常在考場看到很多朋友手握一本教科書，左翻右翻，但見汗淚俱下，真是急煞人也！倒不如一本筆記在手，悠閒地翻閱，來得輕鬆愉快。很多人也許會說，整理筆記，那多浪費時間，一字字的抄，多累人，但您要瞭解，筆記是大綱式的提要，內容並不會太多，且抄寫有助記憶、思考，另外字體也不必太工整，只要自己看得懂即可，一般不會花上太多的功夫，但對考試的助益卻非常的大，您以為如何？

四、最終，臨場應考的周全準備，也是致勝的關鍵

在考前一天，可將第一天所要考的科目由後向前複習。

萬一時間分配利用不當，第一節的科目可在該天早上再複習即可，印象最為深刻。考前一天切記要按時休息，養足精神，準備隔天的大考，熬夜準備已來不及，於事無補，反而容易誤了大事，影響第一天考試的精神。

另外，除了準備收集到的資料以外，網路、雜誌、期刊上的相關文章也不容忽視。「秀才不出門，能知天下事」在此得到印證，尤其是本類科考試，舉凡有關的勞資問題或立法上爭議紛紛的主題，各專家學者的高見，都可能是考試的範圍，皆可利用準備功課閒暇之餘，加以瀏覽及整理於筆記上，可幫助您提高各科得分。

五、別忘了，答題技巧也很重要

建議參考以下事項填答：

1. 首要，看清題目並靜下心思考擬答方向。

2. 先在題目紙上簡單預擬項目標題（簡單少數幾個字即可）。

3. 倘遇無把握題目，先在題目紙上寫出腦海中閃過的方向與標題。

4. 依序（建議不改變題目順序）在既定時間安排下寫出可以回答的內容。

5. 有把握題目多寫些內容，以彌補其它題目內容較為稀少或單薄者。

6. 倘時間不夠，切記以重點內容為主，不再細述。

7. 倘時間尚有剩餘，不急著繳卷，請再仔細檢查答案卷，有無嚴重錯字或漏字（字可加或不加均不影響內容者，不須多增加文字，以免破壞畫面）。

8. 認清題意的可行作法：

(1)有細項配分比例者，請注意長度比重；無細項配分比例者，可自行按題意內容分配並調整長度。

(2)明白要舉例者，務必舉例並將內容帶入。

(3)關聯性與異同的回答方法，關聯性由其相互關係依序下標題回答；異同則由相同與相異點分別下標題詳細說明。

(4)時勢題的意見或看法，請綜合所知道的學者專家意見為主，最後再簡單補充個人的意見（不須太多），最好能正反俱呈。

(5)若題目是指

A. 應如何推動，宜由步驟著手。

B. 應如何改善，宜由鉅視制度面與微視人員面著手。

C. 應如何規劃辦理，宜由需求估量、設計依序著手。

看了以上的意見，也許您會覺得好緊張、好逼人的考試，但事實上就是如此，在考前的準備階段，一切的應酬和休閒應盡量避免，只允許疲憊之餘的些許鬆弛，才能使您一鼓作氣，直衝到底，您是否也引以為然！以上意見與心得，提供各位參考，也互相勉勵，祝您在來年也能帶著笑容，昂首闊步的邁出考場，迎接勝利的甜果，朋友們！加油！

最後要提醒您的是，近兩年來的命題上有加強概念理解的趨勢，建議您在準備上，除了必要的記憶之外，確實瞭解其內容是非常重要的。

編者　謹識

建議參考書目

■書籍

1.衛民、許繼峰（2018），《勞資關係－平衡效率與公平》，前程文化出版社。
2.吳全成、馬翠華（2017），《勞資關係》，新文京出版社。
3.衛民、許繼峰（2008），《工會組織與勞工運動》，空大出版社。
4.李誠（2010），《比較勞資關係》，華泰出版社。
5.焦興鎧等八人（2010），《公部門勞動關係》，空大出版社。
6.焦興鎧（2009），《美國勞工法入門》，國立編譯館。
7.黃程貫（2015），《勞動法》，新學林圖書公司。
8.李允傑等五人（2008），《就業服務與職業訓練》，空大出版社。
9.黃越欽（2015），《勞動法》，翰儒出版社。
10.黃程貫主編，勞動訴訟與勞動事件法（2021），元照出版公司。

■期刊與網站

1.台灣勞工雙月刊（勞動部）。
2.就業安全半年刊（勞動部勞動力發展署）。
3.勞動論叢等學術刊物（政大、中正大學……）。
4.財團法人國家政策研究基金會發表文章（網路上可查）。
5.政大、中正大學、文化大學等學系網站的老師講義。
6.行政院主計總處及勞動部網站的相關勞動統計。
7.立法院國會圖書館法案立法背景說明與其它主要國家的法案內容。
8.全國法規資料庫查閱最新法令。

Chapter

01 緒論

課前導讀

本章主要是針對勞資關係的定義、歷史起源、分類與研究方法等加以敘述，屬於基本概念重點內容，是針對勞資關係的基本介紹。

系統綱要

一、 勞資關係的定義

二、 勞資關係的形成與演進

(一)工業革命前　(二) 工業革命後初期　(三) 後工業革命階段

三、 勞資關係的領域

(一)個體領域　(二) 總體領域

四、 勞資關係的類型

(一)以演變階段區分為以下三類：

1.壓迫型勞資關係　2.對抗型勞資關係　3.合作型勞資關係

(二)以勞資關係品質分為以下四類：

1.公開衝突　2.武裝休戰　3.工作和諧　4.勞資合作

五、 勞資關係之理論基礎

(一)Doeringer（1981）認為勞資關係的研究主要繞著兩種意識主題：

1.多元—制度研究法　　　2.階級研究法

勞資關係調查研究區分為三種主要的研究方法：

1.系統研究法　2.馬克思主義研究法　3.實用主義研究法

(二)Goodman（1984）整理發展出的理論基礎：

1.單元論觀點　　　　　　2.多元論觀點

3.馬克思觀點　　　　　　4.系統研究法

六、勞資關係模式

(一)「非集體協商型」的勞資關係模式：

1.無工會組織的「非集體協商型」的勞資關係模式。

2.有工會組織的「非集體協商型」的勞資關係模式。

(二)「集體協商型」的勞資關係模式。

七、 勞資關係的範圍
　　(一)法律面　　　　　　　(二) 管理面
　　(三)人際面及倫理面

八、 勞資關係的特性
　　(一)個別性與集體性　　　(二) 平等性與不平等性
　　(三)對待性與非對待性　　(四) 共益性與非共益性
　　(五)經濟性與法律性

九、 勞資關係的分析層次
　　(一)個人層次　　　　　　(二) 組織或事業單位層次
　　(三)國家層次　　　　　　(四) 國際系統層次

十、 勞資關係本質
　　(一)公平與平等兼顧　　　(二) 權力與權威並重
　　(三)個別與集體共存　　　(四) 權利與責任並行
　　(五)誠實與信任兼具

十一、 勞資關係內涵
　　　(一)社會與文化類型　　　(二) 雇主所持的態度
　　　(三)工會組織　　　　　　(四) 政府角色

十二、 勞資關係形成之層面
　　　(一)組織層面勞資關係
　　　　　1. 對立關係　2. 職務方面
　　　(二)僱傭層面的勞資關係　　(三) 職場層級的勞資關係
　　　(四) 角色層面的勞資關係

十三、 勞資關係與人力資源管理異同
　　　(一)相同點：
　　　　　1. 兩者均聚焦於僱用與工作場所的議題。
　　　　　2. 兩者均關注雇主、工會與政府政策。
　　　　　3. 兩者均體認勞動的人性面。
　　　　　4. 兩者均尋求解決勞工問題的「雙贏」方法。
　　　　　5. 兩者均是涉及多種學科的應用領域。
　　　(二)相異點：

相異點	勞資關係	人力資源管理
1.研究重點	強調受僱者與社區解決勞工問題的方法	強調雇主解決勞工問題的方法

相異點	勞資關係	人力資源管理
2.研究著眼	對僱用問題的研究大多從組織外部著眼	大多以組織內部著眼
3.受僱者利益	將受僱者利益看成獨立的目標	認為受僱者的利益是間接獲致的
4.管理權觀點	假定管理權要制衡	將管理權看成是增進組織效能所必備的
5.良好僱用關係的認知	成功僱用關係只在工會與政府立法的補充下有可能	雇主本身就能促成良好的僱用關係

一、勞資關係的定義

勞資關係（Labor-Management Relationships）或稱工業關係（Industrial relations）係指勞工與管理者（資方）之間的關係。不同學者的定義不盡相同，常見的是：

學者	定義
劉昆祥	勞資關係是指雇主與被僱者雙方間權利義務之關係，其適用的範圍，不僅包括僱用者與受僱者雙方之個人關係，亦包括資方團體與勞方團體之群體關係。
白井泰四郎	勞資關係為勞工與代表資本家行使管理權的管理者間之關係。
衛民	勞資關係是勞資之間協商、調適及合作的一連串互動過程，最終之目的在求獲致勞資雙方的共同利益和企業發展。
林正綱	勞資關係是指勞方（或勞方代表）與資方（或資方代表）相互交往的過程及針對薪資、福利工作環境以及其他勞資雙方權利義務有關事宜之溝通、協調、調解、爭執、糾紛、合作、和諧等一連串的活動，其目的在於勞資雙方相互利益的維護。
傅肅良	勞資關係係研究事業機構內資方（管理者）與勞方（工會或勞工）相互間意見溝通、行為規範的訂定及爭議的處理等，以加強雙方之合作、增進工作效率，進而使雙方均受其利。
歐憲瑜	勞資關係是雇主與勞工在互動中所表現的「衝突」與「順應」的過程。表現在衝突面的現象就是勞資爭議，是消極的勞資關係面；表現在順應的現象是協商、互相規範勞資間應遵守的一套秩序與規則，是積極的勞資關係面。

廣義的勞資關係是指除雙方應負的權利、義務外，還包括欲獲得利潤與工資比率或設定勞動條件之勞資雙方的交涉；而狹義的勞資關係是指勞方與資方之間的單純權利與義務的關係而言。故勞資關係與「勞動關係」不同，因為勞動關係是單一的勞工與雇主依「勞動契約」而產生之法律關係；在此契約中，規定雙方應行遵守的權利與義務，其約束性僅限於雇主及受僱勞工。

綜上，勞資關係一詞的內涵，不外涵蓋下列三項見解：

(一) 勞資關係是針對工業社會或工作環境之中，發生的各項勞工問題，所採取的處理措施。

(二) 勞資關係是解決僱用關係中之薪資與權力衝突的理論、技術及制度。

(三) 勞資關係係指受僱者或受僱者團體、與雇主或雇主團體之間，一切正式與非正式之互動及協議之總稱。

二、勞資關係的形成與演進

勞動和資本為經濟生產之基本要素，自古已然。惟以往在經濟發展中，兩者的關係至為密切，未能強加分開，各自獨立性較不突出，因而勞動階級（labor class or proletariat）與資產階級（estate class or bourgeoisie class）也未能明顯劃分。此一現象直到工業革命發生後，才被突破。一般人認為勞資關係的形成是工業革命後的產物。於是，工業革命成為勞資關係形成與演進的重要分水嶺。僅將勞資關係演進過程以工業革命發生前後及其進展為基準，分述如下：

(一)工業革命前

農業和手工業時代，私有財產制度漸盛，農地租佃和手工僱工出現，勞資關係逐漸形成，但此時期的勞資獨立性尚不明顯，若有對立的時候，亦因當時的思想觀念與社會制度的限制，使勞工未敢與資方公然反抗，縱使發生對抗情形，影響也不大，不足以造成對社會的破壞，況且在此時期的生產型態，仍是以手工業和家庭工業發展為主，一方面勞工是生產工具的使用者，亦是生產工具的所有者，集勞資關係為一體，很難加以區分，故在此種生產型態下，也就不可能有明顯的勞資對立了。

(二)工業革命後初期（industrial stage）

工業革命後初期，由於生產方式的改變，使得勞動力和資本所屬逐漸分離，分屬兩種截然不同立場的團體，使兩種經濟生產因素的獨立性更加突出和深化。工業革命最主要的特徵就是工廠制度取代了家庭手工式的生產，機器的操作和使用，替代了個人技術為準的手工藝，在此生產體制下，勞動變成了可以出賣的「商品」，工作也因此脫離了生活與個體的領域；在此細密的分工下，個人只能在極微小的單位反覆的操作一種機器，而難以掌握或了解整個生產過程，工作不再像以往一樣，是能夠提供自我實現的一種創造性活動，個別的勞動者淪為機器的奴隸及資本的附庸，因此造就出擁有機器而坐收利潤與出賣勞力而獲得工資的兩種迥然不同境遇的階級。因此，凡是與勞工有關的切身利害問題，也正是雇主利益之所寄。例如在勞工方面希望工資越高越好，一切勞動條件越優厚越好；而在雇主方面，卻是工資越低越好，工時越長越好，一切勞動條件越低廉越好。兩者的立場與要求不同，勞資之間是一種對立而不平等的關係。而此突顯於外之對立且不平等的關係也有時空背景因素：工業革命後初期，經濟發展階段係以工業為主體，為數龐大的藍領勞工是當時的主要工作群體，其所從事之工作大多為不須具備工作技能或僅須具備簡單工作技能即可勝任之工作，故勞工間的替代性大；且當時的勞動供給遠大於勞動需求，加上勞動者的教育程度不高，權利意識也弱，對自己應有的權益認識有限，而雇主對勞動者的團結與反抗行為，不斷採取恐嚇威脅的阻攔手段，以及國家對勞動者團結權的否認等因素，均使得工業革命初期的勞資關係呈現緊張對立且不平等之狀態。

(三)後工業革命階段（post-industrial or modern stage）

隨著技術的不斷進步與革新，以及服務業的就業人口與產值躍居三級產業之冠，各工業國家之經濟發展逐步邁入以高科技與服務業為主體的階段，白領勞工逐漸成為主要的工作群體，這些勞動者由於各國教育的普及以及對職業訓練的重視，而擁有較高的教育程度與工作所需的工作技能，再加上出生率的降低，使得勞動供需趨於平衡；而各國政府為求穩定政局、安定社會秩序，紛紛採取承認勞工團結權，並確保權利，鼓勵其與雇主簽訂團體協約、維持工業和平的勞資雙方自治制度，此時，勞資間的不平等狀態已縮至最小；雇主面臨上述之轉變以及國際間、產業間競爭之激烈，勞資若不和諧相處以提升競爭力，則易遭淘汰。於是，管理模式及思潮有了更人性化的趨勢，勞資和諧成為勞資間的共同目標。後工業革命階段的勞資關係更重視意見的溝通，也重視勞動者之參與，無論是在勞動條件之規範或爭議之處理方面都是如此。

> **資深觀察家**
>
> 台灣地區的勞資關係發展情形隨著勞動力供需變化、產業結構的調整、勞工教育程度的提升與權利意識的高漲及管理模式重視人性化管理的演變，由早期不平等但卻和諧的模式，經歷緊張對立且不平之過程，逐漸走向重視意見溝通及建立制式化管理的勞資關係，頗有前述工業革命初期及後工業革命階段之縮影。

三、勞資關係的領域

平時勞資雙方若能居於平等對等關係，和諧相處，則能共享利益；反之，若雙方為了自身利益，在相互團結並採取抵制或抗爭的行動，就會由個別對立形成團體勞資雙方的對立態勢。因此，勞資關係的領域可以分為個體領域（micro area）與總體領域（macro area）兩類，分別是：

(一)**個體領域（或稱微觀面向）**：勞資雙方對立，在無法達成雙方共識時，在攻守進退間採取直接對抗或具攻擊性的手段爭取或維護自身權益。勞工方面若由工會統籌領導採取手段，一開始多是由「怠工」（Sabotage）展開，怠工，是指雖然人在工作崗位上執行工作，卻不認真，因而降低生產效率，也造成原物料浪費，使雇主遭受損失。若怠工無效，接下來採取的是「杯葛」（Boycott），是指勞工為了滿足自身需求，對雇主採取拒絕任何交易往來的舉動，造成雇主間接的損失，迫使就範；倘若再無結果，就會採取更激烈的「罷工」（Strike），甚至封鎖工廠，在此情況下，工廠無法生產產品，雇主損失更加重大。而資方在勞工組織的施壓下，也會採取強硬或與雇主聯合，加以對抗。最先採取的是解僱，雇主將違反勞動契約之勞工予以解僱；再來會採取閉廠（Lockout），是指雇主關閉工廠，讓勞工喪失工作機會。

(二)**總體領域（又稱鉅觀面向）**：勞資雙方對立但問題卻無法解決時，勞工方面會由工會出面與雇主或代表雇主的雇主團體以和平理性方式來協商，亦即集體交涉，或稱為集體談判。集體交涉若有結果，就會簽署團體協約；若仍無結果，將依雙方或一方申請或由政府指定，以第三者的地位來進行「調解」或「仲裁」。

四、勞資關係的類型

關於勞資關係的類型，中外學者均曾對其做過不同的分類，有依其演變的階段來區分者，有依其品質來作分類者，茲分述如下：

(一)以演變階段區分為以下三類

1. **壓迫型勞資關係**：工業革命後的資本主義放任思想，有三個最顯著的特徵，即私有財產、自由企業及市場價格。主張自由企業，則要求政府完全免除對經濟活動的干涉，並將此要求應用於資本家與勞動契約上，主張僱傭的條件，包括工資及其它勞動條件，都由雙方自由訂定，不受政府限制。基於此一理念所形成的工廠制度，為了充分利用分工，管理者將勞工予以編組，各依工作任務，配置於適當的場所，與機器相配合。在此情況下，管理者所重視的是如何提高生產效率，而非勞動者的工作條件、心理感受和物質報酬；又由於勞動市場是不完全競爭的市場，雇主又認為投資設廠者有權利來決定勞動者的工資以及其它勞動條件，故在和無實質力量與雇主抗衡之勞動者締結契約時，恣意迫使勞動者在其所自訂的勞動條件下從事工作，已成為一極其自然而平常的事，管理者高高在上，與勞方間的溝通在當時被認為沒有必要。

2. **對抗型勞資關係**：壓迫型勞資關係完全是一面倒的狀態：勞動者身心受到不平等的待遇，在此情況下，勞動者為求合理的勞動條件及待遇，乃逐漸意識到須以集體的力量來爭取，因而慢慢形成一股與資方對立的勢力——工會的出現。工會的地位在初期並不被管理者承認，在其不斷努力與政府的保護下，終使得勞資間有對等的地位。對抗型的勞資關係，使得資方無法完全採專斷獨裁作風，資方為了緩和與勞資間的對立以提高生產效率，往往採取所謂的「仁愛專制管理方式」，提供各項福利措施，表現出對勞工之親情，博得勞工之忠誠，因此造成雙方溫情之關係。這是十九世紀中葉之勞資關係型態與管理方式。

3. **合作型勞資關係**：十九世紀中葉以後，雇主開始體認勞工的重要性，必須維持工業和平，才能使生產秩序正常運作；再者，由於生產技術更加進步，在在需要熟練的勞工，才能使良好的機器設備發揮其應有功能，以提高產品的質與量，以利市場的競爭。由於資本集中，企業型態以股份有限公司出現，經營權與所有權分開，經營規模擴大，管理也合理化，而形成勞資雙方緩和的關係。如何激發勞工的工作意願，發揮機器的高度效能，提升組織績效之體認，使工業中人的因素及人群關係逐漸地受到重視。勞資雙方對於組織具有同等的價值，兩者相互依賴不能分離，只有勞資雙方互信互賴、彼此合作，共同為組織目標而努力，企業才得以成長、發展與茁壯。

(二)**以勞資關係品質分為以下四類**：學者Mills以勞資關係所呈現的品質加以分類：

　1. 公開衝突（open conflict）

在此種勞資關係之下，勞資間公開爭議與衝突，任何一方對於另一方的行動和行為有所挑剔，勞資合作完全不存在，工廠時常歇業、停工。

　2. 武裝休戰（armed truce）

勞資雙方仍視他方為敵人，而且隨時準備公開的衝突，不過每一方都在限制他們的敵視，以便雙方不致遭受太大的損失。

　3. 工作和諧（working harmony）

在此種情況下，勞資雙方都尊重對方，爭議是有限的，因為雙方都有意相互忍讓，且循各種方式解決爭議。

　4. 勞資合作（labor-management cooperation）

勞資之間不僅相互尊重，同時每一方都仰賴對方的幫助以解決共同的問題，而衝突是嚴格限制的，如此才能夠使合作的關係不致逐漸的惡化。

Mills認為第一和第二種勞資關係型態可以算是「不好的」勞資關係，後面兩種則屬於「好的」勞資關係。但一般而言，第一類和第四類比較少見，第二類和第三類較普遍。

五、勞資關係之理論基礎

(一) Doeringer（1981）認為勞資關係的研究主要繞著兩種意識主題與調查研究時三種主要的理論。其中，勞資關係研究所環繞的兩種意識主題分別為：

1. **多元—制度研究法**（pluralist-institutionalist approach）：將注意力集中於勞資關係中解決問題的程序與制度方法。

2. **階級研究法**（class approach）：對工會與協商所投注的關切不亞於勞工與勞動階級。在階級導向的研究中，政治、政治行為及勞資間的緊張是非常明顯的，較少將注意力置於勞資關係的實際程序與實務中。

　當研究一個國家的整體勞資關係時，可以上述兩意識主題作為論述基礎，Doeringer認為，其實許多國家大多綜合上述二者，特別是瑞典、法國及日本等。

資深觀察家

Doeringer將勞資關係調查研究區分為三種主要的研究方法：
1. **系統研究法**（system approach）：主要為Dunlop的「勞資關係」系統─強調社會多元化論、代表團體的發展、以及勞資關係規則的分析。有強型「系統」傾向的國家中，經濟扮演舉足輕重的角色。
2. **馬克思主義研究法**（Marxist approach）：強調階級關係以及階級間的政治與經濟鬥爭。
3. **實用主義研究法**（pragmatic approach）：在研究時較少強調理論，甚或不談理論。

(二) Doeringer之後，Goodman（1984）整理發展出目前較常為後進者所引用之理論基礎：1.單元論觀點（unitary perspective）；2.多元論觀點（pluralist perspective）；3.馬克思觀點（Marxian perspective）；4.系統研究法（system approach）。分別說明如下：

1. **單元論觀點（unitary perspective）**：單元論觀點源自本質上似於靈活運作的功能機器的工作組織之觀點。因此，勞動者與資本家之間沒有永久的利益衝突，在生產過程中是相互的夥伴，共通的利益以及彼此間全然的合作，才能促使利益極大化。雖然員工與管理者的角色與職責迥異，但單元論者視組織中的所有成員為一團隊，而成功的團隊需要有領導者以確保有效的協調、認同組織目標與運作方式。單元論者認為，勞資關係管理者與非管理階層勞工之關係，若其關係良好，則可達成組織目標。所以，後期的單元論者結合運作組織的工程方法（任務導向）──幹練的管理，以及回應此方法所發展出來的人際關係研究法二者。人際關係研究法顯然有員工導向（people-oriented）的意涵，認為勞資間公開的衝突可藉由良好的溝通、更合理的管理以及參與式領導型態加以化解。但人際關係學派仍是傾向於忽略利益衝突，強調共同之目的。

2. **多元論觀點（pluralist perspective）**：多元論者視勞資間的利益衝突為永久所具有的特質，只要有勞資關係，彼此間的利益衝突便不會消逝。強調勞資間的差異點，認為可透過制度化的方法，以減低損害。認為勞資間的衝突雖是不可避免的，但卻能因雙方的努力，而盡可能的給予包容。組織內外在的權力關係不容忽視，雙方均會想法提昇本身的地位。因此，多元論者強調在變遷的環境中，加強勞資雙方之協商及雙方衝突的暫時解決。

資深觀察家

在上述兩觀點中，單元論觀點著重在勞資關係的「合作面」，強調勞資合作以使整體利益極大化，但忽略了利益極大化後，雙方基於「對立關係」的利益分配。事實上，「利潤分配」（profit distribution）方式常是雙方爭議的來源與焦點，而且「利潤分配」的方式，是否雙方均能接受，是直接影響雙方共同合作、追求利潤極大化的重要因素之一。而多元論觀點正好與之相反，勞資關係焦點置於勞資間的「對立面」，即其著重於「勞資衝突」的解決，認為「利潤分配」是勞資衝突的主要來源，而此來源只要透過制度化方式的建立，即可將衝突控制在雙方均可接受的範圍內。但忽略了利益分配的前提須有一定的「利潤」，若雙方無法合作努力於利益之提升，使不致產生虧損，則因競爭力喪失而導致的縮減生產、裁員、資遣等困境，亦可成為勞資衝突的來源。而雙方合作也是減少衝突的方法之一。因此，若要對勞資關係作全盤深入的瞭解，便須同時注重其「合作面」與「對立面」，不可偏頗任何一方。

3. **馬克思觀點**（Marxian perspective）：馬克思主義者與多元論者均認為利益衝突是關係本質。對勞資間的順應（accommodations）感到懷疑，認為多元論者所提供之制度化方法，是勞資間財富、影響力及權力有廣大差距的資本主義社會中，藉著將工會限制於相關的議題上，來限制工會管理決策影響力的一部分。因此，馬克思主義者主張以階級間的政治與經濟鬥爭來達成目標。馬克思論者欲建立的並非研究勞資關係的理論基礎，而是研究整體社會的理論。

4. **系統研究法**（system approach）：對勞資關係的理論架構影響最為深遠的是Dunlop。Dunlop在所著《勞資關係系統》（Industrial Relation System）一書之序言中即明確指出：勞資關係系統呈現勞資關係的一般理論，並提供分析工具，以解釋並獲取對勞資關係事實（facts）與實務（practices）的最大可能的了解。

Dunlop認為在勞資關係系統中有三個主要的行動者，會對勞資關係規則的建立產生影響。此三行動者分別是：

(1)層級體系下的管理者以及代表其行使監督權者。

(2)層級體系下的勞工（非管理者）群體以及其代表。

(3)專業化的政府機構（以及由前兩個角色所產生的專業機構），其關切勞工、企業以及他們彼此之間的關係。

Dunlop的系統研究法具備以下優點：

(1)將影響勞資關係的主要變項加以確認，注意到規則、訂定規則的方法、以及對了解勞資關係有所助益的環境之多樣性。

(2)提供應用解釋不同層級勞資關係的架構。如單一廠場、不同產業、國家；因此，對爾後研究勞資關係之影響深遠。

然而，若欲採之以為研究概念架構之主要參考，對其可能有的限制或爾後研究指出的批評與建議則不可不察。後進者對Dunlop的系統研究之批評與建議分別是：

(1)過於重視制定規則的過程，忽略行為因素，如人的志向與認知、動機與人格特質。

(2)視衝突為理所當然，焦點集中於規則，而不積極尋求衝突與爭議的來源。

(3)並未對建立規則的程序和規則本身加以區別，此舉對研究者產生困擾。

(4)未對來自範圍較為廣泛的政治、經濟、法律、及社會系統對勞資關係系統及其規則所產生的影響加以敘述。

(5)未清楚描述行動者在系統中的那些特質是重要或不重要的，及其如何影響結果。

綜合上述各種理論，可由以下比較其重點內容：

1. 正統的統合理論強調工作本質是合作性的工作關係，是勞資間互補的關係；衝突的產生，可能是組織內的缺乏溝通所引起的。

2. 統合理論是手牽手（hand in hand）的理論，即從管理角度所謂的員工關係，隱含：管理者與員工間的關係是被共同的、統一的目標所支配。

3. 新統合理論比傳統統合理論更為複雜，強調結合員工與消費者以及管理者變革情境的需求。

4. 馬克思理論在勞資關係的主張，是由管理者控制整個生產的過程，會導致階級衝突，而階級鬥爭也是社會改變的來源，如果沒有衝突，社會就會失去活力。

5. 馬克思理論和系統理論是了解勞資關係在確認衝突時發生，與對衝突解決的技巧所產生。較為溫和的系統理論強調，結合雇主和員工的力量，並運用資源解決問題。

6. 對照馬克思理論之差異，其最重要部分是在象徵資本家與在經濟市場中，勞動者工作契約階級間之權力抗爭。

7. 系統理論在勞資關係的焦點是「系統」在法理上無特殊意義。認為雇傭關係早已經建立，而且在產業社會內實行。

8. 系統理論是面對面的理論，亦即管理者與員工或工會的共同目標，強調各自有不同的目標，例如：組織的收益應分配給管理者與員工。

9.統合理論強調勞資合作，馬克思理論者強調社會行動，而系統理論者則認為：以系統決定勞資合作或社會行動。（見下表1-1）

表1-1　勞資關係理論比較一覽表

理論		勞資關係體系行動者角色		
派別	解決模式	管理者	工會	政府
統合理論	各團體間的政經衝突乃難以避免，必須將各個利益團體皆納入政府決策制定體系。	管理者及其組織進入政府決策機構，以維護其利益。	工會是代表勞工權益進入政府統治機構的利益團體。	國家利益積極主動的維護者。
馬克思理論	資本主義所引發的階級衝突是無法避免，並必然會愈來愈嚴重的，必須以激進的手段來解決。	管理者的角色是幫助資本家剝削工人的剩餘價值，以累積資本。	在階級鬥爭的衝突中，工會對勞動階級可能有幫助，但也可能被體制化。	在資本主義制度下，國家是資本家的代言人。
系統理論	不同經濟利益團體間的衝突是不可以避免的，必須透過團體協商制度，使全體勞工獲利。	代表雇主的利益，在集體協商的制度下與工會協商。	在團體協商制度下，工會是能夠幫助把衝突制度化的利益團體。	國家在干預勞資關係體系時，盡量扮演中立仲裁的角色。

六、勞資關係模式

勞資間之互動模式、過程及其產生的結果是勞資關係的核心議題。而勞資自治則是較為理想的互動模式。參酌Dunlop之《勞資關係系統》之各項構成要素，及國內學者衛民以集體協商的重要性與協商的涵蓋範圍為標準所發展出之「集體協商型」與「非集體協商型」勞資關係模式，若以內在（管理模式、員工特質）及外在（政治、經濟、社會、法律）兩大影響因素，將勞資關係模式劃分為「無工會組織的非集體協商型」、「有工會組織的非集體協商型」及「集體協商型」等三種勞資關係模式：

(一)**「非集體協商型」的勞資關係模式**：在此模式中，勞資雙方無任何協商行為，市場理論家稱之為「單方行動的默許模式」，認為勞資雙方之優勢地位究竟屬誰，完全由勞動市場來決定，當勞動需求大於勞動供給時，勞方享有主宰勞動條件之地位；反之，則資方享有主宰條件之權力。理論上固然如此，但實際上經濟地位居於弱勢、且其流動性並非得以完全不受約束的勞工，其經濟地位的提升、就業權益的保障，經常需要透過集體的力量才得以獲得。

因此，非集體協商型的勞資關係模式幾乎成為「資方單方行動的默許模式」。在「非集體協商型」的勞資關係模式中，又可分為以下兩子類型模式：

1. 無工會組織的「非集體協商型」的勞資關係模式（如圖1-1）：於此模式中，勞方團體並未成立，在意見溝通、勞動條件的決定、爭議處理等各方面均無勞方團體的參與。

圖1-1　無工會無集體協商勞資關係模式

此種勞資關係模式之成因可歸納為：

(1)由其內部管理層面觀之：

　　A. 事業單位的人力資源政策仿照與其相類似之組織，工會透過集體協商爭取相關權益。

　　B. 由於事業單位的員工關係氣氛形成無工會的情形。

(2)受限於規模：許多僱用員工人數未達法定組織工會人數的事業單位即屬之。

(3)地區性之影響：美國南部地區工會組織率最低，即屬之。

(4)員工不知本身有此權益或無籌組工會之能力。

(5)雇主以利誘或脅迫方式使工會無法組成。

資深觀察家

在高科技或勞動力來源缺乏的事業單位中，雇主為使員工之潛能充分發揮、穩定員工流動率，以提升本身之競爭優勢，其內部管理有的甚至已發展出一套適合本身行業之特性，且為員工所樂意接受的管理模式，其以員工參與的方式訂定各種勞資合作的方案，而使勞資關係呈現出「非集體協商型」的模式。

無可諱言地，有更多無工會而無法協商的事業單位是由於上述第(2)至第(5)項之因素所導致，尤其在我國97%以上的中小企業中有半數以上的事業單位之僱用人數不足組織工會的法定人數；而工會教育的不普及，是使此種型態之勞資關係模式普遍存在的原因。

2. 有工會組織的「非集體協商型」的勞資關係模式（如圖1-2）

圖1-2　有工會無集體協商勞資關係模式

在現代民主法治的國家中，集體協商的行使以合於規定之法人或法人團體為必要條件之一，但並非合於規定之法人或法人團體均有良好的協商環境與協商之實力，因此「非集體協商型」的勞資關係之類型，尚涵括有工會組織但無協商行為的類型在內，有些學者甚至認為進行協商以簽訂協約，乃工會組織之主要任務，無協商行為之「工會」不應該稱之為工會（union），而僅是一種協會（association）性質的組織。

在此模式中，勞方團體雖已成立，在意見溝通與爭議的處理等方面或許亦積極的參與，但由於其並未有協商行為產生，故在條件方面，仍無法立於雙方對等的地位來產生平衡的作用。

而造成此勞資關係模式的原因包括：

(1)工會會員不足，導致代表性受質疑。

(2)工會運作不良，無協商實力。

(3)無適格之協商對象。

(4)政府介入過多，取代工會職能。

(5)雇主不願與工會協商，而法律對此亦無限制。

(二)「集體協商型」的勞資關係模式（如圖1-3）

圖1-3　有工會有集體協商勞資關係模式

　　「集體協商型」的勞資關係模式是政府積極推動的既定政策之一，此模式之最終目標在於達成勞資間之自治，而政府僅肩負建立公平遊戲規則，此公平遊戲規則包括：對工會組織的承認與適當的管理（監督）、集體協商及爭議處理制度的建立與公平公正的執行等。如果勞方能有較高的教育、知識水準，願以理性溫和的方式與雇主就其權利義務方面之相關事宜進行協商；雇主願坦誠面對勞資間於利益分配方面的衝突，並積極與勞方尋求合理合法的解決；而政府能夠恪盡建立、執行公平遊戲規則之責任，集體協商型的勞資關係模式，將是目前用以解決勞資間利益分配衝突的最佳模式。

七、勞資關係的範圍

勞資關係涵蓋的範圍包含以下三個層面：

(一)**勞資關係的法律面**：所有政府訂定規範勞資雙方權利義務的各種法律、規則及命令等均為勞資關係所適用的範圍。換言之，是從勞工立法體系的觀點來規範勞資關係的範圍。總之，就法律面而言，勞資關係的範圍可分為以下六類：

　1.**勞動條件**：包括工時、工資、休息、休假等勞動基準及勞動檢查。

　2.**安全衛生**：包括職業安全及衛生。

　3.**勞工組織**：包括工會組織、團體協約的簽訂與執行等。

　4.**勞資工作與衝突**：包括勞資會議、勞工參與、企業內申訴制度、勞資爭議的調處等。

　5.**勞工福利**：包括企業提供的各項福利措施與法定勞工福利及勞工教育。

　6.就業安全：包括就業服務、職業訓練、就業保險、外籍移工管理等。

(二)**勞資關係的管理面**：勞資關係在企業組織中實際運作的內容與人力資源管理的僱用、訓練、薪資及員工關係等四大類有很多重疊之處，並可視為管理的一部分。

(三)**勞資關係的人際面及倫理面**：所有規範組織內個人與個人間、個人與團體間，甚至團體與團體間之關係的普通規則、對待方式以及衝突處理等都是勞資關係應探討的課題，亦即勞資關係在這方面應涵蓋的範圍。

八、勞資關係的特性

國內學者黃英忠提出勞資關係具備以下五大特性：

(一)**個別性與集體性**：就勞資關係之主體而言，可分為個別的勞資關係與集體的勞資關係。所謂個別的勞資關係，乃指個別的勞動者與雇主間的關係，係以個別的勞動者在從屬的地位上提供職業上勞動力，而雇主給付報酬之關係；集體的勞資關係，則指勞動者之團體如工會等，為維持或提高勞動者之勞動條件，與雇主或雇主團體互動之關係。

(二)**平等性與不平等性**：勞動者係在從屬的地位上提供其職業上之勞動力為主要業務，因此，勞動者在勞務的提供過程當中，有服從雇主指示之義務。就此觀點而言，勞資關係即有其不平等面。但勞動者在成立勞動關係前，與雇主就勞動條件協商時，並無從屬地位之關係；縱使在勞動關係存立間，就勞動關係之維持或提高，與雇主協商時，亦無服從之義務，此乃勞資關係的平等面。

(三)**對待性與非對待性**：就勞資關係當事人應為履行的義務相互間而言，可有對待性義務及非對待性義務之別。所謂對待性義務乃指當事人之一方不為某一項義務之履行時，他方可免為另一項相對義務之履行；而所謂非對待性義務則指當事人之一方縱使不為另一項義務之履行，他方亦仍不能免為另一項相對義務之履行。例如，勞動者之勞務提供與雇主之照顧義務，勞動者之忠實義務與雇主之報酬給付，以及勞動者之忠實義務與雇主之照顧義務則均無對待性。由此所謂「雇主對勞動者有照顧義務」，即何以雇主必須以福利措施略補員工在待遇方面的不足，藉以加強員工情緒的安定力量，以提高工作效率，同時增加勞資雙方公私間的情感與依存性。

(四)**共益性與非共益性**：勞動者與雇主建立勞資關係之目的，有其共益性與非共益性。所謂共益性，乃指勞動關係中，契約之履行，對勞動者與雇主二者，有共同利益之點；而所謂非共益性，則指勞動關係中，契約之履行，對勞動者與雇主二者，無其共同利益之點。

(五)**經濟性與法律性**：勞動者盡了勞務給付的義務，從雇主獲得一定的報酬，這種勞務就是勞動者的經濟價值，因此，在勞資關係中含有經濟的要素；同時，勞資關係在法律上完全是一種契約的形式，乃是經濟要素與身分要素為勞資關係中的主要部分。

九、勞資關係的分析層次

衛民（2018）指出，從各個學科內的勞資關係研究主題可以看出，勞資關係可以從個人、組織或事業單位層次、國家、國際系統等四個層次加以分析：

(一)**個人層次**：個別勞工的工作動機、工作態度與工作滿足是主要的範疇，影響個人心理層面的因素包括：工資、工作環境、勞動過程、勞工教育、企業組織文化、管理方式等，心理學為這種取向的研究提供許多理論基礎。

(二)**組織或事業單位層次**：勞資雙方的組織、行為與互動是主要研究焦點，例如企業組織的變革與發展、企業人力資源策略、工會的組織、集體協商、勞資爭議與爭議行為、員工績效、員工甄選與考核等，管理學為這些主題的研究提供許多理論基礎。

(三)**國家層次**：研究範疇更加廣泛。今日的勞資關係已經擴及到受僱者就業前與離職後的事務，例如就業服務、職業訓練、失業保險等，這些事務都涉及國家。雖然許多學者指出，全球化時代的來臨，使得國家的角色與功能逐漸衰退，不過，對絕大多數的受僱者而言，國家仍然是保護勞工權益的主要機構，也是規範勞資關係的權威所在。舉凡規範勞資關係的各種法律、勞工政策、政府作為等都是學者關切的課題。許多經濟學、政治學、社會學、法律學領域的學者都投入這個層次上的研究，成果相當豐碩。

(四)**國際系統層次**：研究焦點集中在國際或跨國性組織訂定的國際勞動標準。長久以來，聯合國（United Nations）、國際勞工組織（International Labor Organization, ILO）、世界貿易組織（World Trade Organization, WTO）、歐洲聯盟（European Union, EU）等組織對勞工事務相當關切，試圖利用所訂定的勞動人權與僱用標準，規範各個國家與跨國公司的勞資關係。在全球化的時代，此層次的研究愈來愈多。

十、勞資關係本質

展望二十一世紀的勞資關係，是多樣化、多元性的，企業致勝因素除豐富經濟資本外，亦求厚實的社會資本；也就是說，能與員工相互了解、信任與彼此關懷。勞資關係的基本意涵是指，勞資雙方依循一定的規則或程序，就勞動關係上相互表示意見、共同決定、化解爭議的一種互動模式。在動態的互動過程中，常受制於外在環境或內部條件的變異，而使勞資關係產生質變。是故，消極、短暫的對立與衝突（conflict）偶而出現，但坦誠、理性、平和協商的順應方式，是長久以來維繫積極、合作、互惠關係的根基。

一般在探討勞資關係議題（issues）時，常忽略其最基本的中心思想，常有以偏概全、捨本逐末的現象。公平與平等、權力與權威、個別與集體、權

利與責任暨誠實與信任等五大子題（topics）是分析勞資關係本質常見的內容，僅分述如下：

(一)**公平與平等兼顧**：勞資關係的公平性（fairness），常指工資結構與勞動契約的終止等，並基於契約上的合意，帶來互惠的交換（reciprocity of the exchange）。即勞資雙方在成本（cost）與利益（benefit）上的交換是互惠的，無論任何一方都能獲得利益大於成本的淨回收，如此一來，就可達到預期的滿意結果。亦即，生產與勞動的效率應由勞資雙方共同決定與分擔的。其次，在特定的交換（福利事項）或其他的交換（分紅或入股）上也都是相互一致的。

事實上，公平並非一常數，不是固定的，當情況或環境有所改變時，公平性即接受挑戰，例如：當事業經營面臨瓶頸、法令修正增加成本負擔或生產技術革新的人力配置調整等，必然有任何一方感受到不公平，可採取正式或非正式產業行動（industrial action）加以彌補（勞工的正式產業行動如罷工；非正式的如怠工、杯葛等）。

至於平等（equality）的勞資關係面向，是指企業與員工之間，已超脫以往上下、主從、尊卑關係，取而代之的是地位一致、互惠、夥伴關係。兩者之間，基於完成生產目的、共享成果、利益分配的原則，各守崗位、各盡本份的一種親密的共生關係。

(二)**權力與權威並重**：權力（power）是指具備控制與影響的能力，是勞資關係的核心，尤在集體勞資關係上，更凸顯其重要性。資方有能力或力量控制生產結構、財務分析與利潤分配；其次，與生產相關的勞動條件與人力運用上亦有絕對的掌控權。反觀，勞工在生產數量、品質與勞務持續提供上，亦可運用自如，特別是在集體的影響力（工會決議）上，更是不容忽視。因此，雙方權力如何彈性調整，建立一套互相角力的規範（例如：進行勞資協議或簽訂團體協約）是和諧勞資關係的關鍵所在。

另外，權力也必須是互惠的，惟有勞資雙方權力均等，才能達成協議，獲致滿意結果；反之，若權力高低不等，非但不易達成共識，反而衍生錯誤的結果與未可預知的傷害。

惟有透過權力，才可建立權威（authority），權威的定義依社會學家韋柏（M. Weber）所言，是指對應於職位（position）所具備的法定權力，一般是指雇主或管理者所擁有的合法控制或影響力量。權威的使用是彈性、非常規的。一般而言，雇主須運用權威的情形不外為：

1. 當使用權力，仍然無法獲得勞工首肯時。
2. 當與員工或工會會員間，產生個人角色間的衝突，一時之間無法有效消除或排解時。

資深觀察家
勞資之間有賴於建立常態性的權力均等情境，必要時刻，巧妙運用權威，加以調劑，當能維持互利、互惠的勞資關係。

(三)**個別與集體共存**：依勞資間相互對待的性質觀之，分別有微視面（micro-perspective）的個別（individualism）勞資關係與鉅視面（macro-perspective）的集體（collectivism）勞資關係。個別勞資關係是指管理者與勞工之間（management-employee）的關係，而集體的勞資關係是管理者與工會間（management-union）的關係。

個別勞資關係的建立，係以相關勞動法令做為相互權利、義務對待的基準，是生產過程中實然存在、唇齒相依的關係，無法抹煞或漠視，唯有以前述的公平性、平等性及互惠權力等，做為互動的準則。又基於先天勞資地位的不平等現象，為使處於劣勢（minority）的勞工，能發揮團體力量加以改善，方以立法保障勞工的團結權。是故，工會得以代表所有會員，與資方進行互動，除以勞動條件改善為首要外，勞工知能提高與生活上的照顧也是其基本任務。與資方進行互動時，係以集體的會員訴求為目標，管理者所面對的是，具有代表性的工會幹部，兩者之間所建立與維繫的是一個集體的勞資關係。

(四)**權利與責任並行**：權利（rights）是指特定對象所具備的基本要求，是法令保障的範圍，雇主的權利在於要求勞工遵守勞動契約、工作規則、團體協約與相關法令規定；而勞工的權利，則在提供勞務之後，可向雇主要求給付報酬及給予約定的福利事項，甚而保障其勞動期間的健康與生命。而爭取權利的基本前提在於必須恪盡責任（responsibility），即應盡其義務。惟有在善盡義務之後，才能享有權利，亦即責任與義務是充分結合的。雇主或管理者具備管理上的責任，而勞動者提供完整且高品質的服務是其責任。勞資雙方的責任與義務若能密切互動，且維持均衡狀態，則其勞資關係才得以永固。

(五)**誠實與信任兼具**：誠實（integrity）是指個人的行動完全與其價值及信念是一致的，換言之，內心的想法、態度、見解與其表現在外的行為是相

同的，所謂的表裡如一。無論是在雇主或管理者與員工之間、工會幹部與會員之間或領班與現場作業員之間，都是據實以告、毫不隱瞞的。如此一來，勞資之間感受到的是溫暖、真實的對待，為進一步發展的信任（trust）做好奠基的工作。

不過，信任一般所指的都是在個人層面，指人際間有足夠的信心可以相互依賴，沒有絲毫的猜疑。員工相信公司政策或經營方針的調整，絕對是基於企業生存的審慎考量，不致忽略員工的權益與福利；管理者亦深信員工在生產過程所投入的每一分心力，是完完全全、不打折扣的。既使在紅利發放的計算基準與過程，也是不容質疑的。值得一提的是，建立勞資間的相互信任是一長遠、浩大的工程，但要破壞它，卻是一朝一夕、不費吹灰之力的，提醒勞資雙方要善加珍惜。

十一、勞資關係內涵

為了解勞資關係內涵，可分別針對：文化環境、雇主、工會組織與勢力、經濟環境及政府角色等部分加以分析：

(一)**社會與文化類型**：包括宗教結構及其對國民生活的影響制度、維持集團的原則（亦即個人主義的程度）、家庭制度、身分制度、教育制度及接觸國際的歷史經驗等。

(二)**雇主所持的態度**：工會受承認的狀況，承認以後歷史的長短。直接擔任勞資關係責任者，參與全國性、產業類別、區域類別雇主團體組織的程度。企業規模大小、獨立體制的有無、產業結構、工業化的比率、經濟環境、國際關係的依賴程度。

(三)**工會組織**：工會組織比率的高低，持續的安定程度。組織形態的複雜程度，全國性組織的支配權限與財政的實力，工會規模的大小。工會對抗雇主的理念，工會的競爭理念，代表工會功能組織的有無，此組織存在時，取代工會功能的程度及其對工會的影響力。此外，尚可考慮受僱者的比率及產業結構。

(四)**政府角色**：政府角色可分為二個部分：1.政府政策介入勞資關係的程度及方針，為達經濟成長目標必須介入勞資關係的程度及實際上介入的程度。勞動法規的完善程度以及現實執行的可能性；2.公營企業的發達程度，其對民間部門勞資關係影響的程度。

十二、勞資關係形成之層面

勞資關係依據不同的形成可從4種形態深入分析：

(一)**組織層面的勞資關係**：工業社會初期，雇主身兼管理者，擁有絕對的支配權力，除擁有生產工具（生產原料、機械、設備）之外，亦可左右勞工團體的運作，完全操控勞動成果分配，導致勞工運動興起。

　　勞工運動不斷發展，勢力擴增，活動範圍不僅跨越個別企業，並出現橫向組織，經由意識型態的宣揚，逐漸聚集大量勞工，成為一股社會勢力。因此，將企業組織與工會組織之間的關係，視為勞資關係，是普遍的觀念。因此，工會的存在，可以不受企業支配組織，此層次的勞資關係，是存在於企業外的勞資關係。資方組織與勞工組織間的關係，具有以下特質：

1. **對立關係**：工會本質在於保護勞工權利與利益，提高勞工生活地位。此種目的與功能，和企業存在目的與功能，本質上不同。

　　儘管工會運作，是和企業共同取得雙贏，必須對企業提供協助，但無損於工會的組織特質。勞資問題涉及「經濟餅增大」問題，要使「餅增大」，勞資雙方須以工會為基礎，採平等的立場，從事理性協議，進行合作，以利生產進行。因此，工會與企業在情勢上必須採取合作態度，是工會應具有的使命。

　　而對立關係和抗爭、破壞等非理性行為，具有不同意義。企業與工會存在目的相異，立場不同，利害也相反。這兩個組織，可以透過集體交涉及勞資會議，進行折衝，溝通協調，從中找出兩方面都能接受的意見，才是正規的良好關係。有關利害一致部分，可進行協議，透過勞工參與經營等活動，加以改善。

2. **職務方面**：勞資關係不僅和僱傭關係及工作場所的社會關係有密切的關聯，以企業組織與工會的關係而言，現實上涉及(1)工會幹部或工會領導人、(2)工會會員兼具從業員身分者、(3)企業管理與監督者等三種不同身分的成員共同產生的互動關係。

　　亦即勞工扮演工會會員與企業從業員兩種角色，在態度與行為方面較傾向那一邊，對於勞資關係的運作具關鍵性角色。

(二)**僱傭層面的勞資關係**：此關係的形成，以企業內部為舞台。勞資關係主要為僱傭關係，而僱傭關係的有效運作，被視為提高生產力的有效手段，再者，有效的僱傭制度，也是提高企業競爭力的重要因素。

　　此層次的勞資關係，可說是企業內的勞資關係。亦即，為一個企業或公

司內部所存在的從業員與經營者，勞工與資方，受僱者與雇主之間的關係，所顯現的意義，是成員對成員的關係。

從微視觀點來看，此層級是以一個企業內部，受僱員工與經營管理、監督者之間，針對受僱勞動條件進行交易，以及經過一定的交涉與妥協的勞動契約為主軸。其中，包含代表雇主的管理、監督者，這些人員也是雇主利益的代言人，參與人事權的決定，並從事勞動關係的計畫和方針的擬訂，而且行使管理、監督等權限，在雇主所指示的勞動條件：薪資、作業條件、工作時間、休息、休假、福利、調職、升遷、調薪、退休、解僱等多方面的條件，與在此種條件下受僱的勞工，接受管理、監督，作為組織內分工體系之一環，實現一定勞動力的供給關係，使勞資關係得以成立。

此種關係形成後，受僱者透過權利主張與不同意見的申訴，影響關係內容。再者，外部勞動市場的質與量產生的勞動供需平衡，與企業所屬產業經濟的大環境，對僱傭關係也有很大的影響。

(三)**職場層級的勞資關係**：職場層級的勞資關係是指，一個企業內部各工作場所第一線管理者與一般從業員、工作場所的雇主與其部屬的各成員所組成，是與一般員工之間的關係。

其中人際關係互動，顯現極端複雜的情況。以一位第一線作業現場的主管來說，當他面對工作場所的一般勞工時，他負有監督指導任務，具有一定權力與責任，其次，任務背後受到整個企業經營方針與上級主管的理念左右。最後，屬於個人特質的知識與人際關係能力也發生一定作用，出現個人獨特的領導風格。這位代表企業雇主的第一線主管，若身兼工會幹部時，必須採取對具有工會會員身分的從業員，從工會的立場從事照顧；參與工會活動時，受到工會理事或監事身分的影響，導致直接或間接限制其自身意見的提供或活動的進行。

由此可知，工作場所內部的勞資關係，並非單純的第一線主管與一般從業員之間的片面關係，是整體複雜勞資關係的焦點。

(四)**角色層面的勞資關係**：處於工作場所的勞工，一方面具有受僱者身分，同時又兼具工會會員身分。因此，勞工在企業及工會所扮演的角色具有雙重性。由於此二種角色由同一位勞工扮演，未必能同時順利運作，因此，兩者是相互矛盾的，例如：

1. 為扮演好企業從業人員的角色，對企業及主管忠誠，往往忽視工會扮演的角色。

2. 相對的，為顧全工會會員的角色，也會導致不充分履行從業人員的義務，或者對企業管理者採不合作態度就會出現角色衝突，遭受忠誠質疑的兩難局面。

工會與企業兩股組織力量，彼此對立出現表面化，或者兩者從均衡狀態的對立關係轉變為緊張關係，則此兩股影響力會急遽擴大。再者，均衡狀態若完全破壞，由對立關係轉化為鬥爭關係，捲入工會興亡的長期罷工，與連續性的抗爭情況時，兩股相反方向的作用力，對於勞工都深具破壞力。

當然，勞工於平時並非隨時都面臨要選擇忠於工會或企業的情形，但是來自工會與企業的不同作用力，不管在抗爭或平時，對勞工的意識與行為會產生某種程度影響，是不爭的事實。結果導致一位勞工，在所擔負的從業員角色與工會會員的角色之間，存在某種緊張的關係。

勞工擔任從業人員與工會會員的兩種角色，要對那一種角色忠誠，在程度上有所差異，總有某種自覺或關心，例如：我是企業的從業人員，做為一個受僱者，必須遵守企業工作規則及工作紀律，此種對企業的認同感，也同樣可以在工會會員角色中發現。

勞工對於企業與工會，可能同時具有歸屬感，究竟要認同那一種角色，依個人及所處的情境有所差異。亦即，對於從業員的角色，與工會會員的角色，總會表示對那一方比較重視，具有較多的關心，或對那一方有較大的反感，不願付出。

十三、勞資關係與人力資源管理異同

衛民（2018）指出，勞資關係與人力資源管理兩個研究領域至少有五個**相同點**：

1	**兩者均聚焦於僱用與工作場所的議題**	勞資關係與人力資源管理的共同焦點都在工作領域，它們都對雇主與受僱者之間的關係具有高度興趣，也關切工作程序與體制對受僱者，乃至於對經濟與社會的影響。
2	**兩者均關注雇主、工會與政府政策**	勞資關係與人力資源管理探討雇主、受僱者與政府三者處理勞工問題的方法。勞資關係主要強調工會與政府在這方面的角色與貢獻，但也把雇主看成是重要的行為主體；人力資源管理主要強調雇主的角色與貢獻，但也會考量工會的角色與政府的立法或政策。

3	兩者均體認勞動的人性面	勞資關係與人力資源管理均體認到,勞力是附著在人的身上。基於勞動的人性特質,這兩個領域的學者在建議理論時,會考慮個人動機、認知、情緒等基本心理作用,也會支持某些基本的道德原則與人權,例如人身自由、結社自由、公平對待、開發人類潛能等。
4	兩者均尋求解決勞工問題的「雙贏」方法	勞資關係與人力資源管理均察覺到,受僱者需要公平與自我實現,雇主需要經濟或組織的最大效能(或效率),兩個目標之間存在著緊張關係。因此,這兩個領域的學者都試圖找出解決勞工問題的「雙贏」方法,也就是找到既能達成經濟效率和組織效能,也能使受僱者人性需求更加滿足的方法。
5	兩者均涉及多種學科的應用領域	勞資關係與人力資源管理都是涉及多種學科的應用實務領域,到目前為止,這兩個領域的學者都尚未發展出一套一般的、統合的理論來指導並建構工作場所議題的研究;不過,他們共有的長處是實務和政策的研究。

至於,勞資關係與人力資源管理兩個研究領域**相異點**分別是:

1	勞資關係強調受僱者與社區解決勞工問題的方法 人力資源管理則強調雇主解決勞工問題的方法	勞資關係的研究重點在於受僱者,主題涉及工人與社區解決勞工問題的方法,例如工資與僱用條件、工會的運作與影響、勞工政策等。相對地,人力資源管理強調雇主解決人事管理的方法,研究主題都以雇主為取向,例如:企業中人力資源管理的角色與功能,與人力資源策略關聯的功能性活動(如薪資、員工選任),員工行為與態度對達成組織目標的影響等。
2	勞資關係對僱用問題的研究大多從組織外部著眼 人力資源管理則大多以組織內部著眼	勞資關係學者通常在僱用組織之外找尋勞工問題的原因,例如景氣循環、產品與勞動市場的競爭力、社會階級結構、勞工法等。人力資源管理學者通常在僱用組織內部尋找勞工問題的根源。例如組織結構、組織文化、管理行為與制度、個人心理差異等。不過,近十餘年來,勞資關係學者也對人力資源管理實務對公司績效的影響產生興趣,而人力資源管理學者則開始對影響企業人力資源管理策略的外在因素(如勞工政策)有較多關注。

3	**勞資關係將受僱者利益看成獨立的目標**	勞資關係的目標是兼顧組織效能（或效率）以及受僱者的福祉，因此，企業經營有效率是最終目標之一，員工權益的保護與促進也是最終目標之一，後者不能依附於前者，也不能完全依賴雇主去達成，必須要靠集體協商與政府立法加以輔助。相對地，人力資源管理的最終目標是企業經營的效能（或效率）的極大化，只有如此才能滿足勞資雙方的利益，因此，員工權益的保護與促進不是一項獨立目標，而是透過好的雇主，以間接方式達成的。
	人力資源管理則認為受僱者的利益是間接獲致的	
4	**勞資關係假定管理權要制衡**	從勞資關係的觀點來看，雇主與受僱者利益是有衝突的，由於雇主有財務資源，通常是比較有權力的一方，能夠掌控僱用關係，因此，雇主的管理權需要制衡，例如讓員工參與日常的決策與運作。人力資源管理學者則認為雇主運用並建構管理權力是為了促進組織效能極大化，只要符合這個目標，雇主們才會賦予員工權力，讓他們參與決策與運作。
	人力資源管理則將管理權視為增進組織效能所必備的	
5	**勞資關係認為成功僱用關係只有在工會與政府立法的補充下才有可能**	勞資關係承認達到既成功又符合人性的僱用關係，雇主扮演關鍵角色，不過工會與政府角色也不可或缺，因為強大的工會與政府能展現平衡的力量，對雇主作基本的輔助與限制。人力資源管理特別強調雇主的重要性，工會與政府偶爾有必要，但通常會為僱用關係製造困擾。
	人力資源管理則認為雇主本身就能促成良好的僱用關係	

從以上的比較得知，勞資關係與人力資源管理的共同焦點都在工作領域，都認為雇主、工會與政府三者是處理勞工問題的行動主體，也都試圖找出既能達成組織效能（或效率），也能滿足受僱者人性需求的方法。不過，勞資關係認為受僱者的利益係獨立目標，不能在組織目標之下考量，人力資源管理則認為受僱者的利益附屬於組織效能或效率之下；因此，勞資關係比較強調用勞工集體力量以及政府政策解決勞工問題，而人力資源管理則強調雇主才是解決勞工問題的關鍵。

表1-2顯示勞資關係與人力資源管理這兩個研究領域的異同。

表1-2　勞資關係與人力資源管理的異同比較

相同處

1. 均聚焦於僱用與工作場所相關議題。
2. 均關注雇主、工會與政府的政策。
3. 均體認勞動的人性面。
4. 均尋求解決勞工問題的「雙贏」方法。
5. 均是涉及多種學科的應用領域。

相異處

1. 勞資關係強調勞工與社區解決勞工問題的方法，人力資源管理則強調雇主解決勞工問題的方法。
2. 勞資關係對僱用問題的研究大多採取組織外部的觀點，人力資源管理則大多採取組織內部的觀點。
3. 勞資關係目標是兼顧組織效能（或效率）以及受僱者福祉，人力資源管理主要目標是組織效能或效率。
4. 勞資關係假定管理需要工會與政府加以制衡，人力資源管理則將管理權視為增進組織效能（或效率）所必備。
5. 勞資關係認為只有在強大工會與政府立法的補充下，雇主才是良好僱用關係的促成者，人力資源管理則認為雇主本身就能促成良好的僱用關係，工會與政府偶爾必要，但通常會帶來困擾。

資料來源：衛民（2018：40）

02 經濟發展與勞動市場變遷

課前導讀

勞資關係與經濟發展及勞動力變遷關係密切，尤其在全球化以後，影響更是既深又遠又快，請針對兩岸經濟合作架構協議簽訂以後對於台灣產業的發展及勞資關係的影響多加著墨。

| 系統綱要 |

一、 當前臺灣產業發展趨勢分析

　　(一)美中貿易戰引發國際貿易新局勢

　　(二)疫情衝擊加速產業數位轉型

　　(三)人工智慧物聯網有助於發展各類創新服務

　　(四)2050淨零排放帶動綠色創意產業鏈發展

　　(五)中階技術人力的需求增加

二、 推動兩岸經濟合作架構協議（ECFA）的目的

　　(一)定義：架構協議是指簽訂正式協議之前所擬訂的綱要，並就雙方最急迫且獲有共識的工業品項目減免關稅，稱為「早期收穫」。
　　　　主要目的在於：

　　　　1. 推動兩岸關係「正常化」。

　　　　2. 避免台灣在區域經濟整合體系中被「邊緣化」。

　　　　3. 促進台灣經貿投資「國際化」。

　　(二)因應作法

　　　　1. 積極評估受衝擊產業及可能處理方式。

　　　　2. 強化輔導措施。

　　(三)研擬ECFA協助勞工方案

　　(四)勞動政策建議

三、 因應貿易自由化產業調整支援方案

　　(一)背景：依據產業創新條例第6條規定，訂定本方案。

　　(二)服務內容

　　　　1.振興輔導：對於可能受貿易自由化影響或內需型、競爭力較弱、易受貿易自由化影響之加強輔導型產業，政府將主動予以振興輔導。

　　　　2.體質調整：自由貿易協定（含ECFA）生效並開始降稅後，對於進口已經增加，但尚未受損之衝擊產業及勞工，政府將主動協助體質調整。

　　　　3.損害救濟：對於經經濟部依法認定損害成立之產業，除提供提高關稅或設定輸入配額等邊境措施，輔以振興輔導、體質調整、損害救濟等措施。

　　(三)適用對象

　　　　1.加強輔導型產業。　　　　2.受衝擊產業。

　　　　3.受損產業。　　　　　　4.可能受貿易自由化影響之產業。

四、　兩岸服務業貿易協議

五、　全球化勞動市場變遷與影響

　　(一)OECD國家全球化的勞動市場變動特色。

　　(二)採取的策略。

　　(三)在勞動市場全球化與彈性化發展下，政府應該特別重視工作者面臨的三種社會性風險。

六、　全球化對勞工與工會的影響

　　(一)對個別勞工的影響

　　　　1.薪資水準　　　　2.勞力的使用　　　　3.勞資衝突

　　(二)對工會的影響

　　　　1.工會力量式微及工會密度下降。

　　　　2.工會力量漸趨衰退因素：

　　　　　(1)就業結構改變。　　　　　(2)勞動型態改變。

　　　　　(3)勞資關係的分權化和企業層級化。　　(4)政治上的不利因素。

　　　　　(5)集體協商受制於提升競爭力。

七、　國際勞工組織對於因應全球化的建議

八、　尊嚴勞動

九、　國際勞動基準

十、　零工經濟

十一、 後疫情時代勞動市場的轉變

十二、 淨零轉型

　　(一)目標：2050淨零轉型是全世界的目標，也是臺灣的目標。

　　(二)內容：能源轉型、產業轉型、生活轉型、社會轉型四大內容及
　　　　科技研發與氣候法制兩大治理基礎。

十三、 永續發展目標（SDGs）

　　(一)緣起：聯合國2015年提出。

　　(二)內容：包含17個永續發展目標。

十四、 永續發展目標（ESG）

　　(一)緣起：聯合國2004年的《WHO CARES WINS》報告提出。

　　(二)內容：

　　　　1. 環境保護（Environmental）。

　　　　2. 社會責任（Social）。

　　　　3. 公司治理（Governance）。

十五、DEI

一、 當前臺灣產業發展趨勢分析

依據勞動部訂頒的「投資青年就業方案第二期（112～115年）」的產業趨勢
分析指出以下五大趨勢：

(一)**美中貿易戰引發國際貿易新局勢**：自107年美中貿易戰展開後關稅措施增
　　加美國進口中國商品的成本也創造了臺灣廠商在美國市場取代中國產品
　　的空間，促使臺商調整全球產銷配置或回流投資擴廠，外國廠商也選擇
　　來臺投資，我國出口貿易額屢創新高，臺灣產業發展有朝「再工業化」
　　之趨勢。

(二)**疫情衝擊加速產業數位轉型**：近年COVID-19疫情爆發，連帶影響國內外
　　營運、民眾消費，進而衝擊生產、營運、消費等經濟活動。實體商務會
　　議減少，遠距會議、居家上班（work from home）與零接觸經濟模式崛
　　起，使得個人及企業更加倚賴透過視訊軟體、雲端儲存系統、視訊所需
　　的硬體設備等物聯網產業的相關產品應用，而我國生產半導體、伺服器
　　與雲端資料中心等相關物聯網產業的廠商營收則獲得成長。疫情改變人
　　們的消費模式與對多元數位平台的需求，加速數位化應用的腳步，包含

遠距工作與教學、無人化工廠、宅經濟模式興起、電商經營模式加速成長等，促使數位化轉型成為必然趨勢，造就產業新契機。

(三) **人工智慧物聯網有助於發展各類創新服務**：近年人工智慧（Artificial In Telligence, AI）及5G行動通訊技術快速發展，進化成人工智慧物聯網（The Artificial Intelligence of Things, AI oT），在IoT技術中導入AI人工智慧系統（(AI+IoT) IoT），隨著發展成熟的IoT與人工智慧技術匯流後，使物聯網應用範疇更加廣泛，為產業與日常生活帶來更多創新應用。因數位化、智慧化等科技導入目前的生產及營運活動，致使勞動市場將產生部分工作內容有受自動化取代、引發工作再設計及創造新工作機會等勞動力重新配置現象。

國發會針對18項重點產業進行111至113年產業人才供需調查及推估報告，顯示各產業均有新增人力需求，其中以保險業1.6萬人最多，但新增需求人數占比以AI應用服務21.7%最高，因「人工智慧應用服務」產業在COVID-19疫情影響下，醫療生技產業大量導入AI技術，且預期AI應用發展在醫療照護領域將快速成長，同步帶動人才需求增長。

(四) **2050淨零排放帶動綠色創意產業鏈發展**：全球氣候危機來自大量溫室氣體造成全球暖化，各國陸續提出「2050淨零排放」的宣示與行動。我國於2022年3月發布「臺灣2050淨零排放路徑及策略」，選定「建築」、「運輸」、「工業」、「電力」及「負碳技術」項目提出五大路徑規劃，「產業轉型」、「能源轉型」、「生活轉型」及「社會轉型」四大轉型策略及兩大「科技研發」、「氣候法制」治理基礎，輔以「十二項關鍵戰略」，就能源、產業、生活轉型政策預期增長的重要領域制定行動計畫，落實淨零轉型目標。未來企業尋求低碳營運模式的做法，重視循環經濟及綠能，勢必帶動綠色創新產業鏈及相關技術人才之需求與發展。

(五) **中階技術人力的需求增加**：我國整體產業及就業環境隨上開各國際情勢變化而引發的連鎖效應製造業及科技業出口成長，造成有缺工、缺才之情事。依據勞動部111年第4次人力需求調查結果，顯示事業單位預計112年1月底較111年10月底人力需求淨增加5.1萬人；按行業別觀察，以製造業人力需求淨增加1.8萬人較多，各職類人力需求以技藝、機械設備操作及組裝人員淨增加1.6萬人較多，技術員及助理專業人員淨增加1.4萬人次之，服務及銷售工作人員淨增加1萬人再次之。

二、推動兩岸經濟合作架構協議（ECFA）的目的

(一)**定義**：架構協議是指簽署正式協議之前所擬訂的綱要，因為要協商簽署
正式協議曠日持久，緩不濟急，為了考量實際需要，故先簽署綱要式的
「架構協議」，並就雙方最急迫且獲有共識的工業品項目減免關稅，稱
為「早期收穫（Early Harvest）」。

目前東協分別與中國大陸、韓國、日本、印度等國都簽有架構協議；印
度也分別與泰國、智利、南方共同市場、海灣合作理事會（GCC）等簽
有架構協議；另外，加拿大與巴西亦簽有架構協議。

政府推動和中國大陸簽署兩岸經濟合作架構協議（Economic Cooperation
Framework Agreement，簡稱ECFA）主要有三個目的：

1. 推動兩岸經濟關係「正常化」：雖然目前兩岸都是WTO的成員，但是
彼此之間的經貿往來仍有許多限制。

2. 避免台灣在區域經濟整合體系中被「邊緣化」：區域經濟整合是全球的
重要趨勢，目前全世界有將近230個自由貿易協定，簽約成員彼此互免
關稅，如果不能和主要貿易對手簽訂自由貿易協定，台灣將面臨邊緣化
的威脅，在重要市場失去競爭力。大陸是目前台灣最主要的出口地區，
與大陸簽署協議，有助於台灣與他國洽簽雙邊自由貿易協定，可避免台
灣邊緣化。

3. 促進台灣經貿投資「國際化」：陸續與大陸及其他國家簽署協議或協
定，可助台灣融入全球經貿體系，並且吸引跨國企業利用台灣作為進
入東亞的經貿投資平台。

(二)**因應作法**

1. **積極評估受衝擊產業及可能處理方式**：兩岸經濟合作架構協議涉及層
面廣泛，包括承諾降稅或免稅等，或許會對某些傳統弱勢產業造成衝
擊，政府正積極進行產業評估，掌握受衝擊產業情況。

對於評估認為會受衝擊之產業，有幾種處理方式，首先在協商過程
中，不列入早期收穫項目，或爭取較長調適期、列入敏感清單等，並
在協議中妥善規劃相關貿易救濟措施，俾未來遭受衝擊時可以使用。

2. **強化輔導措施**：針對因簽訂兩岸經濟合作架構協議而受到衝擊的產
業，輔導作法如下：

(1)針對整體產業提供全方位的支援輔導措施（包括：經營管理、技術
升級、財務融通、市場行銷等），協助企業強化體質，發展品牌提
升競爭力，以拓展商機。

(2)啟動因應ECFA「提升弱勢產業競爭力專案輔導計畫」：針對弱勢產業，依個別產業特性及遭遇問題，分別擬訂短、中、長期之專案輔導措施，例如：協助業者推動MIT驗證標章與拓展內、外銷市場，建立策略聯盟與產銷網路；提供產業技術升級、經營轉型之輔導以及資金融通協助；辦理弱勢產業特殊專業人才培訓與建置產業所需之公共及共用設施或設備等。

(3)運用「艱困傳統產業輔導機制」：針對個別艱困傳統產業提供輔導措施；對瀕臨艱困傳統產業提供預防性輔導；另針對供應內銷、小型且具地方聚落之艱困傳統產業，提供升級轉型輔導及退出協助等。

(4)除對受衝擊產業提供實質轉型與提升競爭力之協助外，亦將透過談判建立相關救濟機制適時啟動，以減緩對國內對受衝擊產業之影響。

(三)**研擬ECFA協助勞工方案**：簽訂ECFA勢必會對台灣產業與勞動市場的發展產生新的影響，政府為強化勞工就業安全，參考過去加入WTO前之因應措施及當前各項促進就業及照顧失業等措施，研擬相關因應措施，提供受影響弱勢產業之勞工協助，包括：協調財經部門加強對弱勢產業輔導、協助產業升級或轉型、保障勞工現有就業機會、針對受衝擊之產業勞工、爭取開放緩衝時間（包括過渡時期、防衛措施、特別防衛機制、調適協助、納入救濟及退場機制等），並朝輔導、調整、救濟三大項策略規劃，因應洽簽ECFA配套措施。

1.**輔導策略**：策略主軸為「振興輔導」，輔導對象為經濟部認定未來可能受到衝擊產業，定位為預防性輔導，政府主要措施如下：

(1)辦理各項說明會進行訪視服務，收集相關產業及事業單位因應貿易自由化之相關資訊。

(2)提供相關協助方案之文宣資料，以利企業及員工了解服務資訊。

(3)結合相關部會建立溝通、協調窗口。

(4)如有需要提供政府既有之就業、訓練服務措施。

2.**調整策略**：策略主軸為「體質調整」，幫助對象為未來因簽訂區域貿易協定（含ECFA）可能受進口衝擊產業及其勞工，政府設置單一窗口，運用專線電話、網站專區、公立就業服務機構專責櫃檯專人服務，提供就業服務及職業訓練訊息，積極協助產業及其勞工，政府提供協助就業安定三大項措施如下：

(1)在職勞工薪資補貼。　　　　　　(2) 職務再設計補貼。

(3)在職勞工技能提升措施：補助事業單位辦訓及勞工參訓。

3.**救濟策略**：策略主軸為「損害救濟」，依「貨品進口救濟案件處理辦法」經貿易調查委員會，認定貨物進口救濟案件損害成立之受損害產業及其勞工，除提高關稅及設定配額等邊境措施外，政府對於產業無法升級、轉型，而無法營運，提供轉業及再就業的五大項協助措施如下：

(1)再就業協助：僱用獎助、職場體驗、短期就業安置、資遣通報機制、就業諮詢服務。

(2)就業能力協助：多元職業訓練、訓後就業服務、職訓生活津貼、協助取得技術證照。

(3)創業協助：創業技能及經營管理培訓、創業諮詢及適性分析、職場體驗見習、創業貸款及利息補貼。

(4)轉業協助：求職交通津貼、搬遷與租屋津貼、就業獎助津貼。

(5)待業生活協助：針對失業勞工發給生活津貼及其它社會救助的相關補助。

(四)**勞動政策建議**：因應ECFA的勞動政策建議如下：

1.將貿易調整協助方案的申請審查與進口救濟案件的申請審議分離，並且政府單位應主動尋求需要協助的企業與勞工。

2.將貿易調整協助內容具體化，包括租稅優惠、融資保證的額度、技術輔導與職業訓練的費用分攤比例等。此外，協助項目應增列提供給勞工的貿易再調整津貼。

3.允許工會也能申請貿易調整協助措施，並且開放個別廠商或勞工可透過其他管道申請貿易調整協助。

4.政府應現行進口救濟制度的被動角色，積極規劃推動產業調整計畫，主動協助產業與企業轉型。

5.設置「工業產品受進口損害救濟基金」，使貿易調整協助方案有自主運作的財源，並且能提供充分經費推動產業調整計畫。

三、因應貿易自由化產業調整支援方案

(一)**背景**：政府推動簽訂經濟合作協議，是台灣朝向國際化之好契機，透過開放或調降關稅，可拓展國際市場擴大臺灣出口貿易，然而，對於國內內需型、競爭力較弱、易受貿易自由化影響之產業及其雇用員工，亦將造成相當之衝擊，政府在洽簽經濟合作協議時，應運用談判策略爭取有利條件，並給予適當輔導及支援，協助轉型升級，提升產業競爭力及就業安定，以因應貿易自由化所帶來的衝擊。

有鑑於此，為因應貿易自由化提供產業調整支援措施，依據「產業創新條例」第6條：「產業受天然災害、國際經貿情勢或其他重大環境變遷之衝擊時，各中央目的事業主管機關應視需要提供產業調整支援措施，以協助產業恢復競爭力及促進社會安定」之規定，訂定本方案。

(二)**服務內容**：為防患未然，並對可能受貿易自由化損害之產業、企業與勞工提供積極、有效之支援措施，經濟部已研擬「因應貿易自由化產業調整支援方案」並於99年2月22日奉行政院核定，並於99年12月7日修定在案，自99年至108年，預計投入952億元經費，針對不同對象採行以下三種調整支援策略，提升其競爭力及輔導轉型。

　1.**振興輔導**：對於可能受貿易自由化影響或內需型、競爭力較弱、易受貿易自由化影響之加強輔導型產業，政府將主動予以「振興輔導」。

　　(1)產業升級轉型輔導　　　　　　(2) 產業技術升級
　　(3)提供中小企業融資信用保證　　(4) 協助中小企業群聚發展
　　(5)協助拓展外銷市場等　　　　　(6) 勞工就業相關服務

　2.**體質調整**：未來自由貿易協定（含ECFA）生效並開始降稅後，對於進口已經增加，但尚未受損之衝擊產業及勞工，政府將主動協助「體質調整」，除上述「振興輔導」之措施外，更增加下列輔導措施：

　　(1)衝擊產業個別調整輔導。
　　(2)提供廠房及設備更新低利融資、鼓勵企業併購之投融資。
　　(3)就業安定協助及轉業再就業協助。

　3.**損害救濟**：對於經經濟部依法認定損害成立之產業，除提供提高關稅或設定輸入配額等邊境措施，輔以「振興輔導」、「體質調整」之措施外，並提供下列措施：

　　(1)依個別受損產業之特殊需要提供專案調整措施。
　　(2)協助業者轉換業種與產品融資。
　　(3)提供就業相關服務、就業安定及轉業再就業協助。

(三)**適用對象**

　1.**加強輔導型產業**：對於內需型、競爭力較弱、易受貿易自由化衝擊之產業。

　2.**受衝擊產業**：因貿易自由化影響，其降稅產品進口量異常增加，但尚無顯著受損之產業。

　3.**受損產業**：因貿易自由化影響，已顯著受損之產業。

　4.**可能受貿易自由化影響之產業**：除上述加強輔導型產業、受衝擊產業及受損產業等3種產業以外，可能受貿易自由化影響之產業。

四、兩岸服務業貿易協議

(一)**定義**：經濟部（2014）指出，服務貿易係指「服務業的貿易」，由於服務
通常不具實體，和貨品性質有異，為便於世界貿易組織（WTO）會員協商
彼此間的市場開放，WTO依照服務提供的方式區分四種服務貿易模式：

模式一

指服務的直接跨境提
供，例如臺灣的設計業
者透過網路、電話等方
式提供在大陸的消費者設計服務。

模式二

指消費者到服務提供者
所在地消費服務，例如
陸客來臺觀光。

**服務貿易
模式**

模式三

指服務提供者至消費者
所在地設立商業據點提
供服務，例如臺灣的銀
行在大陸設立分行，此
種模式即服務業的投資。

模式四

指服務提供者以自然人移動方式至消
費者所在地提供服務，例如臺灣的銀
行派遣臺灣員工至其大陸分行擔任經
理，提供銀行服務（註：因本協議規
定不涉及雙方勞動市場，該
員工倘不擔任分行經理即需
返臺，並非可留在當地找其
他工作）。本協議即依據前
述WTO之定義及相關規定
進行協商。

(二)**海峽兩岸服務貿易協議主要內容**：協議內容包括文本（即條文）、特定
承諾表（市場開放清單）及關於服務提供者的具體規定等3部分。文本部
分規範任一方政府所採可影響服務貿易之措施應遵守之義務，包括：透明
化、客觀公正、避免不公平競爭、允許相關的資金移轉及原則上遵守最惠
國待遇及國民待遇等。特定承諾表則載明雙方相互開放服務業市場之內
容，雙方約定採取正面表列，未列出之服務部門除雙方於WTO作出承諾
且現已開放者外，則屬尚未開放。

本協議涉及眾多服務部門，依據WTO之分類方式包括商業服務；電信服
務；營造服務；配銷服務；環境服務；健康與社會服務；觀光及旅遊；

娛樂、文化及運動服務；運輸服務及金融服務等。此外，考量兩岸經貿互動發展及業者關切，我方並未就律師、醫師、會計師、建築師等專業服務業作出開放承諾。

(三)簽署海峽兩岸服務貿易協議對我之意義

1. 協助業者進軍大陸市場：大陸已從「世界工廠」逐漸轉化為「世界市場」，成為各國廠商兵家必爭之地，繼ECFA早收清單為我國廠商搶得灘頭堡後，「海峽兩岸服務貿易協議」之簽署更進一步協助我服務業者利用本協議之各項優惠，以更好的條件進入大陸市場。

2. 促進融入區域經濟之整合：服貿協議之簽署將向外界放送兩岸經貿繁榮發展之強力訊息，加上臺星協議已完成實質協商、臺紐已近完成協商，可望激勵更多國家與我洽簽經貿合作協議。

3. 有助推動貨品貿易協議完成協商：在兩岸服務貿易協議簽署後，雙方將可集中心力，加速貨品貿易協議之協商。

(四)政府協助業者因應市場開放之作法：我方市場開放承諾內容均經過各服務業主管機關依據「衝擊極小化，利益極大化」之原則審慎評估後列入，預期可鼓勵更多陸商來臺投資，促進就業及刺激市場良性競爭。若國內業者仍因市場開放受到損害，我方除可依協議之相關機制積極與陸方磋商尋求解決方案外，政府亦將根據業者實際需要，採取適當措施協助業者妥善因應貿易自由化帶來之影響。

(五)國會監督與後續實施程序：在協議簽署前，行政部門已依據立法委員之需要個別進行報告，並在協議內容較為具體後向立法院進行專案報告，讓立法院掌握協商的進度。

本協議將俟兩岸各自完成內部程序，自換文之隔日起生效。至於市場開放內容之實施時間，原則上將自生效日起實施，部分部門或將因相關配套措施需要較多時間處理而延後，惟均將依照本協議之規定儘速實施。

(六)未開放部門之處理：考量服務業發展特性、兩岸管理體制差異及兩岸業者之需求，雙方同意參採WTO服務貿易漸進式自由化之精神，於本協議納入「逐步減少服務貿易限制」條文，規定雙方未來可在互惠互利之基礎上，經雙方同意，就服務貿易的進一步市場開放展開磋商。故本協議生效後，倘雙方對於彼此尚未開放之服務業或仍維持之限制性措施，均認為有必要進一步開放時，可依據本條文之規定再次進行磋商，磋商結果將構成本協議的一部分，使兩岸服務業往來更加開放與便利。

(七)**內容與影響**：臺大鄭秀玲教授（2013）提出內容與影響的個人主張：

1. ECFA後續協商已經進入實質關鍵。
2. 服務貿易模式類型
   (1)跨境提供服務。　　　　　　(2) 境外消費。
   (3)商業據點呈現。　　　　　　(4) 自然人呈現。
3. 對國人薪資所得與就業市場衝擊
   (1)對我國整體就業市場及薪資所得帶來不利影響，衝擊遠大於其他國家。
   (2)無專長限制，總居留期間無上限，將成為變相移民管道。
   (3)在臺提供就業機會將不如預期的多。
   (4)嚴重威脅本地弱勢產業（美容美髮業、汽車維修業），引發倒閉潮，造成大量失業。
   (5)造成大批臺灣醫護人員出走，淘空我國醫療體系。
   (6)出版業面對極不平等競爭，進而被中方壟斷整個出版產業。
   (7)中國將掌控臺灣的金流。
   (8)中國將掌控臺灣的物流。
   (9)磁吸效應，我方資金、人才加速外流。

五、全球化勞動市場變遷與影響

蕭博銘（2005）指出，全球化（globalization）是指「全球性」（global-ity）「變化」（-ization）過程，是一種全球性的變化過程，也是一種「現象」（phenomenon）。

「國際貨幣基金」（International Monetary Fund，IMF）將全球化描述為：「透過大量與多樣的商品、勞務地跨國交流與國際資本流動和加上科技急遽發展與廣泛的流傳，使得世界各國之間的經濟互賴逐漸成長。」簡單的說，全球化代表著流動（flows）與流動性（mobility）的急遽變化。

德國社會學家貝克（Ulrich Beck）將全球化（globalization；globalisierung）與全球主義（globalism；globalisums）加以區別：全球化是相對空間的壓縮和「世界村」（World village）的形成，換言之，是沒有一個國家或是任何一個群體可以離群索居；而全球主義代表的是新自由主義（neo-liberalism）提出的自由市場意識形態概念，也就是說，全球主義的意識形態會讓我們強烈的聯想到這是一個商業經濟帝國主義社會的世界觀。

又從全球化的意涵分析，全球化是透過政治、經濟與文化等三部曲進行的，表示三種不同面向：首先是「經濟全球化」（economic globalization），代表廠商與企業跨越國界的活動，包含跨國的金融投資、商品、勞務等遠距離的經濟交流；在貿易方面，各地交流有絕對的自由；金融與勞動也都是可以無國界的方式移動；生產則是各國競爭優勢。換言之，經濟全球化代表著新自由主義觀的勝利；其次是「政治全球化」（political globalization），是指國家主權應退出，最後交由「非政府行為者」（non-state actors）或類似「世界政府」（world government）的全球政體進行治理；最後則是「文化全球化」（cultural globalization），文化全球化利用符號為媒介、利用傳播媒體建立全球一致化的生活型態與文化活動。

(一)**OECD國家全球化的勞動市場變動特色為**

1. 勞動市場中部分部門工作機會的減少，與其他部門新工作機會的增加，是全球化過程中無法避免的現象。

2. OECD國家的就業水準雖呈逐步上升，但是外人直接投資的流出與移民遷入的增加，均使得工作不穩定性提高。

3. 中國與印度挾其大量低薪勞工，迅速整合於世界貿易系體，亦激起「失業與減薪」的恐懼。

(二)**採取的策略有**

1. 為避免全球化開放市場的衝擊，有效促進就業及對抗失業的政策是必要的，同時政府投入的積極就業措施愈多，勞動市場的就業安全感愈高。

2. 建立適合的配套措施需兼顧：

　(1)**直接措施：**

　　A. 企業於解僱時能給予事前預告，提供及時性的尋職協助，以幫助失業勞工再就業。

　　B. 具有減少失業誘因的前提下，透過工作分享津貼以保障在職勞工所得。

　　C. 提供失職者積極的協助管道措施，以媒合勞動力與新增職缺。

　(2)**間接措施：**積極創造工作、提升勞動技能、引導勞工從事最能發揮個人生產力的工作。

(三)Schmid（2006）**進一步強調，在勞動市場全球化與彈性化發展下，政府應該特別重視工作者面臨的三種社會性風險：**

1. 長期失業者與特定對象失業者被排除於勞動市場外的風險。

2. 非典型工作者或低度就業者移轉為典型工作者或完全就業者困難的風險。

3. 在職工作者因教育訓練不足導致就業能力薄弱的風險。

六、全球化對勞工與工會的影響

(一)**對個別勞工的影響**：全球化過程鼓勵提高競爭力，因此，雇主將要求更大的勞動彈性，並採取各項策略以提高勞動效能，這些策略反映在企業的管理制度上，帶來三項實質性的變化與產出，分別是：薪資水準、勞力使用與勞資衝突。

1. **薪資水準**是指企業刪減單位勞動成本的壓力，進而抑制薪資調升。

2. **勞力的使用**是指透過彈性化制度對勞力進行更有效率的使用，彈性化型態包含：

   (1)**數量上彈性**：使用臨時工、勞動派遣、外包等等，讓雇主有更多僱用上的彈性，藉由調整僱用的數量，達成人力配置的靈活度。

   (2)**職能上彈性**：雇主可隨時調整員工的工作內容和職位，隨時可以進行輪調。

   (3)**時間上彈性**：亦即「彈性工時」或「變形工時」。

   (4)**薪資或財務上彈性**：雇主可藉由更有效率的薪資設計，達到成本控制。

3. **勞資衝突**：是指勞資關係將因全球化帶來的各項不確定與改變壓力而有所變化，勞工方面有各種意見甚至反彈，勞資間衝突及勞資爭議因而增加。

   最終對個別勞工將造成勞工工作所得與工作保障性都降低。

(二)**對工會的影響**：帶來的影響分別是：

1. 工會在全球化浪潮中顯得無力，由工會密度觀之，1980年代以來，主要工業國家都呈現下降趨勢。

2. 工會漸趨衰退主要受到就業結構改變、勞動型態改變、勞資關係分權化與企業層級化、政治上的不利因素、集體協商受制於提升競爭力等因素影響，如下所述：

   (1)**就業結構改變**：全球化帶來就業結構的改變，亦即，工作或職業的改變，以及就業機會或提供工作的場所也有所改變。

   　A. 就業類型改變：主要是藍領製造業工作大量轉變為白領服務業工作。

   　B. 公營事業民營化：公營事業相繼民營化後，原先屬於公共部門的工作轉向民間部門，民營化後的企業主對工會採取負向消極態度，工會運動發展受到影響。

   (2)**勞動型態改變**：最明顯是非典型勞工大量增加，「非典型勞工」又稱「不定型勞工」（atypical workers），是指部分工時、派遣勞工、

宣傳勞動等型態。一般而言，非典型勞工勞動條件較差，工作時間不長且加入公會的比例也低。另外，外籍勞工及知識工作者增加。知識工作者具備不同特質：

A. 擁有的生產工具是知識，具有高移動性；

B. 可能是承攬工作、外包工作的自營作業者，不一定要受雇主僱用或依賴組織或成為屬下；

C. 不喜歡被「管理」，平等和參與的觀念強烈；

D. 薪資多寡並非重要的激勵因子，要求分紅、入股方式以分享努力成果，受到尊重也是重要的需求。

(3)**勞資關係的分權化和企業層級化**：20世紀末、21世紀初，部分中央集中（centralized）的勞資關係已由分權型（decentralized）取代，勞資互動已逐漸轉移到企業層級，亦即所謂的「勞資關係企業層級化」。

再者，全球化和自由化壓力下，政府默許企業經營者對於資本運用更具彈性，雇主在勞工使用和薪資成本上的控制更自主，加上雇主採用新的管理策略，誘使員工向公司靠攏而非向工會靠攏。綜上，勞資關係的分權化與企業層級化間接削弱了工會力量。

(4)**政治上的不利因素**：1980年代開始，工會會員大量流失，工會組織作為勞工代表的身分受到挑戰，因此，在政策參與及制定的影響力亦逐漸下降。事實上，工會的政治影響力下降，除了本身力量衰退之外，政府是關鍵因素。全球化、國際化潮流下，政府未偏向資方，也未偏向勞方。

(5)**集體協商受制於提升競爭力**：工會傳統的利器是集體協商，在企業與國家共同要求提升競爭力的情況下，工會被要求成為控制成本的主要對象，工會會員可能成為節省支出和勞動市場鬆綁下的犧牲品。工會不僅無法為會員爭取更好的勞動條件，反而要處處讓步，甚至只能要求保住工作權。

七、國際勞工組織對於因應全球化的建議

成之約（2015）指出，全球化（意指貿易自由化、非關稅障礙消除、關稅稅率降低、資本自由移動、資訊和通訊科技發展等因素將世界整合為一個全球性的市場）和快速的技術變革有如雙刃刀一般。一方面提供經濟成長和就業擴張的機會；另一方面，全球化也對所有國家造成挑戰。由於全球經濟整合

與技術進步所產生的激烈競爭和經濟變動會導致經濟不穩定和勞工技術能力無以持續的困難。如何掌握技術變革與經濟開放的機會及減少有關的社會成本，技能的層次與品質扮演著關鍵因素。

新技術的發展同時扮演著工作機會創造者與毀滅者的角色，也同時導致工作場所組織的變革。經由授權，尤其是低技術（low skill）勞工必須承擔更大責任。同時，受僱員工不僅要提高技術層次，更必須是一位多技能工。意味著企業訓練和終身學習的重要性。對不提供訓練或再訓練的企業來說，僱用部分工時勞工或業務外包則是普遍採用的方法。部分工時、低工資的工作也大量出現在銷售與服務部門。結果，銷售與服務部門出現工作技能兩極化與低技能工就業不穩定的現象。

技能不僅關係著勞工的就業能力，更與國家的競爭力息息相關。因此，在提供經濟發展必要的技術勞工與解決就業問題上，訓練政策扮演著重要角色。

隨著全球化與技術變革速度的增加，國際社會同時面臨挑戰與機會兩種情況。就挑戰而言，全球就業情勢依舊冷峻，許多國家普遍面臨高失業及低度就業的問題。但是，就機會的利用與降低經濟開放而衍生的社會成本而言，一個國家所具備的技能的層次與品質逐漸扮演著重要的因素。

國際勞工組織審視全球就業情勢以及探討提昇國家競爭力、促進企業效率和增加就業成長的訓練策略。其中以提升婦女就業機會和強化非正式部門（Informal sector）與弱勢勞工（青少年、長期失業、中高齡和身心障礙勞工等）技能與就業能力政策與方案最為重要。

有鑑於新技能對快速及持續變革的重要性，國際勞工組織認為訓練與終生學習應該列為第一優先。當訓練決策係勞、資、政三方密切諮商的結果，強化勞工教育及技能水準必然有助於國家整體的成長。

根據國際勞工組織研究顯示，全球化、技術變革和組織重整則導致弱勢勞工群體喪失就業機會，進而影響到弱勢勞工群體接受訓練的機會和誘因。因此，國際勞工組織呼籲對於婦女、青少年、長期失業、中高齡和身心障礙勞工的失業問題，政府政策應予以更大的重視。

在世界上，許多地區經濟的低度成長導致許多弱勢勞工群體的就業機會受到威脅。隨著經濟發展和技術層次需求的提昇，如何透過訓練與終身學習提昇就業能力與促進就業成為重要課題。

針對這些弱勢勞工群體的就業促進，政府應就以下政策方向加以思考：

(一) 許多國家的經驗顯示，當經濟成長相當高時，提供青少年某種型式的企業內工作經驗訓練會有助於青少年就業的提昇。因此，政府主管機關應該提供企業稅賦誘因，鼓勵企業僱用青少年並提供必要的訓練。

(二) 應參考工業先進國家的做法，採行教育和訓練、工作協尋與諮商結合的青少年特定政策和計劃，以協助青少年尋職者能盡速的進入勞動市場和提昇青少年的就業能力。

(三) 雇主認為長期失業勞工欠缺雇主所需要的特質，因此，協助長期失業勞工的方法就是要透過教育、訓練與就業諮商提昇其勞動市場的良好特質。

(四) 為長期失業勞工規劃方案時必須具備市場導向的觀念和做法。在作法上必須結合薪資補貼、尋職協助、技能教育、訓練、家庭諮詢等各種措施。小型和以社區為基礎的企業不僅可以提供失業者必要的協助，並有助於社區經濟的發展和需要的滿足，是解決長期失業的有效方法之一。

(五) 政府必須以積極的政策來處理中高齡勞工長期被摒除於就業市場的問題。倘若政府對企業中高齡勞工的訓練提供某些的補助、直接補助接受訓練的中高齡勞工或增加職訓機構中高齡勞工訓練的機會，那麼中高齡勞工就可以獲得一個終身學習的環境，而不必太過擔心遭到解僱或資遣的命運。此外，尋職與就業諮詢都有助於中高齡勞工就業問題的解決，但前提是中高齡勞工必須具備市場所需的技能。

(六) 如何讓身心障礙者擁有公平接受教育及訓練的機會應該視為一人權議題。因此，政府應該設法滿足身心障礙者接受主流教育與職業教育的需求。此外，特殊學校與其他專門為身心障礙者規劃的訓練設施與方案都有助於身心障礙者就業技能的訓練。

(七) 由於就業技能的限制是影響身心障礙勞工就業的重要因素，因此，提供必要的訓練有助於身心障礙勞工就業機會的獲得。當然，訓練本身功能有限，訓練方案的實施必須結合尋職協助、就業諮詢、技能教育等措施，身心障礙勞工才能因此受惠。

八、尊嚴勞動

尊嚴勞動（decent work），有人譯作「合宜工作」或「人性化的勞動條件」，國際勞工組織（ILO）官方網站翻譯為「體面勞動」或「尊嚴勞動」。1999 年國際勞工局局長索瑪維雅（Juan Somavia）首次向國際勞工大

會（International Labor Conference）提出尊嚴勞動的概念，最初的定義是：
「在自由、平等、安全與尊嚴的條件下，有足夠酬勞、權益受到保護並有社
會安全保障的具有生產收益的工作。」隨後的國際勞工組織相關文件中，把
尊嚴勞動的原始概念與該組織2000～2001年度計畫方案的四大策略目標結
合，分別是：(一)促進勞動權益；(二)促進就業；(三)促進社會安全保護；
(四)促進社會對話。

分述如下：

(一)**促進勞動權益**：所有勞動者都應享有職場的各項權益。無論是否是有組
　　織的勞工，不管工作的場地、時間，勞工是否處在正式或非正式的經濟
　　體制中工作，都應享有工作中的各項權益。

(二)**促進就業**：促進就業是尊嚴勞動的主要目標。勞動權利的保護必然包括
　　促進工作本身的各種可能性。促進個人能力的提升、擴展各項機會，使
　　人能夠找到具生產收益的工作並且謀得合宜生計是國際勞工組織的基本
　　職責之一。故除了建立勞動基準、謀求擴大全球的工作機會也是國際勞
　　工組織的重要目標。國際勞工組織關切尊嚴勞動工作計畫，其目標不僅
　　是創造工作、也包括創造品質可令人接受的工作。就業率不能與就業品
　　質分而論之，因就業品質代表了多重意義：就業形式不同，其勞動條
　　件、價值與滿足感也都不同。在高度競爭的全球市場中，面對快速變遷
　　的環境，政府必須設計確保基本安全與就業的社會經濟制度，使勞動者
　　能夠得到應有的保障。

(三)**促進社會安全保護**：國際勞工組織除了關切人性化的勞動條件之外，也
　　致力於解決使人失去工作的傷害及意外事件。除了保護勞工免於工作傷
　　害及意外事件發生，更重要的是當勞工因此失業、生病甚至喪生，雇主
　　及政府應當負起支持勞工以及其家庭的責任，給予資源及協助。建構良
　　好的社會安全網，防止勞工及其家庭因意外事件而落入貧窮的困境中。

(四)**促進社會對話**：勞工參與及結社自由乃社會對話的先決條件。社會對話
　　是確保衝突解決、社會平等及有效執行政策的方法。是維護勞動者權
　　益，促進就業及保障工作的重要機制。良好的社會對話也能促進各階層
　　的溝通以及穩定。

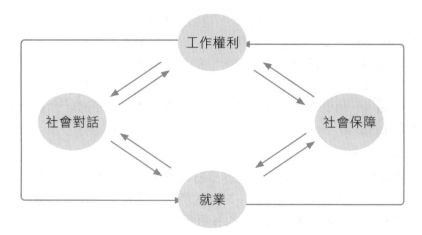

圖2-1　尊嚴勞動四大策略目標

「以人為本、尊嚴勞動」三大主軸：合作、安全、發展。

(一) **合作－強化勞資對話，促進合作關係**：經濟發展和勞工福祉相互依存，政府將致力增進勞資雙方溝通、對話與互動，就共同關注議題凝聚共識，建立合作夥伴之關係，使勞動市場能保有彈性，也能兼顧勞工權益保護，以達勞資自決、勞資雙贏。

(二) **安全－健全勞動環境，維護身心健康**：因應勞動型態轉變，維護勞動者「所得安全、就業安全、工作安全」乃政府長期以來施政努力的方向。在多元化與彈性化勞動趨勢下，政府將提供完整且適足的社會保障，以維繫勞動者所得安全；營造健全與友善的勞動環境，以增進勞動者就業安全；建立職業安全防護體系，以加強保障勞動者工作安全。

(三) **發展－加強人力運用，創造永續發展**：面對人口結構變遷的挑戰，政府將積極開發青年、婦女及中高齡者勞動力，推動新興工作模式，促進其就業並改善勞動力參與率；強化研訓檢用合一，提升勞動力素質，滿足產業所需的人力；另因應全球化跨國就業趨勢，動態調整就業與跨國勞動力政策，以維護勞動權益與尊嚴，提升勞動生活品質。

尊嚴勞動是國際勞工組織提高就業品質及提供全球高品質工作的一個簡化概念。一國的經濟成長未必能為亟需工作的人創造出更多的工作機會。如拉丁美洲、甚至美國都有「無工作成長」（Jobless growth）的情形；國家扶植企業後，所謂「雨露均霑」（trickle down）並未實現。故國家應重新思考政策

方向，應以保障社會大眾基本生活為首要目標，使人民能藉由工作以及社會安全網得到足夠的生活保障；而非一味的扶植財團企業，希冀企業能夠拓展國內勞動力市場。尊嚴勞動才能帶來尊嚴生活（decent work, decent life），且當各國之勞動基準品質相當時，才能遏止跨國企業為求壓低成本，透過各種途徑剝削他國或本國勞工的行為。

國際勞工組織後來重新定義尊嚴勞動：「一個尊重勞動者權益及提供某些社會安全保護的工作。」「有生產收益的工作」（productive work）被「優良就業品質」（good quality employment）所取代；社會對話的概念也被歸入對於勞動者權益的尊重。並認為工會自由與勞工是否能享有尊嚴勞動密切相關，工會自由是尊嚴勞動的重要前提。而國際勞工組織秘書長Juan Somavia 也對尊嚴勞動提出自己的另一個定義：「尊嚴勞動是一份有生產收益的工作；在此一工作中勞工權益受到尊重，享有社會安全及保護，並擁有參與勞動者決策的可能性。」將職場安全以及勞動者參與的需要列為最重要的項目。

尊嚴勞動除了是國際勞工組織現行四項策略性目標之核心精神所在，也含有：(一)充分就業；(二)社會安全網；(三)基本勞動權益；(四)企業、勞工及政府三方面相互有利的夥伴關係等四大主軸（Pillars）。尊嚴勞動也再次確認並擴大了國際勞工組織的核心勞動基準，包括：(一)消除就業歧視；(二)消除奴工及童工；(三)結社自由；(四)集體協商權。尊嚴勞動這個概念，其實彙整國際勞工組織成立以來所關切的一切勞工權益相關事項，並代表著就業機會的增加與品質的提升。尊嚴勞動代表著政府、雇主及勞工必須協調各自利益，以回應個人、家庭及社區對於尊嚴勞動、尊嚴生活的需求。

九、國際勞動基準

(一) 北美自由貿易協定（NAFTA）的勞動基準方面包括：1.結社自由與組織權利的保障；2.團體協商的保障；3.罷工的保障；4.強迫勞動的保障；5.兒童與青少年勞動權利的保障；6.最低僱用標準；7.就業歧視的保障；8.性別工作平等；9.職業災害與疾病預防；10.職業災害與疾病的補償；11.移動勞工的保障。

(二) 歐洲聯盟（EU）：含1.結社與勞資協商；2.勞工遷徙自由；3.就業與薪資；4.改善勞工生活與工作條件；5.安全衛生維護與工作安全；6.性別平等等權利。

(三) 亞太經合會（APEC）：勞動權利與國際勞動標準並未列入。

　　6.驅動零工經濟發展的背景因素有二

　　　(1)法律變化：倡導零工經濟者認為，此工作模式可能是失業者進入勞動市場的重要途徑，因此應予以鼓勵，不應受到監管。在平台業者積極遊說下，美國可能在2020年，於自營職業和就業之間設立一種新的類別，稱為從屬承包商，具備勞工自營職業的靈活性同時享有勞工權利，例如帶薪病假，失業率高的歐洲國家可能跟進。隨著工作模式快速變化，已有許多國家開始討論第三類工作類別的可能性。

　　　(2)技術：人工智慧進步讓任務匹配比以往更快更容易，未來如LinkedIn的網站可以在6小時內為任何任務找到合適的工作人員，此配對網站還會與Uber等乘車服務公司合作，確保這些合適的勞工在一個工作日內到達工作地點。科技發展給外包帶來新生機，未來企業可資遣核心員工，再將他們以短期承包商重新僱用來完成特定任務。接受轉變的公司可獲得巨大收益，因為當需求降低不再需要支付正職員工薪資時，能找到真正具技術性的勞工，並非只是願意來工作的低生產力勞工，對擁有高技術勞工來說，簽訂勞動契約領取較高報酬，比在單一公司工作會有更好的勞動條件。反觀，缺乏技術的勞工將喪失談判能力，獲取薪資不足以維持家庭基本支出，屆時形成另一種新的社會問題。

十一、後疫情時代勞動市場的轉變

由於COVID-19在全球蔓延擴散，包括經濟、產業甚至人們生活及工作都受到相當程度影響。根據近期《經濟學人》分析Google關鍵字搜尋次數結果發現，全球普遍實施防疫管制期間，一些人潮大量聚集的消費行為，其相關的關鍵字被搜尋次數明顯減少；反觀在家用餐、健康生活與室內娛樂等關鍵字成為熱門搜尋詞彙。由此可見，由於疫情擴散，造成人類消費習慣根本改變，進而產生新型態的生活方式。隨著消費型態大幅改變，勞動市場中的遠距工作需求快速增加。

遠距工作（Telework，又稱電傳勞動），係指透過網際網路或電話在家中或其他非辦公室之場所進行工作，是利用遠端資訊技術，讓工作也能在辦公室以外的地方完成的一種新型態的非典型勞動模式。

賴偉文（2021）提出遠距工作分為工作執行地點、工作執行方式及工作職務內容等三大類型，其內容或職業別如表2-1所示：

表2-1　遠距工作類型

工作執行地點	住家	受僱者以自家為工作的地點。
	社區辦公室	以里鄰或社區為單位選擇一特定地點作為工作所在地。
	地區辦公中心	由多個不同公司或機構共同設立，所屬之受僱者至該地區辦公中心工作。
	分區辦公中心	單一個別公司或機構所設立，受僱者到該中心上班。
工作執行方式	外部式	主要在家或在其他地點進行工作業務。
	輪替式	部分工作在公司中完成，部分工作業務則在家中或其他地點完成。
	移動式	員工則在外出勤時完成交付的任務，藉由網路或通信設備將工作通報或交付。
	衛星職場	由母公司企業外移的單位。
	近鄰職場	多個不同的企業員工，共同使用辦公處或電腦通信設備。
工作職務內容	及時專業人員	股票經紀人、財務分析師等。
	非及時專業人員	電腦程式設計師、系統分析師、經理、設計師、會計師、翻譯人員等。
	及時事務人員	電話諮詢人員、秘書、遠距銷售人員等。
	非及時事務人員	資料輸入作業員、文書處理作業員等。
	遊牧民族	銷售代表、新聞記者、查帳員、服務工程師、測量人員等。

賴偉文（2021）亦指出，台灣實務上推動遠距工作的困難如下：

(一)**我國對遠距工作的規範**：勞動部於106年修正「勞工在事業場所外工作時間指導原則」，為我國目前對應遠距工作的法規機制。其中適用產業僅限定新聞媒體工作者、電傳勞動工作者、外勤業務員及汽車駕駛，及其他經常在外工作者，得由主管機關納入該指導原則，其內容特別針對工作時間認定、延長工時規定、工作場所安全以及工作場所性騷擾防制進行規範。

(二)**遠距工作在臺灣實務上的困難**：雖然勞動部已修正對應遠距工作的法規機制，但實務推動上，臺灣仍僅限於少數企業或特殊職務得以採用遠距工作模式，除了因國內在法規制定尚未完備之外，國內的經營環境、企業特質與工作文化亦是難以推動之處。

　1.**法規限制**：目前國內對於遠距工作的法規主要依循106年勞動部修正公布的「勞工在事業場所外工作時間指導原則」，其規範限於新聞媒體工作者、電傳勞動工作者、外勤業務員及汽車駕駛等，對於相關的工作時間認定、延長工時限制以及工作場所安全的規定及保護仍未完備。

　2.**經營環境**：早期製造業從偏向勞力密集的出口代工到現今的三角貿易模式，公司的獲利相對有限，對員工之盈餘分配也較缺乏，再加上自2000年以來服務業轉型成效不彰，因此國內企業多透過勞力密集式的營運模式來經營，而以遠距工作模式這種組織效率提升的營運方式自然較不受企業管理者青睞。

　3.**企業特質**：我國企業96%以上屬中小企業，雖然其營運彈性較高，但也因此在獲利上較不穩定，因此多數企業傾向以成本考量，亦即以降低成本為其經營思維，而遠距工作所產生的績效提升較難以即時性的呈現，管理上也較為不易，因此企業較不傾向採用遠距工作的模式。

　4.**企業文化**：國內有許多企業中勞資關係常處於對立，企業管理者與員工之間存在不信任感，企業管理者認為員工遠距工作將增加對員工的管理難度，再加上國內資訊透明化程度尚不足，因此也不願任由員工進行遠距工作。

　　辛炳隆（2021）指出，雇主或企業未安排遠距工作，是造成部分勞工疫情期間無法遠距居家工作的另一主要原因。根據國內學者對未能從事遠距工作的勞動者進行問卷調查，有超過八成所服務的公司未提供遠距工作；而因為無法遠距工作遭到減班休息或被解僱的比例則超過一半，此結果凸顯遠距居家工作之請求權問題。目前我國與其他大多

數國家一樣，並未賦予勞工遠距工作之請求權，因此，除非指揮中心有規定，否則勞工在疫情期間考量自身安全而主動想遠距工作，必須透過勞資協商獲得資方同意。惟職場一旦有人確診，雇主若堅持要員工到原工作場域上班，則員工可依《職業安全衛生法》第18條之「退避權」加以拒絕，而雇主不得因此而對勞工予以解僱、調職、不給付停止作業期間工資或其他不利之處分。

除請求權之外，遠距工作還涉及職業災害認定問題。依現行《職業安全衛生法》第5條第1項規定：「雇主使勞工從事工作，應在合理可行範圍內，採取必要之預防設備或措施，使勞工免於發生職業災害」由於該項規定並未排除遠距工作，故當員工在家上班是受雇主指示並從事雇主所賦予的職務行為而發生意外時，雇主仍應負起職業災害之賠償責任。然而，實務上勞工必須能夠舉證所發生的意外符合「業務遂行性」與「業務起因性」兩大條件；前者是指意外事故必須為勞工在雇主命令下執行職務時所發生；後者則指勞工所受的傷害，與其工作內容，兩者間具有因果關係。由於這二項條件的判定標準不易明確，故常引發勞資爭議，甚至久訟不解。遠距工作另涉及員工個人隱私保護問題，由於員工居家工作時，雇主為監督員工是否確實工作，常見的作法是監看電子郵件和使用電腦的視訊鏡頭進行監督。雖然雇主應如何合理監督遠距工作的員工，現行勞動法規並未有明確規範，只能透過勞資雙方協商；但司法實務上認為，若雇主已取得勞工簽署的同意書、或於勞動契約或工作規則中寫明，原則上監看電子郵件非屬侵害隱私權；但仍要考量「維護企業利益之目的」及「比例原則」兩要件。另外，雇主是否可以用電腦視訊鏡頭全程監督員工呢？法院提出目的必要性、方法妥當性及比例原則三項判斷標準，亦即雇主這些作為必須基於合法之業務目的；而且應該讓接觸、使用及揭露資訊限制在足以達成目標之目的範圍內；以及必須使用最小之侵害手段達成業務上目標。

(三)居家工作職業安全衛生參考指引

1. **前言**：因應COVID-19疫情於社區流行期間，為維持企業運作及預防疫情擴散，中央流行疫情指揮中心於111年2月25日修正發布「企業因應嚴重特殊傳染性肺炎（COVID-19）疫情持續營運指引」，其中包括公司/企業/公私立機構應成立防疫專責小組（指定防疫長及防疫管理人員），協助雇主採取防疫及應變工作；在因應對策部分，人員以遠距、分流異地辦公、調整出勤或出差方式，以避免人員接觸造成交

互傳染，為職場防疫與應變管理之重要作為。雇主與勞工得協定於指定期間以居家工作（working from home）方式，以維持企業持續營運之需求。根據ILO的定義，居家工作是一種工作安排，工作者在家裡使用資訊傳播科技（Information and Communications Technology, ICT）完成雇主所交付的工作；然而居家工作模式及環境，往往無法與辦公室等常態性之設施與環境相比，本指引的目的是提供企業於採取居家工作措施時應考量之安全衛生事項，企業在合理可行範圍內，對於居家工作環境或交付之作業應辨識可能之危害、實施風險評估，並依評估結果採取適當的控制措施；此外，對於居家工作者之身心健康狀況應保持關注，採取滾動式評估檢討，以調整安排適當之作法。

2. **居家工作之危害辨識及風險評估**：雇主應會同居家工作者就其工作環境與執行職務時，可能遭遇之安全衛生潛在危害及身心健康之影響，進行辨識及評估，以便作為後續規劃之參據，茲列舉如下：

   (1)檢視該勞工從事工作之作業特性是否適合離開原作業場所而採居家工作，如不適宜，應考慮以辦公室異地分流或分時段出勤替代。

   (2)對居家工作者之健康狀態進行評估，以確保其能夠在適當環境與設備支援下正常工作，維護工作安全與健康。

   (3)對居家工作者之工作區域周圍環境、空間、光線、通風情形、通道地板或電器設備、設施等是否適當或具潛在危害，進行評估。

   (4)對居家工作型態及作業條件，包括長時間工作、異常工作負荷、或因疏離人群及工作與生活無法取得平衡等因素，可能影響身心健康之危害，進行評估。

   (5)其他可能危及居家工作者之人身安全與健康之因素。

3. **安全衛生管理注意事項**：雇主應視居家工作之勞動特性及其危害風險評估結果，在合理可行範圍內，採取必要之預防設備或措施，安全衛生管理注意事項檢核表如附表，重點如下：

   (1)**必要之設備、措施或資源**

   　A. 雇主對於居家工作者執行職務所致之職場危害風險，應依消除、取代、工程控制、行政管理及個人防護具等優先順序，並考量現有技術能力及可用資源，在合理可行範圍內，採取可有效降低風險的控制設施。

   　B. 雇主應提供居家工作者必需之設備、設施，或允許居家工作者臨時將設備從工作場所帶到居家工作地點，如電腦、顯示器、鍵盤、滑鼠、印表機等。

C. 居家工作不如正常上班場所能提供相對完善之工作環境與設備、設施，如對資通工具操作或對安全健康有疑慮者，雇主應提供必要之資源及協助。

(2)**居家工作區域**

A. 鼓勵居家工作者自行評估與維持適宜的居家工作環境，雇主可提供適當之指導或協助。

B. 確認居家工作區域周圍環境、空間、溫度、光線、通風情形之安全衛生及舒適程度，並保持清潔與整齊。

C. 工作區域之地板、通道或樓梯應避免堆放雜物或濕滑，而造成跌倒或滑倒。D.避免有噪音造成工作中斷或分心，或對健康有不良影響。

(3)**工作相關設施**

A. 居家工作使用之桌、椅應有適當之型式及高度，顯示器、鍵盤、滑鼠等設置，盡可能符合人體工學。

B. 設施配置應有適當的伸展空間，工作時應保持良好的姿勢，避免造成肌肉骨骼之危害。

C. 提供使用電腦視訊設備和軟體的支援，確保網路、電話等通訊設施穩定運作。

D. 確保電器插座及設備正常使用且無損壞或磨損，避免觸電或電力過載引發之危害。

(4)**身心健康管理**

A. 居家工作應避免長時間或異常工作負荷，建議應規劃定期休息時間，例如每半小時以站立活動身體的方式伸展。

B. 居家工作通常是單獨作業，應適時採取相關措施或安排適當活動，避免因減少與同事或客戶之互動，而可能會感到孤立、沮喪、焦慮或增加壓力的心理健康風險。

C. 居家工作者應注意自己的身心健康並落實健康監測，維持適當且規律的運動與良好的飲食及睡眠習慣。如有出現身體不適等症狀（發燒≥38℃、嗅味覺異常、腹瀉或有呼吸道症狀），應依中央流行疫情指揮中心最新發布相關確診規定（就醫或篩檢等），並通報事業單位。

D. 居家工作者應注意工作及生活平衡，建立與伴侶、孩子或室友之妥適界限。

E. 居家工作者如需心理相關諮商服務，可至各縣市衛生局社區心理衛生中心尋求協助；或至衛生福利部官網之疫情心理健康專區或

勞動部職業安全衛生署網站COVID-19職場防疫專區搜尋相關心理諮商及治療資訊。

(5)教育訓練

A. 雇主應依居家工作勞動特性及危害風險評估結果，提供勞工必要之教育訓練，以提升其危害風險意識，並具備安全衛生問題處理之基本知能。

B. 指導居家工作者如何執行危害風險評估，建立合宜之工作設備及設施。

C. 提供居家工作較常見之職業性肌肉骨骼傷病類型及防範措施。

D. 建立居家工作期間萬一發生事故或疑似肌肉骨骼傷病之通報或應變處理程序。

E. 指導居家工作者如何規劃適當作息時間及維持良好之身心健康狀態。

F. 提供居家工作使用相關資訊傳輸設備或工具運用之教育訓練及諮詢協助。

(6)溝通與管理

A. 確保居家工作者能與主管及同事間維持良好的溝通方式，可透過定期或不定期的視訊會議、電話或電子郵件等方式辦理。

B. 支持並鼓勵同事間保持非正式之交流及聯誼，建議可安排定期線上活動，或是透過社群軟體維持互動。

C. 居家工作者可能面臨也在居家工作的配偶或家屬、在家採遠距上課的學童需要照顧，或需要照顧之嬰幼兒、高齡或慢性病患家屬等；在這種情況下，雇主需要在工作時間和作業進度方面具有靈活調整的空間，同時要讓居家工作者明確清楚雇主對工作產出的預期，以及意識到對居家條件短期安排狀況必要的調整與適應。

D. 雇主應建立適當之追蹤管理及安全衛生稽核機制，亦應參酌居家工作者回饋之意見，適時評估並滾動檢討修正。

附表　居家工作安全衛生管理注意事項檢核表

項目	檢核內容
1. 必要之 設備、 措施或 資源	1.1 □是□否：對於居家工作之潛在危害風險，是否已進行適當評估，並採取有效降低風險的設備或措施？ 1.2 □是□否：是否提供居家工作必需之設備、設施，或允許居家工作者臨時將設備從工作場所帶到居家工作地點，如電腦、顯示器、鍵盤、滑鼠、印表機等？

項目	檢核內容
1. 必要之設備、措施或資源	1.3 □是□否：居家工作者對於資通工具操作或對安全健康有疑慮者，是否已提供必要之資源及協助？
2. 居家工作區域	2.1 □是□否：作為居家工作區域之空間是否足夠，並具有適當的伸展空間？ 2.2 □是□否：居家工作環境之溫度、光線、通風情形是否良好？ 2.3 □是□否：工作區域是否保持清潔與整齊？地板及樓梯是否有障礙物或濕滑情形？ 2.4 □是□否：工作區域是否有噪音影響工作或身心健康？
3. 工作相關設施	3.1 □是□否：居家工作者使用之桌、椅之高度是否適當？座椅是否有扶手及椅背支撐？ 3.2 □是□否：顯示器之高度及鍵盤、滑鼠等設置之位置是否適當？ 3.3 □是□否：居家辦公所需設施之配置空間是否適當且易於取得？ 3.4 □是□否：提供使用之電腦視訊設備及軟體等設備，是否提供協助資源，以確保網路、電話等通訊設施穩定運作？ 3.5 □是□否：確認電器插座及設備正常使用且無損壞或磨損，避免觸電或電力過載引發之危害？
4. 身心健康管理	4.1 □是□否：評估居家工作者是否有連續長時間工作或異常工作負荷之情形，並做適當之調整？ 4.2 □是□否：確認居家工作者已適當規劃作息時間（例如定期休息或每半小時以站立方式伸展）？ 4.3 □是□否：是否對居家工作者，採取相關紓壓措施或安排適當身心健康促進活動？ 4.4 □是□否：確認居家工作者是否維持規律運動與良好的飲食及睡眠習慣？ 4.5 □是□否：確認居家工作者身體是否有不適症狀。
5. 教育訓練	5.1 □是□否：是否已依居家工作者勞動特性及危害風險評估結果，提供必要之教育訓練？ 5.2 □是□否：對於居家工作者執行危害風險評估，是否提供必要之諮詢及協助？ 5.3 □是□否：針對居家工作較常見之職業性肌肉骨骼傷病類型，是否提供危害預防之輔導及諮詢？

項目	檢核內容
5. 教育 訓練	5.4 □是□否：是否已提供居家工作期間，如發生事故或疑似肌肉骨骼傷病之通報或應變處理程序之教育訓練或宣導？ 5.5 □是□否：對於居家工作者規劃適當作息時間及維持良好之身心健康狀態，是否提供必要之教育訓練或宣導？ 5.6 □是□否：對於提供居家工作使用之相關資訊傳輸設備或軟體工具，是否已提供操作方法之教育訓練及諮詢協助？
6. 溝通與 管理	6.1 □是□否：是否已規劃主管或同仁對於居家工作者保持適當之聯繫與溝通方式？ 6.2 □是□否：是否定期舉辦或支持同仁辦理線上交流或聯誼活動？ 6.3 □是□否：是否依照居家工作者配偶、家屬（如遠距上課學童、需要照顧之嬰幼兒、高齡或慢性病患等）之實務需求，給予工作時間和作業進度方面必要之彈性調整？ 6.4 □是□否：對於居家工作之安全衛生管理，是否已建立適當之追蹤管理及稽核機制，並參酌居家工作者回饋之意見滾動調整？

十二、淨零轉型

聯合國政府間氣候變化專門委員會（Intergovernmental Panel on Climate Change, IPCC）2022年2月公布第六次評估報告（IPCCAR6）指出，全球暖化將在近20年內升溫至攝氏1.5度，多種氣候危害的增加，如極端氣候災難、熱浪、生物多樣性喪失等，全球皆無法倖免。這些危害衝擊到了能源、水資源與糧食安全，並造成許多居住地與生物棲地的喪失。聯合國氣候變化綱要公約第26次締約方大會（UNFCCC COP26）亦呼籲各締約方應採取更為急迫之氣候行動，將全球溫室氣體排放量在2030年前減半，並在2050年達到淨零，方可將全球溫升控制在1.5°C以內，以因應全球氣候緊急之高風險衝擊。已有超過130個國家宣布推動「淨零排放」，2021年4月22日「世界地球日」，2050淨零轉型是全世界的目標，也是臺灣的目標。

我國於2022年3月正式公布「2050淨零排放政策路徑藍圖」，提供至2050年淨零之軌跡與行動路徑，以促進關鍵領域之技術、研究與創新，引導產業綠色轉型，帶動新一波經濟成長，並期盼在不同關鍵里程碑下，促進綠色融資與增加投資，確保公平與銜接過渡時期。

我國2050淨零排放路徑將會以「能源轉型」、「產業轉型」、「生活轉型」、「社會轉型」等四大轉型，及「科技研發」、「氣候法制」兩大治理基礎，輔以「十二項關鍵戰略」，就能源、產業、生活轉型政策預期增長的重要領域制定行動計畫，落實淨零轉型目標。透過打造具競爭力、循環永續、韌性且安全之各項轉型策略及治理基礎，以促進經濟成長、帶動民間投資、創造綠色就業、達成能源自主並提升社會福祉。「2050淨零轉型」不僅攸關競爭力，也關係環境永續，必須打下長治久安的基礎，才能留下一個更好的國家給年輕人。臺灣未來整體淨零轉型規劃係參考國際能源總署（IEA）、美國、歐盟、韓國等淨零排放能源路徑進行規劃，預計分為下列兩階段：

(一)**短期（～2030）達成低碳**：執行目前可行減碳措施，致力減少能源使用與非能源使用碳排放。

　1.**能源系統**：透過能源轉型，增加綠能，優先推動已成熟的風電和光電，並布局地熱與海洋能技術研發；增加天然氣以減少燃煤的使用。

(二)**長期（～2050）朝零碳發展**：布局長期淨零規劃，使發展中的淨零技術可如期到位，並調整能源、產業結構與社會生活型態。

　1.**能源系統**：極大化布建再生能源，並透過燃氣機組搭配碳捕捉再利用及封存（Carbon Capture, Utilization and Storage，CCUS）以及導入氫能發電，來建構零碳電力系統。燃煤則基於戰略安全考量轉為備用。

　2.**極大化各產業部門及民生用具之電氣化**：減少非電力之碳排放，集中改善電力部門零碳能源占比。

　3.**積極投入各種技術開發**：包括高效率的風電及光電發電技術、碳捕捉再利用及封存（CCUS）、氫能發電及運用之技術。

　　藉由上述兩個階段之工作，臺灣規劃2050淨零排放初步總電力占比60～70%之再生能源，並搭9～12%之氫能，加上顧及能源安全下使用搭配碳捕捉之火力發電20～27%，以達成整體電力供應的去碳化。在非電力能源去碳化方面，除加速電氣化進程外，亦將投入創新潔淨能源之開發，如氫能與生質能以取代化石燃料，並搭配碳捕捉再利用及封存技術。而在其他難以削減之溫室氣體排放方面（如：科技產業製程含氟氣體排放、農業畜牧生產及廢棄物廢水處理衍生之甲烷、氧化亞氮排放等），將積極規劃山林溼地保育以提升國土碳匯量能。

　　根據此規劃藍圖，臺灣提出2050淨零排放路徑里程碑自短期不興建新燃煤電廠開始、陸續擴增再生能源裝置容量、達成100%智慧電網布

建、燃煤/燃氣電廠依CCUS發展進程導入運用、最終布建超過60%發電占比之再生能源;此外,亦須搭配產業住商運輸等需求端之各階段管理措施,藉以達成2050淨零排放之長期目標。

臺灣淨零轉型之策略與基礎

臺灣2050淨零轉型之12項關鍵戰略

十三、永續發展目標(SDGs)

(一)**緣起與意義**:SDGs(Sustainable Development Goals)是聯合國於2015年提出的,永續發展的意義在於:「滿足當代需求的同時,不損及後代子孫滿足其自身需求」之發展途徑,此概念開啟全球對於永續發展的關注。

（二）**目標內容**：包含17個永續發展目標
　　SDG 1　**消除貧窮**：消除全世界任何形式的貧窮（No Poverty）。
　　SDG 2　**消除飢餓**：透過促進永續農業確保糧食安全並達到消除飢餓（Zero Hunger）。
　　SDG 3　**良好健康與福祉**：確保健康的生活，促進各年齡階段人口的福祉（Good Health and Well-Being）。
　　SDG 4　**優質教育**：確保包容和公平的優質教育，讓全民享有終身學習的機會（Quality Education）。
　　SDG 5　**性別平等**：實現性別平等及所有女性之賦權（Gender Equality）。
　　SDG 6　**乾淨水與衛生**：為所有人提供水和環境衛生，並對其進行永續維護管理（Clean Water and Sanitation）。
　　SDG 7　**可負擔的潔淨能源**：確保所有人獲得可負擔、安全和永續的現代能源（Affordable and Clean Energy）。
　　SDG 8　**尊嚴就業與經濟發展**：促進持久、包容性和永續的經濟成長，充分的生產性就業和所有人獲得體面工作（Decent Work and Economic Growth）。
　　SDG 9　**產業創新與基礎建設**：建設具有韌性的基礎設施，促進包容性和永續的工業化，推動創新（Industry, Innovation and Infrastructure）。
　　SDG 10　**減少不平等**：減少國家內部和國家之間的不平等（Reduced Inequalities）。
　　SDG 11　**永續城市與社區**：建設包容、安全、有抵禦災害能力和永續的城市和人類社區（Sustainable Cities and Communities）。
　　SDG 12　**負責任的消費與生產**：確保採用永續的消費和生產模式（Responsible Consumption and Production）。
　　SDG 13　**氣候行動**：採取緊急行動應對氣候變遷及其影響（Climate Action）。
　　SDG 14　**保育海洋生態**：保護永續利用海洋和海洋資源，促進永續發展（Life Below Water）。
　　SDG 15　**保育陸域生態**：保護、恢復和促進陸域生態系統永續利用。維護森林防治荒漠化，制止並扭轉土地退化，以及遏制生物多樣性的喪失（Life on Land）。

SDG 16 **和平正義與有力的制度**：倡建和平、包容的社會以促進永續發展，讓所有人都能訴諸司法，在各級建立有效、負責和包容的機構（Peace, Justice and Strong Institutions）。

SDG 17 **夥伴關係**：強化執行手段，重振全球永續發展夥伴關係（Partnerships for the Goals）。

上述17項目標中與企業經營管理影響勞資關係的目標計有：性別平等、尊嚴就業與經濟發展及負責任的消費與生產等三項，其細項目標分別是：

1. SDG 5**性別平等**：含以下6個細項目標

   5.1 消除所有地方對婦女的各種形式的歧視。

   5.2 消除公開及私人場合中對婦女的各種形式的暴力，包括人口走私、性侵犯，以及其他各種形式的剝削。

   5.3 消除各種有害的做法，例如童婚、未成年結婚、強迫結婚，以及女性生殖器切割。

   5.4 透過提供公共服務、基礎建設與社會保護政策承認及重視婦女無給職的家庭照護與家事操勞，依據國情，提倡家事由家人共同分擔。

   5.5 確保婦女全面參與政經與公共決策，確保婦女有公平的機會參與各個階層的決策領導。

   5.6 依據國際人口與發展會議（以下簡稱ICPD）行動計畫、北京行動平台，以及它們的檢討成果書，確保每個地方的人都有管道取得性與生殖醫療照護服務。

   (1)進行改革，以提供婦女公平的經濟資源權利，以及土地與其他形式的財產、財務服務、繼承與天然資源的所有權與掌控權。

   (2)改善科技的使用能力，特別是ICT，以提高婦女的能力。

   (3)採用及強化完善的政策以及可實行的立法，以促進兩性平等，並提高各個階層婦女的能力。

2. SDG 8**尊嚴就業與經濟發展**：含以下10個細項目標

   8.1 依據國情維持經濟成長，尤其是開發度最低的國家，每年的國內生產毛額（以下簡稱GDP）成長率至少7%。

   8.2 透過多元化、科技升級與創新提高經濟體的產能，包括將焦點集中在高附加價值與勞動力密集的產業。

   8.3 促進以開發為導向的政策，支援生產活動、就業創造、企業管理、創意與創新，並鼓勵微型與中小企業的正式化與成長，包括取得財務服務的管道。

   8.4 在西元2030年以前，漸進改善全球的能源使用與生產效率，在已開發國家的帶領下，依據十年的永續使用與生產計畫架構，努力減少

經濟成長與環境惡化之間的關聯。

8.5 在西元2030年以前，實現全面有生產力的就業，讓所有的男女都有一份好工作，包括年輕人與身心障礙者，並實現同工同酬的待遇。

8.6 在西元2020年以前，大幅減少失業、失學或未接受訓練的年輕人。

8.7 採取立即且有效的措施，以禁止與消除最糟形式的童工，消除受壓迫的勞工；在西元2025年以前，終結各種形式的童工，包括童兵的招募使用。

8.8 保護勞工的權益，促進工作環境的安全，包括遷徙性勞工，尤其是婦女以及實行危險工作的勞工。

8.9 在西元2030年以前，制定及實施政策，以促進永續發展的觀光業，創造就業，促進地方文化與產品。

8.10 強化本國金融機構的能力，為所有的人提供更寬廣的銀行、保險與金融服務。

(1)提高給開發中國家的貿易協助資源，尤其是LDCs，包括為LDCs提供更好的整合架構。

(2)在西元2020年以前，制定及實施年輕人就業全球策略，並落實全球勞工組織的全球就業協定。

3. **SDG 12確保永續的消費與生產模式**：含以下8個細項目標

12.1 實施永續消費與生產十年計畫架構（以下簡稱10YEP），所有的國家動起來，由已開發國家擔任帶頭角色，考量開發中國家的發展與能力。

12.2 在西元2030年以前，實現自然資源的永續管理以及有效率的使用。

12.3 在西元2030年以前，將零售與消費者階層上的全球糧食浪費減少一半，並減少生產與供應鏈上的糧食損失，包括採收後的損失。

12.4 在西元2020年以前，依據議定的國際架構，在化學藥品與廢棄物的生命週期中，以符合環保的方式妥善管理化學藥品與廢棄物，大幅減少他們釋放到空氣、水與土壤中，以減少他們對人類健康與環境的不利影響。

12.5 在西元2030年以前，透過預防、減量、回收與再使用大幅減少廢棄物的產生。

12.6 鼓勵企業採取可永續發展的工商作法，尤其是大規模與跨國公司，並將永續性資訊納入他們的報告週期中。

12.7 依據國家政策與優先要務，促進可永續發展的公共採購流程。

12.8 在西元2030年以前，確保每個地方的人都有永續發展的有關資訊與意識，以及跟大自然和諧共處的生活方式。

(1)協助開發中國家強健它們的科學與科技能力，朝向更能永續發展的耗用與生產模式。

(2)制定及實施政策，以監測永續發展對創造就業，促進地方文化與產品的永續觀光的影響。

(3)依據國情消除市場扭曲，改革鼓勵浪費的無效率石化燃料補助，作法包括改變課稅架構，逐步廢除這些有害的補助，以反映他們對環境的影響，全盤思考開發中國家的需求與狀況，以可以保護貧窮與受影響社區的方式減少它們對發展的可能影響。

(三)**臺灣永續發展目標**：永續發展向為我國所重視的核心價值之一，為追求我國積極邁向永續發展，並回應全球永續發展行動與國際接軌，同時兼顧在地化的發展需要，臺灣於2016年啟動研訂「臺灣永續發展目標」作業。「行政院國家永續發展委員會（簡稱永續會）於2016年第29次委員會議決議參考SDGs研訂「臺灣永續發展目標」。於2018年完成，共有18項核心目標、143項具體目標及336項對應指標。

核心目標01	強化弱勢群體社會經濟安全照顧服務。
核心目標02	確保糧食安全，消除飢餓，促進永續農業。
核心目標03	確保及促進各年齡層健康生活與福祉。
核心目標04	確保全面、公平及高品質教育，提倡終身學習。
核心目標05	實現性別平等及所有女性之賦權。
核心目標06	確保環境品質及永續管理環境資源。
核心目標07	確保人人都能享有可負擔、穩定、永續且現代的能源。
核心目標08	促進包容且永續的經濟成長，提升勞動生產力，確保全民享有優質就業機會。
核心目標09	建構民眾可負擔、安全、對環境友善，且具韌性及可永續發展的運輸。
核心目標10	減少國內及國家間不平等。
核心目標11	建構具包容、安全、韌性及永續特質的城市與鄉村。
核心目標12	促進綠色經濟，確保永續消費及生產模式。
核心目標13	完備減緩調適行動以因應氣候變遷及其影響。
核心目標14	保育及永續利用海洋生態系，以確保生物多樣性，並防止海洋環境劣化。
核心目標15	保育及永續利用陸域生態系，以確保生物多樣性，並防止土地劣化。

核心目標16　促進和平多元的社會，確保司法平等，建立具公信力且廣納民意的體系。

核心目標17　建立多元夥伴關係，協力促進永續願景。

核心目標18　逐步達成環境基本法所訂非核家園目標。

見下圖。

臺灣永續發展目標與轉型領域

(四)**企業落實永續發展目標的作法**：根據2015《哈佛商業評論》中「企業需要知道關於SDGs」一文指出，企業採用SDGs作為經營發展策略有其具體優勢：

1. SDGs**蘊藏企業成長機會**：新興市場與邊境市場充斥永續發展問題，能有效改善此問題的企業，將獲得可觀商機，特別是各國日益重視SDGs的實踐，對企業跨國成長與發展，有加分效果。

2. SDGs**領先企業，將取得優勢**：SDGs正逐漸被了解與接受，有許多廠家積極投入與實踐，較晚跟進或無視SDGs的企業將嚴重損其企業形象。

3. SDGs**引領企業發展「由外而內」的策略**：過往企業採用由內而外觀點，思考公司產品對外行銷策略，然SDGs是一個轉化策略，成為「由外而內」策略轉變契機，引領企業站在全球視野，探索外部需求並設定相對應目標。

企業如何善用SDGs目標，朝向「永續企業」發展的策略建議：

1. 融入SDGs概念於產品的設計/製造。

2. 設置專責部門負責企業SDGs的推動。

3. 積極落實企業社會責任（CSR）。

4. 善用SDGs國際平臺資源、積極投入社會公益。

以臺灣推動成功案例分享如下：

1. **聯發科技股份有限公司**：IC設計大廠，已連續三年獲得由臺灣企業永續學院（TACS）頒發的「臺灣十大永續典範企業獎」，目前正致力透過開發前端技術來推動IC綠色創新，藉此因應節能減碳的環保趨勢，完美體現對於永續營運的追求有著毫不懈怠的精神。

   另外，聯發科公布2020年最終產品的能源績效，能耗比率較前一年度降低11%，相當於400座大安森林公園碳吸附量，能夠供應約7.5萬戶家庭的一整年的用電量。同時，聯發科也發揮產業領導人的永續影響力，舉辦半導體責任供應鏈論壇，帶動供應鏈夥伴響應聯合國永續發展目標（SDGs），共同控制溫室氣體碳排量，以每年至少下降2%為目標，期望能有效抵禦氣候變遷帶來的風險，為世界盡一份心力。

2. **聯華電子股份有限公司**：與臺積電並稱晶圓雙雄的聯電，已連續13年獲選為道瓊永續性指數（DJSI）的成分股，且為了回應全球永續趨勢對於ESG公司治理面向高度關注，對內，聯電成立ESG指導委員會，並增設永續長一職，使所有營運決策皆必須納入永續發展的考量。此外，聯電重塑團隊樣貌，將永續概念深植為企業文化，叮嚀員工追求實務績效的同時，別忘了重視ESG的平衡與實踐。在2020年，公司集

結同仁們投入公益活動，企業志工累計時數高達6,425小時，其中，除了組建節能服務隊，協助弱勢機構節能減碳之外，聯電更首創科技人演舞台劇的創新形式，成立故事團，積極展現促進社會福祉等永續作為。環境議題方面，聯電接軌氣候相關財務揭露工作小組（TCFD）的倡議，公開承諾2050年達到淨零碳排，也獲得超過五百家夥伴響應，共同打造了低碳永續供應鏈。另外，聯電領先了全球半導體產業，於2021年5月通過了「TCFD第三方績效評核」，獲得驗證機構臺灣檢驗科技（SGS）的肯定，將之評定為標竿者等級。

十四、永續發展目標（ESG）

ESG指標最初是由聯合國2004年的《WHO CARES WINS》報告提出，是一種非財務性的績效指標，用來評估企業的永續發展表現，三個字母分別代表：環境保護（Environmental）、社會責任（Social）及公司治理（Governance）。期待企業在ESG三個指標上若能有良好表現，競爭力相較其他企業強，應將ESG指標納入企業經營的評量基準。

三項指標分別是：

(一)**環境保護（Environmental）**：「環境保護」是觀察企業在面對環境議題時採取何種策略應對，評估面向包含：企業的資源利用策略、營運上對環境的影響及因應措施。例如建造綠建築、提供電子化產品、遠距服務與保護生態多樣性。

(二)**社會責任（Social）**：核心為人權與公平，重點在於企業的政策或行動，如何影響個人和社會。
評估面向為企業是否重視利害關係人的權益，利害關係人包含：企業外部對象（如：客戶、供應鏈廠商）和內部員工。例如：提供多元員工福利、回饋社會及重視弱勢消費者等。

(三)**公司治理（Governance）**：指標是觀察企業做成決策時，採用何種監督、政策以及規則機制，評估面向包含：企業的管理政策、在制度和運作上是否誠信透明。例如：合理的薪資制度、改善董事會成員組成等。

ESG和SDGs、CSR的關聯或差異：ESG是將企業社會責任（CSR）達成度具體化的指標，被視為企業社會責任的延伸，協助企業評估永續發展的實際成效，而永續發展目標（SDGs）是企業落實CSR可以具體努力的方向。一般所

指的企業社會責任（CSR），是指企業將「永續發展概念」整合進其營運方針的管理理念，ESG表現良好的企業，可為企業創造以下具體價值：

(一)**增加企業營收**：對ESG三指標展現重視的企業，有可能吸引到同樣看重永續發展的消費者、客戶，獲得更高的銷售額、投資或合作機會。

(二)**降低成本**：增加能源使用效率或導入再生能源，能幫助企業減少成本支出，幫助企業減免稅收及獲得政府補助。

(三)**減少政府監督與干預**：由於消費者相對於企業屬於弱勢，因此政府透過法規或政策進行監督或干預，ESG評分好的企業可自證其誠信、透明營運，進而減輕政府監管，獲得更多的策略自由。該報告也同時表示，將ESG指標納入投資決策的分析中，是對投資者和資產管理人有利的行動，有助於更好的投資市場及地球永續發展。

(四)**提升員工生產力**：ESG表現良好的企業，被認為對社會產生正面的影響力，此價值感和使命感將激勵員工，使員工在工作上獲得更大的滿足和動力，進而提高整體生產力。

(五)**優化資產使用**：透過ESG的客觀評估，企業重新檢視現有資產，並將其重新規劃或更新至較低污染狀態。例如將高耗能工廠進行設備更新。

但，ESG也可能帶給企業以下的負面影響：

(一)**產生漂綠／洗綠行為**：為提高ESG分數，企業可能開始揭露具成本但膚淺的環保行動，甚至捏造虛假事實。

(二)**塑造不良企業形象與聲譽**：表現不佳的ESG分數，將帶給企業「正在污染環境、員工受到不當對待」的負面形象。

(三)**損失客戶和消費者**：環境污染可能導致企業形象受損，進而造成銷售額及績效雙雙下降。

(四)**難以獲得資金**：越來越多投資人將ESG納入投資策略中，不佳的ESG分數可能不受投資人青睞，無法獲得更多資金挹注。

臺灣企業目前進行ESG評分方式有以下兩種：

(一)**政府機關**：由財政部金融管理會試行階段的永續金融評鑑平台，已於2023年針對銀行、證券、保險三個業別，進行首次評鑑，2024年已公布排名前20%之企業或機構。

(二)**民間基金會或企業**：目前主流的永續評鑑有三大ESG評分獎項，分別由：臺灣永續能源研究基金會、天下永續會及遠見雜誌舉辦。

十五、DEI

(一)**核心概念**：DEI是Diversity（多元）、Equity（公平）、Inclusion（共融）的簡稱，中文稱作「多元共融」。

DEI核心概念是讓不同背景的員工，都能在職場上受到接納與支持，進而使所有人都能自由提出意見、充分發揮自身能力。

　1.**多元（Diversity）**：指員工屬性的多元性，包括：性別、年齡、種族、性取向、性別認同、宗教、體能等，都是提升職場組成多元性的背景屬性。

　2.**公平（Equity）**：是指公司應給予每位員工相對應的待遇，使所有人都能在職場上有一致的立足點及出發點。尤其是考量員工的族群、個體間的差異性，組織應提供不同資源，讓所有員工都可以在相同的高度上或資源上一起競爭。

　3.**共融（Inclusion）**：又稱包容，是指職場上無區別地含納所有族群，讓員工在職場上自在做自己、表達自己以及感受到自己的想法受重視，不致有孤立孤獨感、甚至被排擠或排斥，進而對企業產生正向歸屬感與信任度。

(二)**企業實施的好處**：分別是：

　1.增加人才吸引力。

　2.提高企業競爭力。

　3.提高員工滿意度。

　4.增加企業獲利率。

(三)**臺灣首創企業DEI評比獎項**：多元共融願景獎（Diversity for Better Tomorrow Awards, DBTA）由深耕多元共融領域十餘年的女人迷在2022年首次發起，目的在打造一個多元共融的世界，也為了鼓勵各規模企業都投入規劃並推動DEI，特別將企業獎分為「外商企業」與「本土企業」兩組各做評比。該獎項採用人權戰線（Human Right Campaign，HRC）發布的企業平等指數（Corporate Equality Index，CEI）中的關鍵指標，作為多元共融願景獎的評量項目。

03 勞資關係意識形態與理論模型

理論是較難理解的內容，請以社會學及經濟學所探討的系統論與衝突論為基礎加以探討，會比較容易上手，常用的理論有：統合理論、馬克思理論、系統理論及女性主義等四種，請熟記其理論觀點並進行差異比較。

│ 系統綱要 │

一、統合理論

　　(一)觀點：勞資關係是以團結在一個共同的目標下，緊密整合在一起的一個代名詞。

　　(二)認為：勞資雙方各自成立團體，並整合成中央集權式之單一組織，由國家賦予勞資團體特殊地位，進行勞動條件的協商。

二、馬克思理論

　　(一)觀點：勞資關係並非組織內的規則遊戲；而是社會、政治與經濟的總和。

　　(二)認為：勞資關係的平衡力量，取決於兩個主要因素－－雇主的資本和整個社會的支持。勞工力量僅存在於邊際效益上，才能獲得暫時利益的分配。

三、系統理論

　　(一)觀點：勞資關係強調組織是聯合於不同的兩個同質團體，一個由各個不同的部門所組成的國家之縮影，在不同利益下，國家試圖維持一種動態的均衡。

　　(二)認為：勞資關係由勞方、資方和國家等三方面共同形成規範網絡，勞資雙方自行運用資源，影響政府公共政策形成，國家只是反映社會中各種壓力團體的平衡，或居於中立者，旁觀者角色。

四、女性主義

(一)自由主義女性主義

　　1. 強調「自主」、「獨立」、「個人主義」、「平等」、「自由」、「自決」、「理性」、「自利」等價值。

　　2. 認為政策制定是以「一視同仁」為原則，提供女性均等機會，女性有能力治理自己，女性的壓迫就可立即消失。

　　3. 主張：從法律及其他改革方案去除現實生活中，女性所遭遇的種種不平等待遇。

(二)馬克思主義女性主義

　　1. 觀點：認為男、女分兩個階級，男性是上層統治階級；女性是下層被剝削階級。

　　2. 主張：將婦女帶入公共職場是解放婦女的第一步，從經濟上解放出來，解除依附男人的束縛。

(三)基進女性主義

　　1. 觀點：試著找出社會問題的根源。

　　2. 認為：女性的壓迫來自父權社會結構，主張要利用科技進行生物革命，使女性免於生理壓迫。

(四)社會主義女性主義

　　1. 主張：要適當認知女性受壓迫問題，性別階級結構、家庭、勞動的階層、性別分工都是主要根源。

　　2. 認為：女性的解放不僅要消除資本主義，更要改變父權性別體制，使婦女無論在公或私領域的角色和勞動內涵都能有所改變。

五、理論比較

　　勞資關係四大理論，結果都是強調社會行動或勞資合作。

　　有關勞資關係理論眾多，有一元理論及多元理論的區分，再將多元理論區分為：新集體主義、統合理論、新放任主義及基進主義，都是近似系統理論的組織特徵。又英國學者索羅門（Michael Salamon）（1992）將勞資關係理論歸納為三大體系：統合理論（unitary theory）的勞資關係、馬克思理論（Marxist theory）的勞資關係及系統理論（system theory）的勞資

關係。（見下圖3-1）統合理論勞資關係由英國多諾分委員會（Donovan Commission）的學者群發展的，將勞資關係視為對工作規範的研究，被視為「牛津學派」（Oxford approach）。而馬克思理論的勞資關係則以「衝突理論」為基礎，主張衝突的社會階級原理，由進化和革命演變，產生對制度的控制，被視為「馬克思理論學派」（Marxist approach）。至於系統理論的勞資關係則以「社會系統」為主要概念，由鄧樂普（Dunlop）建立，認為勞資關係系統與經濟次系統一樣，可視為「多元論學派」（pluralistic approach）。以上三種理論的共同焦點都在社會行動（social action）及勞資合作議題。

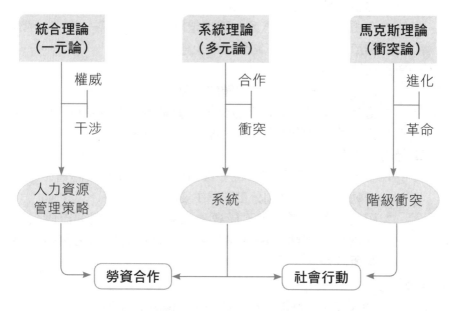

圖3-1　勞資關係理論派系

資料來源：吳全成（2017：31）

以上三個勞資關係理論各有其不同的觀點，分別是：

1.統合理論觀點：勞資關係是以團結在一個共同的目標下，緊密整合在一起的一個代名詞。

2.馬克思理論觀點：勞資關係強調組織是社會存在的縮影和複製。

3. 系統理論觀點：勞資關係強調組織是聯合於不同的兩個同質團體，是一個由各個不同的部門所組成的國家之縮影，在不同利益下，國家試圖維持一種動態的均衡。

資深觀察家

上述三種觀點對勞資雙方關係認同上差異在於：
1. 統合理論將管理的角色界定於威權與干涉之間的擺盪。
2. 馬克思理論是改變社會的進化與革命的擁護者。
3. 系統理論強調勞資雙方處於合作與衝突之間。

一、統合理論

(一) 統合理論（cooperational perspective）認為，勞資雙方各自成立團體，並整合成中央集權式之單一組織，由國家賦予勞資團體特殊地位，進行勞動條件的協商。本理論假定勞資關係在一個單一的權威結構和共同的價值觀、利益及目標上，提供資本的雇主和提供勞務的勞工間是互補的結合組織，組織是和諧或衝突，端視雙方的合作程度而定。衝突主要來自勞方不滿，本身就是不合理的行動。衝突發生，可能是組織本質瓦解、計畫管理決策缺乏溝通、管理者的好意遭勞工誤解，都是基於威權主義和干涉主義的結果，高壓政策變成管理當局的合法工具。

1. 1980年代，由於勞資爭議不斷發生，統合理論者乃修正論點，致力於發展人際關係及溝通技巧，並宣傳員工認同，例如：勞資一體，共創雙贏的論調。統合理論被批評為一種管理的意識型態（management ideology），統合理論是：(1)讓權威角色合法化，將雇主和勞工利益視為相同，強調雇主的統治是整個組織的目標；(2)重新肯定衝突的過失不在管理，而是執行問題；(3)提出各種證據說明對管理決策的批評和挑戰都是錯誤的。

2. 統合理論是勞資關係的精華，是所有企業和工會，以整體和諧為共同存在目的。假設所有員工均坦然接受企業目標和經營方式，因此，提供財物的雇主與代表管理階層之間並無利益衝突，而貢獻勞力和工作技術者，以及雇主和管理階層的認知，共同認為組織是聯合經營的模式，唯有透過組織，才能產生一個高效率、高利潤和高薪資的團隊，勞資和管理者有共同理念是基本目標。雇主和管理者屬於共同團隊，

　　被期待擁有堅強領導者，由上而下，所有組織成員不斷工作，產生「企業承諾」（enterprise commitment）。

3. 在管理上，員工或部屬應接受指揮，形成一個權威式和家長式的管理模式，與員工常保持適當溝通與聯繫、管理者單獨作出決策。相對地，員工及部屬應該對雇主表現忠誠，根據管理規則，共同承擔經營成果。此種單一結構和單一工作組織，擁有單一目的，唯一的上階層和一致的遠見，是統合理論的特性。「勞資關係」在雇主和勞工之間，是承擔相互合作與和諧為利益考量的準則。

4. 統合理論的另一種定義是，將其他派別或看法當成病態現象。員工或部屬是無法參與決策與管理、諮詢或權利的決定，工會理念被視為非法干預企業運作。對於工會是否有權與管理者之間進行交涉和衝突的有效性，持否定觀點。認為所有的衝突，包括：(1)單純摩擦，例如：不相容的個性或處事態度；(2)錯誤的溝通，例如：企業目標或方法未獲良性互動，造成誤解；(3)愚蠢的結果，以錯誤形式掌握公眾利益；(4)罷工，主事者為了達到目的，造成的員工抗議行為，都是非常不適宜的表現。

5. 因此，工會和集體交涉在統合理論者的認知，是反社會、反管理機制，透過工會代表的協商是無法解決企業衝突的，兩者是競爭對象而非合作對象。

(二) 統合理論主張落實在實際運作上，雇主和管理者唯有了解理論內涵，才能保障個別角色，不致讓權威受到挑戰，員工及部屬完全採納決策。因此，負責人力資源人員只要制定對公司管理有利的規章，依照規定，不須與工會進行協商或談判。雖然公司依法承認工會存在，勉強接受工會的要求。但抬面下公司仍然由董事會負責指揮、處理勞資關係決策。例如，在與工會代表進行協商或談判前，先針對問題訂定一個範圍，以為討論事項。總之，傳統統合理論以最單純形式，強調企業和諧本質和良好的勞資關係的運作。

統合理論在1980年後期在英國興起，並結合人力資源管理，成為研究勞資關係的主流。美國則將人力資源系統納入勞資關係，也有學者提議將人力資源管理及勞資關係合為一個系統，簡稱HRM/IR system，以為研究組織系統現象。迄今，統合理論仍是勞資關係理論的研究模式。

二、馬克思理論

馬克思理論以階級鬥爭為原理，最終目的在於：由勞動者主導政權，徹底消除資本家存在。在前蘇聯、前東歐共產國家及中國大陸執政的共產黨，取代資本家地位，成為勞動者的雇主。勞資關係等同於國家與勞動者關係，工作崗位為統包統配，一切勞動條件均由國家決定。假定生產制度私有及利潤是影響社會利益的主要因素，由管理者控制整個生產過程，可能導致階級衝突，而階級衝突是社會變遷的源頭，沒有衝突，社會就失去動力。

馬克思理論主張社會階級衝突是導致變遷的催化劑，衝突發生來自不同經濟力，亦即，對變遷知覺並非單純以壓力為探討對象，結果將改變前資本主義與社會資本主義之層級基礎特徵，是唯物主義的辯證法。辯證的唯物論採取去除經濟基本結構或基礎權力，辯證的矛盾出自社會變遷發生的社會階層或階級，以及相對經濟利益。衝突發生出自獲得勞動與出賣勞動，對資本主義來說是不變特性，僅是普遍反應資產階級與資本主義社會階級關係的基本權力表現。

勞資關係對馬克思理論者本身並非最後目的，是在資本家與勞動者兩者之間的階級鬥爭，因為資產階級社會必然引起無產階級政治的改革，由於無產階級出現，社會主義與無階級社會最終會達到共產社會，工團主義與勞資關係衝突只是資本主義內部的特徵，勞動者可能成為改革者，尋求去除資本主義內部產業階級的基本權力，和建立社會主義的社會。

階級衝突起因於經濟力量的不均等，主要的不平等，源自提供資本者和提供勞力者之間的差異。達倫道夫（Dahrendorf）是著名衝突學派社會學者，「群體衝突理論」就主張群體衝突是社會結構變遷的動力，引用韋伯（Max Weber）的概念，權威是命令為某群人服從的機率。產生的群體衝突、階級衝突來自以下：

(一)**衝突群體成立時，社會內的群體就會產生。**

(二)**衝突的強度取決於組織情況。**

(三)**群體衝突引起結構變遷。**

達倫道夫（Dahrendorf）認為企業是強制支配（dominated）的社會，一則由於工作需要而具備共同利益和共同價值，再則，由於權威結構而存在著群體間的利益衝突。

總之，從馬克思理論觀點來看，勞資關係並非組織內的規則遊戲，而是社會、政治與經濟的總和，勞資關係的平衡力量，取決於兩個主要因素——雇主的資本和整個社會的支持——於是勞工力量僅存在於邊際效益上，才能獲得暫時利益的分配。

三、系統理論

系統理論（system theory）認為，勞資關係由勞方、資方和國家等三方面共同形成規範網絡，勞資雙方自行運用資源，影響政府公共政策形成，國家只是反映社會中各種壓力團體利益平衡，或居於中立者、旁觀者角色。換言之，社會是一相對穩定但並非靜止的單位。必須容納不同和分歧壓力團體的意見，使社會和政治發生結構改變，藉由壓力團體之間和政府間進行交涉、讓步和妥協完成的各項改革。系統理論者應用政治多元論的分析於勞資關係中，最早出現在鄧樂普（John T. Dunlop）發展的勞資關係系統論。提供分析工具和獲得充分理論基礎，勞資關係系統並非如Dunlop所言，只有社會經濟系統部分，而是本身系統內，分離和區分許多「次系統」（Sub-system），部分與經濟系統和政治決策系統相互重疊且互相作用。

(一)**勞資關係與工業社會間的關聯**：分別是：

1. 勞資關係系統可被視為一個工業社會的次系統，如同工廠被認為是經濟系統的次系統一般。

2. 每一個勞資關係系統，例如經濟系統中的一個工廠，並非經濟系統的補充，而是社會獨立和分配的次系統。

3. 如同一個社會和一個經濟體系的關係與界限一般，一個社會和一個勞資關係系統也同樣有著關係與界限。

4. 一個勞資關係系統是一個抽象概念，如同經濟系統也是抽象概念一樣。

5. 允許個別分析和理論的主觀意見。

6. 三個分析問題必須清楚界定：

   (1)勞資關係系統與整體社會之間的關係。

   (2)勞資關係系統與經濟系統之間的關係。

   (3)勞資關係系統本身的內部結構與特性。

每一個勞資關係系統在任何時間，被視為由可信賴的行動者與可靠的背景共同組成，每一個意識形態在系統中倍受約束，且由團體制定規則加以管理。勞資關係系統在網絡規則中，包括制定規則的步驟，以及獨立

的規則，和決定的工作程序，選擇一個系統的結果，是規則制定的最主要影響，是工業社會勞資關係次系統輸出，這些規則常以不同的類型和常規出現。

(二)**勞資關係與系統結構**：鄧樂普（Dunlop）分析勞資關係的四個主要部分是：

1. **行動主體（actors）**：每一個勞資關係系統都有三種行動主體：勞工和勞工組織、管理者和管理者組織、政府機構。

2. **環境（contexts）**：每個勞資關係系統也有三種主要的環境背景：即工作場所或工作社會的特殊技術、市場或預算限制、大社會系統中權力所在和分配情形。

3. **意識型態（ideology）**：在勞資關係系統的行動主體間，共同存在、足以影響系統運作的思想和信念。例如英國傳統的志願主義（voluntarism）是系統中成員共同的思想，形成英國勞資關係的特色。

4. **規則（rules）**：每個勞資關係系統中的成員都有共同的思想與信念，面臨環境的限制，經過互動過程產生的規範。這些規範可能以協約、契約、法條、命令或法院的方式出現。

鄧樂普（Dunlop）的系統理論，在勞資關係的研究中，提供革命性的方法，對研究者來說，具有極大啟示。（系統理論之模型見圖3-2）

多元論者根據鄧樂普（Dunlop）的系統理論產生勞資關係系統，是具備某些特定影響做出反應系統的一些相同特性和結構。Dunlop描述：勞資關係系統和經濟系統之所以被視為和工業社會的分析性次級系統一樣，是另一個分析性次系統，是因勞資關係系統並未和經濟系統相互連接。除勞力的取得和報酬和經濟系統相同外，其餘隸屬不同範圍。例如生產系統為經濟範疇，而非勞資關係範圍，在工作場所制定的規則是勞資關係系統的中心，而非經濟的範圍。

事實上，Dunlop受美國結構功能學派社會學者帕森思（Parsons, Talcott）影響極深，強調勞資關係的產出（output）是勞資關係運作的規則，這些規則由行動者（actors）——管理者、勞工和政府——和某些環境（contexts）——技術、市場、預算及一般社會的權力所在——加上意識型態（ideology），約束勞資關係系統，使之成為一體，並且提供詮釋和了解勞資關係因素和實務分析的工具，說明特別的勞資關係以特別規則建立，以及改變系統時，勞資關係如何被改變。

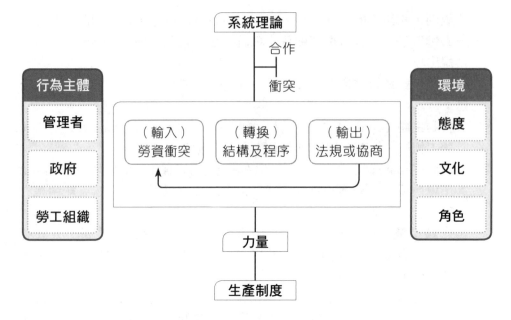

圖3-2　系統理論之模型(一)
資料來源：吳全成（2017：40）

總之，系統理論者主張勞資關係系統是管理階層，勞工及政府在一個共識下，因應環境而制定規則制度，主要目標用以解釋規則的建立、轉變及變遷環境因素。

多元論派別繁多，除常用的系統理論外，以勞資政三方角色及勞資解決模式，分為新集體主義、統合理論、新放任主義三者。新集體主義者主張國家應減少介入勞資經濟事務角色，勞資應該採取自我集體協商；統合理論者認為國家是勞資利益積極主動的守護者，勞資政應定期舉行三邊協商；新放任主義者認為個人在勞資關係的利益衝突是不可避免的，最佳的解決方式就是簽訂個別勞動契約。

另衛民（2018）指出，鄧樂普建構的系統分析模型開拓了勞資關係研究領域，以往勞資關係狹隘地集中在與制度相關問題研究，而鄧樂普著重制度與行為間的互動。對勞資關係的研究者來說，鄧樂普提供了一種革命性方法，將勞資關係研究從靜態帶向動態方向（見圖3-3）。

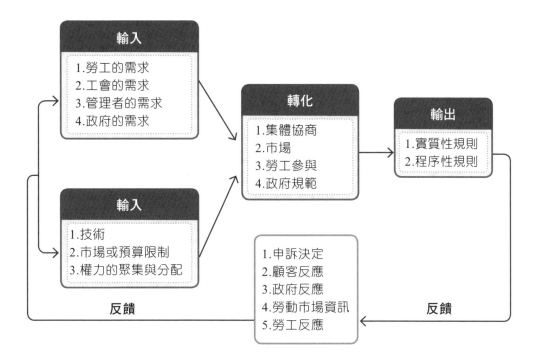

圖3-3　系統理論模型(二)
資料來源：衛民（2018：50）

四、女性主義

女性主義（feminist）理論的流派眾多且分歧；主要有自由主義女性主義、烏托邦社會主義／馬克思主義女性主義、基進女性主義、社會主義女性主義、存在主義女性主義、精神分析女性主義、生態女性主義、後現代女性主義及後殖民女性主義等流派。常見的有：自由主義女性主義、馬克思主義女性主義、基進女性主義、社會主義女性主義等四大女性主義流派，簡述如下：

(一)自由主義女性主義

1. 自由主義女性主義源自十八世紀啟蒙時代，深受自由主義思想影響，強調「自主」、「獨立」、「個人主義」、「平等」、「自由」、「自決」、「理性」、「自利」等價值。認為女性所受的壓迫來自於缺乏工作及教育機會，認為只要政策制定是以「一視同仁」為原則，提供女性均等機會，女性有能力治理自己，女性的壓迫就可立即消失。主張從法律和其他改革方案去除現實生活中，女性所遭遇的種種不平等待遇。

2. 理論缺點為：
　(1)從「機會均等」切入看待女性就業問題的觀點，無法根本解決女性的社會從屬問題。
　(2)訴求中以中、上階級為主，未延伸到貧窮的下層階級婦女，產生強調階級剝削及檢討生產模式與工具的社會主義女性主義。
　(3)自由競爭使原已處於弱勢的女性更加弱勢。

(二)**馬克思主義女性主義**：承襲馬克思（Karl Marx）觀點，認為男、女分屬兩個階級，男性是上層統治階級；女性是下層被剝削階級，兩者在資本主義的運作下，從馬克思主張物質基礎是權力分配依據的經濟唯物史觀討論，男性可從事生產、擁有生產工具，女性只能成為依附（附屬）角色，成為無產階級。婦女被壓抑的原因來自資本主義的核心家庭單婚制與私有財產制的交互作用，女性逐漸被驅逐在社會生產工作之外，成為男性私有財產的一部分。所以，將婦女帶入公共職場是解放婦女的第一步，從經濟上解放出來，解除依附男人的束縛。

(三)**基進女性主義**（radical feminism）：「基進」（radical）源自拉丁文「根源」（root）的字義，試著找出社會問題的根源。基進主要由男性新左派（New Left）發展出來，「婦女是真正的左派」，顯示最根本的革命立場。認為女性的壓迫來自父權社會結構，也無法去除女性遭受的壓迫。男性作為父權制度的統治階級誇大男女間的生理差異，主要目的在確保男性擁有更多支配角色。認為自由主義女性主義、馬克思女性主義等學派，忽略家庭內男女間性暴力、女性身體自主權、異性戀婚姻中的男性優勢問題的研究，無法觸及女性壓迫的根源。由於女性的生物基礎，以及扮演再生產角色，導致女性成為附屬，主張要利用科技進行生物革命，使女性免於生理壓迫。

(四)**社會主義女性主義**：源自1970年代，受馬克思主義影響很深，但又不滿意馬克思主義無法回應婦女問題與性別盲（gender blind）的現象，反對個人主義與資本主義，主張要適當認知女性受壓迫問題，性別階級結構、家庭、勞動的階層、性別分工都是主要根源。認為女性的壓迫不單來自父權或資本，兩者均為壓迫的來源。父權透過性別主義與家庭主義意識型態及制度安排，進行社會性別分工，女性成為男性免費的家庭勞工；資本利潤的驅使下，女性成為資本家的廉價勞工，引入女性勞動力，用以降低勞動成本，作為勞動力調節的彈性利用、分化勞工的好處，女性壓迫的四個源頭分別是：生產、再生產、性、兒童的社會化。

只有在機會均等或經濟上進行改革，是無法去除來自非經濟領域的壓迫，女性的解放不僅要消除資本主義，更要改變父權性別體制，使婦女無論在公或私領域的角色和勞動內涵都能有所改變。

表3-1　女性主義對女性勞動權益的觀點比較

	主要論述	對女性勞動權益之看法
自由主義女性主義	1.深受自由主義思想的影響，特別強調「平等」、「自由」、「理性」等價值。 2.著重兩性在權利、機會發展的平等，應從個人及社會制度進行改革。	1.女性遭受壓迫是來自缺乏工作及教育機會。 2.政策制定以「一視同仁」原則提供女性均等的機會，女性的壓迫即可消失。 3.早期的自由主義女性主義學者女性婚後應以家庭為主。 4.後期主張去除限制女性機會與發展、帶有父權色彩的立法及社會慣例。 5.女性在事業與家庭間取得平衡，極力鼓勵托兒所的設置，使女性兼顧家庭與工作。
馬克思主義女性主義	1.承襲馬克思（Marx）的經濟唯物史觀，主張物質基礎是權力分配的依據。 2.女性的壓迫來自資本主義的私有財產制。 3.將婦女帶入公共職場，從經濟上解放出來。	1.家庭主義父權思想眨抑家務勞動的價值，將男性推上擁有物質基礎的一方。 2.在資本主義制度下，男性掌控了物質基礎，加上父權意識型態使得女性被排拒於市場勞動外。 3.婦女參與勞動力市場是女性解放的關鍵。 4.主張托兒養老等家務工作必須要「社會化」。 5.提倡家務工作有酬化。

	主要論述	對女性勞動權益之看法
基進女性主義	1. 女性的壓迫來自父權社會結構，家庭是壓迫的機構。 2. 既使政治及經濟制度改善，也無法去除女性遭受的壓迫。 3. 著重在父權如何建構並貶抑女性特質，解釋女性附屬男性主宰的社會現象。	1. 就業市場的歧視與家務勞動的無償化，嚴重影響女性的經濟自主性。 2. 女性「主內」角色的天職說，對女性參與公共領域形成極大的限制。 3. 男人主控的工會制度，將女人排除在僱傭工作之外，或是控制其工作內容。
社會主義女性主義	1. 女性的壓迫來自父權制度與資本主義，性別階級結構、家庭、勞動的階層性別分工，都是女性壓迫的主要來源。 2. 父權提供秩序、控制及規範，而資本提供父權宰制的實際權力基礎。	1. 女性工資勞動及家務無償勞動的雙重剝削，造成女性深陷工作及家庭衝突的劣勢處境中。 2. 父權透過性別主義與家庭主義的意識型態及制度的安排，進行社會性別分工。資本家在利潤的驅使下，引入女性勞動力，降低勞動成本。 3. 主張家務有給（包括生育），外出工作應受同等尊重。

五、理論比較

上述勞資關係四大觀點理論，結果都是強調社會行動或勞資合作，茲比較其重點如下：

(一) 傳統的統合理論強調工作本質是合作的關係，是勞資間互補的關係，衝突的產生來自組織內缺乏溝通所致。

(二) 統合理論是手牽手（hand in hand）的理論，從管理角度看待員工關係，隱含：管理者與員工間的關係是被共同、統一目標所支配。

(三) 新統合理論比傳統統合理論更加複雜，強調結合員工與消費者以及管理者變革情境的需求。

(四) 馬克思理論者在勞資關係的主張，是由管理者控制整個生產過程，才導致階級衝突，而階級鬥爭是社會變遷的來源，如果沒有衝突，社會就會失去動力。

(五) 馬克思理論和系統理論是瞭解勞資關係在確認衝突發生，與衝突解決的技巧所產生。溫和的系統理論強調應結合雇主與勞工力量，運用資源解決問題。

(六) 對照馬克思理論的差異，重要部分在象徵資本家與在經濟市場中，勞動者契約階級間之權力抗爭。

(七) 系統理論在勞資關係的焦點是「系統」在制度上的特殊意義認為僱傭關係早已建立，且在產業社會內實行。

(八) 系統理論就是面對面（face to face）的理論，管理者與員工或工會的共同目標，強調各有不同目標，例如：組織的收益應分配給管理者與員工。

(九) 統合理論強調勞資合作，馬克思理論強調社會行動，系統理論則認為：以系統決定勞資合作或社會行動。

(十) 女性主義則從性別不平等面向出發，希望改善所有資本家與勞動市場所帶來的不均等待遇。

04 主要國家勞資關係政策與現況

課前導讀

本章所指的主要國家包含美國、英國、法國、澳洲及日本等五個國家，其中以美國的制度最具特色，是其它國家相繼仿效的主要對象，台灣也不例外，尤其是不當勞動行為及工會組織架構與保護都是標竿學習的主要國家。

系統綱要

一、 美國

　　(一)勞資關係重要法律

　　　　1. 鐵路勞工法（1926年）：是第一個承認勞工有組織和集體協商權利的聯邦法律。賦予鐵路工人組織、選擇代表和從事集體協商的合法權利，不會受到干擾、影響或壓制。

　　　　2. 諾理斯－拉瓜地法（1932年）：制定目的在於解除對工會組織活動的束縛，尤其針對工業衝突，設定明確的公共政策，從而確立工會活動不應受到任何限制。其功能在於促進和保護工會自助行動。

　　　　3. 全國勞工關係法（1935年）：本法最重要的貢獻是設立一個特殊的專家機構——「全國勞工關係局」，提供處理特殊勞資爭議的重要規範。明確告知雇主，勞工組織工會完全自由，雇主不可干涉，用以保障受僱者集體協商的權利。

　　　　4. 勞資關係法（1947年）：戰後工會實力強大，罷工不斷，失去社會大眾對勞工組織的支持。本法案修正全國勞工關係法，並增加部分內容，目的是於使偏袒一方的全國勞工關係法恢復平衡，並且恢復管理者的部分權力，以確保協商桌上出現比較平衡的關係。

　　　　5. 勞資報告與揭示法（1959年）：本法任務在於要求工會每年向主管機關報告財務狀況及理監事職員名單呈報主管機關，使政府能監督工會財務。另制定工會會員的基本權利，包括選舉

權、發言權、集會權、控告工會權、聽證權及資訊權等。使工
會更民主，對會員負責。

(二)集體協商制度

1. 劃定選區：亦即適當協商單位
2. 獲得選區內僱用勞工的連署
3. 工會提出選舉申請
4. 決定當選之工會協商代表
5. 取得專屬協商代表權
6. 正式展開集體協商程序

(三)集體勞資關係的影響

1. 限制勞工的同盟自由　　2. 限制勞工罷工權
3. 團體協約的彈性化　　　4. 勞動組織的重組與生產技術的變革

(四)專業民間集體協商發展

1. 集體協商與專業民間集體協處勞資爭議
2. 勞動保護法與專業民間團體協處勞資爭議
3. 正當程序協定與民間僱用仲裁，其內容包括：

(1)受僱人選任代表權　　(2)調查　　　(3)資格
(4)訓練與選任　　　　　(5)酬勞　　　(6)職權
(7)司法審查的範圍

(五)勞資爭議處理制度特色

1. 四大特色：自願性、仲裁具拘束力、得上訴、途徑
2. 途徑計有以下四種：

(1)調解　　　　　　　　(2)事實調查
(3)自願仲裁　　　　　　(4)強制調解、強制仲裁

(六)工會組織發展

1. 最初發展是職業工會——費城製鞋匠工會
2. 初期全國性工會組織的兩種類型

(1)採取組織合作社的型態，認為勞資間可和諧相處，以仲裁取
代罷工。
(2)認為勞資間是不可能和平相處的，必須不斷抗爭的罷工，爭
取勞工權益。

3. 1886全國性工會組織「美國勞工聯盟」（AFT）正式成立，屬
職業工會的結合。

4. 1920倡議成立產業工會，至後來的「產業組織」（CIO）。

5. 1955正式合併成為美國最主要的全國性工會組織：AFL-CIO

(七)現況與未來課題

1. 美國的勞資關係可分成三個區塊

(1)有工會組織的民營企業　　　(2)廣大私部門的無工會企業

(3)公部門

2. 美國勞資關係目前的重要課題

(1)工作環境的改變　　(2)工會的沒落　　(3)管理力量的提升

二、英國

(一)影響英國勞資關係的主要因素

1. 勞動市場發展與變化對勞資關係帶來很大影響

2. 新經濟發展對傳統勞資關係模式帶來挑戰

3. 加入歐盟對英國勞資關係產生巨大影響

4. 勞工和雇主間溝通方式的變化影響勞資關係的調整

5. 公共部門的改革對勞資關係也產生一定的影響力

(二)英國集體協商的二個層次

1. 行業間的協商

2. 企業級的協商

(三)集體協商模式的變化的主因

1. 法律嚴格規定，工會力量減弱，降低協商能力

2. 立法主導作用大

3. 勞動市場變化的影響

三、法國

(一)勞資關係特色

1. 集體協商機制的「多元化」　　2. 工資決定機制的去中央化

(二)勞動市場特色與政策

1. 工時彈性化　　　　　　　　2. 僱用契約彈性化

3. 培養員工彈性化能力　　　　4. 提升弱勢者適應能力

5. 積極勞動市場政策

四、澳洲

(一)勞資關係立法

1. 1904年通過「協商暨仲裁法」：依法設立「澳洲勞資關係委員會」。

　　2. 1988年公布「勞資關係法」，規定所有聯邦工會必須向仲裁主
　　　管機關登記，以取得利用法庭的資格。

(二)勞資爭議處理制度

　　1. 司法體系　2. 工業法庭

(三)裁定程序

　　1. 斡旋程序　2. 仲裁程序　　3. 強制仲裁　　4. 強制斡旋

五、日本

(一)法令約束

　　1. 工會法中未明確規範集體協商之對象。

　　2. 雇主若拒絕團體協商即視為「不當勞動行為」，依法加以禁止。

(二)勞資協議制

　　勞資協議機構普及率高達90%，已成為社會規範階段。

(三)爭議處理制度

　　1. 斡旋　　　2. 調停　　　3. 仲裁　　　4. 緊急調整

六、國家在勞資關係中所扮演的角色

(一)Bean的觀點

　　1. 法律制定者　　　　　　　2.勞資雙方第三方的制約者
　　3. 勞資爭議的調停者　　　　4.公共部門的雇主
　　5. 所得制約者　　　　　　　6.人力資源規劃者

(二)衛民的觀點

　　1. 個別勞工基本權利的保護者
　　2. 集體交涉與勞工參與的促進者　3.勞資爭議的調停者
　　4. 就業安全與人力資源規劃者　　5.公共部門的僱用者

一、美國

美國勞資關係重要法律計有以下五種：

(一)**勞資關係法律**

　　1.**鐵路勞工法（1926年）**：鐵路勞工法（Railroad Labor Act）是第一個
　　　承認勞工有組織和集體協商權利的聯邦法律。賦予鐵路工人組織、選
　　　擇代表和從事集體協商的合法權利，不會受到干擾、影響或壓制。本
　　　法獨特之處是：同時賦予雇主和工會，協商和執行協議的義務，保證
　　　勞工的團體協商權利不會受到管理者的干擾，同時也建立協調、仲裁
　　　及美國總統指定組成緊急委員會等程序，協助勞資雙方解決爭議，是
　　　防止罷工造成運輸、公共服務停止的必要之道。

另成立全國鐵路調整委員會（Nationl Railroad Adjustment Board, NRAB），由勞資雙方相同人數組成委員會，以解決雙方對於既存協約的運用與解釋，當無法形成共識而提出申訴，NRAB對鐵路業具有司法管轄權，最後發出裁決令（decisions）對勞資雙方產生拘束力，並經由NRAB向聯邦地區法院提出訴訟，得以強制執行。

2. **諾理斯一拉瓜地法（1932年）**：諾理斯一拉瓜地法（Norris-LaGuardia Act）於1932年通過，又稱為聯邦反禁止令法案，除了一般規定情形之外，該法亦用來制止聯邦法院對勞工案件提出禁止令。該法保護不受干預的工會自主活動包括：

   (1)拒絕工作。

   (2)加入工會。

   (3)對涉及勞資爭議的工會或罷工者提供財務支持。

   (4)協助任何涉及訴訟案的關係人。

   (5)用任何不涉及詐欺或暴力的方法，宣傳勞資爭議案件。

   (6)為組織工會活動而舉行和平集會。

   (7)通知任何人從事上述事項的意願。

   (8)建議或鼓勵他人從事上述行動。

   該法特別規定「黃犬契約」（yellow dog contract），任何聯邦法院均不得對之加以執行。黃犬契約意指以「約定勞工不加入工會或退出工會」作為僱用之條件。

   本法制定目的在於解除對工會組織活動之束縛，尤其針對工業衝突（industrial conflict），設定明確的公共政策，從而確立工會活動不應受到任何限制。對工會組織從事罷工、糾察（picketing）及杯葛（boycott）等活動，賦予相當程度的自由。

   本法功能在於促進和保護工會自助行動，排除過去對工會自助行動的司法障礙。本法可以造成強大的工會，強迫雇主重視。

3. **全國勞工關係法（1935年）**：全國勞工關係法（National Labor Relations Act）又稱華格納法（Wagner Act），是紀念該法催生者，羅伯華格納參議員（Senator Robert Wagner）而命名。

   本法案和諾理斯一拉瓜地法案最大不同在於，政府決定協助受僱者保護工會組織。本法最重要的貢獻是，設立一個特殊的專家機構——全國勞工關係局（National Labor Relations Board, NLRB），提供處理特殊性質勞資爭議的重要規範。

在全國勞工關係法上，國會明確告知雇主，勞工組織工會完全自由，雇主不可干涉，用以保障受僱者集體協商的權利。本法案是由兩個主要規定實現目的：

(1)禁止五種管理者的行為，屬於「不當勞動行為」。

(2)提供選舉的程序使受僱者可以自由選擇集體協商代表。

本法案也建立一個執行單位——全國勞工關係局，以提供管理和執行法令條文機制。

由於全國勞工關係法的施行，工會隨即迅速發展，集體協商的風行亦保障了勞工，並使勞資更加和諧、產業和平也有了保障。其理由如下：

(1)受僱者有自行組織、成立、加入或協助勞工組織，透過自行選出的代表，進行集體協商。

(2)對於集體協商之勞方當事人，該法採「專屬協商代表制」，由適當協商單位中的多數受僱者，擔任協商代表。集體協商指定或選任代表，有權就工會、工時或其他勞動條件，進行協商。

(3)適當協商單位之劃分，除該法明文限制外，全國勞工關係局有權依其職權，進行協商單位之劃分。

(4)集體協商是雇主與受僱者代表，應於合理之期間內集會，誠信地就工會、工時及其他勞動條件，在強制性項目中有協商的義務，惟該義務並不強制任何一方當事人，同意對方的提議或讓步。

4. **勞資關係法（1947年）**：勞資關係法（Labor Management Relations Act）又稱「塔虎脫—哈特萊法」（Taft-Hartley Act）。是第二次世界大戰後，由於工會實力強大導致產業罷工不斷，罷工潮蔓延開來，使社會大眾對於勞工組織不再支持。本法案不但對全國勞工關係法做了修正，也增加部分內容，目的是於使偏袒一方的全國勞工關係法恢復平衡，並且恢復管理者的部分權力，以確保協商桌上出現比較平衡的關係。

勞工關係法可分為五部分：(1)名詞定義；(2)工會的不當勞動行為；(3)受僱者的權利；(4)雇主的權利；(5)全國緊急性罷工。

主要內容如下：

(1)本法目的在於促進企業的充分溝通，在受僱者與雇主間關係影響企業時，提供有秩序且和平的程序，保障個別受僱者行使勞動組織之權利、限制或禁止勞方及資方之程序、從事影響企業或有害公共福祉行為，在勞資爭議涉及大眾時，保障其權利。

　　(2)協商替代機制，並非指國家政策全盤否定集體協商功能，而是集體協商和平目的不可期時，或僵局引發罷工嚴重損害國民健康和安全時，才介入調解或下令暫停罷工，接受事實調查及調停。

　　(3)為化解協商過程所引發的僵局，本法設立聯邦調解斡旋署（Federal Mediation and Conciliation Service, FMCS），提供勞資雙方集體協商程序協處與諮詢。

5.**勞資報告與揭示法（1959年）**：勞資報告與揭示法（Labor-Management Reporting and Disclosure Act）或稱蘭德姆—格理芬法（Landrum-Griffin Act）。本法案總計有七章，分為兩部分：處理工會內部事務規定以及對勞資關係法的修正進一步限制，如次級杯葛（secondary boycott）、熱貨條款（hot cargo provisions）、和糾察行為（picketing）。次級杯葛係拒絕購買與工會發生爭議的雇主的供應商或客戶生產的貨品，藉以對於主要的杯葛對象施予以間接的壓力。熱貨條款指該契約允許或強迫雇主對會員與非會員間，在工資或工作條件上的差別待遇。糾察行為則是宣告發生勞資爭議，由工會人員在雇主企業的門口或鄰近地區，高舉告示，警戒員工，以顯示工會實力。本法任務在於要求工會每年向主管機關報告財務狀況及理監事職員名單呈報主管機關，使政府能監督工會財務是否濫用或遭把持控制。另制定工會會員的基本權利，包括選舉權、發言權、集會權、控告工會權、聽證權及資訊權等。

本法案對工會有利，使工會更加民主，對會員負責。最主要的例外是經濟罷工（economic strike）。在勞資關係法下，如果工人因為進行經濟罷工——即是為工資、福利或其他經濟議題罷工，而離開工作崗位，是不加以處罰，反之，則易遭受違反工作規則的懲罰解僱。

(二)**集體協商制度**：美國規範的集體協商可分為以下六大步驟：

1.劃定選區：亦即適當協商單位（appropriate bargaining unit）。

2.獲得選區內僱用勞工的連署。

3.工會提出選舉申請。

4.決定當選之工會協商代表。

5.取得專屬協商代表權，成為協商單位內勞工唯一且排他之協商代理人。

6.正式展開集體協商程序。

由此可知，美國集體協商的法律政策，主要針對企業廠場內基於歷史傳統所存在的複數工會系統，為了處理「何者應為適格之協商代表工會」問題，減少企業繁多而趨於混亂之協商所引發之弊端，以及基於雇主惡意拒絕與工會進行協商，以不正當的手段打壓工會，產生不當勞動行為

的違法狀態，才設計以上繁複的程序，以促進集體協商的有利進行。

至於，美國集體協商關係建立的首要步驟在於，雇主承認獲得多數支持的工會，一旦雇主和工會建立協商關係，協商當事人間與其個別關係人間（工會代表）之權利義務開始啟動。在複數工會的現實下，如何圓滿解釋「工會也代表非屬其會員的其他勞工」、「其他非工會會員之勞工亦賦予其委任權」之重要問題，美國集體勞動法的特色，建立專屬協商代表原則與公平代表原則。專屬協商代表原則，是連接協商單位內所有個別勞動者與雇主間權利義務的規範，將工會「代表權限單一化」，對於個別勞動者與雇主協商或交涉自由，亦有所限制。為避免工會濫用專屬協商代表權，美國勞動法課以專屬協商工會公平的代表每位勞工的義務，使每位勞工均有公平委任代表之權利，是所謂的「公平代表原則」。從個別勞工角度出發，使其享有「被專屬協商代表工會公平代表並維護其利益」的正當權利。

資深觀察家

綜觀美國勞動市場管制法令的特色，是以「促進有效集體協商」為核心，針對美國特有的複數工會系統，以及因而產生的不當勞動行為，設計在保護勞工利益代表組織運作的前提下，以法律嚴格控制程序規則，確立專屬協商代表的產生與進行協商的程序（例如：誠信協商與提供資料義務）。美國勞動法重視正當法律程序，在維持國家不予實質介入干預的前提下，以程序監督者角色，在嚴謹的法律管制形式中，促進國家主觀上所期待的勞資集體協商。

(三)**集體勞資關係的影響**：在新自由主義供給導向經濟政策的主導下，以集體協商、集體勞資關係為主的美國勞動市場管制形式，產生以下的具體影響：

① 限制勞工的同盟自由

美國政府政策在於使企業界相信採取敵視工會的不當勞動行為，付出的政治與經濟代價極少。因此，新自由主義經濟的時代中，企業界敵視工會行為不斷增加；例如，只要在工會選舉期間，企業界會大幅聘僱專門應付工會的律師與專家，使美國勞工的同盟自由遭受極大影響。

②限制勞工罷工權

勞方進行經濟罷工時，雇主會大量僱用替代人力，使得勞方罷工權受限。

③團體協約的彈性化

勞資雙方締結的團體協約，勞方呈現越多的讓步，例如：中高齡勞工、部分工時與季節臨時工保障減少，個別勞雇間締結鬆動團體協約的約定急速增加，工資結構大幅改變，工資與生產風險由企業轉嫁勞工承擔，勞方被迫放棄薪資的調整。

④勞動組織的重組與生產技術的變革

越來越多的企業選擇投資工會影響力小的產業部門，以合理化、自動化的生產方式，例如：精瘦生產（lean production）、即時生產（just-in-time）、快速反應、品管、勞動力負荷急速上升。

總而言之，新自由主義時代的美國勞動市場管制具體變遷是：集體勞動法的發展限縮工會的行動空間，例如：專屬協商代表制度被惡意操作、排除主管職雇員的適用團體協約、罷工與同情性罷工的行使受限、容許工會以外的其他勞工利益代表組織的進駐，以及廢除或削弱中高齡勞動者的權利保障等措施，都是不利於勞資關係建立的種種措施。

(四)**專業民間集體協商發展**：張其恒指出，美國專業民間集體協處勞資爭議的發展可分為以下三個層面：

1. **集體協商與專業民間集體協處勞資爭議**：美國集體協商制度的勞資爭議分為兩類：

    (1)為締結團體協約所生之爭議，稱為利益爭議（interest disputes），相當於我國的調整事項勞資爭議。

    (2)履行團體協約所生之爭議，稱為申訴爭議（grievance disputes）。一般利益爭議很少交由專業民間團體協處，團體協約解釋適用的申

訴爭議，多在團體協約的申訴條款約定，是申訴處理的最後階段，交由專業民間團體協處。

2. **勞動保護法與專業民間團體協處勞資爭議**：承認雇主有權要求受僱人簽署同意書，同意使用企業所設置的爭議處理程序，處理涉及公共秩序爭議，亦即處理涉及民權法或勞動保護法權利爭議，不使用相關法律所建立的行政或司法救濟管道。事實上，受僱人常以放棄其司法訴訟的權利做為受僱或繼續受僱的條件，因此被學者稱為強制仲裁契約。

3. **正當程序協定與民間僱用仲裁**：美國民間僱用仲裁制度的發展背景有二：

   (1)大量勞動保護法律的制度。

   (2)工會組織率下降與集體協商制度邊緣化。

   1980年代各州與聯邦法院案件數量急速增加，又稱為「訴訟爆炸（litigation explosion）」。法院不堪負荷大量增加的僱用爭議條件，雇主開始尋求其他民間協處管道。加上工會組織率大幅下降，尤以民間部門勞資爭議數量隨工會運動式微而減少。原有受僱人集體代表的出缺，爭議處理管道急待填補，民間僱用仲裁因應產生。

   偏低的工會組織率，以致勞工無法透過工會確保受僱人的權利。除法院外，多藉由政府勞工行政機關或準司法勞資爭議處理機構確保，造成專業民間團體的協處機制得以展開。例如：美國仲裁協會（AAA）、美國律師協會（ABA）、美國公民自由聯盟（ACLU）、聯邦調解斡旋署（FMCS）、全國仲裁學院（NAA）、全國僱用律師協會（NELA）、爭議處理專業協會（SPDR）等仲裁組織相繼成立。由於缺乏平等協商力量的當事人締結之仲裁契約，影響美國民間仲裁制度長久以來建立公平公正的良好形象與聲譽，因此，組成正當程序專案小組（Due Process Task Force）擬定正當程序協定（Due Process Protocol, DPP），作為處理個別權利事項爭議的程序基準，以維持仲裁的公正性。

   正當程序協定的內容包括：

   (1)**受僱人選任代表權**：在團體協約模式下的仲裁制度，受僱人可請工會作為代表。在無工會的受僱勞工缺乏代表維護其權益，為彌補此項缺失，正當程序協定賦予受僱勞工，自行選任代表的權利。

   (2)**調查**：雇主違反勞動保護法時，在採取聽證前進行調查以呈現事實，作為仲裁準備。

   (3)**資格**：不同於商務仲裁案所依據的規則，「仲裁人不以知法守法為要件」，正當程序專案小組認為僱用爭議之調解與仲裁規則，應符

合適用的法律規範。因此，調解人與仲裁人應熟知案件所涉及的相關法律，是基本的資格要件。

(4)**訓練與選任**：為落實僱用爭議的民間處理功能，不僅調解人與仲裁人需熟知法律與正確適用法律，更需要熟練調解與仲裁的正當程序。因此，仲裁人列入名錄前均應完成有關法律、程序、救濟等課程，並提供當事人依個人意願選任。

(5)**酬勞**：調解人與仲裁人應按收費標準收取報酬，若勞資雙方當事人採分擔比例方式，可由受委任之仲裁機構以不公開方式，與當事人協議決定。雇主可以分擔較高的比例，又不致影響仲裁人的公正性。

(6)**職權**：調解人的職權在促進爭議當事人達成協議；仲裁人的職權依據法律、團體協約、仲裁規則作成仲裁與各種程序決定，這些決定包括：決定聽證的時間與地點、批准適當的調查進行、證據法則的採用、維持聽證的秩序、決定仲裁事項的範圍、作成仲裁判斷等。

(7)**司法審查的範圍**：僱用爭議的仲裁仿照全國勞工關係局（NLRB），處理違反全國勞工關係法（NLRA）的原則，採依法仲裁原則（Spielberg Doctrine）。因此，仲裁人所作的仲裁判斷應為最終的與具拘束力的決定。

(五)**勞資爭議處理制度特色**：自願性、仲裁具拘束力、得上訴、爭議處理途徑等為其四大特色，而其爭議處理途徑之類型如下：

1. **調解（mediation）**：屬於非正式之程序，調解委員無權強制勞資雙方達成協議，功能僅在於增進溝通、提供資料。政府設有聯邦調解斡旋署（FMCS）。

2. **事實調查**：由中立者（機構）客觀研究爭議事實，並提出合理解決爭議之建議案，公諸大眾，藉以造成壓力，促成協議。

3. **自願仲裁**：美國為使用仲裁相當普遍之國家，90%以上的團體協約中，均訂有自願仲裁之規定。爭議需經雙方當事人同意始得交付仲裁，仲裁委員通常由聯邦調整與斡旋署或美國仲裁協會（American Arbitration Association, AAA）提供的仲裁委員名單中挑選，後者為專業仲裁人之組織，雖屬私人機構，但頗受信賴。當事人雖可約定仲裁之結果是否具拘束力，但大多數為具拘束力之仲裁，同時又可分為上訴之仲裁與不可上訴之仲裁。可上訴之仲裁，雙方當事人對仲裁結果，有權向聯邦法院或全國勞動關係局提起上訴。不過無論仲裁結果之拘束力或是否得上訴，均得由當事人自由約定，充分強調當事人自治與自願協商精神。

4. **強制調解、強制仲裁**：屬於總統的緊急處分權，例如1991年布希對鐵路工人大罷工之緊急處置令，以及小布希2002年美西封港的強制調解。

(六)**工會組織發展**：潘世偉指出，美國工會組織的發展來自職業工會，最早有歷史記載的工會是費城的製鞋匠工會，工人組織工會的主要原因來自因應美國建國以來的市場擴張所造成的對於勞動市場之擠壓。因為交通運輸工具逐漸進步，城鄉差距減少的結果，使得在不同地區的工人可以自由移動，這些工人大多數也是自僱工作者，兼具今日所謂的雇主與勞工雙重身分，但是自由移動的市場逐漸影響各地原有勞動市場之價格，因此，一些技術比較差的勞工可以將他們的產品帶到其他地區而造成產品市場上的競爭。因此，費城製鞋匠便以組織工會（行會）的型態保障自己的工資水準。由此可見，美國工人組織工會的出發點與馬克思所指的，因為雇主剝削工人生產工具所有權的概念是不同的。

經過多次大規模勞資爭議事件，美國各地工會發現無法與雇主在產品市場上的擴張相抗衡，必須有全國性的工會組織才能針對雇主跨越州際的商業行為加以制衡，因此，出現兩種類型的全國性工會組織：

1. 採取組織合作社的型態，認為勞資雙方應該可以互相和諧相處，但是工會必須倡導組織、教育和合作，且必須以仲裁來取代罷工，也鼓勵每日工作八小時的制度，希望以立法手段建立一個現代化的工業社會。

2. 認為勞資間是不可能和平相處的，勞資間的利益衝突過大，工會必須以不斷抗爭的罷工。例如：各種爭議行為以保障且爭取更大的權益。

以上兩種途徑的工人運動都遭受來自工人發動的基進（radical）行動以及社會上的惡劣印象，最後消聲匿跡。

直到1886年，美國近代的全國性工會組織「美國勞工聯盟」（American Federation of Labor, AFL）才正式成立，美國勞工聯盟是職業工會的結合，產業工會並未發生。美國勞工聯盟是「商業工會主義」（business unionism），單純的只為了賺錢勞工保障物質需求及改善生活而組織。因此，美國工會不像歐洲的勞工，建立勞工或社會民主主義的政黨，美國工會也不介入宗教或政治，所有作為的出發點都是為了維持工人生活所需。因此，集體協商成為美國工會重要的手段，以維持勞資關係之和諧。

1920年代，美國工會的部分人士發現工廠興起對於工會以職業為區分的組織模式造成威脅，雇主可以根據工人在生產過程中的重要性與替代性，決定如何與不同的職業工會協商，造成不同工會間的糾紛，因為雇主可以對生產過程重要性高的勞工提供較好的勞動條件，而對不重要且

容易替代的勞工給予較差的條件。因此，領袖倡議成立產業工會，將同一企業及產業內的勞工不分職業組織在同一工會架構下，就是後來的「產業組織」（Congress of Industrial Organization，簡稱CIO）的興起。AFL與CIO各自奮鬥一段時間，在1955年正式合併為美國最主要的全國性工會組織：AFL-CIO。

美國現代的勞資關係制度首推羅斯福總統推動的新政（New Deal）計畫，1935年通過的國家勞工關係法（National Labor Relations Act），成為勞資關係制度的濫觴。國家勞工關係法是規範所有的民營產業勞資關係的重要依據，這個法案將集體協商合法化，也承認工會的結社自由權。

依據國家勞工關係法建立專門處理工會承認與不當勞動行為裁決的機構，亦即國家勞工關係局（National Labor Relations Board, NLRB），工會可以自由成立，如何取得與雇主協商權在於雇主是否有意願，因為集體協商制度的根本精神在於自願性。法制上以確保勞工團結權，因此法定程序上要求雇主應在工會取得員工過半數同意後，有義務與工會進行協商。同時，為了減少勞資雙方在結社過程中的協商發生紛擾，特別訂定不當勞動行為規範，以促進集體協商的進行。

二次大戰後，進一步確認集體協商制度的功能。除了透過法律進一步規範工會的不當勞動行為外，同時也建立聯邦調解斡旋署（Federal Mediation and Conciliation Service, FMCS），以協助處理勞資爭議。就制度來說，勞資爭議處理機構與勞工行政主管機關的勞動部（Department of Labor）分開獨立，在行政體系上無隸屬關係。因此，國家勞工關係局、聯邦調解斡旋署以及勞動部在行政體系上是平行的。目的在於確保各機構在職務上的明確法律關係，每個單位都有其法源依據。重要的是，確保各單位就其職責維持其人員的專職與專業性。例如國家勞工關係局的裁決具有行政法庭功能，其工作人員多為法律專業法官與律師，但是聯邦調解斡旋署的職責具調解調停功能，必須具備充分的協商經驗，因此，調解人員多為具備勞資協商經驗之工會或資方協商代表居多。

與其他國家工會運動相較，美國工會運動的結構較為鬆散。AFL-CIO是全國工會的聯盟，涵蓋八至九成工會會員。是勞工運動的政治及公共關係代言人，解決會員間的爭端、反對種族及性別歧視，是美國勞工與國際勞工運動的主要聯絡管道。

全國性工會有權建立及解散地方工會及決定加入或退出AFL-CIO的權利，主席被視為美國勞工運動中最有權力的人物。地方工會執行例行工

作，或參與團體協約的議定，是實際執行團體契約的成員，會員間的活動都由地方工會主導。

美國未成立勞工黨，原因有四：

1. 工會只代表一小部分勞工，很難構成一個獨立的全國性政治力量。

2. 美國勞工在傳統上是擁有高度政治自主性，常以異於工會領導人希望的方式投票。

3. 過去曾有獨立勞工黨的經驗不佳。1828年成立的勞工黨是世界上最早的勞工黨，崩潰後引起的嚴重問題，使得工會避免重蹈覆轍；雖有人想努力成立勞工黨，但皆失敗。

4. 美國工會狹隘的經濟導向，使得工會本身及其聯盟並非勞工的唯一組織。

美國雇主組織在勞資關係上並不重要，長久以來，非工會部門的雇主組織一直以防止成員的事業單位成立工會為目標。管理階層都在迫不得已情況下才接受工會，非自願選擇。美國有集體協商義務的雇主，全面拒絕協商情況並不多見，除非雇主認為不適於協商（例如涉及經營決定權之關廠），或不承認工會具協商代表權。集體協商過程中，利用拖延或敷衍等方式規避協商義務，屢見不鮮。

政府部門在集體協商的影響力不大，多扮演旁觀者角色。簡言之，美國政府在勞資關係中扮演兩個主要角色：

1. **直接規範就業條件**：例如，就業歧視、勞工的安全、失業救助、基本工資、最高工時以及退休等。

2. **規範勞資關係運作**：包括建構勞工與管理者角色的基本法則。例如：全國勞工關係法，就是由政府提供一套法則規範勞工集體行動的權利。

(七) **現況與未來課題**：潘世偉指出，美國今日的勞資關係可分成三個區塊：

1. **有工會組織的民營企業**：集體協商仍然是主要的勞資關係制度，但比重已較過去低，一方面來自經濟全球化帶來的衝擊，一方面來自工會運動的版圖縮減。

2. **廣大私部門的無工會企業**：這些企業靠自己管理者的片面規範經營勞資關係。

3. **公部門**：公部門的勞資關係成為美國勞資關係體系中的重要內容，一方面是來自工會組織相對於私部門具強大組織力，一方面來自公部門勞資關係較不受經濟環境變動影響。

值得一提的是，以集體協商為基礎的勞資關係架構仍是美國勞資關係的重要機制，但不再獨占美國勞動市場，不同企業或產業中有更多創新作法，以為勞資關係運作的基礎。

潘世偉指出，美國勞資關係目前重要的課題在於，工作環境的改變、工會的沒落和管理力量的提升，都是未來必須關注的課題：

1. **工作環境改變**：美國工作環境的改變主要在於採用新的人力資源管理策略，許多美國公司在工作本質上做了相當大的改變，以提升其表現及維持其競爭力。這些改變包括工作流程的改變，美國投注許多心力在工作流程方法上，在工作系統的設計及技巧本質做了大幅度的改變，以便改善組織表現及其產品與服務的品質。然而，這些新的方法，如員工參與或管理工作系統的重新設計，都強調協調和政策的決定。

   然而，美國工作環境的改變還產生另一種不同的結果。競爭壓力不僅造成了工作系統的改變，亦造成雇主專注成本的削減。目前所討論的是勞工是否能夠真正參與企業的管理過程。除了符合雇主的利益外，員工適當參與符合員工本身的目標，以改善工作生活品質、加強職場安全及勞動報酬。

2. **工會的沒落**：造成美國工會沒落的原因有很多，最主要的原因為：勞動成本所造成經濟環境的競爭，因為全球化經濟下，全球化企業有跨國的貿易自由，但工會的會員無法任意移動。美國法律也賦予雇主有選擇是否工會化的權利，易言之，雇主在勞工罷工時，有「永久性替代」法令的使用權，可以請別的員工代替正在罷工的勞工。

3. **管理力量的提升**：近年來，協商架構也較為分散，顯示集體協商型式的沒落，管理階層是推動分散型結構的主要力量，此一結果亦顯示，管理階層的力量較勞工提升。另一個反映管理階層力量上升的指標是面對面協商策略的經常使用。例如工會力量下降時期，管理階層在協商時會採取相當積極的角色，甚至在某些個案中，管理階層處於完全主導的地位。

二、英國

自1970年代中期開始，英國勞資關係的運作發生很大的變化，主要是受到社會經濟狀況、黨派政治鬥爭的影響。1950年代，英國經濟以勞力密集型為主，就業較充分，勞資爭議的規模及範圍都小，政府希望勞動市場有更大的自主性，對勞資關係採取放任態度，由僱傭雙方自主協商解決。1970年代，工黨執政期間，工會力量良好發展，工會數量不斷增加、規模亦壯大。由於經濟狀況不佳，企業罷工逐漸增多，勞資關係日趨緊張，全國性、行業性的集體談判經常發生。1980年代，柴契爾為首的保守黨執政，在罷工、集體談判、工會權利、個人就業權等，陸續頒布一系列法令，削弱工會權利，致使

工會會員數減少一半，罷工及大規模集體談判大幅減少。1990年代，工黨重新執政，就限制工會相關法律進行適當調整，增加個人權利規範，強調勞資關係雙贏。

英國的勞資關係比較和諧穩定，總而言之，影響其勞資關係的主要因素為：

(一)勞動市場發展與變化對勞資關係帶來很大影響

英國傳統製造業的從業人員總數持續減少，但服務業從業人數則大幅增加。由於服務業擴展，性別結構發生變化，越來越多女性進入勞動市場，已接近勞動力總數的一半。由於女性大量進入勞動市場，以及越來越多男性加入半日制工作及非全日制工作，對企業員工管理造成衝擊。加以，外包業務不斷增加，連專業的資訊服務和人力資源服務也趨向外包。

(二)新經濟發展對傳統勞資關係模式帶來挑戰

英國手工業和體力勞動者在就業市場所占比例逐年下降，不須技能或半技能的工作已經消失，高技能、白領工作增加，利用資訊科技在家辦公的人數亦大幅度增長。由於資訊和通訊技術迅速發展，中小型企業發展迅速，不超過50人的企業占99%，工作場所的諸多變化對勞資關係的調整提出新的要求。

(三)加入歐盟對英國勞資關係產生巨大影響

從勞工個人權利至集體權利，所有領域都受影響。早期頒佈和修訂的新法令，並不因為歐盟逐漸成形而有所減弱。歐盟提出的「資訊和諮詢」新政策，對英國的集體勞資談判和勞工權利產生重要影響。歐盟宣導的集體談判對英國向以個別勞動契約為主的勞動關係亦帶來很大挑戰。

(四)勞工和雇主間溝通方式的變化影響勞資關係的調整

由於各種保護勞工個人權利法律的不斷實施，以及新經濟領域中終身僱傭的傳統不復存在，勞工的企業忠誠度減弱中，使勞資關係愈加複雜。雇主多採用與勞工直接商談和溝通的方式。因此，集體談判比例下降。傳統的行業和全國性勞資談判多為地方性的企業談判所代替，特別是私營企業。很多公司和工會正發展一種合作性的企業一級的集體協商形式，以適應21世紀勞資關係調整的現狀。

(五)公共部門的改革對勞資關係也產生一定的影響力

> 由於英國公共支出相對減少，公部門規模縮小（除健康和社會保險部門外）且會持續。許多服務逐漸改為私營企業提供，大量員工進入私營企業，對勞資關係產生巨大影響。

1980年代以前，英國的勞資關係與集體協商主要奠基在「志願主義」（voluntarism），亦即降低政府和法令干預，由勞工以集體力量與雇主團體直接議定勞動條件。在志願主義體制下，團體協約由勞雇雙方自願簽訂，非法令所強制。又雇主對工會的承認是自願的。與當時歐陸國家奉行的「統合主義」（Corporatism）有明顯區別。「志願主義」運作必須以勞雇雙方勢力均衡為前提。因此，強而有力的工會成為「志願主義」的必然產物。1970年代末期，英國工會密度超過五成，與OECD國家相比，屬於中等，但已是英國歷史高峰。

工會勢力強大，對工資與其他勞動條件的要求愈來愈高，導致英國產品勞動成本過高，進而缺乏競爭力，是柴契爾夫人修法打壓工會所持的主要理由。

為削弱工會勢力，壓縮其發展空間，柴契爾夫人自1979年執政以後，每兩年修改英國的就業法案（Employment Act），以漸進方式打壓工會。其中，對工會發展具殺傷力的是限制工會發動集體抗爭的能力，將「工會工廠」（union shop）界定為非法，以及干涉工會內部管理，限制集體抗爭方面。過去工會進行集體抗爭所需行政程序非常簡單，對於不支持抗爭行動的會員可予以制裁。例如：1984年修訂的就業法案規定，任何集體抗爭行動必須經過會員秘密投票通過才可以進行。爾後，梅爾接任首相之後，更於1993年進一步修法，要求此類投票必須全數採通訊方式進行，亦禁止工會對不支持抗爭行動的會員採取制裁行動。

為提高工會密度，強化其集體協商能力，英國在1982年以前是允許「工會工廠」存在，且有助於穩定勞雇關係的工會工廠，是造成英國工會密度大幅提升的重要因素。1982年修訂的就業法案嚴格限制「工會工廠」解僱非工會勞工，1990年修訂的就業法案全面禁止「工會工廠」的存在。由此可知，政府對於工會的承認以及禁止限制方面一直有著正反不同的態度。

1984年修訂產業工會法案（Trade Union Act）規定工會會員必須以秘密投票方式直接選舉工會執行委員會和全國性的工會幹部，以及決定工會政治基金

的管理，不可透過間接代表選擇。另1998年修訂就業法案賦予勞工有權採取法律行動對抗工會，例如：工會不經投票逕行罷工，會員可以向法庭提出控告。

又柴契爾首相時代也曾對工會進行打壓，包括：限制罷工範圍和罷工糾察人數，使罷工流於形式。以法律平等為由，取消工會免責權，要求工會對非法罷工造成的損害負賠償責任；廢除工資委員會，取消勞資雙方協商工資的管道等，這些措施實施結果，削弱工會的勢力非常明顯。

在政府接連打壓下，英國工會會員數與工會密度已明顯下降，工會密度已下降至26%。1997年首相布萊爾來自工黨，傳統上，工黨對工會採取友善態度，但在其就任時，已承諾不會改變原先保守黨政府對勞資關係建立的法律架構，近幾年來，工會規模與影響力都維持現況。

除了工會密度下降之外，工會勢力衰退也反映工會集體協商涵蓋的勞工數占總就業人數的比例（又稱集體協商率）也下降。從1980年的70%下降到1999年的41%，表示愈來愈多勞工薪資不再由集體決定，且集體協商結構也有明顯改變，協商主體逐漸由多雇主（multiple-employer）轉向單一雇主（single-employer），因此，協商議定的工資也多運用於單一廠商，協商的項目逐漸縮小，由雇主片面決定的勞動條件有日益增加趨勢。

英國集體協商分為兩個層次：
(一) **行業間協商**：在行業協會和工會之間進行，全國性產業聯合會和工會聯合會不直接參與協商。
(二) **企業級協商**：從過去的行業協商逐漸轉移為企業協商，全國性協商方式很少見，越來越多的是把爭議處理放在低層次。且多在企業內部進行，公司可以自主決定工資和工作條件，不受全國性協商的限制；每個公司根據自己的文化和背景決定協商方式，無固定協商模式，企業與工會協商數量減少。

集體協商模式的變化來自三個因素：
(一) 保守黨制定的限制法律未提出前，工會力量強大，經常罷工，由於法律嚴格規定，工會力量減弱，降低協商力量。
(二) 立法主導作用大：〈個人就業權利法〉頒布，勞資雙方有一定工作標準，集體協商獲取權益空間變小。
(三) 勞動市場變化的影響：傳統罷工都出現在煤礦和鋼鐵業，由於這種行業減少，高科技企業工會組織率低；加上婦女參與勞動市場比例提高，但婦女加入工會比例偏低。

工黨執政後，修改部分限制工會法律，1999年頒布〈勞動關係法〉，對集體協商規則加以規範，有利於集體協商的進行，政府頒布〈勞動關係法〉目的在於工作場所達到一種公平，勞工和雇主需求達到均衡。

〈勞動關係法〉主要內容有二：
(一) 承認工會：規定工會有權利向政府提出申請，並註冊。
(二) 對參加罷工的員工提供額外的保護：員工參加合法罷工，8週內雇主不得解僱，8週後可採取合理方式解決爭議。

三、法國

(一) **勞資關係特色**：主要特色為以下二項：

　　1. **集體協商機制的「多元化」**：傳統上，法國的集體協商集中在產業層級，與其他鄰近歐洲國家的全國廠場層級不同，原因來自法國偏好採行的制度是產業層級的雇主組織與工會協商模式。多元產業協商與廠場層級協商（Multiple negotiation），經由集體協商法修正，更為明顯，成為集體勞資關係的特色。強調多產業協商與廠場層級協商，形成多產業協商、產業協商與廠場層級協商的「多元化集體協商體制」。

　　廠場協商層次以提供員工「企業內公民權」為目標，規定凡是擁有工會分支機構的企業，雇主每年均有義務與工會針對工時與薪資進行協商，擴大工會取得資訊的權利，協商過程中可由專家提供協助；另規定國家層級的多產業協商，全國性雇主團體與工會組織必需每年開會一次商議基本工資，每五年開會一次討論工作分類的修訂。

　　2. **工資決定機制的去中央化**（de-centralization）：傳統上，法國工資決定制度，與歐洲其他國家不同，工會在工資協商的角色不足。1980年代中期，右派政府執政後，以「勞工權利報告」為基礎，開始進行工資決定機制變革的主要目標，增加雇主與工會在集體協商過程中的角色與力量，引進企業層級的集體協商機制，由工會和雇主雙方直接進行工資協商，亦即集體協商的「去中央化」政策。新的協商機制產生的影響是：經由企業層級的協商機制簽訂的團體協約數明顯增加；相對的，產業層級協商簽訂的團體協約數明顯減少；反觀全國性的多產業協商，則只針對基本工資水準，每年進行討論。

　　由上可見，在工會組織成形的企業中，雖然雇主必須依法與工會進行直接的工資集體協商，倘若工會人數不足或工會的組織力量不健全時，雇主對工資決定的主導力量將相對強大，成為「低度管制領域」；在無工

會成形的眾多中小企業中，由於無法進行工資集體協商，因此將成為「未管制領域」，只有依賴產業層級集體協商簽定的團體協約來間接涵蓋，但是其涵蓋的落實程度，在各中小企業的差異頗大。

(二)**勞動市場特色與政策**：法國政府過去20年來，持續推動各項具體勞動市場彈性化變革措施，以促進勞資關係的建立與維持，重要內容為「工時彈性化」、「僱用契約彈性化」、「培養員工彈性化能力」、「提升弱勢者適應能力」及「積極勞動市場政策」等五項，分別是：

1. **工時彈性化**：工時決定機制是法國勞動市場中最明顯的彈性化表現，特別是1993年推動的「五年僱用法」中，提供雇主高度彈性化的工時執行方式，使雇主有決定工時的權力，主要規定有：引進集體協商機制至工時決定過程中，形成工時的「新調整形態」。工時調整的彈性期間延長為一年，法令只規定每週工時最多39小時的上限規定，但相同工作可以超時彈性工作至每週最多48小時、或12週內超時工作每週46小時、每天最多10小時，每年總工時130小時上限。上述種種規定，大幅增加雇主在工時決定方面的彈性權力，使得雇主工時彈性調整範圍擴大。

   1997年法國左派社會黨執政，推動以「降低工時、工作分享」模式，將「降低工時」視為擴大就業與創造就業機會的方案，也推動勞資協商方式，以2003年4月通過的法案為例，正式認可集體協商與團體協約的法律效力，使勞、資、政三方協商更為有效執行。

2. **僱用契約彈性化**：僱用契約（employment contract）彈性化的發展，來自保守黨的巴勒德（Balladur）政府，1993年施行的「五年僱用法」，讓雇主可以基於經濟需要，採取集體解僱與發展暫時性工作、部分工時工作的僱用契約，目標在於解除政府在創造就業機會方面的障礙，主要內容包括：鼓勵分享工作及減薪、簡化公司員工的申訴手續及降低成本、勞動市場的輔導與監視。「五年僱用法」經過二年多的實施後，法國政府在1996年6月公布的「羅白法案」（Robien law）對於工時的縮減與彈性化、就業機會的創造、縮減雇主在員工集體同意工時的財務誘因等方面，有更明確的規定。

3. **培養員工彈性化能力**：鼓勵及發展員工彈性能力的重要計畫在於訓練，強調訓練是雇主的義務與責任，也是員工的權利。必需執行「提升員工適應能力」與「再安置義務」兩項義務，並納入成為僱傭契約一部分，因此，自1992年起，若雇主未協助員工提升適應變遷能力，雇主將喪失解僱員工的權利。2002年公布施行的「社會現代化法案」

（Social Modernization Act），成為法國政府對抗失業與保障工作的重要政策之一，其特色為：

(1)**促進適應義務**：雇主解僱員工時，必須考量並確認員工確實缺乏實業技能才可以行使。雇主提供適應義務，涉及因素眾多，包括企業經濟需求、技術變遷程度、國際競爭力、訓練計畫實施方式與成本等。因此，規定500人以上企業才需負此義務。又工作時間內，企業需進行提升員工彈性能力的相關措施。例如：工作時間內及工作時間外的訓練，都列為企業提供員工適應的義務。

(2)**再安置義務**：自1992年始，規範雇主的再安置義務，在下列二種情況發生時，雇主必須執行：A.醫生診斷員工身體能力不再適合工作；B.企業公告資遣員工前夕，雇主有義務執行「再安置義務」。「再安置義務」是協助員工面對經濟變遷時，可以養成新的心態，提升轉換工作的應變能力。

4.**提升弱勢者適應能力**：因應經濟變遷情勢，提升企業與受僱者對於經濟變遷的適應能力（Increasing Adaptability），以創造動態勞動市場、降低雇主勞動成本、鼓勵雇主持續僱用員工；也鼓勵失業者微型創業，提升企業創業階段管理能力與經濟視野，以創造更多就業機會，措施如下：

(1)降低社會安全成本，鼓勵創造持續性工作機會：自1993年起，開始實施減少雇主社會安全支出規定，分三階段實施以降低企業衝擊：

第一階段（1993-1998）

Ⓐ

五年僱用法目的在於減少雇主對低薪資工作者的社會安全支出。

Ⓑ

第二階段（1998-2002）

減少雇主對定期契約工時者的社會安全支出。

Ⓒ

第三階段（2003-2005）

2003年起，減少雇主對中低薪資者的社會安全支出，以創造穩定工作機會、降低雇主成本。

(2)促進重返工作、減少貧窮工作者：提供低技能者得以重返工作（return to work），以減少貧窮並增加收入，具體措施為提供薪資收入所得稅優惠，且不斷擴大適用對象。

(3)最低薪資收入制度：最低薪資收入制度，是一種差額補助，只要個人或家庭收入不超過每年七月政府公布的「每小時工作最低平均薪資收入」即可核定補助。本項補助涵蓋法國10%的勞動者，使較低收入的非技術勞動者，獲得基本薪資保障。

5. **積極勞動市場政策**：法國政府實施「就業政策綱領」中，具體實施措施如下：

(1)**鼓勵失業者發展彈性能力**：法國失業者社會安全制度，與其他多數歐洲國家類似，包括：失業保險與失業救助兩部分。法國政府鼓勵失業者發展彈性能力，例如：

A. 加強提供適合失業個人化的有效支持措施：包含就業諮詢、職業訓練、推介就業服務等尋職協助與再就業方案，以積極方案促進失業者再融入社會體系中。

B. 提供尋職者重返勞動市場工作的財務誘因：特別是提供核發最有需要的中低收入戶家庭尋職者、部分工時工作者再就業津貼，以強化其重返工作原動力。

C. 發展正確辨認長期失業風險機制：以對抗並處理不同類型的失業，例如：失業可能產生的社會與心理問題。

(2)**協助尋職者就業服務計畫**：2004年，法國政府提出「公共就業服務現代化」的「馬林博報告」（Marimbert Report），除要求政府開辦300個地方就業服務中心，以因應失業問題、加強服務尋職者外，並要求各種就業服務機構（含中央國家就業署、國家訓練署、產業與商業部、區域性及地方性就業服務機構、社會夥伴），應定期召開工作會議，進行不同部門間的社會夥伴協商對話，以建立更緊密的夥伴關係。

此外，執行「個人再出發行動計畫」（Personalised Action Plan for a New Start，簡稱PAP），針對尋職者至就服中心登記後初次諮詢結果，不論是否領取失業給付，均提供尋職者接受就業服務或訓練課程的協助服務，以避免尋職者成為長期失業者。

(3)**青年就業整合政策方案**：青年失業比例高且多屬非技能者（unskilled）。因此，法國政府擬訂協助邊緣弱勢青年就業的各項青年就業方案，包括下列措施：

A. 青年在企業方案：補助企業僱用青年失業者，包括「就業協定」（employment contract，依照就業諮詢推介失業青年至企業工作）、「學徒訓練契約」（apprenticeship contract，針對非技

能青年失業者實施訓練）、「專業化訓練契約」（professional contract，針對低技能青年失業者實施訓練）及「資格認證契約」（qualification contract）。

　　B. 加強協助青年個人化方案：由就業諮詢人員提供個別化的就業諮詢服務，依照個別情形，擬訂「個人職業生涯計畫」，並提供相關協助。

　　C. 青年學徒訓練方案：針對非技能青年失業者實施學徒訓練，提高學徒地位，提高其接受學徒訓練的意願，提供居住與交通補助，另發放學徒訓練卡，以建立正式識別系統，提高學徒訓練的社會公信力，又辦理學徒訓練的企業可享有租稅優惠，以提高企業辦理意願。

(4) **促進中高齡者就業**：提早退出勞動市場是法國長期的中高齡就業政策理念，但是面臨高齡化社會結構變遷影響，「促進就業」與「終身學習」成為新的就業政策原則。藉由年金改革計畫，促使50歲以上中高齡者持續參與勞動市場，並加強其工作技能訓練，具體措施有：

A. 縮減提早退休規模。

B. 年金改革計畫：延長領取年金之投保年資條件，以及排除原規定60～65歲退休者可以領取全額退休金的彈性退休年齡規定，將法定退休年齡限定在65歲，以促使60～65歲中高齡者繼續留在勞動市場中。

C. 擴大就業空間：藉由經濟啟動計畫加強工作技能訓練，提高中高齡失業者的就業能力，並鼓勵企業僱用中高齡失業者，並提高企業僱用意願。

(5) **長期失業者就業整合政策**：考量長期失業者再就業的種種困難，必須加強協助，法國政府建立長期失業者的「通路途徑」（Gate-Approach），協助其重返勞動市場，具體措施包括：

A. 長期失業者個人加強協助方案：就業諮詢人員針對長期失業者，提供個別化的就業諮詢服務。

B. 經濟行動整合方案：由政府成立「整合基金」（Department Integration Fund）提供補助，將企業與民間協會整合納入，僱用長期失業者，藉由「再技能化」（re-skilling）與「再整合化」（re-integrating）方式增加長期失業者的就業與尋職能力，建立長期失業者的就業整合體系。

(6)**促進婦女就業與對抗歧視**：法國婦女就業率低於男性，高達二成。失業2年以上，四成超過1年，合計六成是長期失業者。可見，婦女失業問題的嚴重性。特別推動兩性就業行動方案，政策目標有：「提升婦女勞動參與率」及「降低婦女就業地位差距」兩大項，具體措施有：

　　A. 提高婦女勞動參與率：公立就業服務機構以推介10萬名婦女就業，作為工作計畫目標，尤以缺乏工作技能的婦女為優先，另婦女在工作過程中，面臨的交通與安全問題特別予以規劃，以確保婦女在工作安定及提高婦女就業意願。另，平衡婦女的工作需要與家庭照顧責任：提供婦女重返工作所需的財務支持協助，例如：幼童照顧津貼以及婦女因工作影響其懷孕、生產、照顧嬰幼兒、教育幼童的支出成本，都享有稅賦優惠。

　　B. 降低婦女就業地位差距：透過對抗就業歧視計畫，提供婦女持續就業，降低婦女與男性職場中的差距，項目包括：薪資福利、升遷、工時、職場安全等。

四、澳洲

(一)**勞資關係立法**：吳全成（2017）指出，澳洲全國勞動人口僅有4%是雇主，15%為自僱者，81%為各類受僱勞工。受僱勞工中，40%為工會會員，工會密度40%，近年來略有下降，公私部門差異頗大，公部門65%，民間部門25%。勞工運動源自英國，職業別工會過多，雖然經過重組及淘汰，但銳減速度很大，大多數工會均加入澳洲工會聯盟（Australian Council of Trade Unions, ACTU）。

1904年通過「協商暨仲裁法」（Conciliation and Arbitration Act），「澳洲勞資關係委員會」（Australian industrial Relations Committee, AIRC）也根據此法令設立。法令內容重點為：強制雇主承認依法登記的工會，賦予工會在所屬產業為所有勞工爭取權益，是工會被核准設立且承認強制仲裁立場的開始。

澳洲的仲裁體系包含聯邦與州政府的工業法庭及調解暨仲裁委員會。

1988年公布「勞資關係法」（Industrial Relations Act），規定所有的聯邦工會必須向仲裁主管機關登記，以取得利用法庭的資格，並享受完整法人地位的法律保障，所有雇主協會也需要登記，重要的是工會登記後即享有工會安全保障。

衡量勞資爭議重要指標有：自願性員工流動率（voluntary labor turnover）、員工穩定率（employee stability）、解僱率（dismissals）、曠職及請假率（absenteeism）及罷工（strike）。

事實上，澳洲掌握一些其他國家不具備的特色：1.澳洲完善的勞資爭議處理制度；2.擁有長達80年以上的獨立工業法庭（Tribunal）。澳洲的勞資關係制度是世界上「絕無僅有的」，澳洲的經驗，實際上就是對「勞資關係現狀無法改變」傳統觀念的一種挑戰。裁定（awards）制度、「企業集體協商」（enterprise bargaining）、全國勞資關係委員會及「強制斡旋與仲裁」（conciliation and arbitration）制度，對澳洲勞資關係之影響是非常深遠的。

吳全成（2006）指出，澳洲勞資爭議強制斡旋和仲裁制度及發展情形如下所述：

1. **殖民時代及建國初期**：澳洲建國以前的殖民時代的勞資關係是混亂且充滿爭議的。工業發展歷史較短的工會組織力量不強，工會與雇主的集體談判，以簽訂團體協約為目的，除了全國性、各行業的省區性與全國性組織普遍之外，企業單位簽訂團體協約為數極少。因此，澳洲政府乃採取強制仲裁（compulsory arbitration）辦法，以處理勞資間發生的糾紛案件。

   另一方面，澳洲與歐、亞、美等相隔甚達，因此，勞資之間發生嚴重糾紛時，任其自然演變發展，政府不加干涉，發生罷工事件，可能會擾亂社會治安。因為澳洲離開歐美國家的人力資源太遠，無法很快獲得大量補充技術人力，經濟生產可能長期癱瘓，影響國計民生。因為地理上的因素，使得澳洲政府不能任罷工潮自然的發展演變，強制仲裁制度因運而生，成為解決勞資爭議、防止其惡化的一個良好辦法。

2. **1890年代各州和聯邦之勞資爭議立法**：澳洲勞資爭議的特殊仲裁制度源自1890年的重大罷工事件，悲慘的鬥爭源自資本家，和有組織的勞工間的社會階級錯亂，也妨礙殖民地朝向成長的社會和經濟發展，勞資雙方認為要解決勞資爭議，應在公共利益基礎上，尋求獨立的第三團體，針對彼此間的主張進行仲裁。1890年代，澳洲殖民地轉為政治聯邦，在聯邦勞資關係部分，聯邦議會有權制定跨越任何一州的勞資爭議之防止和解決的法律：聯邦國會更依憲法51條35款的規定，對避免及解決跨越各州的勞資爭議，具有斡旋及仲裁的法律制定權。

3. **西澳為澳洲勞資爭議強制仲裁制度之先驅**：澳洲聯邦政府自始推動立法以規範勞資關係：1891年維多利亞州議會制定斡旋法（Conciliation

Act，1981），建立其轄區內的自願斡旋機制：南澳洲的1894年斡旋法，規定雇主和受僱者各一半代表人數下，賦予集體協商及斡旋局的勞資協議法律實行性。而在罷工潮推動下，西澳洲成為第一個州政府引進強制仲裁制度的省份。1900年勞資斡旋和仲裁法（Industrial Conciliation and Arbitration Act，1900）成為澳洲的第一個強制仲裁的法案，該法以紐西蘭勞工法為藍本，被認為極為成功的法案。其後，整個國家群起仿效。

4. **從強制仲裁到強制斡旋**：司法體系上，聯邦國會於1904年通過斡旋與仲裁法（The Conciliation and Arbitration Act，1904），產生斡旋與仲裁聯邦法庭（The Commonwealth Court of Conciliation and Arbitration），將仲裁及司法功能合而為一。斡旋仲裁法建立了澳洲的斡旋和仲裁體制，設置澳洲斡旋仲裁委員會，1989年更名為全國勞資關係委員會。聯邦及各州司法部門下之「工業分院」負責司法審判，斡旋與仲裁則交給「全國勞資關係委員會」負責。1993年，政府制定的工業關係改革法（The Industrial Relations Court of Australia）代替原工業法庭，此工業法庭為了提升企業協商的功能，全國勞資關係委員會更成立了協商部門，負責處理企業協商事宜、新協約的制定和企業彈性協約等，並且該法首次將罷工權利加以設限。1996年，政府著手立法改革工作場所關係法（Australian Workplace Act，1996）和其他相關法律的修正，削弱了全國勞資關係委員會的權力，讓斡旋與仲裁由勞資雙方自由選擇，是「強制仲裁」或由該企業勞資雙方「直接協商」。新法更限制全國勞資關係委員會對20項「可允許項目」的決定權及例外地可對「可允許項目」仲裁，「直接協商」與「裁定」兩種制度同時並存。

(二) **勞資爭議處理制度**：吳全成（2012）指出，澳洲勞資爭議處理機構可分為二部分：1.司法體系（the Judical system）；2.工業法庭體系（the Tribunal system）。1904年澳洲建國之初，國會即通過斡旋及仲裁法（The Conciliation and Arbitration Act，1904）處理勞資爭議案，斡旋與仲裁歸聯邦法院處理，直到1956年，仲裁與司法才分開處理。分述如下：

1. **司法體系**：司法體系包含聯邦司法及州政府司法部門。聯邦司法有聯邦高等法院及聯邦法院兩者。州政府司法有州級最高法院、地區（或縣級）法院、及地方（或治安）法院三者。

    (1) **聯邦高等法院**：為聯邦最高司法機構，在勞資爭議處理上扮演防止及解決勞資爭議問題以及聯邦高等法院做出裁決成為「判例」，以為勞資爭議案件規範之標竿的兩種角色。

(2)**聯邦法院**：為勞資爭議案件之司法體系的主要部門，1977年後設立工業分院專責處理勞資爭議之審理，工作內容包括：裁定的制定。主要職責為：

A. 解決及裁定與法律有關之勞資爭議案。

B. 對全國勞資關係委員會的裁定，發佈強制命令。

C. 對登記有案之工會組織內部糾紛之解決。包括工會法令、工會選舉和工會合併等之規範。

該等法院主要角色為宣告與規範罷工行動是否合法，依據人權法案之精神，規定其罷工行動之形式範圍，並對於轄區內勞動法令的解釋權。

(3)**地方（或治安）法院**：對轄區內有關勞動法令及各種裁定執行之審理。例如薪資或法定休假之爭議，即由該等法院判決並強制執行。

2. **工業法庭**：行政部門依照法律規定，透過斡旋和仲裁，組織一個獨立機構——即工業法庭（tribunal）。工業法庭在勞資爭議處理上扮演舉足輕重的地位，可分為聯邦工業法庭及州級工業法庭。（見圖4-1）

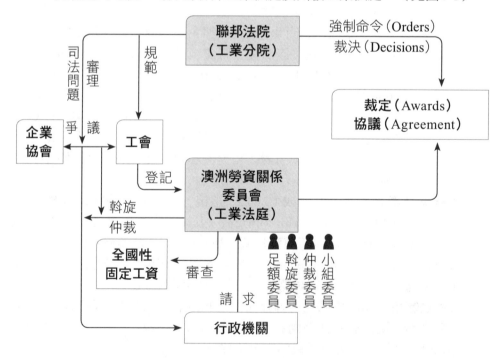

圖4-1 澳洲勞資關係委員會與聯邦法院之關係及勞資爭議處理之程序

資料來源：吳全成（2017：122）

(三) **裁定程序**：吳全成（2017）指出，澳洲的全國勞資關係委員會執行斡旋和仲裁過程，利用「裁定」（awards）以確保協約、登記組織的合法性及來自全國勞資關係委員會的決定事項。所謂裁定，是全國勞資關係委員會處理勞資爭議案件，就工資與勞動條件所作成之決定。在1996年工作場所關係法下賦予處罰及追訴的解釋和執行工作。另澳洲工業法庭系統還有三個重要行政輔助組織，分別是：澳洲工業登記處（Australian Industrial Registry）、僱傭保護局（Office of the Employment Advocate）及監查處（Inspectorate）。裁定程序包括斡旋及仲裁，分別是：

1. 斡旋程序

全國勞資關係委員會及各州工業法庭介入勞資糾紛，運用的方式包括斡旋（conciliation）與仲裁（arbitration）。全國勞資關係委員會扮演勞資利益的平衡者（the balancer），制定可遵循的法律規章，以調和勞資雙方利益的差異。仲裁之前先嘗試各種可能的調解過程，爭議雙方直接協商的可能性頗高，一旦協商達成協議獲得全國勞資關係委員會批准後，即為「共識裁定（consent awards）」。澳洲勞資關係具有強制仲裁與直接協商混合特色。

2. 仲裁程序

強制仲裁的目的在於避免罷工。1993年勞資關係改革法規範下，勞資任何一方都可在指定協商期間，通知另一方要採取「工業行動（Industrial Action）」，包括罷工、關廠的決定，全國勞資關係委員會若認為該行動有問題或達成協議的機會不大，以及基於公共利益之考量，則可介入，發揮強制仲裁的功能。強制仲裁的效果是縮短罷工或關廠的時間，但卻有可能增加罷工的頻率，例如「紙上罷工（paper strike）」的發生。

3. 強制仲裁

當勞資爭議發生，主管機關認為有介入處理的必要時，即通知全國勞資關係委員會，發出「強制仲裁」命令要求勞資雙方協商一即「斡旋」，在實務上除非斡旋不成立，否則不輕易仲裁。因此，其強制仲裁制度乃包括斡旋及仲裁兩階段制度，實際上兼強制協商之效果，而仲裁則為工業法庭對該糾紛案件所作的「裁定」，其裁決有法律之效果，勞資雙方均得遵守，最重要之功能是勞資爭議得以迅速解決。

> **4.**
> **強制斡旋**
>
> 1996年工作場所關係法並未限制全國勞資關係委員會「斡旋（Conciliate）」爭議。實際上全國勞資關係委員會是被允許在斡旋期間影響交涉過程，而仲裁權力縮減，並未弱化全國勞資關係委員會勞資爭議處理的能力和角色。澳洲勞資爭議處理強制仲裁制度，內容包括強制斡旋和仲裁制度，一則具有法律的強制性，另一則以團體協約為基礎，配合第三團體強制性斡旋。

五、日本

日本的勞資關係制度首推產業民主制度，源於二次世界大戰後，開始立法實施，制度包含集體協商和勞資協議。日本與歐美各國一樣，勞動條件多半藉由勞資間的集體協商來決定。集體協商是指勞工自主組織的工會和雇主或雇主團體，就勞動條件或僱傭關係進行交涉。

日本集體協商盛行，不亞於西方國家。究其原因，為法令約束及勞資協議制，分別說明如下：

(一)**法令約束**：日本工會法中，未明確規範集體協商之對象，第6條略以「工會代表或得到工會委任者有權利為工會或會員，和僱用者及其團體，交涉有關勞動契約之締結與其他事項。」另第7條第2款規定：「雇主沒有正常理由而拒絕和僱用的勞工代表進行集體協商」，雇主若拒絕集體協商即視為「不當勞動行為」，依法加以禁止。

由統計可知，日本的協商項目以「工作時間」、「工資」為最多，「僱用、人事」亦不少，然而雇主對員工個人的升遷、人事異動、考勤、賞罰及解僱等，認為是經營權部分，而拒絕協商者不在少數。至於「引進新機器」、「更新設備」、「遷移廠址」、「合併公司」、「外包」等雇主大部分皆認為是屬於經營、生產事項，卻影響勞工的勞動條件。因此，必須透過勞資協議制度才能解決。

由於工會法第6條未規定協商的對象，因此，勞資雙方皆可委託第三者（工會將交涉權委託上級工會），特別是交涉事項如為工資時，為謀求工資水準之一致，可以僅限該事項委託第三者來代勞。

日本工會法對於集體協商簽訂的團體協約有以下規定：

1. 工會和僱用者，或和其他團體間的勞動條件，以及其他相關的團體協約，須作成文件，經雙方當事者簽名，或簽字蓋章即產生效力。（第14條）

2. 違反團體協約所規定的勞動條件，或其他工人待遇有關基準的團體協約部分視為無效，無效部分依原規定處理。至於集體協商未規定者亦同。（第16條）

(二)**勞資協議制**：日本勞資協議制依官方定義為「以勞資來協議經營、生產、勞動條件與福利衛生等事項的常設機構」，在企業層級的勞資協議制度，名稱不一，有經營協議會、勞資協議制、勞資互談會、生產協議會、生產委員會、工廠委員會等。

勞資協議機構普及率，高達90%，已成為社會規範階段，日本大多數企業，不僅組織工會，且設置勞資協議機構，協議項目繁多。（見下表4-1）

表4-1　勞資協議機構之協議項目

有關經營事項
- ✓ 經營基本方針
- ✓ 生產銷售等基本計畫
- ✓ 公司組織機構之新設改廢
- ✓ 引進應用新技術之機器等生產事務之合理化

有關人事管理事項
- ✓ 採用、分派基準
- ✓ 暫時請假人員整理、解僱
- ✓ 調動職位、出差

有關勞動條件事項
- ✓ 勤務方式之變更
- ✓ 工作場所安全衛生
- ✓ 工資、慰勞金
- ✓ 工作時間、休息、休假
- ✓ 退休制度
- ✓ 退休津貼、年金基準

其他事項
- ✓ 教育訓練計畫
- ✓ 文化體育活動
- ✓ 福利保健

(三)**爭議處理制度**：計有一般企業的自願調停及公用事業的強制調停，採用方法有自願仲裁及重大事件的緊急調整，分別是：

1. **斡旋**：類似於美國之調解制度，可依當事人一方或雙方之聲請，亦可由勞動委員會依職權指定斡旋員從事斡旋，促成協議。斡旋過程中並不禁止雙方為爭議行為。90%左右的爭議均在此階段解決。

2. **調停**：對於一般事業採自願調停方式，須經雙方當事人聲請；公用事業則採強制調停方式，得由一方聲請或由勞動委員會依職權開始。調停委員會由代表公益、勞方、資方之調停委員共同組成之。其中，勞動者委員係由最具代表性工會之推薦任命，僱用者委員則由最具代表性雇主團體推薦，公益委員則由勞資雙方委員同意後任命之。調停委員會得做成調停案，但非經雙方當事人同意接受，不具法律拘束力。

3. **仲裁**：仲裁係由勞動委員會擔任仲裁機構，需經雙方當事合意聲請，亦即採自願仲裁方式，仲裁委員作成之仲裁書與團體協約具同等效力。

4. **緊急調整**：對於公用事業、大型企業或性質特別之事業，其勞資爭議如顯著妨礙國民經濟，或有危害國民日常生活之虞者，內閣總理大臣得為緊急調整之決定。內閣總理大臣為上項決定前，應事先徵詢中央勞動委員會之意見。此乃類似強制仲裁之制度，為其已非勞動主管機關之權責，而係最高行政首長之權限。對內閣總理大臣所作緊急調整之裁定，不得依行政不符審查法聲明不符。

資深觀察家

勞資爭議處理主要依據為勞動關係調整法，適用對象包括一般及公用事業，爭議處理機構為中央及地方勞動委員會。

六、國家在勞資關係中所扮演的角色

國家中心論者認為國家機器不僅是消極反應市民社會的要求，國家具有經濟、組織及強制力的資源，它擁有自己的利益和作為。國家的決策同時受到國際政治與國內階級衝突的影響。此外，國家有其特定立場，得以動員其他社會資源而與優勢的階級或團體相互抗衡，特別是在政權或國家面臨危機時。因此，國家具有相對自主性與能力擬訂政策目標，並有效執行，因而國家具有高度的自主性及強大的能力，可以克服內外困境而獲得發展。

(一)**學者Bean將國家在勞資關係所扮演的角色，分為以下六種型態**

1. **法律制定者**（statutory law maker）：國家機關運用本身權力來制定一些法律，以保障勞工的工作權和維持雇主的財產權。例如，政府制定有關工時、工資、就業等最低僱用條件的法律。

2. **勞資雙方第三方的制約者**（a third-party regulator）：所謂國家機關扮演勞資雙方第三方制約者的角色，換言之，由國家出面訂定遊戲規則，而勞資雙方要在此規則下進行互動，進而促進勞資雙方和諧。

3. **勞資雙方的調停者**（reconciler）：在工業社會中，勞資之間的衝突是經常發生的，所以，國家角色即為化解勞資雙方衝突的調停者，同時也提供解決衝突的方案，可採取協調、調解、仲裁等方法。

4. **公共部門的雇主**（an employer of public service）：現代的國家裡，公共部門的成員為大眾提供了許多服務，而僱用這批人的機構即是國家，所以國家機關此時的身分就像是私人部門中的雇主，工作就是要與各個部門間的受僱者進行各項協商。

5. **所得制約者**（a regulator of incomes）：在一些集體協商中的國家，國家機關為了避免勞資協商對於經濟產生了不良影響，許多國家都透過所得政策來修正集體協商的成果，亦即透過限制工資上漲以及物價膨脹方法，來控制通貨膨脹的產生。

6. **人力資源規劃者**（a designer of human resource）：在人力資源的運用上，國家設置一套就業安全體制，包含職業訓練、就業服務以及失業補償等方案，使得已就業或未就業的勞工都能獲得一定程度的保障，最後使得整體的人力規劃得到最佳的效果。

(二)**國內學者衛民則將政府在勞資關係系統中歸納為以下五項**

1. **個別勞工基本權利的保護者**：政府第一個角色是「保護者」（protector）或「管制者」（regulator），凡是個別勞工的基本權利：例如勞動基準法、勞動契約法、勞工保險法、勞工福利法、勞工教育法、勞工安全衛生法、勞動檢查法、勞工職業訓練法及勞工就業服務法等事務，政府首先要善盡保護者的義務，澈底而周全的保護每一位勞工的基本權利。

2. **集體交涉與勞工參與的促進者**：政府第二個角色「促進者」（promoter），積極促進勞資之間的自行交涉與對談，希望政府建立的基本遊戲規則在基本勞動基準之上，任由勞工或工會與雇主或雇主團體自行協商勞資關係的主要內容，而不必由政府介入太多。例如：勞資爭議處理法、團體協商法、工會法、大量解僱勞工保護法、性別工作平等法等事務，為政府促進勞工與雇主之間的協議。

3. **勞資爭議的調停者**：政府的第三個角色是「調停者」（reconciler），有時是「調解者」（mediator）、「仲裁者」（arbitrator）或「和平製造者」（peace maker）。此一角色是當勞資爭議發生時，挺身而出解決爭議，以維持工業和平，降低對社會的衝擊。

4. **就業安全與人力資源的規劃者**：政府的第四個角色是一個「規劃者」（planner），針對福利國家的需求，為全民建立一套合適的就業安全制度，其中包括了三大支柱；職業訓練、就業服務和失業保險，如此好讓就業勞工或未就業勞工都可高枕無憂，國家也可以充分利用全民的生產力去建設國家。因此，透過政府角色來規劃完善的制度，以保障勞工基本保障。

5. **公共部門的僱用者**：政府的第五個角色是一個「僱用者」（employer），政府是所有公共部門（public sector）的雇主、老闆和資方。而公共部門的勞工包括了政府中央與地方的公務人員，以及所有公營事業的受僱員工，其規模和人數在各國不一，但都佔相當重要地位。

05 集體勞資關係

課前導讀

本章是勞資關係的精華，是落實勞動三權（團結權、協商權、爭議權）的勞動三法（工會法、團體協約法、勞資爭議處理法），尤其前述三法，在97～99年的三年期間陸續修訂完成，並自100年5月1日勞動節正式施行，對於台灣地區的勞資關係勢必帶來一個新的風貌。命題率高，請多注意，111年11月修訂工會法，加重不當勞動行為之行政罰則，亦請詳讀。

│ 系統綱要 │

一、勞動者的爭議行為

　(一)罷工

　　　1.罷工的意義：是指事業內的全體被僱者，或是一群被僱者，以工資或其他勞動條件的改善，與經濟利益獲得為目的，而共同停止工作的行為。其定義與概念是：

　　　　(1)集體行為非個別行為。

　　　　(2)須基於經濟上原因。

　　　　(3)是勞務提供之「中止」，而非勞動契約之「終止」。

　　　2.罷工的種類

　　　　(1)依其目的可分為「經濟性罷工」、「政治性罷工」、「同情性罷工」及其他目的等罷工型態。

　　　　(2)依參與人數分為「全面性罷工」、「部分罷工」（「指名罷工」、「限時罷工」、「波狀罷工」）。

　　　　(3)常見不合法的罷工為「野貓式罷工」、「冷不防罷工」。

　(二)怠工：怠工是勞動者在形式上仍然提供勞務，但是故意讓工作效率降低，為一種勞務不完全提供之爭議行為。

　(三)杯葛：杯葛是勞動者對於雇主不當之措施，不採直接之對抗，而向第三人所為之間接爭議行為。

　(四)糾察：糾察行為是指罷工或怠工期間，為了確保爭議行為之實效性，對於拒絕或反對罷工、怠工之勞工，予以糾舉察查，阻止其上工。

(五)占據：是指勞工以強化或維持罷工之態勢，並提高罷工之時效為目的。於相當時間內，在工作場所或其他事業場所內，占有雇主的廠房、生產設備及材料，使雇主無法從事企業之營運。

(六)生產管理：是勞工團體為達成爭議目的，或因雇主逃避經營不善之責任，不經雇主同意，將雇主廠場、設備、原料等置於自己實力管轄下，並排除雇主指示，自行進行企業之生產、營運及管理。

二、雇主之爭議行為

(一)鎖廠：攻擊性鎖廠、防禦性鎖廠　　(二) 繼續營運

(三)黑名單　　　　　　　　　　　　　(四) 停工

三、不當勞動行為

(一)定義：是指政府為均衡勞資力量，由法令賦予勞工的團結權、協商權及爭議權，勞工在行使勞動三權時，不受雇主或工會（勞工本身）的妨礙或阻擾。

(二)不當勞動行為案件的處理程序

　　1. 指控　　　　　　　　　2. 調查

　　3. 自願解決或提出控告　　4. 聽證與裁定

　　5. 強制執行或覆審

(三)台灣不當勞動行為裁決體制

四、團結權與工會組織

(一)內涵與目的

　　1. 勞動者團結權行使，具有與雇主抗衡作用。

　　2. 工會對於國家的關係，容許有自主性存在。

　　3. 工會對於政黨或宗教團體，也有主張自主性的權利。

(二)團結權觀念形成與轉變

　　1. 禁止團結階段

　　2. 承認勞工團結權階段

　　3. 積極保障工會組織階段

(三)工會成立基本要件

(四)工會成立的理由

　　1. 勞工生活保障說　　　　2. 安定說

　　3. 特殊利益團體說　　　　4. 抗爭團體說

　　5. 福利團體觀

(五)工會成立目的與功能

　　1. 工會成立目的：工會為促進勞工團結，提升勞工地位及改善勞
　　　　工生活為宗旨。

　　2. 工會的功能

　　　　(1)經濟功能　　　　　　　(2)政治功能

　　　　(3)社會功能　　　　　　　(4)文化教育功能

　　　　(5)心理功能

(六)同盟自由基本權

　　1. 同盟的生存保障　　　　2. 同盟的行動保障

(七)工會與會員

　　1. 勞工意識　　　　　　　2. 勞工的態度或行動

(八)集體勞動關係

(九)工會在勞動事件法上路後的角色與功能

五、協商權與集體協商

(一)集體協商意義與重要性

　　1. 意義：是指勞資雙方透過談判、協商完成團體協約的締結。

　　2. 重要性：集體協商是勞工大眾掌握企業經營資訊影響政府勞工
　　　　政策的重要憑藉。

(二)集體協商種類

　　1. 分配性集體協商　2. 策略性集體協商　　3. 整合性集體協商

(三)誠信協商

(四)集體協商議題

　　1. 經濟議題：薪資、員工福利、工時。

　　2. 制度議題：工會保障、工會會費自動扣繳、不罷工條款、管理
　　　　權、共同決定。

　　3. 行政議題：員工年資、員工紀律、安全衛生、工作外包、技術
　　　　變革、生產標準。

(五)工會協商資格之具備與認定

(六)團體協約

　　1. 定義：是工會與雇主（團體）針對勞動條件及其他勞資雙方當
　　　　事人間之勞動關係事項，進行協商後達成合意結果予以文書化
　　　　的契約。

　2. 機能

　　(1)提升勞動條件之機能　　　　(2)組織擴大之機能

　　(3)秩序形成之機能　　　　　　(4)所得政策之機能

　　(5)團體協約之國家法規範機能

　3. 誠信協商原則

　　(1)誠信協商之定義　　　　　　(2)協商資格之取得

　　(3)拒絕協商之類型

　　(4)違反誠信協商原則與拒絕協商之法律效果

　4. 內容

　　(1)團體協約約定事項　　　　　(2)工會安全條款

　5. 團體協約和工作規則

　6. 團體協商的進行

　　(1)協商前之準備

　　(2)召開協商會議（實際進行協商）

　　(3)簽訂團體協約

　　(4)送請主管機關備查（或核可）

　7. 團體協約的執行與效力

　　(1)團體協約的執行　　　　　　(2)團體協約的拘束

　　(3)團體協約的效力　　　　　　(4)團體協約爭議之處理

　8. 團體協約的期間與終止

　　(1)團體協約終止的原因

　　(2)團體協約之合併、分立及團體協約當事團體解散

　　(3)情事變更之處理

(七)勞動部獎勵工會簽訂團體協約

六、爭議權與爭議行為

(一)勞資爭議行為的正當性

　1. 主體正當性　　　　　　2. 目的正當性

　3. 程序正當性　　　　　　4. 手段正當性

(二)違法罷工行為之效果

(三)勞資爭議分類

　1. 個別爭議：爭議主體為個別勞工，爭議對象為私法權利，因此，個別爭議可視為權利爭議。

　　2. 集體爭議：勞動條件集體變更和新權利爭取，是集體勞工和雇主或雇主團體之間的經濟利益衝突，爭議內容為集體勞工利益，主體為集體勞工。

(四)勞資爭議處理方式

　　1. 非正式處理方式

　　2. 正式處理方式

　　　(1)司法途徑　　　　　　　　(2)勞工行政途徑

　　　(3)鄉鎮市調解委員會途徑　　(4)仲裁法之仲裁途徑

　　　(5)勞動事件法之調解途徑

(五)勞資爭議處理原則

　　1. 國家中立原則　　　　　　　2. 協約自治原則

(六)企業內勞資爭議處理機制

　　1. 整合型衝突管理體系　2. 獨立點的計畫　3. 監察官制度

(七)預防性爭議調解機制：預防性調解機制概念已正名為勞資關係發展與訓練計畫，主要想法在於利用基於權益原則教導勞資雙方以非對抗性方式，表達相互主張與解決問題，目的是讓勞資雙方學習如何溝通與解決問題。

七、 不當勞動行為裁決制度

八、 社會對話

(一)定義：勞、資、政任何兩方或三方，就他們間共同利益的經濟及社會政策議題，進行各種形式的協商、諮詢或資訊交換。

(二)促成社會對話之條件

(三)國家在社會對話間之角色

(四)社會對話的不同型態

　　1. 資訊分享

　　2. 諮詢

　　3. 兩方或三方的交涉及締結協約

　　4. 集體協商

(五)社會對話的進行

(六)社會對話的結果

(七)社會對話的類型

九、 企業社會責任

(一)經濟責任　　　　　　　　　(二) 法律責任

(三)倫理責任　　　　　　　　　(四) 慈善責任

一、勞動者的爭議行為

當勞資爭議發生後，勞動者所採取之爭議行為型態為：罷工、怠工、杯葛、糾察、占據及生產管理等，分述如下：

(一)罷工（strike）

1.**罷工的意義**：按罷工一語，源自英語的To Strie Work，在十九世紀中葉以後，通行於英國，而後蔓延於其他各國，又稱為同盟罷工。是指事業內的全體被僱者，或是一群被僱者，以工資或其他勞動條件的改善，與經濟利益獲得為目的，而共同停止工作的行為。

罷工是勞工團體共同之合意，或依工會指令，通常以改善或維持僱用條件為目的，而任意停止工作。也有學者進一步解釋為「罷工為多數之被僱人，以勞動條件之維持改善或其他經濟利益之獲得為目的，協同的為勞動之中止。」「罷工」實質上是指勞動團體為向雇主要求勞動條件之維持、改善或其他經濟地位之提升與相關勞資爭議目的，有計畫的進行團結，暫時性對雇主拒絕勞務之提供，以脅迫雇主的爭議行為。整體而言，仍未能脫離勞動契約關係之行為，此為勞動者爭議行為中最典型的爭議行為。勞動者基於爭議權，互相團結暫時不履行依勞動契約所負勞務供給之義務之集體行動，在此爭議過程中與爭議當事者間之勞動契約從未中斷。罷工為單純勞動之休止，生產秩序之中斷，而非勞動契約之終止，且為多數勞動者之共同行為。故罷工期間，爭議當事者間即無勞務提供及報酬給付之互負對價關係的行為；如前所述，罷工行為乃勞、資雙方之間合法互相進行爭議之權利，因此，罷工期間為爭議當事者間勞動契約之暫時中斷，待爭議結束，恢復勞務提供再讓勞動契約重新生效。

綜上，罷工的定義與概念分別是：

(1)集體行為非個別行為。

(2)須基於經濟上原因。

(3)是勞務提供之「中止」，而非勞動契約之「終止」，如多數勞工以獲得他處僱用之意圖而一齊集體離職或離開工作崗位，並非罷工定義範圍。

2.**罷工的種類**：罷工種類繁多，以其目的與參與人數分述如下：

(1)罷工依其目的可分為「經濟性罷工」、「政治性罷工」、「同情性罷工」及其他目的等罷工型態，分別是：

A. **經濟性罷工**：是指勞動者係以勞動條件之維持或變更，或其他經濟利益獲取為目的所為之罷工行為，泛指為維持或提高改善勞動

條件所進行的罷工，可稱為經濟性罷工，爭議當事者以雇主為主要目標。例如：以年終獎金之發放或分配之公平性與否為目的之罷工，或以工資工時之標準或調整之幅度及締結團體協約為爭議目之罷工，均屬之。

B. **政治性罷工**（political strike）：是前述經濟性罷工之相對概念。是勞動者以特定政治主張之貫徹執行為目的之罷工。訴求之目的屬政治上之訴求為主，而非經濟（勞動條件等）的訴求，且爭議之勞動者是以國家機關或地方行政機關為爭議之直接對象，而非勞資關係相對人的資方。例如：勞動者以民意代表之改選方式或任職期間為目的之罷工即屬之。政治罷工唯一可與一般罷工的區別標準只是其針對的對象而已，凡是施加壓力的行動對象為國家或公權力機關（含行政、立法、司法等機關），即屬於政治罷工之範疇。換言之，只要勞資爭議非針對資方或非僅針對資方，同時也針對國家、公權力機關者，均屬政治性罷工。

政治性罷工除上述外，尚可分為純政治性罷工及經濟的政治性罷工。純政治性罷工是與勞動者經濟利益直接無關的政治問題所為之罷工。經濟的政治性罷工是與勞動者勞動條件、團結權、社會保障等勞動者經濟利益直接有關之立法或政策所為之罷工。換言之，此種罷工，一般是以促進勞動者經濟利益的立法、政策，或對於國家及雇主併同訴求之混合型罷工。

C. **同情性罷工**（sympathetic strike）：是勞動者並非對有關自己勞動關係之要求，係以支援與其他雇主處於爭議狀態之其他勞動者要求實現目的所為之罷工。意即當某一事業單位發生罷工事件時，另一或其他事業單位之勞工團體，為表示聲援所發動之罷工，是對「主罷工」提供援助，又稱為「援助罷工」。此種罷工形式，為多數國家所不允許，惟少數國家則僅其加以限制，而未逕予評斷為非法。

主張「同情罷工」屬於非法者的基本立法是進行同情罷工的目的只是在顯示勞工的團結，對自身勞動條件並無爭議，顯然並非為了解決企業本身的糾紛，因而與集體交涉之勞動條件並無直接關聯，應不具合法性。惟工會則強調，如某一行業的勞工罷工失敗，未能提高工資，甚至被迫接受減少工資，往往會影響到同性質之其他行業的勞工。所以，「同情罷工」表面上是為了其他行業勞工的利益，但實質上卻也等於為了維護其自己之利益，此種

現象，尤其是在進行罷工的行業與舉行「同情罷工」之行業密切關係時，表現最為明顯。此外，工會的「團結權」，似應廣義包含「同情罷工」在內，可認定「同情罷工」具合法性。

(2)依參與人數分：罷工依參加人數可分為「全面罷工」與「部分罷工」兩種

　A. **全面性罷工**：全面罷工是工會所屬全體會員均參加罷工。此與「全國總罷工」有異，「全國總罷工」是指全國規模罷工，此處之「全面罷工」則僅指該工會所屬會員參加而已。

　B. **部分罷工**：部分罷工是工會所屬部分會員參加的罷工。即工會於集體交涉後，為爭取勞動條件之改善，經工會決議指定部分會員停止勞務提供，「部分罷工」依其實施型態不同，又可區分為：「指名罷工」、「限時罷工」與「波狀罷工」三種：

　　a. **指名罷工**：指名罷工是工會指定個別工會會員參加罷工。工會與資方集體交涉後，為爭取勞動條件之改善，達到爭議之目的而指定某些會員進行罷工。

　　b. **限時罷工**：是限於工作時間之一部分罷工者。例如：自上午八時至九時罷工一小時屬之。

　　c. **波狀罷工**：是以限時罷工反覆進行。部分罷工通常是工會為減輕其罷工期間之負擔，以避免造成爭議當事者更多之損害而為之，在工會財務薄弱時，最常見。

(3)常見不合法的罷工形式有下列兩種

　A. **野貓式罷工**（wildcat strike）：野貓罷工是指違反工會之規約、決議或指令而進行之罷工。是指一群受僱者未經工會之授權或批准而擅自停止勞務之提供，進行罷工行為。野貓罷工可能侵害工會團結權，違反工會內部領導制度，並侵害資方權益，故多數先進國家相關勞資法案皆明文禁止，如英國1982年「就業法」規定工會如未獲代表大會通過罷工之決議而逕行罷工，應屬違法罷工；另英國1984年「工會法」第10條亦規定，凡未經合法決議而號召罷工之工會，其行為係破壞其他從業人員與雇主之間的勞動契約，屬非法罷工。此外，日本法院判例見解亦認為，工會會員應不得違反工會之規約、決議或指令，而進行爭議行為或不停止爭議行為。

　B. **冷不防罷工**（snap strike）：指工會進行罷工時，未經事先預告資方的一種爭議形態。冷不防罷工，因未經預告雇主而即採取罷

工，讓雇主措手不及，極可能造成資方重大損失，故一般認為此種罷工，勞方在履行提供勞務之義務時有違誠信原則。

(4)長榮航空空服員罷工案例分析：針對長榮航空空服員在108年6月22日發起的罷工行動，值得探討之處分別是：

A. **航空業是否比照自來水、電力等事業，約定必要服務條款，始得罷工**：建議修訂「勞資爭議處理法」第54條，將航空業比照自來水、電力、燃氣供應業、醫院、金融銀行等影響大眾生命安全、國家安全或重大公共利益之事業，勞資雙方應約定必要服務條款，工會始得宣告罷工規定之事業納入必要服務條款限制有條件的罷工對象，以免影響社會大眾行的便利及生活品質。航空業屬公共運輸業卻未加以規範，確有不妥。

B. **明訂罷工權屬於企業工會的爭議權行使，取消職業工會得發動罷工的規定**：可仿照美國、韓國等，取消「職業工會」罷工權，僅規定有特定勞動條件商議的「企業工會」才得享有罷工權。此次長榮與華航空服員罷工，均由桃園市空服員職業工會發起，且華航與長榮兩家公司空服員均參與投票，是個人勞動條件主張不同，始得發起爭議行動之事由不符，宜就「職業工會」罷工權加以限制，僅同意「企業工會」可發起罷工。亦即，職業工會僅代表單一公司內部某些特定人員，若行使罷工權，影響整間公司，實不符比例原則，建議限制。

C. **罷工預告得否訂定**：「罷工預告期」是否需在法令中嚴加規範，以便企業或受影響的社會大眾可提早做好因應準備，尤其是大家沸沸揚揚的「勞資協商不能將公眾權益當談判籌碼」運用。

經查現行勞資爭議處理法中，關於罷工的流程已有實質的罷工預告性質，依據第53條規定，調整事項經過調解不成立才得罷工，又同法第54條就罷工程序做出詳細規定，必須經過會員直接無記名投票且過半數同意才得已宣告罷工，就此過程已含有預告罷工的功能，亦即工會執行罷工投票時，就是預告要行使罷工權了，因此，在勞資爭議處理法上訂定罷工預告期，不能僅訂一個期間，而是要簡化調解程序，大家有不同意見，要兼顧工會訴求和勞工權益，或是要顧及社會大眾利益和企業經營現況，確有深入研議的必要。

(二)**怠工（slow down）**：怠工是勞動者在形式上仍然提供勞務，但是故意讓工作效率降低，為一種勞務不完全提供之爭議行為。意即勞工間，基於

意思聯絡，集體以遲緩工作之方法，予以雇主壓力，以謀求勞動條件之維持或變更，或獲取一定經濟利益的爭議手段。因此，怠工在實質上仍受到工會支配，而部分排除雇主勞務指揮權為勞務不完全給付之行為。

> **資深觀察家**
>
> 怠工與罷工相比較，罷工是以積極作為之方式達到爭議之目的；反之，怠工則是以消極不作為方式達到爭議目的，兩者最大的差別在於罷工是一種完全不提供勞務的行為，而怠工則是一種勞務不完全提供的行為。

英國「勞資關係法」（Industrial Relation Act, 1971）第33條第4項規定，怠工屬於非罷工之抗爭行為（irregular industrial action short of a strike），在動機與行為上有違契約之雙方誠信原則，屬違反契約之行為。日本法院實例則認為，倘怠工目的只是減少產量，而不是在降低產品品質或破壞機器、原料，則該項怠工僅屬消極行為，應屬正當爭議行為。

(三)**杯葛（Boycott）**：杯葛是勞動者對於雇主不當之措施，不採直接之對抗，而向第三人所為之間接爭議行為。意即對第三人發起對於特定企業之產品，或是勸說一般大眾拒絕購買，以共同排斥該企業之貨品的一種向第三人所為之爭議手段。

杯葛之手段有對於特定企業之產品，勸說一般民眾共同拒絕購買；也有勸說對之拒絕提供勞動者；也有二者兼採的。第一種型態稱為「商品杯葛」，第二種型態則稱為「勞動杯葛」。而勞動者在為商品杯葛時，通常在終端消費品上比較容易達到預期效果。

此外，一般所稱「第一次杯葛」，係指對「雇主」之產品予以杯葛；至於所謂「第二次杯葛」，則指對雇主之「交易相對人」之產品發動拒購運動之杯葛，以達成該「交易相對人」停止與雇主進行交易而間接給予雇主壓力之目的。美國法律規定，禁止進行「第二次杯葛」。

杯葛不可以任何不實的內容來傳播以達成杯葛的效果，若有不實宣傳或毀謗企業之事實，則構成對企業之名譽信用及營業等嚴重侵害，需負民事及刑事責任。

(四)**糾察（Piketing）**：糾察行為是指在罷工或怠工期間，為了確保爭議行為之實效性，對於拒絕或反對罷工、怠工之勞工，予以糾舉察查，阻止其上工，或對於公眾或雇主之客戶為監視行動或阻止雇主出貨之爭議手段。

因此，「糾察」並非獨立的爭議行為，通常附隨於其他爭議行為，屬於輔助的爭議手段。易言之，當進行罷工之際，有一部分工會會員不

加入工會行為，勢必破壞罷工之行動，減低罷工之效果，此時工會為確保其罷工之效果，且基於統制立場，派遣其會員至工作場所周圍，監視出入工作場所者或阻止進入工作場所者，即屬「糾察」行為。糾察任務之目的為：

1. 向社會大眾及員工告知當時發生爭議。
2. 勸使工人加入工會的行動。
3. 阻止任何人員前往工作或原料及成品進出工作場所。

其次，「糾察」的方式，有採取和平的說服方法，也有採實力的阻擋方法。但採實力的阻擋方法，由於已脫離單純的說服、宣傳之範圍，帶有脅迫、恐嚇性質，其採取之程度常產生合法性之界限問題。

(五) **占據（Occupied）**：是指勞工以強化或維持罷工之態勢，並提高罷工之實效為目的，於相當時間內，在工作場所或其他事業場所內，占有雇主的廠房、生產設備及材料，使雇主無法從事企業之營運。故「占據」並非意在占有、侵奪，亦非對工廠、機械設備等行使暴力加以破壞等所有權侵害之行為，因此又稱為「占據型罷工」。

(六) **生產管理（Productive management）**：是指勞工團體為達成爭議目的，或因雇主逃避經營不善之責任，不經雇主同意，將雇主的廠場、設備、原料等，置於自己實力管轄下，並排除雇主的指示，自行進行企業之生產、營運及管理，有些學者將其稱為「接管」或「自主生產」。

二、雇主之爭議行為

雇主的爭議行為型態有鎖廠、繼續營運、黑名單及停工，分述如下：

(一) **鎖廠（Lock-Out）**：又稱「閉廠」或「停工」、「歇業」，是雇主使用的主要爭議手段，與勞動者的罷工行為具同樣效果。易言之，「鎖廠」是雇主為貫徹其對勞動條件之主張，強制關閉工作場所，停止生產營運，並使勞動者集體退出工作，拒絕所有勞務提供者。鎖廠與經營上之理由如天災事變之理由而關閉工廠者截然不同。行使之方式可分為以下二種：

1. 僱用人於短時期內封鎖廠場，以對抗受僱人並促其反省，此時勞動契約並不因之而消滅，僅發生僱用人受領延遲之問題，故在此期間僱用人仍有支付勞動報酬之義務。
2. 僱用人為團體的解僱，此乃關廠一般所採取之方式，故有學者將「關廠」稱之為「團體解僱」者。

鎖廠可分為以下二類：

① 攻擊性鎖廠

攻擊性鎖廠又稱為「先發的攻擊性鎖廠」，即勞資爭議發生之際，為免勞動者行使罷工、怠工等爭議行為造成雇主之損害，而先發制人的將作業場所予以關閉。學理上認為採攻擊性鎖廠，以有其「必要性」之限度內始應予允許，以免雇主隱藏經營上或天災事變之理由而為鎖廠。一般在勞資爭議之際，勞資雙方勢力失去均衡致雇主負擔過重；或當時之危險性對雇主而言，明白、具體且現實存在等緊急性之情形均屬之。

② 防禦性鎖廠

防禦性鎖廠又稱為「被動的防禦性鎖廠」，即勞資爭議之際，勞動者已出現罷工、怠工等爭議行為，為減輕或避免雇主損害，而被動的將作業場所予以關閉。例如在勞資爭議發生之際，勞動者採部分罷工，為避免相關部門機能癱瘓情形發生；或波狀罷工時，因生產所需之停機後開機的時間及經費；或怠工時因效率低下導致產品質量降低考慮均屬之。

(二)**繼續營運**：繼續營運是勞動者在罷工之際，雇主動員管理者、非工會會員之勞工或其他可代替罷工人員之勞動力，而維持事業之繼續營運。「繼續營運」與「鎖廠」同屬對抗勞動者爭議之行為，不同在於「鎖廠」無論是攻擊性或防禦性之鎖廠仍屬消極不為營業之行為，而「繼續營運」則是積極的以其他人力代替罷工之人力繼續營運，以破壞勞動者罷工效果之行為。

(三)**黑名單**（Black List）：黑名單是指雇主將工會積極抗爭之分子或不受歡迎之勞工列冊，而與其他相關雇主相互通知及交換名冊，共同採取不予僱用之聯合圍堵之手段。

(四)**停工**：停工是指當發生勞資爭議時，雇主所採行暫停工作的爭議手段，而使全體或多數受僱勞工暫時退出工作，以促使勞工反省其爭議手段的

一種對抗手段。因停工只是暫時性地停止企業之營運，原無對勞工為解僱之意思，惟在經過一段相當時間的停工後，雇主也有可能進一步將停工轉變為更激烈的關廠行為。

三、不當勞動行為

(一)**定義**：吳全成指出，不當勞動行為是指政府為均衡勞資力量，由法令賦予勞工的團結權、協商權及爭議權，勞工在行使勞動三權時，不受雇主或工會（勞工本身）的妨礙或阻擾。過去若干案例中發現雇主意圖規避法令規定的義務，且有明顯的避法行為。張義德指出，不當勞動行為是指雇主或其代理人因勞工組織或加入工會、從事工會活動等所採取對勞工或工會之不利措施或行為之總稱，核心概念在於工會，只要雇主對工會採取的任何敵視行為，不論事實或法律行為，亦不論對象為個別勞工或工會，均屬不當勞動行為。

分類：區分為

1.實體法禁止的不當勞動行為類型：指工會法第35條第1項的「不利益待遇」與「支配介入」的禁止規定及團體協約法第6條第1項的「拒絕團體協商」等三大不當勞動行為的類型。

2.為處理不當勞動行為紛爭在程序法上所規定的特別程序：指勞資爭議處理法第4章的「裁決」制度。

不當勞動行為規範包括：

1.法律承認勞工組織權、協商權及爭議權為前提，任何雇主或勞工均不得妨礙；

2.由國家積極介入、設定特定法律規範之制度型態；

3.對集體勞資關係的違法行為設有特別制裁或救濟制度。美國對於雇主不當勞動行為的規定是在1935年全國勞工關係法第八章中明文禁止者，分別是：

　(1)妨礙、限制或脅迫勞工有關工會內部運作選舉、集體一致行動或不行使活動之權利。

　(2)控制或妨礙工會組織或管理上及給予財務上的支援。

　(3)在僱用上採取差別待遇，以鼓勵或阻止勞工加入工會。

　(4)對依法提出控訴或作證之勞工採取差別待遇。

　(5)拒絕與勞工所選出之交涉代表進行集體交涉。

另1947年勞資關係法第八章規定工會不當勞動行為計有：

(1)限制或脅迫勞工行使從事或拒絕集體協商之權利。

(2)限制或脅迫雇主從事差別待遇，以鼓勵或打擊加入工會的意願。

(3)勞工所選出之交涉代表，拒絕與雇主進行集體交涉。

(4)引誘或鼓勵勞工從事罷工和次級杯葛。

(5)規定繳納差別之入會費。

(6)對未履行或不能履行之勞務強迫雇主給付薪資。

如果受僱者遭不當解僱，全國勞工關係局可以命令雇主讓勞工復職。處理不當勞動行為的申訴程序，包括指控、調查、指控與答辯、公聽會與報告、強制執行與覆審等。（見圖5-1）

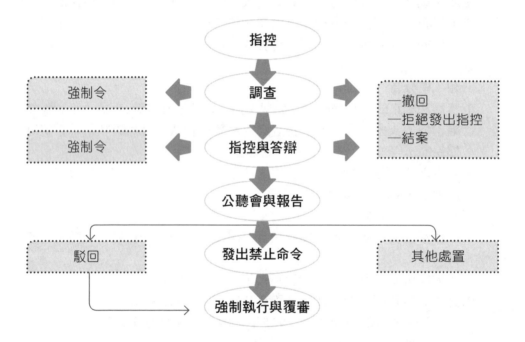

圖5-1　全國勞工關係局處理不當勞動行為的申訴程序

資料來源：吳全成（2017：106）

(二)**不當勞動行為案件的處理程序**：衛民教授（2014）在財團法人國家政策研究基金會發表的「美國不當勞動行為案件的處理機構與程序」一文中指出，美國勞工關係局對於不當勞動行為案件的處理程序大致可分成以下五個步驟：

1. **指控（file a charge）**：一個受僱者、雇主或工會都可以針對雇主或勞工組織提出一個不當勞動行為的指控，「全國勞工關係委員會」的地區辦公室備有指控表格，指控者必須在上面簽字及立誓，如果被指控者確實違法時保證與地區辦公室共同提出控告。

2. **調查（investigation）**：地區辦公室必須調查指控者所指控的案件，通常會派檢查員親訪雙方當事人，如果地區辦公室發現所指控的案件並未違法，該案件將不受理（dismiss），對於不受理的案件，指控者通常也可以自動撤回；但是如果指控的一方不服，也可以將不受理的案件上訴至華盛頓特區的主任檢察官辦公室。

   不當勞動行為案件在各個階段都可以不受理，並非只有在調查階段；另外，當事人在各個階段也可以提出要求之後撤回案件。美國一年平均大約有25,000件的不當勞動行為指控案件，其中大約有三分之一的案件經調查後確有事證而成案。

3. **自願解決（voluntary settlement）或提出控告（issue a complaint）**：如果地區辦公室經調查之後認為違法事證確鑿，地區主任會要求雙方先自行解決並達成救濟方案，此一自行解決的時間大約從指控者提出指控後的7至15週內完成。如果爭議雙方無法自行解決，地區辦公室就會提出一個正式的控告，全案就要進入一個由「全國勞工關係委員會」的行政法官所主持的聽證階段。地區辦公室可以借助華盛頓的主任檢察官辦公室提出控告，此一正式控告中會載明指控事項，同時告知當事人聽證會之地點與時間，主任檢察官辦公室提出控告之後，爾後的法律費用則由政府負擔。

4. **聽證（hearing）與裁定（issue a written decision）**：如果正式的控告一旦提出，就要召開一個由行政法官所主持的聽證會，「全國勞工關係委員會」地區辦公室的代表擔任檢察官的角色，最後由行政法官作出裁定（issue a written decision）。行政法官依據美國地方法院的證據和程序規則主持聽證會，他會向五人委員會提出建議，說明被指控者是否違法以及提出適當的處理和制裁方式。如果當事人之一方不服行政法官之裁定，則可向五人委員會提出上訴，五人委員會開會之後可以作出更改、修正或確定行政法官看法的最終裁定。

   如果行政法官或五人委員會裁定被指控者確實違反了不當勞動行為，則發給違法者終止該行為的命令，且對於該行為進行救濟措施。由於「全國勞工關係法」並非是一個刑事方面的法律，而是純粹的救濟性質，它主要是矯正不當勞動行為，如果工會或雇主觸犯了此一不當勞動行為

時，並不處罰行為者，不會有人坐牢。如果勞工因雇主之不當勞動行為而被解僱，則救濟方式是使該名勞工復職，並由雇主給付積欠工資。

5. **強制執行（court-ordered enforcement）或覆審（review）**：如果某一雇主或工會不遵行「全國勞工關係委員會」的裁定與救濟命令，此時「全國勞工關係委員會」並不能執行自己的命令，它必須向美國巡迴上訴法院上訴，取得法院強制執行命令。如果某一雇主或工會不滿「全國勞工關係委員會」的裁定，也可以直接向巡迴上訴法院請求覆審。上訴法院如果裁定支持「全國勞工關係委員會」的救濟命令，工會或雇主則必須遵守，否則法院可以用藐視法庭論罪判刑坐牢或罰款。

　　一個不當勞動行為的案件只有在很少的情況之下會再上訴到美國最高法院，最高法院有時也會覆審上訴法院的決議。在美國聯邦政府的各單位中，「全國勞工關係委員會」是最常向聯邦上訴法院上訴的一個機構。

(三) **台灣不當勞動行為裁決機制**：在勞資關係中，雇主如運用管理優勢，以個別勞動契約爭議之外觀，包裝其不當勞動行為，以達到妨礙勞工團結或工會行使其協商權之目的，例如：勞工因發起、組織工會或參與工會活動，遭雇主以其他法定事由予以解僱、調職或拒絕其進入工廠。面對雇主此類行為，過去勞工僅能循勞資爭議調解或司法訴訟途徑解決，惟因司法訴訟常曠日廢時，勞工權益無法獲得有效保障。

為確實保障勞工團結權、協商權，迅速排除不當勞動行為，回復集體勞資關係之正常運作，勞資爭議處理法裁決乙章，對於資方有違反工會法第35條或勞資任一方有違反團體協約法第6條第1項規定之不當勞動行為時，當事人得向中央主管機關申請不當勞動行為裁決，由中央主管機關組成不當勞動行為裁決委員會進行裁決，以解決其爭議。同時為遏止未來不當勞動行為繼續發生，主管機關得限期令有不當勞動行為之一方為一定行為或不行為，至當事人違反該行為或不行為義務時，主管機關得依法另為處分。此外賦予裁決委員會對工會法第35條第2項規定所生民事爭議事件所為之裁決決定，經法院核定後，具有與民事確定判決之同一效力。

依據該法授權訂定之不當勞動行為裁決辦法內容包括，遴聘裁決委員之資格條件，裁決申請之提出、裁決委員會之召集與進行、裁決案件調查程序及詢問程序之進行，以及其他應注意事項，如申請人對於裁決申請之撤回、於裁決過程裁決委員會隨時得促成當事人和解之處理方式、及法院不予核定裁決決定之處理等。另鑒於不當勞動行為裁決案件性質複

雜，且涉及集體勞資關係，勞工之團結、協商及爭議權等事項，裁決委員會處理裁決案件，必要時，得就裁決案件之爭點、事證、物證、企業經營等邀請相關專家學者、實務工作者、其他行政機關、單位或人員列席會議陳述事實或提供意見。

雇主不當勞動行為裁決決定相關處分一覽表

違反條文	違反內容	行政處分
第35條第1項	雇主或代表雇主行使管理權之人，不得有下列行為： 一、對於勞工組織工會、加入工會、參加工會活動或擔任工會職務，而拒絕僱用、解僱、降調、減薪或為其他不利之待遇。 二、對於勞工或求職者以不加入工會或擔任工會職務為僱用條件。 三、對於勞工提出團體協商之要求或參與團體協商相關事務，而拒絕僱用、解僱、降調、減薪或為其他不利之待遇。 四、對於勞工參與或支持爭議行為，而解僱、降調、減薪或為其他不利之待遇。 五、不當影響、妨礙或限制工會之成立、組織或活動。	處雇主新臺幣10萬元以上50萬元以下罰鍰，並公布其名稱、代表人姓名、處分期日、違反條文及罰鍰金額。
第35條第1項第1、3、4款	雇主或代表雇主行使管理權之人，不得有下列行為： 一、對於勞工組織工會、加入工會、參加工會活動或擔任工會職務，而拒絕僱用、解僱、降調、減薪或為其他不利之待遇。 三、對於勞工提出團體協商之要求或參與團體協商相關事務，而拒絕僱用、解僱、降調、減薪或為其他不利之待遇。 四、對於勞工參與或支持爭議行為，而解僱、降調、減薪或為其他不利之待遇。	未依裁決決定書所定期限為一定之行為或不行為者，由中央主管機關處雇主新臺幣20萬元以上100萬元以下罰鍰。

違反條文	違反內容	行政處分
第35條 第1項 第2、5款	雇主或代表雇主行使管理權之人，不得有下列行為： 二、對於勞工或求職者以不加入工會或擔任工會職務為僱用條件。 五、不當影響、妨礙或限制工會之成立、組織或活動。	未依裁決決定書所定期限為一定之行為或不行為者，由中央主管機關處雇主新臺幣20萬元以上100萬元以下罰鍰，並得令其限期改正；屆期未改正者，得按次連續處罰。

資深觀察家

由於當前勞資爭議中有相當多個案為雇主基於妨害勞工行使勞動三權之目的，而以個別勞動契約爭議之外觀，包含阻礙工會組織、勞工加入工會組織及工會會務運作等不當勞動行為之意圖，透過不當勞動行為裁決機制之建立，將能確實貫徹勞動三法透過裁決機制規範不當勞動行為的規範意旨，迅速而有效率地對不當勞動行為所產生的紛爭進行解決。

四、團結權與工會組織

(一)**內涵與目的**：行使團結權的先決條件，必需能夠獨立自主。亦即，勞動者對於政黨，尤其是雇主，或雇主團體關係，應有自主性。分別是：

1. 勞動者團結權行使，具有與雇主抗衡作用，勞資雙方對立時，工會應代表勞動者，積極向雇主爭取權利及維護會員利益。因此，工會對於雇主，擁有自主性，是行使團結權不可或缺的要素。

2. 工會對於國家的關係，也容許有自主性存在。因為，勞動者團結權的行使，係基於社會自律觀念。根據工業先進國家工會運動發展歷史可見，勞動者團結權的獲得是歷經國家干涉與壓迫，由禁止進而承認其存在，再予積極保障。

3. 工會對於政黨或宗教團體，也有主張自主性的權利。勞動者的團結組織與政黨或宗教團體，其目的與機能互異。且每個成員政治立場或宗教信仰不盡相同，工會要增進或維護全體成員利益，不應附屬特定的黨派或宗教團體，將造成工會內部不和，與團結的本旨有違。若能確保自主立場，與特定政黨維持一定關係，自無不可。

至於團結權的目的在於保障勞動者團結權，是確保勞動者生存權的具體手段。對於勞動者而言，為確保其生存權，最主要的方法是基於與雇主對等立場，謀求勞動條件維持或改善。因此，勞動者行使團結權的主要目的在於維持或改善勞動條件，以獲得確保合乎人性價值與尊嚴的生活。

(二)**團結權觀念形成與轉變**：工業革命初期，資本主義社會的法律制度認為所有人都是自由獨立人格者。因此，在經濟制度上，人與人之間不能有任何身分的隸屬關係，資本家所需要的勞力，以勞動市場上的勞力供需關係，以買賣交易觀念，藉著薪資高低自然調節。工業發展初期，勞動市場上供過於求現象普遍存在，產生眾多失業者，有工作的勞工，其勞動條件也相當惡劣。引起勞動者要求「生存」，為了生存要求「工作」，為了「生存」及「工作」要求團結等一連串要求。

工業革命後發生的勞動條件惡劣現象，並非個別勞動者所能改變。長久未能獲得改善，產業資本社會使勞動者集中在工廠內從事有組織的生產工作，又有機會接觸而成為有利於勞動者之團結。勞動者開始以集體交涉方式，要求改善勞動條件，並要求獲得資本家之接受為止，不從事勞務提供為其手段，以贏得要求之實現。這種行為的持續化，就成為勞動者團結運動的開始。

黃程貫指出，各國政府對於勞動者團結運動的態度，可分為：絕對禁止勞工團結、消極承認勞工團結權及積極保障工會組織等三個階段：

1. **禁止勞工團結階段**：勞工團結行動與個人主義法律思想下所形成的市民法原理相互衝突，個人主義法律思想主張個人私有財產應受絕對尊重的觀念及契約自由之原則，認為社會上各個人追求自利，可以自然導致經濟生活的平衡，不須政府或其他外力對於經濟活動加以干涉。工會運動形成目的在於讓勞工團結，共同要求一定薪資水準及其他勞動條件，這種團結行動，妨害勞動市場供需的自然調節，對於資本社會可以自然達於平衡之經濟生活秩序有所破壞，可能危害資本社會之生存。因而，勞工團結行動被視為犯罪行為，為維持社會秩序，以嚴刑峻罰加以取締及處罰之對象。例如；英國於1799年及1800年間所頒行之結社禁止法（Combination Acts）；法國於1791年所頒行夏布立法（Loi Le Chapelie）及1810年的拿破崙刑法典；德國在1845年頒行的一般營業條例等，都是禁止勞工自由結社的典型法例。

2. **承認勞工團結權階段**：全面禁止勞工團結行為的法令，對工會運動造成打擊，但因經濟上自由放任制度所產生的流弊愈嚴重，勞工要求以

團體行動改善勞動條件，形成勞工團結力量更堅強，勞工團體活動愈激烈，使許多禁止工會運動的法律，不但不足以阻止勞工團結運動的發展，反而引起勞工激烈反抗。此時期承認勞工團結權的各國立法案例，以1824年英國頒行的團結禁止廢除法（Combination Laws Repeal Act）、1864年法國頒行的工會法，及1869年德意志聯邦營業條例等，均屬之。

3. **積極保障工會組織階段**：由於勞工團結運動受到法律承認且急速推展，大多數工業先進國家也鼓勵勞工以集體力量與雇主協商，以避免政府過度干預勞資關係，勞工團結權及團體行動權，獲得積極保障。例如：英國於1871年所頒行的工會法（Trade Union Act）；德國1919年的威瑪憲法，以及美國1935年頒行的華格納法（the Wagner Act），都是典型。

(三) **工會成立基本要件**：具備下列要素者，才是真正的工會：

1. 以維護並提升勞工之勞動條件與經濟條件為主要目的。
2. 自由組成。
3. 有持續性。
4. 有民主化之內部結構與意思形成程序。
5. 具備獨立自主性（包括成員性質單一、純粹，且不受資方、國家、任何政黨或其他社會力量之影響或控制）。
6. 為求目的達成，須具有進行爭議之認識與意願，且必要時，真正進行爭議行為。

(四) **工會成立的理由**：綜合各國學者不同的觀點，計有下列五種要點：

①　勞工生活保障說

著重於工會提供勞工生活的保障，勞工藉由工會維持或改善僱用條件，此工會應以負社會道義責任。因為勞工是社會上的弱勢族群，經由團結以實現社會公平。主張必須組成與資方對等的組織，勞工才可以相互扶持，提高工作技能，維持工作紀律與努力工作，確保自我主控權，追求社會正義。

2 安定說

將工會定位為存在於企業或工廠內,透過工會的中介功能,消除或緩和社會緊張,是企業經營的夥伴。同時,工會也具有保護的組織功能,在經濟不景氣時,工會扮演防止薪資下降的守護工作。再者,當勞工運動一旦發生,勞工與經營者之間,能夠建立有效的爭議處理制度,能相互協調,將爭議問題妥善解決,如此一來,不僅工會能夠生存,社會秩序也獲得維護。

3 特殊利益團體說

工會具有濃厚追求利益的特性,屬特殊利益團體。工會在勞動市場中,原本存在著追求成員最大利益之目的,組成的基爾特(Guild)組織。工會具備利益團體特性,使得有些國家的工會勢力過度膨脹,對於社會經濟成長,形成不利影響,工會存在已非單純的濟弱扶傾角色與功能。

4 抗爭團體說

將工會視為「抗爭團體」的一種組織,以從事改革為價值取向。勞工所受權利保障愈低,愈容易和政治運動結合,朝向抗爭型的勞資關係。
抗爭起因來自科學管理未確立,以及企業經營者採用的管理方式,無法使勞動者獲得心理需求的滿足所致。亦即工業社會之所以出現工會,在於企業經營本身的措施有缺失。據此,工會的存在與否,取決於企業管理的良窳而定。

⑤ 福利團體說

勞工運動逐漸受到社會公認，加以工會制度化後，確立勞資關係的紛爭與對立的調整手續。使產業競爭脫離政治鬥爭範圍，轉變為帶有「福利團體」的特性。工會經過團體協約的簽訂，使日常生產活動，維持有效率且具規律性，提高勞動者自尊與能力，不僅改善以薪資為首的工作條件，同時廣及所有勞工。

(五) **工會成立目的與功能**

1. **工會成立目的**：工會基本特徵在於「以謀求維持改善勞動條件以及提高其他經濟地位為目的，所組織之團體或聯合團體。」與企業或其聯合體，具有從事集體協商之權力。

   我國工會法第1條揭示：「工會為促進勞工團結，提升勞工地位及改善勞工生活為宗旨」。其中的勞工團結，是指組織權（自由結社權），在人權宣言中提及：「人人有和平集會，結社之權」及「人人有維護其權益，有組織及參加工會之權。」

2. **工會功能**：工會除承襲過去歷史，也必須對應現實勞工主體要求，加強調整本身結構特性，執行多樣功能。當今的工會具有經濟、政治、社會、文化教育、心理等功能，分別是：

   (1) **經濟功能**

   A. 工會在經濟活動中，透過集體協商和訂定團體協約以保障勞工權益，另扮演勞資溝通角色，協助處理企業內部以及工作場所發生的問題。

   B. 勞動問題改善：包括薪資、勞動時間、職務的分配等功能及基本工資等，超越個別企業的問題。

   C. 生產管理及經營民主的管理功能，包括：
   a.個別企業層級的管理。　　b.對產業經濟政策的一般要求。

   (2) **政治功能**：勞工人數快速增加，使得勞動者成為一個國家中最大的選舉人團體，各政黨勢必卯足全勁，極力爭取廣大的票源，因此，在政治層面上形成一股影響力，包括：

   A. 一般政治功能：選舉、物價維持。

   B. 區域問題：公害防止、環境破壞禁止及地方自治事項參與等。

(3)**社會功能**：工業化社會，勞工所佔人口比率很高，其所組織的工會成為社會中舉足輕重的組織，因此，利用勞工多數力量，有助於社會進步與安定。工會為爭取更好待遇與合理勞動條件，屬於人道關懷，為人們爭取公平健康的生活環境。再者，許多社會的重大措施，常藉助於勞工的力量推動才可能達成。

(4)**文化教育功能**：提升勞動者知識與工作技能及勞動者意識，增進終身學習活動及滿足文化、藝術需求的各項創作。

(5)**心理功能**：工會未出現前，勞工是一群受歧視的下層階級（underclass），容易產生自卑、不滿的心理；工會成立後，可以做為勞工保護傘，提高勞工自尊心及責任感，有了心理上的滿足，使勞工在心理健全的狀態下，可以過正常生活，使其人格得以統整發展。

(六)**同盟自由基本權**：黃程貫指出，團體性質之同盟自由基本權可分為兩種：1.同盟的生存（存續）保障；2.同盟的行動保障，簡述如下：

1.**同盟的生存保障**：同盟生存或存續的保障，是指勞工同盟（主要指工會）應得自由不受任何限制的組織，且在法律上應具有合法的地位，國家不得恣意對勞工同盟之組成課以任何不必要之限制，例如：國家不得強制要求勞工同盟之組成應先經行政機關之核准、會員人數最低限度之規定、組織基礎與組織層次的限制、同一組織範圍不得組成第二個以上工會之限制等等，同時國家亦不得對勞工同盟合法地位的取得，恣意予以層層之實質上與程序上的要求，致勞工同盟取得合法地位之過程過於繁雜困難，而形成對勞工同盟自由基本權之侵害；再者，同盟之生存權或存續權亦包括同盟團體內部之運作應享有充分的自治權，不容國家以任何名義（例如：協助辦理幹部選舉、輔導或監督同盟之各種會議的進行等等）或以任何方式直接或間接介入、干涉同盟團體內部之自治運作。直接干涉方面，例如：同盟任何會議、選舉及其他一切活動均應報請行政主管機關核准或須由行政機關人員參與等等；間接干涉方面種類繁多，例如：舉辦行政機關所指定活動，可以獲得一定之財務補助或給予一定特權等等；此外，同盟之生存權或存續權亦包括在勞工同盟自由組成且取得合法地位之後，非有必要，國家絕對不得任意剝奪勞工同盟團體之合法地位，且國家在剝奪勞工同盟之合法地位時，也不得由行政機關（尤其是勞工同盟之行政主管機關）為之，惟有透過法院判決，始得撤銷勞工同盟之合法地位。也就是說，應經司法審查程序確認有剝奪勞工同盟之合法地位的必要性時，始得為之。

2. **同盟的行動保障**：同盟的行動保障意指同盟行動權，是就同盟提升與維護勞工勞動條件與經濟條件之目的達成而言，具有必要性之一切集體行動，包括勞工同盟應有透過集體協商方式，與對勞動條件及經濟條件具有決定權限之對手進行交涉，以便迅速、有效地規範勞動生活秩序並解決勞動爭議的權利，而且在集體協商破裂或無結果時，為求集體協商得以重新開始，或為求集體協商得以迅速獲得結果，則勞工同盟即必須擁有進行罷工等行動之集體爭議權。此外，勞工同盟在企業組織體制內亦應有一定的行動權利，得以在工作場所內進行一定活動。因為工作場所對勞工而言，是其日常生活所在，攸關其社會關係的形成與發展。簡言之，勞工與絕大部分的朋友、同事間關於勞動生活、經濟生活、政治生活等各方面問題之意見溝通，以及人際關係等均在工作場所內形成與進行，故工作場所以及同一工作場所之同事二者，對勞工來說，已構成其整個生活關係不可或缺的重要基礎，是勞工之人格形成與發展的重要成分，故其共同在企業內進行集體行動的權利應不得任意剝奪或不當、過度地予以限制。

同盟自由基本權是指勞資雙方當事人之勞動生活中的結社自由，是勞資雙方當事人各自組成勞工團體或雇主團體、進行集體協商與集體爭議行為（如罷工、怠工、鎖場等等）等集體行動之基本權利。就勞方權利而言，是俗稱的「勞動三權」。依國內一般論者所言，勞動三權係指團結權、集體協商權與爭議權三者。

以團結權而言，是在一般人民結社權外，再賦予特別的勞工結社權，並以工會法為勞工行使結社權之依據。集體交涉權則以團體協約法為依據，勞工以團體為後盾，達成集體交涉，締結團體協約。爭議權則係勞工之罷工權、怠工權及資方之閉廠、鎖廠。綜言之，勞動三權係由工作權導出，而工作權立於生存權之下，故勞動三權之憲法基礎是以生存權為指導原則之工作權。

資深觀察家

同盟自由基本權所保障之範圍，一般認為應分為個人性質（或稱個別性質）之同盟自由（此部分即所謂個人權）與團體性質（或稱集體性質）之同盟自由（此部分即所謂團體權或集體權）兩種，包括：個人性質之同盟自由基本權，又可分為積極同盟與消極同盟自由兩種。前者包括個別勞工與其他勞工共同組成一同盟之權利、加入一個已成立之同盟的權利，加入後，保有其成員資格之權利，以及留

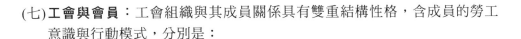

在該同盟中參與同盟一切內部活動與對外活動之權利。消極的個人性質同盟自由則包括勞工個人退出與拒不加入任一特定同盟或所有同盟的自由。

(七)**工會與會員**：工會組織與其成員關係具有雙重結構性格，含成員的勞工意識與行動模式，分別是：

1. 勞工意識	**2. 勞工的態度或行動**
固有的社會規範是視勞工運動或體制革新的政治運動是罪惡而危險的價值觀，同時產業組織的內部人際關係是以家庭關係為標準之家庭主義經營關係所控制。但是，支持勞工組織的現代權利意識是將經營者的屬人恩惠意識或經營組織的權威主義之從屬意識調和混合在一起。	符合過渡性型態是依勞工的各種屬性或組織性表現多元型態，亦即有什麼條件就會有什麼樣態度或行動模式。因此，勞工的態度或行動特色，是職場結構或功能性的性格現象。

(八)**集體勞動關係**

1.**工會**：112年底工會5,819家（含工會聯合組織274家），較111年底多42家，會員人數341.7萬人，則年減1.7萬人，工會類型以職業工會最多（工會數及會員人數占比各為74.5%及79.2%），企業工會次之（占16.3%及18.1%）；另112年底全國勞工工會組織率為32.9%。

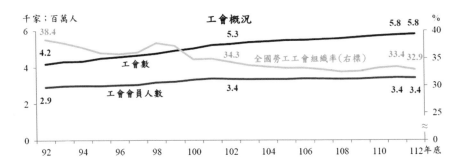

資料來源：勞動部勞動關係司。

說明：1.工會包括企業工會、產業工會及職業工會3種類型，並得依需要籌組工會聯合組織。其中企業工會係指結合同一廠場、同一事業單位、

依公司法所定具有控制與從屬關係之企業，或依金融控股公司法所定金融控股公司與子公司內之勞工，所組織之工會；產業工會係指結合相關產業內之勞工，所組織之工會；職業工會係指結合相關職業技能之勞工，所組織之工會；工會聯合組織係指各工會依需要籌組之聯合組織。

2.全國勞工工會組織率(%)=全體工會會員人數÷可組織工會人數×100。

2.**團體協約**：112年底團體協約有效份數計877份，其中企業工會182份，產業工會668份，職業工會27份；與111年底比較，增加5份。

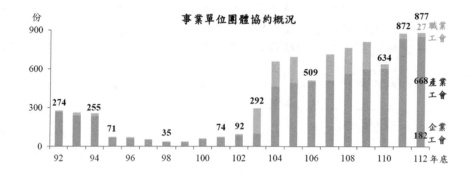

資料來源：勞動部勞動關係司。

說明：1.團體協約係指雇主或有法人資格之雇主團體，與依工會法成立之工會，以約定勞動關係及相關事項為目的所簽訂之書面契約。

　　　2.95年全面校正訂定「團體協約」份數，凡統計期間仍有效存續之團體協約才列入統計，使該年團體協約驟降至71份。

　　　3.103年起高雄市有1家職業工會與190家雇主團體簽訂定期團體協約，因其期限最長為3年，致協約數每3年因屆期尚未重簽而減少。

　　　4.104年起因高雄市1家產業工會與339家雇主團體簽訂不定期團體協約而大幅增加，並於111年10月新簽訂275份團體協約。

3.**勞資爭議**：112年勞資爭議受理案件計2.6萬件，勞資爭議涉及人數13.7萬人，各較111年增加10.3%及1.9倍；爭議類別以「工資爭議」居首（112年件數占比42%），「給付資遣費爭議」居次（占24.2%），二者合占近7成。終結案件2.6萬件，處理方式以調解占99.3%最多。

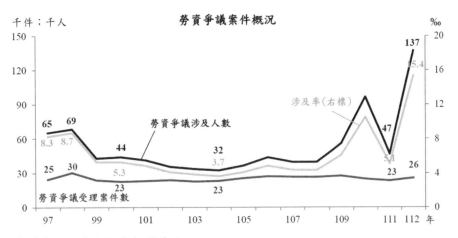

資料來源：勞動部勞動關係司。

說明：1.涉及率（‰）＝爭議涉及人數÷受僱者×1,000。

2.96年以前每一爭議案件容許2種以上爭議類別，自97年起每一爭議案件僅依主要爭議類別進行統計，不宜前後比較，故本圖僅列97年以後資料。

3.97、98年受金融海嘯影響，勞資爭議受理案件數、涉及人數增多。

4.110年因中華電信案（4件），涉及人數逾6.3萬人；112年中華電信案（2件，近8萬人）、臺鐵案（1.6萬人），致爭議涉及人數遽增。

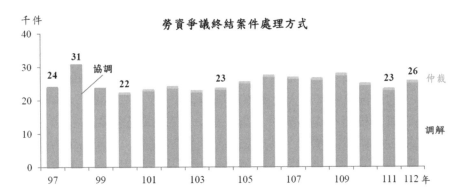

資料來源：勞動部勞動關係司。

說明：1.協調係指發生勞資爭議事件時，協調勞資雙方，以達成某些協議之解決方式；調解係指勞資爭議當事人一方申請調解時，應向勞方當事人勞務提供地之直轄市或縣（市）主管機關提出調解申請書；仲裁係指符合勞資爭議處理法第25條，提出申請或交付仲裁。

2.97、98年受金融海嘯影響，勞資爭議受理案件數、涉及人數增多；100年5月1日勞資爭議處理法修正生效，調解制度更完善，自此成為勞資爭議案件之主要處理方式。

(九)**工會在勞動事件法上路後的角色與功能**：韓仕賢（2020）在臺灣勞工季刊第60期指出，工會在勞動事件法上路後，該有的角色與作為如下：

1.**工會可擔任勞工輔佐人**：依《民事訴訟法》第76條第1項規定，當事人經審判長或受命法官的許可，才能於期日偕同輔佐人到場協助進行訴訟；所謂「輔佐人」係指「輔助」當事人或訴訟代理人為訴訟上陳述之第三人。

本法為了強化對勞工的訴訟協助，第9條第1項規定工會或財團法人可以擔任勞工的輔佐人，亦即工會或財團法人若於章程所定目的範圍內，選派人員（例如工會理事長或幹部）擔任勞工之輔佐人，則勞工即可直接於期日偕同該受指派之人到場擔任輔佐人，以協助該勞工打官司並代為闡述事實，而不用先經過審判長或受命法官的許可。惟「應釋明輔佐人符合該項所定之資格」，例如勞工應提出章程、選派文件或其他可即時調查之證據釋明之；未釋明者，仍須先經審判長或受命法官的許可。

此一條文係最低限度之勞工程序保障，當個別勞工之勞資爭議衍生訴訟時，有處理勞資爭議實務經驗的工會幹部，可於該勞工訴訟期日陪同擔任輔佐人；至於勞工所選派之輔佐人，係協助勞工進行訴訟，並不以勞工所屬工會為限，而且工會、財團法人及輔佐人，均不得向勞工請求報酬。故提醒建議工會應先於工會章程修訂有關工會任務之規定，增加「協助會員或勞工有關勞動事件法所定勞動事件之處理及相關事項」之任務；未來法院進行審理時，擔任輔佐人的工會幹部只要提供工會選派的證明，例如理事會的決議或是工會指派的相關公文，工會幹部擔任輔佐人之資格即無疑義。

2.**工會可提出不作為訴訟**：為了減少勞工的訴訟障礙，工會未來擁有提起團體訴訟之權限，其中之一是不作為訴訟，可視為工會事先介入、預防勞資紛爭之機制。依本法第40條第1項規定：「工會於章程所定目的範圍內，得對侵害其多數會員利益之雇主，提起不作為之訴。」亦即當雇主有侵害多數勞工利益之行為時（例如雇主片面不利益變更勞動條件），個別受損害之勞工常無力或憚於獨自訴請排除，致使多數勞工權益持續受損而無從制止；此際，勞工所屬工會得於章程所定之目的範圍內，以工會名義對侵害其多數會員利益之雇主提起不作為之訴（惟應委任律師代理訴訟），以預防勞工權益遭受侵害。舉例而言，雇主若經勞動檢查有違法之事實，有些雇主不怕裁罰，故雖經主管機關裁罰後未必即會改正，此時工會就可考慮向法院提起不作為訴

訟，針對勞檢所認定雇主違法之行為，主張雇主不得繼續進行，否則將會繼續侵害多數會員權益；一旦不作為訴訟成立的話，法院可以強制執行禁止雇主繼續作為，以防止雇主繼續為之而衍生勞資爭議。

工會提起不作為訴訟，無須個別會員之授權，係於前述雇主如有侵害多數勞工利益之行為時，工會基於保障會員之權益，可以用工會的地位向法院起訴，請求法院命令雇主不能片面變更為之而侵害會員權益。工會提起不作為訴訟，既是為了多數會員之利益，具有公益性，故可免徵收裁判費，以降低工會團體訴訟之障礙。故該條文不僅係一事先預防勞資紛爭之機制，未來也可提供工會選擇以訴訟手段處理勞資爭議之另一途徑，此有別於現行工會主要透過罷工等爭議行為作為談判籌碼之因應模式；而且工會如果可以妥當運用該條文相關規定，日後將會有效成為工會成長的力量。

3. **共通基礎中間確認之訴**：我國《民事訴訟法》於2003年修正增列特殊型態之選定當事人制度，於第44條之1第1項規定：「多數有共同利益之人為同一公益社團法人之社員者，於章程所定目的範圍內，得選定該法人為選定人起訴。」依此規定，工會於其章程所定目的範圍內，得被工會會員選定為之提起訴訟，工會即得為適格之原告。

基此，工會依《民事訴訟法》第44條之1受選定，而為其多數會員起訴者，係本於各選定人之請求為之，故法院審理之對象包含涉及全體選定人之共通爭點（如：雇主有無違反勞動法規之行為等）及各選定人之個別爭點（如：受損害之情形、請求權已否罹於消滅時效等）。為使選定人與被告間關於請求或法律關係之共通基礎前提要件及早確定，本法第41條第1項明定工會於第一審言詞辯論終結前，得追加提起中間確認之訴，請求對於被告確定選定人與被告間關於請求或法律關係之共通基礎前提要件是否存在之判決，以提升審判效能，並促使當事人得根據該確認裁判結果自主解決紛爭。

工會提起此項團體訴訟，因具有訴訟經濟及便利勞工行使權利之效益，為避免工會依法應預納之裁判費金額較高致無力負擔，其訴訟標的金額或價額超過新臺幣100萬元之部分，暫免徵收裁判費。本法關於中間確認之訴的設計，更積極和簡化地處理工會會員或同一原因事實有共同利益之勞工的權益；因此提供工會未來在運用本法時，無論是解決不當勞動行為或提起基於會員權益之集體訴訟，提供了更有利的空間。

例如某公司以虧損為由大量解僱勞工數十人，而衍生重大勞資爭議，人數龐大的勞工決定透過司法救濟請求確認僱傭關係；為求達成紛爭一起解決之功能，本件個案勞工可以選定工會為其提起團體訴訟。以本件非法資遣個案為例，由於本法規定一審要在6個月內判決，為使紛爭早日解決，工會為選定人等訴請被告（雇主）給付每位選定人被非法資遣後的按月給付工資。這時候兩造間的僱傭關係存在就是中間確認之訴，工會可對於雇主大量解僱勞工的共通基礎前提要件（雇主以企業虧損之事由解僱員工），要求予以確定，故而以公司並無虧損之事證，作為被告非法資遣的主張，而在中間確認之訴判決後（法院審理認定雇主沒有虧損之事實，判決雇主解僱違法），後續的每個選定人「按月給付工資」之訴求，資方就可以不用再打下去了，因為勝敗已定。亦即，如果法院確認企業沒有虧損，雇主敗訴可能就不會再上訴，因為違法解僱期間的工資雇主要照付，官司打得愈久付得愈多，所以會加速提前解決訴訟。

本法實施在即，然而臺灣的工會組織率低，建議工會除了應該思考如何運用本法，以減少勞工的訴訟障礙，更須提升工會在相關事項的專精能力及處理經驗，才能有效協助勞工訴訟之進行，以保障其會員之勞動權益。

五、協商權與集體協商

(一) **集體協商意義與重要性**：集體協商（collective bargaining）是指勞資雙方透過談判、協商完成團體協約的締結。因此，集體協商是一種談判、協商過程，也可說是一種決策過程。目的是為了締結團體協約，而團體協約又是規範勞資雙方權利義務關係的重要基礎之一。因此，集體協商可視為決策過程，是勞資互動關係的反映與呈現，勞資雙方願意透過集體協商進行勞動條件等事項的議定。

集體協商是勞工大眾掌握企業經營資訊和影響政府勞工政策的重要憑藉。研究指出，集體勞資關係的發展是衡量一個國家民主化的具體指標。其中，工會發展與集體協商更是關鍵性指標；工會發展反映一個國家「結社自由」的程度，而集體協商則反映出人際之間民主精神與價值具備與落實的程度。易言之，集體協商不僅講求謀略，更強調和平、理性與制度的尊重，「集體協商」制度能夠在勞資關係體系中落實，社會必然是一個民主的社會。

集體協商制度的運用不盡然限定於勞資雙方間的談判和協商，只要涉及買賣雙方價格議定的經濟活動，集體協商制度都能發揮和運作。無論是運作面或理念層次，集體協商可以真正反映民主價值與制度運作，才會有更廣泛的應用空間。

(二) **集體協商種類**：在私部門的勞資關係體系運作，市場、政府法令與集體協商是三項重要的影響因素，彼此間構成競合的關係。就學理上來看，政府法令被賦予最低勞動標準規範者的角色，市場力量被視為制約者的角色，集體協商在市場與政府法令間發揮和運作。因此，市場力量與政府法令之間才是集體協商運作和發揮的空間。由集體協商制度衍生「分配性集體協商」、「策略性集體協商」與「整合性集體協商」三個種類，每一類型的集體協商要達成之目的都不同：

①　分配性集體協商（Distributive Collective Bargaining）
參與者僅限於勞資雙方，是以限定利益進行輸贏的分配。

②　策略性集體協商（Stratege Collective Bargaining）
參與者擴及企業發展有關的利害關係人，除勞資雙方外，包括供應商、消費者甚至社區意見領袖等。

③　整合性集體協商（Integrative Collective Bargaining）
是協商者之間在互動過程中表現高度和平、理性與尊重，同時是為了創造彼此最大的利益，俗稱把餅做大。

(三) **誠信協商**：吳全成（2017）指出，誠信協商（faithfell bargaining）是當雙方當事人會面協商，秉持誠信原則，針對法定議題展開談判，就是誠信協商之範圍；反之，若屬非法議題，則雇主或工會均未表現義務展開協商，強迫對方對非法議題協商，也是不當勞動行為。

1935年美國全國勞工關係法及1947年勞資關係法都規定雇主與工會的協商義務。法定議題是當事人必須本著誠信原則進行協商，包括工資、工時及僱傭關係的其他內容和條件。法定的議題包括雇主不得採取單方面決定的做法，必須與工會協商，並給予工會修改、建議或進行協商的機會。

自願議題則採雙方自願協商方式，於法並無不可。根據全國勞工關係法（NLRA）規定：雇主與員工代表有義務「在工資、工時或其他勞動條件，及協約條文解釋上的協商時，秉持誠信原則。……但該義務並未強迫任何一方同意對方的提案，或必須做出讓步。」

(四)**集體協商議題**：衛民（2018）指出，集體協商的內容不外乎經濟、制度和行政三大議題，分別是：

1.**經濟議題**：經濟議題包括三類：薪資、員工福利和工時。

(1)**薪資**：在協商薪資時，勞資雙方大多會根據三項標準決定薪資率：比較薪資、給付能力和生產力。

A. 比較薪資：比較薪資是最常使用的標準，本著同酬的原則，勞資雙方可以參考同一地區勞動市場上的價格、同一產業中其他公司的薪資標準、其他產業的薪資標準，作為談判的準據，當使用比較薪資作為標準時，薪資被視為是一種勞工所得而非勞動成本。

B. 給付能力：給付能力的標準是指勞資雙方根據企業獲利的程度來訂定薪資率，企業獲利的程度當然與產品的競爭力與經濟的景氣有關，如果預估利潤會增加，工會自會要求較高的工資，不過勞資雙方經常對利潤的觀點不太一致。當使用雇主給付能力作為標準時，薪資就成了雙方眼中的勞動成本而非勞工所得了。

C. 生產力：生產力是指企業的產出（例如產品數量或價值）與投入（例如勞力、資本、設備、原料等）實際量間之比率。理論上，企業的生產力增加，勞工有相當貢獻，薪資率自然應該提高，不過生產力增加還涉及企業資本的投注、經營策略的改進、設備的增添與更新等因素，以致於很難評估生產力增加的主要原因為何，因此，此項標準在協商中比較少用。

(2)**員工福利**：集體協商的第二類經濟性議題是員工福利，又稱：非工資給付，員工福利的範圍很廣，常見的有帶薪休假（或特別休假）、各種不同的保險、退休金、子女學費補助、年金給付的退休方案、設置員工餐廳，托兒服務等。

(3)**工時**：集體協商的第三類經濟性議題是工時，工時議題包括每週工作總時數、每日工作時數、延長工時（或稱加班）、彈性上下班、變形工時（或壓縮工時）等。

先進工業國家最高工時都有相關規定，一般而言，每日工時不超過8小時，每週工作不超過40～48小時，例如我國法定工時是每周40小時，因此爭議性不大。

變形工時是指一週或數週內某些工作日之正常工作時數分配於其他工作日，例如將一週工作總時數40小時，原本工作5天，每天8小時，改成工作4天，每天10小時，多出的兩小時，不另付加班費。

2. **制度議題**：在集體協商中，勞資雙方的代表都會試圖透過談判過程維繫或強化他們的組織，所以協商中的某些議題涉及工會或共同管理制度上的需求，這些議題包括工會保障（或工會安全）（union security）的安排、工會會費自動扣繳（check-off）的設計，不罷工條款（no-strike provision）、管理權（management rights）、共同決定（co-determination）等。

(1) **工會保障**：工會組織的保障是協商的重要議題，一般協約中都有「工會保障條款」，這些條款環繞著一個主題，那就是工人參加工會與否是不是能作為一項受僱的條件。

(2) **工會會費自動扣繳**：經費也是工會的命脈之一，工會自行收繳會員的會費相當麻煩，所以工會常要求與雇主簽定工會會費自動扣繳條款，也就是由雇主從會員薪資中將會費扣除，再轉交工會。

(3) **不罷工條款**：團體協約中大多會載明工會的權利與義務，工會的主要義務是承諾在協約存續的期間內不罷工，如果有涉及協約解釋和適用上的爭議，工會同意透過申訴程序解決，必要時訴諸第三者進行仲裁。

(4) **管理權**：管理者通常都希望保持最多的權威，為了防止工會侵犯管理權，雇主在集體協商時會要求確定管理權的範圍，諸如雇主可以擁有僱用、解僱、調動等權利，並且掌控生產的方法，引進技術變革、決定關廠、遷廠或增添新設備等，而工會在該範圍中無置喙的餘地；但是工會則希望參與的事項越多越好，主張限制雇主管理權的無限延伸。

(5) **共同決定**：共同決定係指勞工參與企業組織的決策機制，通常是指定工會會員或幹部成為公司董事會或高階委員會的成員，這意味著公司的主要政策或營運措施由勞資雙方共同決定。

3. **行政議題**：行政議題與制度議題均非經濟性的議題，不過行政議題往往影響及於協商雙方的經濟地位以及生產效率，常見的行政議題包括年資（seniority）、紀律（discipline）、安全衛生（safety and health）、工作外包（subcontracting）、技術變革（technical change）、生產標準（production standards）等。

(1)**員工年資**：年資通常指受僱者為同一位雇主的服務時間長度，牽涉到員工的資遣、召回、調動、升遷，甚至加薪等級與特別福利。

(2)**員工紀律**：紀律的規範本為雇主單方面的權限，但是集體協商將其變成勞資雙方共同決定的事項，即使協商的結果將權限歸屬於雇主，工會也有權對不當的懲處透過申訴程序表達異議。

(3)**安全衛生**：勞工的安全與衛生大多由政府立法加以規範，不過仍可以成為集體協商中的重要議題，因為工會希望勞工在安全衛生面獲得更多的保障，所以有的協約會清楚列舉勞資雙方的責任。

(4)**工作外包**：工作外包會影響工會會員的受僱機會，所以，工會通常在協商過程中，對雇主外包的工作加上某些限制。

(5)**技術變革**：技術變革與工作外包一樣，也會造成工會會員的失業，特別是自動化機器的不斷引進，不但造成非技術工人失業；也對技術工人的工作產生威脅，因此工會希望對此加以限制。

(6)**生產標準**：生產標準涉及工人的工作量與操作速度，雇主希望工作場所的效率越高越好，工會則要求生產標準能公平合理，如果資方獲得單方面訂定生產標準的權利，工會也會要求在協約中載明：工會有權透過正常的申訴程序對不當標準提出異議。

(五)**工會協商資格之具備與認定**：張義德指出，工會種類不同在集體協商資格之認定上亦有所不同：

1.**企業工會資格**：依團體協約法第6條第3項規定，企業工會不需達到任何人數門檻要求，即具備協商資格，惟公司得否以業務人員非其所僱勞工，而業務人員所加入之工會以企業工會之地位運作適法性有所疑義為由，拒絕與工會進行團體協商呢？集體協商之進行不必然以絕對存在勞動契約關係為前提，應著重於雙方客觀上的利害相互關係，需彼此共同協商的需求狀態而定。勞動契約法的當事人概念以勞動契約關係為中心，無勞動契約關係即無當事人概念可言，但勞動保護法與集體勞動法領域中，法律關係當事人概念亦以勞動契約關係為中心，惟仍須視不同規範考量進行調整。

2.**產業或職業工會資格**：勞資雙方協商過程中，資方始終未抗辯以教師為主體之產業工會或職業工會之協商資格（包括資方惡意抑或因不知團體協約法第6條第3項規定而未為抗辯），則基於尊重勞資自治及誠信協商原則精神，應認定該工會具協商資格，不容許資方於協商後再為協商資格之抗辯。因此，協商後雇主即不得再抗辯產職業工會不具協商資格而拒絕協商，必須繼續進行之。

若雇主對工會協商資格有所疑義，應先與工會對此問題進行協商，不得迴避協商要求而逕向地方行政主管機關諮詢，否則乃具有不當勞動行為之認識而構成工會法第35條第1項第5款的支配介入之不當勞動行為。在此事件的行政訴訟中，臺北高等行政法院105年度訴字第311號判決亦表示，在工會已敘明具有協商資格之事由但雇主若仍有疑義時，應要求工會補正說明。

然而，在裁決委員會及法院實際判斷中，產職業工會應如何說明或證明其具有協商資格？判斷是否具有協商資格之時點為何？又，應如何具體判斷產職業工會是否具有協商資格？對不具協商資格之產職業工會的協商要求又應如何保障？以下分述之。

(1) **具協商資格之證明**：雇主對產職業工會協商資格有所疑義時，工會負具體說明義務，可提出會員名冊（工會顧慮在於資方知悉會員名單而對個別會員施壓退出工會或影響其參與工會活動，對工會發展造成不良效應）或就符合協商資格事實，提出具體說明即可。

(2) **判斷是否具協商資格之時點**：參照團體協約法第6條第2項所規定之「勞資一方於有協商資格之他方提出協商…」，應以工會提出團體協約之協商時作為判斷時點。

(3) **是否具協商資格之具體判斷**：依團體協約法第6條第3項第2款及第3款，依團體協約法第6條第3項第2款及第3款，產職業工會取得協商資格的要件各為必須其「會員受僱於協商他方之人數逾其所僱用勞工人數二分之一」或其「會員受僱於協商他方之人數逾其所僱用具同類職業技能勞工人數二分之一」。具體上應如何計算與適用此標準？該款所定「僱用勞工」之認定基準，凡與協商他方具有僱用關係之勞工均屬之。可採負面排除法將相對人之代表人、代表校長行使管理權之人、具公務員身分者、現役軍人、留職停薪者排除在相對人之僱用勞工人數之外，抑或採取正面計之方法，於契約期間提供勞務並領有薪資之僱用勞工人數計入。

(4) **以團體協約法第6條第3項第5款之「經依勞資爭議處理法規定裁決認定之工會」保護不符協商資格之工會**：團體協約法第6條第3項第2款及第3款規定協商資格，致使不符合該款之產職業工會無法受同條第2項之保障。教師工會多有對此規定主張應採限縮解釋否則將嚴重損害其團結權及團體協商權。

　　產業工會如未能符合『勞工人數二分之一』時，可援用同條項第5款規定『經依勞資爭議處理法規定裁決認定之工會』，以資因應，

不致於發生申請人所指產業工會團結權及團體協商權受害之情形。勞動部解釋可供參考：於符合下列情形之一，得衡諸勞動三權之保障，依團體協約法第6條第3項第5款之授權，審酌個案事實認定以教師為主體之產業工會或職業工會具有團體協商資格：

A. 以協商相對人之屬性而言：例如，以教師為主體之產業工會或職業工會以教育部或地方縣市政府（或該府教育局處）為協商對象，此際，該等教師工會當然取得協商資格。……然以教師為主體之產業工會或職業工會如以教育部或地方縣市政府（或該府教育局處）為協商對象時，協商事項如屬單一學校權責事項，以學校為協商主體；屬跨校性、地方一致性或地方財務權責事項，以地方主管教育行政機關為協商主體；屬全國一致性權責事項，則以中央主管教育行政機關為協商主體。

B. 協商事項或議題涵蓋（或適用）之對象而言：…以教師為主體之產業工會或職業工會所提出之協商事項或議題涵蓋（或適用）對象如為『專任教師』，於計算上述團體協約協商資格之人數時，宜以提出協商時受僱於協商他方所聘僱的『專任教師』為計算對象，方屬合理。反之，如提出之協商事項或議題涵蓋（或適用）之對象為『專任教師以外之會員』時，則於計算上述團體協約協商資格之人數時，宜以提出團體協商時受僱於協商他方所聘僱的『專任教師以外之會員』為計算對象。

因此，採取二階段判斷方式，先依協商相對人之屬性加以區分，若以教師為主體之產職業工會以教育部或地方縣市政府（或該政府之教育局處）為協商對象，此時該等教師工會當然取得協商資格。惟必須注意，教師工會的協商對象並非由其任意選擇，必須以協商事項之權責加以認定。在完成協商相對人之判斷而認為應以學校為協商對象時，第二階段的判斷則為需要適用團體協約法第6條第3項第2款、第3款而取得協商資格。

(5) **對於不符協商資格之工會所為的「一般性團體協商」之保護**：對於不符協商資格之工會所為的團體協商，則創造一般性團體協商概念加以保護。亦即，若工會採取一般性團體協商方式，雇主依法本無協商義務，但若有事證足以證明雇主拒絕工會一般性團體協商之請求，具有不當勞動行為之認識、動機時，依其情形仍有可能構成工會法第35條第1項第5款所定不當影響、妨礙或限制工會之成立、組織或活動之不當勞動行為；再者，雇主對於提出或參與這種團體協商的勞工如有給

予不利益待遇時，亦有該當工會法第35條第1項第3款不當勞動行為之可能。是以，雇主若不回應不符團體協商資格之產職業工會的一般性團體協商要求，可能構成支配介入或不利益待遇。

(6) **複數工會的協商資格疑義**：實際運作上，產生企業內複數工會併存時，雇主要如何對待這些工會之問題。受僱於同一企業之勞工，可能未加入該企業工會，僅加入產業工會或職業工會，雇主可能會面臨企業工會、產業工會或職業工會同時要求協商之情形。

未來修法上的建議，對於加入未超過門檻之工會的勞工來說，此規定有限制其團體協商權之虞，因團體協商權的主體是個別勞工，僅透過工會行使而已，為何勞工加入工會是產職業工會就必須要有協商資格才受到團體協約法的保護，雖然立法說明協商代表性與希望利益極大化，卻限制勞工受憲法保障的團體協商權。尤其是對教師而言，由於其僅能加入產職業工會，此協商資格限制將嚴重限制其團體協商權行使。再者，協商門檻過高也將不利產職業工會發展，阻礙正常勞資關係的形成。因未滿30人的中小企業勞工只能加入企業外的產職業工會，但未取得協商資格的產職業工會，又不受團體協約法第6條保護，更難與雇主談出團體協約，未取得協商資格的產職業工會對勞工來說，缺少加入的動機，無法達成團體協約法第1條所指「穩定勞動關係，促進勞資和諧，保障勞資權益」。綜上，張義德指出，團體協約法第6條第3項之協商資格規定對於加入未超過協商門檻限制之產職業工會的勞工行使團體協商權造成重大限制，應予以刪除。

(六) **團體協約**（以下資料引自勞動部網站）

1. **意義與內容**：團體協約，是工會與雇主或雇主團體，針對勞動條件及其他勞資雙方當事人間之勞動關係事項，進行團體協商後達成合意之結果予以文書化，由於該等文書係勞工團結組織與雇主間所締結之契約，因此稱為「團體協約」。依據國際勞工組織在第91號建議書「關於團體協約之建議書」中所作解釋：「團體協約係指個別或多數之雇主或雇主團體與代表工人之團體或由工人依照國家法令選舉並授權之代表所締結關於規定工作條件及僱用條件之書面契約。」另我國團體協約法第1條規定：「稱團體協約者，謂雇主或有法人資格之雇主團體，與有法人資格之工人團體以規定勞動關係為目的所締結之書面契約。」當然除勞動關係以外之事項，雙方得合意訂定於團體協約中，比如雙方爭議的處理程序。

2.機能

(1)**提升勞動條件之機能**：團體協約乃是集合團體之力量與雇主協商所合意者，其具有提升勞動條件之機能應無疑義。此由勞動基準法第71條規定「工作規則，違反法令之強制或其他有關該事業適用之團體：協約規定者，無效」之規定看來，應更明顯。

(2)**組織擴大之機能**：團體協約之訂定，有促進工會組織擴大之機能性。因為團體協約訂定後所獲得之有利勞動條件，往往會形成吸引勞工入會之效果。但如果團體協約內容無條件也可適用於一般非工會會員勞工時，此種協約之魅力將大為減弱。故一般工會與雇主締結團體協約時，大抵上皆會有非工會會員勞工不得適用本協約內容之約定。

(3)**秩序形成之機能**：一般而言，在團體協約中都會訂定許多有關工會活動之規範，這些條款有助於使勞工團結權、團體協商權乃至於團體行動權具體化之機能，對於勞資習慣之形成有其功效。雖然基於勞資合意之團體協約，有一時性、相對性之性格，但不能否認對於勞資關係可以形成一定之秩序，有安定化之作用。一般稱為團體協約之「和平機能」。

(4)**所得政策之機能**：全國性團體協約之勞動條件，特別是有關於工資基準之事項，有擔當國家所得政策與經濟政策之機能。雖然一般例如日本與台灣等企業別工會，在此項機能之發揮比較微弱，但最近全國性工會團體所扮演的角色有愈來愈重之趨勢，例如全國總工會與工業總會等進行協商基本工資調整幅度，儘管過去的協商未能成功，但將來所合意之內容，極有可能主導我國經濟政策與所得政策之效果。

(5)**團體協約之國家法規範機能**：我國的團體協約制度，可以說是屬於大陸法型，亦即在團體協約法中，承認團體協約有規範之效力（第19條：團體協約所約定勞動條件，當然為該團體協約所屬雇主及勞工間勞動契約之內容。勞動契約異於該團體協約所約定之勞動條件者，其相異部分無效；無效之部分以團體協約之約定代之），同時針對團體協約之成立生效要件（第9、10條）、團體協約之期間（第26、27、28、29條）、團體協約之餘後效力（第20條）等，也都有具體明文之規定。

3. 誠信協商原則

(1) **誠信協商之定義**：此次團體協約法修正重點之一在於增訂勞資雙方的誠信協商義務，「勞資雙方均有依誠信協商原則進行團體協約協商之義務，非有正當理由，不得任意拒絕。無正當理由拒絕協商，經依勞資爭議處理法裁決認定者，處以罰鍰；未依裁決決定書所定期限為一定行為或不行為者，再處以罰鍰並令其限期改正；屆期未改正者，按次連續處罰。比如有協商資格的勞方向雇主提出合理協商內容，雇主無理由拒絕協商，即違反該義務（第6條第1項）。

(2) **協商資格之取得**：有協商資格之勞方，指下列工會：
　　A. 企業工會。
　　B. 會員受僱於協商他方之人數，逾其所僱用勞工人數二分之一之產業工會。
　　C. 會員受僱於協商他方之人數，逾其所僱用具同類職業技能勞工人數二分之一之職業工會。
　　D. 不符合前三款規定之數工會，所屬會員受僱於協商他方之人數合計逾其所僱用勞工人數二分之一。
　　E. 經依勞資爭議處理法規定裁決認定之工會。
　　勞方有二個以上之工會，或資方有二個以上之雇主或雇主團體提出團體協約之協商時，他方得要求推選協商代表；無法產生協商代表時，依會員人數比例分配產生。

(3) **拒絕協商之類型**：勞資之一方於有協商資格之他方提出協商時，有下列情形之一，為無正當理由：
　　A. 對於他方提出合理適當之協商內容、時間、地點及進行方式，拒絕進行協商。
　　B. 未於60日內針對協商書面通知提出對應方案，並進行協商。
　　C. 拒絕提供進行協商所必要之資料。

(4) **違反誠信協商原則與拒絕協商之法律效果**
　　A. 行政罰：勞資之一方，違反誠信協商之規定，經依勞資爭議處理法之裁決認定者，處新臺幣10萬元以上50萬元以下罰鍰。
　　　勞資之一方未依前項裁決決定書所定期限為一定行為或不行為者，處新臺幣10萬元以上50萬元以下罰鍰，並得令其限期改正，屆期未改正者，得按次連續處罰。

B. 他方得進行爭議行為：經中央主管機關設置之不當勞動行為裁決委員會決定為不當勞動行為者，該雇主所經營之事業單位企業工會得為爭議行為。

4. 內容

(1) **團體協約約定事項**：團體協約固以約定勞動關係及相關事項為主，並不排除雙方另就集體勞動關係及管理權之範圍作約定，基於契約當事人自治原則，團體協約亦可就非勞動關係事項為約定。學徒關係與技術生、養成工、見習生、建教合作班之學生及其他與技術生性質相類之人，其前項各款事項，亦得於團體協約中約定。

實務上團體協約通常得訂定下列事項：

A. 工資、工時、津貼、獎金、調動、資遣、退休、職業災害補償、撫卹等勞動條件。

B. 企業內勞動組織之設立與利用、就業服務機構之利用、勞資爭議調解、仲裁機構之設立及利用。

C. 團體協約之協商程序、協商資料之提供、團體協約之適用範圍、有效期間及和諧履行協約義務。

D. 工會之組織、運作、活動及企業設施之利用。

E. 參與企業經營與勞資合作組織之設置及利用。

F. 申訴制度、促進勞資合作、升遷、獎懲、教育訓練、安全衛生、企業福利及其他關於勞資共同遵守之事項。

G. 其他當事人間合意之事項。

(2) **工會安全條款**：第13條及第14條為工會安全條款，分別為工會廠場條款及代理工會廠場條款。

前者是指團體團體協約得約定雇主僱用勞工，以一定工會之會員為限。但有下列情形之一者，不在此限：

A. 該工會解散。

B. 該工會無雇主所需之專門技術勞工。

C. 該工會之會員不願受僱，或其人數不足供給雇主所需僱用量。

D. 雇主招收學徒或技術生、養成工、見習生、建教合作班之學生及其他與技術生性質相類之人。

E. 雇主僱用為其管理財務、印信或機要事務之人。

F. 雇主僱用工會會員以外之勞工，扣除前二款人數，尚未超過其僱用勞工人數十分之二。

後者是指團體協約得約定，受該團體協約拘束之雇主，非有正當理由，不得對所屬非該團體協約關係人之勞工，就該團體協約所約定

之勞動條件，進行調整。但團體協約另有約定，非該團體協約關係人之勞工，支付一定之費用予工會者，不在此限。此一條款習稱避免搭便車條款。

5. **團體協約和工作規則**：團體協約與工作規則，都有規範事業單位內勞資雙方有關於勞動條件、服勤秩序等事項之作用。勞動基準法第71條明定，工作規則違反法令之強制禁止規定、或其他有關該事業適用之團體協約規定者，無效。團體協約中所定之「勞動條件及其他有關勞工待遇基準」，依團體協約之法規性效力作用，優於工作規則之部分，只對受有團體協約適用之勞工發生效力而已。故而違反團體協約之工作規則條款，對於非屬團體協約適用者之勞工亦仍然有效，此為所謂的工作規則相對性效力。在實務運作上，可採取同時修改工作規則，使團體協約與工作規則之勞動條件趨於同一。

6. **團體協商的進行**

   (1) **協商前之準備**

   A. 選定協商代表：工會或雇主團體以其團體名義進行團體協約之協商時，其協商代表應依下列方式之一產生：

   a. 依其團體章程之規定。

   b. 依其會員大會或會員代表大會之決議。

   c. 經通知其全體會員，並由過半數會員以書面委任。

   協商代表，以工會或雇主團體之會員為限。但經他方書面同意者，不在此限。協商代表之人數，以該團體協約之協商所必要者為限。協商勞資任一方有二個以上提出團體協約之協商時，為強化協商力量及促進勞資雙方之協商意願，他方得要求提出協商之一方推選協商代表，無法產生協商代表時，則依會員人數比例分配產生。

   B. 確認簽約代表：工會或雇主團體以其團體名義簽訂團體協約，應該依下列規定辦理：

   a. 依團體章程之規定者。

   b. 經會員大會或會員代表大會之會員或會員代表過半數出席，出席會員或會員代表三分之二以上之決議。

   c. 通知其全體會員，經四分之三以上會員以書面同意。

   未依前項規定所簽訂之團體協約，於補行前項程序追認前，不生效力。

　　C. 蒐集相關資料

　　　　a. 工會方面

　　　　　(a) 公司之市場概況及相關產業之市場資訊等。

　　　　　(b) 公司之財務狀況、營運方針及發展情形。

　　　　　(c) 本地及全國同業間之工資、物價及勞動力統計資料。

　　　　　(d) 會員對本次協商之意見調查。

　　　　　(e) 歷次協約之內容。

　　　　　(f) 相關工會之需求現況。

　　　　　(g) 政府有關勞工法令。

　　　　　(h) 社會輿論報導。

　　　　b. 公司方面

　　　　　(a) 蒐集有關工資、福利、年資、工作效率、工作標準及與團體協商主題有關之資料。

　　　　　(b) 研究現行團體協約，逐條逐字分析，檢討可能變更之條款。

　　　　　(c) 自同業、社會輿論及勞資爭議事件中，蒐集有可能成為工會要求之重點內容與相關資訊。

　　　　　(d) 分析各種可能需求之成本及效益。

　　　　　(e) 瞭解工會運作現況。

　　　　　(f) 檢討公司之營運狀況、盈利情形及同業間勞動條件資料。

　　　　　(g) 探求勞工對勞動條件、福利事項等之需求。

　　　　　(h) 蒐集政府有關勞工、經濟、法律、財政及社會等政策與相關統計資料。

　　D. 擬定協約草案：擬定團體協約草案的程序，一般作業如下：

　　　　a. 寄發問卷，探詢需求。

　　　　b. 召開座談會，集思廣益，廣納建言。

　　　　c. 試擬草約，並召開說明會，予以修正。

　　E. 研擬協商策略

　　　　a. 確立協商目標。b. 瞭解對手相關資訊。c. 決定協商態度。

(2) 召開協商會議（實際進行協商）

　　A. 決定協商會議時間、地點及議程：我國現行團體協約法中並未明定協商會議的召開程序，因此，會議的進行並無固定的模式。勞資雙方各自擬好草案後，應將草案知會對方研究，並擇期擇地召開協商會議。協商會議的時間、地點及程序只要經勞資雙方的同意即可，但仍要考慮其適當性。

B. 會議之進行：主席依據所決定之議程和條款討論次序，逐一將條文提出協商。在協商過程中，遇雙方代表對某一條款意見重大分歧，無法達成協議時，主席得暫停此條款的協商，先行討論下一條款；或暫停會議的進行，由各方代表自行研討後再行協商。

C. 協商僵局之處理：當雙方毫無讓步之可能時，通常的解決方法如下：

　　a. 行使爭議行為：依其手段，常見者有罷工、怠工、杯葛、鎖廠等，前三者為勞工所採取的爭議手段，鎖廠則為雇主較常見的爭議手段。但當協商面臨僵局，有發生爭議之虞時，應盡量運用議事技巧，例如暫予保留，或另請公正第三者協處等，以避免爭議，且勞資雙方應有共識，非不得已，絕不行使爭議行為，避免雙方均蒙受損失。

　　b. 訴請主管機關處理：勞資爭議可由主管機關依勞資爭議處理法相關規定進行調解或仲裁。

(3)**簽訂團體協約**：簽訂書面團體協約一式四份，由勞資雙方簽約代表簽名蓋章，並加蓋所屬團體及事業單位之印信，由雙方各保管一份為憑，另二份由勞方當事人送其主管機關備查；其變更或終止時，亦同。另團體協約雙方當事人應將團體協約公開揭示之，並備置一份供團體協約關係人隨時查閱。

(4)**送請主管機關備查（或核可）**：團體協約經勞資雙方簽署後，應由勞方送請主管機關備查，但下列團體協約，應於簽訂前取得核可，未經核可者，無效：

A. 一方當事人為公營事業機構者，應經其主管機關核可。

B. 一方當事人為國防部所屬機關（構）、學校者，應經國防部核可。

C. 一方當事人為前二款以外之政府機關（構）、公立學校而有上級主管機關者，應經其上級主管機關核可。但關係人為工友（含技工、駕駛）者，應經行政院人事行政局核可。

7.**團體協約的執行與效力**

(1)**團體協約的執行**：簽訂團體協約的目的，在藉由平等、民主之協商方式，確立勞資之間權利義務的規範，期能公平、合理地分享勞資雙方共同創造的事業成果與利潤。而團體協約一經簽訂，最重要的是誠心信守並貫徹執行協約中約定的事項。為了保證協約能有效貫徹執行，當事雙方可在協約中約定違約的賠償規定，於一方當事人

違反規定時，另一方當事人可據以向法院請求損害賠償。此外，亦可以在協約中約定設立中立的監督執行委員會，負責監督。

(2)**團體協約的拘束**：受團體協約之拘束力拘束者，係指依法為團體協約效力所及之人，即團體協約法第17條規定之團體協約關係人。包括：

A. 為團體協約當事人之雇主。

B. 屬於團體協約當事團體之雇主及勞工。

C. 團體協約簽訂後，加入團體協約當事團體之雇主及勞工。

團體協約關係人在團體協約有效期間內均受其拘束。團體協約簽訂後，加入團體協約當事團體之雇主及勞工，其關於勞動條件之規定，除該團體協約另有約定外，自取得團體協約關係人資格之日起適用之。

(3)**團體協約的效力**

A. **法規性效力**：所謂法規性效力係指團體協約之當事人（工會與雇主或雇主團體）所簽訂之契約，對其成員之個別勞工、個別雇主，無須詢問是否同意而當然發生效力。換言之，對團體協約當事人之團體成員而言，其所屬團體所簽訂之團體協約，將產生有如法規範一般有直接及強制之效力。至於效力內容則有：

a. 不可低貶原則：團體協約法第19條前段，團體協約對其所涵蓋之法律關係直接且強制適用。即所稱之不可低貶原則。

b. 有利原則：團體協約是勞工保護的一種機制，因此當約定較團體協約之規定不利時，根據修正後團體協約法第19條規定，無效。此規定即所稱之有利原則（或稱優惠原則），當事人得約定較團體協約有利於勞工之條件，團體協約只是最低勞動條件的標準。

c. 不可拋棄原則：團體協約法第22條前段規定：「團體協約關係人，如於其勞動契約存續期間拋棄其由團體協約所得勞動契約上之權利，其拋棄無效。」以保護勞工，而貫徹協約之效力，然而在勞動契約終了後，即勞工無被雇主壓迫之虞時。若此不因拋棄而消滅之權利永不行使，則使權利關係不確定。

所以同條但書規定：「但於勞動契約終止後三個月內仍不行使其權利者，不得再行使。」以示限制。同樣基於保護個別勞工之目的，同條第二項規定：「受團體協約拘束之雇主，因勞工主張其於團體協約所享有之權利或勞動契約中基於團體協約所

生之權利，而終止勞動契約者，其終止為無效。」以限制雇主濫用勞動契約終止權而限制、妨礙個別勞工行使其團體協約上之權利。

　　d. 餘後效力：團體協約法第21條規定：「團體協約期間屆滿，新團體協約尚未簽訂時，於勞動契約另為約定前，原團體協約關於勞動條件之約定，仍繼續為該團體協約關係人間勞動契約之內容。」該條所規定的法律效力，國內大多稱為團體協約的餘後效力，團體協約已屆期滿，新團體協約尚未訂立時，於勞動契約另為約定前，原團體協約關於勞動條件之規定，仍繼續為該團體協約關係人之勞動契約之內容。也就是團體協約中法規性效力部分在團體協約本身已因所定存續期間屆滿而消滅時，仍繼續生效，直到新的團體協約訂定時為止，原來的團體協約才會消滅效力。

B. **債法性效力**：團體協約之債法性效力只拘束團體協約當事人雙方，有下列效力：

　　a. 和平義務：此謂相對和平義務，指團體協約當事人不得基於變更或廢除現存團體協約中已有規定之事項的目的，而進行爭議行為。

　　b. 實施義務：團體協約和其他的民事契約一樣，當事人有義務注意契約之履行。對此，團體協約當事人應該避免團體協約履行產生障礙的情事，並且必須將契約內容告知其成員。

　　c. 敦促義務：團體協約當事人也有責任要求其成員遵守團體協約規則。

　　d. 違反債法性義務之法律效果團體協約得約定當事人之一方不履行團體協約所約定義務或團體協約法第23條第1項、第2項規定時，對於他方應給付違約金。團體協約當事團體，對於違反團體協約之約定者，無論其為團體或個人為本團體之會員或他方團體之會員，均得以團體名義，請求損害賠償。

C. **組織法效力**：團體協約當事團體與其會員間之關係雖因團體協約之訂立而發生，其內容亦因協約而定，但其依據則在於規範各該團體之組織法令及規章，此會員與團體間所發生之權利義務，乃稱為團體協約之組織法上效力。會員對團體應負之義務種類有下：

　　a. 會員因團體協約對他方當事人員有團體協約上之一定義務，因此對於團體亦有相對義務。

b. 團體於團體協約上約定之事項，並非對於他方負有義務者，但就團體本身利益而言，有使其會員遵守之必要，於此，會員對團體協約負有義務。

c. 會員對上述二項義務有違反或不履行時，依據團體協約法第24條之規定，團體有損害賠償請求權。

(4)**團體協約爭議之處理**：在實務上，團體協約可訂立特別條款，例如約定將爭議提交由雙方代表所組成的聯合會議、民間中介團體、社會公正人士調處，或直接依勞資爭議處理法所訂程序處理。

8. 團體協約的期間與終止

(1)**團體協約終止的原因**

A. 當事人之合意：團體協約之成立係因勞、雇雙方當事人之合意，因此，不論其為定期、不定期或以一定工作之完成為期，均得由協約當事人合意終止。

B. 有效期間之屆滿：團體協約之期間因為可以由雙方當事人自由約定，但對當事人經濟上有重大利害，而經濟情況可能有所變換，因此若使當事人有重大利害，而經濟狀況可能有所變換，因此若使當事人長久受到束縛，並非所宜。團體協約為定期者，其期限不得超過3年；超過3年者，縮短為3年。

C. 當事人單方之終止意思表示：團體協約為不定期者，當事人之一方於團體協約簽訂1年後，得隨時終止團體協約。但應於3個月前以書面通知他方當事人。團體協約約定之通知期間較前項但書規定之期間為長者，從其約定。

(2)**團體協約之合併、分立及團體協約當事團體解散**：團體協約當事人及當事團體之權利義務，除團體協約另有約定外，因團體之合併或分立，移轉於因合併或分立而成立之團體。

若是團體協約當事團體解散時，其團體所屬會員之權利義務，不因其團體之解散而變更。但不定期之團體協約於該團體解散後，除團體協約另有約定外，經過3個月消滅。

(3)**情事變更之處理**：團體協約簽訂後經濟情形有重大變化，如維持該團體協約有與雇主事業之進行或勞工生活水準之維持不相容，或因團體協約當事人之行為，致有無法達到協約目的之虞時，當事人之一方得向他方請求協商變更團體協約內容或終止團體協約。此係法律上情事變更原則的運用。

(七)勞動部獎勵工會簽訂團體協約

1. 勞動部為獎勵工會簽訂團體協約，提升團體協約品質，增進勞動條件，保障勞工權益，特辦理獎勵辦法。

2. 獎勵對象如下：

   (1)依團體協約法簽訂團體協約之工會。

   (2)協助及輔導會員工會完成簽訂團體協約之工會聯合組織。

   工會或工會聯合組織（以下簡稱工會或工會聯合組織），於簽訂團體協約後1年內得向勞動部提出獎勵之申請，逾期不予受理。但團體協約期限未滿1年者，應於協約有效期限內提出申請。

   依本要點規定申請獎勵之團體協約，以1次為限。

3. 工會或工會聯合組織獎勵認定基準分為下列四類，獎勵金額依下表辦理：

   (1)第一類：工會簽訂之團體協約內容，訂有利潤分享之固定比例、年終盈餘分配，或調高員工薪資等利潤分享之相關條款。

   (2)第二類：工會簽訂之團體協約之內容，訂有低於法定之工作時間、多於法定假別及日數等優於勞動基準法及其他法令規定勞動條件之相關條款。

   (3)第三類：工會簽訂之團體協約之內容，未訂有第一類或第二類之條款。

   (4)第四類：工會聯合組織，協助及輔導會員工會完成簽訂之團體協約。

   前項團體協約內容之認定，以簽約時為準；其不包括團體協約勞動部獎勵工會簽訂團體協約實施要點簽訂後，於存續期間內，變更團體協約之內容。

表5-1　簽訂團體協約之工會獎勵標準

團體協約內容之類別 ＼ 雇主分類	單一工會與單一雇主簽訂團體協約	複數工會與單一雇主簽訂團體協約	單一工會與複數雇主簽訂團體協約
第一類 協約內容有利潤分享相關條款（明定固定比例、年終盈餘或調高員工薪資條款）	最高 新臺幣25萬元	最高 新臺幣50萬元	最高 新臺幣30萬元

雇主分類 團體協約 內容之類別	單一工會與 單一雇主 簽訂團體協約	複數工會與 單一雇主 簽訂團體協約	單一工會與 複數雇主 簽訂團體協約
第二類 協約內容有優於勞動基準法及其他法令規定勞動條件之相關條款（明定縮短工時、請假、休假相關條款）	最高 新臺幣20萬元	最高 新臺幣40萬元	最高 新臺幣25萬元
第三類 未有第一類或第二類條款者之團體協約	最高 新臺幣10萬元	最高 新臺幣20萬元	最高 新臺幣15萬元
第四類 工會聯合組織協助及輔導會員工會簽訂團體協約	最高 新臺幣3萬元	－	－

六、爭議權與爭議行為

(一)**勞資爭議行為的正當性**：黃程貫（2015）指出，爭議行為正當性考量，可從其主體、目的、程序及手段等四方面加以考量：

① 主體正當性

爭議行為之主體應為集體勞工，工會固然可為勞資爭議行為之主體，必要時，臨時組成之勞工團體，亦可為爭議行為之主體，但必須是組織之集體才可以，個別勞工並無爭議行為之保障。

② 目的正當性

爭議行為之保障是為勞動條件維持、改善以及勞工地位提升為目的而存在。因此，超過此目的之爭議行為，應不具正當性。例如：向政治組織作政治要求為目的之純「政治性罷工」，或僅因同情其他工會或勞工之要求或聲援其爭議行為之「同情罷工」，均欠缺目的正當性。

3 程序正當性 爭議行為應屬不得已手段，僅在協商無效後始能為之。任何無理拒絕集體協商即實施之爭議行為，應屬程序正當性但有瑕疵。爭議行為實施前，應以相當時間預先告知對方，又另勞資爭議行為是勞工集體意思所決定之行動，其意思決定有無，應依據工會內部決議程序以及是否符合民主原則而為勞工集體意思之決定，若未遵循決議程序而為爭議行為，其程序正當性顯有不足。

4 手段正當性 爭議行為實施，雖以產生壓力促使對方屈服或接受妥協為目的，但實施手段應以非暴力方式為主。若毀壞企業機器設備，或人體攻擊，對於工作場所無端侵入以及對於人員恐嚇或侮辱行為，是手段欠缺正當性。勞資爭議最後妥協在於自由意志前提下所為，若在糾察之際，以暴力、言語、噪音等造成對方心理恐懼，以達目的之糾察行為，應視為正當性不足。

李佑均律師（2021）指出，罷工若符合上述主體、目的、程序及手段之正當性，即屬合法。此時，工會及會員得免除所生的刑事及民事責任如下：

1. **刑事免責**：依據勞資爭議處理法第55條第3項規定，工會及其會員所發動的罷工，雖然滿足刑法各罪之要件，但只要具有正當性者，不予處罰。此刑事免責的規定，係著眼於罷工行為為本質上即具衝突性，因此難以完全排除對雇主或第三人之侵害。為了避免工會因動輒構成刑事責任的疑慮，而不利罷工的發動，因此，只要是合法的罷工行為，仍可享有刑事免責。然而，若工會罷工時，是以強暴脅迫致他人生命、身體受侵害或有受侵害之虞時，工會及發動行為之會員，仍須負相關刑事責任。

2. **民事免責**：依據勞資爭議處理法第55條第2項規定，雇主不得以工會及其會員依該法所為之爭議行為所生損害為由，向其請求賠償。換言之，若罷工為合法，縱使對雇主造成其他損害，工會及會員仍可享有民事責任之豁免。本條規定的精神，是因為工會所發動的罷工，是為保障勞工正當權益之自助行為，因此法律就該罷工行為給予適當之保護。

3. **對罷工勞工勞動條件之影響**：若罷工合法，勞工於罷工期間即使未提供勞務，雇主不可以因此認定為曠職；另一方面，法律也容許雇主於

罷工期間，無須給付參與罷工勞工之工資。但是，除了薪資給付義務的免除以外，倘若雇主針對參與罷工的員工，另有解僱、降調、永久性地減薪等情形，此時雇主即是因為勞工參與工會活動，而給予不利益之對待，並且不當影響、妨害或限制工會的組織或活動，而可能構成工會法第35條第1項之「不當勞動行為」態樣。雇主一旦被勞動部不當勞動行為裁決委員會認定構成不當勞動行為，也將因此被裁處罰鍰。另一方面，罷工期間，勞雇雙方的勞動契約關係繼續存在，因此雇主仍應繼續為參與罷工之勞工，提繳勞健保以及提撥退休金。且勞工於上開未提供勞務期間的工作年資，仍應繼續累計。

(二)**違法罷工行為之效果**：李佑均律師（2021）指出，若工會發動之罷工為違法，就可能產生刑事責任與民事責任如下：

1.**刑事責任**：依據勞資爭議處理法第55條第3項，若工會會員於罷工時，以強暴脅迫致他人生命、身體受侵害，或有受侵害之虞時，即可能構成刑事責任。又，因為工會本身為獨立的法人，因此發生違法罷工時，除了工會會員須負刑責外，工會本身也一併負責（但因工會是法人，因此所負的刑責，僅止於罰金，而不及於拘役、有期徒刑等自由刑），因此勞資爭議處理法第55條第3項明揭負刑事責任的主體為「工會」及其「會員」。

2.**民事責任**

(1)**對雇主之民事責任**：若工會於罷工期間，採取積極破壞雇主營運之過當手段（例如：毀損生產設備），即可能被法院認定為構成民法上之侵權行為，此時，工會本身即須賠償雇主因此所受的損失。

就參與違法罷工之個別勞工而言，除了也有可能對雇主構成侵權行為責任以外（例如，個別破壞雇主生產設備之勞工），該等勞工於罷工期間不提供勞務的狀態，也難謂合法，而構成債務不履行（亦即，勞工未依僱傭契約提供勞務）。

此時，雇主即可將該等罷工勞工未提供勞務的狀態，認定為曠職，並且施予懲戒或其他不利益待遇。

(2)**對第三人之民事責任**：若因罷工而對雇主以外的第三人產生損害，工會是否須對該第三人負損害賠償責任？就此，勞資爭議處理法並無明文。就侵權責任而言，依據民法第184條規定，須行為人是出自故意或過失，不法侵害他人權利，才會發生損害賠償責任。就此來說，若工會發動的是違法的罷工行為，且對他人權利造成損害

（例如：工會於違法的罷工過程中，拒絕第三人進入廠房，於推擠過程中造成第三人身體、財產的侵害），即會構成侵權行為責任。至於債務不履行之民事責任，是指契約一方未履行契約所約定的特定義務，因此對契約他方產生損害的情形。於多數情形下，第三人的契約關係，是存在於與雇主、而非工會之間，此時，縱使因罷工使該第三人契約上的權利無法被滿足，違約者應是契約當事人一方的「雇主」，而非「工會」，受損害的第三人即無法向工會主張債務不履行的損害賠償責任。例如：旅客與航空公司訂立運送契約，如工會發動罷工，使已訂票的旅客無法按原定時程出發，而遲延行程的損失，旅客應該是向航空公司、而非工會求償。至於雇主向第三人賠償上述債務不履行之損害後，可否轉而向工會求償，仍須回歸勞資爭議處理法第55條第2項之規定，也就是說：如果罷工是合法，雇主就不得向工會求償上開損失；如果是違法的罷工，則依法可以求償。

(3) **雇主針對參與罷工之勞工起訴，是否構成不當勞動行為？**

依據工會法第35條第1項第4款，雇主不得對參與爭議行為之勞工發動不利益待遇。若雇主對參與罷工之勞工提起訴訟，是否構成上述不當勞動行為？就此，依據勞動部不當勞動行為裁決委員會105年勞裁字第26號裁決決定，若雇主以勞工於罷工期間之不利言論，對勞工提起誹謗之刑事告訴，此舉將對工會會員產生寒蟬效應，且意圖阻礙工會活動，因此構成工會法第35第1項所明揭之不當勞動行為；然而，上開裁決案件進入行政法院後，行政法院表示不同見解，認為如果個案上，雇主確實認為工會於罷工期間之批評言論與事實不符，即具有提起刑事告訴之事實及法律基礎，此時提起該訴訟，即不構成不當勞動行為（請參台北高等行政法院106度訴字第20號判決，此見解後續為最高行政法院107年度判字第9號判決所維持）

(4) **法院及時介入罷工之手段：定暫時狀態假處分**：依據民事訴訟法第538條第1項，如果訴訟之一方對於爭執之法律關係，為防止發生重大之損害或避免急迫之危險，得聲請為定暫時狀態之處分。具體來說，定暫時狀態假處分之內容，包括法院命對造為一定的作為、或不可為特定行為，以保障聲請方的權利。以罷工為例，由於罷工是否合法，須經過法院審理，才能作出最終決定。但是，對於將立即

造成公眾生命、身體等權利重大侵害的罷工，若還要待上述法院審理程序完成，再認定為違法，可能緩不濟急，因此，實務上就曾出現雇主以罷工行為侵害營業及公眾利益為由，向法院聲請禁止工會依投票結果實施罷工之案例（例如桃園地方法院107年度全字第143號民事裁定）由於定暫時狀態假處分，涉及對他方權利之限制，因此法院在審酌是否核准定暫時狀態假處分的聲請時，會參酌是否具有「保全必要性」。以上述桃園地方法院107年度全字第143號民事裁定為例，罷工必須A.是明顯違法；B.有不正當之行為，因實施罷工將導致民眾之生命、身體或健康有急迫侵害之危險、或類此情形之不可回復之損害。此時，法院才可能核准雇主之聲請，為「工會不得為罷工行為」之定暫時狀態假處分。

(三)**勞資爭議分類**：各國法令都將勞資爭議分為權利事項之爭議和利益事項之爭議，兩個名詞創始於斯堪的那維亞各國，1920年代以後，才被德國沿用。在英、美等國則常以個別爭議（Indiividual Disputes）和集體爭議（Collective Disputes）區分。權利事項爭議的發生，多因個別勞工既存權利被侵犯或漠視，爭議主體為個別勞工，爭議對象為私法權利。因此，個別爭議可視為權利爭議。另勞動條件集體變更和新權利爭取，是集體勞工和雇主或雇主團體之間的經濟利益衝突，爭議內容為集體勞工利益，主體為集體勞工而非個別勞工。

權利事項爭議既是勞工私人權利爭執，解決方法各國大致相同。按照民事訴訟程序，由普通法院解決；或設立勞工法庭，施行特別訴訟程序。採行方式雖不同，但以司法手段，按照審判程序，根據既存法令解決爭議則相同。

利益事項爭議，各國所採方法非常不一致。有的嚴禁利益爭議發生；有的採強制手段解決；有的以調解方法從中斡旋，不積極干涉。民主社會主義國家，勞資雙方利益事項爭議為不可避免現象，政府鼓勵勞工團結一致，以集體力量向雇主或雇主團體爭取勞動條件改善。因此，利益事項爭議發生後，勞資雙方使用種種手段獲得勝利。最普遍使用的手段，在資方為黑名單（Black List）、黃犬契約（Yellow Dog Contract）及停業；在勞

方為罷工、杯葛（Boycott）及怠工等。故政府在勞資利益事項爭議發生時，以不偏袒的態度，從中調停，不強制其解決，更不應該代為決定。政府採取中立態度，罷工及停業事件層出不窮，不僅勞資雙方身受其害，國家經濟發展及社會秩序亦受影響。於是，政府態度稍微變更，尤其對於關係國計民生重要行業發生的利益事項爭議案件，多採取強制的態度。

在集權主義國家，利益事項爭議發生可能性稀少。因為勞工的勞動條件都由國家統制，勞工生活改善，不由勞工自己奮鬥，而由政府代為決定，容許民營企業存在，故勞資之間也有發生利益衝突的可能。政府對於利益爭議的解決，先進行調解，調解無望時，由政府解決，嚴禁停業、怠工、罷工、杯葛及黑名單等爭議手段。因為，國家社會主義國家的勞工政策是謀勞動生產力之提高，雇主與受僱者發生利害衝突，使用導致停工之爭議手段及謀求解決時，有礙生產力發展，政府不得不加以禁止。

(四)**勞資爭議處理方式**：王惠玲指出，我國勞資爭議實際處理方式大致可分為非正式處理及正式處理方式。分別是：

1. **非正式處理方式**：係指當事人尋求勞工行政主管機關、民意代表、民間中介團體或專家學者等非特定人士，以協調、談判方式進行調處。

2. **正式處理方式**：係指依據現行法令規定解決勞資爭議，通常可分為五種：

   (1)**司法途徑**：依據民事訴訟法第405條第1項規定，勞資爭議事項中權利爭議事項之爭議，爭議當事人得向管轄法院聲請調解。爭議當事人亦可依據民法、刑法等相關法令規定，向管轄法院提出訴訟，尋求解決勞資爭議。

   (2)**勞工行政途徑**：依據勞資爭議處理法相關規定，循勞工行政體系向直轄市或縣（市）主管機關申請勞資爭議調解、仲裁或裁決，尋求解決勞資爭議。

   (3)**鄉鎮市調解委員會途徑**：依據鄉鎮市調解條例向鄉、鎮、市公所設置之調解委員會聲請調解，尋求解決勞資爭議。

   (4)**仲裁法之仲裁途徑**：依據仲裁法循仲裁程序解決。（見圖5-2）

   (5)**勞動事件法之調解途徑**：依勞動事件處理法申請調解。

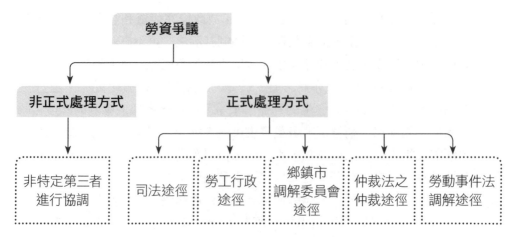

圖5-2　勞資爭議處理方式

王嘉琪律師（2020）指出，調解是由客觀、中立之第三方擔任調解人，藉由調解人居中調和雙方對系爭爭議之歧見，提出建議、以及和解方案，勸使雙方互相讓步、協助尋求雙方均可接受之解決方案，以期迅速解決紛爭之制度。勞資爭議處理法所定「調解」制度詳述如下：

A. 調解程序之開啟：在現行勞資爭議處理法之規定下，無論「權利事項」或「調整事項」，均得透過該法所定之調解制度解決之，調解程序開啟之方式有二：

　　a. 自願調解：由勞、資其中任一方向勞方勞務提供地之主管機關提出調解申請書、向主管機關申請（參該法第9條第1項）。其中，申請書上應載明基本資料、請求調解事項、以及選定調解方式（即，選定獨任調解人、或調解委員會之形式）（參該法第10條）。

　　b. 主管機關職權交付調解除勞、資其中任何一方得以前開自願調解之方式向主管申請調解外，主管機關認為有必要時，對於該勞資爭議亦可依職權交付調解、通知勞資爭議雙方當事人出席調解（參該法第9條第3項）。

B. 調解方式：在現行勞資爭議處理法之規定下，有以下兩種調解方式可供申請人選擇，主管機關在受理調解之申請時，將依申請人之選擇，以下列方式之一進行調解（參該法第11條）：

　　a. 獨任調解人：此為2011年勞爭法所新增之方式，且主管機關亦得委託民間團體指派獨任調解人（即單獨一名調解人）進行調解（參該法第11條第3項），其優點在於快速。基於獨任調解人應為客觀、中立之第三人，因此，獨任調解人之人選係由主管機關、或受委託之民間團體指派，申請人不得指定或選任獨任調解人。

　　b. 調解委員會：調解委員會則是由勞資雙方各自選任1名調解委員、以及由主管機關所選任之調解委員所共同組成之委員會來負責調解，優點在於調解會議進行時，原則上各位委員均會就該爭議表示意見，因此意見較為多元；然因委員人數較多，因此安排調解會議所需之行政作業時間通常也比獨任調解人來得長。調解委員會之委員人數為3至5人，由勞資雙方各自選定1人（勞方選定之人員為勞方委員、資方選定之人員為資方委員），且勞資雙方需於接到主管機關通知之日起三日內，選定委員人選（委員人選可參考主管機關遴聘、備置之調解委員名冊），並向主管機關陳報；如逾期未陳報，則由主管機關代為指定。同時，主管機關亦將指派1至3人擔任代表主管機關之調解委員，並由主管機關指派之人員其中1人擔任主席（參勞爭法第13、14條）。

3. **各程序進行說明**

　(1) **調解程序**

　　A. 調解開始的方式，由勞工或雇主任一方向勞工提供勞務之所在地之縣（市）政府申請調解，或是縣（市）政府認為有需要時，可以依職權直接通知雙方一起來調解。

　　B. 申請調解時，要先填寫「調解申請書」，申請書必須寫清楚姓名、性別、年齡、職業及地址，以及請求調解的事情是什麼，這些因申請調解所填寫或檢附的資料，皆符合個人資料保護法蒐集之規定。此外，有需要請代理人代替自己出席調解會議的話，代理人的姓名、名稱及地址也要寫清楚，代理人可請任何自己信賴的人擔任，但必須有正式的委託書。

　　C. 調解的方式又分成「調解人」與組成「調解委員會」兩種方式，申請人可以自由選擇。選擇「調解人」方式進行調解，調解人是由主管機關指派，或由其委託之專業具調解能力的民間團體選派，從「調解人」名冊指派一位協助雙方進行調解。

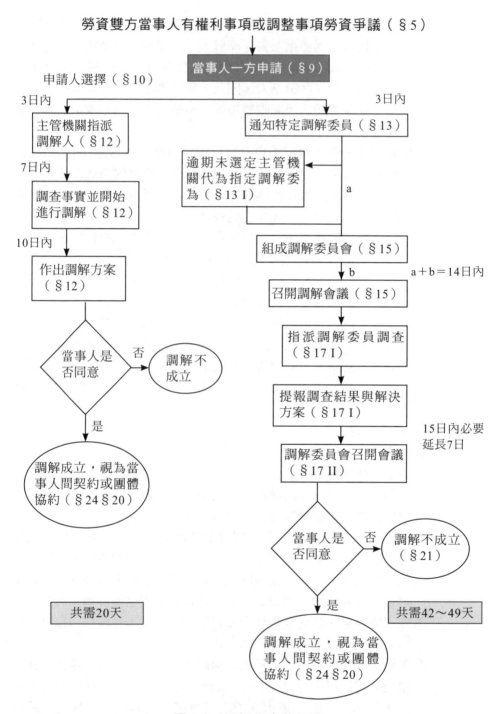

圖5-3　調解程序流程圖

(2)仲裁程序

A. 主管機關提供的另一勞資爭議處理之管道為仲裁，仲裁類型可分為合意仲裁、一方申請交付仲裁及依職權交付仲裁三種；審理方式有「仲裁人」或組成「仲裁委員會」兩種，仲裁人（委員會）作成判斷書之效力，與法院確定判決有同一效力，或可視為雇主與工會間之團體協約。

B. 受理機關：教師及國防部所屬機關之勞工，由當事人向勞務提供地之直轄市或縣（市）政府勞工行政主管機關提出申請，其他案件則向勞動部提出申請。

C. 審理方式：由勞資雙方當事人選擇獨任仲裁人或組成仲裁委員會進行仲裁程序。案件申請起5日內，未選定仲裁人或仲裁委員，由地方主管機關代為指定。

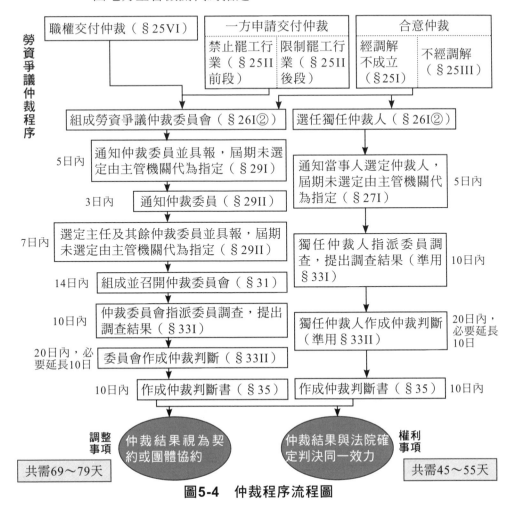

圖5-4　仲裁程序流程圖

(3)**裁決程序：**為確實保障勞工之團結權及協商權，迅速排除不當勞動行為，回復集體勞資關係之正常運作，由主管機關予以裁決認定，以為解決，工會因雇主違反工會法第35條第1項、第2項或勞資雙方有違反團體協約法第6條第1項規定，當事人一方應自知悉有違反規定之事由或事實發生之次日起90日內向中央主管機關申請裁決，中央主管機關應於收到裁決申請書之日起7日內，召開裁決委員會處理之。

不當勞動行為裁決流程圖

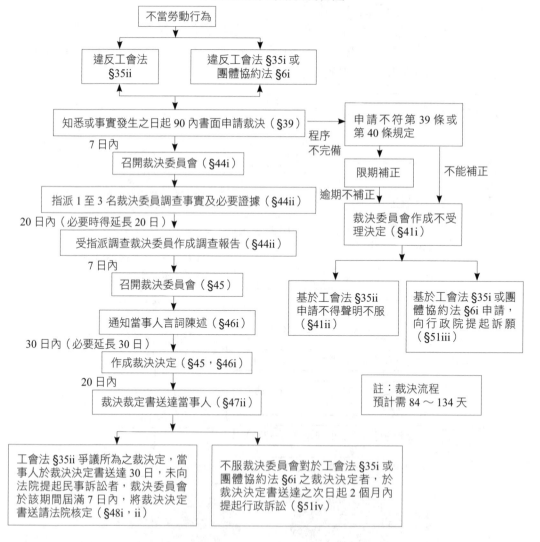

(4)**勞動調解**：勞動事件法107年12月5日公布，109年1月1日施行，全文53條，本法性質為民事訴訟法的特別法，因應勞資爭議之特性，在既有的民事訴訟程序架構下，適度調整勞動事件爭訟程序規定，一方面使勞雇雙方當事人於程序上實質平等，另一方面也使法院更加重視勞動事件之處理，以達成勞資爭議的實質公平審理，有效的權利救濟之目標。本法以「專業的審理」、「強化當事人自主及迅速解決爭議」、「減少勞工訴訟障礙，便利勞工尋求法院救濟」、「促進審判程序與實效」及「即時有效的權利保全」五大方向的制度調整，來因應處理勞動事件之程序上需求。

A. **專業的審理**：擴大勞動事件範圍，各級法院並應設立勞動專業法庭，遴選具勞動法相關學識、經驗之法官處理勞動事件，以提高紛爭解決效能。

B. **強化當事人自主及迅速解決爭議**

　　a.建立勞動調解程序：由1位法官與2位分別熟悉勞資事務的勞動調解委員共同組成勞動調解委員會，進行調解。勞動調解委員會先經由快速的程序（包括聽取雙方陳述，整理爭點，必要時並可調查證據），對於事實與兩造法律關係予以初步解明，並使當事人瞭解紛爭之所在，及可能的法律效果，再於此基礎上促成兩造自主合意解決，或由勞動調解委員會作成解決爭議之適當決定，以供兩造考量作為解決之方案。

　　b.勞動調解前置原則：除部分法定例外情形外，原則上勞動事件起訴前，需先經法院行勞動調解程序，如當事人未先聲請調解逕為起訴，仍視為調解之聲請。

　　c.勞動調解程序與後續訴訟之緊密銜接：勞動調解不成立時，除調解聲請人於法定期間內向法院為反對續行訴訟程序之意思外，法院即應由參與勞動調解委員會的同一法官續行訴訟程序，並視為自調解聲請時已經起訴，且原則上以勞動調解程序進行中已獲得事證資料之基礎進行。

C. **減少勞工訴訟障礙，便利勞工尋求法院救濟**

　　a.便利勞工的管轄原則：為使勞工易於起訴及應訴，勞動事件之管轄法院除依民事訴訟法規定外，本法明定可由勞工的勞務提供地法院管轄；如勞工為被告，亦得聲請移送至其他有管轄權之法院。如勞工與雇主間第一審管轄法院之合意有顯失公平的情形，勞工可以逕向其他有管轄權之法院起訴，如為被告，亦

得聲請移送至其他有管轄權之法院。又只要勞務提供地或被告之住所、居所、事務所、營業所所在地在我國境內，勞工就可以向我國法院提起勞動事件之訴，縱使勞雇間原先有相反於此的審判管轄約定，勞工也不受拘束。

b. 調整程序費用負擔：為降低因程序費用負擔造成勞工尋求法院救濟之門檻，本法明定因定期給付涉訟之勞動事件，其訴訟標的價額最多以5年之收入總額計算。勞工或工會提起確認僱傭關係或請求給付工資、退休金、資遣費之訴或上訴時，暫免徵收裁判費2/3；其強制執行標的金額超過新臺幣（下同）20萬元部分，暫免徵收執行費。工會提起團體訴訟，其請求金額超過100萬元之部分暫免徵收裁判費；依本法規定提起不作為訴訟，免徵裁判費。

c. 強化訴訟救助：為避免勞工因支出訴訟費用致生活陷於困窘，本法明定勞工符合社會救助法規定之低收入戶、中低收入戶，或符合特殊境遇家庭扶助條例第4條第1項之特殊境遇家庭，聲請訴訟救助時，即視為無資力支出訴訟費用救助，法院得准予訴訟救助。又勞工或其遺屬因職業災害提起勞動訴訟，而聲請訴訟救助的話，除所提起之訴有顯無勝訴之望的情形外，法院應以裁定准予訴訟救助。

d. 勞工進行訴訟的第三人協助：勞工欲於訴訟期日偕同由工會、財團法人指派之人為輔佐人，本法明定不需先經法院或審判長的事前許可，而改為事後再審查。外籍勞工委任外籍勞工仲介單位之非律師人員為訴訟代理人時，如有害於委任人之權益時，法院得撤銷其許可。

D. **促進審判程序與實效**

a. 為期使法院處理程序迅速進行，明定法院與當事人都負有程序促進義務，並應限期終結程序。

b. 適度調整辯論主義，法院為維護當事人間實質公平，應闡明當事人提出必要的事實，並得依職權調查必要的證據；法院審理勞動事件時，亦得審酌就處理同一事件而由主管機關指派調解人、組成委員會或法院勞動調解委員會所調查的事實、證據資料、處分或解決事件的適當方案。此外亦合理調整證據法則，明定雇主之文書提出義務，加重當事人、第三人違反證物提出

命令的效果，以強化取得所需之證據；並以事實推定之方式，促進對於勞資雙方關於工資、工作時間爭執之事實認定；另為避免雇主濫用優勢之經濟地位，與勞工以定型化契約之方式，訂立對勞工不利而顯失公平之證據契約，明定於此情形勞工不受其拘束。

c. 為強化判決對勞工權益保護之實效性，本法擴大法院依職權宣告假執行的範圍，明定就勞工之給付請求，法院為雇主敗訴之判決時，應依職權宣告假執行。又法院就勞工請求之勞動事件，判命雇主為一定行為或不行為時，得依勞工之請求，同時命雇主如在判決確定後一定期限內未履行時，給付法院所酌定之補償金。

d. 強化紛爭統一解決：為利於大規模勞資紛爭事件的統一解決，本法規定工會受勞工選定而起訴時，得對共通爭點提起中間確認之訴，法院並應先予裁判，以建立分階段審理模式，並使其他有共同利益而未選定工會起訴之勞工，亦得併案請求，以擴大紛爭之統一處理。另工會於章程所定目的範圍內，亦得對侵害其多數會員利益之雇主，提起不作為之訴。對於因離職而喪失原屬工會之會員身分，或在職期間依工會法沒有可以參加之工會的勞工，本法亦明定得選定原屬工會或工會聯合組織為之起訴，並同樣適用本法關於由工會為會員勞工進行訴訟、保全程序等相關規定。

E. **即時有效的權利保全**

a. 關於勞工聲請保全處分，本法藉由強化與不當勞動行為裁決程序之銜接、擔保金之上限與減免及明定法院之闡明義務，以減輕勞工聲請保全處分的釋明義務與提供擔保的責任，並保障其及時行使保全權利。

b. 斟酌勞動關係特性，就勞工因確認僱傭關係存在與否的爭執或調動違法的爭執中，聲請定暫時狀態處分之情形，本法將民事訴訟法所定爭執法律關係及必要性等要件予以具體化，使勞工較易於聲請及釋明，由法院依個案具體狀況裁量是否為繼續僱用及給付薪資，或依原工作或兩造所同意工作內容繼續僱用的定暫時狀態處分。

勞動調解流程詳下圖：

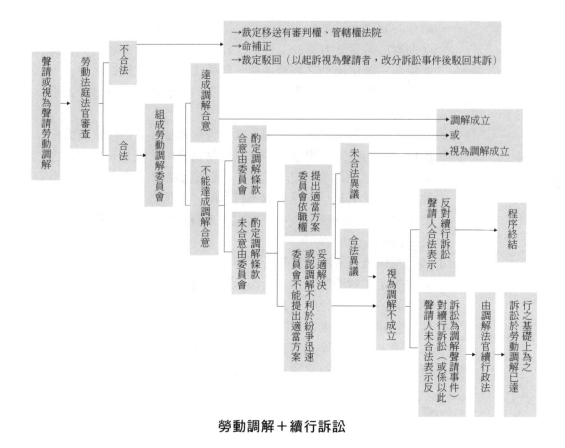

勞動調解＋續行訴訟

劉志鵬律師（2019）指出，勞動事件法翻轉傳統勞動訴訟的遊戲規則，舉出常見勞動訴訟為例，說明與目前訴訟方式不同之處：

A. 管轄法院：給予勞工最大的方便，輕易應訴，即使勞僱雙方已經合意第一審管轄法院，但按其情形顯失公平者，勞工得逕向其他有管轄權之法院起訴。

B. 保全處分：解僱事件中，如上所述，勞工若認為僱主解僱不合法，可以向法院聲請定暫時狀態的假處分，若得到法院許可，即使解僱案件尚在繼續審理中，法官得命僱主應繼續僱用勞工，並繼續給付工資之暫時處分。調職事件中，法院則得依照勞工聲請，命僱主為依原工作或兩造所同意工作內容繼續僱用之定暫時處分。可想而知，新法施行後，僱主於決定是否解僱或調職勞工時，必須審慎以對，如果草率行事，當法院同意勞工所聲請之假處分，命僱主繼續僱用勞工並繼續給付工資，或者命僱主依原工

作或兩造所同意工作內容繼續僱用勞工時，雇主的顏面盡失，且
嚴重影響人事管理之穩定。

C. 調解前置主義：原則上，勞動事件起訴後都必須調解。調解委員
會由法官1人，勞資雙方推薦的調解委員各1人組成，因為都是勞
動法或勞資關係的專家，因此，長久以來有關法院不了解勞務管
理實務，無法傾聽勞工內心的抱怨，本法施行後，將大幅改善。
其次，在傳統訴訟程序中，法院判決所追求的是是非黑白，勝負
分明。但本法施行後，幡然一變，於調解程序中，勞資雙方預先
盤點手上的證據、籌碼，透過調解委員會的居中協調，尋求雙方
不滿意、但可接受的調解方案，將成為主流，將顛覆一般人對勞
動訴訟的刻板印象。

D. 快速解決勞資爭議：調解程序原則上須於3個月內、3次調解期
日終結，調解不成立而移至勞動訴訟程序時，原則上於1次辯論
期日、6個月內終結程序。可想而知，速度、張力極高的救濟程
序，當事人唯有高度仰賴律師的協助，積極與法院互動，方足以
落實快速解決勞資爭議的政策目標，可想像，律師在日後勞動訴
訟中將扮演重要的角色，也凸顯法律扶助制度的必要性。

E. 舉證責任的調整：勞工起訴時，最感到困擾的是握有證據的雇
主，往往拖詞拒絕提出證據。以勞工請求加班費案件為例，新法
一掃現狀，改為推定勞工主張的加班記錄為真正，雇主必須舉出
反證加以推翻。

F. 行政機關的調解機制可能會萎縮：迄今勞工遇到爭議時，最常到
地方政府的勞動局等主管機關申請調解，由最了解勞動實務之行
政機關或行政機關所委託之民間團體來化解勞資爭議。行政機關
的調解站在第一線，程序簡便，加上巧妙地搭配勞動檢查措施，
有效地化解大量的勞資爭議。與行政機關的調解相較，本法所設
置的勞動調解委員會由法官及勞資雙方調解委員共同來調解，可
發揮貼近人事管理實務的功效，但他方面，本法的調解係在法
院、由具有勞動法相關學識、經驗的法官指揮調解程序，對勞資
雙方而言，公信力理當比行政機關的調解為強，再者，依照本法
成立的調解，其效力與確定判決相同，因此，當一方未履行時，
他方可以直接聲請法院強制執行，遠優於行政機關的調解效力
（勞資爭議經調解成立者，視為爭議雙方當事人間之契約；當事
人一方為工會時，視為當事人間之團體協約），加上本法採行調

解前置主義，所有勞動訴訟事件均適用調解，因此本法施行後，若能建立口碑，自然會產生磁吸效應，勞資雙方利用本法調解機制的意願應該會快速攀升，終將導致行政機關的調解事件萎縮。勞動事件法的主管機關是司法院，性質上是程序法，是民事訴訟法及強制執行法的特別法。是勞資爭議進入法院後使用的法律，並非規範實體權利義務的法律，但與勞工權益實現息息相關，必須由專業法律工作者協助處理因應，勞動事件進行勞動調解程序及訴訟或保全程序時，必須聘請專業律師代理勞資雙方進行處理。

勞動事件法考量勞工與雇主在經濟地位及訴訟經驗上具不平等特性，調整辯論主義原則，讓法院得以職權介入相關事實及證據的主張及提出。當法院在審理勞動事件時，可依據雙方已提出的主張及事實，向勞工闡明其應該提出的必要事實，並得依職權調查必要的證據。另，重新調整證據法則，除要求雇主對於法令規定應備置的文書（例如工資清冊、出勤紀錄等）有提出的義務外；對於勞動爭議中最常見的工資及工時舉證責任，更設有事實推定的特別規定。

綜合以上，勞動調解和行政調解最大的差異在於：行政調解相較勞動調解速度快，行政調解性質偏向於「止爭」，而法院勞動調解趨近於「定紛」。行政和勞動調解存在重疊性，行政調解不需任何費用、速度又快，目的在於停止勞資之間的爭議，反觀，勞動調解必須付費，又必須聘請專業律師，倘經過召開三次調解會議後，調解不成立進入法院後仍是由同一法官承審，可加速訴訟進度，勞動調解的功能在於「定紛」，亦即確定誰是誰非。

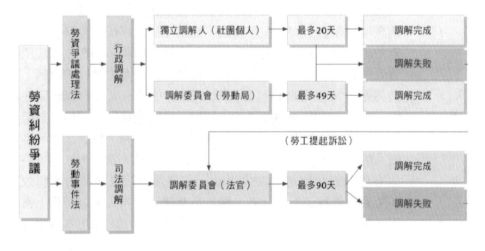

(五)**勞資爭議處理原則**：王惠玲指出，勞資爭議處理制度有兩項基本原則：
　1.國家中立原則，2.協約自治原則，分別敘述如下：
　1.**國家中立原則**：在文化、價值與利益多元的現代社會中，各個團體為爭取自身利益，都希望獲得國家支持，而國家在面對各種利益團體的不同要求與壓力下，如不能以超然公正的地位加以折衝、協調，則社會將充滿抗爭與緊張關係，因此，國家維持中立地位有其重要性與必要性。

　　中立的概念上有三種可能：
　　(1)完全不加干預，不論當事人作何決定一概接受，國家僅作為旁觀者。
　　(2)以超然態度公正執行遊戲規則，扮演裁判者角色。
　　(3)維持雙方當事人力量對等，以達成實質平等。

　　在勞資關係中由於體認勞工在資本主義社會中之弱勢地位，以及個別勞動者與雇主間力量之不對等，因此現代國家所扮演的是第三種概念下之中立者，換言之，國家為維護勞動條件的社會妥當性，仍有必要適度的干預。唯在個別勞動關係與集體勞動關係中，公權力介入之方式略有不同，在個別勞動關係下，國家係以設定勞動基準之方式，在最低限度內訂定勞動條件的上限或下限，直接干預勞動契約內容；在集體勞動關係下，則著重勞資雙方力量之對等，使勞資雙方得以在平等之情形下，重新以當事人合意之方式，自主形成勞動條件。因此，國家中立原則在集體勞動關係中，係藉由團結權之保障，使原本居於弱勢地位之個別勞動者，透過工會代為談判協商訂定團體協約，在當事人均勢之前提下，重新回到私法自治原則，以協約自治之方式，使勞資雙方當事人發揮社會夥伴功能，故國家之介入，除創造勞資間之對等關係外，主要在於扮演公平的裁判者。

　　國家中立原則要求公權力之發動及行使必須維持中立，在勞資爭議發生時，不應偏袒勞資任何一方。在立法、行政、司法上，以充分尊重勞資自治、協約自治為前提，給予勞資雙方同等對待。在立法方面，法律之制訂應以憲法為最高指導原則，且國家不得制訂不公平之遊戲規則，對社會夥伴之爭議手段亦不得給予不同對待，亦即應遵守爭議對等與武器平等原則；在行政方面除應依法行政外，行政機關應盡量避免價值判斷，且在爭議期間，國家不宜介入，以避免涉入勞資間之利益衝突，蓋團體協約在本質上仍屬私法自治之範疇，國家無從置喙；在司法方面，法官於具體個案裁判應遵守法律規定，在解釋法令時，亦應注意中立原則之精神。

然如前所述，國家中立並非單純不作為，就當事人而言，國家應維持並促進社會夥伴之均勢，因此，有工會之保護規定以及不當勞動行為禁止等規範之設，由社會整體而言，國家為維護社會與經濟秩序，就爭議行為仍得予以規範或限制爭議界限，且為避免爭議行為對社會公益造成過度之損害，亦得採行各種機制，盡可能防止或限制公開的衝突。

2.**協約自治原則**：協約自治原則是指勞資雙方當事人遠較國家瞭解自身利害之關係，因此國家就勞資事務應尊重勞資雙方之自治權，使其得透過集體協商訂定團體協約之方式自主形成勞動條件，並對勞資雙方團體之成員發生規範效力。本質上乃私法自治原則之體現。

協約自治主要目的在於自主形成勞動條件，不受國家干預，因此，爭議權之行使亦涵蓋在協約自治範圍內。蓋勞資爭議並非泛指一切糾紛、爭執，而是勞工為改善勞動條件，以工會為主體進行集體交涉，並為使交涉造成一定壓力，以有計畫、有組織之集體行為，破壞生產秩序，以達成締結或修訂團體協約之目的。爭議權行使之目的最終將落實在團體協約之締結上，因此，國家應給予一定空間，使當事人得以自主解決爭議。

在爭議權行使時，如過份強調協約自治，於雙方互不退讓之情況下，對勞方而言可能面臨所得縮減或中斷，就資方而言生產營運的中止亦代表經濟利益之損失，對社會而言亦必須付出一定的社會成本。因此，先進各國基於公共利益之考量，如對公眾有過度損害或有明顯之危險時，仍得限制爭議權之行使，並提供各種調停之機制。

(六)**企業內勞資爭議處理機制**：王惠玲指出，企業內勞資爭議體系如何設計，決定勞資爭議機制如何運作。企業內之爭議處理機制依據不同的設計，可以有整合型的衝突管理體系、獨立點的計畫及建立監察官制度等三種：

1.**整合型衝突管理體系**：是將不同的爭議處理方法協調一起，提供組織內成長解決衝突的一種爭議處理模式。整合型的衝突處理機制比較有效的在爭議初期，最適當的階層，以最適當的態度，處理及解決爭議。整合型模式注意衝突原因，依此運用體系預防、管理和解決組織內的衝突。

2.**獨立點的計畫**：在組織內不同的工作場所設置獨立的處理申訴單位，這些單位不融入既成的組織部門或爭議處理的體系，大多數試點式的計畫是依此方式在工作場所中設置，作為一種試驗性的功能，測試在組織中可能的結果。

3. **監察官制度：**員工間的監察官制度，最早來自瑞典國會中的國會正義代表人的制度，由國會派出一位代表，接受人民的請求，處理對政府施政的抱怨。在企業中，也可以提供類似的機制以處理員工或顧客對其服務的抱怨。

因此，在企業組織內設立監察官之目的是類似的，扮演一個在沒有工會的情況下，可以提供員工心聲的角色。讓員工有管道表達所關切的議題。對企業而言，不僅表示對員工權益的尊重，也減少員工想要組織工會的動機、昂貴的訴訟費用、低落的生產力、和缺乏適當的價值觀而變得很難纏的員工。

工作場所的監察官機制，通常是由一位中立且公正的企業內的經理人，在組織中以非正式的方式運作，透過保密過程，幫助員工解決爭議的制度。實際上，在企業內擔任此職務的經理人可能擁有不同的頭銜，在工作崗位上必須接受其它的高階管理者或第一線組織或人力資源部門的指揮監督。監察人職責包括溝通、政策解釋、諮商、斡旋、和審敘個案，以及向高階經理人提出處理結果的報告。

監察官的設置也可能是由所有員工投票選出的被認為最公正的人士，資方必須承認其調查申訴的權力，同時資方也必須接受監察官所作的爭議處理決定。更重要的是，資方必須承諾對監察官在這些調查與決定上，不論事前與事後的保障。雖然此種制度必須取決於資方之承諾，還是可以扮演企業內勞資爭議處理的機制。

(七)**預防性爭議調解機制：**王惠玲指出，預防性調解（Preventive Mediation）並非爭議處理機制，是一套幫助勞資雙方建立信任感與溝通能力的一系列方法。預防性調解包括：從契約協商前簡單的權益型問題解決方法的訓練，到創造一個永久性，得以能持續性解決爭議的永久機制，以至於加強型的計畫以針對曾經有高度衝突勞資關係歷史的勞資雙方，或是運用在歷經一段冗長且艱辛罷工後的組織。因此，預防性調解並不意味取代集體協商代表勞資雙方利益之角色，而是一套回應企業在競爭下的市場所帶來的挑戰，以及因此導致的增加團體協約存續期間之要求，使團體協約能夠應付存續問題。勞方與資方透過權益型問題解決的方法、溝通、主動聆聽、腦力激盪和共識決議訓練，提供勞資雙方關鍵性的利基，以面對嶄新的全球化世界。預防性調解在制度上的核心是關係發展與訓練計畫及權益為基礎的問題解決方法。

預防性調解機制概念已正名為勞資關係發展與訓練計畫，主要想法在於利用基於權益（interest-based）原則教導勞資雙方以非對抗性方式，表

達相互主張與解決問題，目的是讓勞資雙方學習如何溝通與解決問題的。因此，經由一系列的訓練教導勞資雙方如何共同解決爭議。以使勞資雙方可以在具有充分溝通與知識的基礎上，和平的解決組織變遷過程中帶來的紛擾。

權益協商（interest based bargaining，IBB）是指雙方為了各自需要滿足之權益（利益），透過資訊交換的過程所作的協商過程。之後，雙方運用解決問題的方法發展幾套可以滿足雙方個別利益方案之方法。相較於傳統協商，立場絕對，然後運用力量滿足需求是不同的。

假如遵守法令是勞資雙方的共識的話，爭議處理與解決更是一個溝通強化的過程。因此，勞資雙方如果能在企業內，透過自願建立的制度解決爭議的話，對勞資雙方應該都是最有利的關係發展與訓練計畫。

七、不當勞動行為裁決制度

一般而言，我國不當勞動行為裁決制度，主要是以日本為師，所規範者是雇主觸犯之此類行為，日本是由勞動委員會處理不當勞動行為，採兩級制，分別是中央勞動委員會及都道府縣勞動委員會，由資方委員、勞方委員及公益委員三方組成，下設事務局，由正式之職員協助處理相關事務。這類委員會在初審階段，是以申請、調查、審問、合議及發布命令之順序來進行，並對當事人提供救濟，至於對地方勞動委員會命令不服，則可向中央勞動委員會提出再審查，而在此階段也是依前述初審時之順序進行。如對勞動委員會之命令不服，可因它是一種行政處分，而向法院提出行政法上撤銷之訴。根據該國《勞動委員會年報》之數據，平均每年約處理350件至400件此類案件，其中撤回及和解之案件比例甚高。事實上，該國此一制度之救濟程度過於冗長，且這些委員會之命令嗣後被法院撤銷之比例甚高等，都經常受到詬病，雖在2004年曾修法加以改善，但效果似仍不彰顯。

其次，美國是由一具準司法（quasi-judicial）地位之國家勞工關係委員會（National Labor Relations Board:NLRB）來負責處理雇主、工會及兩者皆會觸犯之此類行為，是由5位委員組成，經總統提名，參議院同意後出任，相當於內閣級，專門負責審理事務，另設一法律總顧問，也是由總統提名，經參院同意後出任，而專門負責此類事件之調查及追訴。該委員會在美國主要地區都設有地區辦公室（regional offices），由主任及配置之行政法法官來對此類案件做初步之審查及處理，只有重大爭議案件才會由位在華盛頓特區之委員會審議。根據統計，該委員會近年來一年要處理近二萬五千件此類案件，雖歷經改革，但積案過多及處理程序冗長之問題仍是難解，尤其是如果雇主

執意採取此類行為來抵制工會籌組，或拒絕與它們進行締結第一個團體協約之團體協商時，即使該委員會被裁定成立不當勞動行為，但因法院嗣後僅能給予衡平救濟，諸如復職及給付積欠工資等，對雇主之嚇阻作用顯然不足，而經過漫長之訴訟程序後，所得到之救濟僅是回到原點之重啟談判，受僱者組織工會之熱誠早已消耗殆盡，因此常被認為是該國勞工運動長期積弱不振之主因，近期固有多項改革建議提出，但終因勞方政治實力不足而無法奏效。

此外，國際勞工組織早在1948年及1949年，即已通過前述第87號及第98號公約，雖在此二重要公約條文之本身，並未對何謂不當勞動行為加以界定，但在第98號公約第2條中，明確禁止雇主對勞工在籌組工會時加以控制及干涉，即是此類不法行為之一個重要型態。更重要的是，鑑於經濟全球化對全世界勞動者所帶來之各種不利影響。1998年，進一步通過「工作基本原則與權利宣言」，將此二公約所揭櫫之集體勞動權，列為四項核心國際勞動基準之一，不論是否為會員國均應遵循，以維護全世界勞動者不可偏廢之基本人權，而在跨太平洋夥伴協定草約第19章之勞工專章中，也被列為四項基本勞動人權而言，並在該章第8條中，訓令會員國應建構各類準司法裁決機制，藉由公平而獨立之機構來執行相關勞動法之規定。

至於我國裁決委員會之組織架構方面，根據勞資爭議處理法第43條及嗣後制訂之相關辦法及要點等，目前我國此一委員會是由15位委員組成，共分成5個小組，由熟悉勞工法令及勞資關係事務之專業人士組成，任期2年，並由委員互推一人為主任裁決委員。從而，我國之裁決委員會是採一級制，而委員係由熟知法律及公益人士出任，與美國相似，但委員均由兼任者出任，又與日本所採者接近。但與兩國之組織層級相較，我國裁決會位階明顯偏低，而且並無專任之行政幕僚協助，故雖在專業度及獨立性上並無問題，但在行政效率上，因調查及審理期間過於短促，可能會因委員負擔過重而受到影響。

其次，在雇主所從事之不當勞動行為重要類型方面，主要是呈現在工會法第35條第1項及團體協約法第6條第1項之相關規定中。前者共有5款規定，其中第1、3、4款屬一般通稱不利益對待之規定；第2款俗稱為「黃犬契約」，一般認為是不利益對待之一種附屬規定。至於第5款所指：「不當影響、妨礙或限制工會之成立、組織或活動」，則被歸類為所謂「支配介入」之不當勞動行為。後者則是指雇主未能本誠實信用原則進行團體協商，一般通稱為拒絕誠信協商之不當勞動行為。從而，我國所禁止之雇主不當勞動行為共有三種重要類型，即不利益對待（包括黃犬契約）、支配介入及拒絕誠信協商，與前述之日本制度所設計者較為接近。

八、社會對話（Social Dialogue）

(一)**定義**：國際勞工組織（ILO）定義為：勞、資、政任何兩方或三方，就他們之間共同利益的經濟及社會政策議題，進行各種形式的協商、諮詢或資訊交換。然而，社會對話的定義及概念，隨國家及區域而有所不同，社會對話仍在演化中。因此，社會對話既是手段也是目的。

(二)**促成社會對話之條件**：促成社會對話之條件有四：

1. 獨立而有力量之勞工組織及資方組織，且具有技術能力及能獲得相關資訊，而參與社會對話。

2. 相關各造均有參與社會對話政治意志及使命。

3. 尊重結社自由及集體協商的基本權利。

4. 適當的制度支持。

(三)**國家在社會對話間之角色**：社會對話進行過程中，國家並非直接角色，但絕對不能被動。國家有責任建立一個穩定的政治及公民環境，俾使自主的勞資雙方組織能自由運作，不必擔心報復。即使勞資雙方是決定性的關係，但國家必須提供法律、制度或相關架構的基本支持，使勞資雙方的行動得有效作為。

(四)**社會對話的不同型態**：社會對話現有不同的型態，社會對話是三方過程的型態，而政府是正式的對話一方；也可以是雙方的型態，僅有勞資雙方（或工會與雇主團體），而政府的間接參與是可有可無的。聯合決策（Concertation）可以是非正式的，也可以是制度化的，但通常是兩者的混合。社會對話是可以在國家層級，或是地區層級，或是企業層級。社會對話可以在不同職業，也可以在部門，或是前述的混合。

社會對話的成員是由其組成來界定，可以是雙方、三方，或是三方以上。三方的關鍵角色是政府及勞資雙方的代表。有時，主要視特定的國家情況而定，三方可能向社會相關角色開放社會對話，以尋求更開闊的視野，或是結合社會其他角色的不同觀點，或是建立較廣泛的共識。

社會對話可採不同的方式進行，從簡單的方式——資訊的交流，到較成熟的方式——聯合決策。常見的方式有：

1. **資訊分享**：資訊分享是有效社會對話最根本且不可避免的基礎。就其本身而言，資訊分享並無實際的討論或行動。儘管如此，資訊分享是對話及決策中的基本要素。

2. **諮詢**：是超越資訊分享，需要各造交換意見，進而形成深度的對話。

3. **兩方或三方的交涉及締結協約**：有些成員僅要資訊分享或是諮詢，但有些則是授權要達成其拘束力的協約。尚未授權的社會對話制度，則有向行政部門、立法者及決策者建言的能力。

4. **集體協商**：不僅是社會對話不可分的形式，而且是廣泛使用的形式，就個別國家而言，集體協商是檢視是否具有全國層級對話能力的指標。集體協商在企業、部門、地區、國家，甚至是多國層次進行。

社會對話必須考量各個國家的文化、歷史、經濟及政治脈絡，並沒有一體適用的社會對話模式，可以供他國直接移植。雖然結社自由與集體協商的基本原則不變，但各國的社會對話差異甚大，不論是制度安排、法律架構、甚至傳統及實務，都有很大的分歧。

國際勞工組織（ILO）的首要目標，是要在自由、平等、安全及尊嚴的條件下，使男女皆有適當而具生產力的工作。其間，社會對話即扮演關鍵性的角色，是達成適當工作的手段，也是目的。

社會對話本身之目的在於，促使工作世界中主要關係人間建立共識及民主參與。成功的社會對話結構及過程，則具有解決重要經濟及社會議題、鼓勵良好治理、增進社會及工業和平及穩定，以及促進經濟發展的潛力。故「強化社會對話處」即扮演重要的角色，以敦促會員國提倡並發展有效的社會對話制度及過程。

(五)社會對話進行

1. 確認勞資雙方均具代表性且有意願進行對話。
2. 勞資雙方進行初步理性接觸，增加互信。
3. 勞資雙方成立社會對話工作小組，召開正式對話前之籌備會議，設定對話議題及對話程序。
4. 勞資雙方針對經確認之對話議題，各自進行內部討論及資訊蒐集，尋求內部共識。
5. 正式進行對話前，勞資雙方進行初步資訊交換，以達資訊對稱。
6. 正式進行對話前，組織內部先行對話討論，建立參與對話人員共識。
7. 正式對話開始。
8. 取得協議，並約定如何執行，或如何對當事人形成拘束力。如對於法令或政策意見有共識，可提供給政府相關單位參考處理。
9. 追蹤：會後持續追蹤，並定期進行對話，同時亦可針對臨時性及急迫性之議題不定期進行對話。
   對話過程請主管機關暨相關目的事業主管機關提供對話議題相關資訊，並提供諮商功能，積極協助及參與對話。

社會對話進行流程SOP流程圖

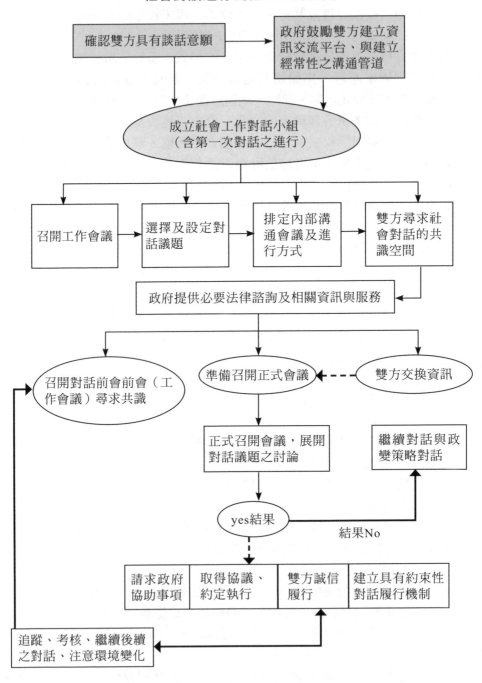

(六) **社會對話的結果**：社會對話的結果可以協助建立社會夥伴共識，也可協
助每個產業保護自己的利益，同時也能夠促使他們因為須進行協商而培
養其自主與獨立行動的能量。

社會對話的協議內容可以從單純交換資訊，乃至於標準與原則的建
議，以及更具約束力的框架協定（如歐盟條約第139條所列）。Morin
（2007）將社會對話的結果歸納如表5-2。

表5-2　社會對話的結果

項目	內容	方法
依據歐盟條約 139 條所列之協定	1.框架協定 2.自主協定	推動與執行
關於標準與原則的建議	1.框架行動 2.綱領或者行為規範 3.政策方向	國內層級的後續行動
交換訊息	1.共同意見 2.聲明或者宣言 3.工具	資訊傳達

社會對話協定內容應包括：

1. 清楚載明該協定內容所指涉的對象，例如是否包括執委會、歐盟其他
公權機構、國家層級的政府部門以及哪些社會夥伴。
2. 清楚載明該份文件的位階（地位）以及目的。
3. 文件付諸實行之期限。
4. 文件將如何於各國落實與推動，以及前述之執行有無法律效力。
5. 清楚載明該文件將透過何種架構據以提出監測或報告，以及該報告於
不同階段的目的。
6. 載明報告或監測的間隔期間。
7. 明定一旦發生爭議時的處理程序（例如勞資雙方對於條文有不同詮釋）。
8. 標明日期。
9. 須有簽署的雙方。
10. 協定須包括一份簽署團體名單作為附錄。
11. 註明以何種語言為依據版本。

(七) **社會對話的類型**：Morin（2007）針對歐盟社會對話的類型依據參與角
色（兩方或三方）及產業層次而做出表5-3之歸類：

表5-3　社會對話的類型

架構	跨產業	單一產業	企業
三方架構	如三方社會夥伴高峰會、教育高峰會、就業高峰會	高層會議	無
兩方架構	自主性質之「瓦杜謝社會對話」（Val Duchesse social dialogue）	產業別社會對話委員會	歐洲企業勞資理事會議（European Work Councils, EWCs）

註：「瓦杜謝社會對話」即根據1986年歐洲單一法規第118b條文所載明之自主協商。

以跨產業的社會對話活動來說，主要包括針對產業發展的共同分析；例如2007年歐盟社會夥伴發表2007年勞資關係的發展報告，以及針對勞動相關議題而提出的框架協定或行動策略，第三部分則是如何推動前述的協定。

至於單一產業可再細分為不同的產業領域進行協商；以交通運輸業的社會對話議題而言，它包括鐵路運輸（勞動條件與證照）、內陸運輸（工作條件）、海運（國際勞動組織公約）、陸路運輸（補給、大眾與都市運輸）及航空（空運管理、地勤、空服人員）等相關主題。

九、企業社會責任

(一)**定義**：企業責任（Corporate responsibilities）常見的定義計有：

　　1.企業責任是認真考慮企業對社會的影響。

　　2.社會責任是企業決策者之義務，在保護及改善本身利益的同時，採取行動來保護及改善整體社會的福利。

　　3.社會責任是假定企業不只有經濟及法律義務，同時有超出這些義務的倫理道德社會責任。

(二)**內涵**：企業社會責任可分為以下四種責任原則：

　　1.**經濟責任**：這個部分位於金字塔的最底部，企業生存主要是以生產組織為主，並為社會提供合理價格的產品與服務，滿足社會的需要，這類責任即是經濟責任。

　　2.**法律責任**：這個部分位於金字塔內屬於中間部分，企業在社會進行商業及經濟活動時，必須先得到大眾的許可，政府或社區通過一套管制

商業活動的法規與規範，訂定了公司應有的權利與義務，並給予企業在社會及法律的正當性，企業若要在社會上經營，遵守相關法律就是企業之法律責任。

3. **倫理責任**：倫理是屬於行為上的活動規範，是社會之成員所期望或禁止的活動與實踐，但並無法變成實際的法律約束，倫理的期盼是回應消費者、員工、股東、與社區等有關於公平、正義以及尊重或保護涉利者的道德權利。這個部分同樣位於金字塔內較中間部分，但卻高於法律的責任。

4. **慈善責任**：一般而言，法律並未規定企業要做善事，企業參與慈善活動都是出於自願。動機來自回饋社會，定期捐助金錢或設備給慈善公益組織，或經常動員員工參與社會公益活動；有些公司做善事主要的目的是做好公關，在社區上建立好的商譽，動機比較功利，不純是為了公益。因此，我們必須了解在倫理學的觀念下，企業的慈善責任是凌駕於一般的倫理規範，並且在所有的責任中是屬於最高的一部分，這個部分位於金字塔中最頂端的部分。

以上四種責任之建構下可進一步組成一個企業的責任金字塔，這四個責任構成了企業的整體責任。雖然分置在不同的層面上，但不互相排斥，且彼此有一定的關聯。然而，這些責任是屬於動態緊張之中，而最依循的張力面，是介於經濟與法律責任之間、經濟與倫理之間、經濟與慈善之間的緊張衝突。這些都可以概括為利益與倫理的衝突。而在責任所區分的規範下，政府與社會僅能影響金字塔較下層的經濟與法律的責任，進一步的倫理與慈善的責任規範，就必須以社群對於企業的監督下訂定的企業社會責任進行規範。

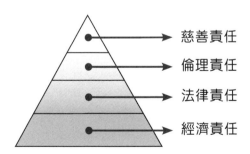

(三)**常見的基本原則**：聯合國全球盟約要求各企業在各自的影響範圍內遵守、支援以及實施一套在人權、勞工標準及環境方面的十項基本原則。

這些基本原則來自《世界人權宣言》、國際勞工組織的《關於工作中的基本原則和權利宣言》及關於環境和發展的《里約原則》，涉及人權、勞動、環境及反腐敗四個方面，分別是：

1. **人權**

　　原則一：企業應對國際公認之人權的保護給予支持與尊重。

　　原則二：確保他們不與踐踏人權者同流合污。

2. **勞動**

　　原則三：企業應堅定支持結社自由並實際有效地認知集體談判的權利。

　　原則四：消除一切形式的強制性和義務性勞動。

　　原則五：實際有效地廢除童工。

　　原則六：消除與工作及職業有關的歧視。

3. **環境**

　　原則七：企業應支持預防性方法以應對環境挑戰。

　　原則八：採取主動推行更多的環保責任。

　　原則九：鼓勵開發與散播環境友善技術。

4. **反腐敗**

　　原則十：企業應致力反對所有形式的腐敗，包括敲詐與賄賂。

06 個別勞資關係

課前導讀

本章主要用以說明個別勞工與個別雇主或雇主團體相互之間的關係，以個別勞動法保障為主要，與勞工立法的部分內容是重疊的，在準備上，可一併進行。

系統綱要

一、勞動法的體系

　　勞動法的分類為：(一)個別勞動法、(二)集體勞動法、(三)勞動保護法

二、個別勞動關係

　　(一)勞工與雇主間須有一僱用行為

　　(二)勞工須依雇主指示而提供勞務

　　　　1. 為他人提供勞務

　　　　2. 勞務之從屬性

　　　　　　(1)人格上從屬性　　　　　　(2)經濟上從屬性

三、勞動契約

　　(一)勞動契約特性

　　(二)勞動契約之性質

　　　　1. 勞動契約係私法上契約　　　　2. 勞動契約係有償契約

　　　　3. 勞動契約係雙務契約　　　　　4. 勞動契約係繼續性契約

　　　　5. 勞動契約係諾成契約　　　　　6. 勞動契約係非要式契約

　　　　7. 勞動契約係具有身分性質關係之契約

四、勞工之義務

　　(一)勞動給付義務

　　　　1. 提供勞務義務人　　　　　　　2. 勞動給付現象

　　　　3. 勞動給付種類與範圍　　　　　4. 勞動給付地點

　　　　5. 勞務給付時間

　　(二)忠實義務

　　　　1. 服從義務　　　　2. 保密義務　　　　3. 勤慎義務

　　(三)其他附隨義務

五、雇主之義務

　　(一)報酬給付義務　　　　　(二)照顧義務　　　(三)其他附隨的義務

六、勞動（僱傭）、承攬與委任契約的差異

　　(一)僱傭、承攬與委任契約在民法結構中之地位

　　(二)僱傭與承攬、委任契約之區分

　　　　1.給付標的（客體）不同

　　　　2.工作過程中有無獨立性之不同

　　(三)外包問題

　　(四)按件計酬或以工作成果計算工資

七、定期與不定期勞動契約

　　(一)工作性質為臨時性、短期性、季節性或特定性等四者，係定期約
　　　　定法定正當事由，欠缺之，則應為不定期。

　　(二)有法定更新與連續性定期契約之情形時，定期性勞動契約會變為
　　　　不定期契約。

八、勞動契約的終止

　　(一)勞動契約終止事由

　　　　1.契約當事人合意

　　　　2.契約當事人一方之意思表示

　　　　3.經濟解僱

　　　　4.解僱之預告

　　　　5.可增解僱之限制

　　　　　(1)勞動基準法上之限制

　　　　　(2)工會法上的限制

　　(二)勞動契約終止所產生之義務

　　　　1.勞工之義務

　　　　　(1)工作結束之義務

　　　　　(2)物品或其他財產返還之義務

　　　　　(3)不為營業競爭之義務

　　　　2.雇主的義務

　　　　　(1)工資給付的義務

　　　　　(2)資遣費發給之義務

　　　　　(3)退休金給付之義務

　　　　　(4)服務證明發給之義務

　　　　　(5)勞方物品或其他財產之交付或返還義務

九、勞動權益保障法令規範
  (一)現行憲法對勞工權利的保障
    1. 基本權
      (1)結社自由：憲法第14條及153條
      (2)生存權：憲法第15條
      (3)工作權
      (4)其他自由權利：憲法第22條
    2. 社會安全基本國策
      (1)就業安全：憲法第152條
      (2)制定勞動保護法律：憲法第153條第1項
      (3)女工與童工的特別保護：憲法第153條第2項
      (4)勞資關係：憲法第154條
      (5)社會福利：憲法第155條
    3. 基本權與基本國策的不同

區分	基本權	基本國策
權利之請求 （傳統自由權—結社自由）	可	無法
權利之實現 （社會權性質—生存權或工作權）	缺乏具體保障	國家立法建立具體制度

十、勞動權入憲概念
  (一)勞動權的範圍：生存權、工作權、團結權、協商權、爭議權合稱「勞動基本權」。
  (二)如何入憲：納入基本權或基本國策中。
  (三)勞動基本權入憲的意義
    1. 基本權利的主觀功能
      (1)防禦權　　　　(2)給付權或受益權　　　　(3)程序權
    2. 基本權利的客觀功能
      (1)制度性保障　　(2)基本權作為客觀的價值秩序
      (3)基本權的保護功能　(4)基本權的第三人效力
十一、勞動基本權入憲清單
  (一)可考慮入憲的勞工權利清單
  (二)勞動三權入憲的迫切性

十二、勞動人權

十三、性別平等工作權

　　(一)萌芽期（1989～1994）：1990年「男女工作平等法草案」，內容勞資爭議較大。

　　(二)醞釀期（1995～1999）：「兩性工作平等法草案」，提案多未整合，歷經多會期，曠日費時，無具體進展。

　　(三)整合期（1999～2000）：2000年12月29日三讀通過「兩性工作平等法」，定於2002年3月8日開始施行。並在2008年修正為「性別工作平等法」，復於2023年修正為「性別平等工作法」。

　　(四)突破期：2023年，修正為性別平等工作法。

十四、性別平等工作法中的促進平等機會相關措施

　　(一)生理假　　　　　　　　　(二) 產假

　　(三)產檢假　　　　　　　　　(四) 陪產檢及陪產假

　　(五)育嬰留職停薪假　　　　　(六) 哺（集）乳時間

　　(七)家庭照顧假　　　　　　　(八) 減少工時或調整工時

　　(九)事業單位應設置托兒設施或提供托兒措施

十五、性騷擾之防治及職場暴力

十六、僱用管理及工作場所就業平等概況

十七、同工同酬與同值同酬

十八、非典型勞動與勞動派遣

十九、外送平台業者與外送員間法律關係與權益保障

二十、勞工生活及就業狀況調查統計結果

一、勞動法的體系

勞動法的分類，有採二分法及三分法。三分法係指將勞動法分為：(一)個別勞動法（individual labor law）；(二)集體勞動法（collective labor law）與(三)勞動保護法（labor protective law）；二分法則是將前述勞動保護法歸為個別勞動法之一部分。個別勞動法是指規範個別勞工與雇主間法律關係之勞動法，尤其是指有關勞動關係之締結、內容、債務不履行、移轉、消滅等勞動契約上問題之法律。例如：勞動契約法、勞動基準法中關於勞動契約部分之規定等等。而勞動保護法則是指基於保護勞工不受勞動生活、工作環境危害之目的而制定的規範，例如：工作場所安全衛生與防護措施、設備配置、

工作時間限制、童工、女工及身障勞工之特別保護等。因其同時構成勞動契約中雇主照顧保護義務之內容，故多將其歸為個別勞動法。集體勞動法則指規範勞工團體與雇主或雇主團體相互間，以及團體與其所屬成員相互間法律關係之勞動法，包括團結權、集體協商權、勞資爭議權等勞動三權，以及工會法、團體協約法、勞資爭議處理法及其他有關勞工代表（如職工福利委員會等）等法令。

區分個別勞動法與集體勞動法之基本理念來自兩者所規範之主體不同，且在法律形成方式亦不同：

(一)**規範主體不同**：個別勞動法是以個別之勞工與雇主為主要規範重心，集體勞動法則是以勞工之集體與雇主及雇主之集體作為規範之重心。

(二)**法律形成方式不同**：勞動法中之勞動關係內容形成，有兩種主要方式：

　1.**個別形成**：透過個別勞動契約，由個別勞工與雇主以契約合意方式形成具體勞動關係之內容，係個別勞動法之範圍。

　2.**集體形成**：係基於第一種個別形成方式並無法保障其所形成之勞動關係內容之公平正義而產生；勞動關係之集體形成係透過勞工團體與雇主協商及爭議而形成其內容，係集體勞動法之領域。個別勞動法之勞動關係內容形成權限係屬於個人；而集體勞動法則屬於集體。

二、個別勞動關係

(一)**勞工與雇主間須有一僱用行為**：此一僱用行為係勞雇雙方間發生法律關係之基礎，是指勞基法第2條第6款的勞動契約（是約定勞雇關係的契約），也是一種私法或民法上契約，係民法各種債章中的「僱傭契約」。由此可知，勞資關係基礎在於私法或民法契約。

(二)**勞工須依雇主指示而提供勞務**：有兩種意涵，一係為他人提供勞務；一係勞務之從屬性。分述之如下：

　1.**為他人提供勞務（即為他方服勞務）**：勞動契約屬於民法第482條僱傭契約之特殊類型。因此，勞工應具備僱傭契約之要件：亦即，勞基法第2條第1款所謂「從事工作」是民法第482條所稱為他方服勞務。服勞務是指勞務提供（勞動）過程，而非勞動、工作成果本身。

　2.**勞務之從屬性**：勞工依契約從事工作，依勞動契約提供勞務給付，係為雇主從事工作、受雇主指示、為雇主服勞務，因而勞工具有從屬性。此一從屬性是勞動契約特徵，另可分為人格上及經濟上之從屬性兩種，分別是：

(1)**人格上從屬性**：勞工提供勞務之義務履行係受雇主指示，雇主透過勞動契約將勞工納入其事業組織中，並決定勞工勞務義務給付地點、給付時間與給付量等等；又因勞動契約具有繼續性，且勞動力與擁有勞動力之勞工個人身體係事實上不可分離，雇主將勞工納入事業組織並指示、決定勞工勞務給付地、給付時、給付量與勞動強度、勞動過程，等於是將勞工個人置於雇主控制範圍內，並支配勞工之人身、人格，也就是說支配勞動力等於勞工之人身、人格，且在勞工有妨礙企業生產秩序或企業運作情形時，雇主更得予以懲罰以維護企業正常生產與運作及資方經營管理之權威。因此，勞工透過勞動契約導致人格上從屬性，應屬必然存在的特徵。

(2)**經濟上從屬性**：一般而言，在勞資關係中，勞工先天上處於相對弱勢地位，因勞工不如企業主擁有資本、生產原料，勞工所有者只有勞動力，生存基礎唯有依賴提供勞務而獲致工資。因此，勞工之提供勞務為雇主工作，為求生存，不工作即無法生存，故勞工對雇主有經濟上、財產關係上之從屬性、依賴性，是資方基於所有權，對勞方主要三重控制中的第一重控制，亦即勞方勞動力須依賴資方生產物料才能進行勞動。經濟上從屬性尚包括資方對工資及其他勞動條件等勞動契約內容決定性之控制，是本於資方市場強勢而來的第二重控制。此外，勞工勞動所得之工資是勞工投入一般商品市場（為求生活而支出食、衣、住、行、育、樂等）之消費、購買力，但商品之價格又是由資方決定、控制，相較於立於單純消費者地位之勞工對於商品價格無任何影響力，資方擁有較多影響商品價格之手段，如囤積、炒作等。以上是資方所有權對勞方主要的三重控制，也是勞工對資方所有權之經濟上從屬性、依存性。

三、勞動契約

(一)勞動契約特性

1. 勞動契約以提供勞務之一方為勞方或勞動者；並以接受勞務提供而給付報酬之一方為雇方或雇主。

2. 勞動者提供勞務是職業上之勞動力，不論勞心勞力；也不分其產業別是工業、農業或服務業；更不問其廠內或廠外。因其為職業上勞動力，純以家人身分幫忙工作或義務從事社會公益工作，非職業上勞動力之提供，自無勞動關係存在可言。

3.勞動契約以勞動者在從屬關係提供勞動為特點，僅以一般公眾為對象而提供勞務，則無從屬關係存在，自不得視為勞動契約關係存在。例如：醫師受病人之託，一時為病人服務，其與病人之間並無勞動契約關係存在；但若醫師受僱於醫院，則其與醫院之間，可有勞動契約關係存在。

4.勞動契約應由雇主給付一定報酬，亦即雇主對勞工給付一定報酬，始成立勞動契約，如無報酬給付，屬義務提供勞務，其間無勞動契約關係存在可言。

(二)**勞動契約之性質**：勞動契約的法律性質，如下所述：

1.**勞動契約係私法上契約**：勞動契約與一般契約相同，以當事人間相對意思表示之合意而成立。勞動契約之當事人為雇主與勞工，並以私法上之法律關係為其契約內容，故勞動契約可視為私法上之契約。唯具公法性質之勞動保護法規，為勞動關係內容，為雇主或勞工所引用。

2.**勞動契約係有償契約**：有償契約是指雙方當事人各由自己予他方以利益而取得對待利益之契約，無酬契約則指一方予他方利益而不取得對待利益之契約。勞工對於雇主提供勞務及以取得雇主之報酬為目的，因此，勞動契約是有償契約，並非無償契約。

3.**勞動契約係雙務契約**：雙務契約指雙方當事人互負債務而互為因果、互為對價之契約；勞動契約就債法性質而言，係勞工之勞務提供義務與雇主之報酬給付義務成為對待給付關係，因此，勞動契約屬雙務契約。

4.**勞動契約係繼續性契約**：繼續性契約是指為契約上償權債務內容給付，需一定期間繼續履行之契約；一時性契約，則指契約上債權債務內容之給付，僅需在某一時間點履行即為完畢之契約。勞動契約乃以繼續性之勞動關係為目的之契約，即以勞工在一定或不定期間內繼續提供勞務，雇主亦因勞工提供勞務，繼續給付報酬為其內容。

5.**勞動契約係諾成契約**：諾成契約是指僅依意思表示之一致而成立之契約；要物契約則指因物之交付或完畢其他給付而成立之契約。勞動契約因當事人合意而成立，無待勞工開始實現勞務之提供始為成立，故為諾成契約。

6.**勞動契約係非要式契約**：非要式契約是契約之訂立，不必具備一定的形式，以書面訂立或以口頭約定，默示意思表示，或有事實上的行為而成立均無不可。勞動基準法未明定勞動契約必須具備一定形式，以書面或口頭均可成立勞動契約，故勞動契約屬非要式契約。惟有例

外，勞動基準法第65條第1項明定：「雇主招收技術生時，須與技術生簽訂書面訓練契約一式三份，訂明訓練項目、訓練期限、膳宿負擔、生活津貼、相關教學、勞工保險、結業證明、契約生效與解除之條件及其他有關雙方權利、義務事項，由當事人分執，並送主管機關備案。」非作成書面契約不可。

7. **勞動契約係具有身分性質關係之契約**：勞動契約成立之勞動關係，在本質上是勞工與雇主基於某一共同目的組成的關係，並非單純的勞務與報酬之交換關係或對待給付關係。故勞工必須親自為勞務給付，非經雇主同意，不得使他人代服勞務。雇主亦不得將勞務請求權讓與第三人，且勞工必須在從屬關係上提供勞務。因之，勞動契約並非單純之償法上契約，係具有身分性質關係之契約。

四、勞工之義務

勞動契約為雙務契約，雙方當事人互負債務，互為對價之契約關係，因此，勞工基於勞動契約訂立，有提供職業上勞動義務。且勞工對雇主關係為從屬關係，勞工有聽從雇主為完成勞動目的必要的指示義務，也要對雇主付出忠誠、守密等義務。分述如下：

(一) 勞動給付義務

1. **提供勞務義務人**：勞務給付，原則上應由勞工親自為之，不得使他人代服勞務。勞工違反親自服勞務義務時，雇主得依法終止勞動契約（民法第484條）。

2. **勞動給付現象**：勞工以與其訂定勞動契約之雇主，為其服勞務對象。亦即，勞務請求權人通常為勞動契約當事人之雇方。勞務請求權為不可轉讓之權利，雇主未得勞工承諾不得將請求權任意讓與第三人。但勞工服勞務對象，並不一定限於雇主一人，尚可包括雇主的顧客或雇主家屬等。勞動契約訂定時，即約定向第三人服勞務者，該第三人自始亦有勞務請求權（民法第269條）。雇主死亡而其營業由其繼承人承受，或營業轉讓第三人時，如無特別約定，勞務請求權不需勞工承諾，移轉於第三人。

3. **勞動給付種類與範圍**：勞動給付種類及範圍，依團體協約或勞動契約確定，如無法依團體協約或勞動契約予以確定，則依雇主或其代理人指示為勞務給付，此外，勞工原則上不須為約定外的勞動給付。有緊急情形，或職業上有特別習慣時，勞工不能拒絕其所能給付之勞務。

4. **勞動給付地點**：勞動給付處所，由勞雇雙方以勞動契約約定。如無約定時，由雇主依勞務性質指示確定。勞工對於雇主所有廠場服勞務，有默示同意。所以，勞工原則上以雇主廠場為其勞動給付地。雇主廠場遷移時，如未增加勞工負擔者，勞工不得拒絕移廠服務。勞基法第10-1條規定雇主調動勞工須符合以下五項原則：(1)基於企業經營上所必須；(2)不得違反勞動契約；(3)對勞工薪資及其他勞動條件，未做不利之變更；(4)調動後工作與原有工作性質為其體能及技術所可勝任；(5)調動工作地點過遠，雇主應予必要之協助。

5. **勞務給付時間**：勞務給付開始、終止、休息、延長等，原則上，依勞動契約當事人約定。勞務給付時間確定後，勞工於時間內負有完全服勞務之義務，即使按件計酬，如訂有勞務給付時間，亦不得任意中止工作。勞工於規定工作時間內，雖有服勞務義務，但於工作時間外，則無服勞務之義務。

(二)**忠實義務**：勞工忠實義務範圍及程度，依勞務給付種類及性質而定，忠實義務內容分述如下：

1. **服從義務**：勞工在勞務給付上有服從雇主指導監督義務，勞務給付方法、地點、時間，除法令、團體協約、工作規則有規定，或勞動契約有約定外，應順從雇主之指示。但勞工之服從義務，本質上，僅限於勞務給付，即服從之範圍，以勞動關係之目的為限，超越勞動關係範圍以外之事情，並無服從之義務。並以工作時間內為限，於工作時間外，則無服從之義務。但勞工有時例外的於勞動關係及工作時間外，尚對於雇主有服從之義務，例如：家事勞工於勞動給付外，當有遵從雇主家庭之禮儀習慣等之必要。

2. **保密義務**：勞工在工作中獲悉之雇主營業上或製造上秘密，有保密義務。保密義務有依法規予以規定，亦有特約予以明定者，但縱無此項法規或特約，勞動契約本質上應解釋為勞工有此義務。例如：事務員、技師不得洩漏其因被僱所知之秘密，並不得利用此知識與雇主為同種類之營業競爭。

3. **勤慎義務**：勞工對於其所承受之工作應注意行為，如所需材料由雇主供給者，應注意使用其材料，並報告消費數量，如有剩餘應返還之，此即勞工之勤慎義務。關於勞工兼差是否違反此項義務，勞動基準法未明文規定視勞資雙方的契約而定。

(三)**其他附隨義務**：其他附隨義務，最主要者為損害賠償義務，即勞工怠於履行或不完全履行或因可歸責於自己之事由，不能履行上述義務時，應

賠償因此所生之損害。勞工因故意或過失，毀損雇主之原料、機械、器具時亦應負賠償之責。

五、雇主之義務

勞雇雙方當事人，互相享受權利並負擔義務。勞工的義務有：勞動給付義務、忠實義務及其他附隨義務，而雇主也有報酬給付義務、照顧義務以及其他附隨義務，與之相對應。分述如下：

(一)**報酬給付義務**：報酬之給付為雇主之重要義務，此項義務與勞工之勞務給付義務成為互相對待之給付義務。報酬依契約當事人約定，或依團體協約約定，有時也可以默示約定。

(二)**照顧義務**：雇主除給付報酬外，對於勞工負有照顧義務。此義務為與勞工之忠誠義務互相對待之義務。雇主對於勞工的生命、身體、健康、紀律等，應加以維護，如容留勞工住宿於家庭內，對於勞工之起居場所之設備、飲食等，應加以注意。

(三)**其他隨附的義務**

　　1.就一般情形而言，雇主對勞工有請求勞務給付之權利，但特別情形：如按件計酬或按日計酬之勞工，其工作量多寡，對勞工之工資收入有直接關係。雇主應依據勞動契約提供勞工工作之義務。

　　2.雇主對於勞工除有特別約定或有特別習慣外，應供給勞工工作之場所，勞動之必要工具及原料等。勞工履行勞務給付義務中，所支付之必要費用，如無特別約定，雇主應償還之。

　　3.雇主對於勞工於其行使公民權，履行證人、鑑定人之法律上義務，或執行工會職務時應給假。對於勞工需要服務證明時，亦應給予。

　　4.勞工在職務上之發明，其專利權屬於雇主，但雙方另有約定者，從其契約。勞工與職務有關之發明，其專利權屬於勞雇雙方所共有。

　　勞工與職務無關之發明，其專利權屬於該勞工，但其發明係利用雇主之資源或經驗者，雇主得依契約於該事業實施其發明。雇主為法人者，勞工在法人之企劃下，完成其職務上之著作，以該勞工為著作人。但契約約定以法人或其代表人為著作人者，從其約定。勞工符合規定應取得之專利權或著作權，雇主應予以尊重。

六、勞動（僱傭）、承攬與委任契約的差異

僱傭、承攬與委任三者之本質有所不同，分別就僱傭、承攬與委任契約在民法結構中之地位、三者之區分以及其區分之困難，敘述如下：

(一) **僱傭、承攬與委任契約在民法結構中之地位**：依我國民法之結構，勞務給付契約是以委任契約為主，僱傭契約與承攬期約係特殊類型，在法律適用上應優先適用特殊類型之規定；無規定者，才會適用「委任」規定（參見民法第529條）。此外，在民法結構上，委任契約主要是規範白領階級的勞務給付契約，故民法第528條關於委任契約之定義規定為「處理事務」而非提供勞務；僱傭契約與承攬契約兩者是關於勞力之藍領階級的勞務給付。委任契約是無償契約，僱傭契約與承攬契約是有償，是其主要區別。

又，承攬契約在今日已因完成工作所需之專業能力與資格的不斷提升，不再像過去只侷限於藍領階級的勞務給付，白領階級的勞務給付亦包括在內。此外，有人認為委任契約亦得以「處理事務成功」作為契約標的，使得委任與承攬契約更難以區分。

(二) **僱傭與承攬、委任契約之區分**：僱傭與承攬契約區分，主要有下列二種：

1. **給付標的（客體）不同**：由民法第482條文之「服勞務」可知，僱傭契約是以勞動過程中提供勞務為標的，而第490條之承攬則以「工作完成」為標的，著眼於勞動力造成之具體成果，故兩者標的不同。

2. **工作過程中有無獨立性之不同**：僱傭契約之受僱人是在一定期間內將本身勞動力供僱傭人使用支配，僱傭契約中之勞務提供具有一定程度之不獨立性，承攬契約中的承攬人多係特定勞務專業人士，定作人對其勞動過程無主張意見，故承攬契約之勞務提供具有高度獨立性，又僱傭人對受僱人負有選任監督之義務，而承攬人須為其本身侵權行為單獨負責。定作人對承攬人執行職務並無監督義務，顯示承攬人之工作具有獨立性。

(三) **外包問題**：外包是承攬的一種型式，實質上屬於僱傭。常見的是家庭代工，由工廠直接以承攬方式將工作委由個別家庭完成，再支付報酬，又稱「家內勞動」或「家內工作」。一天內之工作時段及工作數量，由承攬者自行決定，德國勞動法界雖不認定其為勞工身分，若承攬人以此等工作報酬為其主要收入來源，則其社會經濟地位與勞工無異，可稱之為「準勞工或類似勞工」。另一種複雜之外包制，是指企業將其業務之全部或一部分以承攬之方式，由包頭承包。包頭再將之轉包承攬之方式交由包工完成，或者包頭以自行僱用員工方式完成，此等包頭或者本身亦

是企業主的員工或獨立的自營作業者；其業務完成場所或者為包頭提供，或者為包工自己提供，或者根本就在原企業主的工廠內，而由包頭向其承租、借用廠房、機器；而包頭工作的僱用人員，不能是包頭自己招攬的小包或僱用的勞工，在此情形，此種外包制度目的在於，使原企業主得以承攬方式規避雇主應負擔責任，由財力相對薄弱的包頭、小包頭、小小包頭承擔雇主責任，對勞工很不公平，常常無法求償；關於外包制問題，我國勞基法第62條與第63條以及職業安全衛生法第25至28條規定原定作人與包頭（承攬人）、小包頭（再承攬人）就職業災害的補償應負連帶責任，原定作人應就勞工勞動條件之符合法令一事，對包頭、小包頭負監督義務。

(四)**按件計酬或以工作成果計算工資**：按件計酬可分成支領底薪及不支領底薪兩種，此一底薪又稱固定薪資與勞工實際工作量無關，而按件計酬又稱為變動薪資，完全依照勞工實際工作量給付，變動薪資在按件計酬非常罕見，由於工資是依實際工作成果計算，常與承攬契約相互混淆。按件計酬工資及計時工之變動薪資，表面上帶有承攬契約色彩，惟實際上與承攬契約完全無關。按件計酬勞工屬於勞動契約受僱人，縱使是計件，亦是受雇主僱用擔任繼續性工作之勞工，且被雇主納入企業組織，又受雇主指揮監督、管理，因此本質上應屬於勞動契約受僱人，只是在工資計算方式上，以實際工作成果計算，這一點與承攬相似而已。

保險業務員的招攬保險勞務契約是否為勞動契約， 大法官釋字第740號解釋文	
解釋字號	釋字第740號【保險業務員招攬保險勞務契約是否為勞動契約案】
解釋公布院令	中華民國105年10月21日院台大二字第1050026814號
解釋爭點	保險業務員與其所屬保險公司所簽訂之保險招攬勞務契約，是否為勞動基準法第二條第六款所稱勞動契約？
解釋文	保險業務員與其所屬保險公司所簽訂之保險招攬勞務契約，是否為勞動基準法第二條第六款所稱勞動契約，應視勞務債務人（保險業務員）得否自由決定勞務給付之方式（包含工作時間），並自行負擔業務風險（例如按所招攬之保險收受之保險費為基礎計算其報酬）以為斷，不得逕以保險業務員管理規則為認定依據。
理由書	勞動基準法第二條第六款規定：「勞動契約：謂約定勞雇關係之契約。」（下稱系爭規定一）就保險業務員與保險公司間之法律關係是否屬系爭規定一之勞動契約關係，臺北高等行政法院一〇

	保險業務員的招攬保險勞務契約是否為勞動契約， 大法官釋字第740號解釋文
理由書	三年度簡上字第一一五號確定終局判決（下稱行政法院判決）認為，依保險業務員管理規則之規定，保險業對其所屬保險業務員具有強大之監督、考核、管理及懲罰處分之權，二者間具有從屬性；至報酬給付方式究係按計時、計日、計月、計件給付，或有無底薪，均非判斷其是否屬勞工工資之考量因素；故採取純粹按業績多寡核發獎金之佣金制保險業務員，如與領有底薪之業務員一般，均受公司之管理、監督，並從事一定種類之勞務給付者，仍屬勞動契約關係之勞工；勞動契約不以民法所規定之僱傭契約為限，凡勞務給付之契約，具有從屬性勞動之性質者，縱兼有承攬、委任等性質，仍應認屬勞動契約；又契約類型之判斷區分上有困難時，基於勞工保護之立場以及資方對於勞務屬性不明之不利益風險較有能力予以調整之考量，原則上應認定係屬勞動契約關係，以資解決。反之，臺灣高等法院九十四年度勞上字第四五號、九十九年度勞上字第五八號、一〇一年度勞上字第二一號等民事確定終局判決（下併稱為民事法院判決）則認為，保險業務員得自由決定招攬保險之時間、地點及方式，其提供勞務之過程並未受業者之指揮、監督及控制，認定保險業務員與保險業間之人格從屬及指揮監督關係甚為薄弱，尚難認屬勞動契約關係；又以保險業務員並未受最低薪資之保障，須待其招攬保險客戶促成保險契約之締結進而收取保險費後，始有按其實收保險費之比例支領報酬之權利，認保險業務員需負擔與保險業相同之風險，其勞務給付行為係為自己事業之經營，而非僅依附於保險公司為其貢獻勞力，故難謂其間有經濟上從屬性；再者，保險業務員管理規則係主管機關為健全保險業務員之管理及保障保戶權益等行政管理之要求而定頒，令保險公司遵守，不得因保險業務員管理規則之規定，即認為保險業務員與其所屬保險公司間具有人格從屬性。是民事法院與行政法院就保險業務員與其所屬保險公司間之保險招攬勞務契約是否屬系爭規定一所示之勞動契約，發生見解歧異，符合司法院大法官審理案件法第七條第一項第二款統一解釋之要件。 勞基法第二條第六款：「勞動契約：謂約定勞雇關係之契約。」並未規定勞動契約及勞雇關係之界定標準。勞動契約之主要給付，在於勞務提供與報酬給付。惟民法上以有償方式提供勞務之契約，未必皆屬勞動契約。是應就勞務給付之性質，按個案事實客觀探求各該勞務契約之類型特徵，諸如與人的從屬性（或稱人格從屬性）有關勞務給付時間、地點或專業之指揮監督關係，及是否負擔業務風險，以判斷是否為系爭規定一所稱勞動契約。

	保險業務員的招攬保險勞務契約是否為勞動契約， 大法官釋字第740號解釋文
理由書	關於保險業務員為其所屬保險公司從事保險招攬業務而訂立之勞務契約，基於私法自治原則，有契約形式及內容之選擇自由，其類型可能為僱傭、委任、承攬或居間，其選擇之契約類型是否為系爭規定一所稱勞動契約，仍應就個案事實及整體契約內容，按勞務契約之類型特徵，依勞務債務人與勞務債權人間之從屬性程度之高低判斷之，即應視保險業務員得否自由決定勞務給付之方式（包含工作時間），並自行負擔業務風險（例如按所招攬之保險收受之保險費為基礎計算其報酬）以為斷。 保險業務員與其所屬保險公司所簽訂之保險招攬勞務契約，雖僅能販售該保險公司之保險契約，惟如保險業務員就其實質上從事招攬保險之勞務活動及工作時間得以自由決定，其報酬給付方式並無底薪及一定業績之要求，係自行負擔業務之風險，則其與所屬保險公司間之從屬性程度不高，尚難認屬系爭規定一所稱勞動契約。 再者，保險業務員管理規則係依保險法第一百七十七條規定訂定，目的在於強化對保險業務員從事招攬保險行為之行政管理，並非限定保險公司與其所屬業務員之勞務給付型態應為僱傭關係（金融監督管理委員會一〇二年三月二十二日金管保壽字第一〇二〇五四三一七〇號函參照）。該規則既係保險法主管機關為盡其管理、規範保險業務員職責所訂定之法規命令，與保險業務員與其所屬保險公司間所簽訂之保險招攬勞務契約之定性無必然關係，是故不得逕以上開管理規則作為保險業務員與其所屬保險公司間是否構成勞動契約之認定依據。 另聲請人認首開行政法院判決、最高行政法院一〇〇年度判字第二一一七號、第二二二六號、第二二三〇號判決（下併稱確定終局判決）所適用之勞工退休金條例第三條、第六條、第七條第一項第一款、第九條（下併稱系爭規定二）、行政訴訟法第一百八十九條第一項（下稱系爭規定三）、保險業務員管理規則第十二條第一項、第十三條、第十四條第一項、第十八條第一項、第十九條第一項（下併稱系爭規定四）及行政法院六十二年判字第二五二號判例（下稱系爭判例）有違憲之疑義，聲請解釋憲法。經查，系爭規定三及系爭判例並未為確定終局判決所適用，聲請人自不得據之聲請解釋。其餘所陳，均尚難謂已客觀具體指摘系爭規定二、四究有何牴觸憲法之處。是上開聲請憲法解釋部分，核與司法院大法官審理案件法第五條第一項第二款規定不合，依同條第三項規定，應不受理，併予敘明。

	保險業務員的招攬保險勞務契約是否為勞動契約， 大法官釋字第740號解釋文
理由書	大法官會議主席　大法官　賴浩敏 　　　　　　　　大法官　黃茂榮　陳　敏　葉百修　陳春生 　　　　　　　　　　　　陳新民　陳碧玉　黃璽君　羅昌發 　　　　　　　　　　　　湯德宗　黃虹霞　蔡明誠　林俊益
事實摘要	(一)聲請人之保險業務員多人，先後向聲請人起訴請求依勞動基準法（下稱勞基法）規定給付退休金，分別經臺灣高等法院九十九年度勞上字第五八號、一〇一年度勞上字第二一號等民事判決確定；另一陳姓保險員以雙方具有勞基法第二條第六款（下稱系爭法規）所稱勞動契約為由，向聲請人請求損害賠償，經臺灣高等法院九十四年度勞上字第四五號判決確定。各該民事判決就認為，聲請人與所屬保險業務員間之契約關係非屬系爭法規所定之勞動契約。 (二)另外，聲請人之保險業務員於勞工退休金條例公布實施後，陸續申請更改選擇勞工退休新制，並要求聲請人依上開條例之規定，為其提繳退休金。案經勞動部勞工保險局（下稱勞保局）發函限期聲請人為其所屬保險業務員申報並提繳勞工退休金，聲請人逾限未辦理，故遭處罰鍰。 聲請人不服，對勞保局提起行政訴訟，分別經最高行政法院一〇〇年度判字第二一一七號、第二二二六號、第二二三〇號，及臺北高等行政法院一〇三年度簡上字第一一五號等判決聲請人敗訴確定，其理由認為聲請人與所屬保險業務員間之契約關係屬系爭法規所定之勞動契約，聲請人應為其所屬保險業務員提繳退休金。 (三)為此，聲請人認最高行政法院一〇〇年度判字第二一一七號、第二二二六號、第二二三〇號判決、臺北高等行政法院一〇三年度簡上字第一一五號判決所適用之勞工退休金條例第三條、第七條第一項第一款、第九條、行政訴訟法第一百八十九條第一項、保險業務員管理規則第十二條第一項、第十三條、第十四條第一項、第十八條第一項、第十九條第一項及行政法院六十二年度判字第二五二號判例，有違憲之疑義，聲請解釋憲法；另認臺北高等行政法院一〇三年度簡上字第一一五號判決與前揭臺灣高等法院民事庭之各該判決見解歧異，聲請統一解釋。

七、定期與不定期勞動契約

勞動基準法為保護勞工，故規定勞動契約應以不定期為原則，以定期為例外。由該法第9條第1項可明顯看出。就勞工工作權之保護而言，不定期契約對勞工較為有利，因為在不定期勞動契約之情形，雇主非有法定之契約終止事由（勞動基準法第11條與第12條第1項），不得消滅勞動關係；定期契約規定期限屆滿，契約關係即行消滅，不定期勞動契約對勞工而言，應屬有保障制度。因此，勞動基準法遂規定，唯有於工作之性質為臨時性、短期性、季節性或特定性者，當事人始得將其勞動契約約定為定期契約，當然亦得約定為不定期契約，自不待言。若工作之性質並非上述四種性質，或是屬於繼續性者，則不容當事人任意約定，當然只得約定為不定期契約。若當事人仍將之約定為定期，則其定期之約定部分，應屬無效；其他部分則仍有效。

由上可知，工作性質為臨時性、短期性、季節性或特定性等四者，係定期約定之法定正當事由，欠缺之，則應為不定期。而「繼續性」工作之所謂繼續性，並非指不定期勞動契約之為「繼續性」債之關係，因為只要是勞動契約本即是繼續性債之關係，故定期勞動契約亦屬之。此處所謂的繼續性工作乃是指勞工所擔任之工作，就該事業單位之業務性質與經營運作而言，係具有持續性之需要者，並非只有臨時性、短期性、季節性之一時性需要或基於特定目的始有需要者。

至於臨時性、短期性、季節性或特定性四者之意義為何？勞動基準法施行細則於第6條第1項中有進一步之說明。

臨時性	係指無法預期之非繼續性工作。
短期性	係指可預期於短期間內完成之非繼續性工作。
季節性	係指受季節性原料、材料來源或市場銷售影響之非繼續性工作。
特定性	是指可在特定期間內完成之非繼續性工作。

有上述四種性質者，當事人即得認定定期勞動契約。惟依該細則同條第2項之規定，當事人所具備之工作性質不同者，其所得訂定之期限的長短亦應有所不同。若工作之性質係臨時性或短期性，則其定期契約之期限不得超過6個月；若工作具有季節性，則所定期限不得超過9個月；若工作之性質為特

定性，則所定期限原則上並無限制；但若期限超過1年，則應將該契約報請勞工行政主管機關核備才可。

另依勞動基準法第9條第2項之規定，有法定更新與有連續性定期契約之情形時，定期性勞動契約會變為不定期契約。茲分述如下：

(一)**法定更新**：法定更新問題係指定期契約之期限屆滿後，當事人之一方仍繼續給付，而他方亦無反對之表示，如此一來，原本已屆期之定期契約是否即因而轉變為一不定期契約，此一問題即係法定更新。

(二)**連續性定期契約**：連續性又稱「連鎖性」定期契約之質變為不定期契約之問題民法並未規定，而於勞動基準法第9條第2項第2款則有特別明文規定「定期契約屆滿後，雖經另訂新約，惟其前後勞動契約之工作期間超過90日，前後契約間斷期間未超過30日者，視為不定期契約。」依此一規定，前後相續之二個以上的定期勞動契約，若是前後二個定期契約所定之期限的總合在90日以上，而且前一定期契約期限屆滿後，至後一定期契約成立時為止，若在30日之內，則前後二個定期契約，即應合併自始視為一個不定期契約。此等規定之立法目的乃是在防止雇主以連續性定期契約替代不定期勞動契約，除侵害勞工若為不定期工時應享有的各種權益外，並因而規避勞動基準法中之強行性終止保護規定（尤其是勞動基準法第11條所規定之應支付資遣費的預告終止）。一方面無須有法定事由即可令勞動契約消滅，且無需支付資遣費，因為定期勞動契約本即多為期限較短，每次於期限屆滿時，勞動契約即行消滅，勞工即須離職，本不待契約之終止。因此，雇主即得規避勞動基準法中終止保護規定，為防止雇主以連續性定期契約之方式規避強行法規、為防止雇主此種脫法行為，才有將合乎上述要件之連續性定期契約視為不定期契約之規定。

八、勞動契約的終止

黃越欽（2008）指出，勞動契約終止，勞雇關係結束，原因及法律效果如下：

(一)**勞動契約終止事由**：勞動契約可因下列事由之一而終止：

　　1.**契約當事人合意**：勞動契約不論其為定期契約或不定期契約，均得隨時因當事人之合意而終止，此乃基於契約自由原則之當然解釋。

　　2.**契約當事人一方之意思表示**：勞動契約因雇主之意思表示而終止時，雇主應自知悉其情形之日起，30日內為之。此外，雇主尚可在上述事由之範圍內，另行在工作規則、團體協約或勞動契約中，就懲戒解僱予以具體明確之規定。

3. **經濟解僱**：雇主基於懲戒勞工以外之經濟因素而解僱勞工，應遵守下列法定情事
   (1)歇業或轉讓時。
   (2)虧損或業務緊縮時。
   (3)不可抗力暫停工作在1個月以上時。
   (4)業務性質變更，有減少勞工之必要，又無適當工作可供安置時。
   (5)勞工對於所擔任之工作確實不能勝任時。

4. **解僱之預告**
   (1)預告期間：雇主為解僱之意思表示時，除懲戒解僱之事由可立即解僱勞工外，應依下列規定期間，向勞工為解僱之預告：（勞動基準法第16條第1項）
      A. 繼續工作3個月以上，1年未滿者，於10日前預告之。
      B. 繼續工作1年以上，3年未滿者，於20日前預告之。
      C. 繼續工作3年以上者，於30日前預告之。
   (2)預告工資：解僱之預告，原則上應依前述預告期間之規定；但雇主若未依上述期間預告時，可以預告工資代替之。此外，勞工於接到解僱預告後，為另謀工作，得於工作時間請假外出。其請假時數，每星期不得超過2日之工作時間，請假期間工資照給。

5. **可增解僱之限制**
   (1)勞動基準法上之限制
      A. 解僱時期之限制：雇主除因天災、事變或其他不可抗力致事業不能繼續，經報主管機關核定者外，對於勞工，在依規定請產假之停止工作期間或在職業災害之醫療期間，不得予以解僱。
      B. 解僱手續之限制（勞動基準法第16條）：雇主基於懲戒勞工以外之經濟因素而解僱勞工，應事先預告勞工或支付預告工資。
      C. 違法理由申訴之解僱禁止（勞動基準法第74條）：勞工發現事業單位違反勞動基準法及其他勞工法令規定時，得向雇主、主管機關或檢查機關申訴，雇主不得因勞工為前項申訴而予解僱、調職或其他不利之處分。
   (2)工會法上的限制（又稱不當勞動行為之限制）
      A. 雇主或代表雇主行使管理權之人，不得對於勞工組織工會、加入工會、參加工會活動或擔任工會職務，而拒絕僱用、解僱、降調、減薪或為其他不利之待遇。

B. 雇主或代表雇主行使管理權之人，不得對於勞工或求職者以不加入工會或擔任工會職務為僱用條件。

C. 雇主或代表雇主行使管理權之人，不得對於勞工提出團體協商之要求或參與團體協商相關事務，而拒絕僱用、解僱、降調、減薪或為其他不利之待遇。

D. 雇主或代表雇主行使管理權之人，不得對於勞工參與或支持爭議行為，而解僱、降調、減薪或為其他不利之待遇。

E. 雇主或代表雇主行使管理權之人，不得不當影響、妨害或限制工會之成立，組織或活動。

(3)其他之限制：雇主可在工作規則中規定；勞資雙方亦可在團體協約或勞動契約中約定解僱限制條款。

(二)勞動契約終止所產生之義務

1. 勞工之義務

(1)工作結束之義務：勞工於勞動契約終止後，應依誠實信用原則，結束原擔任之工作。

(2)物品或其他財產返還之義務：勞工於勞動契約終止後，應返還原保管、使用屬雇主之物品或其他財產。

(3)不為營業競爭之義務：勞動契約得約定勞工於勞動關係終止後，不得與雇主競爭營業，但以勞工因勞動關係得知雇主技術上秘密，而對於雇主有損害時為限。前項約定以書面為之，對於營業之種類、地域及時期，應加以限制。惟雇主對勞工如無正當理由而解僱時，其禁止競爭營業之約定，失其效力。

勞動契約終止──勞工義務

工資結束之義務	依誠實信用原則，結束原擔任之工作。
不為營業競爭之義務	勞基法第9-1條：勞動契約終止時，勞工與雇主簽訂競業禁止條款約定，不得從事競業行為。
物品或其他財產返還之義務	返還原保管或使用之物品或其他財產。

2. 雇主之義務

(1)工資給付之義務：勞動契約終止後，積欠勞工之工資，雇主應即結清給付之。

(2)資遣費發給之義務：勞工有資遣費之請求權者，雇主應於終止勞動契約時發給之。

(3)退休金給付之義務：舊制勞工退休金，勞工有退休金之請求權者，自勞工退休之日起30日內，雇主應給付之；雇主如無法一次發給時，得報經主管機關核定後，分期給付。

(4)服務證明發給之義務：勞動契約終止時，勞工如請求發給服務證明書，雇主或其代理人不得拒絕。

(5)勞方物品或其他財產之交付或返還義務：勞動契約終止後，勞工之物品、公積金、保證金及其他名義之財產，雇主應交付或返還之。

勞動契約終止——雇主義務

工資給付	勞基法施行細則第9條：勞動契約終止後，積欠勞工之工資，雇主應即結清給付之。
資遣費發給	勞工有資遣費之請求權者，雇主應於終止勞動契約時發給之。
退休金給付	舊制退休金發給，依勞基法第56條第3項：雇主應於勞工退休之日起30日內給付，如無法一次發給時，得報經主管機關核定後，分期給付。
服務證明發給	勞基法第19條：勞動契約終止時，勞工如請求發給服務證明書，雇主或其代理人不得拒絕。
勞方物品或其他財產之交付或返還	勞動契約終止後，勞方的物品公積金保證金及其他名義之財產，雇主應交付或返還之。

九、勞動權益保障法令規範

規範勞資關係與保障勞工權益的法律，有其法源依據，部分國家在憲法中明訂勞動基本權保障，有些國家憲法中未明訂，在人民生存權中明訂勞動基本權，據以制定勞動關係法令規範。我國憲法中，無直接明文規定勞動基本權之法源依據，但在集體或個別勞動關係法中，亦制定完整法令以保障勞工權益及規範勞資關係。

(一)**現行憲法對勞工權利的保障**：現行憲法對勞工權利的保障可分為兩部分，一部分是基本權部分，規定在第二章人民的基本權利中，主要是第14條的結社自由，第15條的生存權及工作權，與第22條的概括條款。其

中，以工作權的保障最重要，另一部分則是規定在基本國策章的社會安全一節中，包括憲法第152條至第155條。

1. **基本權**

(1) **結社自由**：結社自由是一般人民為形成共同意志，追求共同理念，實現共同目標，組織團體的自由。憲法對勞工或雇主組成職業團體追求團體成員利益的權利並無特別的規定。因此憲法第14條的結社自由乃成為勞工或雇主組織職業團體可能的憲法基礎。司法院大法官會議釋字第373號就主張勞工依憲法第14條及第153條的規定，享有組織工會的自由，並且得經由工會享有團體交涉及爭議等權利。

(2) **生存權**：生存權也是一般人民所享有的基本權，其對勞工而言有特別的意義。黃越欽認為：「生存權是要求確保生活所必要之諸般條件所必要的權利，是勞動者權利的基礎。憲法第15條生存權的規定，是將生存權作為維護工作權與財產權之經濟基本權加以保障。陳繼盛也認為：「生存權也稱為『生活權』，對勞動者而言，是對於勞動者生活過程之保障。勞動者最重要的生存權之內容為工資之保護。」

(3) **工作權**：有關工作權的內涵，國內學者與大法官會議的見解有所不同。陳繼盛主張：「工作權是對勞動者勞動過程的保障。其內容是：『只要有工作意願、有工作能力就有工作機會要求』以及『合乎人的條件之工作環境』。有關勞動契約、就業安全、勞工安全衛生、勞動基準之規定可視為以工作權為基礎之勞工立法。」

李惠宗主張：「我國憲法上的工作權有兩種內涵：工作權原則上是指職業自由與營業自由；另一方面，工作權也是一種社會權，必須與生存權結合，在此意義下，工作權也可以稱為『勞動權』。此一勞動權要求國家有積極保護的義務，對國家權力機關乃形成國家保護之義務。其具體的內容包括勞動保護立法（勞動基準法、勞工安全衛生法、職業災害勞工保護法，大量解僱勞工保護法），勞動三權（勞工團結權、團體協約權及罷工權）與勞工的企業參與決定權。」

黃越欽主張：「我國憲法上的工作權就是學理上的勞動權。在資本制度的法律秩序中，國民只有限定勞動權，而無完全的勞動權。也就是只有當國民在私企業中自行尋求勞動機會或確保勞動機會有所不能時，國家始補充地提供勞動者以適當機會，或提供其維持生活必要的資金。勞動權的內涵不斷增長，可分為兩大範疇：一是對未就業者有向國家請求接受職業訓練、就業服務、就業諮詢與失業給

付等權利;已就業者除了仍可向國家主張上述權利外,尚待主張團結權、集體交涉權與爭議權。工作權最重要的內容是勞動條件之維持改善,目前已不限於傳統的勞動條件,而是擴張至工作環境權,包括:參與企業安全衛生改善決策之權、充分獲得資訊之權,安全衛生代表在特殊危險狀況發生時之處置權、個別勞工拒絕危險工作之權、接受諮詢與訓練之權與安全衛生代表之保障權。

(4)**其他自由權利**:憲法第22條規定,凡人民之其他自由及權利,不妨害社會秩序公共利益者,均受憲法之保障。例如:黃程貫曾主張以憲法第22條作為罷工權的憲法基礎。他認為以憲法第14條的結社自由或以第15條的工作權及生存權作為同盟自由基本權(團結權、集體交涉權)的基礎都不適宜,迫不得已,退而求其次,援用憲法第22條的概括條款作為憲法依據。

但該條為基本權的一般規定,在基本權相互衝突時,應優先適用憲法所列舉的特殊基本權。然而同盟自由基本權應該比結社自由更為特殊,更應受憲法保障,卻因憲法無明文規定而處於較其他憲法明定的基本權更不利的法律地位。正可突顯我國憲法對勞工基本權保障之不足,有增修之必要。

2. **社會安全基本國策**:憲法第十三章規定基本國策,其中第四節有關社會安全的規定主要是勞工政策與社會政策。其中與勞工權利有關的包括:就業安全、制定勞動保護法律、女工與童工的特別保護、勞資關係與社會福利制度。

   (1)**就業安全**:人民具有工作能力者,國家應予以適當之工作機會。(憲法第152條)

   (2)**制定勞動保護法律**:國家為改良勞工及農民之生活,增進其生產技能,應制定保護勞工及農民之法律,實施保護勞工及農民之政策。(憲法第153條第1項)

   (3)**女工與童工的特別保護**:婦女兒童從事勞動者,應按其年齡及身體狀態,予以特別之保護。(憲法第153條第2項)

   (4)**勞資關係**:勞資雙方應本協調合作原則,發展生產事業。勞資糾紛之調解與仲裁,以法律定之。(憲法第154條)

   (5)**社會福利**:國家為謀社會福利,應實施社會保險制度。人民之老弱殘廢,無力生活及受非常災害者,國家應予以適當之扶助與救濟。(憲法第155條)

   此條款雖為社會政策的規定,但與勞工的關係最為密切。

3. **基本權與基本國策的不同**：國內多數學者認為憲法基本國策的規定僅指示立法及行政之目標，無強行之性質，也就是所謂的方針條款。憲法學者陳新民教授則認為，我國憲法上的基本國策章除具有方針條款外，也有憲法對立法者的委託，惟立法者何時制定及如何制定法律則是立法者的裁量權。依此見解，則上述有關就業安全條款與社會福利的條款是屬於方針條款。而有關制定勞動保護法律（包括女工與童工的特別保護）條款，以及勞資關係條款的規定，則是屬於憲法對立法者的委託。

資深觀察家

基本國策與基本權利最大的區別在於：人民無法依據基本國策而直接向國家有所請求，而可依據基本權向國家請求。此對於屬於傳統自由權（例如結社自由）而言固無問題，但是對於有社會權性質的基本權（例如生存權或工作權），則仍有待國家立法建立具體的制度才得以實現。

十、勞動權入憲概念

(一) **勞動權**：國內法學界對「勞動權」的概念並不完全一致，如前所述，黃越欽教授認為：「我國憲法上的工作權就是學理上的勞動權」，而李惠宗則認為：「勞動權是工作權中具有社會權性質而與生存權結合的部分」；因此，不包含屬於自由權的職業自由與營業自由。此外，陳繼盛則將生存權、工作權、團結權、協商權與爭議權合稱為「勞動基本權」。因此究竟是那些「勞動權」要入憲應是首先釐清的問題。

(二) **如何入憲**：納入基本權或基本國策之中：「勞動權入憲」的可能方式主要有兩種，其一是納入基本權清單之中，其二是納入基本國策之中。雖然勞動權納入基本國策中，對國家權力機關（立法、行政與司法）仍有一定程度的拘束力。但終究不如納入基本權清單中的法律效力。何況現行憲法的基本國策有無存在的必要也尚待商榷，縱使有保留的必要，是否有關社會安全的基本國策皆要保留或是如何增刪也尚待檢討，又何需加入新的勞工政策。勞動權中有不少是屬於社會權，也就是所謂的第三代的基本權，各國憲政的潮流似乎也傾向於將社會權納入基本權清單中。

(三) **勞動基本權入憲的意義**：勞動基本權入憲的最大意義在於白紙黑字，明文規定，避免如同現在一樣對於有無特定勞動基本權存在？或憲法上的

依據為何？特別是對行政、立法與司法等公權力機關發生的拘束力往往是各說各話。

此外，勞動基本權入憲後，即可具有一般基本權所具有的功能。依據當代基本權利的理論，基本權的功能可分為主觀功能與客觀功能。

1. **基本權利的主觀功能**：主觀功能是得依據基本權向國家有所請求。包括防禦權、給付權與程序權。

   (1) **防禦權**：具有自由權性質的勞動基本權，得請求國家不作為（防禦權），例如勞工團結權、集體協商權與集體行動權，具有傳統自由權的性質，可防止國家不當的干預。

   (2) **給付權或受益權**：具有社會權性質的勞動權，得請求國家作為（給付權或受益權）。其通常需要國家的輔助才能實現，但國家有其財政預算上的限制，立法者有其裁量的空間，釋憲者也不易貫徹此種權利的保障，使這些社會權的效力受到懷疑。不過社會基本權入憲的最大意義在於，所有國家權利機關負有使這些權利實現的義務，只是實現到何種程度的問題，而不是實現與否的問題，因此仍有其積極促進的作用。例如對未就業者或已就業者接受職業訓練、就業服務、就業輔導與失業救助等權利受憲法保障後，國家就有制定相關法律的義務，使人民享有直接的請求權。

   (3) **程序權**：此外，基本權尚可透過一定的組織或程序獲得保障（程序權）。例如透過工會法、團體協約法與勞資爭議處理法的組織與程序，達到保障勞動三權之目的。

2. **基本權利的客觀功能**

   (1) **制度性保障**：立法者有立法的義務，形成基本權的核心，以強化基本權的保障。例如立法者制定工會法、團體協約法與勞資爭議處理法，以防止勞工的團結權，集體協商權與集體行動權受到政府的干預，也可排除雇主利用不當手段妨礙這些權利的行使。

   (2) **基本權作為客觀的價值秩序**：基本權建立了一套價值標準或價值體系，不僅國家的行政、立法與司法機關應予尊重，而且也是所有的人民共同追求的價值目標。勞動權的入憲最重要的意義在於標示新時代新的勞資價值觀。例如勞動三權的入憲，標示出勞雇雙方「社會夥伴」的關係，而不是勞動商品買賣或人的支配關係。勞資雙方在對等的條件下共同決定勞動條件。

(3)**基本權的保護功能**：國家必須保障人民基本權利免於受第三人的侵害。例如國家應立法排除雇主以解僱組織工會者，或參加集體協商代表，或參加罷工者，作為直接或間接侵害勞工勞動三權的手段。

(4)**基本權的第三人效力**：基本權可以直接或間接在私法關係中發揮效力。勞動基本權主要是針對國家公權力發揮作用。但勞動基本權往往對勞雇間的私法關係發生影響，而發揮其效力。例如直接在憲法中規定侵害勞動三權的合意，或為此目的採取的措施無效。如德國基本法第9條第3項的規定或經由民法的概括條款判決侵害勞動基本權的私人行為無效，合法罷工則免除民事上的契約責任與侵權行為責任。

十一、勞動基本權入憲清單

如前所述，現行憲法所明定的勞動基本權只有憲法第15條的「工作權」。由於憲法對勞動基本權規定的欠缺，使得許多勞動立法的憲法依據必須透過憲法解釋，在工作權、結社自由或概括條款中找尋憲法依據，結果往往眾說紛紜，莫衷一是。縱使可以在工作權中推衍出大部分的勞動基本權，但也難免承載過重。

(一)**可考慮入憲的勞工權利清單**：目前學者或司法實務由現行憲法條款中所推衍的勞工權利，可歸納為：職業自由、有關就業安全的權利（包括：請求接受職業訓練、就業服務、就業輔導與失業救濟等權利）、勞動三權（包括勞工團結權、集體協商權、爭議權）、勞動條件的保護（包括：工資之保護、勞動條件最低標準的保護、女工與童工的特別保護、工作環境權〔職業安全衛生〕、職業災害勞工保護，解僱勞工保護）、勞工的企業參與決定權與社會福利等權利。這些權利除勞工的企業參與決定權外，大部分都已經受法律的保障，是否有必要進一步提昇為憲法上的勞動基本權？為了發揮基本權的功能，並且避免實務與學說上解釋的紛擾，有必要在憲法中明白增列重要的勞動基本權。其中最重要也最迫切的是增訂「團結權」、「集體協商權」與「爭議權」等一般所謂的「勞動三權」，其他權利也可以考慮一併納入勞動基本權體系中。

(二)**勞動三權入憲的迫切性**：「團結權」、「集體協商權」與「爭議權」等一般所謂的「勞動三權」為多項國際條約所確認的勞動基本權。包括國際勞工組織1948年第87號（自由結社與保障團結權）公約，1949年第98號（團結權與集體協商權適用原則）公約，1948年聯合國人權宣言中

的社會人權（第23條第4款）、1966年12月16日之經濟、社會文化人權聯合國國際公約（第8條）1966年12月19日之公民權及政治權利聯合國國際公約（第22條）等公約。大多數國家的憲法都保障勞工或雇主的結社權（自由），有些國家的憲法明文保障「集體協商權」與「爭議權」。勞動三權的保障已是一種國際勞動基準。我國勞動三權的憲法基礎不清楚，法律形式上雖然也保障勞動三權，但實際上勞工的勞動三權受到法令上與事實上的重重限制。最大的影響是勞動條件的形成，無法經由勞資雙方以締結團體協約的方式作成。大多由雇主單方制定的工作規則，與國家所制定的勞動基準法加以決定。勞工成為受雇主支配勞動力的客體，而非權利主體。所謂的契約自由只是雇主單方面的自由。與一百多年前歐美工業國家的勞工境遇相差不多。由於勞資雙方以「協約自治」方式形成勞動條件幾乎不可能。使國家以勞動基準法介入大部分勞工與事業單位的勞動條件，而且不論企業規模與行業類別一體適用，造成諸多難行之處。

勞資關係為勞工或其團體與資方或其團體間私法上的權利義務關係，這種私人間的權利義務關係與其他私人間的法律關係一樣應當事人自行決定，只有在私人自行決定顯失公平時，才由國家介入。要解決目前諸多勞資關係的問題，惟有在保障勞動三權實現的前提下，不僅修正工會法、團體協約法與勞資爭議處理法中不當限制勞工權利的規定，也要在這些法律中積極排除雇主不阻撓勞工行使權利。而保障勞動三權實現的前提必須在憲法中明定，才足以有效拘束行政、立法與司法機關，才不致使勞動三權空洞化。

資深觀察家

邱駿彥認為，由於我國現行憲法中，並未將勞動基本權等相關規定直接入憲，因此，國際上均肯定勞工團結權等三權之基本權利，截至目前為止，都需透過解釋、甚至大法官會議解釋，才有可能暫訂其法源依據，我國勞工在勞動基本權利行使上，無法迅速、明確主張原本應有的權利內容。

人民的生存權，可說是憲法保障人民得以像人一樣有尊嚴生存之最重要基本權利，是憲法保障之最高命題。但人民中有不同身分、或經濟區分者，例如對於勞工身分者要保障其生存權之落實，則必須要有達成生存權手段的基本權存在，此即憲法位階中有必要直接予以明文宣示團結權等勞動基本權的內涵。勞動基本權如有憲法位階之明文直接規範，透過基本權利之作用，有可能迅速修正法律保障不足之處，對於真正落實勞工得自憲法之權利保障有其正面、積極意義。此外，也能順應國際潮流，重視國際勞工組織強調的勞動基本權入憲，也可避免國際上的批判聲浪。

十二、勞動人權

蕭博銘（2005）指出，勞動人權是人類求生存的一種權利，勞動人權（Labour Rights），是指人民為了維持生活依其意願能力來選擇職業並且享有一定公平待遇，或要求國家給予適當勞動機會的一種權利，因此，勞動人權是生存權的前提要件，若無勞動人權的保障，生存權利自然難以存在，所以，勞動人權亦稱為工作權，是人類自由權利的一種。

而針對社會權與經濟權的重視，衍生所謂的「第二代權利」，早在1948年12月通過的《世界人權宣言》（Universal Declaration of Human Rights）中的第23條即規定：「(一)人人有權工作，自由選擇職業、享受公正和合適的工作條件並享受免於失業的保障。(二)人人有同工同酬的權利，不受任何歧視。(三)每一個工作的人、有權享受公正和合適的報酬，保證使他本人和家屬有一個符合人的尊嚴的生活條件，必要時並輔以其他方式的社會保障。(四)人人有為維護其利益而組織和參加工會的權利。」其它的國際條約，例如：《歐洲社會憲章》（European Social Charter，1966）、《經濟社會暨文化權國際公約》（International Convention on Economic，Social and Culture Rights，1961）、《兒童權利公約》（Convention on the Rights of the Child）國際性勞動條件的保護性條約，除了約束個別簽約會員國之間的內部勞動權利的保障，也強化遷移性勞工的勞動權利的保障。

另維護勞動者勞動權利的國際組織，首推「國際勞工組織」（International Labour Organization，簡稱 ILO）是基於「凡爾賽條約」（Treaty of Versailles）強調的「確保及維護勞動者公平與合乎人道的工作條件」理念建立的。二次大戰之後，ILO更具體組織相關的勞動人權，也發表許多與勞動基本權相關的宣言，例如：1944年的「費城宣言」（Declaration of Philadelphia）主張將自由言論與結社納入基本勞動權利中、1964年「種族隔離宣言」（Declaration on Aparthied）目的是消弭種族工作歧視問題、1998年「工作基本原則與權力宣言」（Declaration of Fundamental Principles and Rights at Work）。統整最基本的勞動人權，建構核心的「國際勞動標準」（International Labour Standards，ILS）。在「工作基本原則與權力宣言」中，列舉四項基本權利領域與相關的八項基本勞動公約成為勞動基本權基本樣版（詳細內容請見第9章名詞解釋）。

十三、性別平等工作權

從1989年婦女新知開始草擬男女工作平等法草案起，至2001年12月21日完成「兩性工作平等法」三讀，之後又於2007年修正為「性別工作平等法」，長達將近二十年漫長的立法與修法過程中，立法院對「工作平等」的議題討論可分為以下四個時期：

萌芽期1989～1994年

立法委員黃書瑋首度於1989年3月提出質詢，要求政府遵循民間團體所籌擬之男女工作平等法案，加強婦女福利法令的規劃與蒐集，將長久以來所存在之「性別尊嚴」回歸憲法精神。立法委員吳德美等人於1990年3月13日以「男女僱用機會均等法案」進入立法院並送交交內政、司法委員會審查。而婦女新知草擬，由立委趙少康主提「男女工作平等法」草案，也在同年4月27日臨時提案，交內政、司法兩委員會審查。

「男女工作平等法草案」提出之後，經過三次聯席會的討論，但成效並不彰。第二次聯席會時，甚而請工商代表、專家學者出席，以「公聽會」的形式，丟出風向球，試圖聽取採納更多層面的意見。原因在於當時工商業界的極力反對，有學者指稱：男女工作平等法草案是愛之適足以害之，認為此草案與既有勞基法重覆，男女工作平等法在追求男女平等上無關。第三次聯席會討論名稱與草案第1條之立法目的後，就被訂定為男女工作權的平等，只需防範業主性別歧視，可於勞基法或職業訓練法中作補強即可，不必另行立法。陪產是家務內的事，不宜課以雇主責任，而托兒設施是社會福利，與男女工作平等無關。且在1993年4月10日中華民國工商建研會舉行財經法案說明會，會中針對影響投資意願的勞基法等多項財經法案提出修法的建議，其中包括男女工作平等法無制定必要，理由在於：(1)草案內容所規範者，多於勞基法、工廠法、勞工安全衛生法、兒童福利法等相關法規中訂定。適用範圍可擴大，而不宜重複條文規定，以免發生同一行為有二法適用而有不同要求標準，令企業無所適從。(2)台灣地區經濟發展過程中，將社會福利等責任加諸於個別企業身上，而對政府本身及社會大眾的責任要求甚少。這一場專為立委舉辦的說明會，一共吸引20多位不同黨籍的立委參加。加上全國工業總會理事長高清愿、全國商業總會理事長王又曾等一百餘位工商團體負責人，在1994年5月4日上午聯袂前往立法院陳情，表達反對社會保險提高雇主保費負擔比例、暫緩實施公務員週休二日及不宜另訂男女工作平等法等立場，他們認為這些問題若未解決，將使得國內經濟發展陷入停頓。商總理事長王又曾特別反對陪產假規定，他說國內放的假已經過多，足供勞工照顧家庭。他說：現在醫藥發達，婦女都在醫院生產，有護士照顧，男性員工不需專門休假「陪產」，他有八名子女，媳婦、女兒生產時，他的兒子、女婿也沒有去醫院陪產。

醞釀期1995～1999年

在一連串的資方壓力下，1995年3月勞委會提出的相對草案在行政院會時被草案退回，由政務委員黃石城整合有關單位意見後，再提院會。在院會時，副院長徐立德、經濟部長江丙坤表示，不應過度保障女性，目前產假太長。因此，在此時期政府就沒有提出官方的相對版本，由於國民黨政府傾向採取不希望此法通過，因此從1995年至1998年三年間，行政院內並沒有相關草案的提出。

但此時立委們也是有關注到此議題，至1998年12月底為止，共計出現九件提案，其中以婦女福利為名之提案計有四件，而以兩性工作平等為名的提案計有五件，包括，1995年1月13日立法委員李進勇等24人擬具「兩性工作平等法草案」、同年3月7日由立委趙琇娃、余玲雅等27人擬具「兩性工作平等法草案」，同年立委蔡同榮等56人於10月30日提出「工作平等法草案」，立委王雪峰等19人擬具「兩性工作平等法草案」於1999年10月1日提出，同年12月8日立委葉菊蘭等42人擬具「男女工作平等法草案」，此時期立委提出不少版本草案在當時數種版本陸續推出並併入先前提案處理，但由於行政院方面一直未提出相對版本送立法院審查，以致於提案缺少行政院對應版本，且1999年1月立法院通過「立法院職權行使法」其中第13條規定：「政府機關及立法委員提出之議案，每屆立法委員任期屆滿時，尚未完成委員會審查之議案，下屆不予繼續審議」，使之前提案過的草案不得保留到下個會期。雖然眾多立委提出相關的「工作平等」草案版本，但研究者發現其提案多分布在1995年與1998年這兩個年度，且一直提出新議案卻又沒有對相關併案作整合，代表了立委「持續」但「不積極」的關注女性工作條件法案的議題。

整合期1999年～2000年

1999年2月起，立法院進入第四屆立委的任期，所有法案在此會期都必須重新提出。因此，婦女新知基金會在同年3月8日結合粉領聯盟、女工團結生產線、台北市晚晴婦女協會、台北市婦女新知協會、台北市女性權益促進會等婦女團體共同發起「三八女人前進立法院、催生男女工作平等法」街頭陳情活動、演出行動劇，並帶領到場的多位立委大跳「催生舞」，當場展開提案連署，正式將修正第六版之「男女工作平等法草案」交由立委葉菊蘭主提案送進立法院。而行政院趕在同年4月13日將「兩位工作平等法草案」正式送入立法院審議並通過一讀。截至1999年底止，包括了立委王雪峰、朱鳳芝、蔡同榮、周淑雅、葉憲修、蔡明憲、章仁香等立法委員都提出相關「兩性工作平等法」草案且進入立法院審議。

一直到1999年底止，在立法院共提出了九種不同版本的「工作平等法」草案，雖名稱不同，但精神則是大同小異，唯一的差別在於法條細節上仍有些許差距。

由於版本眾多，為了不偏廢各版的精華，在立委謝啟大建議下，經立法院會議之討論，遂決議由各政黨推薦組成專案小組，由此小組進行兩性工作平等法草案之整合，而行政院勞委會擔任幕僚作業，經過十四次會議後，終於在2000年12月6日整合完成，經二次委員會審查，在2001年12月6日逐條討論後，於同年12月29日三讀通過，定於2002年3月8日開始施行。

突破期2023年

因應近期社會性騷擾案件頻傳，掀起一連串「Me Too」運動，行政院於112年7月13日通過《性騷擾防治法》、《性別工作平等法》（法案名稱改為《性別平等工作法》）及《性別平等教育法》等「性平三法」修正案，部分條文自112年8月16日施行(部分條文則從113年3月8日施行)，以被害人保護為中心，目標為強化「有效」打擊加害人的裁罰處置、完備「友善」被害人的權益保障及服務、建立專業「可信賴」的性騷擾防治制度。

十四、性別平等工作法中的性別歧視禁止及促進平等機會相關措施

性別歧視之禁止計有：

(一)對求職者或受僱者之招募、甄試、進用、分發、配置、考績或陞遷等，不得因性別或性傾向而有差別待遇。

(二)為受僱者舉辦或提供教育、訓練或其他類似活動，不得因性別或性傾向而有差別待遇。

(三)為受僱者舉辦或提供各項福利措施，不得因性別或性傾向而有差別待遇。

(四)對受僱者薪資之給付，不得因性別或性傾向而有差別待遇；其工作或價值相同者，應給付同等薪資。但基於年資、獎懲、績效或其他非因性別或性傾向因素之正當理由者，不在此限。

(五)對受僱者之退休、資遣、離職及解僱，不得因性別或性傾向而有差別待遇。工作規則、勞動契約或團體協約，不得規定或事先約定受僱者有結婚、懷孕、分娩或育兒之情事時，應行離職或留職停薪；亦不得以其為解僱之理由。

性別平等工作法中有關促進性別平等工作措施計有：

(一) 女性受僱者每月得請生理假1日。（全年請假日數未逾3日，不併入病假計算，其餘日數併入病假計算，生理假薪資減半發給）

(二) 分娩之產假8星期，流產假5天至4週不等（視個別懷孕週數而定）。

(三) 產檢假7日，薪資照給。

(四) 陪產檢及陪產假7日（薪資照給）。

(五) 育嬰留職停薪假2年（限服務年資滿6個月、子女未滿3歲者，男女受僱者均可申請）

(六) 每日另給哺（集）乳時間2次，共60分鐘。

(七) 家庭照顧假全年7日（併入事假計算），是指雇主在受僱者的家庭成員接受預防接種或發生嚴重疾病或發生其他重大事故，須親自照顧時，均可申請之。

(八) 為撫育未滿3歲子女，可申請每天減少工作時間1小時或調整工作時間。（未滿30人企業經勞資協商合意，可適用）

(九) 事業單位應設置托兒設施或提供托兒措施。

十五、性騷擾之防治及職場暴力

性別平等工作法中有關性騷擾的防治規定：

(一) **性騷擾樣態**

　　1. **敵意式性騷擾**：受僱者於執行職務時，任何人以性要求、具有性意味或性別歧視之言詞或行為，對其造成敵意性、脅迫性或冒犯性之工作環境，致侵犯或干擾其人格尊嚴、人身自由或影響其工作表現。

　　2. **交換式性騷擾**：雇主對受僱者或求職者為明示或暗示之性要求、具有性意味或性別歧視之言詞或行為，作為勞務契約成立、存續、變更或分發、配置、報酬、考績、陞遷、降調、獎懲等之交換條件。

　　3. **權勢性騷擾**：指對於因僱用、求職或執行職務關係受自己指揮、監督之人，利用權勢或機會為性騷擾。

(二) **防治措施**：雇主應採取適當措施防治性騷擾發生：

　　1. 僱用受僱者10人以上未達30人者，應訂定申訴管道，並在工作場所公開揭示。

　　2. 僱用受僱者30人以上者，應訂定性騷擾防治措施、申訴及懲戒規範，並在工作場所公開揭示。

　　3.防治內容應包括性騷擾樣態、防治原則、教育訓練、申訴管道、申訴
　　　調查程序、應設申訴處理單位之基準與其組成、懲戒處理及其他相關
　　　措施。
(三)**立即有效之補正措施**：雇主知悉性騷擾情形時，應採取下列立即有效之
　　糾正及補救措施：
　　1.雇主因接獲被害人申訴而知悉性騷擾之情形時：
　　　(1)採行避免申訴人受性騷擾情形再度發生之措施。
　　　(2)對申訴人提供或轉介諮詢、醫療或心理諮商、社會福利資源及其他
　　　　必要之服務。
　　　(3)對性騷擾事件進行調查。
　　　(4)對行為人為適當之懲戒或處理。
　　2.雇主非因前款情形而知悉性騷擾事件時：
　　　(1)就相關事實進行必要之釐清。
　　　(2)依被害人意願，協助其提起申訴。
　　　(3)適度調整工作內容或工作場所。
　　　(4)依被害人意願提供或轉介諮詢、醫療或心理諮商處理、社會福利資
　　　　源及其他必要之服務。
(四)**調查期間之作為**
　　1.性騷擾被申訴人具權勢地位，且情節重大，於進行調查期間有先行停
　　　止或調整職務之必要時，雇主得暫時停止或調整被申訴人之職務；經
　　　調查未認定為性騷擾者，停止職務期間之薪資，應予補發。
　　2.申訴案件經雇主或地方主管機關調查後，認定為性騷擾，且情節重大
　　　者，雇主得於知悉該調查結果之日起30日內，不經預告終止勞動契約。
(五)**申訴、調查及處理**
　　1.受僱者或求職者遭受性騷擾，應向雇主提起申訴。但有下列情形之一
　　　者，得逕向地方主管機關提起申訴：
　　　(1)被申訴人屬最高負責人或僱用人。
　　　(2)雇主未處理或不服被申訴人之雇主所為調查或懲戒結果。
　　2.受僱者或求職者依前項但書規定，向地方主管機關提起申訴之期限，
　　　應依下列規定辦理：
　　　(1)被申訴人非具權勢地位：自知悉性騷擾時起，逾2年提起者，不予
　　　　受理；自該行為終了時起，逾5年者，亦同。
　　　(2)被申訴人具權勢地位：自知悉性騷擾時起，逾3年提起者，不予受
　　　　理；自該行為終了時起，逾7年者，亦同。

(3)地方主管機關為調查前述性騷擾申訴案件，得請專業人士或團體協助；必要時，得請求警察機關協助。

(4)地方主管機關依本法規定進行調查時，被申訴人、申訴人及受邀協助調查之個人或單位應配合調查，並提供相關資料，不得規避、妨礙或拒絕。

(5)地方主管機關受理之申訴，經認定性騷擾行為成立或原懲戒結果不當者，得令行為人之雇主於一定期限內採取必要之處置。

(6)性騷擾之被申訴人為最高負責人或僱用人時，於地方主管機關調查期間，申訴人得向雇主申請調整職務或工作型態至調查結果送達雇主之日起30日內，雇主不得拒絕。

(7)公務人員、教育人員或軍職人員遭受性騷擾，且行為人為最高負責人者，應向上級機關（構）、所屬主管機關或監督機關申訴。

(8)最高負責人或機關（構）、公立學校、各級軍事機關（構）、部隊、行政法人及公營事業機構各級主管涉及性騷擾行為，且情節重大，於進行調查期間有先行停止或調整職務之必要時，得由其上級機關（構）、所屬主管機關、監督機關，或服務機關（構）、公立學校、各級軍事機關（構）、部隊、行政法人或公營事業機構停止或調整其職務。

(9)私立學校校長或各級主管涉及性騷擾行為，且情節重大，於進行調查期間有先行停止或調整職務之必要時，得由學校所屬主管機關或服務學校停止或調整其職務。依規定停止或調整職務之人員，其案件調查結果未經認定為性騷擾，或經認定為性騷擾但未依公務人員、教育人員或其他相關法律予以停職、免職、解聘、停聘或不續聘者，得依各該法律規定申請復職，及補發停職期間之本俸（薪）、年功俸（薪）或相當之給與。

(10)機關政務首長、軍職人員，其停止職務由上級機關或具任免權之機關為之。

(六)性別平等工作法之罰則

性別平等工作法罰則一覽表

措施	條文	違反之規定	罰則內容
性別歧視禁止	第7條	雇主對求職者或受僱者之招募、甄試、進用、分發、配置、考績或陞遷等，不得因性別或性傾向而有差別待遇。	處新臺幣30萬元以上150萬元以下罰鍰

措施	條文	違反之規定	罰則內容
性別歧視禁止	第8條	雇主為受僱者舉辦或提供教育、訓練或其他類似活動,不得因性別或性傾向而有差別待遇。	處新臺幣30萬元以上150萬元以下罰鍰
	第9條	雇主為受僱者舉辦或提供各項福利措施,不得因性別或性傾向而有差別待遇。	
	第10條	雇主對受僱者薪資之給付,不得因性別或性傾向而有差別待遇;其工作或價值相同者,應給付同等薪資。	
	第11條第1項	雇主對受僱者之退休、資遣、離職及解僱,不得因性別或性傾向而有差別待遇。	
	第11條第2項	工作規則、勞動契約或團體協約,不得規定或事先約定受僱者有結婚、懷孕、分娩或育兒之情事時,應行離職或留職停薪;亦不得以其為解僱之理由。	
性騷擾防治	第13條第1項第2款	僱用受僱者30人以上者,應訂定性騷擾防治措施、申訴及懲戒規範,並在工作場所公開揭示。	處新臺幣2萬元以上30萬元以下罰鍰
	第13條第1項第1款	僱用受僱者10人以上未達30人者,應訂定申訴管道,並在工作場所公開揭示。	處新臺幣1萬元以上10萬元以下罰鍰
	第13條第2項	雇主於知悉性騷擾之情形時,應採取下列立即有效之糾正及補救措施;被害人及行為人分屬不同事業單位,且具共同作業或業務往來關係者,該行為人之雇主,亦同。	處新臺幣2萬元以上100萬元以下罰鍰
	第32條之2第3項	地方主管機關受理之申訴,經認定性騷擾行為成立或原懲戒結果不當者,得令行為人之雇主於一定期限內採取必要之處置,但雇主未在期限內進行處置。	
	第32條之2第5項	性騷擾之被申訴人為最高負責人或僱用人時,於地方主管機關調查期間,申訴人得向雇主申請調整職務或工作型態至調查結果送達雇主之日起30日內,雇主不得拒絕。	處新臺幣1萬元以上5萬元以下罰鍰

措施	條文	違反之規定	罰則內容
性騷擾防治	第38條之2	最高負責人或僱用人經地方主管機關認定有性騷擾者。	處新臺幣1萬元以上100萬元以下罰鍰
	第32條之2第2項	被申訴人無正當理由而規避、妨礙、拒絕調查或提供資料者。	處新臺幣1萬元以上5萬元以下罰鍰，並得按次處罰
促進工作平等措施	第21條	受僱者依前7條之規定為請求時，雇主不得拒絕。 受僱者為前項之請求時，雇主不得視為缺勤而影響其全勤獎金、考績或為其他不利之處分。	處新臺幣1萬元以上30萬元以下罰鍰
	第27條第4項	被害人因遭受性騷擾致生法律訴訟，於受司法機關通知到庭期間，雇主應給予公假。	
	第36條	雇主不得因受僱者提出本法之申訴或協助他人申訴，而予以解僱、調職或其他不利之處分。	

(七)**職場暴力**（workplace violence）

1. **定義與分類**：指工作人員在與工作相關的環境中（含通勤）遭受虐待、威脅或攻擊，以致於明顯或隱含地對其安全、福祉或健康構成挑戰的事件。若傷害性質分類，包含肢體暴力、心理暴力、語言暴力、性騷擾等四種類型。再按暴力來源分類，則有內部暴力及外部暴力兩種；內部暴力是指是在員工（含雇主及監督與管理者）間，外部暴力則是員工與其他人間所發生的。類型計有以下四大種類：

   (1)**肢體暴力**：如毆打、抓傷、拉扯、拳打、腳踢等；

   (2)**言語暴力**：如威脅、欺凌、騷擾、辱罵、嘲諷等；

   (3)**心理暴力**：如排擠、恐嚇、干擾、歧視、孤立、不當工作要求等；

   (4)**性騷擾**：如不當的性暗示與行為等。

2. **行為或情境特徵**：職場暴力行為或情境具備以下5項特徵：

   (1)經常發生且持續數週、數月以上之長期事件；

   (2)是一種職場上組織性（或集團性）的迫害行為，包括集體性的對個別勞工所造成的精神壓制或虐待，或企業裁員解僱時對於個別勞工所造成的精神壓力等。至少有1位或1位以上加害者；

(3)對受害者進行語言或非語言的攻擊行為；

(4)對受害者產生負面的影響；

(5)受害者無力反擊或終止反抗行為。霸凌常以多種形式呈現，包括身體上的、心理上的、間接的方式。

3. **職場不法行為或職場霸凌**：職場不法侵害是指同仁因執行職務，於勞動場所遭受雇主、主管、同事、服務對象或其他第三方之不法侵害行為，造成身體或精神之傷害。

英國學者Steinman對職場霸凌（workplace bulling）定義如下：「透過報復、殘酷、惡意羞辱、不尊重或損害對個人或團體重複和持續地攻擊，包括心理壓力、騷擾、恐嚇、威脅、陰謀、操縱、敲詐勒索、強迫以及敵對行為等，對個人或團體產生價值、尊嚴和福祉的影響」。

亦即，職場霸凌是指在工作環境中，個人或團體對於上司、同事或下屬進行不合理的欺凌行為，包含言語、非言語、生理、心理上的虐待或羞辱，使被霸凌者感到受挫、被威脅、羞辱、被孤立及受傷，進而折損其自信並帶來沉重的身心壓力。

至於，常見的霸凌行為類型大致有：

(1)**肢體霸凌**：毆打身體、搶奪財物等，這是最令人恐懼的行為。

(2)**關係霸凌**：排擠孤立、操弄人際等，這是最常見，容易被忽視的行為。

(3)**語言霸凌**：嘲笑污辱、出言恐嚇等，肉眼看不到傷口，但心理傷害大。

(4)**反擊霸凌**：受凌反擊、有樣學樣。

(5)**網路霸凌**：散播謠言或不雅照片，霸凌速度快、管道多、殺傷力大。

(6)**性霸凌**：性侵害、性騷擾。

李佳蕙（2012）將職場霸凌發生原因歸納如下：

(1)**工作環境**：如高度緊張、競爭的、缺乏友善和互相支援的氣氛、歷經組織變革、高溫、擁擠空間、惱人和令人不悅的、需共用工具及設備、無法提供工作上足夠的資源。

(2)**工作組織和工作設計**：如高效率及高度緊張的工作、工作負荷量、員工數不足、角色模糊，以及角色衝突、缺乏明確的目標。

(3)**組織文化和組織氣候**：如缺乏對職場霸凌行為的政策、間接式允許負向或霸凌行為、支持或默認霸凌行為、缺乏同事或主管的社會支持、組織約束力。

(4)**組織重大改變**：如重大內部結構重整或技術變革、管理階層改變、組織縮編。

(5)**領導風格**：如集權、獨裁式領導、缺乏員工參與決策。

(6)**人際關係衝突**：如各組織層面間訊息流動性的不足、知曉某人的弱點、利用受害者工作績效上的弱勢之處，但發生在勢均力敵雙方之間的衝突則不屬於霸凌行為。

綜上，職場暴力與職場霸凌的最大差異在於，職場霸凌是發生於權力不對等的社會關係，亦即加害者與被害者處於上對下的權勢關係；而職場暴力則除了包含上司對下屬的欺凌之外，也可能來自權力對等的同事或來自顧客、客戶、照顧對象甚至陌生人等。不論職場暴力或職場霸凌都影響勞工的權益與人身安全及尊嚴的確保，若企業不力求防範，並建置一個友善的職場，對於勞資關係的建立與維護是相對不利的。

又，依據職業安全衛生法第6條第2項第3款課予雇主採取「預防性」之危害辨識、評估、建構行為規範、提供申訴或通報管道及建立事件處理機制等作為之義務，事業單位應依法落實執行職場不法侵害預防措施並作成書面紀錄留存3年。另，職業安全衛生設施規則第324-3條規定：雇主為預防勞工於執行職務，因他人行為致遭受身體或精神上不法侵害，應採取下列暴力預防措施，作成執行紀錄並留存3年：

(1)辨識及評估危害。　　　　　(2)適當配置作業場所。

(3)依工作適性適當調整人力。　(4)建構行為規範。

(5)辦理危害預防及溝通技巧訓練。(6)建立事件之處理程序。

(7)執行成效之評估及改善。　　(8)其他有關安全衛生事項。

前項暴力預防措施，事業單位勞工人數達100人以上者，雇主應依勞工執行職務之風險特性，參照中央主管機關公告之相關指引，訂定執行職務遭受不法侵害預防計畫，並據以執行；於勞工人數未達100人者，得以執行紀錄或文件代替。

4.**案例**：112年3月鍋貼水餃專賣店「八方雲集」台北市某店爆職場霸凌事件，張姓店長不滿洪姓員工工作態度，連續半年以「神經病」、「白癡」、「笨蛋」辱罵洪，洪錄音提告，台北地院審理，依12個公然侮辱罪判張各罰金4000元，應執行罰金4萬元。一名張姓女子日前到一間公司任職不到半年，卻遭到職場精神霸凌，她表示資深的許姓女同事，不只暗自說她是神經病之外，更在用餐時將死老鼠丟在她的餐桌上，導致她留下陰影，更因此暴瘦、得了憂鬱症，因此決定對許女提告，求償30萬元；然許女卻表示，只是開玩笑，但法院認定許女造成張女痛苦，判賠新台幣3萬元。

5.**職場霸凌申訴和應對建議**
　(1)與其他受到霸凌的同事尋求建議和支持。
　(2)聯合其他受霸凌者向工會、福利委員會或員工諮詢部門申訴。
　(3)與其他受霸凌者聯絡，向人力資源部門申訴並要求公司提供制止霸凌行為的相關政策或法律依據（例如：職業安全衛生法）。
　(4)盡可能以錄音或錄影方式紀錄霸凌者行為，作為佐證資料。
6.**防範之道**：從預防重於處理角度出發，企業應依循職業安全衛生法規，建立執行職務因他人行為遭受身體或精神不法侵害的預防計畫，從高中階主管、一般同仁及職場風險預防與因應等加以預防與因應。目前國內大型企業多已建立「執行職務因他人行為遭受身體或精神不法侵害之預防計畫」，除進行職場不法侵害危害評估外，已進行主管階層及一般同仁的教育訓練。主管訓練的重點在於如何讓自己不會成為部屬職場不法侵害的加害人及遇到職場不法侵害案件時，主管該如何因應與處理；一般同仁教育訓練重點為如何加強溝通及職場人際界線與心理防護。另從職場霸凌及騷擾事件形成原因深入思考，員工的工作環境、工作條件以及內外部顧客與員工相處模式加以評估可能造成侵害的各種可能方式，可以透過適當配置作業場所、依工作適性調整適當人力、建構行為規範、辦理危害預防及溝通技巧訓練等預防措施，以免員工受到侵害。

十六、僱用管理及工作場所就業平等概況

為了解《性別平等工作法》實施情形及受僱者在職場就業平等實況，勞動部於112年8至9月分別以「事業單位」及「受僱者」為調查對象，辦理「僱用管理就業平等概況調查」及「工作場所就業平等概況調查」，其中事業單位回收有效樣本為3,031份、受僱者為6,013份（女性4,804份及男性1,209份）。調查統計結果摘述如下：

(一)性騷擾防治情形
　1.112年員工規模30人以上之事業單位已訂定「性騷擾防治措施、申訴及懲戒辦法」占8成9：《性別平等工作法》實施以來，該訂定比率由91年的35.5%增至112年的88.6%，20多年來已提高53.1個百分點。
　2.女、男性受僱者最近一年在工作場所未遭受性騷擾各占9成6、9成9：女、男性受僱者最近一年（111年9月至112年8月，以下皆同）在工作

場所未遭受性騷擾各占96.3%、99.5%，曾遭受性騷擾則分占3.7%及0.5%。就女性受僱者觀察，其遭受性騷擾且加害者為「客戶」及「同事」者較多，各占2%及1.5%；有提出性騷擾申訴占1.8%，申訴後大部分認為有改善；女性未提出申訴原因占比最高者為「當開玩笑，不予理會」。

女性受僱者遭受性騷擾之主要樣態以非肢體接觸（含言語、偷窺、偷拍、跟蹤、傳訊、暴露等）占1.8%較多，性別歧視言行亦占0.6%，有肢體接觸部分，非敏感部位占0.8%，敏感部位占0.4%，性要求（含性侵害）占0.1%。

受僱者最近一年在工作場所遭受性騷擾之情形

中華民國112年8月　　　　　　　　　　　　　　　　　　　單位：%

	總計	未曾發生	曾經發生	性騷擾加害者（可複選）				
				上司	下屬	同事	客戶	雇主（負責人）
女性	100.0	96.3	3.7	0.5	0.0	1.5	2.0	0.1
男性	100.0	99.5	0.5	---	---	---	---	---

資料來源：工作場所就業平等概況調查。

說明：1.最近一年係指111年9月至112年8月，以下各表同。

　　　2.樣本過少者，抽樣誤差大，不陳示數值，以「---」表示，不列入分析。

女性受僱者最近一年在工作場所遭受性騷擾之主要態樣比率

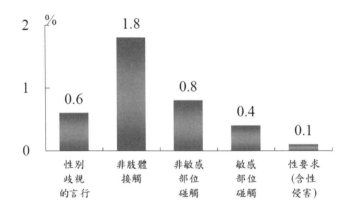

女性受僱者最近一年在工作場所遭受性騷擾提出申訴之情形

單位：%

	總計	未曾發生	曾經發生－按有沒有提出申訴分									
			有－按是否改善分			沒有－按未提申訴主要原因分						
			計	小計	有改善	沒有改善	小計	擔心遭受二度傷害	擔心遭強迫調離原來工作部門或職位	擔心失去工作	擔心別人閒言閒語	當開玩笑不予理會	不知申訴管道
111年	100.0	96.7	3.3	0.7	0.7	0.0	2.6	0.1	0.1	0.3	0.2	1.6	0.2
112年	100.0	96.3	3.7	1.8	1.6	0.2	1.9	0.2	0.1	0.5	0.2	0.8	0.1

資料來源：工作場所就業平等概況調查。

(二)促進工作平等措施

1. 事業單位同意員工申請母性保護相關假別之比率多達9成：112年事業單位會同意員工申請《性別平等工作法》各項假別之比率，除「家庭照顧假」79.7%外，其餘均逾8成3。會同意員工申請母性保護相關假別之比率以「產假」之95.1%最高，另「安胎休養」與「流產假」分別為92.8%及92.7%，「陪產檢及陪產假」、「生理假」與「產檢假」則各為88.2%、87.6%及85.4%。

2. 員工規模100人以上之事業單位有設立「托兒服務機構」或提供「托兒措施」占7成；有設置「哺（集）乳室」占8成1：《性別平等工作法》於91年1月規範僱用250人以上事業單位須提供「托兒設施或措施」及設置「哺（集）乳室」，105年5月修正擴大適用至僱用100人以上事業單位。112年員工規模100人以上之事業單位有設立「托兒服務機構」或提供「托兒措施」者占70.5%，有設置「哺（集）乳室」者占80.7%，分別較105年上升18.9及2個百分點；250人以上事業單位之該2項比率則分別為85.4%及90.1%，各較91年提高49.1及70.5個百分點。

事業單位對性別平等工作法各項規定之實施情形

單位：%

	有提供比率			同意員工申請(或有提供)比率									
	91年	101年	102年	103年	104年	105年	106年	107年	108年	109年	110年	111年	**112年**
性騷擾防治措施、申訴及懲戒辦法[2] (員工規模30人以上)	35.5	82.7	82.1	83.8	85.2	85.7	86.0	86.2	86.4	86.5	88.5	88.5	**88.6**
生理假	17.3	45.6	47.0	85.7	85.2	85.3	85.4	85.6	86.0	86.9	87.4	87.5	**87.6**
安胎休養	-	41.1	45.6	90.9	89.4	91.8	91.8	91.9	92.0	92.7	92.7	92.7	**92.8**
產檢假	-	-	-	82.4	82.6	82.7	83.0	83.4	83.9	84.6	84.8		**85.4**
流產假	41.6	56.5	56.6	93.1	91.7	91.7	92.0	92.4	92.4	92.7	92.7	92.7	**92.7**
產假	78.1	96.8	96.8	95.1	94.7	94.7	94.7	95.0	95.0	95.0	95.1	95.1	**95.1**
陪產檢及陪產假[5]	29.0	59.0	59.8	85.6	85.6	85.9	86.5	86.6	87.0	87.6	87.9	88.0	**88.2**
家庭照顧假	-	38.3	37.7	71.8	74.7	77.1	78.1	78.1	78.3	78.8	79.2	79.7	**79.7**
（員工規模30人以上）	34.0	66.0	66.6	88.2	89.6	91.3	91.5	91.6	91.8	91.0	91.8	91.8	**93.9**
育嬰留職停薪	-	42.7	45.9	75.5	79.2	80.5	81.1	81.2	81.5	81.8	82.0	83.4	**83.5**
為撫育未滿3歲子女 得減少工作時間(員工規模30人以上)	23.0	48.5	47.0					80.3	80.5	80.7	80.7	80.8	**80.9**
得調整工作時間[4](員工規模30人以上)				81.5	83.0	84.2	84.6	88.1	88.9	89.0	89.2	89.4	**89.6**
哺(集)乳時間	-	-	37.3	77.1	78.1	80.3	80.8	80.9	81.0	81.9	82.5	83.0	**83.1**
設置「哺(集)乳室」[2] （員工規模100人以上）	-	-	-	-	-	78.7	78.8	79.4	79.7	79.8	80.1	80.3	**80.7**
（員工規模250人以上）	19.6	76.3	71.2	80.1	84.2	84.2	85.6	87.2	87.3	88.9	89.3	89.5	**90.1**
設立「托兒服務機構」或提供「托兒措施」[2] （員工規模100人以上）	-	-	-	-	-	51.6	63.4	65.6	67.4	68.4	68.7	70.4	**70.5**
（員工規模250人以上）	36.3	76.7	79.1	81.4	81.5	81.5	81.7	83.9	84.9	84.6	84.8	84.8	**85.4**

資料來源：僱用管理就業平等概況調查。

說明：1.102年以前「有無提供」之問法易使廠商因勞工沒有提出需求而回答未提供，故103年以後問項修正為「是否會同意員工申請」。

2.性騷擾防治措施、申訴及懲戒辦法、設立「托兒服務機構」或提供「托兒措施」、設置「哺（集）乳室」係為事業單位有提供比率。

3.性別平等工作法於105年5月修正擴大至僱用100人以上事業單位須提供「托兒設施或措施」及設置「哺（集）乳室」，爰上表實施情形區分為員工規模100人以上及250人以上。

4.為撫育未滿3歲子女，事業單位同意「得調整工作時間」包含「公司原本就有彈性上、下班措施」。

5.110年以前為「陪產假」，111年以後修正為「陪產檢及陪產假」。

(三)就業歧視情形

1.事業單位辦理各項業務有性別及跨性別/性傾向考量續降：112年事業單位辦理各項業務多數無性別及跨性別/性傾向考量，部分有性別考量

之比率以「工作分配」17.1%最高,「薪資給付標準」、「育嬰留職停薪」各4%次之,其他皆未及3%;有跨性別/性傾向考量者亦以「工作分配」7.3%最多,其他皆未及3%;各項比率皆較111年下降。

事業單位辦理各項業務有性別考量之比率

單位:%

	102年	103年	104年	105年	106年	107年	108年	109年	110年	111年	**112年**
工作分配	27.9	23.5	20.1	20.5	21.0	19.5	17.6	18.1	17.5	17.3	**17.1**
薪資給付標準	9.3	9.3	8.6	6.5	6.6	5.9	4.9	4.8	4.6	4.2	**4.0**
育嬰留職停薪	6.6	8.8	4.4	6.5	4.5	4.5	4.2	5.3	4.4	4.2	**4.0**
僱用招募、甄試、進用	6.1	4.6	4.4	4.6	3.9	3.6	3.0	4.1	3.2	3.2	**2.8**
調薪幅度	3.9	3.8	3.8	2.9	3.2	2.6	2.5	2.5	2.3	2.5	**2.3**
員工考核(考績或獎金)	2.8	2.5	2.8	2.2	2.2	2.0	1.8	2.2	2.0	2.1	**1.8**
訓練及進修	2.4	2.4	2.2	2.0	2.1	1.1	1.4	2.2	2.1	2.0	**1.8**
員工陞遷	2.6	1.9	2.3	1.8	1.9	1.7	1.4	1.9	1.8	1.6	**1.5**
員工福利措施	1.9	1.5	1.1	1.3	1.6	1.0	1.3	1.5	1.4	1.6	**1.4**
員工資遣、離職或解僱	1.0	1.1	0.8	0.5	1.2	0.6	1.0	1.2	1.1	1.0	**1.0**
退休權利	1.4	0.8	1.1	1.1	1.0	0.8	1.0	1.1	1.0	1.2	**0.9**

資料來源:僱用管理就業平等概況調查。

事業單位辦理各項業務有跨性別/性傾向考量之情形

單位:%

	102年	103年	104年	105年	106年	107年	108年	109年	110年	111年	**112年**
工作分配	17.5	15.4	10.0	9.9	9.9	9.7	8.4	8.8	8.1	7.7	**7.3**
育嬰留職停薪	7.1	7.1	3.6	4.4	3.5	3.5	3.2	3.5	3.1	2.9	**2.7**
薪資給付標準	7.7	7.7	4.8	3.4	3.5	3.1	3.0	3.1	3.0	2.8	**2.6**
僱用招募、甄試、進用	6.6	4.4	3.5	2.8	2.9	3.1	2.4	3.8	2.6	2.2	**1.8**
訓練及進修	4.4	3.3	2.4	1.6	2.2	1.7	1.6	2.3	2.2	1.9	**1.7**
員工考核(考績或獎金)	4.3	3.4	2.7	2.0	2.1	2.0	1.9	2.1	2.0	1.8	**1.7**
調薪幅度	4.7	4.6	3.1	2.6	2.3	2.1	2.0	2.2	1.7	1.6	**1.4**
員工陞遷	4.5	3.1	2.6	1.6	2.0	1.7	1.7	2.0	1.6	1.4	**1.2**
員工資遣、離職或解僱	3.4	2.9	1.5	0.9	1.8	1.2	1.4	2.0	1.4	1.4	**1.2**
員工福利措施	4.0	2.9	1.8	1.3	1.8	1.5	1.5	2.2	1.4	1.4	**1.2**
退休權利	3.7	2.3	1.7	1.1	1.5	1.6	1.5	2.0	1.2	1.2	**0.8**

資料來源:僱用管理就業平等概況調查。
說明:「跨性別」係指自我性別認同與其生理性別不同。

2. 受僱者在職場上遭受不平等待遇及就業歧視情形
　(1) 女性受僱者因性別在職場遭受不平等待遇比率以「調薪幅度」之3.3%最高，男性則為「工作分配」之1.7%。女性受僱者最近一年因性別在職場遭受不平等待遇比率，以「調薪幅度」之3.3%最高，其次為「薪資給付標準」及「工作分配」，各占2.8%。男性受僱者最近一年因性別在職場遭受不平等待遇比率，以「工作分配」之1.7%最高，其次為「考核（考績或獎金）」之1.4%，「調薪幅度」、「薪資給付標準」各為1.2%居第三。

受僱者最近一年因性別在職場遭受不平等待遇比率

中華民國112年8月　　　　　　　　　　　　　　　　　　單位：%

	總計	有遭受不平等待遇		沒有遭受不平等待遇	
		男性	女性	男性	女性
調薪幅度	100.0	1.2	3.3	98.8	96.7
薪資給付標準	100.0	1.2	2.8	98.8	97.2
工作分配	100.0	1.7	2.8	98.3	97.2
陞遷	100.0	1.0	2.3	99.0	97.7
考核(考績或獎金)	100.0	1.4	2.1	98.6	97.9
求職	100.0	1.0	1.6	99.0	98.4
訓練進修	100.0	0.7	0.8	99.3	99.2
資遣離職或解僱	100.0	0.3	0.7	99.7	99.3
員工福利措施之提供	100.0	0.3	0.7	99.7	99.3
育嬰留職停薪	100.0	0.2	0.1	99.8	99.9
退休權利	100.0	0.0	0.0	100.0	100.0

資料來源：工作場所就業平等概況調查。

　(2) 兩性受僱者最近一年遭受性別以外之就業歧視因素均以「年齡」最多，女性占3.9%、男性占4.9%。受僱者最近一年在職場上遭受性別以外之就業歧視因素，兩性均以「年齡」居多，女、男性分別占3.9%、4.9%，其他則女性「思想」、「階級（含職位區隔）」及「容貌（含五官、身高及體重）」，均占2%左右，男性「容貌（含五官、身高及體重）」、「階級（含職位區隔）」分占2.2%、2%。

受僱者最近一年在職場上遭受性別以外之就業歧視情形

中華民國112年8月　　　　　　　　　　　　　　　　單位：%

	總計	有就業歧視		沒有就業歧視	
		男性	女性	男性	女性
年齡	100.0	4.9	3.9	95.1	96.1
思想	100.0	0.8	2.0	99.2	98.0
階級(含職位區隔)	100.0	2.0	1.9	98.0	98.1
容貌(含五官、身高及體重)	100.0	2.2	1.9	97.8	98.1
語言	100.0	0.7	1.3	99.3	98.7
婚姻	100.0	0.2	1.2	99.8	98.8
黨派	100.0	1.5	0.7	98.5	99.3
宗教	100.0	0.3	0.5	99.7	99.5
身心障礙	100.0	0.3	0.4	99.7	99.6
種族	100.0	0.3	0.4	99.7	99.6
曾為工會會員身分	100.0	0.3	0.2	99.7	99.8
星座	100.0	-	0.2	100.0	99.8
籍貫	100.0	0.2	0.2	99.8	99.8
出生地	100.0	0.0	0.1	100.0	99.9
血型	100.0	-	-	100.0	100.0

資料來源：工作場所就業平等概況調查。

十七、同工同酬與同值同酬

同工同酬在1957年國際勞工組織（ILO）訂定同工同酬公約，而美國也在1963年通過同酬法。同工並非一模一樣的工作（the same），而是同等的工作（equal work）。是指從工作責任、工作條件、努力、技能等方面來看。同工同酬不僅限於經濟面的讓女性保有獨立自主的經濟安全，而是藉由經濟訴由來凸顯女性勞動價值長久以來被貶抑低估的事實。藉由經濟手段（工資提高）以達成意識型態之目的（正視女性勞動價值）。

整體來看，勞基法與性別工作平等法性別歧視的禁止重疊的部分只有在第10條薪資給付，但它對於平等薪資給付的定義有了不同的標準。勞基法中規定：「工作相同、效率相同者，給付同等之工資」。但由於男女從事的工作性質本來就會有所差異，而這更加深了性別職業隔離的現象，讓女性多半從事工資較少、升遷機會較低的工作。再者，就算是性質相同的工作，也很難有「相同的名稱」，因此，此一規範對於性別歧視的禁止效果有限。嚴祥鸞指出：在台灣地區，女性在男性的職業，諸如民意代表、行政主管和經理人

員和藍領工作都有減少的趨勢；而女性在服務和事務工作卻持續增加的兩極化職業性別化現象，不同工如何適用同工同酬。

1980年代起，同值同酬的概念假設女性和男性的勞動一樣有價值，同樣有資格取得生活工資（living wage）。強調只要工作具同等價值（equal value），則待遇相同。而性別工作平等法重新賦予工作薪資平等的定義，亦即「同值同酬」，而同值同酬的定義，郭玲惠認為，可參考日內瓦條款中所訂定的考量方針，如：(1)工作經驗、經歷、教育程度。(2)精確熟練度及手的靈活能力。(3)體能上的要求。(4)智力的要求。(5)注意力及其他精神上的要求。(6)對於工作工具、材料、生產資料、以及同事健康的負責程度。(7)環境的影響（對溫度、灰塵、污染、噪音、危險垃圾及其他的抵抗能力。）(8)監督的範圍、專業素養、工作注意力、精神負荷度、負責任的範圍……等。以同值同酬取代同工同酬，補充現行勞基法的不足，對於男女薪資上的平等更客觀。

同酬日的概念源於1988年美國國際職業婦女協會（Business and Professional Women，BPW）發起之「Red Purse Campaign」，之後美國「全國同酬委員會」（National Committee on Pay Equity，NCPE）為喚起各界對於兩性薪資差異之重視，於1996年發起同酬日活動，象徵性地選定每年四月某一個星期二為同酬日，其選擇星期二意涵為女性須工作至週二才能和男性前一週所賺取薪資相等，2014年為4月14日。

歐盟於2010年時引進美國概念，選定每年4月15日為歐洲同酬日，然而固定的同酬日並無法觀察薪資差距的變化，遂於2011年起依兩性薪資差距計算女性和男性賺取相同薪資所需增加之工作日數，並訂定2011年3月5日為歐盟第一個同酬日。

各國或各倡議組織所採取之同酬日計算方式不一，歐盟以365天×性別薪資差距，計算女性賺取和男性相同薪資所需增加之工作日數，而BPW則採工作天數×性別薪資差距，且兩性薪資差距之計算基礎亦略有差異，例如歐盟不包含受僱員工規模10人以下之薪資，另非經常性薪資不計入。由於同酬日主要意旨在倡議兩性同酬之公共意識，國際上並無要求或建議一致之呼籲，而我國則採歐盟方法計算。

我國「同酬日」係依據行政院主計總處「受僱員工薪資調查」，以當年兩性平均時薪差距計算自隔年1月1日起女性需增加之工作日數。105年我國女性平均時薪264.6元，為男性307.7元之86.0%，兩性薪資差距為14.0%，換言之，

女性較男性需多工作52天（兩性薪資差距14.0％×365日曆天＝52天），才能達到整年總薪資相同，因此109年「同酬日」為2月23日（112年2月23日）。

112年12月及全年工業及服務業薪資統計結果提要：

(一) 12月底工業及服務業全體受僱員工人數819萬1千人，較上（11）月底減少3千人或0.03％；112年全年受僱員工人數平均為817萬8千人，年增7千人或0.09％。

(二) 12月本國籍全時受僱員工（不含外國籍與部分工時員工）經常性薪資平均為48,422元，月增0.55％，年增2.12％；獎金及加班費等非經常性薪資12,872元，合計後總薪資平均為61,294元，年增0.76％。112年全年每人每月經常性薪資平均為48,043元，每人每月總薪資平均為61,920元。

(三) 12月全體受僱員工（含本國籍、外國籍之全時員工及部分工時員工）經常性薪資平均為45,921元，月增0.71％，年增2.19％；獎金及加班費等非經常性薪資11,984元，合計後總薪資平均為57,905元，年增0.67％；其中部分工時員工經常性時薪200元，月增0.50％，年增0.50％。112年全年每人每月經常性薪資平均為45,496元，年增2.43％；每人每月總薪資平均為58,545元，年增1.42％。

工業及服務業受僱員工人數、薪資、工時統計指標摘要

項　目　別		112年12月 ⑫	與上月比較		與上年同月比較		112年平均 ⑫	與上年同期比較	
			增減值	增減率	增減值	增減率		增減值	增減率
本國籍全時受僱員工	每人每月總薪資（元）	61 294	6 484	11.83%	460	0.76%	61 920	956	1.57%
	經常性薪資（元）	48 422	265	0.55%	1 005	2.12%	48 043	1 206	2.57%
全體受僱員工	人數（千人）	8 191	- 3	-0.03%	- 10	-0.12%	8 178	7	0.09%
	每人每月總薪資（元）	57 905	5 944	11.44%	383	0.67%	58 545	817	1.42%
	經常性薪資（元）	45 921	322	0.71%	983	2.19%	45 496	1 080	2.43%
	加班費（元）	2 094	25	1.21%	157	8.11%	2 134	95	4.66%
	每人每月總工時（小時）	171.9	-6.4	-3.59%	-4.2	-2.39%	168.4	1.1	0.66%
	加班工時（小時）	7.9	0.1	1.28%	0.4	5.33%	8.2	0.3	3.80%
部分工時受僱員工	每人每月總薪資（元）	20 707	404	1.99%	500	2.47%	20 591	899	4.57%
	經常性薪資（元）	19 966	149	0.75%	952	5.01%	19 529	846	4.53%

註：1. 全體受僱員工含本國籍、外國籍之全時員工及部分工時員工。

　　2. 自106年7月起新增「本國籍全時受僱員工」及「部分工時受僱員工」相關統計。

　　3. ⑫表初步統計結果。

統計結果

(一) 全體受僱員工人數

1. 12月底全體受僱員工人數為819萬1千人,較上月底減少3千人或0.03%,其中製造業、出版影音製作傳播及資通訊服務業均減少2千人;若與上(111)年同月底比較,亦減1萬人或0.12%。

2. 112年受僱員工人數平均為817萬8千人,較上年增加7千人或0.09%,其中工業部門減少0.74%,服務業部門則增0.69%。就行業別觀察,住宿及餐飲業年增1萬3千人最多,藝術、娛樂及休閒服務業增7千人次之,醫療保健及社會工作服務業、其他服務業分別增4千人再次,製造業則減少3萬1千人。

3. 109年受疫情影響,受僱員工人數自99年以來首次減少,110年、111年隨全球經濟回溫及疫情趨緩,相關商業活動陸續恢復,轉呈正成長,惟112年受出口疲弱影響,僅年增0.09%。

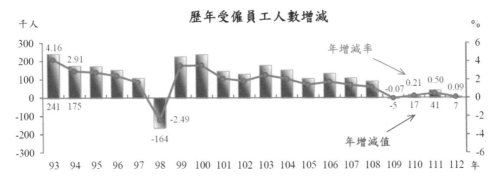

歷年受僱員工人數增減

註:本圖所列108年因行業擴增,為利比較,其年增減係按107年行業範圍進行統計,以下各圖相同。

(二) 全體受僱員工進退狀況

1. 12月全體受僱員工較上月淨減少3千人,因增僱或召回等原因而進入之人數為15萬7千人,較上月減少1萬1千人,其中批發及零售業減少6千人最多,住宿及餐飲業、醫療保健及社會工作服務業、其他服務業均減少2千人次之;因辭職、解僱、退休等原因而退出之人數為15萬9千人,較上月減少4千人,其中批發及零售業減少3千人最多;各行業進退人數相抵之後,受僱員工淨減少3千人。

2. 12月進入率為1.91%，較上月減少0.14個百分點，較上年同月亦減0.09個百分點；12月退出率為1.94%，較上月減少0.06個百分點，與上年同月則持平。

3. 112年進入率平均為2.32%，較上年減少0.05個百分點；112年退出率平均為2.33%，較上年亦減0.01個百分點。

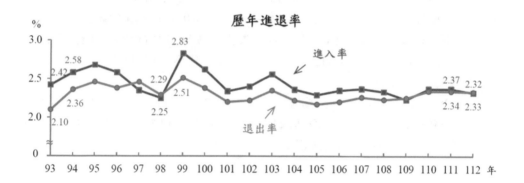

歷年進退率

(三)受僱員工每人每月薪資

1. 12月本國籍全時受僱員工經常性薪資平均為48,422元，較上月增加0.55%，較上年同月亦增2.12%；獎金及加班費等非經常性薪資12,872元，合計後總薪資平均為61,294元，較上月增加11.83%，係因部分廠商提前於本月發放年終獎金及績效獎金所致，較上年同月亦增0.76%。

2. 12月全體受僱員工（含本國籍、外國籍之全時員工及部分工時員工）經常性薪資平均為45,921元，較上月增加0.71%，較上年同月亦增2.19%；獎金及加班費等非經常性薪資11,984元，合計後總薪資平均為57,905元，較上月增加11.44%，較上年同月亦增0.67%。

工業及服務業薪資、工時統計指標摘要－按受僱型態分

項　目　別	112 年 7 月	112 年 8 月	112 年 9 月	112 年 10 月	112 年 11 月 Ⓡ	112 年 12 月 Ⓟ	較上月 增減率 （%）	較上年同月 增減率 （%）
本國籍全時受僱員工								
人數（千人）	7 243	7 246	7 247	7 253	7 256	7 254	-0.02	-0.25
每人每月總薪資（元）	62 344	58 955	57 700	53 958	54 810	61 294	11.83	0.76
經常性薪資（元）	48 127	48 247	48 061	48 126	48 157	48 422	0.55	2.12
全體受僱員工								
人數（千人）	8 189	8 191	8 183	8 189	8 194	8 191	-0.03	-0.12
每人每月總薪資（元）	59 191	55 833	54 594	51 127	51 961	57 905	11.44	0.67
經常性薪資（元）	45 531	45 669	45 505	45 575	45 599	45 921	0.71	2.19
每人每月總工時（小時）	170.5	184.0	168.9	164.6	178.3	171.9	-3.59	-2.39
部分工時受僱員工								
人數（千人）	397	394	384	381	382	382	-0.05	-1.36
每人每月總薪資（元）	20 480	20 934	20 486	20 592	20 303	20 707	1.99	2.47
經常性薪資（元）	19 726	20 214	19 662	19 816	19 817	19 966	0.75	5.01
每人每月總工時（小時）	102.0	103.3	100.3	101.5	100.8	101.1	0.30	4.23
平均總時薪（元）	201	203	204	203	201	205	1.99	-1.44
平均經常性時薪（元）	197	198	199	200	199	200	0.50	0.50

註：1. 平均總時薪＝總薪資／總工時，平均經常性時薪＝經常性薪資／正常工時。
　　2. Ⓡ表修正後統計結果，Ⓟ表初步統計結果。

3. 112年本國籍全時受僱員工每人每月經常性薪資平均為48,043元，較上年增加2.57%；每人每月總薪資平均為61,920元，較上年亦增1.57%；剔除物價因素後，實質經常性薪資年增0.09%，實質總薪資年減0.90%。

4. 112年全體受僱員工每人每月經常性薪資平均為45,496元，較上年增加2.43%；每人每月總薪資平均為58,545元，較上年亦增1.42%；剔除物價因素後，實質經常性薪資年減0.05%，實質總薪資年減1.04%。

歷年工業及服務業平均每月本國籍全時受僱員工人數、薪資

年別	受僱人數 （千人）	年增率 （%）	經常性薪資 （元）	年增率 （%）	總薪資 （元）	年增率 （%）	實質 經常性薪資 （元）	年增率 （%）	實質 總薪資 （元）	年增率 （%）
107 年	7 064	-	43 134	-	55 215	-	42 297	-	54 143	-
108 年 (註4)	7 256	-	44 035	-	56 470	-	42 940	-	55 066	-
	(7 131)	(0.94)	(44 115)	(2.27)	(56 640)	(2.58)	(43 018)	(1.70)	(55 232)	(2.01)
109 年	7 253	-0.05	44 581	1.24	57 065	1.05	43 574	1.48	55 777	1.29
110 年	7 267	0.20	45 453	1.96	58 861	3.15	43 571	-0.01	56 424	1.16
111 年	7 281	0.19	46 837	3.04	60 964	3.57	43 610	0.09	56 764	0.60
112 年 Ⓟ	7 245	-0.50	48 043	2.57	61 920	1.57	43 648	0.09	56 255	-0.90

註：1. 歷年薪資統計係按當年度各月薪資，以受僱員工人數加權平均編算。
　　2. 實質薪資係指經消費者物價指數（105年＝100）平減後之金額。
　　3. Ⓟ表初步統計結果。
　　4. 本統計結果不含農林漁牧業、政府機關、小學以上各級公私立學校、宗教、職業團體及類似組織等行業，107年以前不含「研究發展服務業」、「學前教育」及「社會工作服務業」；為利比較，108年括號內資料係依107年範圍陳示。

歷年工業及服務業平均每月全體受僱員工人數、薪資

年別	受僱人數（千人）	年增率（%）	經常性薪資（元）	年增率（%）	總薪資（元）	年增率（%）	實質經常性薪資（元）	年增率（%）	實質總薪資（元）	年增率（%）
90 年	5 716	-3.66	34 480	1.63	41 952	0.29	40 346	1.65	49 090	0.30
91 年	5 650	-1.16	34 746	0.77	41 533	-1.00	40 739	0.97	48 696	-0.80
92 年	5 785	2.39	34 804	0.17	42 068	1.29	40 922	0.45	49 463	1.58
93 年	6 026	4.16	35 096	0.84	42 684	1.46	40 611	-0.76	49 391	-0.15
94 年	6 201	2.91	35 382	0.81	43 162	1.12	40 016	-1.47	48 815	-1.17
95 年	6 373	2.77	35 725	0.97	43 492	0.76	40 163	0.37	48 895	0.16
96 年	6 525	2.38	36 318	1.66	44 411	2.11	40 108	-0.14	49 046	0.31
97 年	6 633	1.67	36 383	0.18	44 418	0.02	38 813	-3.23	47 384	-3.39
98 年	6 469	-2.49	35 623	-2.09	42 299	-4.77	38 337	-1.23	45 522	-3.93
99 年	6 694	3.49	36 233	1.71	44 646	5.55	38 620	0.74	47 587	4.54
100 年	6 930	3.53	36 735	1.39	45 961	2.95	38 607	-0.03	48 304	1.51
101 年	7 075	2.09	37 193	1.25	46 109	0.32	38 347	-0.67	47 540	-1.58
102 年	7 204	1.82	37 552	0.97	46 174	0.14	38 412	0.17	47 232	-0.65
103 年	7 381	2.46	38 218	1.77	47 832	3.59	38 631	0.57	48 349	2.36
104 年	7 532	2.04	38 712	1.29	49 024	2.49	39 250	1.60	49 705	2.80
105 年	7 637	1.40	39 213	1.29	49 266	0.49	39 213	-0.09	49 266	-0.88
106 年	7 769	1.73	39 928	1.82	50 480	2.46	39 682	1.20	50 169	1.83
107 年	7 877	1.38	40 959	2.58	52 407	3.82	40 164	1.21	51 389	2.43
108 年 (註)	8 118 (7 967)	- (1.14)	41 776 (41 883)	- (2.26)	53 457 (53 657)	- (2.39)	40 737 (40 842)	- (1.69)	52 128 (52 323)	- (1.82)
109 年	8 113	-0.07	42 394	1.48	54 160	1.32	41 437	1.72	52 937	1.55
110 年	8 130	0.21	43 209	1.92	55 792	3.01	41 420	-0.04	53 482	1.03
111 年	8 171	0.50	44 416	2.79	57 728	3.47	41 356	-0.15	53 750	0.50
112 年 (p)	8 178	0.09	45 496	2.43	58 545	1.42	41 334	-0.05	53 189	-1.04

註：同上表。

5. 就行業別觀察，各行業薪資水準並不相同，全體受僱員工薪資為各行業之平均結果，112年每人每月總薪資平均以海洋水運業142,917元、其他金融服務業（主要為金控公司）115,551元、銀行業113,475元、航空運輸業105,970元及電子零組件製造業90,309元相對較高；而美髮及美容美體業32,490元、其他汽車客運業（主要為遊覽車）33,958元則相對較低。

112年各業平均每月受僱員工人數結構及每人每月薪資增減情形

行　業　別	受僱人數 (千人) Ⓟ	結構比 (%)	經常性薪資 (元) Ⓟ	年增率 (%)	總薪資 (元) Ⓟ	年增率 (%)
工業及服務業	8 178	100.00	45 496	2.43	58 545	1.42
工業部門	3 396	41.53	43 250	2.36	59 373	0.68
礦業及土石採取業	3	0.04	44 217	1.58	59 498	1.49
製造業	2 838	34.71	43 181	2.35	60 776	0.54
電子零組件製造業	650	7.95	53 649	3.46	90 309	-0.01
電腦電子光學製品製造業	241	2.94	51 064	2.17	76 493	0.36
電力及燃氣供應業	34	0.41	65 561	1.34	96 138	0.56
用水供應及污染整治業	35	0.43	38 309	2.51	47 051	2.38
營建工程業	485	5.93	42 446	2.55	49 489	1.94
服務業部門	4 782	58.47	47 090	2.42	57 956	1.98
批發及零售業	1 705	20.85	44 528	3.50	53 570	2.94
批發業	1 068	13.05	46 532	2.47	56 812	1.54
零售業	638	7.80	41 174	5.62	48 142	5.99
運輸及倉儲業	294	3.59	48 291	2.76	62 323	0.15
其他汽車客運業	11	0.13	32 186	6.87	33 958	7.38
海洋水運業	9	0.11	83 077	-1.95	142 917	-29.95
航空運輸業	24	0.29	81 887	5.57	105 970	11.98
住宿及餐飲業	498	6.09	34 806	3.47	38 563	6.83
住宿業	88	1.07	36 963	6.49	41 099	9.98
餐飲業	411	5.02	34 346	2.80	38 023	6.12
出版、影音製作、傳播及 資通訊服務業	243	2.98	65 484	2.26	81 063	2.43
金融及保險業	401	4.90	66 180	0.89	98 242	-2.14
銀行業	158	1.93	71 943	2.41	113 475	2.76
其他金融服務業	42	0.52	61 746	-0.02	115 551	-9.23
不動產業	126	1.54	43 866	1.09	56 730	-0.82
專業、科學及技術服務業	309	3.77	57 136	1.71	69 019	1.91
支援服務業	406	4.97	36 367	3.74	40 160	4.24
旅行及相關服務業	25	0.31	40 899	3.44	44 902	8.82
教育業(註1)	147	1.80	29 854	2.19	33 215	3.04
醫療保健及社會工作服務業	476	5.82	55 771	0.99	68 200	2.49
藝術、娛樂及休閒服務業	69	0.84	38 037	0.79	41 347	3.66
其他服務業	108	1.32	34 996	2.69	39 108	4.11
美髮及美容美體業	38	0.47	30 824	3.39	32 490	4.25

註：1. 教育業不含小學以上各級公私立學校等，僅涵蓋「學前教育、教育輔助及其他教育業」，如幼兒園、各類補習班、才藝班、汽車駕駛訓練班及代辦留（遊）學服務等。

2. Ⓟ表初步統計結果。

6. 112年本國籍全時受僱員工與全體受僱員工每人每月總薪資差距為3,375元，就行業別觀察，製造業、住宿及餐飲業、醫療保健及社會工作服務業、教育業因僱用外籍移工或部分工時員工較多，二者差距分別為5,755元、4,849元、3,435元及3,350元。

7.部分工時員工因工時較短，12月經常性薪資平均為19,966元，平均經常性時薪200元，較上月增加0.50%，較上年同月亦增0.50%；加計獎金及加班費後，總薪資平均為20,707元，較上月增加1.99%，較上年同月亦增2.47%。112年每人每月經常性薪資平均為19,529元，平均經常性時薪為200元，與上年持平，每人每月總薪資平均為20,591元。

(四)全體受僱員工每人每月工時

1.12月全體受僱員工總工時平均為171.9小時，較上月減少6.4小時，較上年同月亦減4.2小時。

2.112年每人每月總工時平均為168.4小時，較上年增加1.1小時，其中正常工時增加0.8小時，加班工時增加0.3小時。

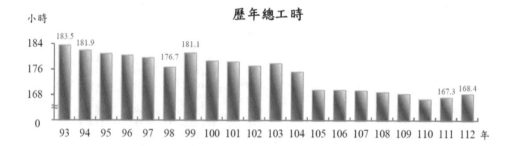

(五)全體受僱員工加班工時及加班費

1.12月全體受僱員工加班工時平均為7.9小時，較上月增加0.1小時，較上年同月亦增0.4小時；112年每人每月加班工時平均為8.2小時，較上年增加0.3小時。

2.12月加班費平均為2,094元，較上月增加1.21%，較上年同月亦增8.11%；112年每人每月加班費平均為2,134元，較上年增加4.66%。

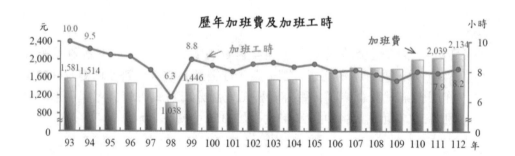

十八、非典型勞動與勞動派遣

(一)**基礎論述**：成之約（2008）提出非典型勞動的基礎論述如下：

1. **國際勞工組織的規範**：1997年通過私立就業服務機構公約第181號，在此公約中有兩項重點：修正1949年收費的就業服務機構公約（Convention Concerning Fee-Charging Employment Agencies），將私立就業服務機構活動不再侷限於以往的職業介紹與就業安置兩項，將其功能與角色擴張為可以僱用勞工提供第三人使用的雇主（私立就業服務機構公約第2條）。其次，呼籲國際社會成員要重視勞動市場彈性化的重要性。顯然，修正意味著國際社會不僅開始重視勞動市場彈性化，更重要的是，國際社會開始面對所謂非典型準聘僱關係，尤其是派遣勞動發展的趨勢。

2. **派遣勞動發展的主因**：隨著日本終身僱用制的瓦解以及全球化延伸的產業大革命下，就業市場結構與型態驟變，在標榜「成本極小化、利潤極大化」的資本主義風潮下，就業市場、勞資關係與彈性勞動等議題方興未艾，甚至激盪出「勞務商品化」與「為我所用、不必然為我所有」等新興概念，讓全球勞動專家學者嗅到不尋常勞資對立煙硝味與勞動階級化漸次形成的隱憂。相關研究顯示，發展原因歸納為於三點：(1)勞動彈性化發展，(2)服務經濟發展及(3)市場供需因素影響。

3. **勞動彈性化擴張理由**：就總體面來說，「勞動彈性化」概念或非典型工作型態的發展與產業結構轉換、國際分工、生產專業化和經濟景氣循環有著密切關係。勞工生活與社會地位的維持以及工作穩定性具有高度關聯，無工作無收入，更遑論生活與社會地位的維持。因此，因應全球化發展，「勞動彈性化」的管理措施，尤其是「派遣勞動」或非典型聘僱關係廣泛為企業所運用，如何提供勞工一個「安全」的工作環境，以及如何設計一個足以因應非典型工作與工作場所發展的「勞資」關係架構，應該是勞、資、政三方深思的一個議題。

   換言之，當「派遣勞動」和非典型聘僱關係的發展確實威脅到就業（聘僱）安全與穩定時，以及影響到傳統勞資關係時，究竟應該如何加以因應呢？是防堵、是逆勢操作、抑或順其自然呢？誠如學者所言，以傳統的勞動立法加以嚴格規範或解除規範管制，均非良好措施。

4. **非典型勞動法制解析**：契約勞動屬定期契約勞動（勞動基準法的特定性工作）；至於委託勞動則屬代理或經紀勞動（民法規範）；調轉勞動為資遣勞工再僱用（屬勞動命令）；派遣勞動則為要派單位勞動（尚待進一步規範）；臨時勞動則屬短期全時勞動（屬勞動基準法中

的臨時性工作）；又，短期間勞動則依時數勞動（勞動基準法的短期性工作或季節性工作）。值得一提的是，上述法令都未必完整，特派遣勞動更是無任何法令（僅有政府公布的勞動派遣權益指導原則）。

5. **非典型工作型態現況**：當前台灣非典型工作型態的對業者約80萬人，占總受僱人口8.5%。比例與日本30%及歐美25%相較，不高。惟近幾年來均以倍數成長，專家預估未來將達到23%，值得重視。令人關切的是，非典型對業者的薪資僅及正職勞工的47.6%，工作亦相對不穩定，企業視之為廉價商品，工具性考量凌駕倫理思維，共存共榮的勞資倫理受到嚴重割裂，現有的勞動關係架構面臨調適面臨困窘。

6. **勞動派遣趨勢與潮流**：勞動派遣在全世界已成為趨勢與潮流，無法阻絕或禁止，若政府不加以規範，可能衍生嚴重問題。因此，如何訂定有效規範是一重要課題。在制度設計上，讓要派公司能滿足勞動力彈性運用與降低部分管理成本需求，非以規避法令責任為目的。對於派遣公司來說，引導正派經營公司，以專業能力賺取合理的管理費用，而非以剝削勞工權益換取公司生存。對於派遣勞工來說，藉由彈性及多樣化工作機會，豐富自己的職場經驗並累積人力資本，提高未來進入正職工作的可能性。政府亦可達到提高就業率及穩定對業市場的雙重目的，若此，勞動派遣制度可以往正向發展。

(二)**類型**：我國非典型就業比率較各國低，非典型就業型態主要包括部分時間工作、定期契約工作（臨時工作）及人力派遣工作，104年我國部分工時就業比率占4.05%、臨時性勞工占受僱者比率為2.6%、派遣勞工受僱者比率為0.9%，若與各主要國家相比，我國非典型就業比率較低。至於各種非典型勞動的比較詳見下表。

各種非典型勞動的比較表

就業類型	僱用型態	主要特性	優缺點	工作內容
臨時／契約工	直接聘僱、定期或短期僱用、全時工作	工作時間與勞雇關係的維持過短	可補充一般工作的薪資、作為一種公共救助手段、企業成本減低；薪資總額無保障、工作時間不穩定、勞動權亦不易保障	外包契約、約聘僱人員、政府方案

就業類型	僱用型態	主要特性	優缺點	工作內容
部分時間工作	直接聘僱、不定期、部分工作時間	工作時間彈性、較一般更短的工時、更好運用人力	職務共享可減少失業衝擊、作為替代性的人力補充、有利家庭照顧、成本減低；升遷較不樂觀、薪資水準較低、福利待遇有限、不能獲得教育訓練機會	政府方案、打工、研究助理
派遣勞動	間接聘僱、不定期、全部或部分工作時間	勞雇關係彈性	減低企業成本、調節景氣循環與勞動市場的供需問題；雇主責任降低、性別差異化、工作薪資偏低、僱用不安定、勞工權益無保障	派遣工、勞務型工作
自僱型就業	無固定僱傭關係、全部或部分工作時間	自行接案、自主營運作業、自願性質居多	時間彈性、有利於家庭照顧；無法定勞動保障、無企業福利條件、薪資不固定	電傳勞動、攤販、自營作業
家務勞動	無僱傭關係、全部或部分工作時間	不屬於勞動參與人口	本身就是家庭照顧的工作型態；無法定勞動保障、無薪酬	照顧工作、家務勞動

資料來源：姚奮志〈勞動彈性化下的社會安全網建構—從中高齡非典型勞動者談起〉（2010）。

(三)**勞動派遣**

1. **定義**：在傳統勞動關係中，勞工直接由雇主指揮監督，為其提供職業上之勞動力，雇主則給付工資作為報酬。但隨著服務業經濟發展與經貿全球化，企業為因應景氣變化而產生彈性運用勞動力之需求，於是逐漸興起多種「非典型勞動」型態，例如：部分時間工作、外包、電傳勞動及勞動派遣等。

　　「派遣勞動」有許多不同的稱呼，例如「臨時勞動」（Temporary work）、「機構勞動」（Agency work）或「租賃勞動」（Leased work）。勞動派遣簡單歸納為：提供派遣勞工者（以下稱派遣機構）與使用派遣勞工者（以下稱要派機構）簽訂提供與使用派遣勞工之商

務契約（以下稱要派契約），而派遣勞工在與派遣機構維持勞動契約前提下，被派遣至要派機構之工作場所，並在要派機構之指揮監督下提供勞務。因此，勞動派遣具有以下四項特色：

(1)是一種涉及三方當事人的勞動關係。

(2)派遣勞工與派遣機構間為勞動契約關係。

(3)派遣機構與要派機構間為商務契約關係。

(4)要派機構與派遣勞工間雖無勞動契約關係，但派遣勞工係在要派機構之指揮監督下提供勞務。三者間的關係如下圖所示：

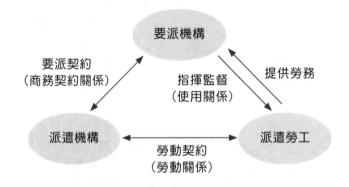

派遣機構、要派機構與派遣勞工間之關係圖

2.**分類與特徵**：派遣勞工與派遣機構之間因為僱用時間長短不同可分為「經常僱用型」和「登錄型」兩種不同的型態。在「經常僱用型」的狀態下，即使派遣勞工未派遣出去工作，他與派遣機構依然維持著僱用的關係。但是在「登錄型」狀態下，派遣勞工僅在接受派遣的況狀下才與派遣機構存在著聘僱關係。在多數狀況下，「登錄型」的派遣型態多發生於一些具有專業技能的勞工身上，例如：特別看護、電腦程式設計師、翻譯人員等。這些人只是想透過派遣機構的居中介紹，減少尋找雇主的時間與麻煩。而願意與派遣機構維持「經常僱用型」的勞工則可能是一些找不到長期、穩定性工作、除派遣勞動外別無選擇的人。

一般來說，派遣勞動具有以下的特徵：

(1)派遣機構僱用勞工的目的係在供給民營企業、政府機構、非營利組織或個人運用。

(2)派遣勞工與派遣業者維持聘僱關係，卻在要派業者處提供勞務及接受指揮監督。

(3)派遣勞動的工作型態可區分為「經常性僱用」與「登錄型」兩種類型。除了不尋常與複雜的關係引起爭議外，派遣勞動另一項引起爭議的是派遣機構的角色與功能問題。事實上，派遣機構的角色與功能確實是一個不能夠輕易釐清的爭議。由於派遣機構自勞工的派遣過程中獲得報酬，因而經常被批評為將勞工視為商品來出售得利。當然，也有人認為，派遣機構的存在可以減少勞工尋找工作的時間。同時，在一些公辦的保險與退休福利制度不健全的國家，派遣機構可以協助許多勞工避免退休與保險年資的中斷。此外，也有人認為派遣機構不至於會剝削派遣勞工。因為，在一個競爭的環境中，派遣機構為持續業務的進行，就必須對顧客提供才能兼具的勞工，而為留住優秀的人才，派遣機構就必須提供勞工滿意的薪資福利待遇。甚至派遣機構有時必須扮演訓練機構或學校的角色，來保證所提供的勞工是才能兼具的。

總之，為避免派遣機構或私立就業服務機構有不當得利的情況發生，國際勞工組織於1997年通過的私立就業機構公約第四條特別規定，派遣勞工的結社自由權與團體協商權是不可以剝奪的。同時，在公約的第五條也規定，派遣機構對於派遣勞工不可以給予任何歧視或不公平待遇。此外，在公約第11條又再度強調，會員國應採取必要措施保障派遣勞工的結社自由、團體協商、最低工資、社會保險福利、工作時間及其他勞動條件、訓練機會、職業安全及衛生、職業災害補償、母性保護與福利等權益。

3. **權益保障**：依據111年4月7日修正公布「勞動派遣權益指導原則」所指，派遣勞工的權益保障事項如下：

(1)勞動部為使派遣事業單位與要派單位確實符合勞動法令，保障派遣勞工權益，特訂定本指導原則。

(2)本指導原則用詞，定義如下：

　　A. 勞動派遣：指派遣事業單位指派所僱用之勞工至要派單位，接受該要派單位指揮監督管理，提供勞務之行為。

　　B. 派遣事業單位：指從事勞動派遣業務之事業單位。

　　C. 要派單位：指依據要派契約，實際指揮監督管理派遣勞工從事工作者。

　　D. 派遣勞工：指受派遣事業單位僱用，並向要派單位提供勞務者。

E. 要派契約：指要派單位與派遣事業單位就勞動派遣事項所訂立之契約。

(3)派遣事業單位僱用派遣勞工，應注意下列事項：

A. 人力供應業於中華民國87年4月1日起納入勞動基準法適用範圍，派遣事業單位僱用派遣勞工從事工作，應遵循勞動基準法及相關勞動法令之規定。

B. 派遣事業單位與派遣勞工訂定之勞動契約，應為不定期契約。派遣事業單位不得配合要派單位之需求，與派遣勞工簽訂定期契約。

C. 有關勞動基準法施行細則第7條規定之事項，派遣事業單位與派遣勞工應本誠信原則協商，且不得低於法律規定，並宜以書面載明，由勞雇雙方各執一份為憑。

D. 派遣事業單位應依法令規定為派遣勞工辦理勞工保險、勞工職業災害保險、就業保險及全民健康保險，並依規定覈實申報投保薪資（金額）。

E. 派遣事業單位應依勞動基準法及勞工退休金條例辦理勞工退休事項。

F. 派遣事業單位招募或僱用派遣勞工應遵守就業服務法規定，不得有就業歧視，亦不得對派遣勞工扣留證件、財物或收取保證金。

G. 派遣事業單位招募或僱用派遣勞工應遵守性別工作平等法規定。

H. 派遣勞工依勞動基準法第17條之1規定與要派單位訂定勞動契約者，其與派遣事業單位之勞動契約視為終止，派遣勞工不負違反最低服務年限約定或返還訓練費用之責任。派遣事業單位應依同法或勞工退休金條例規定之給付標準及期限，發給派遣勞工退休金或資遣費。

I. 派遣事業單位不得因派遣勞工依前款規定向要派單位提出要求訂約之意思表示，而予以解僱、降調、減薪、損害其依法令、契約或習慣上所應享有之權益，或其他不利之處分。派遣事業單位為前開行為之一者，無效。

J. 要派單位與派遣事業單位終止要派契約，不影響派遣勞工為派遣事業單位工作之受僱者權益。派遣事業單位無適當工作可供安置者，有關勞動契約之終止，應依勞動基準法等相關規定辦理。

K. 派遣事業單位僱用勞工人數在30人以上者，應依其事業性質，訂立工作規則，報請主管機關核備後公開揭示。

L. 派遣事業單位未符合勞動基準法第15條之1第1項規定者，不得約定勞工於派遣期間，轉任為要派單位之正職人員須給付違約金或返還訓練費用。

M. 派遣事業單位未符合勞動基準法第9條之1第1項規定者，不得約定勞工於勞動契約終止後，一定期間內禁止至要派單位任職。

(4) 要派單位使用派遣勞工，應注意下列事項：

A. 要派單位不得為規避勞動法令上雇主義務，強迫正職勞工離職，改用派遣勞工。

B. 要派單位不得於派遣事業單位與派遣勞工簽訂勞動契約前，有面試該派遣勞工或其他指定特定派遣勞工之行為。

C. 要派單位違反前款規定，且已受領派遣勞工勞務者，派遣勞工得於要派單位提供勞務之日起90日內，以書面向要派單位提出訂定勞動契約之意思表示。

D. 要派單位應自前款派遣勞工意思表示到達之日起10日內，與其協商訂定勞動契約。逾期未協商或協商不成立者，視為雙方自期滿翌日成立勞動契約，並以派遣勞工於要派單位工作期間之勞動條件為勞動契約內容。

E. 要派單位不得因派遣勞工依前2款規定向其提出要求訂約之意思表示，而予以解僱、降調、減薪、損害其依法令、契約或習慣上所應享有之權益，或其他不利之處分。要派單位為前開行為之一者，無效。

F. 勞動派遣關係有其特殊性，有關派遣勞工提供勞務時之就業歧視禁止、性騷擾防治、性別平等及職業安全衛生等事項，要派單位亦應積極辦理。

G. 要派單位為派遣勞工辦理教育、訓練或其他類似活動，不得因性別或性傾向而有差別待遇。

H. 要派單位應設置處理性騷擾申訴之專線電話、傳真、專用信箱或電子信箱，並將相關資訊於工作場所顯著之處公開揭示。

I. 要派單位知悉派遣勞工遭性騷擾之情形時，應採取立即有效之糾正及補救措施。派遣勞工遭受要派單位所屬人員性騷擾時，要派單位應受理申訴並與派遣事業單位共同調查；調查屬實者，要派單位應對所屬人員進行懲處，並將結果通知派遣事業單位及當事人。

J. 派遣勞工於要派單位工作期間之福利事項，除法律另有規定外，應本公平原則，避免差別待遇。

K. 要派單位應依法給予派遣勞工哺（集）乳時間，哺（集）乳時間視為工作時間。派遣勞工子女未滿2歲須親自哺（集）乳者，除規定之休息時間外，要派單位應每日另給哺（集）乳時間60分鐘；派遣勞工於每日正常工作時間以外之延長工作時間達1小時以上者，要派單位應給予哺（集）乳時間30分鐘。僱用30人以上受僱者之要派單位，派遣勞工育有未滿3歲子女者，得要求每日減少工作時間1小時或調整工作時間，要派單位不得拒絕。

L. 要派單位不得因派遣勞工提出性別工作平等法之申訴或協助他人申訴，而予以解僱、調職或其他不利之處分。

M. 派遣事業單位積欠派遣勞工工資，經主管機關處罰或限期令其給付而屆期未給付者，派遣勞工得請求要派單位給付。要派單位應自派遣勞工請求之日起三十日內給付之。

N. 要派單位使用派遣勞工發生職業災害時，要派單位應與派遣事業單位連帶負擔勞動基準法所定雇主職業災害補償之責任；其職業災害依勞工職業災害保險及保護法或其他法令規定，已由要派單位或派遣事業單位支付費用補償者，得主張抵充。

O. 要派單位及派遣事業單位因違反勞動基準法或有關安全衛生規定，致派遣勞工發生職業災害時，應連帶負損害賠償之責任。要派單位或派遣事業單位依勞動基準法給付之補償金額，得抵充就同一事故所生損害之賠償金額。

(5) 派遣事業單位與要派單位訂立要派契約應注意下列事項：

A. 派遣事業單位依法應全額定期給付工資，不得以任何理由遲延或拒絕給付工資。其與要派單位因履約所生爭議，派遣事業單位應另循司法程序救濟，不得以要派單位拖欠費用為由積欠派遣勞工工資或其他給與。

B. 要派單位支付派遣事業單位任何費用前，應確認派遣事業單位已依約按期支付派遣勞工工資，以確保無積欠派遣勞工工資或其他給與情事。

C. 派遣事業單位積欠派遣勞工工資，經主管機關處罰或限期令其給付而屆期未給付者，要派單位因派遣勞工請求而給付工資者，得向派遣事業單位求償或扣抵要派契約之應付費用。

D. 派遣事業單位應與要派單位於要派契約中明定派遣勞工延長工時或變更工作事項，並應先經派遣勞工所組織工會同意；無工會者，經勞資會議同意後，始可為之。

E. 要派單位因經營因素，有要求派遣勞工配合延長工時、休息日出勤或變更工作時間需要者，有關延長工時、休息日出勤之時數以及延長工時、休息日出勤工資計給方式、如何給付、正常工作時間分配調整等，應與派遣事業單位先行確認有無徵得勞工同意，並於要派契約中約定。

F. 要派單位認為派遣勞工有無法勝任工作情事者，應要求派遣事業單位依要派契約改派適任勞工，不得決定派遣勞工之任用。

G. 派遣勞工因遭遇職業災害而致死亡、失能、傷害或疾病時，派遣事業單位應給予職業災害補償。派遣事業單位與要派單位應於要派契約明確約定要派單位應盡設置安全衛生設施、實施安全衛生管理與教育訓練之義務及其他雙方權利義務有關事項，並得於派遣勞工工作前，事先透過保險規劃雇主之補償及賠償責任。

H. 派遣事業單位與要派單位訂定之要派契約，宜明定提前終止契約之預告期間。

(6)勞工從事派遣工作應注意下列事項：

A. 充分瞭解勞動派遣特性，並評估自身能力、意願及職涯規劃後，再決定是否從事勞動派遣工作。

B. 慎選派遣事業單位，考量其規模、成立時間、服務客戶素質、派遣勞工人數、員工訓練制度及有無重大勞資爭議歷史等。

C. 與派遣事業單位簽訂勞動契約，宜以書面為之，其內容除勞動基準法施行細則第七條列舉事項外，仍宜針對勞動派遣關係中較特殊事項，例如安全衛生、職業災害補償、就業歧視禁止、性騷擾防治、擔任職務或工作內容、獎勵懲戒、應遵守之紀律有關事項或獎金紅利等詳細約定，避免日後爭議。該勞動契約應至少一式二份，一份由派遣勞工收執。

D. 接受勞動派遣時，應要求派遣事業單位以書面載明要派單位名稱、工作地點、擔任職務、工作內容、工作時間（含休息、休假、請假）等事項。

E. 請求派遣事業單位除辦理一般教育訓練外，派遣之前應針對職務特性辦理職前訓練。

F. 應確認派遣事業單位是否於到職當日為派遣勞工加保勞工保險、勞工職業災害保險、就業保險及全民健康保險，及是否覈實申報投保薪資（金額）。

　　G. 派遣期間內，應確認派遣事業單位是否已按勞工退休金條例提繳退休金。

　　H. 派遣勞工於勞動契約終止時，得請求派遣事業單位開立服務證明書。

　　I. 派遣事業單位僱用勞工人數在30人以上者，受僱勞工可依法組織工會，團結勞工力量，維護勞工權益。

　　J. 派遣勞工權益受有損害者，可提供具體事實及訴求向當地勞工行政主管機關（勞工局、處）申訴處理。

(四)**歐盟數位平台工作者指令**：歐洲各國之間的規則差異很大，因此歐盟有很大的必要介入和保護零工經濟勞動者，使其享有其他勞工享有的基本權利，而這是《歐盟基本權利憲章》所規定的。在與零工經濟勞動者、工會和勞動法專家接觸之後，歐洲聯合左派與北歐綠色左派集團提出了歐盟關於數位平台工作者指令。

近年來，隨著網路科技的快速發展，讓「平台經濟」（Platform Economics）更謂為盛行，講求快速、方便和即時的運送服務（無論是人、物或食物），都已經成為許多人的一種生活方式。再加上電子商務（E-commerce）持續快速擴張，以及COVID-19疫情大流行的催使之下，各國以「零工經濟」（Gig economy）為新勞動生活的人也就越來越多，而平台業者、勞動者、委託服務者及顧客之間的法律權利和義務關係越發模糊，相對的也衍生許多新問題有待解決。

無論相關從業人員是否被定義為「勞工」，在這個「勞動者越來越多，勞工越來越少的年代」，勞工傳統基本「勞動權」和「社會權」保護的維持，處境更為艱難，就在職災事件頻傳（主要是車禍）的壓力之下，各國政府都嘗試對業者和勞動者的關係訂定新的規範，但成效始終有限。然而，產生的新問題也讓看似獲得更方便的消費者反省，這種過度強調快（快速）、很（方便）、準（準時送達）的消費文化是否必要？例如，韓國社會在14位外送員因職災死亡之後引爆輿論，發起「#晚了沒關係」、「#我們要阻止讓快遞員死亡」的hashtag運動，提醒社會這個問題的嚴重性。有鑑於問題日益多元復雜，而在這個商業模式之下，平台業者不只透過法律關係不明的漏洞，不僅成功躲避了傳統勞動法中對「雇主」義務的監督，更將所有風險外部化，最終由勞工和社會承擔所有惡果。

指令文本：歐洲議會和理事會關於數位平台工作者指令

歐洲議會和理事會關於數位平台工作者指令（DIRECTIVE OF THE EUROPEAN PARLIAMENT AND OF THE COUNCIL ON DIGITAL PLATFORM WORKERS），主要內容如下：

第一章　　一般規定

第1條　目的和主題

1. 這個指令通過將數位平台員工的勞動和社會權利與所有其他員工的權利保持一致，確保數位平台工作者的保護。
2. 本指令完全不妨礙成員國和工會層級承認的基本權利的行使，包括根據國家法律和（或）慣例，有權或自由罷工或採取成員國特有的其他形式的就業相關行動。這也不影響談判、締結和執行集體協定或根據國家法律和（或）慣例採取集體行動的權利。

第2條　定義和範圍

就本指令而言，以下定義應適用：

數位平台：是指離線組織的服務公司，尤其是在持照駕駛員的乘客運輸和送餐領域中運作，其目的是通過電子方式和通過算法為客戶提供勞動（Workforce）力，並對其進行組織履行提供給他們的服務。它在很大程度上確定或影響了交易所的條件和報酬。

勞工：是指與數位平台簽訂契約，並受僱於從事無論是知識性（intellectual）或手工性質（manual nature）勞動和服務於平台以換取報酬的任何人。

第二章　　就業和工作條件

第3條　一般原則

會員國應確保第2條含義內的數位平台向數位平台工作者保證，以下規定管轄領域的僱傭條款和條件，受到已普遍適用的集體協議、契約或仲裁裁決中規定的保護：

1. 訂立和終止僱用契約的安排；
2. 最長工作期間、最低休息時間和帶薪年假的最短期限；
3. 報酬，包括加班費；
4. 僱用勞工的條件，特別是由臨時工作機構僱用勞工的條件；
5. 演算法的功能，個資的處理及對「離線權」（right to disconnect）的保證；
6. 勞工的健康，安全和福祉；
7. 代表、談判和集體行動的安排；

第4條　演算法

1.平台有責任使勞工及其代表充份理解其演算法的原理原則。
2.平台應指明主要參數，無論是單獨還是集體，對於確定團隊的分配、工作機會和工作地點的分配、對所做工作的評量、等待時間的安排和報酬決定，以及這些主要參數的相對重要性，並以易於公開及清晰和易懂的語言進行說明。平台應確保所公佈的為最新的描述。
3.歐盟反歧視的既存典章制度（acquis communautaire）應適用於相關演算法。

第5條　個人資料

1.數位平台工作人員的個人資料應按照歐洲議會和理事會2016年4月27日關於保護自然人在處理個人資料和此類數據自由流動的條例（EU, 2016/679）進行處理。
2.尋求建立對勞工進行評價的任何形式資料處理機制，以及對演算法的任何更改計劃，均應在數位平台和勞工代表之間進行集體談判確立。

第三章　最後條款

第6條

1.本指令不得損害成員國適用或制定更有利於工人的法律、條例或行政規定的權利，或鼓勵或允許適用和社會夥伴之間締結的更有利於勞工的集體協議或任何協議的權利。
2.在任何情況下，本指令的執行均不得構成充分理由來降低該指令所涵蓋領域勞工的一般保護水準。為實施本指令而採取的措施應不損害成員國和（或）社會夥伴根據情況變化而採用與本指令不同的立法、法規或契約規定的權利，但須遵守本指令規定的最低要求。

第7條　罰則

1.成員國應就數位平台不遵守本指令的情況提供適當的措施。特別是，他們應確保制定適當的行政或法律程序，以便能夠履行本指令規定的義務。
2.成員國應制定適用於違反根據本指令通過的國家規定的處罰規則，並應採取一切必要措施確保其得到執行。規定的處罰應是有效的、相稱的和勸阻性的。成員國應最晚於當月向委員會通報上述規定。成員國應立即將這些規定的任何修正案通知委員會。他們應特別確保勞工或其代表有足夠的手段執行本指令規定的義務。

第8條　執行

1.成員國應最晚於本年度通過並公佈遵守本指令所需的法律、條例和行政規定，或確保社會夥伴通過協定方式引入必要規定，成員國應採取一切必要步驟，使其隨時能夠實現本指令規定的目標。成員國應立即通知委員會。

2.成員國採用這些規定時，應包含對本指令的參考，或在正式公佈時附上此項參考。提出的方法應由成員國規定。

第9條

委員會最晚按月進行審查，應與成員國和歐盟層級的社會夥伴協商，審查本指令的適用情況，以便酌情提出必要的修正建議。

第10條

本指令自《歐洲聯盟官方公報》公佈之日起施行。

第11條

本指令主要是適用於成員國。

十九、外送平台業者與外送員間法律關係與權益保障

勞動部108年11月9日頒布勞動契約認定指導原則，做出具體規範如下：

(一) 為確立勞動契約之認定標準，使勞務提供者及事業單位對雙方之法律關係有明確認知，以保障勞工權益，特訂定本指導原則。

(二) 事業單位與勞務提供者雖得本於契約自由原則，約定勞務契約類型，但其法律關係是否為勞動契約，應就個案事實及整體契約內容，依從屬性之高低實質認定，不受契約之形式或名稱拘束。

(三) 個案事實及整體契約內容具有下列要素之全部或一部，經綜合判斷後，足以認定勞務提供者係在相當程度或一定程度之從屬關係下提供勞務者，其與事業單位間之法律關係應屬勞動契約：

　1.具人格從屬性之判斷：

　　(1)勞務提供者之工作時間受到事業單位之指揮或管制約束。

　　(2)勞務提供者給付勞務之方法須受事業單位之指揮或管制約束。但該方法係提供該勞務所必須者，不在此限。

　　(3)勞務提供者給付勞務之地點受到事業單位之指揮或管制約束。但該地點係提供該勞務所必須者，不在此限。

　　(4)勞務提供者不得拒絕事業單位指派之工作。

(5)勞務提供者須接受事業單位考核其給付勞務之品質，或就其給付勞務之表現予以評價。

(6)勞務提供者須遵守事業單位之服務紀律，並須接受事業單位之懲處。但遵守該服務紀律係提供勞務所必須者，不在此限。

(7)勞務提供者須親自提供勞務，且未經事業單位同意，不得使用代理人。

(8)勞務提供者不得以自己名義，提供勞務。

2.具經濟從屬性之判斷：

(1)勞務提供者依所提供之勞務，向事業單位領取報酬，而非依勞務成果計酬，無需自行負擔業務風險。

(2)提供勞務所需之設備、機器、材料或工具等業務成本，非由勞務提供者自行備置、管理或維護。

(3)勞務提供者並非為自己之營業目的，提供勞務。

(4)事業單位以事先預定之定型化契約，規範勞務提供者僅能按事業單位所訂立或片面變更之標準獲取報酬。

(5)事業單位規範勞務提供者，僅得透過事業單位提供勞務，不得與第三人私下交易。

3.具組織從屬性之判斷：勞務提供者納入事業單位之組織體系，而須透過同僚分工始得完成工作。

4.其他判斷參考：

(1)事業單位為勞務提供者申請加入勞工保險或為勞務提供者提繳勞工退休金。

(2)事業單位以薪資所得類別代勞務提供者扣繳稅款，並辦理扣繳憑單申報。

(3)事業單位其他提供相同勞務者之契約性質為勞動契約。

(四) 事業單位實際上與勞務提供者間屬勞動契約關係者，應適用勞動基準法等勞動法令，勞務提供者得行使勞工之法定權利，事業單位仍應負擔雇主之法律責任。有違反者，由主管機關依法裁罰。

(五) 勞務提供者認為事業單位為其雇主時，得循民事訴訟程序請求救濟。又，勞動契約從屬性判斷檢核表示認定的標準表，本檢核表係供判斷從屬性之參考。任一項目如勾選為「符合」，代表該項目有從屬性特徵，但程度之高低，仍須視個案事實及整體契約情形判斷。整體檢核結果，符合項目越多者，越可合理推論趨近於勞動契約，但仍需視整體契約內容，及事實上受拘束之程度，綜合判斷。

勞動契約從屬性判斷檢核表

項次	內容	檢核情形
一	具人格從屬性之判斷	
（一）	勞務提供者之工作時間受到事業單位之指揮或管制約束	
1.1	勞務提供者不能自由決定工作時間及休息時間	☐符合 ☐不符合
1.2	勞務提供者未於工作時間出勤，未請假時會受懲處或不利益待遇（包含停止派單或任意調換工作區域）	☐符合 ☐不符合
1.3	勞務提供者上下班應簽到打卡或輔以電子通信設備協助記載	☐符合 ☐不符合
（二）	勞務提供者給付勞務之方法須受事業單位之指揮或管制約束	
2.1	勞務提供者僅得依事業單位決定的工作執行方式完成工作，違反者，會受懲處或不利益待遇	☐符合 ☐不符合
（三）	勞務提供者給付勞務之地點受到事業單位之指揮或管制約束	
3.1	勞務提供者不能自由決定提供勞務之處所、路線或區域	☐符合 ☐不符合
3.2	勞務提供者應服從事業單位調派至其他處所、路線或區域提供勞務	☐符合 ☐不符合
（四）	勞務提供者不得拒絕事業單位指派之工作	
4.1	勞務提供者拒絕事業單位指派的工作會遭受懲處或不利益待遇	☐符合 ☐不符合
（五）	勞務提供者須接受事業單位考核其給付勞務之品質，或就其給付勞務之表現予以評價	

項次	內容	檢核情形
5.1	勞務提供者的工作表現有接受事業單位之考核的義務	☐符合 ☐不符合
(六)	勞務提供者須遵守事業單位之服務紀律（如適用事業單位之工作規則或其他內部規章），並須接受事業單位之懲處	
6.1	勞務提供者需遵守事業單位的工作規則或其他內部規範，違反者會受懲處或不利益待遇	☐符合 ☐不符合
(七)	勞務提供者須親自提供勞務，且未經事業單位同意，不得使用代理人	
7.1	事業單位要求勞務提供者親自從事工作	☐符合 ☐不符合
7.2	事業單位會不定期查核勞務提供者是否親自工作	☐符合 ☐不符合
(八)	勞務提供者不得以自己名義，提供勞務	
8.1	勞務提供者必須以事業單位名義提供勞務，不能以個人名義招攬業務	☐符合 ☐不符合
8.2	勞務提供者不得以自己名義對外表彰自己所提供之勞務成果，僅能對外表彰事業單位或其負責人之名義	☐符合 ☐不符合
二	具經濟從屬性之判斷	
(一)	勞務提供者依所提供之勞務，向事業單位領取報酬，而非依勞務成果計酬，無需自行負擔業務風險	
1.1	不論勞務提供者有無工作成果，事業單位皆計付報酬	☐符合 ☐不符合

項次	內容	檢核情形
1.2	事業單位依據勞務提供者提供勞務之時間長度及時段計付報酬	□符合 □不符合
1.3	不論事業單位是否收到款項，都自己吸收損失，不影響報酬之計付	□符合 □不符合
(二)	提供勞務所需之設備、機器、材料或工具等業務成本，非由勞務提供者自行備置、管理或維護	
2.1	勞務提供者被要求必須使用事業單位提供或指定之設備（或工具等）提供勞務	□符合 □不符合
(三)	勞務提供者並非為自己之營業目的，提供勞務	
3.1	勞務提供者僅係為事業單位之事業而貢獻勞力，不須負擔營業風險	□符合 □不符合
(四)	事業單位以事先預定之定型化契約，規範勞務提供者僅能按事業單位所訂立或片面變更之標準獲取報酬。	
4.1	勞務提供者只能按事業單位所訂立的標準獲取報酬，事業單位片面變更報酬標準時，勞務提供者僅能接受	□符合 □不符合
(五)	事業單位規範勞務提供者，僅得透過事業單位提供勞務，不得與第三人私下交易	
5.1	勞務提供者僅得透過事業單位提供勞務，不得私下與第三人交易，以獲取報酬	□符合 □不符合
三	具組織從屬性之判斷	

項次	內容	檢核情形
(一)	勞務提供者納入事業單位之組織體系，而須透過同僚分工始得完成工作	
1.1	勞務提供者須依事業單位要求定期排班、輪班或值班	□符合 □不符合
1.2	勞務提供者無法獨力完成工作，需與其他同事分工共同完成工作	□符合 □不符合
四	其他判斷參考	
1.1	事業單位為勞務提供者申請加入勞工保險或為勞務提供者提繳勞工退休金	□符合 □不符合
1.2	事業單位以薪資所得類別代勞務提供者扣繳稅款，並辦理扣繳憑單申報	□符合 □不符合
1.3	事業單位其他提供相同勞務者之契約性質為勞動契約	□符合 □不符合

　　平台業者（雇主）應依勞工保險條例規定為所僱之外送員辦理參加勞保；依法加勞保者發生保險事故，得依規定請領普通事故保險之生育、傷病、失能、老年及死亡給付。如雇主未依規定為所僱用之外送員辦理加保，將予以處罰。平台業者（雇主）應依就業保險法規定為所僱之外送員加就保。依法加就保者發生保險事故，得依規定請領就保相關給付。未依規定辦理將有相關罰則之適用。平台業者（雇主）應依勞工職業災害保險及保護法第6條規定為所僱外送員辦理參加勞工職業災害保險；所僱外送員於遭遇職業傷病事故，並符合相關請領條件者，得申請醫療、傷病、失能、死亡及失蹤5種保險給付。如雇主未依規定為所僱用之外送員辦理加保，將予以處罰。

又為保障外送員職業災害權益，勞動部於111年6月16日修正發布「食品外送作業安全衛生指引」，除要求平台業者為其勞工投保人身保險（死亡/失能：新臺幣300萬元；傷害醫療：實支實付新臺幣3萬元、門診日額新臺幣300元、住院日額：新臺幣1,000元）外，並擴大「第三人責任保險」保險範圍，為其勞工投保每一個人傷害新臺幣200萬元；每一意外事故新臺幣400萬元，以保障其發生災害或事故權益，其中第三人責任保險部分，考量保險商品上市需一定時間申請核准，因此緩衝自同年11月1日施行；另如平台業者交付無僱傭關係之個人親自履行食品外送作業者，亦準用前開規定。

二十、勞工生活及就業狀況調查統計結果

為了解勞工工作狀況、對工作環境的滿意及職涯規劃等情形，勞動部以參加勞保之本國勞工為調查對象，按年辦理「勞工生活及就業狀況調查」，112年計回收有效樣本4,095份，調查統計結果摘述如下：

(一) 對整體工作感到滿意之勞工占7成5

112年調查勞工對整體工作感到滿意的比率為74.6%，較111年調查上升1.2個百分點，感到普通者占22.4%，感到不滿意者占3%。對整體工作感到滿意者之各項目滿意比率，以「性別工作平等」97.3%最高，其次為「同事間的相處與友誼」96.1%，「工作場所」94%居第三；對整體工作感到不滿意者之各項目不滿意比率，以「人事考核升遷制度」82.6%居首，其次為「工資」64.3%，「員工申訴管道之暢通」60%居第三。

勞工對整體工作之滿意情形

單位：%

	總計	滿意			普通	不滿意		
		計	很滿意	滿意		計	不滿意	很不滿意
110 年	100.0	72.5	23.7	48.9	25.0	2.5	2.1	0.4
111 年	100.0	73.4	22.8	50.7	23.5	3.0	3.0	0.1
112 年	**100.0**	**74.6**	**26.5**	**48.1**	**22.4**	**3.0**	**2.5**	**0.5**

說明：本表資料期間為各年5月；以下各圖、表之資料期間，除「近一年」之各項統計為各年之前一年6月至當年5月外，餘亦為各年5月。

中華民國112年5月

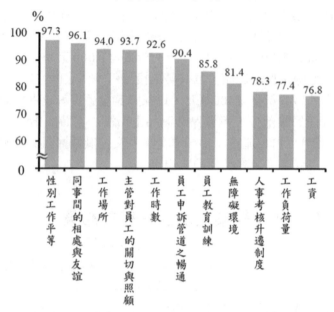

整體工作滿意者對各項工作環境之滿意比率

中華民國112年5月

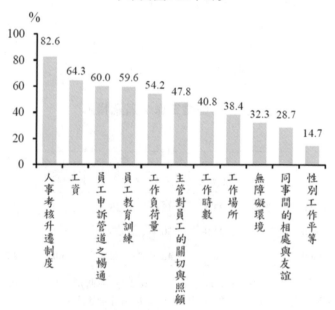

整體工作不滿意者對各項工作環境之不滿意比率

(二)勞工有延長工時（加班）者約占4成，平均每月延長13.4小時

112年調查勞工近一年（111年6月至112年5月）有延長工時（加班）者占41.2%，較111年調查下降0.8個百分點，其中有延長工時者之平均每月延長工時為13.4小時。按行業別觀察，以電力及燃氣供應業有延長工時占63.1%最高，公共行政及國防/強制性社會安全、運輸及倉儲業、醫療保健及社會工作服務業亦均在5成以上。

勞工近一年延長工時（加班）情形

單位：%

	總計	沒有延長工時	有延長工時	平均每月時數（小時）
110 年	100.0	53.7	46.3	14.9
111 年	100.0	58.0	42.0	15.0
112 年	**100.0**	**58.8**	**41.2**	**13.4**
農、林、漁、牧業	100.0	70.0	30.0	11.9
礦業及土石採取業	100.0	69.2	30.8	-
製造業	100.0	57.7	42.3	18.1
電力及燃氣供應業	100.0	36.9	63.1	15.1
用水供應及污染整治業	100.0	67.9	32.1	11.4
營建工程業	100.0	58.7	41.3	14.4
批發及零售業	100.0	63.4	36.6	10.9
運輸及倉儲業	100.0	48.2	51.8	12.4
住宿及餐飲業	100.0	60.6	39.4	11.1
出版影音及資通訊業	100.0	53.2	46.8	9.3
金融及保險業	100.0	57.2	42.8	9.1
不動產業	100.0	66.9	33.1	11.1
專業、科學及技術服務業	100.0	57.1	42.9	13.4
支援服務業	100.0	69.0	31.0	14.6
公共行政及國防；強制性社會安全	100.0	43.9	56.1	8.9
教育業	100.0	63.2	36.8	8.1
醫療保健及社會工作服務業	100.0	49.5	50.5	12.7
藝術、娛樂及休閒服務業	100.0	60.5	39.5	8.5
其他服務業	100.0	73.3	26.7	12.9

說明：樣本過少者，抽樣誤差大，不陳示數值，以「-」表示，不列入分析。

(三)延長工時之勞工每次均有領到加班費或換取補休者占8成5

依112年調查勞工近一年延長工時統計，每次均有領到加班費或換取補休者占84.6%，較111年上升0.5個百分點。按行業別觀察，從來沒有或經常沒有領到加班費或換取補休者之占比以不動產業19.6%最高，出版影音及資通訊業、批發及零售業、專業/科學及技術服務業與製造業亦均逾1成。

勞工近一年延長工時（加班）領到加班費或換取補休情形

單位：%

	總計	每次均有領到或換取	曾沒有領到或換取-按頻率分		
			計	偶爾沒有	從來沒有或經常沒有
110 年	100.0	86.5	13.5	5.6	8.0
111 年	100.0	84.1	15.9	5.9	10.1
112 年	**100.0**	**84.6**	**15.4**	**6.6**	**8.8**
農、林、漁、牧業	100.0	84.1	15.9	12.8	3.1
礦業及土石採取業	-	-	-	-	-
製造業	100.0	84.4	15.6	4.8	10.8
電力及燃氣供應業	100.0	96.4	3.6	1.5	2.1
用水供應及污染整治業	100.0	93.7	6.3	3.5	2.8
營建工程業	100.0	89.7	10.3	7.8	2.6
批發及零售業	100.0	84.7	15.3	2.4	12.9
運輸及倉儲業	100.0	94.3	5.7	4.6	1.1
住宿及餐飲業	100.0	93.3	6.7	6.6	0.2
出版影音及資通訊業	100.0	82.1	17.9	1.5	16.4
金融及保險業	100.0	82.6	17.4	10.9	6.5
不動產業	100.0	54.6	45.4	25.8	19.6
專業、科學及技術服務業	100.0	74.3	25.7	14.3	11.4
支援服務業	100.0	74.7	25.3	24.2	1.1
公共行政及國防;強制性社會安全	100.0	88.1	11.9	11.9	-
教育業	100.0	88.7	11.3	2.6	8.7
醫療保健及社會工作服務業	100.0	85.6	14.4	8.2	6.3
藝術、娛樂及休閒服務業	100.0	77.6	22.4	16.8	5.6
其他服務業	100.0	82.2	17.8	11.3	6.5

說明：1.依近一年有延長工時（加班）之勞工統計。
　　　2.樣本過少者，抽樣誤差大，不陳示數值，以「-」表示，不列入分析。

(四)曾在下班後接獲服務單位以通訊方式交辦且當下即執行工作之勞工占1成7

112年調查勞工近一年曾在下班後接獲服務單位以電話、網路、手機App或Line等通訊形式交辦工作占24.5%，較111年下降0.7個百分點；接獲交辦且當下即執行工作者占17%，執行工作地點係回服務單位者占5.1%，在非服務單位執行占13.4%，其中後者平均每月實際執行工作時數為4小時。

中華民國112年5月

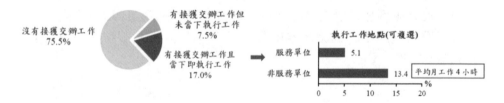

勞工近一年下班後接獲通訊交辦工作情形

(五)勞工認為目前工作和休閒達到平衡者約占7成，需要服務單位提供工作與生活平衡措施以「福利措施」為主

112年調查勞工認為目前工作和休閒達到平衡者占70.9%，較111年調查下降1.8個百分點，認為工作有點多占22.7%，認為工作太多占5.6%，認為休閒有點多占0.8%。

勞工工作與休閒的平衡狀況

單位：%

	總計	工作太多	工作有點多	工作和休閒平衡	休閒有點多
110 年	100.0	3.8	21.3	73.6	1.4
111 年	100.0	4.9	21.2	72.7	1.2
112 年	**100.0**	**5.6**	**22.7**	**70.9**	**0.8**

勞工希望服務單位提供之工作與生活平衡措施以「福利措施」（如婚喪年節禮金、子女就學補助、文康活動、員工旅遊、團體保險等）占75.7%最高，其次為「彈性工作安排」占53.1%，「優於法令給假」占52.4%居第三。按年齡別觀察，各年齡別勞工均以希望提供「福利措施」最多，15～24歲、45～54歲勞工希望「優於法令給假」居次，25～44歲、55歲以上則以「彈性工作安排」居次。

勞工希望服務單位提供之工作與生活平衡措施

單位：%

	福利措施	彈性工作安排	優於法令給假	家庭照顧服務/措施	身心健康促進活動	母性保護友善措施	其他
110 年	71.6	41.8	44.0	19.0	20.1	2.3	4.0
111 年	74.8	44.5	48.8	18.5	17.0	2.2	3.9
112 年	**75.7**	**53.1**	**52.4**	**24.0**	**16.9**	**2.3**	**2.1**
15~24 歲	81.9	56.8	71.6	18.2	14.9	1.9	1.7
25~34 歲	77.3	65.6	61.6	22.9	13.9	2.4	1.1
35~44 歲	73.5	54.3	53.8	28.3	14.2	3.3	2.2
45~54 歲	76.8	45.9	46.6	24.1	19.8	1.4	2.7
55~64 歲	71.8	31.4	27.6	18.8	26.0	2.2	2.6
65 歲以上	81.7	45.5	9.2	12.8	28.2	-	15.8

(六)勞工規劃退休後之生活費用來源，以「勞保老年給付及勞工退休金」及
　　「儲蓄」居多；已規劃退休年齡者所規劃之退休年齡平均為61.3歲

　　112年調查勞工退休後之生活費用來源目前尚無規劃者約占1成，其餘則以
「勞保老年給付及勞工退休金」占69.7%最多，其次為「儲蓄」占69%，
「投資所得」占51.1%居第三，「由子女供應」占3.8%。按性別觀察，男
性規劃「投資所得」之占比54.1%高於女性之48.1%，其餘則差異不大。

勞工退休後之生活費用來源

中華民國112年5月　　　　　　　　　　　　　　　　　　　單位：%

| | 總計 | 目前無規劃 | 目前有規劃-按費用來源分(可複選) | | | | |
			勞保老年給付及勞工退休金	儲蓄	投資所得	由子女供應	其他
總計	100.0	10.2	89.8	69.7	69.0	51.1	3.8	0.2
男	100.0	9.8	90.2	69.9	69.1	54.1	3.4	0.2
女	100.0	10.6	89.4	69.6	68.9	48.1	4.1	0.1

　　另勞工已規劃退休年齡者占12.7%，尚未規劃者占87.3%，前者規劃退休
年齡平均為61.3歲。按性別觀察，男性勞工已規劃退休年齡者占14.2%，
高於女性之11.2%；男性規劃退休年齡平均為61.6歲，較女性之61.1歲多
0.5歲。

勞工退休年齡規劃

中華民國112年5月　　　　　　　　　　　　　　　　　　　單位：%

| | 總計 | 尚未規劃 | 已規劃-按預計退休年齡分 | | | | | | | |
			計	未滿50歲	50~54歲	55~59歲	60歲	61~64歲	65歲以上	平均年齡(歲)
總計	100.0	87.3	12.7	0.1	0.7	1.8	3.3	0.8	6.1	61.3
男	100.0	85.8	14.2	0.1	0.8	2.2	3.3	0.7	7.2	61.6
女	100.0	88.8	11.2	0.1	0.7	1.4	3.2	0.9	5.0	61.1

(七)勞工希望服務單位提供之退休準備協助措施，以「健康管理」最多，其
次為「理財規劃」

112年調查勞工希望服務單位提供的退休準備協助措施以「健康管理」占
57.9%最高，其次為「理財規劃」占45.9%，「家庭照顧」占26.2%居第三。

中華民國112年5月

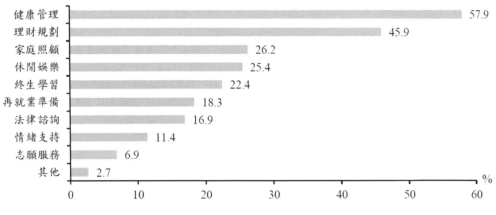

勞工希望服務單位提供之退休準備協助措施

(八)5成3勞工持有證照，以「技術士證」占26.3%居多；近3成4勞工未來打
算考證照

112年調查勞工持有證照占53.3%，持有證照的類別以「技術士證」占
26.3%最多，「專門職業及技術人員考試及格證書」占17.7%次之；勞
工未來打算考證照者占33.6%，報考類別以「專門職業及技術人員考試
及格證書」占14.7%最多，其次為「技術士證」、「語文證照」各占
10.9%、10%。

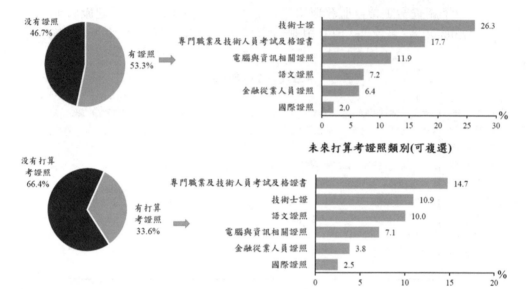

中華民國112年5月

勞工持有證照及未來打算考證照情形

(九)勞工希望工作型態仍以週休2日為主

在不改變每週工作時數下，勞工希望工作型態以週休2日之「每週工作5天，上下班採彈性時間」及「每週工作5天，上下班時間固定」分占45.4%及44.7%較高，「增加每日工作時數，減少每週工作天數」（如週休3日每日工作10小時）占8.7%，以34歲以下年齡層各占逾1成較高，偏好度隨年齡遞減；「減少每日工作時數，增加每週工作天數」（如週休1日每日工作6～7小時）則占1.2%。女性希望「每週工作5天，上下班採彈性時間」較男性高3.5個百分點，男性「增加每日工作時數，減少每週工作天數」則較女性高4.1個百分點。

不改變目前每週工作時數下勞工希望的工作型態

中華民國112年5月

單位：%

	總計	每週工作5天，上下班時間固定[1]	每週工作5天，上下班採彈性時間[2]	減少每日工作時數，增加每週工作天數[3]	增加每日工作時數，減少每週工作天數[4]
總計	**100.0**	**44.7**	**45.4**	**1.2**	**8.7**
性別					
男	100.0	44.0	43.6	1.5	10.8
女	100.0	45.4	47.1	0.8	6.7
年齡					
15~24 歲	100.0	45.7	41.2	1.4	11.7
25~34 歲	100.0	37.2	49.4	1.9	11.6
35~44 歲	100.0	44.2	46.3	0.7	8.8
45~54 歲	100.0	46.1	46.1	0.9	6.8
55~64 歲	100.0	62.1	33.2	0.9	3.8
65 歲以上	100.0	31.8	68.2	-	-

附註：1.上下班無彈性時間。
　　　2.只要做滿規定工時，員工可在規定的彈性範圍內自行調整上下班時間。
　　　3.如每天減少1-2小時，移至星期六、日上班。
　　　4.如每天增加2小時，而週休3日。

(十)勞工遠距工作情形

1.勞工目前工作不可遠距執行占7成6；近一年曾實施遠距工作者占1成1

112年調查勞工目前工作不可遠距執行（全部工作都必須至服務單位執行）占75.7%，部分工作可遠距執行者占21.2%，全部工作都可以遠距執行者占3.1%；部分或全部可遠距工作且近一年曾經實施者合占10.5%。按職業別觀察，「可遠距工作（含部分及全部）」以民意代表/主管及經理人員之47.3%最高，專業人員、事務支援人員分別為42.8%、38.7%。「可遠距工作且近一年曾經實施遠距工作」者以專業人員與民意代表/主管及經理人員居多，各逾2成。

勞工近一年實施遠距工作情形

中華民國112年5月　　　　　　　　　　　　　　　　　　　　單位：%

	總計	不可遠距工作	可遠距工作	部分可遠距工作	全部都可遠距工作	可遠距工作且曾實施
總計	100.0	75.7	24.3	21.2	3.1	10.5
民意代表、主管及經理人員	100.0	52.7	47.3	42.0	5.3	21.2
專業人員	100.0	57.3	42.8	36.4	6.4	21.5
技術員及助理專業人員	100.0	72.8	27.2	23.5	3.7	12.1
事務支援人員	100.0	61.3	38.7	34.1	4.6	14.6
服務及銷售工作人員	100.0	95.5	4.5	4.5	-	-
農林漁牧業生產人員	100.0	100.0	-	-	-	-
技藝有關工作人員	100.0	100.0	-	-	-	-
機械設備操作及組裝人員	100.0	100.0	-	-	-	-
基層技術工及勞力工	100.0	100.0	-	-	-	-

說明：樣本過少者，抽樣誤差大，不陳示數值，以「-」表示，不列入分析。

2.**勞工實施遠距工作期間以「1週～未滿0.5個月」占2成5最高**

近一年曾遠距工作之勞工，其遠距工作之期間以「1週～未滿0.5個月」占24.9%最高，其次為「未滿1週」占23.8%，「0.5個月～未滿1個月」、「1個月～未滿2個月」均占11%居第三。

中華民國112年5月

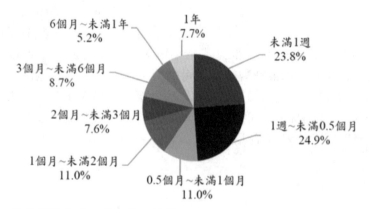

說明：近一年曾實施遠距工作之勞工統計。

勞工近一年實施遠距工作的期間

3. **勞工實施遠距工作的主要原因以「服務單位規定」占2成9最多**

　　勞工近一年曾遠距工作的主要原因以「服務單位規定」占29.2%最高，其次為「因個人健康因素」占24.9%，「為取得較有彈性的工作時間」及「疫情影響」居第三，各占18.2%。

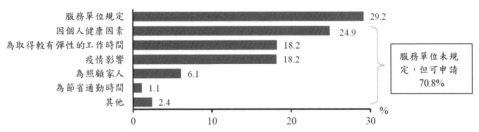

中華民國112年5月

說明：近一年曾實施遠距工作之勞工統計。

勞工近一年實施遠距工作的主要原因

4. **勞工未來願意遠距工作占6成9**

　　從事可遠距工作之勞工，未來願意採取遠距工作模式者占69.1%，其中全部都可遠距工作者為88.9%，部分可遠距工作者為66.1%。

勞工未來實施遠距工作的意願

中華民國112年5月　　　　　　　　　　　　　　　　　　　　單位：%

	總計	願意	不願意
總計	**100.0**	**69.1**	**30.9**
部分可遠距工作	100.0	66.1	33.9
全部都可遠距工作	100.0	88.9	11.1

說明：依目前工作可以遠距執行之勞工統計。

(十一)勞工需於夜間工作約占8%

　　112年調查勞工需於夜間工作（係指工作時間於晚上10時至隔天清晨6時內）占8.1%，不需於夜間工作占91.9%。按職業別觀察，需夜間工作比率以機械設備操作及組裝人員之18.3%最高，其次為服務及銷售工作人員11.4%，專業人員9%居第三。按行業別觀察，需夜間工作比

率以電力及燃氣供應業之26.4%最高，其次為藝術/娛樂及休閒服務業18.5%，運輸及倉儲業17.7%居第三。

勞工夜間工作情形

中華民國112年5月　　　　　　　　　　　　　　　　單位：%

	總計	需夜間工作	不需夜間工作
總計	**100.0**	**8.1**	**91.9**
職業			
民意代表、主管及經理人員	100.0	3.7	96.3
專業人員	100.0	9.0	91.0
技術員及助理專業人員	100.0	8.6	91.4
事務支援人員	100.0	1.9	98.1
服務及銷售工作人員	100.0	11.4	88.6
農、林、漁、牧業生產人員	100.0	4.2	95.8
技藝有關工作人員	100.0	8.3	91.7
機械設備操作及組裝人員	100.0	18.3	81.7
基層技術工及勞力工	100.0	7.1	92.9
行業			
農、林、漁、牧業	100.0	3.4	96.6
礦業及土石採取業	100.0	9.3	90.7
製造業	100.0	10.7	89.3
電力及燃氣供應業	100.0	26.4	73.6
用水供應及污染整治業	100.0	7.0	93.0
營建工程業	100.0	2.6	97.4
批發及零售業	100.0	4.5	95.5
運輸及倉儲業	100.0	17.7	82.3
住宿及餐飲業	100.0	11.4	88.6
出版影音及資通訊業	100.0	6.0	94.0
金融及保險業	100.0	0.2	99.8
不動產業	100.0	8.9	91.1
專業、科學及技術服務業	100.0	6.3	93.7
支援服務業	100.0	13.1	86.9
公共行政及國防；強制性社會安全	100.0	8.0	92.0
教育業	100.0	0.2	99.8
醫療保健及社會工作服務業	100.0	13.7	86.3
藝術、娛樂及休閒服務業	100.0	18.5	81.5
其他服務業	100.0	1.9	98.1

Chapter 07 公部門勞資關係

課前導讀

本章是勞資關係比較冷門的主題，歐美國家對於公部門與私部門的勞資關係制度差異不大，但臺灣地區仍受限於基本觀念的執著，自始認為公務人員應該為民服務，自身的勞動權益應該有所割捨。命題率不是很高，有基本概念即可。

系統綱要

一、 公部門定義

　　(一)是人類社會經濟與行政生活中，經由政府或為政府部門提供商品或服務。政府包括中央、地區或地方政府。公部門的範疇至少包括政府部門、公用事業、公營事業。

　　(二)公部門受僱者權利的行使受限制的理由

　　　　1.勞雇雙方談判協商勢力的不均衡。

　　　　2.為公共法意的保障。

二、 公部門獨占

　　(一)自然獨占　　　　　　(二)實質獨占　　　　　　(三)事實獨占

三、 影響臺灣公部門勞資關係的環境因素

　　(一)國家權力強大影響　　(二)勞動市場變遷影響

　　(三)技術變遷　　　　　　(四)人口統計因素

　　(五)社會環境影響

四、 臺灣公部門勞資關係之制度框架

　　(一)公務人員及公務機關、學校約聘僱人員：（準）公務人員協會法。

　　(二)公營事業員工、公務機關及教育事業之技工、司機、工友、暫雇人員（事業單位）：工會法、團體協商法、勞資爭議處理法。

　　(三)公私立學校教師：教師法、工會法、勞資爭議處理法。

　　(四)現役軍人及國防部所屬軍火工業員工：無。

五、 公部門勞工的勞資關係制度

　(一)公務人員：公務人員協會規範

　　　1.適用對象　　　2.組織架構　　　3.得提出之建議事項

　　　4.得提出之協商事項　5.得辦理事項　　6.籌組程序

　　　7.內部組織　　　　8.最高行政機關　9.經費來源

　　　10.協議機制

　　　　　(1)協商　　(2)調解　　(3)爭議裁決　　(4)裁決效力

　　　11.活動限制

　　　12.保護規定

　　　13.給假規定

　　　公務人員協會法重點

　　　明定公務人員依法組織的團體，92年1月1日施行，但公務人員之
　　　參與運作其實非常有限，原因如下：

　　　1.法制未盡完善　　　　　2. 協商範圍限制過多

　　　3.建議權受限制　　　　　4. 會務人員辦理會務假未予明訂

　　　5.公務人員心態難以調整

　(二)教師

　　　1.教師組織專業團體的規定

　　　2.教師組織的基本任務

　　　3.不得拒絕聘用或聘用的理由

　(三)公營事業員工

　　　公部門勞資關係之議題主要環繞在下列數項：

　　　1.公營事業民營化或公司化所牽涉到的問題

　　　2.公部門受僱者結社權、協商權與爭議權法制化問題

　　　3.公部門受僱者遭受不當解僱問題

　　　4.公部門進行業務人力大量外包問題

　　　5.公部門受僱者協商福利措施問題

六、 公部門集體協商機制

七、 公部門罷工權探討

　(一)所有受僱者都有為自己追求更好勞動條件和更高收入的權利，唯
　　　有必須透過集體行動方式才能達成。

　(二)對國、公營或民營趨於獨占之事業體，其受僱者之權利一致性和
　　　確保勞動權益的趨勢下，即使應該對某些事業體受僱者勞動權利
　　　做特別規範，也應該是在一般勞動法體制中作例外規定。

八、 美國公部門勞資關係

(一)適用範圍

(二)實際執行單位：聯邦政府勞動關係委員會（FLRA）

(三)工會選舉

(四)集體協商制度

(五)協助解決僵局之道

(六)申訴與仲裁

(七)不當勞動行為處理

九、 英國

(一)公部門工會分為三大類

1. 廣泛納入各種屬性之公部門勞工

2. 只招募公部門特定領域的受僱者

3. 一般性工會

(二)公部門工會不輕易發動集體抗爭行動，考量點是：

1. 公部門抗爭常牽涉廣大群眾生活上的便利。

2. 所提供的服務常具獨占性，因勞資爭議而中斷，缺乏替代性供給來源。

3. 抗爭訴求具備政治色彩，與嚴守政治中立不相容。

一、公部門定義

公部門常見定義：是人類社會經濟與行政生活中，經由政府或為政府部門提供商品或服務。政府包括中央、地區或地方政府。

公部門組織可分為以下四種型態：

公部門組織

1. 直接的行政組織：由人民的稅收支持，相關部門不需滿足商業上之利益或標準，決策是來自政府本身。

2. 公有企業：與直接行政組織不同的是，屬於需要滿足商業上利益或標準，擁有較多自主權，組織內決策不經政府決定，但目標可被政府設定。

3. 政府的部分外包亦被視為是公部門的範圍。

4. 最複雜的是政府中某部分功能的全部外包，經由私人企業代表政府履行功能，此型態可被視為「半公半私」，產權是公家的。

由上可知，公部門的範疇至少包括(1)政府部門（含中央、地方政府或行政、立法等政府機關）；(2)公用事業（public utilities）（包括提供「重要服務」的機構或設施）；(3)國、公營事業（主要或大部分股權為政府或國家擁有之工業、商業或農業事業體）。因此，公部門至少包括三種類型的受僱者，(1)中央到地方各級政府的受僱者；(2)公用事業的受僱者，如電力、瓦斯或水力供應、醫院及其他醫療服務、學校、運輸、港口及通訊事業；(3)國、公營事業單位的受僱者。

表7-1　世界主要國家對公部門受僱者勞動權利規範情況

項目	政府部門			公營事業		
	團結權	協商權	爭議權	團結權	協商權	爭議權
瑞典	未限制	未限制	限制	未限制	未限制	未限制
美國	未限制	未限制	限制	未限制	未限制	限制
法國	未限制	未限制	未限制	未限制	未限制	未限制
加拿大	未限制	未限制	未限制	未限制	未限制	未限制
南非	——	——	——	未限制	未限制	限制
日本	未限制	未限制	限制	未限制	未限制	限制
奧地利	未限制	未限制	未限制	未限制	未限制	未限制
英國	未限制	未限制	限制	——	——	——
德國	未限制	未限制	未限制	未限制	未限制	未限制
印度				未限制	未限制	未限制
以色列	未限制	未限制	未限制	未限制	未限制	未限制
中華民國	限制	限制	限制	未限制	未限制	限制
韓國	限制	限制	限制	——	——	限制

資料來源：潘世偉（2009）

公部門受僱者權利的行使之所以受到限制的理由有二：(一)勞僱雙方談判協商勢力的不均衡；(二)為公共法意的保障。由於公部門工會掌握的資源、公部門雇主的理性忽視和政府管理階層的意願和態度等因素影響，公部門的勞動關係屬勞方傾斜的關係；勞僱雙方協商勢力不均衡情況見圖7-1。

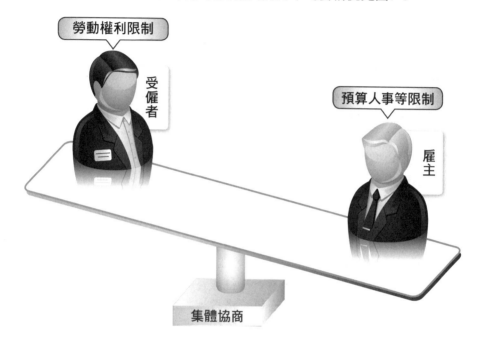

圖7-1　公部門勞動關係互動之現實情況

平衡雙方勢力的最佳選擇為解除加在雇主的預算、人事等限制，「民營化」就是唯一可行方法。

二、公部門獨占

一般來說，導致公部門獨占地位的因素很多，包括以下三種：

(一)**自然獨占**（Natural Monopoly）：獨占源自：

1.供給來源的自然限制，如天然瓦斯、水力、灌溉系統、給水設備。

2.優勢位置的稀少性，如船塢、牲畜圍欄、鐵路鄰近的貨運倉庫等。

3.時間的限制，尤其是滿足公眾便利和公眾便捷的需求所導致的時間限制。

4.由於產品分配所導致之競爭限制，如燃油和電力之供應等。

(二)**實質獨占**（Practical Monopoly）：獨占產生來自對公眾需求的滿足有著自然的限制。

(三)**事實獨占**（Virtual Monopoly）：由於經濟因素阻礙有效競爭之故，包括：營運成本、提供服務的規模、提供的服務缺乏其他有效的替代品、和特定服務之可掌握程度。

三、影響臺灣公部門勞資關係的環境因素

(一)**國家權力強大影響**：潘世偉指出，影響臺灣公部門勞資關係的環境因素來自：所有臺灣公部門勞資關係皆受到來自國家權力配置。也就是政府的制度安排與公共政策決定之影響。國家對於勞動市場的干預一向是臺灣私部門勞資關係最主要的影響因素。政府的政策一向是透過國家立法要求雇主負擔照顧個別勞工之義務，另一方面國家也透過法令，限制勞工在結社權、協商權與爭議權之空間。對於公部門勞工而言，過去因為被認為對國家負有忠誠義務，與國家的關係是一種「特別權利關係」，所以不能等同於一般民眾，基本權利必須受部分限制，並且若公部門受僱者使用罷工權的話，將更會造成社會秩序混亂不堪，因此必須嚴格限制。所以，過去在法制上之假設，並不承認公部門的勞工具有勞動三權，因為那是在「僱傭關係」下才會擁有的權利。國家對於公務員、教師及其他從事公務但不具公務員資格者，訂定了許多相關之法令。規範從任免、服務、訓練、薪資、勞動條件、考績、升遷、調任、懲戒、褒獎等勞資關係中的核心內容。基本上，也是從公法角度決定受僱者與公部門的關係。

(二)**勞動市場變遷影響**：臺灣的公營事業單位是營利事業組織，與民營企業一樣，必須面對產品市場中的競爭，因此勞資關係的過程與結果，受到產品市場競爭環境之影響。另一方面，公營事業與其他公部門組織皆受自政府預算限制之影響。公務機關的業務外包人力安排的型態當然也會受到與私部門同一基礎的勞動市場變遷之影響。這些人力如果在勞資關係上透過團結權之行使，進行集體協商及爭議權行使的話，是否對於公部門勞資關係產生衝擊，是值得觀察的發展。

(三)**技術變遷**：技術變遷是否影響臺灣公部門的勞資關係，可能必須進行實證調查後才可以釐清，縱使沒有實證研究基礎，依然可以推論科技變遷公部門勞資關係潛在之影響。從公部門的僱用型態來看，其實是服務業的延伸，與私部門服務業不同之處在於其具有執行政府法定職權，提供公共服務之功能。我們可以推論當科技變遷時亦可能影響公部門勞資關

係之過程與結果，其理由在於科技變遷亦可能影響提供公部門服務的方式。例如，以都會地區垃圾處理服務為例，不同的垃圾處理技術與設備會影響到僱用的人力數量與素質，薪資水準甚至於績效考核的標準。特別是在公營企業，因為直接受到產品市場競爭的影響，必須隨時更新其生產技術與設備，因此科技變遷的影響與民營企業並無不同。以教師為例，如果容許集體協商的話，關於教室教學設備之改善，如減少粉筆使用，增加其他教學設備或教具等議題，也可能在特定情況下，影響勞資關係。尤其我國公務員服務的組織極為廣泛，包含軍方所屬機構、公立研究機構、公立醫療照顧、社會福利機構等。

(四)**人口統計因素**：從人口統計的面向觀察，臺灣過去二十年間的變化對於私部門勞資關係產生的影響，包括勞動供給減少、產業結構改變、大量女性進入勞動市場、非典型僱用型態的出現等現象，都同樣出現在公部門勞動市場。

(五)**社會環境影響**：臺灣社會環境對於公部門勞資關係之發展，也是一個值得討論的問題，例如：教師是否可組工會的問題以及是否可以擁有罷工權的問題，過去數年討論教師勞資關係主要焦點，原因在於社會大眾（家長）對於組工會持不同的態度，這些不同的態度可能來自於臺灣社會化過程所形成的價值觀，以及在社會轉型過程中產生的價值觀差異。縱使教師本身所屬的教師團體亦爭論究竟教師為專業人士還是勞動者。社會態度之差異性將可能導致社會大眾對於教師是否能夠擁有充分的協商權或爭議權，以及行使這些權利之壓力，教師之間對於教師是否組織工會的不同態度，亦可能造成教師組織間政治與派系的發生，不但可能影響教師的勞動三權立法之制度安排，也可能進而影響教師組織在勞資關係過程與結果之影響力。慶幸的是，教師組織工會權利在2011年5月1日正式施行的工會法開放，但罷工權卻仍受限。

四、臺灣公部門勞資關係之制度框架

潘世偉指出，與先進國家相較，臺灣公部門勞資關係制度框架與先進國家差異性大，先進國家教師與公務員擁有的結社、協商及爭議權，在臺灣的制度安排中仍有待發展。公部門中各種類型的受僱者在勞資關係上受到管轄之相關法令規範（見表7-2）。其中，公務員由公務員組織法管轄；公務機關及公立學校約聘僱人員並無任何適用法規管轄，但銓敘部解釋認為可以準用公務人員協會法第9條之規定：公務機關技工、司機，與工友及教育事業技工、

司機、工友則與公營事業的員工一樣，同樣適用管轄私部門勞資關係的工會法、團體協約法及勞資爭議處理法。至於公立學校教師則由教師法規範。此外，近年來政府部門大量僱用暫僱人員，已有適用工會法、團體協約法及勞資爭議處理法之討論。現役軍人及國防部所屬軍火工業員工不但被排除在適用公務人員協會法外，也不能適用工會法、團體協約法及勞資爭議處理法之規範。是我國公部門勞工最不受勞動三權保障的組織。

表7-2　臺灣公部門受僱者勞資關係規範概況

公部門受僱員工分類	管轄勞資關係之相關法規
公務員（包括中央與地方）	公務人員協會法
公務機關約聘僱人員	準用公務人員協會法
公立學校約聘僱人員	準用公務人員協會法
公務機關技工、司機、工友	（比照教育事業技工、司機、工友適用工會法、團體協約法、勞資爭議處理法）
公務機關（事業單位）暫僱人員	工會法、團體協約法、勞資爭議處理法
教育事業技工、司機、工友	工會法、團體協約法、勞資爭議處理法（大法官會議解釋—釋字第373號）
學校教師（含公、私立）	教師法、工會法、勞資爭議處理法
公營事業員工	工會法、團體協約法、勞資爭議處理法
現役軍人及國防部所屬軍火工業員工	無

資料來源：潘世偉（2009）

五、公部門勞工的勞資關係制度

各類不同性質之公部門勞工，其適用之勞資關係制度各有不同，分述如下：

(一)**公務人員**：公務人員的勞資關係主要由公務人員協會法規範。公務人員協會法草案，民國91年6月完成立法。民國94年6月15日修正公布第2、8、10、11、13條條文；並增訂第11-1條條文。民國95年5月17日再修正公布第4條、第5條、第10條、第26條及第38條條文，並自民國95年5月19日施行。共計52條，重點內容如下：

1. **適用對象**：分為兩種(1)各級政府機關、公立學校、公營事業機構擔任組織法規所定編制內職務支領俸（薪）給之人員；(2)各機關依法令聘用或僱用之人員得準用加入服務機關之協會。但不包括政務人員政府機關及公立學校之正副首長、公立學校教師、軍職人員等。

2. **組織架構**：組織區分為「機關公務人員協會」及「全國公務人員協會」二級。地方機關之公務人員協會係以各直轄市、縣（市）行政區域內所有之地方機關為籌組範圍，其主管機關為各該直轄市、縣（市）政府；中央機關之機關公務人員協會，係以各部會及同層級以上機關為籌組範圍，其與全國公務人員協會之主管機關為銓敘部。

3. **得提出之建議事項**：包括六大類：(1)考試事項；(2)公務人員之銓敘、保障、撫卹、退休事項；(3)公務人員任免、考績、級俸、陞遷、褒獎之法制事項；(4)公務人員人力規劃及人才儲備、訓練進修、待遇調整之規劃及擬議、給假、福利、住宅輔購、保險、退休撫卹基金等權益事項；(5)有關公務人員法規之制定、修正及廢止事項；(6)工作簡化事項等。

4. **得提出之協商事項**：辦公環境之改善、行政管理、服勤之方式及起訖時間等事項。但對法律已有明文規定、依法得提起申訴、復審、訴願、行政訴訟之事項、屬公務人員個人權益事項及與國防、安全、警政、獄政、消防及災害防救等事項相關者，不得提出協商。

5. **得辦理事項**：會員福利、會員訓練進修、會員與機關間或會員間糾紛之調處與協助、學術講座之舉辦、圖書資料之蒐集與出版、交流、互訪等聯誼合作、接受政府機關或公私團體之委託、會員自律公約之訂定及其他法律規定等事項。全國公務人員協會得推派代表參加涉及全體公務人員權益有關之法定機關（構）、團體。

6. **籌組程序**：經機關公務人員30人以上發起，得籌組機關公務人員協會，經向主管機關申請立案後，應組成籌備會，辦理會員招募，會員人數超過機關預算員額數三分之一時，始得召開成立大會。但各機關成立之公務人員協會以一個為限。公務人員協會之申請成立亦須經由主管機關許可。

7. **內部組織**：理事、監事由全體會員或會員代表就會員中選任，分別組成理事會、監事會。每3個月至少舉行會議一次，任期均為2年，連選得連任，但理事長之連任以一次為限。

8. **最高行政機關**：會員或會員代表大會。

9. **經費來源**：入會費、常年會費、捐款、委託收益、基金及其孳息、政府補助費、其他收入及孳息等項。

10. **協議機制**

(1) 協商：協會得就協商事項向主管機關提出協商，主管機關與相應機關應指定人員與協會進行協商；協商結果，參與協商之機關與協會均應履行。

(2) 調解：協會提出協商後，如協商事項主管機關未於期限內進行協商，或協商不成，或未完全履行協商結果時，協會得向其主管機關申請調解；主管機關應組成調解委員會處理。

(3) 爭議裁決：爭議事項經調解仍無法解決時，由協會向銓敘部申請爭議裁決，或透過主管機關函請銓敘部組成爭議裁決委員會處理；爭議裁決委員會由銓敘部、公務人員保障暨培訓委員會及行政院人事行政總局各指派1人為當然委員，雙方當事人就委員名冊中各選定2人，另於委員名冊中抽籤選定2人，合計9人組成。

(4) 裁決效力：爭議裁決委員會之裁決有拘束爭議當事人及其他關係機關之效力；關係機關應於接獲裁決書之次日起2個月內，將辦理情形回覆銓敘部，如未依裁決辦理者，違失人員將移送監察院或處以罰鍰。

11. **活動限制**：不得發起、主辦、幫助或參與任何罷工、怠職或其他足以產生相當結果之活動，並不得參與政治活動。

12. **保護規定**：各機關不得因公務人員發起、籌組或加入協會、擔任協會會務人員或從事與協會有關之合法行為，而予以不利處分。

13. **給假規定**：協會在不影響服務機關之公務並向機關首長報告前提下，得於上班時間召開理事會、監事會或進行協商、調解；代表協會進行協商、調解或列席爭議裁決委員會之公務人員，得請公假；各級協會理事長、理事及監事因辦理會務，亦得請公假。

公務人員協會法明定該法為公務人員團體結社之基本法而非工會法及人民團體法。亦即，公務人員依該法所組織之團體，與依人民團體法及工會法所組織之團體不同，亦即將公務人員結社權之行使排除人民團體法及工會法之適用。該法立法旨意在於兼顧保障公務人員勞動結社權與增進政府行政效能，然而實質上僅能消極地維護公務人員勞動權益，是否能夠因此積極鼓勵公務人員加強為民服務、提昇工作效率則未盡可知。其理由如下：

1. 公務人員協會之組織型態採「機關別」為基礎，另以「區域別」模式為輔，並區分為機關公務人員協會與全國公務人員協會二級，其中機關公務人員協會又包括，總統府、國家安全會議、五院之機關公務人員協會，各部會及同層級機關之機關公務人員協會，以及各直轄市、縣（市）之機關公務人員協會等三大類。如此分類方式的好處是利於機關管理，仍然著重於行政管制之概念，對於公務人員跨越機構建立團結組織，形成結社能力與團結意識而言，可能形成阻礙。尤其機關首長對於公務員協會之運作多少會加以約束。

2. 公務人員協會與一般勞工適用之勞動三法不同之處在於其提供給公務員的是不完整的勞動三權，也就是該法賦予公務人員的是部分的團結權、部分的集體協商權，並且沒有爭議權。縱使公務人員雖然得依該法組織協會，但仍然不符合國際勞工組織第87號公約之原則，公務人員並未獲得完整的結社自由權，換言之，公務人員協會法並未賦予公務人員有權組織或參與其自身選擇之公務人員組織的權利。公務人員協會只此一家，別無分號。因此，公務人員協會組織最後亦將形成行政管制的模式，缺乏公務員之自主性參與與運作。

3. 公務人員協會要求不得要求訂立團體協約，且協商事項僅包括辦公環境之改善、行政管理及服勤之方式及起迄時間等，不含薪給及福利調整事項在內。該法並訂定不得協商事項，包含法律已有明文規定者：依法得提起申訴、復審、訴願、行政訴訟之事項；公務人員個人權益事項者；以及與國防、安全、警政、獄政、消防及災害防救等事項相關者。

4. 公務人員不得享有罷工怠職或其他足以產生相當結果之活動，包含政治性活動之權利。為化解勞雇雙方協商僵局，該法也設計一套爭議裁決程序之協議機制。該爭議處理的機制包含調解及裁決兩階段的制度安排。

公務人員協會法自民國92年1月1日施行，由於該法之設計仍然偏於行政管制的理念，因此公務人員之參與運作其實非常有限，依據趙嘉裕研究，原因可歸納如下：

1. **法制未盡完備**：公務人員協會法在設計上，賦予協會法人之地位，並與人民團體、工會組織等作明確之區隔。是以，協會之組織、運作、管理等等，係依公務人員協會法規定辦理，排除了人民團體法、工會法等相關法律之適用；因此，在協會的籌組運作等各種程序上，均須

自行訂定相關規定加以規範。換言之，即無先例之相關規定可引用。銓敘部為利協會之發起、籌組、運作，雖訂定「機關公務人員協會立案申請及許可審查作業規定」、「全國公務人員協會立案申請及許可審查作業規定」及「公務人員協會協商調解爭議裁決作業規定」等三種作業規定，加以規範，但以往有關公務人員結社權之部分，因無相關法規可遵循，又政府機關及公務人員亦無組織公務人員協會與運作之經驗，因此，法制體系仍屬不夠完備。

2. **協商範圍限制過多**：公務人員協會法對協商權之範圍係採「列舉」與「排除」方式立法，依第7條第1項規定，協會僅能對「辦公環境之改善」、「行政管理」、「服勤之方式及起迄時間」三者提出協商，依同條第2項規定，即使屬於協商之三種範疇，但如屬「法律已有明文規定者」、「依法得提起申訴、復審、訴願、行政訴訟之事項」、「為公務人員權益事項者」，仍不得提出協商。因此，公務人員協會之協商事項極為有限，僅能就有限之機關內部管理、辦公環境之改善、工作條件等事項，提出協商。而對公務人員較為關心之待遇調整、福利、考績、陞遷及退休等事項，僅能提出建議，使得公務人員協會所能發揮之功能極為有限。

3. **建議權受限制**：公務人員協會法第6條賦予協會建議權，對於公務人員參與公務部門之管理與決策，提供了法源依據。但所列範圍係以考試院與行政院人事行政局主管業務為主，對其服務機關所主管之業務運作最為熟稔，卻無法提出興革建議，似與公務人員協會法所揭示之宗旨，加強為民服務、提昇工作效率未盡相符。

4. **會務人員辦理會務假未予明訂**：為便於公務人員協會會員聯繫及會務之順利進行，公務人員協會法第50條明定，協會得在不影響服務機關之公務並向機關首長報告之前提下，於上班時間從事活動，各級公務人員協會理事長、理事及監事辦理會務得請公假，以吸引會員擔任理事及監事。惟於協會法第13條第4項明定，理事、監事不得兼任協會會務人員，從而會務運作必須由其他會員辦理。因此，公務人員協會於上班時間召開理事會或監事會，相對地會務人員亦必須參與該等會議提出會務報告或接受指示，現行法規僅規定理事長、理事及監事得請公假辦理會務，並未規範實際推動會務人員得請公假處理會務情形，造成「得於上班時間開會」規定形同具文，不僅不符實際，亦有礙協會會務推動。

5. **公務人員心態難以調整**：公務人員與國家之關係，已由往昔之「特別權利關係」改變為兼顧民主、效率與人權之「公法上職務關係」，公

務人員長期在勤務法定主義之下，心態趨於順從。協會法第49條雖明定各機關不得因公務人員發起、籌組或加入協會及擔任協會職務，而予不利處分，但協會能否獨立行使職權，為其成敗之關鍵之一，亦影響公務人員加入協會之意願。此外，機關首長對部屬有任用陞遷及考核權，公務人員加入協會前，會考量機關首長之看法，因此，機關首長支持與否，亦影響公務人員加入公務人員協會之心態。

(二) **教師**：公私立學校教師之結社權皆適用於教師法中的教師組織之專章。另教師法中關於教師結社權之規範出現在第6章教師組織。該章總計3條，分別為第39條的教師組成專業團體之規定、第40條的教師組織之基本任務及第41條的不得拒絕聘用或解聘之理由。內容簡述如下：

1. **教師組織專業團體的規定**：第26條主要是區分教師會之組織架構：教師組織分為三級，在學校為學校教師會；在直轄市及縣（市）為地方教師會；在中央為全國教師會。學校班級數少於20班時，得跨區（鄉、鎮）合併成立學校教師會。各級教師組織之設立，應依人民團體法規定向該主管機關申請報備、立案。地方教師會須有行政區內半數以上學校教師會加入，始得設立。全國教師會須有半數以上之地方教師會加入，始得成立。

2. **教師組織的基本任務**：第40條載明教師組織的六項基本任務包括：維護教師專業尊嚴與專業自主權；與各級機關協議教師聘約及聘約準則；研究並協助解決各項教育問題；監督離職給付儲金機構之管理、營運、給付等事宜；派出代表參與教師聘任、申訴及其他與教師有關之法定組織；以及制定教師自律公約。

3. **不得拒絕聘用或聘用的理由**：第41條則規範類似勞動法概念之不當勞動行為，規定學校不得以不參加教師組織或不擔任教師組織職務為教師聘任條件。學校不得因教師擔任教師組織職務或參與活動，拒絕聘用或解聘及為其他不利之待遇。

基本上，教師法是以教師作為一種職業及其所從事之教育專業工作為規範對象之法律，因此，教師法中所規範之教師組織本屬教師之專門職業團體，類似如律師、醫師之公會組織等專門職業人員之團體。但是在教師法立法之初，由於部分教師團體主張教師應可組織工會，故除教師應有組織團體（團結權）之權利外，更將教師之罷教權（爭議權）及協商聘約準則（集體協商權）等納入草案中。雖然其後罷教權之規定遭到刪除，教師組織也被定位為專業組織，但仍保留有若干現行工會法所設工會組織之色彩。例如，以學校為組織之基本單位類似工會法之同一場廠

之產業工會，擁有與各級機關協議教師聘約及聘約準則及監督離職給付儲金機構之管理、營運、給付等事宜之功能，以及學校不得以不參加教師組織或不擔任教師組織職務為教師聘任條件，也不得因教師擔任教師組織職務或參與活動，拒絕聘用或解聘及為其他不利之待遇之保護規定。另一方面，現行規定雖將教師會界定為一般專門職業團體，賦予維護教師專業尊嚴與自主權、研究並協助解決各項教育問題、派出代表參與教師聘任、申訴及其他與教師有關之法定組織、制定教師自律公約等功能，但並未如現行專門職業人員之團體採取強制入會及非入會不得執業之限制，同時也未賦予教師會對於違反教師會章程或教師自律公約者可移送懲戒（專業團體之自律）之規定，因此教師會成為自願性加入之團體。因此教師會雖兼具有工會及專門職業人員組織之特徵，但卻無此兩種團體之完整功能，因此，教師會之定位及功能皆有待進一步釐清。

> **資深觀察家**
>
> 教師法規範下成立之教師會，若從勞資關係制度之角度觀察缺陷仍多，雖然建立了教師部分團結權（結社權），但是開啟在公部門進行集體協商的機會仍然有很多限制。有論者認為「雖然此種協商權脆弱而不完整，對教育行政機關或學校董事會並無拘束力，但總算是『法定程序』的一部分」。實務運作上，各級教師會，仍受來自部分家長，教育行政人員、學者甚至教師族群本身的質疑。這些論點中包括如教師會偏重維護教師權益，未關注學生受教品質；學校教師會運作往往造成行政人員、家長與教師間之衝突對立；教師會未能實質爭取到教師專業自主權，也未致力教師專業發展。

問題癥結在於我國教師會應偏向「工會主義」（unionism）或「專業主義」（professionalism）的不同意見，潘世偉認為，從制度面觀察，教師會運作的主要困境在於法律關係定位不明。舊的工會法第4條禁止教育事業人員（含教師）組織工會，因此教師無法依據工會法的模式建立教師的勞動者組織，更不論勞資爭議處理法和團體協約法之適用。另一方面，依據教師法成立之「教師會」並非「工會」，缺乏集體勞動權的適用。教師本身在有關勞動條件保障的法律適用上，並不適用如勞動基準法等一般勞工所適用之法律。教師法中教師會的設計，屬於教師之專門職業團體。雖然學者認為，由於教師法立法過程中，草案原本包含之協商聘約準則權（集體協商權）及罷教權（爭議權），最後在政黨協商及表決時，罷教權被刪除，但仍保有若干工會組織的色彩，如：以學校為教師組織之基本單位；擁有與各級機關協議教師聘約及聘約準則。得以

監督離職給付儲金機構之管理、營運、給付等事宜，且學校不得以不參加教師組織或不擔任教師組織職務為教師聘任條件。學校不得因教師擔任教師組織職務或參與活動，拒絕聘用或解聘及為其他不利之待遇等。

潘世偉指出，教師法上設計之「教師會」其實企圖兼工會及專門職業人員協會之性質，但是因為制度設計上集體協商權規定相當模糊，行政機關亦無協商義務。爭議權被剝奪又無替代機制；另一方面，論者亦認為，教師會並未採取強制入會及未入會不得執業之設計，亦未被賦予對會員違反章程或自律公約之懲戒權；此種先天困境，使得教師會，既無法行使勞動權爭取會員權益，又無法強制教師入會，導致會員與非會員權益難以區隔，產生「搭便車」（free rider）效應，使得教師會在推動自律及專業成長上十分不易。

(三) 公營事業員工

公營事業員工勞資關係的法律規範與民營事業單位員工相同，依據的都是工會法、集體協商法與勞資爭議處理法，在我國統稱為勞動三法。這三個法令已有相當歷史背景，近年來政府及社會各界多次擬議修正，但在立法過程中都有相當爭議，因此迄今尚未能修正，雖然比較不具爭議的團體協約法已於民國97年修正通過，工會法也在99年6月23日公布，100年5月1日施行及勞資爭議處理法也在98年通過。

以工會法為例，工會法是我國集體勞資關係大法，規範勞工結社權如何行使的法令，對於國營事業員工相關的工會法內容主要在於工會之結構，公營事業員工如同民營事業機構，籌組工會的範圍為事業單位。工會法第7條將國營事業單位劃歸為所謂的交通運輸及公用等事業跨越行政區域者，因此其工會區域可以跨越行政區，不受第6條規定之限制。國營事業工會的主管機關為中央政府的勞動部。其他勞動三法的內容大體公民營事業單位之員工一體適用。其他適用勞動三法的公部門受僱者包括公務機關、技工、司機、工友，公務機關（事業單位）暫僱人員，以及教育事業技工、司機、工友等。至於公部門中屬於現役軍人以及國防部所屬軍火工業員工在我國勞資關係法令規範中並准許擁有勞動三權，因此亦無相關適用之法令。

在先進國家，公部門勞資關係之發展通常會在私部門勞資關係發展到某一階段後才會受到重視。在臺灣則由於私部門勞資關係尚在嗷嗷學步的階段，因此，公部門勞資關係的發展也還相當有限。近年來，公部門勞資關係之議題主要環繞在下列數項：

1	公營事業民營化或公司化所牽涉到的問題。
2	公部門受僱者結社權、協商權與爭議權法制化問題。
3	公部門受僱者遭受不當解僱問題。
4	公部門進行業務人力大量外包問題。
5	公部門受僱者協商福利措施問題。

對國營事業員工而言，主要關心的是工作權保障的問題：由於公營事業冗員數多，為提高績效，降低用人成本，必採取人員精簡措施，未隨同移轉之員工僅有金錢補償，未有轉業輔導，致心生恐懼而反對。移轉民營後遭資遣之員工因年齡較大，再就業較為困難。就薪資而言，公營事業均採單一薪給，且年年隨同物價指數調整待遇及職務晉升而增薪，薪資較優，惟民營化後為提高經營績效，致薪資結構改變，共分為底薪及獎金兩部分，底薪較前降低，另獎金發給則按各單位及人員個人之表現及營運績效而訂，使變動薪資比例提高。

無論是民營化、公司化、或是合併，工會組織基本上都只是決策被告知者的角色，本質上只是被動的參與者，通常工會在獲知相關訊息後，會採取抗爭或示威的行動，但大都是已經在決策之後的動作，其影響力自然較為有限。不過縱使如此，國公營事業工會因為勞動市場保障性較強，員工團結性較高，單一工會會員人數及經費較為充裕，以及有專任的工會幹部等（雖然薪水仍是來自雇主），因此在採取對抗的行動上也比較具有成效，尤其是其訴求目標是為了工作權保障的話。例如石油、鐵路、電信工會等，但是也並非所有的國營事業工會的對抗行動都能夠成功，失敗的例子也比比皆是，例如臺汽客運、臺機、唐榮、中船等工會，為何有如此的差異，是因為工會的策略不同呢？還是因為所屬產品市場的因素？都是值得進一步探討的課題。

對國公營事業工會而言，所採取的策略大都是政治性的遊說活動，包含向行政機關請願、遊行、靜坐示威、國會之遊說與立法機構之監督等。這一策略在方向上大致是正確的，因為國公營事業的預算來自國會審議，行政機關則為政策之擬定與執行，事業的董事會或管理者並無最後的決策權。但是工會在策略行使的標的上仍然極為傳統，偏重於保護工作權或是民營化後之權益。國公營事業工會雖然也跨越傳統的思維，企圖以勞工董事機制參與企業經營，但是主要的焦點仍然偏重於工作權保障或是民營化後之權益。

更嚴重的問題是國公營事業工會企圖以聯盟的方式進行政治遊說與抗爭的行動，但在行動方向與爭取的目標上卻是分歧的，原因是各事業單位民營化的進程與內容因為各事業單位之產業性質不同，面臨的產品市場競爭的態勢不同，因此不論在手段、時機、進程，與目標都必須有不同的考量，以集中化（centralization）的手段進行工會運動目標之達成顯然是有困難的。更多的困難來自各工會在路線與意識型態上的爭執，有的認為必須全面否定民營化，有的則認為可以有條件的民營化，有的則認為民營化不可避免，因此重點應該放置在民營化後如何保障權益的課題。這種路線上的歧異不僅存在於工會與工會之間，同時也存在於同一工會內部，因此工會內部產生不同的派系鬥爭，更加深工會在進行政治性策略談判過程中的複雜性與困難度。因此，去集中化（decentralization）協商的現象在臺灣工會運動策略的運作上看來似乎也無法避免。

六、公部門集體協商機制

潘世偉指出，為瞭解公部門集體協商過程中因代理問題所產生的影響，必要就工會和政府部門的層級結構作一般性的瞭解。工會從事集體協商的結構可以圖7-2看出：

圖7-2　工會集體協商結構

自圖7-2可知，在集體協商過程中，勞動者或工會會員即是本人，而工會乃代理人，受僱於工會會員。工會可視為企業型態的代理人，對勞動者販售各項服務。因此，在協商過程中，工會受僱於勞動者，代表勞動者的利益。相對地，政府機構的協商結構則是圖7-3。

圖7-3　政府機關集體協商結構

政府部門的僱用者顯然就是公民，公民僱用代理提供公共財貨與服務以滿足其利益。為履行其責任，代理人（即政府）則僱用一般勞動者為公民生產公共財貨與服務。公民的代理人（即政府）透過集體協商與勞動者的代理人（即工會）議定工作條件。

基本上，集體協商過程可視為一兩造之賽局（game）：

圖7-4　公部門集體協商架構

如圖7-4的賽局乃起於兩方代理人（政府、工會），進而就影響兩方本人（公民、勞動者）的工作條件進行協商。因此，如果兩方本人對於其代理人控制能力有顯著差異，以及至少有一方的代理人本身的利益不同於其本人時，協商結果將會有偏差。至於參與協商的各當事人的自我利益分別是：

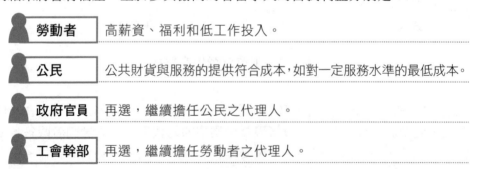

勞動者	高薪資、福利和低工作投入。
公民	公共財貨與服務的提供符合成本，如對一定服務水準的最低成本。
政府官員	再選，繼續擔任公民之代理人。
工會幹部	再選，繼續擔任勞動者之代理人。

顯而易見地，兩方本人的目標是相互衝突的，而且當協商結果影響到兩方代理人的「再僱用」（re-employ）時，兩方本人與其代理人之間亦處於一種衝突狀態。

強制性公部門集體協商是否強化了秩序和規則？其是否增加了政府作為人民公僕、人民自由及福祉之有效性？答案應是否定的。強制性的公部門集體協商將公部門受僱者對其雇主之忠誠轉移至工會，政府主權因而被削弱；使得公部門受僱者成為一對抗納稅人之團體，人民主權因而被削弱。公部門受僱者及其工會並未服務納稅人，反而極盡勒索之事。

強制性的集體協商並未帶給私部門和諧，對公部門亦然，而且效果更糟。在私部門中，競爭性阻止集體協商帶來最不健全的效果，所以私部門工會已經喪失其地位多年。但是在公部門中，競爭性的阻遏效果非常微弱，甚至幾乎不存在。政客及力量分散的人民對之於公部門工會，是無法與私部門工會所面臨之國際競爭、狡猾的生意人和正式的消費者相提並論。因此，一旦私部門工會喪失會員，公部門工會便會相對獲得更多的會員。

公部門中強制性集體協商之政策必須放棄，將勞雇雙方視為自然敵對之錯誤信念亦應放棄。即使是為緩和「勞動者弱勢」情況，強制性集體協商與工會並非是一項必要的手段。

七、公部門罷工權探討

潘世偉指出，在美國及許多國家，爭議不休的議題之一就是政府受僱者是否應該擁有罷工權？

支持者主張：所有受僱者都有為自己追求更好勞動條件和更高收入的權利，唯有必須透過集體行動方式才能達成。政府的受僱者並非次等公民，應享有其他一般受僱者之權利。因此，受僱於政府，則該事業受僱者勞動權利的賦與可能便需要更趨於審慎及限制。原因無他，由於趨於獨占的事業體密切關係到社會大眾和整體經濟活動之利益，一旦因為受僱者勞動權利的運用（尤其是罷工權）而致使財貨和服務的供應中斷，則社會大眾的權益勢必受損。因此，對於國、公營或民營趨於獨占之事業體，其受僱者之權利一致性和確保勞動權益的趨勢下，即使應該對某些事業體的受僱者勞動權利做特別規範，也應該是在一般勞動法體制之中作例外性規定。如此，不但可迎合世界潮流，也可達到勞動權利保障、管理和政策規劃專權統一目的。

勞動者勞動權利的享有並不會因其職業、身分而有所差異，因此，無論公共或私部門受僱者皆應享有一致的勞動權利。而今日之所以主張對某些受僱者之勞動權利（尤其是勞動爭議權）加以設限，那是因為這些受僱者罷工權利的行使，會導致公共財貨和服務生產活動的中斷，進而影響到社會多數人的

權益。換言之，所有勞動者之勞動權利皆應一致，只是在特定情形下需要對權利人權利行使加以限制，但是權利的內容並未因限制而有所影響。基於這樣的概念，對某些受僱者勞動權利之限制，是因為其權利的行使很可能會損及社會多數人的權利，並非這些受僱者的勞動權利不存在。

資深觀察家

換言之，無論是公部門中，政府機關、公營和公用事業受僱者，以勞動者立場為起點之勞動關係，已被視為一種基本關係。據此，必須強調的基本原則是：無論受僱者是屬於公共或私部門，其身為勞動者基本權利必須享有，不論其身分、職位如何：公僕論觀點必須被自始揚棄。

八、美國公部門勞資關係

美國公部門勞資關係制度起步較私部門晚，惟近年來快速成長趨勢，尤以聯邦、各州與地方政府公務員，以及教師之籌組工會活動表現更為亮麗。但自1978年聯邦政府勞動關係制定法（Federal Service Labor-Management Relations Statute of 1978：FSLMRS）將聯邦勞動關係正式法制化後，聯邦政府內勞工運動開始蓬勃發展。

聯邦政府勞動關係制定法是規範現行聯邦政府勞動關係之基礎，1978年公務員改革之重要部分，共二十四項主要條文，規定繁雜。簡述其重點如下：

(一)**適用範圍**：適用於被聯邦機關僱用之受僱者，同時也包括那些因不當勞動行為緣故而離職之受僱者在內。（只有極少數機關不適用）

凡適用之聯邦政府受僱者，有權自由籌組、參與或協助任何勞工組織，或拒絕從事上述之活動，而無遭致報復之虞。此外，聯邦政府受僱者亦得充當勞工組織之代表，而向機關之首長、行政部門及國會表達該組織所持有之觀點。

(二)**實際執行單位**：特別創設一獨立性之聯邦勞動關係委員會（Federal Labor Relations Authority：FLRA）負責本法之實際執行運作。該委員會是由三位委員共同組成，經總統提名而由參議院認可後出任，任期為五年，主要職權與1935年國家勞工關係法所創設之國家勞工關係委員會（National Labor Relations Authority：NLRB）大體相似，專門負責處理工會選舉及不當勞動行為事宜。FLRA負責決定工會選舉單位之合宜性、監督或舉辦選舉，藉以決定勞工組織是否被合宜談判單位多數受僱者所支持，而成為其唯一談判代表則負責解決有關勞資雙方以誠信態度

從事集體協商之義務而引起之爭議，以及處理有關不當勞動行為之正式控訴。根據本法之規定，聯邦勞動關係委員會有權舉行聽證會及發出傳票。其次，也可以命令聯邦機關或工會組織立即停止從事任何違反本法條款之行為，並對違法罷工之工會組織，向聯邦法院提出控訴。最後，為有效執行法令所揭櫫之政策，委員會還得採取任何合宜之補償性措施。

(三) **工會選舉**：根據法令規定，工會組織在工會選舉中獲得多數票選，則可成為某一合宜協商單位受僱者之唯一談判代表，而被授權與雇主（聯邦機關）從事有關工作條件之集體協商。同時，它必須公平代理協商單位內之所有受僱者，而不得對未具會員身分者有任何歧視之情形。一般而言，在決定聯邦受僱者之協商單位是否合宜時，聯邦勞動關係委員會所考慮之事項，可說與前述國家勞工關係委員會在處理私部門協商代表時所採用之標準完全相同，最重要者是找出受僱者之共同利益之所在，藉以有效與相關之聯邦機關斡旋抗衡。至於在舉辦工會選舉方面，其程序也與國家勞工關係法所規定大體相似，除所謂合意選舉外，也可在超過百分之三十受僱者支持之情形下，舉辦秘密投票之代表選舉。工會組織如能獲得多數之支持，即被該委員會正式認可為協商單位內受僱者之唯一代表。根據本法之規定，獲得唯一代表資格之工會組織，即有權參與勞資雙方有關申訴、人事政策與措施，或其他有關工作條件之正式討論，同時，在聯邦機關從事調查活動，而受僱者本身合理認為將會有受懲戒之虞時，亦得在該受僱者提出請求時，出席參加該項調查程度。

與私部門勞動關係制度不同的是，如果工會組織未能獲得整個機關之唯一代表資格，但卻獲得相當數量受僱者代表之身分時，則該工會組織得被賦予諮詢之權利，也就是聯邦機關本身提議對工作條件做任何相當程度之調整變動時，應通知該工會組織，讓它有合理時間就這些調整變動提出觀點及建議，而聯邦機關在採取最終行動時，必須考慮工會組織所提出之建議，並提出書面理由。

(四) **協助集體制度**：規定聯邦機關與唯一代表之工會組織必須以誠信之態度來會面與協商。所謂誠信態度，是指勞資雙方必須以真誠之決心來參與協商，藉以達成一團體協約，它們必須在合理之時間及方便之處所，在盡量必要之情況下經常晤面，而且也要選派經充分授權之代表與會，俾利協商任何有關工作條件之事宜。

由於公部門性質特殊，因此，對工作條件一詞特別予以立法界定，包括人事政策、措施及事項在內——不論是根據行政處分、行政規定或其他情形而來，只要它們會對工作條件產生影響均屬之。然而，本法也特別

將下列政策或事項，排除在工作條件之適用範圍中：有關禁止政治活動之政策、有關任何職位分類之事項，以及由聯邦制定法所規定之政策或事項等。一般來說，絕大多數聯邦受僱者之薪資報酬，並不是集體協商的主題，因為它們通常是由聯邦制定法來決定，不容勞資雙方置喙，在聯邦政府機關工作的藍領階級受僱者，是根據一套統一之聯邦工資制度領取工資，而根據此一制度，其工資應盡量與私部門之同樣職業可資比較。白領階級受僱者都是按照一般俸表敘薪增加與調整，都是由總統以行政命令方式辦理。

此外，與規範私部門之國家勞工關係法不同之處是，本法訂有一相當硬性之經營權利條款，從而也對聯邦政府勞資雙方集體協商之主題範圍，加諸多項限制。舉例來說，根據此一條款，聯邦機關或其經理主管在決定該機關之任務、預算、組織架構、受僱者人數或機關內部之安全措施時，即不應受集體協商之影響。同時，資方在僱用、配置、指導、資遣、留用或停職處分、降級或減俸，或對受僱者採取懲戒措施等事項所採取之措施，也不在集體協商之範圍內。其次，聯邦機關有關工作配置、工作轉包，以及選用候選人來占缺之決定，一般均不屬雙方集體協商之主題。最後，特別在緊急情況下，聯邦機關為達成任務必要之任何作為，排除在集體協商範圍以外。

至於在勞資雙方有協商義務之主題方面，通常如果任何行政處分或行政規則不是全政府通用性質者，則屬協商主題之範圍，然而若聯邦機關認為對行政規則有所謂重要需求之情形，則得據此理由拒絕協商，但必須先讓勞方代表有機會證明並無這種重要需求存在，至於勞資雙方對這種重要需求是否存在之爭議，都是交由FLRA加以解決。

最後，聯邦政府勞資集體協商制度特色之一，是根據法令規定，聯邦機關在勞方代表提出請求之情況下，必須將其所擁有之相關資料數據及資訊，提供給協商對手之工會組織，然而，這些資料必須是合理可以取得，而且是屬於與協商主題有必要關係者為限，此外，有關聯邦機關針對集體協商而對經理人員或管理監督者之指示、訓練、指導或諮詢之資料，也不屬資方應提供資訊之範圍。同時，所謂以誠信態度從事集體協商之義務，還包括在簽訂團體協約後，勞資任何一方提出請求，雙方均有執行具體表現團體協約內容之書面文件之義務在內。

(五)**協助解決僵局之道**：法令保存第11491號總統行政命令所成立之聯邦部門僵局處理小組，藉以解決勞資雙方在集體協商過程所產生之任何僵局。此外，根據1947年勞工關係法所創設之聯邦調解斡旋署，也為勞資雙方提供

調解服務，藉以化解協商之僵局。一般而言，如果調解失敗而無法簽訂團體協約，則任何一方均得請求聯邦部門僵局處理小組來解決該項爭端；該小組或可提出解決僵局之程序，也得採用任何其他認為合適之方式，來協助兩造當事人。至於正式之處理僵局程序，通常包括聽證會、發現事實、提出解決之建議，或甚至具指導性之解決方式等，而在經過該小組同意後，勞資雙方尚可請求對該僵局做出具有拘束力之仲裁。

(六)**申訴與仲裁**：特別規定所有團體協約均應訂有一套申訴程序（grievance procedure），而以具有拘束力之仲裁為解決申訴之最終程序。一般而言，如果引用仲裁程序，則任何一造均得在仲裁人作成決定之30天內，向前述聯邦勞動關係委員會提出審查之申請，而該委員會只有在仲裁決定明顯違反法令，或與聯邦法院審查私部門仲裁決定所樹立之標準確屬不符之情形下，才會加以推翻，如果在30天內未提出審查之申請，則該仲裁決定即屬具有終局性及拘束性。

如果申訴涉及之事項還可以透過其他制定法上審查程序加以處理時，則受僱者得自由選擇適用之程序。此外，涉及考績、降級、停職或革職之處分，均屬公務員審查程序之規範對象，在此情形下，受僱者亦得自由選擇適用公務員程序或申訴程序來加以處理。

(七)**不當勞動行為處理**：與規範私部門之國家勞工關係法一樣，本法也嚴禁聯邦機關（雇主）及工會組織從事不當勞動行為，前者之情形包括干涉或限制受僱者行使本法所賦予之權利；在工作條件上給予差別待遇，藉以鼓勵或不鼓勵工會組織會員身分；贊助或控制工會組織；因受僱者依本法提出正式控訴而加以懲戒或歧視；拒絕以誠信態度來從事集體協商；拒絕在處理僵局程序時採取合作之做法；以及執行任何與既存團體協約相違背之行政處分或規則等。後者之情形包括干涉或限制受僱者行使本法所賦予之權利；基於妨礙工作表現之目的，而強迫或處罰會員；基於種族、膚色、教義、原始國籍、性別、年齡、公務員身分、政黨隸屬關係、婚姻狀況及身障等因素，而對受僱者加以歧視；拒絕以誠信之態度來進行集體協商；發動或縱容罷工、怠工或停工；以及針對聯邦機關從事糾察（picketing）行動，而不當干涉該機關之正常運作等。

九、英國

英國為工業革命的發源地，勞資關係發展甚早，政府對工會的態度從十九世紀初葉以前的嚴格禁止，到1870年的容忍繼而鼓勵，並輔以豁免民、刑事

責任的方式使勞工暨工會得採取勞資爭議行為，因此，英國存在著以集體勞動手段規範勞動條件的傳統。在「人人平等」的概念下，英國政府未仰賴其公權力主體的地位打壓工會，反而鼓勵工會成長並與工會進行集體協商，帶動英國集體協商制度的成形。然而，國家與一般雇主功能、角色、目的不相同，公部門所關切者為公共利益，所涉的對象也較廣，故即使英國歷來政府不刻意去凸顯其與私部門間的差異性，在針對現實問題的解決上卻也無法完全否認其間的差異。

一般而言，英國勞資關係的演進以1979年為分水嶺。在此之前的數十年，工會在公部門勞資關係上扮演重大角色。整體而言，公部門受僱者加入工會取得工會會員資格的人數，亦遠高於私部門受僱員工。公部門勞工工會參與率密集，實歸因於自第一次世界大戰以來英國歷任政府視工會為維繫社會運作不可或缺的一員，因此政府鼓勵公部門的受僱者加入工會、參與工會的活動，並且以身作則要求公部門的雇主與其受僱者所屬工會就勞動條件進行協商，在此種策略下公部門工會自然能夠成長茁壯。

柴契爾夫人領導下的保守黨則視工會為阻礙市場機能運作及事業增進效率的元兇，並且是對個人自由的威脅，因此在法律的制定及對公部門工會的態度上採取敵視立場，積極削弱工會在政治上及職場上的影響力，並透過民營化策略及將公部門業務外包由私部門事業承攬的手段，打壓工會勢力。1997年執政迄今的工黨，雖然未拘於意識形態而繼續對工會打壓，唯其亦刻意與工會保持距離，避免落入其政治對手所稱「被工會挾持」的陷阱，反而以促進經濟發展之必要為由，與資方有較密切的接觸。因此，即使工黨上臺後制定或修正諸如最低工資法、工作時間規則、勞動關係法、公共利益揭露（補償）規則、勞雇法、事業轉讓（勞動保護）規則等保障勞工權益的法規，但是對於職場上工會勢力的增進卻相當有限，更遑論放任工會藉由政治基金之捐獻發揮其對政府決策的影響力。

公部門工會大致分為三類：

(一)**廣泛納入各種屬性之公部門勞工**：如「公部門服務工會」（The Public Service Union，簡稱UNISON）即代表地方政府的藍領受僱者、全國醫療服務的勞工、大學之受僱者、自來水業勞工及地方政府的部分白領工人。

(二)**只招募公部門特定領域的受僱者**：消防員工會、教師工會即屬此類。

(三)**一般性工會**：不論公、私部門勞動者皆可以加入，再依會員的職業性質分為各種支部，一般市政及鍋爐工工會即屬此類工會。

在公部門文職受僱者方面，有些工會利用職級作為招募會員的基礎，此類工會包括第一級文職人員協會（Association of First Division Civil Servants）及全國文職及公部門人員工會（National Union of Civil and Public Servants），至於稅務人員聯盟（Inland Revenue Staff Federation）則專以特定職業人員為招募對象。

英國公部門工會的另一個特色在於，同一職場上經常有多個工會同時存在，且在某些部門工會間彼此相互競爭。由於文職人員之組織界線劃分清楚，較不會有競爭會員的情形；不過在全國醫療服務上，醫療服務受僱者聯盟及全國公部門受僱者工會即競相招募護士及醫療相關支援人員入會。在教育人員的招募上，則有全國教師工會（National Union of Teachers）、全國教師協會（National Association of Schoolmasters）及女教師工會（Union of Woman Teachers）相互競爭會員；即使是技術學院的教師亦分裂為全國高等教育教師協會（National Association of Teachers in Further and High Education）及技術學院教師協會（Association of Polytechnic Teachers）相互排擠。教育事業及全國醫療服務之工會間彼此的敵對競爭，常導致工會採取左派好戰的策略以使對手侷促不安。而學校教師分屬於不同工會，使得教師代表在與其雇主就勞動條件談判時，因勢力分散而力不從心。

不同於私部門之勞工視組織工會進行集體協商、簽訂團體協約都是自然過程，公部門受僱者最初組織職業聯盟之目的在於維護其會員的職業標準及地位，而非為勞動條件之決定參與集體協商；公部門受僱者同時也擔心其參與工會活動的行為會與其在憲政上應保持政治中立的角色產生衝突。因此，在1970年代以前沒有任何教師工會，及只有極少數的醫療服務之受僱者團體是以工會的身分註冊登記。即便像全國教師工會早已進行事實上的集體協商，因而符合英國法律上工會的定義，卻仍不願意因註冊登記而有損其職業形象。

相對於私部門工會對於會員之雇主於爭議無法和平解決時有採取行為的必要性，整體而言，英國公部門工會基於種種考量並不輕易發動集體抗爭行動。考量點是：

(一) 公部門抗爭所造成的干擾，影響所及者不僅限於雇主及少數的顧客，而常牽涉廣大群眾生活上的便利。

(二) 公部門所提供的服務通常具有獨占或幾近壟斷的性質，因此，服務若因勞資爭議而中斷，往往欠缺替代性的供給來源。

(三) 公部門受僱者所提出的要求可能對政府的政策直接形成挑戰，因而具備
　　政治色彩，對於公部門白領勞工而言，採取勞資爭議行為與其職業地位
　　及嚴守政治中立的要求並不相容。

因此，早期公部門工會並不熱衷於發動罷工、怠工等勞資爭議行為。

資深觀察家

現今，多數公部門工會的章程都容許工會採取勞資爭議行為並且可以利用工會
的財產資助之，不過實踐此種制裁行為的意願在工會間有相當大的差異。有些
工會章程只容許工會可以建議或授權會員採取爭議行為，卻未明文規定工會可
以下令、指示會員積極行動；有些章程則只容許工會對會員提供建議。唯恐勞
資爭議行為會對特定事業造成干擾，故藍、白領工會都不願輕舉妄動，多數工
會都訂有「行動規章」（Codes of Conduct）以確保採取之爭議行為不會危害公
共安全與衛生。不過工會的自我約制常明示或暗示的建立在雇主也要相對自制
的條件上，要求雇主不可因工會的自制而減損其利益。因此，工會與管理階層
通常會達成某種共識，限制勞資爭議期間勞工可拒絕為勞務給付的範圍，或是
雇主以承諾不扣薪來換取勞工提供應付緊急情況所必要的勞動力。

由於考慮職業的敏感性及社會的觀感，有些公部門工會對於發動勞資爭議行
為採取極為保守的態度。譬如皇家護士學會惟恐危害對患者的照顧而禁止會
員採取勞資爭議行為，皇家助產士學會的章程亦禁止會員採取勞資爭議行
為，而且規定該禁令之修正必須獲得會員大會三分之二以上會員的同意。工
會章程禁止採取勞資爭議行為的作法，有時可以增加其對潛在會員的號召
力，有助於工會會員人數的成長。

08 和諧勞資關係制度與做法

課前導讀

本章屬於具體推動勞資關係的有效做法，部分是推動多年的好制度，部分仍有努力空間，建議應瞭解各種制度的特色以及運作，另相互之間的比較亦可多加留意。

系統綱要

一、工業民主（勞工參與）

(一)源起：指勞資雙方享有民主權利，包括：參與管理、聽取企業營運現況權及集體交涉權。

(二)發展過程

1. 發展初期（指第一次世界大戰以前）

2. 奠基階段（指第二次世界大戰以後）

3. 蓬勃發展階段（已成熟，勞資雙方不論在各方面都已趨近平等）

(三)定義：是指以受僱者身分參與企業決策的過程。

(四)類型

1. 獲得資訊　　2. 勞資協商　　3. 共同管理　　4.自我管理

(五)功能

1. 提高勞工滿意度和個人發展

2. 將民主生活方式延伸至工業領域

3. 增進勞資關係

4. 激發勞工潛能，提高工作效率

(六)影響因素

1. 客觀因素　　　　　　　　2. 主觀因素

(七)德國勞工參與制度

可以分為：

1. 事業單位層級　　2. 企業層級　　3.地方及中央層級

二、 員工協助方案（EAPs）
　　(一)定義：指提供服務以協助員工解決其個人、家庭或工作的各種問題。
　　(二)目的
　　　　1. 對企業來說
　　　　　(1)增強員工對企業的向心力與凝聚力
　　　　　(2)增進企業競爭力
　　　　　(3)樹立良好企業形象並促進企業發展
　　　　2. 對員工來說
　　　　　(1)協助員工解決問題，提高生活品質與促進身心健康
　　　　　(2)促進員工良好人際及工作和諧關係
　　　　　(3)改善員工福利及滿足員工需求
　　　　　(4)協助員工自我成長並引導良好職業生涯發展
　　　　3. 對工作來說
　　　　　(1)穩定勞動力並降低員工離職率
　　　　　(2)提高生產力和工作績效
　　　　　(3)協助解決工作上問題
　　　　　(4)協助新進員工適應工作環境
　　　　4. 對勞資關係來說
　　　　　(1)增進勞資溝通管道　　　　　(2)促進勞資和諧
　　(三)實施理由
　　　　1. 外籍移工的管理不易　　　　2. 勞資爭議處理困難
　　　　3. 關廠歇業的員工安置　　　　4. 工會活動的輔導
　　　　5. 勞工技術的提升　　　　　　6. 人性管理的發展
　　　　7. 工業民主的促進
　　(四)功能
　　　　1. 提高生產力　　　　　　　　2. 減少工作意外
　　　　3. 減少缺勤及轉業率　　　　　4. 減少員工及家屬保險費支出
　　　　5. 減少突發事件發生率　　　　6. 增進勞資和諧
　　　　7. 營造公司溫馨關懷之形象
　　(五)內容
　　　　1. 諮商服務　　　2. 教育服務　　　　3. 申訴服務
　　　　4. 研究調查服務　5. 諮詢服務　　　　6. 協調服務

　7. 協辦服務　　　　8. 急難救助服務　　　9. 組織之發展服務

三、　員工福利

　　(一)定義：指員工所獲得的薪資收入以外，所享有的利益和服務。

　　(二)分類

　　　　1. 法定員工福利：指依職工福利金條例提撥的福利金所辦理或提供的各項福利措施或服務。

　　　　2. 狹義員工福利：指雇主提供的非財務報酬之利益和服務。

　　　　3. 廣義員工福利：包括薪資、遞延薪資、工作條件和環境。

　　(三)內容

　　　　1. 廣義：

　　　　　(1)工作方面：適當、安全、舒適、發展。

　　　　　(2)生活方面：合理薪資、適當休假、意外事故保障、利潤分享、康樂活動。

　　　　2. 狹義：

　　　　　(1)經濟性福利措施：退休金、團體保險、疾病與意外保險、互助基金、分紅入股、眷屬補助。

　　　　　(2)娛樂性福利措施：球類運動、社交活動、特別的電影、演講、書法、攝影等。

　　　　　(3)設施性福利措施：保健醫療、住宅、餐廳、福利社、交通車、財務諮詢。

四、　員工分紅入股制度

　　(一)起源：源自1842年法國福查奈斯油漆公司

　　(二)內涵

　　　　1. 員工分紅制度：是利潤分享，也是分配紅利。

　　　　2. 員工入股制度：是指員工持股，讓員工成為企業或公司的股東。

　　　　3. 員工分紅入股制度：係指員工既分紅又入股的混合制度。

　　(三)規劃

　　　　常考慮用下列方式分配紅利與股票的標準：

　　　　1. 職務的輕重（職級的高低）　　2. 服務的年資

　　　　3. 績效的表現　　　　　　　　　4. 薪資的多寡

　　　　5. 其他客觀的標準

　　(四)員工認股選擇權

五、 勞資諮商與勞資會議

　　(一)前言

　　　　1. 我國的勞資會議　　　　2. 德國的員工代表會

　　　　3. 日本的勞資協議制

　　(二)意義與內涵：鼓勵勞資雙方自發性的諮商與合作的溝通方式

　　(三)功能

　　　　1. 知的功能　　　　　　　2. 提升勞工參與感

　　　　3. 增進和諧的基礎　　　　4. 勞工期望的達成

　　　　5. 資方期望的達成　　　　6. 共同解決問題

　　(四)勞資會議事業單位及代表產生

　　　　1. 資方代表由公司指派

　　　　2. 勞方代表由工會推選或勞工直接選舉

　　(五)勞資會議的行政作業

　　(六)勞資會議召開次數與主席產生

　　　　1. 定期會議（至少三個月）與不定期會議兩種

　　　　2. 主席由勞資雙方輪流擔任

　　(七)勞資會議的進行

　　　　1. 議事範圍

　　　　　(1)報告事項　　　　(2)討論事項　　　　(3)建議事項

　　　　2. 決議與處理

六、 競業禁止簽訂與執行

　　(一)定義與目的

　　　　指事業單位為保護其商業機密、營業利益或維持其競爭優勢，要
求特定人與其約定在職期間或離職後之一定時間、區域內，不得
受僱或經營與其相同或類似業務的工作。

　　(二)在職或離職後的競業禁止

　　　　1. 在職期間的競業禁止

　　　　2. 離職後的競業禁止

　　(三)簽訂競業禁止的相關注意事項

　　　　1. 雇主應有受保護之法律上利益

　　　　2. 勞工擔任之職務或職位得接觸或使用事業單位營業秘密

　　　　3. 契約應本誠信原則約定

　　　　4. 限制的期間、區域、職業活動範圍應屬合理範圍

　　　　　(1)期間：2年以下合理

　　　　　(2)區域：以企業的營業領域為限

　　　　　(3)職業活動範圍

　　　　5. 勞工離職後應有代償措施

　　　　6. 員工應有顯著背信或違反誠信原則

　　　　7. 違約金金額應合理

　　(四)勞工違反競業禁止之法律效果

　　(五)競業禁止相關規定

七、　員工申訴制度

　　(一)源起：建立一套供員工與企業溝通的管道。

　　(二)定義：員工對公司的任何不滿或抱怨，有一定的管道與流程可以反映及處理。

　　(三)法源

　　　　1. 勞動基準法（第70條及第74條）

　　　　2. 勞動檢查法（第32條及第33條）

　　　　3. 職業安全衛生法（第39條）

　　(四)申訴處理在勞資爭議中之定位

　　(五)企業內員工申訴的處理

　　(六)企業建立申訴制度的過程

　　　　1. 以溝通為前提

　　　　2. 確立設立申訴制度的需求原則

　　　　3. 設立申訴制度程序的意義

　　　　4. 申訴案件的處理

　　　　5. 申訴制度的績效評估

　　　　6. 最高管理階層的支持程度

　　(七)建立實用的申訴處理制度的考量

　　　　1. 確認需求

　　　　2. 召集規劃會議研討申訴之宗旨

　　　　3. 申訴制度之公告　　　　4. 申訴表格設計

　　　　5. 申訴結果之追縱　　　　6. 申訴制度之評估

　　　　7. 實施申訴制度的注意要項

八、 工作與家庭和諧
　　(一)工作與家庭衝突來源
　　　　1. 不對等的關係　　　　　　2. 家庭對工作的影響
　　　　3. 工作對家庭的影響
　　(二)協助措施
　　　　1. 建立一個具生產力的機構
　　　　2. 建立一個具歸屬感的工作團隊
　　(三)平衡工作與家庭措施的優點
　　　　1. 提升生產力和競爭力　　　2. 增強工作的靈活度
　　　　3. 提高員工的工作士氣　　　4. 減少員工缺勤率
　　　　5. 有利人才招聘與留任　　　6. 配合法令要求
　　(四)企業推動工作生活平衡專案步驟
　　(五)推動面向

九、 友善家庭政策
　　(一)定義：指工作與家庭生活的調和
　　(二)家庭制度內涵
　　　　1. 家庭給付制度　　　　　　2. 優惠家庭之財稅福利制度
　　　　3. 兼顧家庭與工作福利制度　4. 補助家務勞動制度
　　　　5. 住宅福利政策相關制度
　　(三)常見措施
　　　　1. 受扶養者的照顧服務　　　2. 工時彈性
　　　　3. 休假　　　　　　　　　　4. 其他

十、 彈性管理與企業工時制度規劃
　　(一)基本概念
　　　　1.影響工時長短因素
　　　　　(1)工資水準　　　　　　　(2)主觀意願
　　　　　(3)政府政策　　　　　　　(4)人力供需狀況
　　　　　(5)經濟景氣變動　　　　　(6)團體協商
　　　　　(7)企業管理模式調整　　　(8)國際規範與競爭壓力
　　　　2. 彈性管理
　　(二)工時彈性化方案
　　　　1. 彈性工時　　　　　　　　2. 壓縮工時
　　　　3. 彈性工作場所/電傳工作

(三)工時彈性化做法

　　1. 切割員工實際工時　　　　2. 變形工時制

　　3. 工時縮減方案

　　　(1)經常性部分工時工作　　(2)職務分擔

　　　(3)階段性退休　　　　　　(4)自願性減時方案

　　　(5)工作分享　　　　　　　(6)休假與特別休假

十一、 工作分享

　　(一)定義：指安排兩名員工共同負責一份全職工作，以創造更多工作機會，使就業機會增加。

　　(二)方式

　　　一般多採以下六種不同方式：

　　　1. 工作職位分享　　　　　2. 時間購買計畫

　　　3. 縮短法定工作時間　　　4. 提前和過渡性退休

　　　5. 延長休假時間　　　　　6. 靈活工作制

十二、勞工的工作壓力

十三、週休三日研議

十四、勞雇雙方協商延後強制退休年齡

一、工業民主（勞工參與）

(一)**源起**：「工（產）業民主」一詞，由英文Industrial Democracy翻譯而來，廣義來說，指各業勞資雙方應享民主權利，包括：參與管理權、聽取企業營運現況權及集體交涉權等。

工業民主制源自歐洲，多在工業國家實施，發展非常快速，影響勞資雙方權益甚鉅。這種制度是將政治民主原則應用於企業內，使勞工對於影響本身利益之各項企業決策有參與權利，以使各企業有合理化組織，讓勞工獲得人性化待遇，促成勞資關係由對立而融洽、和諧，進而融合為一體。

(二)**發展過程**：工（產）業民主制在世界各國發展過程，大致分為以下三個階段：

　　1. **發展初期**：初期發展階段中，工業民主只是一種工業急遽發展中的運動，並未形成一種國家制度，第一次世界大戰以前的英、法、德及其他歐洲國家，就已開始實施工業民主，只有在英、法兩國獲得立法支

持。之後，逐漸受到雇主關切，即來自雇主慈善觀念，使勞工明瞭其勞動條件與工作意義，以幫助雇主達成企業經營目的，形成真正勞資合作的具體機制。但性質未脫離雇主御用色彩，工人代表由雇主指派，會議討論範圍多由雇主指定，會議中決定事項，執行與否，完全由雇主片面決定。

2. **奠基階段**：第二次世界大戰以後，工業民主發展進入新的階段，由於戰爭期間，民族意識激發勞資雙方共同努力，一致支持戰時增產使資方承認勞工貢獻，賦予勞工較多民主權利，獲得良好效果。戰後，由於生產狀況混亂，勞資爭議迭起，為安定生產秩序，以從事戰後重建工作，乃擴大實施工業民主措施。雇主不僅鼓勵勞工自動提供生產效率、產品品質、原料節約，以及企業內一切設施的問題或意見，並且組織工廠委員會或工人委員會，由工人直接選舉代表參加，甚至權力擴充到企業內多項業務之共同管理，雇主對於企業經營，常徵詢工人代表意見，有的企業甚且由雇主代表與工人代表舉行聯席會議，討論企業經營管理問題，有的企業則設置常設勞資聯合委員會，使勞資雙方經常密切聯繫。

3. **蓬勃發展階段**：至此階段，一些工業先進國家，除了配合憲法保障工作權之外，制定各種保護勞工的社會立法，輔導並容許工會組織與活動，進而藉此透過制度性之立法保障，確認參與經濟活動之勞資雙方人格權以及法律地位之實質平等，對於許多重要的企業營運管理及勞工福利事項之決策，常在企業組織內，設立許多制度，容許勞工代表參與決策，使工業民主思想在企業內形成制度化。工業民主發展到此一階段，不僅勞資雙方在形式上趨於平等一致，且在觀念上，勞工的人格與智慧，可與雇主同獲平等，勞工因工作所提供之勞務，不僅在換取雇主給予之薪資報酬外，勞資間的利益，亦可獲得合理分配與調合。

總之，工業民主制度發展過程，各國先後有別，即使在同一國家或同一地區，也因為採取制度類型不同，使勞工參與企業決策之範圍與程度有別，但企業之經營管理將由資方之片面決定，進展至勞工參與之境界，是必然趨勢。

(三) **定義**：勞工參與（Labor Participation），是指勞工以受僱者身分參與企業決策的過程，透過此方式表達意見並影響政策制定。一般勞工參與企業決策是經由工會以外的委員會或組織方式，也有可能是以個人身分直接參與。

> **資深觀察家**
>
> 勞工參與和集體協商是不同的，集體協商是指合法工會代表勞工與雇主定期協
> 商，最後簽訂團體協約，協商失敗，可能由工會發動罷工；因此，集體協商表示
> 勞方與資方是站在不同陣線。相對的，勞工參與則意味著，勞、資站在同一邊，
> 參與過程中是不能罷工的。但集體協商與勞工參與之目的也有相似之處，集體協
> 商是要達成共同協議，使企業順利運作；勞工參與則是獲得讓勞工可以接受的管
> 理決策。理論上而言，勞工參與決策比雇主單方面制定政策更有效率。

(四)**類型**：由上可知，勞工參與是產業民主的新機制，勞工參與方式根據國
　　際勞工組織（ILO）分類，計可分為獲得資訊、勞資協商、共同管理和
　　自我管理等四種不同程度的參與，分述如下：

　　1. **獲得資訊**：勞工獲得企業經營和管理方面的資訊，是最低層次也是最
　　　　基本的勞工參與。勞工能獲得「質」與「量」的資訊。資訊獲得管道
　　　　暢通與否，隨著企業性質不同、雇主態度和勞工要求程度有所不同。

　　2. **勞資協商**：勞資協商指企業設置勞資協商機構，勞工與雇主經由協商
　　　　機構進行溝通和協商。企業經營和管理決定權在資方，協商內容或結
　　　　果對雇主並無拘束力。我國的「勞資會議」和某些國家的「員工代表
　　　　會」屬於此一層次。

　　3. **共同管理**：勞工可以參加董事會或組成員工代表會、工作委員會等單
　　　　位，與資方共同制定決策。

　　4. **自我管理**：勞工可以選定管理機構的組成份子，例如南斯拉夫，在
　　　　1950年通過立法，公營企業的管理完全交給勞工代表。

　　上述四種不同參與層次類型，以獲得資訊屬最低的層次，勞資諮商是常
　　見的勞工參與層次，共同管理則屬較高層次，以歐洲國家最為普遍。至
　　於，自我管理的型態多見於社會主義和共產國家，資本主義國家不多
　　見。有時，企業面臨危機時，會由員工自我管理，我國曾有企業面臨倒
　　閉，由員工自救會自行管理和經營的案例。

　　財務參與是產業民主的特別機制，是較新的產業民主概念，此一制
　　度主要是透過利潤分享（Profit-sharing）、入股（employee stock
　　ownership）或分紅入股不同的方式，使員工擁有公司的股權，進而促進
　　員工產生參與企業決策的誘因，同時，員工有更進一步與公司產生休戚
　　與共的感覺，有助於企業政策的推動。

　　員工參與決策要和員工分紅入股相互配合。員工分紅入股，讓員工有權
　　利和義務參與組織決定，另一方面，員工因參與決策，提高組織績效，

分享經營成果。員工財務參與，可以提高員工的參與動機和合法性，達到產業民主的宏效。

(五)**功能**：勞工參與可帶來以下四大功能：

1. 提高員工滿意程度和個人發展。
2. 將民主生活方式擴展延伸至工業領域。
3. 增進勞資關係。
4. 激發勞工潛能，提高工作效率。

(六)**影響因素**：勞工參與制度能否有效推動，受主、客觀因素影響很大：

1. **客觀因素**：指企業決策權、技術性高低、企業規模及企業結構等因素，不論公、民營企業，企業經營者作決策時，仍受制於上層機關或總公司箝制，則勞工參與決策可能性低；技術性極高且複雜之企業相較於技術性低企業，較不易實施勞工參與制度。大企業由所有員工直接參與企業決定的可能性又較中小企業來的不易，只能選派代表間接參與。

2. **主觀因素**：指勞工參與企業經營決策的態度與能力，以及企業經營決策之態度與觀念等因素影響。

(七)**德國勞工參與制度**：劉士豪指出，勞工參與類型主要區分為兩個形式：團體協商制是以勞動條件之交涉為主要任務，勞動者參與制則是著重於企業經營秩序的維護與成長。以法制面來談勞動者參與制度，大都會舉德國的兩大制度：經營組織法及共同決定法。德國勞工的共同參與權與勞工同盟自由權有特殊關係，德國聯邦憲法法院認為：透過同盟自由所保障的團體協約自治並不是促進勞動及經濟條件的唯一形式，德國基本法第九條第三項並未排除其他形式，經營組織及企業內的共同決定也是促進勞動及經濟條件的一種形式。換言之，德國為促進勞動條件與經濟條件分別創設了兩種模式：第一種以團體協約體系及勞動爭議的衝突解決為主的對抗模式，第二種則是共同決定秩序的經營組織和企業內的共同決定為主的合作模式。

德國勞工參與與社會對話的法律制度，可以分為事業單位級、企業級、地方級及中央級的共同決定。

1. **事業單位層級**：以1972年德國經營組織法為法律依據，規範由勞工選舉的員工代表會對於事業單位的社會、人事及經濟事項之程度不等的共同參與決定權。主要為參與企業管理的共同決定。請參看下表：

德國於事業單位層級共同決定表

員工代表會之權利類別	共同決定權行使之範圍	權利行使之性質
共同決定權	(1)工作規則 (2)工作時間、休息時間之分配 (3)工時的延長或縮短 (4)薪資結構、發薪的方式、時間及地點 (5)休假安排 (6)監督員工行為及績效之方法 (7)防範職業災害及職業病 (8)員工福利設施及制度 (9)員工宿舍 (10)計薪原則及方法 (11)員工建議方法 (12)招募新員工的廣告與程序 (13)對員工的問卷調查 (14)調職及解僱的原則	社會事項及部分人事事項的實施必須由勞資共同決定，勞資意見不一致時，可請求事業單位內的仲裁委員會仲裁或訴請法院裁定。
諮商權	(1)人事徵募、解僱、裁員、調職、升遷 (2)企業全部或部分的遷移及併購 (3)員工的生涯計劃 (4)工作設計的改變 (5)工作評估 (6)訓練計劃 (7)技術之引進	人事事項必須先徵詢員工代表會的意見，方能實施。
資訊權	(1)市場競爭狀況、雇用趨勢 (2)管理策略、經營策略之改變 (3)國家補助運用之情況 (4)財務狀況 (5)勞動力之成本 (6)研究發展	經濟事項的資訊，員工代表會有要求資方提供的權利。

2. **企業層級**：德國企業層級的勞工參與，在於勞工可以以勞工的身分參選企業的監理委員會，並進而參選董事。其選舉方式是由員工透過員工代表會選出代表員工的監理委員和股東透過股東大會所選出代表資財者的監理委員共同組成監事會，在由監事會選出董事，董事會成員中有一名代表員工的勞工董事。

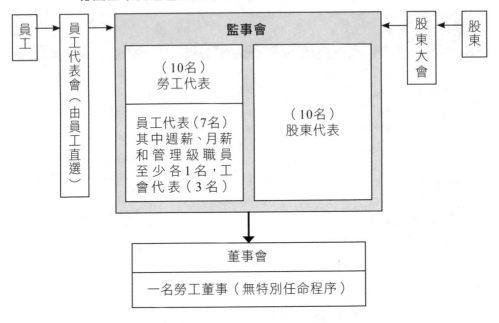

德國企業營運選舉圖（以二萬人員工以上的企業為例）

1951年煤鋼鐵業共同決定法的共同決定制。參見下表：

1951 年煤鋼鐵業共同決定法		
適用範圍		(1)1000人以上的煤鋼鐵業。 (2)該企業必須是屬於股份公司、股份有限公司或具有法人資格之礦業法上的工會之法律形態。
勞工監事	人數	監事會設11名監事，其中有5名為勞工監事。
	產生方式	(1)2名勞工監事（一位工人、一名職員），由員工代表會在諮詢工會的意見後，提出工人及職員分開的兩份候選人名單，再由員工代表會中的工人與職員成員分開選舉後，提出最終名單（如工會可證明所推出的建議人選，不能提出其在監事會中為企業及國民經濟之利益貢獻的保證，可向員工代表會提出異議，員工代表會若堅持己見，則最後名單由聯邦勞動部長決定）。 (2)2名勞工監事，由德國總工會及德國職員工會在徵詢該企業所屬工會以及員工代表會的意見後提出名單（但須考慮企業內少數員工的利益），由員工代表會選舉產生最後名單。

1951 年煤鋼鐵業共同決定法		
勞工 監事	產生 方式	(3)1名勞工監事，同樣由德國總工會及德國職員工會在徵詢該企業所屬工會以及員工代表會的意見後提出名單，由員工代表會選舉產生最後名單，但此勞工監事不得為工會之代表、受僱人，或任何其他對本企業有利害關係之人，所有名單最後提交股東大會作最終的任命，但股東大會必須受此名單之拘束；1981年5月修法後，所有的勞工監事名單都必須經由企業所屬的員工代表會通過。
	職權 及 義務	(1)沒有專屬個別監事的職權，對勞工監事亦然。 (2)屬於監事會整體的權利；對於企業經營之一般資訊權、延請專家鑑定之權、一般的控制權，特定的形成權。 (3)亦有主張：勞工監事得享有特殊的資訊權（如針對與勞工有關的企業管理資訊、統計數字）。 (4)監事會及監事之義務：企業忠誠義務及保密義務。
	罷免 ／ 控制	無明文規定，但一般以為須由股東大會以四分之三的絕對多數決為之，同時不受工會或員工代表會意見之拘束。
勞工 董事	人數	董事會中設一名勞工董事。
	產生 方式	由監事會選舉指派產生，但以得勞工監事過半數之同意為限。
	職權	與一般董事同，法律中僅明定：須與整個董事會取得一致的情況下行使職權，至於其詳細內容則由公司章程或董事會運作規則定之。
	罷免 ／ 控制	由監事會決議，但以得勞工監事過半數之同意為限。

1976年的共同決定法的共同決定制度，參見下表：

1976 年的共同決定法	
適用範圍	(1)2000人以上的企業。 (2)該企業必須是屬於股份公司、股份有限公司、具有法人資格之礦業法上的工會之法律形態。

1976 年的共同決定法		
勞工 監事	人數	(1)10000人以下的企業，股東及勞工各6名監事。 (2)10000至20000人的企業，股東及勞工各8名監事。 (3)20000人以上的企業，股東及勞工各10名監事。
	產生 方式	(1)10000人以下的企業，6名勞工監事中須有4人為企業員工，2人為工會代表。 (2)10000至20000人的企業，8名勞工監事中須有6人為企業員工，2人為工會代表。 (3)20000人以上的企業，勞工10名監事中須有7人為企業員工，3人為工會代表。 (4)8000人以上的企業員工必須年滿18歲，企業年資在一年以上。 (5)8000人以上的企業，如有選舉權的員工未作直接選舉的決議，則由其以間接選舉的方式選出企業員工的勞工監事。 (6)8000人以上的企業，如有選舉權的員工未作直接選舉的決議，則由其以間接選舉的方式選出企業員工的勞工監事。 (7)選舉費用由雇主負擔，因選舉所致工作延怠或其他必要行為，雇主不得減少或課扣工資。
	職權 及 義務	(1)監事會之整體權利及監事之義務同上。 (2)企業員工代表的勞工監事不得因行使職權而受歧視。
	罷免 ／ 控制	(1)罷免工人的勞工監事，由四分之三的企業內工人決議罷免。 (2)罷免職員的勞工監事，由四分之三的企業內職員決議罷免。 (3)罷免主管級職員的勞工監事，由四分之三的企業內主管級職員決議罷免。 (4)罷免工會代表的勞工監事，由所提名之工會罷免。
勞工 董事	人數	董事會中設一名勞工董事。
	產生 方式	由監事會以三分之二的多數決選舉指派產生。
	職權	與一般董事同，法律中僅明定：須與整個董事會取得一致的情況下行使職權，至於其詳細內容則由公司章程或董事會運作規則定之；但法院判決及學理上均以為：勞工董事的權利行使限制於人事及社會事項。
	罷免 ／ 控制	由監事會以三分之二的多數決議決之。

三分之一代表勞工參與法（2004年取代原事業組織法1952年第76條以下條文）的勞工參與制度，內容如下：

(1)500人以上的股份工司的監事會中應有三分之一的席次由勞工擔任，此勞工監察人由全體的企業勞工選出，如只有一位，則必須是企業所屬員工，如有兩位以上，則必須至少有兩名企業所屬員工，其中一人為工人，另一人為職員，如企業員工過半數為女性，則必須至少有一名女性勞工監察人；員工代表會及經一定程序連署之企業員工，得提出候選名單。經員工代表會或五分之一企業員工之申請，經投票四分之三多數的決議，得罷免勞工監察人。

(2)其他500人以上之一定法律型態的企業（如股份有限公司、具法人資格之礦業法上的工會、保險社團等）亦適用之。

3. **地方及中央層級**：不同機構與決定機制納入勞工代表參與：

(1)參與有關公共事務的自治事項：例如社會保險、鐵路及郵政監事會。

(2)參與國家之制定工資及勞動條件：例如聯邦勞工暨社會部的團體協約委員會、家庭勞動委員會、最低勞動條件委員會、公務員委員會、第一審及第二審的勞動法院及社會法院。

(3)參與其他的公共機構：例如青少年福利委員會、職業教育委員會。

(4)參與國家補助事項的決定：例如政府訂單委辦之分配、獎勵研究基金。

劉士豪指出，勞工參與與社會對話是二十一世紀我國勞工與工會組織努力奮鬥的重要目標之一，勞工參與和社會對話可以從事業單位、企業、乃至於地方及國家層級進行和實現，其實勞工參與和社會對話，是從個別的勞雇關係發展到事業單位和企業層級的產業民主到地方及中央經濟事務的經濟民主。因此勞工參與與社會對話的制度也代表一個國家的民主化制度。

在事業單位和企業層級的產業民主，著重的是勞工以員工的身分參加事業單位的管理及企業的營運。在德國勞工參與制度為促進勞動條件與經濟條件採取了雙軌制：第一種以團體協約體系及勞動爭議的衝突解決為主的對抗模式，第二種則是共同決定秩序的經營組織和企業內的共同決定為主的合作模式。所以德國的合作模式中又分為兩種勞工參與共同決定的制度：第一是由員工所選出的員工代表會參與事業單位的管理，擁有共同決定權、諮商權及資訊權。第二是由員工選舉或工會推派監事與股東大會所選舉出的監事共同組成監事會，再由監事

會選舉出董事，其中一席董事由勞工擔任，與其他董事共同負責企業業務的執行。此外，德國在地方及中央層級的社會對話，無論是社會保險機構的組成，各種涉及勞工事務的公共機構，乃至於司法機關勞動法院及社會法院的非職業（榮譽）法官的推薦都是由雇主及勞工團體負責，充分顯現德國勞工參與和社會對話制度的落實。

二、員工協助方案（EAPs）

(一)**定義**：員工協助方案（Employee Assistance Programs，簡稱EAPs）是提供服務以解決有問題或困擾的員工，有效提高公司士氣、節省健康看護成本及創造有利的公共關係，是以員工為導向的福利管理，它是機密性的、平易近人的，且成為員工健康計畫的主要部分。EAPs是由事業單位或工會，在社會工作或諮商輔導等專業人員協助下，以系統化方式規劃福利性或協助性措施，使員工在遭遇各項心理、生理、人際、經濟、家庭、或法律等困擾時，得積極預防或紓解問題發生，讓事業單位達到穩定員工生產力與工作品質，及促進勞資關係和諧之目的。常見定義是：工作員運用適當的知識與方法於企業內，以提供相關服務，協助員工處理其個人、家庭與工作上的困擾或問題。

因此，EAPs的實施是讓員工個人身心方面的問題能透過方案獲得立即性的支持與處理，使員工身心健康或情緒恢復穩定，以提高工作與生活品質，進而穩定生產力。EAPs也可說是一種促使員工尋求協助的調適系統，員工若有任何問題均可以提出服務申請，包括：自我尋求協助及主管轉介，由各方面專業人員提供專業性服務。

綜上可知，EAPs是一項以員工為導向的福利管理，以機密及平易近人方式由社會工作或諮商輔導等專業人員提供適切服務，員工可透過自我尋求協助或主管轉介的方式，處理其個人、家庭與工作上的困擾或問題，以提高員工的工作績效及生產力，進而有效節省公司成本的一種方式。

(二)**目的**：EAPs是有系統的確認和治療與員工「不良工作表現」有關的醫療和行為問題，主要目的是恢復員工正常工作行為和生產力，不僅對公司有利，亦能嘉惠員工。實施EAPs的期望在於透過方案的執行，有效的解決員工在工作上、生活上遭遇的各種問題，使員工能以健康的身心投入工作，提昇工作績效，促進其生涯發展。另一方面，透過本方案的實施，企業可以降低員工的流動率、缺勤率，進而提升生產力，減少企業整體福利成本之支出，以及增進勞資和諧。具體功能為：

1. **對企業來說**

   (1)增強員工對企業組織之向心力與凝聚力：經由企業主動表現關懷員工的心意與措施，可激發員工之一體感，強化凝聚力。

   (2)有效的員工福利、人力資源管理的投資，可以減少問題處理成本，增進企業競爭力。

   (3)有助於樹立良好企業形象，促進企業發展。

2. **對員工來說**

   (1)協助員工解決生活問題，提升生活品質，促進身心健康。

   (2)促進員工良好人際及工作和諧關係。

   (3)改善員工福利，滿足員工需求。

   (4)協助員工自我成長，引導其良好職業生涯發展。

3. **對工作來說**

   (1)穩定勞動力與人力資源，可降低離職率及缺勤率。

   (2)提高生產力與工作績效，並提升工作品質。

   (3)協助解決工作上問題，減少工作上焦慮，提高工作士氣。

   (4)協助新進員工適應工作環境。

4. **對勞資關係來說**

   (1)增加勞資溝通管道：EAPs可扮演上下意見溝通橋樑，使員工意見、心聲有適當管道可以反映及處理。

   (2)促進勞資和諧：經由員工與主管或企業與工會間良性溝通，共創和諧勞資關係。

(三)**實施理由**：歐美推動EAPs制度來自員工的藥物濫用及景氣蕭條導致缺勤和生產力下降，員工心理健康問題及工作場所暴力等事件頻傳，使得企業花費在員工的成本提高，促使企業考慮推動EAPs。國內推動EAPs制度，主要來自以下7個原因：

1.外籍移工的管理不易

台灣自81年引進外籍移工，由於經驗不足，以及相關法令未能周延配合，產生問題漸漸嚴重。外籍移工在異地面臨的問題不僅在管理技術上，更重要的是文化衝擊、生活調適、心理輔導、休閒安排、財力支配以及溝通協調等方面，都需要專業輔導，透過EAPs專業工作者跨文化輔導，可有效解決移工問題。

2.勞資爭議處理困難

許多勞資爭議案件發生時，由於勞資雙方各堅持立場互不讓步，導致案件無法迅速解決。大多數爭議案件顯示，如果雇主在採取任何紀律管理行動之前，能先評估員工需求，並給予適當的諮詢建議，都能避免事件的惡化。另外，勞工在面對爭議問題時，多期望能獲得更多專業的協助。EAPs可以透過客觀、中立的處理過程，以非正式的方式介入，較能避免勞資雙方正式且大規模的衝突，對特定問題的處理也能提供滿足個別化需求的有效方法。

3.關廠歇業的員工安置

許多勞資爭議案件來自關廠歇業時未能妥善安置員工，不但引起勞工的抗爭，更造成社會問題及增加政府負擔，究其根源是未能讓員工獲得安全保障。EAPs可規劃再安置計畫，例如進行心理諮商、提供職業訓練資訊、給予就業服務、協助運用社會救助資源、推介其他就業機構等，這些專業的服務顯然對企業、員工、政府都有正面的效果。

4.工會活動的輔導

台灣工會活動日漸活躍，但是，大部分工會組織都未健全，究其根源，勞工普遍對工會組織缺乏認同，工會對會員服務缺乏系統、制度化，甚至流於形式。EAPs可提供具體計畫，不論是諮商方案，或健康福利方案都有助於會員解決工作、生活方面的問題，進而促進對工會組織的認同。

5.勞工技術的提升

企業經營除了資金、土地與生產設備之外，更重要的是勞動技術所維繫的人力資源，是決定企業成敗的關鍵。企業人力資源品質的提升，除了給予必要的技術訓練之外，更要培養勞工效率、品質觀念，不僅能自我要求且在工作上更精益求進、創新開發。EAPs的品質、效率、預防計畫概念，培養勞工具有規劃性生涯發展觀念，與自我教育的健康生活態度，直接或間接都有助於整體勞動生產技術的提升。

6.人性管理的發展

傳統的科學管理模式隨著勞工需求層次提升與複雜，已逐漸無法滿足大部分的工作者，人性多樣化對管理的要求，自始都是最大挑戰。EAPs的服務，基於對人類行為的深層瞭解，關切個別案主的生理、心理、社會需求，同時考慮個人、組織與家庭的利益，能夠彌補科層管理非人性化所導致的人際疏離傾向。

7.工業民主的促進

工業民主的實施，有助於勞資關係和諧，要順利推展工業民主，最基本的條件是勞工有參與經營管理的能力。EAPs一方面基於「自助人助」的原則，培養勞工生涯發展規畫、持續成長的生活態度，並協助組織內人力資源發展的訓練規劃，提供員工不斷學習進修的機會；另一方面，EAPs基於尊重個別差異的理念，鼓勵勞資雙方理性溝通，共同合作解決問題，這些觀念與原則，都有助於工業民主的推展與形成。

　　綜上，透過EAPs的實施，經由企業主或工會的親自參與，進行各項企業內服務方案和社會服務活動，使企業擁有身心健康且穩定可靠的員工，進而達到「勞雇同心，共存雙贏」的理想目標。

(四)**功能**：多年來，已證明EAPs對許多員工問題的協助頗具宏效：

1. **提高生產力**：藉由EAPs的實施，解決員工在工作面或生活面上的困擾，使員工得以心無旁騖、專注於工作，提高個人工作績效，促進職涯發展，進而提高企業生產力與競爭力。

2. **減少工作意外**：從職業安全衛生的角度來看，不安全、不健康事件的發生來自人為疏忽，而EAPs實施，能使員工身心平衡，自然能降低不安全、不健康事件的發生。

3. **降低缺勤及轉業率**：EAPs是針對員工所遭遇的各種問題提供協助，績效評核是確認員工問題的時機。透過績效面談，主管可以更清楚員工問題所在，一方面尋求EAPs介入，一方面提供工作方面的適當協助，使員工困難得以解決或減輕，工作更為投入，自然可減少缺勤及轉業率。

4. **減少員工及家屬保險費支出**：提供員工健康照護（Employee Health Care）服務可以追蹤管理並照顧每位員工體能狀況與預防疾病發生。如此一來，可以促進員工身心健康，減少員工及家屬在醫療保險上的支出。

5. **減少突發事件發生率**：協助解決員工及其家屬的問題，使其能有計畫
生活和工作，常利用員工諮商的策略，協助員工處理與工作有關的問
題（如對工作的不滿、與上司的衝突、與同事關係不良、怠工、對
工作的焦慮等）、個人的心理困擾、憂鬱、焦慮、酗酒及家庭婚姻問
題，降低員工之外在及內在之各種身心壓力，使其盡量處於平和的狀
況下，減少衝突、疾病等突發事件的發生。

6. **增進勞資和諧**：實施EAPs，能減少工作上的衝突，使員工提升績效，
企業達成目標，達到雙贏境界，勞資關係自然和諧。

7. **營造公司溫馨關懷好形象**：EAPs常被認為是 「員工福利」的一部
分，希望有效地解決員工在工作上、生活上及健康上所遭遇的生理或
心理問題。解決這些問題的專業知能及費用非員工所能負擔，企業若
能適時提供協助，當然可視為「員工福利」的一種，同時也能營造公
司溫馨關懷的好形象。

(五)**內容**：EAPs之內容，因企業需求有所不同，可概分為：

1. **諮商服務**：包括工作適應、情感、生涯規劃或轉換、身心健康、婚姻
家庭等之諮商服務。

2. **教育服務**：包括心理衛生教育、輔導知能研習會、人際溝通、壓力調
適課程、成長性團體、社團輔導活動等。

3. **申訴服務**：員工之申訴及對公司不滿之適當處理。

4. **研究調查服務**：員工需求的意見調查、員工家庭訪問、事故處理後滿
意度之調查等。

5. **諮詢服務**：提供和員工工作有關的法令，如勞基法、勞保條例或和員
工生活有關的資源諮詢服務。

6. **協調服務**：勞資爭議及公司內部各部門之協商與協調，協助簽訂團體
契約、與公司外界建立公共關係等。

7. **協辦服務**：協助公司其他單位推動與員工服務有關之活動。

8. **急難救助服務**：對有需要急難救助之員工，於企業內或結合企業外社
會資源提供急難救助。

9. **組織之發展服務**：建構企業內溝通管道，以反映員工意見及相關資訊
供決策者參考，並輔導類似社會服務隊之社團，參與企業內、外之服
務，使員工得以參與對企業內員工之服務，增加向心力及自我實現的
機會。

EAPs不僅涵蓋員工健康管理以及工作本質，更將改善員工身心健康和健
全的工作環境納入範圍，將員工的工作表現與身心問題結合，使來自工

作表現不佳所隱含的個人問題得以顯現，因此，EAPs所包含的內容不再只是處理酗酒方面的問題，其他如：壓力、親職教育、婚姻、財務、法律、對子女及老人的看護、心理及生理健康等都是方案服務內容。亦即，現代的EAPs與傳統的EAPs是非常不一樣的。

Lewis 曾就傳統與現代EAPs比較如表8-1所示，可清楚看出傳統EAPs與現代EAPs最大差異在於服務的廣度與深度，亦即現代EAPs強調為所有員工及其眷屬提供所有問題之協助，並強調預防勝於治療。

表8-1　傳統EAPs與現代EAPs之比較

次序	傳統的	現代的
1	強調酗酒為問題之基礎	廣義的方法，任何問題均適合服務
2	強調主管轉介之重要性	為主管轉介，自我尋求協助及他人轉介之混合
3	在問題發展末段才被辨認	在問題發展較早階段即提供服務
4	由醫療或酗酒專家提供服務	由各方面專業之諮商員提供服務
5	注重問題員工之工作表現	強調員工工作問題及員工或其眷屬在非工作表現方面的問題
6	為使轉介之員工保密	為使轉介員工保密，也為自我尋求協助之員工或其眷屬保密

三、員工福利

(一)**定義與目的**：福利（welfare）是指員工所獲得的薪資收入之外，所享有的利益（benefits）和服務（services）。其中利益是指對員工直接有利，且具有金錢價值，例如退休金、休假給付、保險等；而服務卻是無法直接以金錢表示，例如運動設施、刊物、娛樂活動的提供。由於福利也是企業成本一部分，也被員工視為待遇的一部分，因此，不論對企業或員工來說，都非常重要。

企業提供員工福利之目的在於改善勞工生活，提高工作效率，為勞工基本權益之一。企業若需要好的勞工生產力，對於勞工基本權益的重視是不可輕忽的。

(二)**分類**：常見的分類計有：

　　1.**法定員工福利**：法定員工福利是指依「職工福利金條例」提撥之職工福利金，所辦理的各項職工福利措施，及依「職工福利委員會組織章程」，設置職工福利社所經營之福利事業而言。包括：員工旅遊、年終摸彩、年節慰問金或禮品、員工子女教育補助、慶生會及禮品、婚喪喜慶慰問禮品或補助、敬老禮品、眷屬醫藥補助等，是福利金的部分。至於，職工福利社經營的餐廳、宿舍或住宅，理髮、洗衣、圖書、康樂、體育室、幼兒園、日用品供應等，則是指職工福利事業而言。

　　全民健保及勞工保險屬於法定福利範圍，係依「全民健康保險法」及「勞工保險條例」辦理，並非「職工福利金條例」。

　　2.**狹義的員工福利**：狹義員工福利是指雇主提供非財物報酬之利益和服務，前項之法定福利亦在此範圍內。狹義員工福利除法定福利外，尚包括交通車及停車位之提供、購車貸款、午餐供應或補助、夜點補助或供應、工作服（制服）之發給、工作鞋帽之發給、免費宿舍、身體檢查、團體意外保險、防癌保險等。

　　3.**廣義的員工福利**：廣義的員工福利，除了前面兩項之範圍外，尚包括：

　　　(1)薪資及財務報酬：包括月薪、年終獎金、年節獎金、各項津貼等。

　　　(2)遞延薪資：退休金、團體壽險、撫卹金。

　　　(3)工作條件和環境：較勞基法優厚的給假、年休及工作時數，良好的工作環境及員工環境的衛生及安全。

　　另也有學者將勞工福利補助分為以下六類：

　　1.**法定社會保險給付**：包含雇主分攤的費用，如失業給付、員工補償等。

　　2.**私人保險及退休給付方案**：包括醫療照護費用、身心障礙續付薪資、退休給付等。

　　3.**在職中非上班時間之給付**：休息時間、洗滌時間及其他未工作之給付。

　　4.**未工作期間之給付**：生病、休假、投票及警戒期間等。

　　5.**非工資及績效獎金的額外現金支付**：教育補助、優利存款、紅利及誤餐費等。

　　6.**員工生活設施福利**：餐飲、休閒娛樂、退休諮詢及慰問措施等。

　　另有一種分類法，是指員工福利包括下述二大類：

　　1.**給付性質的福利（employee benefits），又分為五種給付和保障**：

　　　(1)失去工作能力時的所得維持（disability income continuation）。

　　　(2)失業時的所得維持（loss-of-job income continuation）。

　　(3)延遲給付的所得（deferred income）。

　　(4)配偶和家庭所得的保障（spouse and family protection）。

　　(5)健康和意外事故的保障（health and accident protection）。

2.**服務性質的福利**（employee service），又可分為兩個部分：

　　(1)有薪的休息和休假：工作中的休息及準備。假日、假期與婚假等。

　　(2)其他服務措施：員工諮商指導、交通車、貸款、宿舍與住宅等。

(三)**內容**：員工福利內容包羅萬象，凡一切有關維護員工權益、改善員工生活的措施皆可稱之，以下由不同學者的解釋與範圍，了解其詳細內容整理如下：

福利措施包含內容很廣泛，包含廣義和狹義的範圍，分為以下五類：

1.法定給付：如各種失業、老年及工作條件之保險等。

2.員工服務：如退休金、醫療保險、儲蓄等。

3.有給假休息時間：如午餐、換衣及準備時間。

4.有給休假：如事假、病假、公假及休假等。

5.其他各種給付：如分紅、獎金等。

福利措施亦可分為廣義及狹義二種範圍：

1.**廣義的福利措施**：凡是能改善員工生活、提升生活情趣、促進身心健康者皆屬之，包括下列各項：

　　(1)**工作方面**：含工作的適當、工作的安全、工作的舒適及工作的發展。

　　(2)**生活方面**：含合理的薪資、適當的休假、意外事故的保障、利潤分享、康樂活動及退休撫卹：舉辦郊遊、同樂會、電影欣賞、慶生會等社交活動或橋藝、插花、書法、攝影及戲劇等活動，以調劑身心。

2.**狹義的福利措施**：是指依政府頒訂「職工福利金條例」及相關規定提撥福利金而舉辦之活動與措施。又可分為經濟性福利措施、娛樂性福利措施及設施性福利措施：

　　(1)**經濟性福利措施**：主要是對員工提供基本薪資和有關獎金外的若干經濟安全服務，藉以減輕員工之負擔或增加額外收入，進而提高士氣和生產力。包括：退休金給付、團體保險、員工疾病與意外給付、互助基金、分紅入股，公司貸款與優惠存款計畫及眷屬補助、撫卹及子女獎學金。

　　(2)**娛樂性福利措施**：舉辦此類福利措施之目的在於增進員工的社交和康樂活動，以促進員工身心健康及增進員工的合作意識，但最基本的價值還是在於透過此類活動，加強員工對公司的認同感。內容包括：各種球類運動及提供運動設施、社交活動，如郊遊、同樂會

等、特別活動，如辦電影欣賞及其他有關嗜好的社團，如橋藝、烹飪、插花、書法、攝影、演講及戲劇等之活動。

(3)**設施性福利措施**：是指員工日常需要，因公司所提供的服務而得到便利。包括：保健醫療服務，如醫務室、特約醫師及保險等、住宅服務，如供給宿舍、代租、代辦房屋修繕或興建等、員工餐廳、公司福利社，廉價提供日用品及舉辦分期付款等、教育性服務，如設立圖書館、閱覽室、幼兒園、子女學校等、供應交通工具，如交通車、法律及財務諮詢服務，由公司聘請律師或財務顧問行之。

四、員工分紅入股制度

(一)**起源**：員工分紅入股制度（Employee profit shoring and stock ownership）源自1842年法國福查奈斯油漆公司，在1887年美國普洛托‧甘貝爾（Proder & Comber）公司亦採用。民國34年，國民政府通過「勞工政策綱領」，第13條宣示：「獎勵工人入股，並倡導勞工分紅制。」明示我國分紅入股政策。民國35年，台北市大同股份有限公司實施「工者有其股」制度，鼓勵員工認購公司股份，並以贈股或無息貸款方式，使員工成為股東，為我國第一家實施員工入股制度的企業。

員工分紅入股的基本理念是，在一個企業組織中，股東、管理者與員工三者，具有同等重要地位，每一位夥伴對於企業的發展，都具有關鍵性作用，最好能讓員工成為合夥人，增加員工對公司的向心力，協助員工財產形成，並使員工合理分享企業的經營成果，以消除或緩減勞資對立的功能，使勞工由「無產階級」變成「資產階級」，共同為企業的發展而努力。

(二)**內涵**：分紅入股是指「員工分紅」、「員工入股」及「員工分紅入股」三項制度的簡稱。

1.**員工分紅制度**：分紅就是利潤分享（profit sharing），是分配紅利的簡稱，多以現金紅利為主。是指事業單位於會計年度終了結算後，將其課徵營利事業所得稅後之可分配盈餘的一部分紅利，分配給參與貢獻的全體員工（紅利分配給股東，稱為配息）。多賺多分，少賺分少，不賺不分，員工想要分紅增加，便要努力工作使企業賺錢。

依勞動基準法第29條規定：「事業單位於營業年度終了結算，如有盈餘，除繳納稅捐、彌補虧損及提列股息、公積金外，對於全年工作無

過失之勞工,應給予獎金或分配紅利。」公司法第235條亦規定:「章程應訂明員工分配紅利之成數」。由此可知,企業實施分紅制度法令規定有所依循。

2. **員工入股制度**:入股又稱為員工持股(stock ownership),讓員工成為企業或公司的股東。是指企業協助所屬員工獲取本企業發行之部分股權而成為股東,惟入股與否,尊重員工意願。

公司法第267條規定:「公司發行新股時,除經目的事業中央主管機關專案核准者外,應保留發行新股總額百分之10～15%股份由公司員工承購。」公司對員工依上述規定所承購的股份,得限制在一定期間內不得轉讓,其限制期間最長不超過3年。因此,當員工離職時,常會出現規定要將股票賣回給公司的現象。事實上,依公司法規定,除了特別股之收回或因公司營業政策重大變更,或少數股東請求收回股份,以及公司因合併所產生的股份收買等,公司是不得將股份收回、收買的。一般所謂將股票賣回給公司,多安排由公司的職工福利委員會,或特定人買進該部分股票。

員工入股方式可由企業依各式獎勵方案讓員工在公司內服務一定期間之後,可以持有公司股票,以為激勵員工參與推動公司預期之目標,對於穩定員工的向心力與勞資和諧,有相當助益。

有些企業不願在發行新股時,保留部分股數由員工承購時,一般的作法是在員工到職時,要求員工填寫一份放棄公司法第267條承購新股發行時之認購拋棄權。

3. **員工分紅入股制度**:員工分紅入股制度(Profit Sharing and Stock Ownership)是員工既分紅又入股的混合制。企業對於每年年度終了結算,分發紅利時,將一部分紅利以現金分配員工外,並得將一部分紅利改發企業股票,使員工既享有企業盈餘所發現金紅利,又可獲得企業股票,是分紅與入股雙軌並行的制度。若為無償配給稱為「配股」,若以股票面值或部分比率之股票市價認購,則為「入股」。因此,員工除了可以獲得企業股權外,企業盈餘紅利又可兼得盈餘轉增資無償配股以股票面值課稅與無交易稅及其它稅賦的好處。臺灣目前現況,高科技產業多以「配股」為主。

依公司法第240條規定:「以紅利轉作資本時,依章程員工應分配之紅利,得發給新股或以現金支付之。」

(三)**規劃**：企業分紅入股的規劃，多考慮採用下列方式，作為分紅入股的分配標準：

1. 職務的輕重（或職級高低）　　2. 服務年資
3. 績效表現　　　　　　　　　　4. 薪資多寡
5. 其他客觀標準

以A科技公司為例，員工只要工作期間滿半年，公司就發給股票，發放張數不一，基層員工可能只領到半張股票，通常公司會在七、八月間通知員工發放股票，股票在一至二個月內撥入員工帳戶，只要股票入了個人戶頭，就可以賣出。

(四)**員工認股選擇權**：員工認股選擇權（Stock options）是員工入股制度的一種，是指公司在指定期間，給予員工在一定期間內購買特定數量公司股票的權利。認購股價通常比照當時的市價或稍低於市價，此亦即員工的行使價格。員工通常在取得日後即可行使認股選擇權而逐步擁有公司的股票。例如甲公司授與某員工在工作一年後有購買五萬股的權利，分五年行使，則此員工自第一年起每滿一年，就有購買公司股票一萬股的權利，但若可行使認股選擇權購買時，股價欠佳，則員工可保留該年購入之權利，等到未來股價上揚時再以原指定價購入，再行賣出。

資深觀察家

員工分紅和員工選擇權孰優孰劣？端視公司吸引人才的策略。若員工領取股票之後隨即離職，公司會選擇不推動員工分紅入股制度。反之，就會選擇員工分紅入股。景氣低迷時，使用股票選擇權比較有意義，因為股價低，有上漲空間；景氣好的時候，股價高，分紅入股制度比較好。

對高科技公司而言，員工股票分紅已被視為留住人才的最佳工具。目前國內並無特別規定，公司要如何分配員工認股權，發行計畫是否具備公平性，或者只限於少數高階主管，應該由公司就個案目的考量。常見說法，公司上市上櫃掛牌交易後，不宜發放太高比率的員工分紅入股，應該選擇多發放員工認股權，兩種方式綁在一起，不但對公司每股純益衝擊有限，也可藉此激勵員工打拼，享受獲利成果。

實施分紅入股與員工認股權制度，使員工分享企業經營成果，是幫助員工財產形成的具體作為之一，藉股權或盈餘的分配，提高員工對企業的向心力與認同感，降低員工流動率，鼓勵員工長期儲蓄，做好理財規

劃，專心工作，進而提升企業生產力與營運績效，落實工者有其股，和諧勞資關係，亦是達成勞資合作的有效途徑。

五、勞資諮商與勞資會議

勞資諮商（joint labor-management consultation），是指由勞方推舉代表與資方推舉代表，針對勞資雙方所關心之事務進行磋商的制度。我國的「勞資會議」、德國的「員工代表會」、日本的「勞資協議制」等制度，可歸類為勞資諮商制度。

(一)**前言**

1. **我國的勞資會議**：我國的勞資會議，採取勞資雙方同數代表組成之定期溝通管道，目的在於促進勞資合作。

2. **德國的員工代表會**：德國的「員工代表會」是德國企業內勞工的代表機構，勞工的參與權大多透過員工代表會行使，其運作精神與我國的勞資會議相當，採取合作而非對立的方式。其中，規模較大的企業，亦即僱用人數在500人～2000人之譜，員工得推派代表進入監事會，勞工監事代表勞工行使共同決定權，實踐勞工參與。

3. **日本的勞資協議制**：日本的情況和歐美相比，勞資協議對象極為廣泛。以英國、美國為首的集體交涉取向型的勞資關係基礎下，類似日本勞資協議制，只不過是諮詢機關，當中勞資雙方雖然有所決議，但是事後的決定權，仍然保留在經營管理層，企業經營者在決策制定過程中，並無法保證採納工會的意見與立場。相對的，在集體交涉中，工會能藉由罷工權的行使，擁有對抗權力。

    日本的勞資協議制，不屬單純的諮詢機關政策決定機關的性質，甚且將勞動條件納為勞資協議項目，因此，具有勞資雙方共同決定或協議決定機關的特性。因為勞資協議制的勞工代表委員，多由工會幹部兼任者，資方與工會幹部及勞資協議制勞工委員的接觸，積極推展。

(二)**勞資會議意義與內涵**：勞資會議是為了協調勞資關係、促進勞資合作、並防範各類勞工問題於未然所制定的一種勞資諮商制度。其基本精神在於鼓勵勞資間自願性的諮商與合作，藉以增進企業內勞資雙方的溝通，減少對立衝突，使雙方凝聚共識，進而匯集眾人的智慧與潛能，共同為執行決議而努力。

　　勞資會議制度的設計，是藉由勞資雙方同數代表，舉行定期會議，利用提出報告與提案討論的方式，獲致多數代表的同意後，做成決議，創造出勞資互利雙贏的願景。

表8-2　勞資會議與一般會議之區別

會議別	出席數	決議	備註
勞資會議	勞資雙方代表各過半數	有出席代表3/4以上同意	採共識決
一般會議	全體應出席人數過半數即可	出席代表1/2以上同意	採多數決

(三)**勞資會議的功能**：勞資會議具有以下六大功能：

1	知的功能	藉由勞資會議，勞方可以了解資方的經營政策、計畫、方針及目標等，資方可以獲得勞方的建議，彼此皆可了解對方的意願與期望，在不需做成決議，對雙方都不形成壓力的情況下，開誠佈公的討論，正是勞資雙方最佳的良性互動模式。
2	提升勞工參與感	勞工可於勞資會議中，對事業單位的政策、計畫、方針及目標等提出意見，從中激發勞工對事業單位的向心力與參與感，以達成勞雇同心，共存雙贏的目標。
3	增進和諧的基礎	事業單位在勞資會議中的報告事項，可使員工確實了解公司未來的方向及發展，提早形成共識，朝既定的目標邁進。
4	勞工期望的達成	因勞工具有建議權，在充分的意見表達下，只要觀念正確、符合勞資雙方利益者，皆有可能實現，而公司在經濟條件允許之情況下，亦會全力增進員工之福利，使勞工的期望盡快達成。
5	資方期望的達成	因勞工多方之建議，加上在勞資會議有效疏通勞資雙方分歧之意見，並對公司未來計畫的充分宣導及準備下，員工亦可配合公司發展，企業得以有效成長。
6	共同解決問題	透過勞資會議，不論是經由報告、討論、建議，都使勞資雙方共同學習以平等的地位討論與解決問題，有助於強化企業組織處理問題之能力，讓企業經營不再偏限於單向指揮命令式之管理方法，而轉變為另一種具雙向回應交流之組織模式，同時更可訓練勞方之思考能力，使其成為企業寶貴之資源。

勞資會議是本著全體員工上下同舟共濟、榮辱一體的精神,建立勞資雙方正式的溝通管道。參與的員工,是整體的、全面性的,而非部分特定的勞資代表。事業單位充分利用此一制度,不僅可避免勞資雙方較為嚴肅的談判或激烈的衝突,更可形成企業內上下一體之共識,使生產、效率、品質及團隊士氣明顯提昇,企業成長茁壯;尤其在無工會組織之事業單位,更藉由召開勞資會議,活化企業組織,強化員工參與感,增進管理效能,如此整個企業體將更為精實穩固,達到名符其實「勞雇同心,共存雙贏」之目標。

(四)**應舉辦勞資會議事業單位及代表產生**

1. **依據勞動基準法第83條及勞資會議實施辦法之規定,應舉辦勞資會議之事業單位包括:**

   (1)適用勞動基準法之事業單位。

   (2)事業單位之分支機構,其人數在30人以上者。

2. **事業單位舉辦勞資會議時,勞資雙方皆應秉持下列基本態度**

   (1)雇主要有面對問題、解決疑惑之氣度。

   (2)勞資會議代表應具有扮演溝通橋樑,善盡協調義務之認知。

   (3)全體員工皆應有主動關心、積極參與工作場所相關事務之態度。

   至於勞資會議代表的組成,依法勞資會議代表產生規定如表8-3:

表8-3　勞資會議代表人數一覽表

代表別	人數	事業單位人數在 100 人以上者	事業單位人數在 3 人以下者
勞方代表	同數代表2～15人	不得少於5人	當然委員(不受同法第3條、第5條至第11條及第19條規定之限制)
資方代表	同數代表2～15人	不得少於5人	當然委員(不受同法第3條、第5條至第11條及第19條規定之限制)

至於,勞資會議代表的角色與責任分別是:

1. 勞資會議代表應準時出席勞資會議,並在會議中克盡代表之責任。

2. 會議召開時,每位代表不應該存有對抗與利益分配之想法,應本著協調合作之精神,共謀事業之發展。對於各項提案,尤其不應該藉口僅為代表,須再徵詢、請示加以迴避,如此才不會錯失協調溝通、集思廣益之機會;會議召開後,對於達成共識之事項或決議之內容,更應

　　竭盡所能說服其所代表之資方或勞工，積極配合、遵從或參與，如此方為負責盡職之態度。

又勞資會議代表產生的方式，分別是：

1. **勞方代表的產生**

    (1)事業單位有結合同一事業單位勞工組織之企業工會者，於該工會會員或會員代表大會選舉之；事業場所有結合同一廠場勞工組織之企業工會者，由該工會會員或會員代表大會選舉之。

    (2)事業單位無前項工會者，得依下列方式之一辦理勞方代表選舉：

    A. 事業單位自行辦理者，由全體勞工直接選舉之。

    B. 事業單位自行辦理，其事業場所有勞資會議者，由事業場所勞工依分配名額就其勞方代表選舉之；其事業場所無勞資會議者，由該事業場所全體勞工依分配名額分別選舉之。

    C. 勞工有組織，加入事業單位或事業場所範圍外之企業工會者，由該企業工會辦理，並由全體勞工直接選舉之。

    (3)代表雇主行使管理權之一級業務行政主管人員，不得為勞方代表。

    (4)勞方代表選舉，事業單位或其事業場所應於勞方代表任期屆滿前90日通知工會辦理選舉，工會受其通知辦理選舉之日起逾30日內未完成選舉者，事業單位應自行辦理及完成勞方代表之選舉。

    (5)依規定由事業單位辦理勞工代表選舉者，應於勞方代表任期屆滿前30日完成新任代表之選舉。

    (6)勞資會議勞方代表任期4年，連選得連任。任期自上屆代表任期屆滿之翌日起算。但首屆代表或未於上屆代表任期屆滿前選出之次屆代表，自選出之翌日起算。

2. **資方代表的產生**

    (1)由事業單位於資方代表任期屆滿前30日就熟悉業務、勞工情形之人指派之。

    (2)代表任期為4年，連派得連任。

另，勞資會議「勞方代表」選舉的規定如下：

1. **選舉權、被選舉權及選務之規定**

    (1)選舉權：凡事業單位內年滿15歲之勞工，均具有選舉或被選舉勞方代表的權利。

    (2)被選舉權：

    A. 年滿15歲。

    B. 代表雇主行使管理權之一級業務行政主管人員不得為勞方代表。

　　　(3)選務：

　　　　　A. 勞方代表選舉事務，事業單位有工會者，由工會辦理。事業單位無工會者，由事業單位自行或公告徵求勞方推派代表辦理。

　　　　　B. 勞方代表選舉日期應於選舉前10日向全體勞工公告。

　　2.**單一性別代表名額之規定**

　　　(1)為保障單一性別勞工於勞資會議中有表達意見的權利，因此勞資會議實施辦法中，對單一性別代表之名額特別加以規定。

　　　(2)當選名額之保障：事業單位內單一性別勞工人數達到全體勞工總人數二分之一以上時，所選出之單一性別代表人數，不得少於勞方應選代表總數的三分之一。

　　　(3)候補代表名額之規定：

　　　　　A. 選舉勞方代表時，得同時選出不超過勞方代表總數的候補代表，以備於勞方代表出缺時，予以遞補。

　　　　　B. 候補代表遞補時，遞補順序不受單一性別勞方代表名額之限制。

　　　(4)事業單位勞工人數在3人以下者，勞工為當然代表，不受第3條、第5條至第11條及第19條規定之限制。

　　　(5)勞資會議代表名冊報備：勞資會議代表一經選出或派定後，應即由事業單位備冊，於15日內報請當地主管機關備查，有遞補、補選或改派的情形時，亦同。

(五)**勞資會議的行政作業**

　　1.**議事庶務**：為了使勞資會議順利的召開，會議通知的寄發、會議場所的安排、座次的排列及會議紀錄的製作等一切開會庶務工作，應由事業單位指派專人負責；惟如勞方代表願意分擔部分會議之行政工作，則雙方應本著分工合作之精神，共同完成會議之相關籌備事務，切忌相互杯葛、各自為政，以免勞資會議無法順利進行，而導致溝通管道的癱瘓。

　　2.**費用支出**：召開勞資會議之庶務工作、場地、茶水、紀錄、印刷等開會所需之一切費用以及勞資會議勞方代表選舉事務費用，均應由事業單位支出。

(六)**勞資會議召開次數與主席產生**

　　1.**勞資會議召開次數**

　　　(1)定期性勞資會議：至少每3個月舉辦一次。

　　　(2)臨時性勞資會議：除上述定期性會議外，另於必要時，可由主席召集，召開臨時會。

2.**勞資會議主席的產生**
　(1)**主席之產生**：勞資會議之主席，原則上由勞資會議雙方代表輪流擔
　　　任，以維持會議之公平、公正，但必要時，亦可由勞資雙方代表各
　　　推派一人，共同擔任主席。
　(2)**主席之責任**：勞資會議之主席於會議進行時，應維持公平的發言機
　　　會及理性的討論氣氛，切勿因自己所代表的身分而有偏袒之情形，
　　　造成不公的現象。對於偏激的言詞、情緒，主席更須秉持大公無私
　　　之態度，予以疏導、克制，切勿影響其他代表之情緒，形成討論場
　　　面的僵持，致使會議停滯。
　(3)**召開之通知**：事業單位應於會議召開7日前發出勞資會議開會通知，
　　　如有提案，會議籌備人員應於會議召開3日前，將提案送達勞資會
　　　議代表手中，屆時即按開會通知載明之時間及地點召開勞資會議。
(七)**勞資會議的進行**
　1.**勞資會議之議事範圍**：勞資會議之「議事範圍」分為報告事項、討論
　　事項、建議事項三類：
　(1)**報告事項**：報告事項並無性質或範圍之限制，但可參考下列項目，
　　　以使會議之討論焦點集中，強化議事功能。
　　　A. 報告上次會議決議事項辦理情形。有關決議事項之執行狀況、進
　　　　 度或研究分工結果，準備執行事項及決議執行事項等皆是。
　　　B. 報告勞工動態。舉凡員工異動情形、離職率、員工活動、福利項
　　　　 目、出缺勤狀況、工作環境改善等。
　　　C. 關於生產計畫及業務概況。包括未來業務拓展計畫及現階段企業
　　　　 經營概況等。
　　　D. 關於勞工活動、福利項目及工作環境改善等事項。
　　　E. 其他報告事項。
　　　為增進勞資會議代表對事業內勞資關係、企業營運、業務拓展及社
　　　經變動之了解，應多邀請相關主管人員列席報告。就資方管理單位
　　　而言，勞資會議是宣導公司生產及管理政策的最好時機，可藉此增
　　　進員工對事業單位營運狀況及產品開發或行銷的認識，而勞方代表
　　　於聽取報告後，亦需將有關訊息傳達給所有勞工，使充分了解，俾
　　　利公司決策之推動及事業之發展。

(2)**討論事項：**勞資會議之討論事項，限為下列六種性質或範圍之事項：

A. 關於協調勞資關係、促進勞資合作事項。例如：員工於工作場所遭遇之困難，及管理者所遇到生產管理上的阻礙等，皆可於會中提出討論，由勞資會議代表充分表達意見，以增進彼此之溝通與瞭解，消弭勞資爭議於無形。

資方代表在面對此一議題時，應有開闊的胸襟及氣度，閃避推諉只會將問題沉澱，增加勞工之不滿；而勞方代表應以理性論事的態度，進行溝通與討論，因為激烈的態度、攻擊性的言辭，誠非解決問題之道；總而言之，惟勞資雙方心平氣和、坦誠溝通，才能夠真正解決問題，共謀勞資關係和諧之促進。

B. 關於勞動條件事項。例如：工時、工資的變動調整，休息時間的變更、特別休假之排定及退休、撫卹、職災補償之給付等。

C. 關於勞工福利籌劃事項。例如：育嬰、托兒設備的建立，旅遊、子女教育補助、員工住宅計畫的推動……等。

涉及勞動條件及福利事項之籌劃，應有充足的資訊及相關的資料，不論是對企業的營運現況、未來前景、社會脈動、員工需求、都應有充分的資料以供參考；因此，在這類議題上，應在會議中多利用報告事項，使所有代表明瞭相關資訊，確實了解問題，如此於討論問題時，勞資雙方才能據理力爭，以理服人，使會議「諮商」的功能充分發揮，達到良性互動的成效。

D. 關於提高工作效率事項。例如：人員、物料、水電等的節約、提案的參與、安全衛生設備之維護及改善、品質之提昇、工作流程之簡化等等。

提高工作效率之議題，不應被視為資方單方面的事務，勞方代表更應主動積極地提供意見，將之視為共同創造利益的事項。如此，當使前述勞動條件之改善及福利事項更易達成。再者，對雇主而言，此亦不失為鼓勵勞工、提昇生產力的一個良好機會，藉由提高工作效率的議題，與勞方代表達成共識，進而擴及於全體勞工，共同為企業之成長而努力。

E. 勞資會議代表選派及解任方式等相關事項。

F. 勞資會議運作事項。

(3)**建議事項**：除了上述事項，勞資會議另有建議事項，建議事項並非一定要做成決議，代表們可就工作環境、生產問題及工作場所之安全等，提出建議，不但可增加員工參與感，亦可作為雇主決策時之參考。此建議事項並無性質或範圍之限制。

勞方代表於平時即應多了解工作環境的實際狀況，並蒐集勞工日常工作時所遭遇之各種問題，及有利於生產效率改善之建議，以提供事業單位參考。

2.**勞資會議的決議與處理**

(1)**決議之通過**：決議之通過，應有勞資雙方各過半數代表出席會議，經協商達成共識後，始做成決議；如經協商後仍無法達成共識者，則應經出席代表四分之三以上同意，始得做成決議。另外，要注意決議內容不得違反國家有關法令及團體協約的規定。

(2)**決議之處理**：會議之決議，貴在執行，勞資會議代表應深切體察此點，積極主動參與各項決議案之執行及推動，竭盡所能協調各相關單位，使所決議之事項，如期達成。

A. 勞資會議通過之決議事項，應由事業單位分送工會及有關部門辦理。

B. 分支機構議事範圍涉及全體事業單位時，得經由勞資會議之決議，向事業單位提出建議。

C. 設立專案小組——勞資會議得設專案小組，處理有關議案或重要問題。為執行勞資會議之決議，可於勞資會議代表中，選定對決議內容了解之專業人員，會同公司內部相關部門成立專案小組，負責推動與執行決議之內容，並將執行或研究結果，提報勞資會議。

(3)**決議無法實施時如何處理**：若決議事項不能實施時，得提交下次會議覆議。任何勞資會議之決議事項，及已交由相關部門及專案小組執行之決議事項，均應於下次會議時提出報告，讓所有勞資會議代表了解其執行現況，若決議事項無法實施時，亦須於會議中報告，使勞資會議之功能發揮至極致，充分表現協調溝通之誠意與功能。

（見圖8-1）

① 勞資會議通過之決議事項,應由事業單位分送工會及有關部門辦理

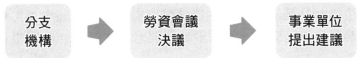

② 分支機構議事範圍涉及全體事業單位時,得經由勞資會議之決議,向事業單位提出建議

圖8-1　勞資會議決議案處理之流程

3. **會議紀錄**:每次勞資會議會議紀錄應交由專人處理,由主席及紀錄人員分別簽署,並將做好之會議紀錄交由出席代表過目、簽名,以示負責。會議紀錄應記載之內容包括下列各項:

- 會議屆、次數。
- 會議時間。
- 會議地點。
- 出席、列席人員姓名。
- 報告事項。
- 討論事項及決議。
- 臨時動議及決議。

(八)企業未成立工會，依法必須由勞資會議同意的事項計有以下各項：

1. **實施彈性工作時間**：不論實施2週、4週或8週彈性工時

   勞基法第30條第2項及第3項：前項正常工作時間，雇主經工會同意，如事業單位無工會者，經勞資會議同意後，得將其2週內2日之正常工作時數，分配於其他工作日。其分配於其他工作日之時數，每日不得超過2小時。但每週工作總時數不得超過48小時。

   第1項正常工作時間，雇主經工會同意，如事業單位無工會者，經勞資會議同意後，得將8週內之正常工作時數加以分配。但每日正常工作時間不得超過8小時，每週工作總時數不得超過48小時。

   勞基法第30-1條：「中央主管機關指定之行業，雇主經工會同意，如事業單位無工會者，經勞資會議同意後，其工作時間得依下列原則變更：

   一、4週內正常工作時數分配於其他工作日之時數，每日不得超過2小時，不受前條第2項至第4項規定之限制。

   二、當日正常工作時間達10小時者，其延長之工作時間不得超過2小時。

   三、女性勞工，除妊娠或哺乳期間者外，於夜間工作，不受第49條第1項之限制。但雇主應提供必要之安全衛生設施」。

2. **延長工作時間**：勞基法第32條：「雇主有使勞工在正常工作時間以外工作之必要者，雇主經工會同意，如事業單位無工會者，經勞資會議同意後，得將工作時間延長之。前項雇主延長勞工之工作時間連同正常工作時間，1日不得超過12小時；延長之工作時間，1個月不得超過46小時，但雇主經工會同意，如事業單位無工會者，經勞資會議同意後，延長之工作時間，1個月不得超過54小時，每3個月不得超過138小時。

3. **變更休息時間**：勞基法第34條第3項：「雇主依前項但書規定變更休息時間者，應經工會同意，如事業單位無工會者，經勞資會議同意後，始得為之」。

4. **調整例假日**：勞基法第36條第5項：「前項所定例假之調整，應經工會同意，如事業單位無工會者，經勞資會議同意後，始得為之」。

   至於，原本女性夜間工作亦須經工會或勞資會議同意，因大法官釋字第847號解釋自始違憲，本處不再贅述。

六、競業禁止簽訂與執行

(一)**定義與目的**：競業禁止是指「事業單位為保護其商業機密、營業利益或維持其競爭優勢，要求特定人與其約定在職期間或離職後之一定時間、區域內，不得受僱或經營與其相同或類似之業務工作」而言。競業禁止的限制涵蓋範圍很廣，也頗為複雜，且限制的對象包括企業經營管理人、董事、監察人、執行業務之股東、企業經理人及一般的勞工。就企業所有人及經營管理者而言，競業禁止規範的範圍，本質上皆有關雙方營業利益上之衝突，亦即是單純財產權上的爭議，在法律規範及處理程序上有別於一般技術性勞工所面臨的問題；一般勞工所面臨的不單是財產權的衝突，更是僱主財產權與勞動者工作權兩個屬憲法保障權利之衝突。我國法院實務見解認為，受僱人有忠於其職責之義務，於僱用期間非得僱用人之允許，固不得為自己或第三人辦理同類之營業事務，惟為免受僱人因知悉前僱用人之營業資料而作不公平之競爭，雙方得事先約定於受僱人離職後，在特定期間內不得從事與僱用人相同或類似之行業，以免有不公平之競爭，若此競業禁止之約定期間、內容為合理時，即與憲法工作權之保障無違。是以僱主為避免遭受不公平之競爭，尚非不得與員工間簽訂競業禁止約款，除違反強制、禁止規定或違背公序良俗或不公平競爭等外，基於契約自由原則，倘該約款限制競業之時間、範圍及方式，在社會一般觀念及商業習慣中，可認為合理適當且不危及受限制員工之經濟生存能力者，其約定應為有效。

有關勞工簽訂競業禁止條款上的限制，主要是為維持憲法保障權利之衡平，故要求勞工簽訂競業禁止條款的主要目的包括：

1. 避免其他競爭事業單位惡意挖角或勞工惡意跳槽。

2. 避免優勢技術或營業秘密外洩。

3. 避免勞工利用其在職期間所獲知之技術或營業秘密自行營業，削弱原雇主之競爭力。

簽訂競業禁止條款之原始目的主要是考量企業利益為出發點，然「競業禁止」約定限制的真正目的，則應是要衡平這種只單方面考量雇主利益的不公平現象，保護勞工的工作權及其相關的利益，俾使勞工免於因輕率、急迫或無經驗簽訂競業禁止條款而受到權利上不可預知的侵害。

(二)**在職及離職後的競業禁止**：受僱者受競業禁止約定的限制可區分為在職期間及離職後二種樣態，詳細情形分述如下：

1. **在職期間的競業禁止**：勞雇關係存續期間，勞工除有提供勞務的義務外，尚有忠誠、慎勤之義務，亦即勞工應保守公司的秘密及不得兼職或為競業行為的義務。

   現行勞工法令並未明文禁止勞工之兼職行為，因此，勞工利用下班時間兼差，賺取外快，如未損害雇主之利益，原則上並未違反法令之規定。但是如果勞工在雇主之競爭對手處兼差，或利用下班間經營與雇主競爭之事業，則可能危害到雇主事業之競爭力，故雇主常透過勞動契約或工作規則，限制勞工在職期間之兼職或競業行為，勞工如有違反約定或規定之情事，可能受到一定程度之處分，其情節嚴重者甚至構成懲戒解僱事由。

2. **離職後的競業禁止**：勞工對雇主負有守密及不為競業之義務，於勞動契約終了後即告終止，雇主如欲再保護其營業上之利益或競爭上之優勢時，須於勞動契約另為特別約定，常見的方式為限制勞工離職後之就業自由，明定離職後一定期間內不得從事與雇主相同或類似之工作，違者應賠償一定數額之違約金之約定，這種約定稱為「離職後的競業禁止」，勞基法第9-1條明確規範。

(三)**簽訂競業禁止相關約定注意事項**：由於勞基法對「離職後競業禁止」之規範，勞資雙方基於行業及工作特性，擬為上開約定時，本著誠實信用原則協商並於勞動契約中訂定，並無不可。惟實務上，常有雇主片面以工作規則訂定，或勞動契約約定內容顯失公平者，且此一現象有越來越嚴重的趨勢。

以下是簽訂時的注意事項：

1. **雇主應有受保護之法律上利益**：實務上，常有雇主擬以簽訂「離職後競業禁止條款」避免離職員工洩漏其「營業祕密」，實則我國營業秘密法、公司法、公平交易法及民法對於雇主之營業秘密，已有適當之保障機制。惟雇主為有效保護企業經營之重要資訊，常有再要求員工訂立競業禁止條款。簽訂競業禁止約定，除需著眼於雇主有無實質被保護之利益存在外，如其所主張應受保護之法律上利益係營業秘密時，此營業秘密並需符合營業秘密法所定之「營業秘密」之定義，如雇主耗費相當心血或金錢所研發而得優勢技術或創造之營業利益。

2. **勞工擔任之職務或職位得接觸或使用事業單位營業秘密**：雇主欲與勞工簽離職後競業禁止，該勞工應擔任一定職務，且因該職務而有機會接觸公司之營業秘密、參與公司技術之研發等；對於較低職位且普通

技能就業之勞工，或所擔任的職務並無機會接觸公司所欲保護之優勢技術或營業利益者，則應無限制其競業的必要。

3. **契約應本誠信原則約定**：簽訂競業禁止約定應本契約自由原則，雇主不得以強迫或脅迫手段，強制勞工一定要簽立，或趁新進勞工之無經驗或利用勞工急於求職之意願，任意要求勞工簽訂競業禁止約定。如某傳播業者要求所屬文字記者離職後，不得至新成立某一傳播媒體公司任職，但未敘明禁止競業理由，似有權利濫用之嫌。

4. **限制之期間、區域、職業活動範圍應屬合理範圍**：競業禁止條款應訂明限制勞工競業之期間、區域、職業活動範圍，且該限制應無逾越合理範圍，即在社會一般觀念及商業習慣上可認為合理適當範圍，不會嚴重限制當事人的工作權，以及不會危害受限制當事人的經濟生存能力。常見限制就業期間、區域及其職業活動範圍如下：

   (1)期間：歷年來經法院審理案例中，競業禁止條款約定之期間有3個月、6個月、1年、2年或3年，目前較為常見且為法院所接受的期限為2年以下。

   (2)區域：應明定一定之區域，且不得構成勞工就業及擇業權利的不公平障礙，應以企業的營業領域、範圍為限；至於雇主尚未開拓的市場，或將來可能發展的區域，基於自由競爭的原則，不應該受到任何限制。

   (3)職業活動範圍：競業禁止職業活動範圍，應該指員工離職後不得從事的工作或業務，以及指對原事業單位具有競爭性的行業。

5. **勞工離職後應有代償措施**：所謂代償措施係指雇主對於勞工因不從事競業行為所受損失之補償措施，勞工離職後因遵守與原雇主競業禁止之約定，可能遭受工作上的不利益，惟目前國內競業禁止約定中訂有代償措施者並不常見。

6. **員工應有顯著背信或違反誠信原則**：競業禁止效力應在離職員工的競業行為確有顯著背信或違反誠信原則時發生，如離職員工對原雇主之客戶、情報等大量篡奪、或其競業之內容或態樣較具惡質性，或競業行為出現有顯著的違反誠信原則者。

7. **違約金金額應合理**：勞工與雇主簽訂競業禁止條款所生之效果，一為離職後不得為競業行為，一為如有違約情形，可能須支付違約金或損害賠償金。歷年來競業禁止相關案件中，雇主與勞工訂定的競業禁止條款中，約定的違約金有離職當月薪資的20倍、24倍、離職時最近一年所得，甚至是營業額的一百倍。經法院審酌判決結果，有的無須支

付違約金，有的應支付金額為離職前一年所得，或違約金額減為1～2個月薪資所得，其金額多寡尚無一定之標準，端視個案情節輕重，依事實認定之。事業單位固然可以與勞工約定違約金多寡，但不能漫天要價，應考量違約金的額度與競業禁止期間之長短二者間之相關性，並應與是否提供勞工代償措施作適度衡量。亦即是如果雇主已提供代償措施，勞工仍恣意違約，即可視為情節重大，其違約金自可從高考量；如果未提供代償措施或代償措施金額過低，則勞工違約之可責性即已降低，從而其給付違約金之正當性必受質疑。也就是說，競業禁止期間之約定，不得對勞動者之工作權造成過度的限制或侵害，而其違約金之額度亦應依一般客觀事實、勞工違約當時的社會經濟狀況及當事人可能受損情形來衡酌。

(四)**勞工違反競業禁止之法律效果**：勞工違反競業禁止之約定，可能涉及刑法第317條相關刑責，另雇主除提起訴訟請求損害賠償、給付違約金外，基於雇主利益防護之考量，雇主亦可能於訴訟前或訴訟中聲請假處分，禁止勞工繼續在競業公司工作，此關係勞工工作權甚大，應予注意。

一份明確與合理之競業禁止約定，應以書面定之，並載明下列主要之內容，較不易引起爭議：

1.競業禁止之明確期限（包括起迄時間及期限）。

2.競業禁止之區範圍（如行政區域或一定之地域）。

3.競業禁止之行業或職業範圍（如特定產業或職業）。

4.違反競業禁止約定時之處理方式（如賠償訓練費用或違約金）。

5.例外情形之保障（如勞工因不可抗力之原因而違反）。

勞資雙方應開誠佈公、事先溝通協調，與其事後再來處理爭議，不如事先預為防範，訂定明確的契約內容，以維企業經營及工作倫理，並藉以維持勞動市場秩序。

法院就競業禁止條款是否有效之爭議所作出之判決，可歸納出下列衡量原則：

1.企業或雇主須有依競業禁止特約之保護利益存在。

2.勞工在原雇主之事業應有一定之職務或地位。

3.對勞工就業之對象、期間、區域或職業活動範圍，應有合理之範疇。

4.應有補償勞工因競業禁止損失之措施。

5.離職勞工之競業行為，是否具有背信或違反誠信原則之事實。

(五)競業禁止相關規定

1.勞動基準法

第9-1條　　　　未符合下列規定者，雇主不得與勞工為離職後競業禁止之約定：

一、雇主有應受保護之正當營業利益。

二、勞工擔任之職位或職務，能接觸或使用雇主之營業秘密。

三、競業禁止之期間、區域、職業活動之範圍及就業對象，未逾合理範疇。

四、雇主對勞工因不從事競業行為所受損失有合理補償。

前項第四款所定合理補償，不包括勞工於工作期間所受領之給付。

違反第一項各款規定之一者，其約定無效。

離職後競業禁止之期間，最長不得逾2年。逾2年者，縮短為2年。

2.民法

第17條第2項　自由之限制，以不背於公共秩序或善良風俗者為限。

第250條　　　當事人得約定債務人於債務不履行時,應支付違約金。

違約金，除當事人另有訂定外，視為因不履行而生損害之賠償總額。其約定如債務人不於適當時期或不依適當方法履行債務時，即須支付違約金者，債權人除得請求履行債務外，違約金視為因不於適當時期或不依適當方法履行債務所生損害之賠償總額。

第251條　　　債務已為一不履行者，法院得比照債權人因一不履行所受之利益，減少違約金。

第252條　　　約定之違約金額過高者，法院得減至相當之數額。

第562條　　　經理人或代辦商，非得其商號之允許，不得為自己或第三人經營與其所辦理之同類事業，亦不得為同類事業公司無限責任之股東。

3.營業秘密法

第2條　　　　本法所稱營業秘密，係指方法、技術、製程、配方、程式、設計或其他可用於生產、銷售或經營之資訊，而符合下列要件者：

　　一、非一般涉及該類資訊之人所知者。

　　二、因其秘密性而具有實際或潛在之經濟價值者。

　　三、所有人已採取合理之保密措施者。

第10條　有下列情形之一者，為侵害營業秘密。

　　一、以不正當方法取得營業秘密者。

　　二、知悉或因重大過失而不知其為前款之營業秘密，而取得、使用或洩漏者。

　　三、取得營業秘密後，知悉或因重大過失而不知其為第1款之營業秘密，而使用或洩漏者。

　　四、因法律行為取得營業秘密，而不正當方法使用或洩漏者。

　　五、依法令有守營業秘密之義務，而使用或無故洩漏者。

　　前項所稱之不正當方法，係指竊盜、詐欺、脅迫、賄賂、擅自重製、違反保密義務、引誘他人違反其保密義務或其他類似方法。

第11條第1項　營業秘密受侵害時，被害人得請求排除之，有侵害之虞者，得請求防止之。

第12條　因故意或過失不法侵害他人之營業秘密者，負損害賠償責任。數人共同不法侵害者，連帶負賠償責任。

　　前項之損害賠償請求權，自請求權人知有行為及賠償義務人時起，二年間不行使而消滅；自行為時起，逾十年者亦同。

4.公平交易法

第20條第1項
及其第4款　有下列各款行為之一，而有限制競爭之虞者，事業不得為之：

　　四、以脅迫、利誘或其他不正當方法，使他事業不為價格之競爭、參與結合、聯合或為垂直限制競爭之行為。

5.公司法

第29條　公司得依章程規定置經理人，其委任、解任及報酬，依下列規定定之。但公司章程有較高規定者，從其規定：

　　一、無限公司、兩合公司須有全體無限責任股東過半數同意。

　　二、有限公司須有全體股東過半數同意。

三、股份有限公司應由董事會以董事過半數之出席，及出席董事過半數同意之決議行之。

經理人應在國內有住所或居所。

第32條　經理人不得兼任其他營利事業之經理人，並不得自營或為他人經營同類之業務。但經依第29條第1項規定之方式同意者，不在此限。

第54條第2、3項　執行業務之股東，不得為自己或他人為與公司同類營業之行為。

執行業務之股東違反前項規定時，其他股東得以過半數之決議，將其為自己或他人所為行為之所得，作為公司之所得。但自所得產生後逾一年者，不在此限。

第209條第1、5項　董事為自己或他人為屬於公司營業範圍內之行為，應對股東會說明其行為之重要內容，並取得其許可。

董事違反第1項之規定，為自己或他人為該行為時，股東會得以決議，將該行為之所得視為公司之所得。但自所得產生後逾一年者，不在此限。

6. 刑法

第317條　依法令或契約有守因業務知悉或持有工商秘密之義務而無故洩漏之者，處一年以下有期徒刑、拘役或一千元以下罰金。

七、員工申訴制度

(一)**源起**：企業員工申訴處理制度最主要的目的在於建立一套提供員工與企業管理階層的溝通管道，以發掘潛在員工問題，預防勞資爭議的發生，有效提供員工向心力及提振生產力。產生背景有二：

1. 就企業管理層面而言，因為工作上所衍生的不平、不滿等問題，不論心理續存的疑惑、經由口頭或書面的意思表達、甚至抗爭行動的出現，都是企業經營的負面因素，輕則怠工、不合作、離職，重則集體跳槽、罷工。

2. 對勞資爭議的形成與過程而言，若能有所認知，則必能溝通、協調、解決於事前，不致釀成雙方的齟齬或其他更嚴重的損失。

(二)**定義**：申訴制度是指企業內一種勞資自行解決勞資爭議的制度，是企業經營者對於瞭解勞資關係實際情況的探針，也是檢測人力資源管理成效的方法之一。另勞工對於申訴制度的運用，則是最低成本的權益屏障，也是督促企業經營者重視勞動條件的工具，不僅具有勞動檢查的「自動檢查」效果，也讓經營者忠實地反應勞動成本，盡到雇主的照顧義務，勞工則盡其所能貢獻所長。

有關雇主與勞工關係之措施或情況，已受影響或即將影響企業內某一位或數位勞工工作條件之措施或情況，尤當該措施或情況似乎有違團體協約或勞動契約之規定，抑或工作規則、法律或規則、職業習慣或慣例，及經營活動或國家關注之原則時，勞工容易產生不滿或委屈。

(三)**法源**

　　1.**勞動基準法**

　　　第74條　　　勞工發現事業單位違反本法及其他勞工法令規定時，得向雇主、主管機關或檢查機構申訴。

雇主不得因勞工為前項申訴，而予以解僱、降調、減薪、損害其依法令、契約或習慣上所應享有之權益，或其他不利之處分。

雇主為前項行為之一者，無效。

主管機關或檢查機構於接獲第一項申訴後，應為必要之調查，並於六十日內將處理情形，以書面通知勞工。

主管機關或檢查機構應對申訴人身分資料嚴守秘密，不得洩漏足以識別其身分之資訊。

違反前項規定者，除公務員應依法追究刑事與行政責任外，對因此受有損害之勞工，應負損害賠償責任。

主管機關受理檢舉案件之保密及其他應遵行事項之辦法，由中央主管機關定之。

　　2.**勞動檢查法**

　　　第32條　　　事業單位應於顯明而易見之場所公告左列事項：

一、受理勞工申訴之機構或人員。

二、勞工得申訴之範圍。

三、勞工申訴書格式。

四、申訴程序。

前項公告書，由中央主管機關定之。

第**33**條　　勞動檢查機構於受理勞工申訴後，應儘速就其申訴內容派勞動檢查員實施檢查，並應於十四日內將檢查結果通知申訴人。

勞工向工會申訴之案件，由工會依申訴內容查證後，提出書面改善建議送事業單位，並副知申訴人及勞動檢查機構。

事業單位拒絕前項之改善建議時，工會得向勞動檢查機構申請實施檢查。

事業單位不得對勞工申訴人終止勞動契約或為其他不利勞工之處分。

勞動檢查機構受理勞工申訴必須保持秘密，不得洩漏勞工申訴人身分。

3. 職業安全衛生法

第**39**條　　作者發現下列情形之一者，得向雇主、主管機關或勞動檢查機構申訴：

一、事業單位違反本法或有關安全衛生之規定。

二、疑似罹患職業病。

三、身體或精神遭受侵害。

主管機關或勞動檢查機構為確認前項雇主所採取之預防及處置措施，得實施調查。

前項之調查，必要時得通知當事人或有關人員參與。

雇主不得對第一項申訴之工作者予以解僱、調職或其他不利之處分。

(四)申訴處理在勞資爭議中之定位

1. 從企業與勞工「雙贏」的觀點來看，對於衝突或爭議產生的可能，應設計一套制度，俾便「思防微杜漸之處，以竟圓滿周全之功」，避免因事小不慎而釀成危災之害。

2. 申訴制度之肇建，本諸企業內立即解決勞資間問題為首要，希工作職場衍生的實際差異與認知差異，在萌發之時，不論其真確與否，企業內的管理階層與勞工都能透過此一制度的運作，找出雙方忽略及應改善之處，確實進行有效的雙向溝通，以避免蓄積因工作所生不滿及怨懟的可能，消弭勞資爭議於先期。

(五)企業內員工申訴的處理可以循以下方式進行

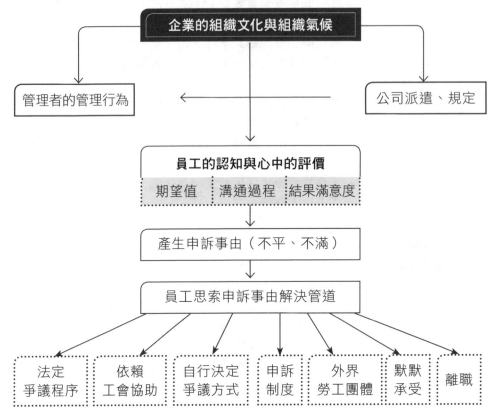

資料來源：勞動部

(六)企業建立申訴處理制度的過程

　1.設立申訴處理制度的前提：溝通。

　　(1)透過現有勞資溝通管道加以介紹、宣導。

　　(2)定期增強員工對申訴處理制度的溝通。

　　(3)勿忽略溝通的知覺與行為層面。

　2.確立設立申訴制度的需求原則

　　(1)勞資關係的理想目標。

　　(2)經營階層的理念。

　　(3)共識的形成。

　　(4)企業規模的問題。

　　(5)過去勞資間的互動情形。

3. **設立申訴制度程序的意義**

   (1)整合各溝通管道資訊。

   (2)設置申訴處理制度規劃委員會。

   (3)申訴處理制度政策的擬定與公告。

   (4)申訴處理制度辦法的擬定。

   (5)申訴機構的建立。

   (6)申訴表格的設計。

   (7)申訴處理人員的選任。

4. **申訴案件的處理**

   (1)申訴處理原則

   　　A. 私密性。　　　　　B. 中立性。　　　　　C. 延續性。

   　　D. 主動性。　　　　　E. 權變性。

   (2)申訴制度處理模式

   　　A. 說明問題。

   　　B. 說明事實。

   　　C. 綜合整理及分析。

   　　D. 解決方案的提出。

   　　E. 利弊發生的可能性。

   　　F. 決定處理方案。

   　　G. 執行申訴處理方案。

   　　H. 結果追蹤與檢討。

5. **申訴制度的績效評估**

   (1)執行者工作任務之實現程度。針對努力結果進行衡量,而非辛苦程度。

   (2)一項良好的評估應以先前預設的制度目標為基準,實際評定申訴處理過程項目。

   (3)公司申訴管理階層應按月或每季將各層級所彙報申訴處理報告進行數據、影響與追蹤的瞭解,並加以簽註意見,供各負責人員參考。

6. **最高管理階層的支持程度**

   (1)與企業文化、企業政策的一致性問題。

   (2)執行者與其他主管或人事決策者的日常的溝通與協調。

   (3)初始的宣導、執行結果的影響。

   (4)與其他勞資溝通管道的配合。

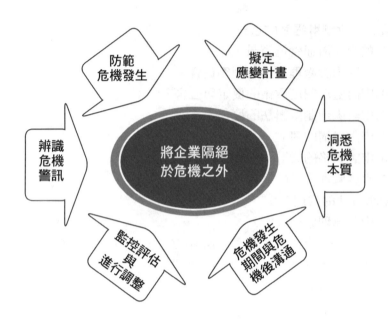

圖8-2　申訴處理制度建立

(七)建立實用的申訴處理制度的考量

1.確認需求

(1)企業內現有之溝通管道確認企業內員工是否有不滿、不平或權益受損問題存在無法解決。

(2)以員工意見調查方式,透過行政部門運作,以確認員工的需求。

(3)由人事部門或管理部門先向部門主管提報設置申訴制度之構想。

(4)經人事部門或管理部門主管核可後,呈報企業經營者核准構想,並進行下一階段。

2.召集規劃會議研討申訴之宗旨

(1)由高階主管者具名,召集各部門主管及人事部門之資料搜集整理人員,外界的勞工問題專家學者等,成立規劃委員會。

(2)討論申訴制度之「宗旨」。主要是做為日後草擬申訴制度辦法時,明確揭示實施申訴處理制度之精神與依據,亦即企業設置申訴制度所欲達成的目標。

3.申訴制度之公告

(1)申訴制度辦法應予公告周知,並透過各種勞資管道予以說明。

(2)勞動檢查法第32條規定。

4. **申訴表格設計**

(1)申訴書。

(2)處理記錄表。

(3)申訴答覆書。

5. **申訴結果之追蹤**

(1)定期針對申訴事由彙整。

(2)依性質分類。

(3)申訴結果調查表。

(4)由人事部門負責「對事不對人」檢討制度及管理方法是否改善。

(5)追蹤是一項重要的回饋機制。

6. **申訴制度之評估**：評估的面向：含「質」與「量」。

指的是企業內部各部門、各層級對實施申訴制度的看法，以及實施前後的滿意度調查，工作效率之提升針對設立申訴制度之宗旨進行檢驗。

是指實施申訴制度後，因處理與執行其決議，企業內各項管理的「數字變化」。

7. **實施申訴制度的注意要項**

(1)初期要與現有勞資溝通管道互相配合，務必建立共識，以及對申訴制度的運作瞭解後才實施，如此誤用濫用的事情方不致發生。

(2)員工對於制度創立時的期望較高，在處理申訴過程時應特別重視溝通，以免與期望相左，帶來反效果。

(3)黑函、具攻訐性文字、欺曚等申訴處理應特別謹慎，匿名申訴案件一律去除、銷毀。

(4)獲得相關單位的資訊不足，應由各項勞工教育、勞動檢查的機會，加以推廣實施，減少勞資爭議的發生，促進勞資和諧。

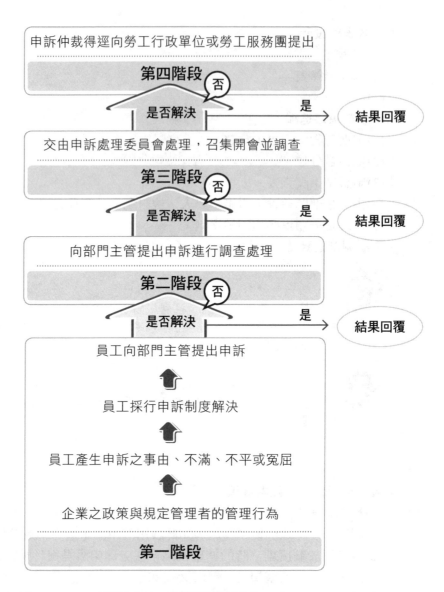

圖8-3　四階段申訴制度

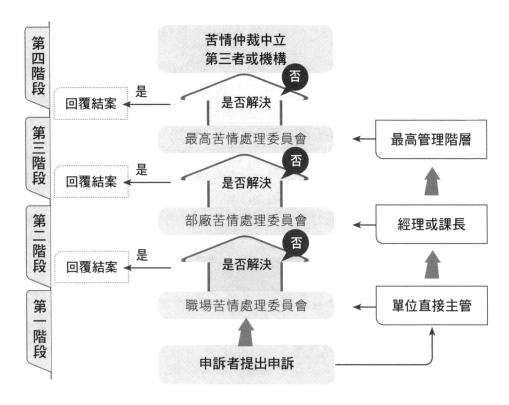

圖8-4　日本苦情處理制度程序圖

八、工作與家庭和諧

(一)**工作與家庭衝突來源**：楊瑞珠（2007）指出，工作與家庭間的衝突可以
　　Kahn、Wolfe、Snoeck & Rosenthal（1964）共同提出的角色衝突理論看
　　待，是指存在二個以上壓力，如果試圖降低某個壓力，則會加重另外一
　　個壓力。工作與家庭間的衝突是註定皆輸的情況，例如：若夫妻兩人都
　　全心投入工作，則子女容易被忽視；如果早早放下工作撥出時間陪伴子
　　女，則容易喪失工作升遷機會。常見現象為：

　　1. **不對等的關係**：工作與家庭間主要的衝突在於角色協調與個人負荷過
　　　重問題，癥結所在是時間不足及缺乏公平性。臺灣的女性不像男性一
　　　般只想在事業上力爭上游，不必考慮太多家庭因素，相反的，在爭取
　　　事業成就的同時，發現自己無足夠時間兼顧家庭。Burley研究發現，
　　　職業婦女平均每週比職業男性多花15.3小時在家事工作上，臺灣差異

的情況則是18.93小時。由男性與女性在家務時間分配上，便可清楚瞭解工作與家庭之間的角色差異。

男性與女性在工作與家庭之間的取捨上亦有所差異，社會上普遍存在「男主外，女主內」的看法，認為對女性而言，家庭重於其個人事業，而男性則是在外打拼，為工作養家的主要經濟來源，因此，女性較會有如何在家庭與工作之間做出取捨的困擾。

2. **家庭對工作的影響**：「家」對男人來講是個避風港，對女性而言，卻是家務照料基本責任。職業婦女對於家庭責任並未因為工作關係而有所減少，常因為丈夫工作性質而改變。易言之，女性擔負較多的料理家務責任，家庭內部的生命週期變化深深影響女性的生涯發展。男性及女性對於家庭與工作看法的研究發現，無論男性或女性都認為，要以男性事業為優先，女性應在工作上做部分犧牲，以配合家中男主人事業前途為優先。

3. **工作對家庭的影響**：Hsu研究發現，即使從事屬於非傳統女性職業的婦女（如：醫生）也要調整自己的工作情況，以配合家中子女教養、家事工作等家庭需要，甚至配合丈夫加班、升遷、職務調動等工作情況。臺灣以事業為重或高成就的女強人容易遭受婚姻、子女教養的種種困擾，可能因為自己對事業的追求過於強烈，影響丈夫的事業。許多臺灣女性常因增加家庭收入而工作，卻不願因為工作而影響家庭生活。

(二) **協助措施**：從人力資源管理角度看平衡工作與家庭的雙贏目標為：

1. 建立一個具生產力的機構。

2. 建立一個具歸屬感的工作團隊。

又最受歡迎的家庭友善措施：

1. 5天工作。

2. 彈性上班時間。

3. 居家辦公。

4. 男僱員待產假。

5. 提供減壓、處理情緒工作坊或輔導服務。

6. 舉辦員工親子活動，如家庭同樂日、興趣班等。

7. 緊急家庭財政支援。

8. 幼兒托顧服務。

在推行時常見的阻力分別有：

1. **雇主方面**：一方面希望增強員工的工作表現，另一方面又要顧及成本及額外開銷。
2. **員工方面**：一方面希望能顧及個人生活，另一方面又面對極大工作量、超時工作及壓力等問題。

(三)**平衡工作與家庭措施的優點**

1. 提升生產力和競爭力。
2. 增強工作靈活性和顧客服務，如當有員工缺勤或放假時能靈活調配人手。
3. 增強員工之工作士氣、積極性、投入感和歸屬感。
4. 減少員工缺勤率。
5. 有利人才招聘和留任。
6. 配合法令要求（如年假、產假）。

(四)**企業推動工作家庭平衡方案步驟**：企業可依循表8-4步驟依序進行：

表8-4　企業推動工作家庭平衡方案步驟一覽表

推動步驟	考量原則
一、需求評估	(一)員工特性：從「工作型態、年齡與家庭背景等基本資料；健檢資料、員工缺勤分析、加班時數分析、離職面談、勞資糾紛或員工投訴分析、緊急突發狀況」等，瞭解員工需求。 (二)組織願景：從「創建使命、企業承諾、組織文化」塑造組織目標與企業形象。 (三)法令規範：政府現行法規檢視及遵循。 (四)市場競爭：從同業競爭措施現況，評估發展方案，或爭取政府獎勵，提升延攬人才之競爭力。
二、確定目標	(一)列出優先順序：重要衡量標準包括： 　1.法令要求／產業競爭。 　2.組織願景／員工需求。 　3.立即可行／馬上有感。 　4.主管交辦／有憑有據。 (二)說明待解決問題。 (三)擬定關鍵績效指標KPI。

推動步驟	考量原則
三、盤點資源	(一) 進行目標與現況之落差分析：「目標是什麼」→「已經做了什麼」→「還要做什麼」→「有什麼資源挹注或重要人士可以支持」 (二) 檢視資源： 　1.內部資源：企業內相關部門之經費、人力、空間環境、器材設備、專業技術、方案、之前解決相關問題之經驗等。 　2.外部資源：政府資源、民間非營利組織、相關合作廠商資源等。
四、計畫擬定	(一) 先以零成本項目進行： 　1.就現有的硬體、軟體，提出可行的計畫與效益。 　2.效益展現後，為因應後續需求，可再提出第二階段的成本效益分析報告。 (二) 強化成本效益及評估指標。 (三) 強調目標方案的優勢。 (四) 爭取高階主管支持。
五、行銷宣導	(一) 多元管道宣導：於企業內部網站、電子郵件、網際網路（FB、社群、Line……）以及各項平台、管道進行宣傳（張貼布告欄、新人訓練、例會報告、主管會報、製作海報文宣小品……）。 (二) 制度面措施：應公告於企業規則、納入員工手冊、使主管與同仁瞭解相關方案可供使用。 (三) 爭取高層主管及跨部門支持：於主管會報上說明，邀請主管帶領同仁參與；安排高階主管擔任代言人。 (四) 活動宣導：邀請同仁擔任活動小天使宣傳邀約，參與拍攝影片或宣傳物，提升同仁參與感與宣傳效果。
六、成效檢視	(一) 質量化測量： 　1.量化測量：如參與人數、服務使用率、滿意度、組織氣氛調查。 　2.質化測量：主管/員工回饋、感人小故事。 (二) 具體問題解決：關鍵指標的達成、問題的改善程度。 (三) 組織整體成效：如離職率、缺勤率、留任率、請假情形、延長工時情形、健康趨勢、績效產值、創新提案率、組織氣氛改善情形、企業獲獎情形等。

(五)**推動面向**

　　工作生活平衡的推動包括以下三大面向：

　　1.**工作面向**：彈性靈活的工作制度與職場環境，推動作法參見表8-5。

表8-5　工作悠活的項目及內容一覽表

方案類別	項目	實施內容
彈性工作安排	縮短工時	工作時數較法定工時縮短
	彈性上下班	員工可調整上班時間起迄
	工作分享（Job Sharing）	一份工作，由2位以上員工在不同時間合力完成
	電傳工作	於雇主主要的營業場所以外或自行選擇的場所，利用資訊設備履行勞動
	在家工作	在勞工自己家中工作，使員工可以兼顧工作及健康休養或家庭照顧
優化給假方案	(1)優於法令的特別休假、產假、病假、產檢假、安胎休養假 (2)優化給假：子女新生入學假、愛家假、志工假	(1)依法訂之假別，但給薪或天數優於法令 (2)除法定給假外，另根據事業單位與員工需求，創意給假
正向舒壓工作氣氛	(1)紓壓工作環境設計 (2)組織氣氛促進活動	(1)規劃交誼廳、辦公室創意設計或創意思考室 (2)辦理感恩傳情活動，熱絡組織情誼
多元溝通管道	(1)上對下溝通 (2)員工聲音的傳達溝通 (3)雙向溝通	(1)發展人性化的網站、海報文宣 (2)以完善回應機制為前提，辦理員工信箱、組織氣氛滿意度調查 (3)在互信組織基礎，辦理與長官有約茶會、溝通式座談會、員工關懷訪談

　　2.**家庭面向**：家庭照顧支持及友善家庭措施，推動作法參見表8-6。

表8-6　家庭樂活的項目及內容一覽表

方案類別	項目	實施內容
母性保護友善措施	(1)妊娠照顧措施 (2)育嬰留職停薪復職協助 (3)女性員工安全返家機制	(1)規劃孕婦專屬停車位、專用識別證、無塵衣、班別調整、設置哺乳室等,提供友善的工作環境 (2)育嬰留停期滿回復原職,禁止不利處分,提供員工訓練,以協助留停同仁重返工作 (3)提供夜班女性員工交通專車
家庭照顧	(1)新手爸媽關懷、諮詢 (2)托兒設施或措施 (3)臨時照顧空間 (4)對家庭發生變故之員工關懷及協助	(1)辦理新手爸媽講座、衛教諮詢專線 (2)辦理企業托兒或簽立特約幼兒園 (3)提供兒童或長者臨時照顧空間 (4)提供彈性工作時間、優化給假、資源轉介及同仁關懷課程
親子交流	(1)舉辦家庭日、親子共讀 (2)家屬參訪職場	(1)辦理親子同樂之家庭日或親子共讀等活動,促進情感交流 (2)透過職場體驗,讓家屬認識公司工作環境與文化,增進眷屬支持

3.**健康面向**:身心健康促進及健康管理措施,推動作法參見表8-7。

表8-7　健康快活的項目及內容一覽表

方案類別	項目	實施內容
員工協助方案	(1)員工協助方案機制建立 (2)員工協助主題講座、諮商/諮詢	(1)建立員工協助機制及個案發掘管道 (2)企業提供員工婚姻、家庭、理財、法律、壓力管理、情緒抒發、工作調適等講座及諮詢或諮商服務等員工協助措施 (3)針對特定族群提供專屬關懷方案,如新人工作適應、屆齡退休關懷方案等
健康促進	(1)健康飲食 (2)壓力管理 (3)健康促進活動 (4)醫療服務 (5)團體保險	(1)設置員工餐廳提供健康、營養的飲食 (2)辦理壓力檢測、免費專業諮詢 (3)辦理減重、健康操、免費按摩、提供體能健身場所、多元社團等 (4)免費健康檢查及追蹤、醫師駐診 (5)以優惠價格辦理員工及其眷屬團體保險

九、友善家庭政策

黃煥榮指出，近年來有關人力資源管理文獻中，友善家庭政策（family-friendly policy）是最新興的議題。強調組織的人力資源管理政策，必須能提供員工成功的整合其在個人、工作、婚姻，以及家庭各方面角色需求的機會。換言之，一個具有友善家庭概念的組織，會透過許多政策的推行與執行，以使員工在面臨工作與家庭雙重角色要求與壓力時，仍然能夠輕鬆愉快地面對，且依然可以在組織中享有成功的職業生涯。如果能夠透過友善家庭政策，協助員工增加其在生涯發展上的有利因素，以及排除阻礙不利生涯發展與成功的因素，則不僅可以降低員工的事病假頻率，提高對組織的承諾感，更可以提升組織的總體競爭優勢。

(一)**定義**：經濟合作發展組織（OECD）將友善家庭政策主要目標在於達到「工作與家庭生活調和」的社會目標，包括促進就業、兒童福利、及性別平等。基於此友善家庭政策可說是達到經濟發展和社會進步的重要措施。近年來，學者致力於研究友善家庭政策對組織績效、員工的工作與家庭平衡及工作與家庭衝突的影響，並廣泛探討影響推動友善家庭政策的因素。

(二)**家庭制度內涵**：黃煥榮綜合國外文獻研究指出，友善家庭政策的推動，歐洲國家可說是先驅，其家庭政策制度理念已提升至較高層次，且總體制度十分完備，歐洲國家家庭政策制度範疇包括：

　1.**家庭給付制度**：包含子女津貼（child allowance）、生育津貼（birth allowance）、子女就學補助費（allocation at reopening of the school year）、結婚給付（marriage allocation/marriage benefit）等。

　2.**優惠家庭之財稅福利制度**：家庭政策與財稅政策所協調之福利制度，可減輕家庭因養兒育女之經濟負擔，如扶養親屬寬減額等。

　3.**兼顧家庭與工作福利制度**：包含親職假（paternity leave）、彈性工時（flextime）、部分工時工作（part-time work）與托育（child care）制度。

　4.**補助家務勞動制度**：包含給予從事家務勞動者定額補助、鼓勵兩性公平分擔家務、提供照顧者津貼與必要之福利制度。

　5.**住宅福利政策相關制度**：包含住宅津貼、緊急臨時庇護所等。

(三)**常見措施**：綜合學者提出的理論和先進國家推動經驗，友善家庭政策包括工作彈性（flexible work）、受扶養者的照顧服務（dependent care service）、家庭事故休假（leave program）三部分，具體內容如下：

1. **受扶養者的照顧服務**
   (1)兒童托育服務：組織擁有專屬之托兒育兒機構，或是合作簽約之托兒育兒機構，提供員工優惠之托兒育兒服務。
   (2)兒童托育補助：提供員工於托兒育兒支出費用之金額補助。
   (3)老年眷屬托顧服務：組織擁有專屬之員工老年眷屬托顧機構，或是合作簽約之托顧機構，提供員工優惠之老年眷屬托顧服務。
   (4)老年眷屬托顧補助：提供員工於老年眷屬托顧支出費用之金額補助。
2. **工作彈性**
   (1)彈性工時：提供員工彈性工時之政策，讓員工得以就工作時間做彈性的調配，以維持工作與家庭時間的平衡。
   (2)電子通勤（telecommunting）：提供員工每週二至三天可以在家透過電腦連線工作，不必到辦公室上班，以幫助員工維持工作與家庭時間的平衡。電子通勤的優點包括可以從更大的人才庫吸引人才、提高生產力、降低流動率、減少辦公室開支等；而缺點則是無法直接督導，然而現代管理強調團隊運作，但電子通勤卻使得團隊協調變得更為困難。
3. **休假**：廣義而言，在工作職場，員工因生養育兒所申請之休假，概可統稱為家庭假；狹義而言，在家庭假之下，又可細分為下列四種不同的休假。
   (1)產假：係提供女性員工因分娩所休的假，休完假後可立即回復工作。在大多數國家女性員工皆有6到10週不等的法定產假；倘若其流產時，亦會給予相關之流產假。一般而言，產假期間可自行安排，不過多數女性員工會合併產前與產後休假於一，延長休假期間，俾做充分休養及哺育幼兒之用。
   (2)親職假：通常是在產假之後，只要是為人父母者皆可擇一提出休假，此假強調性別中立且具工作保障。不過，大多數的親職假是保留給女性，以確保其產後恢復身體健康之用；而近年亦有主張親職假保留給父親者，以使父親能扮演較積極的親職角色。
   (3)父親假：針對父親而訂的假，與產假、親職假一樣，具有工作保障，強調係依性別平等所設計的休假。父親假通常期間較產假短，具輔助性功能。一般而言，當家庭有第二個幼兒出生，而母親及長子女急需照顧，父親假可以立即派上用場。
   (4)育嬰假：在產假之後，父母為親自照顧幼兒，可以提出育嬰假之申請。與親職假不同的是，育嬰假的時間較長，通常是一至三年不

等。休假期間支較低薪資，所支現金可能相當托嬰的支出，以補家庭的不足。

4.**其他**

(1)女性哺乳時間：提供員工於其子女未滿一歲且須親自哺乳時，除規定之休息時間外，每日另給哺乳時間二次，每次以三十分鐘為度。

(2)工作與家庭平衡之相關訓練措施：提供員工不定期之家庭婚姻座談會、研習營及讀書會等與工作家庭生活相關之訓練。

至於我國對於友善家庭政策，主要表現在性別平等工作法中，該法對性別工作與家庭責任的兼顧提供更多的協助，對於促進工作平等措施之規範，根據該法的規定，主要的政策內容如表8-8所示。性別平等工作法涵蓋的工作家庭政策範圍甚廣，涉及員工對受扶養者的照顧服務、彈性工作及休假等三大歸類，其中針對母性保護與家庭照顧假之部分，其限制門檻較低，對於以中小企業為主的臺灣而言，較能保障到多數勞工的權益及福利，這對大多數勞工來說，不失為一大福音，同時也是臺灣對於性別工作權的保障的一個重大里程碑。

表8-8　我國性別平等工作法提供之友善家庭政策

友善家庭政策	主題	條文	內容
受扶養者的照顧服務	哺乳時間	第18條	子女未滿2歲須受僱者親自哺（集）乳者，除規定之休息時間外，雇主應每日另給哺（集）乳時間60分鐘為度。前項哺乳時間視為上班時間。
受扶養者的照顧服務	托兒設施	第23條	僱用受僱者100人以上之雇主，應設置托兒設施或提供適當之托兒措施。主管機關對於雇主設置托兒設施或提供托兒措施，應給予經費補助。
工作彈性	彈性工時	第19條	對於僱用30人以上雇主之受僱者，為撫育未滿3歲子女，得向雇主請求為下列二款事項之一：(1)每天減少工作時間1小時；減少之工作時間，不得請求報酬。(2)調整工作時間。受僱於僱用未滿30人雇主之受僱者，經與雇主協商，雙方合意後，得依前項規定辦理。

友善家庭政策	主題	條文	內容
休假	產假／陪產檢及陪產假／產檢假	第15條	雇主於女性受僱者分娩前後，應使其停止工作，給予產假8星期；妊娠3個月以上流產者，應使其停止工作，給予產假4星期；妊娠2個月以上未滿3個月流產者，應使其停止工作，給予產假1星期；妊娠未滿2個月流產者，應使其停止工作，給予產假5日。產假期間薪資之計算，依相關法令之規定。受僱者於其配偶產檢或分娩時，雇主應給予陪產檢及陪產假7日。陪產檢及陪產假期間工資照給。
休假	育嬰留職停薪	第16條	受僱者任職滿6個月後，於每一子女滿3歲前，得申請育嬰假留職停薪，期間至該子女滿3歲止，但不得逾2年。同時撫育子女2人以上者，其育嬰留職停薪期間應合併計算，最長以最幼子女受撫育2年為限。
事假	家庭照顧假	第20條	受僱者於其家庭成員預防接種、發生嚴重之疾病或其他重大事故須親自照顧時，得請家庭照顧假，其請假日數併入事假計算，全年以7日為限。家庭照顧假薪資之計算，依各該事假規定辦理。

十、彈性管理與企業工時制度規劃

(一)基本概念

1.影響工時長短的因素

　　(1)工資水準。　　　　(2) 主觀意願。　　　　(3) 政府政策。

　　(4)人力供需狀況。　　(5) 經濟景氣變動。

　　(6)團體協商：隨著工會組織發展，有關勞動條件決定取決於勞資間的團體協商。因此，即便是法律規定每週最高工時為四十八小時，但許多產業或企業的正常工時經常要比四十八小時要少。

　　(7)企業管理模式調整：當經濟發展逐漸邁入成熟的階段，許多國家或社會多會面臨勞動力供給減少的窘境，企業內部的管理模式也會跟著調整，工時也自然受到影響。

　　(8)國際規範與競爭壓力：在國際化與自由化的發展趨勢下，一個國家的勞動條件似乎不再成為排他性管轄權的事項之一。許多國家及國

際性專業組織會以經濟發展階段和勞動人權做為衡量標準，要求其他國家遵守一定的國際勞動規範。舉例來說，國際間有關工時的規定，以1919年的第一號公約和1935年的第47號公約做為遵循的依據，而遵守每週正常工時48小時的規定並未違反國際間的有關基準。然而，考量到我國經濟的發展程度和以貿易為導向的經濟發展方向，以每週正常工時48小時做為遵循的依據不具足夠說服力。因此，國際規範與競爭壓力成為影響工時長短的重要因素之一。加以，我國自2016年1月1日開始進入每週法令工時40小時的新紀元，迎合國際趨勢是理智的作法。

2.彈性管理
　(1)**定義**：包括以下意涵：
　　A. 彈性管理尊重個體的差異及理解「平等並非一致」（Equality does not mean sameness）的原則，管理政策、制度與措施的建構應個體化。
　　B. 員工為珍貴的資產，應予以開發和維護；由於人力資源組成的多樣化，員工應被視為個體的集合，每一位員工都有獨特的需求和偏好。
　　C. 強調自我管理的價值，提供員工自我選擇的空間；即調整父權式管理（強調規矩與監督）為自治管理（員工參與、使命感與責任）。
　　D. 重視彈性（Flexibility），理解到一套制度不足以因應人力資源多樣化的發展。
　(2)**彈性管理趨勢下的工時制度**：在彈性管理的發展趨勢下，有關工時制度大致上可以區分為兩大類型：工時彈性化及工時縮減。
(二)**工時彈性化方案**：工時彈性化是放寬原有工時安排限制與僵化，促進彈性化。工時彈性化方案包括彈性工時、壓縮工時/變形工時、彈性工作場所。
　1.**彈性工時**（Flextime）：除核心工作時間所有員工必須出勤外，由員工自己選擇上、下班時間。
　　實施方式：
　　(1)在一定期間內，員工選擇上、下班時間是固定的，而每日工作時間不變。
　　(2)上、下班時間每日不同，但每日工作時間不變。
　　(3)每日工作時數不同，但員工必須於核心時段出現，且每週或每兩週總工作時數不變。
　　(4)每日工作時數不同，且員工不必於核心時段出現。

　　實施彈性工時的好處：

　　(1)增滿足不同時段工作與客戶服務的需求。

　　(2)提高生產力。

　　(3)延攬及留任優秀人才，提高員工素質。

　　(4)減少員工壓力，強化員工承諾。

　　(5)減少員工曠職與遲到。

2.**壓縮工時**（Compressed workweek）：將某一日的工作時間安排至其他工作日，以增加員工休假的天數。

　　實施理由：

　　(1)滿足員工個人與休憩的需求。　　(2)延長生產與服務時間。

　　(3)增加機器設備使用時間。　　　　(4)減少曠職與遲到。

　　(5)滿足員工教育訓練的需要。　　　(6)降低成本。

3.**彈性工作場所/電傳工作**（Flex-place or telecommuting）：透過資訊科技設備，容許員工完全或部分時間不到辦公室工作。首先，電傳工作的發展與「距離策略」等勞動彈性化觀念發展有關。距離策略是指企業利用商業契約而非勞動契約關係，來達到產品生產、服務提供和企業運作持續的目的。

　　距離策略是利用外包（Outsourcing、Contracting out）方式，讓承包企業或個人滿足企業用人需求。從傳統的家內勞動（Home working）到現代的家庭辦公室（Home office）、電傳勞動（Tele-work）、派遣勞動（Dispatched Work）和網路勞動（Networking），都是企業距離策略下的產物。

　　實施理由：

　　(1)滿足生產高峰的需求。　　(2)降低勞動生產成本。

　　(3)降低人事成本。　　　　　(4)限制企業員工人數增加。

　　(5)專注於企業專長與競爭優勢的發揮。

(三)**工時彈性化做法**：導入工時彈性化的方法，依照功能或目的區分為以下二種：

1.切割員工實際工時，以利生產設備與設施能運轉更長時間，最極致情況為：每日24小時、每週七天的全年無休狀態。基於此一目的，工時的彈性化則大多有賴採行輪班設計，包括連續班制（successive shifts）及交疊班制（overlapping shifts）運用，員工可以是「輪班」或「固定班」。此間，若能搭配使用一些部份時間工作者，則更能做靈活的運

用，從而安排一些例如「週末班」、「假日班」、「小夜班」、「短班」等設計。

2. 變形工時制：正常工時隨著企業需求而變動稱為變形工時制。作法上，必須在團體協約中約定一日或一週工時上、下限調整，工時的調整週期少則一週、多則一年，可讓雇主減少加班費支出負擔。另一類似作法，對於「超出約定工時」工作，以補假休息方式補償，不發給加班費；另也有「個人工時帳戶」（individual working time accounts）設計，將員工超時工作儲存個人名義專戶中，等待勞工需要時，可依規定自帳戶「存款」中提出來「花用」，其結算期可以設計為跨越數年。

3. 工時縮減方案

(1) **經常性部分工時工作**（Regular part-time employment）：自願性成為部分時間工作員工，工資與福利根據比例原則計算。然，自願性部分時間工作可滿足勞工工作與家庭兼顧需求，但工資偏低和缺乏教育訓練機會可能是負面影響。

(2) **職務分擔**（Job sharing）：由兩位部分時間工作員工共同來分擔一項職務，薪資和福利按比例分配。

(3) **階段性退休**（Phased retirement）：將退休中高齡員工逐漸或階段性減少工作時間，一方面可充分運用中高齡勞工的勞動力，另一方面可降低退休對中高齡勞工的衝擊。

(4) **自願性減時方案**（Voluntary reduced work time programs）：在一定期間內，員工願意減少工作時間及相對薪資報酬。

(5) **工作分享**（Work sharing）：員工願意共同分擔工作，以避免資遣。

(6) **休假與特別休假**（Leaves and sabbaticals）：允許員工離開工作崗位一定時間，前者可以是給薪或不給薪，而後者則是給薪的。

十一、工作分享

(一) **定義**：工作分享（Job Sharing）是指安排兩名員工共同負責一份全職工作，將現有工作職位的勞動時間進行不同形式分割和重組，以創造更多工作機會，使就業機會增加。亦即透過縮短勞動時間、共同分享工作，保證勞工都有工作可做而不致失業，以達到穩定就業之目的。例如甲、乙二人分享一個職位，每人每天分別工作4小時或每人每週分別工作2天半，使就業機會增加一倍，同理也可讓三個人分享兩個工作等。

單驥指出，以經濟合作暨發展組織（OECD）對各國臨時工作相關規定可知，臺灣對定期契約工等臨時聘用的法規較為嚴格，若與韓國、日本相較，臺灣的非典型僱用、部分工時佔整體就業比例偏低，若能鬆綁相關勞動法規，鬆綁企業聘用臨時工的彈性，可望解決失業問題、降低失業率。

臺灣的勞工法令以終身僱用為原則，除非符合季節、特殊性等原則，國內企業才能聘僱短期或臨時的定期契約工，否則企業必須以正職方式聘僱員工，若經濟景氣低迷，企業聘僱意願亦降低。

辛炳隆表示，「無薪假」也是工作分享的概念，企業業務緊縮，照理應該資遣員工，但廠商以無薪假方式調節。

(二)**方式**：一般多採以下六種不同方式：

1. **工作職位分享**：透過對現有工作崗位的勞動時間進行不同形式的分割和重組，從而創造出更多的工作，使就業機會增加。例如，甲、乙二人分享一個職位，每人每天分別工作4小時，或者每人每週分別工作2天半，使就業機會增加一倍。同理，也可以讓三個人分享兩個職位，或者四個人分享三個職位等。

2. **時間購買計畫**：是一種以年為單位進行工作時間分割的工作分享形式。加拿大的企業員工可以自願加入政府支援的「四一工作計畫」，每工作四年即可休假一年。工作的四年中，員工每月只領取工資的80%，另外20%存入銀行為其開設的專門帳戶，這部分延付工資加上利息成為第五年的收入來源。加拿大政府為鼓勵員工加入該計畫，對其存入銀行的20%工資實行免稅政策，並通過法律保障參加該計畫的員工在休假一年後能夠回到原公司的原職位繼續工作。

3. **縮短法定工作時間**：政府通過縮短法定工作時間，使企業確保生產經營的連續性而聘僱更多的員工。法國從1996年開始實行法定每週4天工作制，將每週法定工作時間縮減至32小時，為此增加約150萬個工作機會。

4. **提前和過渡性退休**：提前退休是讓接近退休年齡的人自願提前退出工作的一種方式。英國在1977年開始實施「工作讓渡計畫」，即自願退休計畫，讓失業人員接替提前退休人員讓出的工作職位，同時針對自願提前退休人員給予適當的補償。過渡性退休是讓接近退休年齡的員工逐年減少工作時間，直至正式退休為止。

5. **延長休假時間**：休假時間的延長可以使在職位上的員工實際工作時間縮短，從而使企業增加員工以彌補空缺。延長休假時間的形式有：不支薪的延長休假、儲蓄性休假、週期性休假、自願休長假等。自2002

年起，瑞典政府開始試行自願休長假的制度，自願脫離工作職位休假12個月的員工，雖然在休假期間無法領取薪資，但可以領取85%的失業保險金。

6. **靈活工作制**：企業對員工實行不固定的彈性工作時間，可以使企業增加用人的靈活性，同時擴大就業面。靈活工作制的種類主要有：計時工作制、隨叫隨到制、壓縮工作週制、彈性工作制、機動工作制、遠端工作制等。

十二、勞工的工作壓力

勞動部職業安全衛生研究所進行「我國勞工心理壓力強度評估研究」由受訪者自行在1～10分之間逐項進行評估，1分表示壓力極弱，10分為壓力極強。結果顯示，不分性別，全體勞工朋友最擔心的前五項職業壓力事件，分別是「公司倒閉」（5.86分）、「公司前景不確定」（5.83分）、「被革職或被迫退休」（5.67分）、「無薪休假（包括留職停薪）」（5.53分）以及「公司發生的事故（事件）被追究責任」（5.00分）。

另外，生活中主要的壓力來源，以「收入減少」（6.35分）、「家人發生重大傷病」（6.12分）、「突然損失巨額財產或需要大額支出」（5.91分）、「借款（或貸款）償還有困難」（5.77分）以及「配偶或子女、父母、兄弟姐妹去世」（5.77分），為最擔心的事。而女性勞工感受到的職業壓力強度上較男性勞工大。

其中，差異最大的職場壓力項目，分別是「遭受性騷擾」（總排名第28名）、「與上司發生糾紛」（總排名第15名）以及「與同事發生糾紛」（總排名第19名）。而在生活上，一旦發生「配偶或子女、父母過世」、「好友去世」以及「親人發生不名譽的事」等事件，相較於男性勞工，女性勞工也會感受到較大的壓力強度。

資深觀察家

工作壓力事件的數目與強度總分與勞工的教育程度、工時、僱用模式有顯著相關，勞工教育程度愈高、工時愈長，感受的工作壓力似乎愈大，而短期僱用人員比長期僱用人員感到較大的工作壓力。

工作壓力對勞工的心理健康以及工作效率有直接的影響；建構健康的職場環境一直是政府努力目標。勞動部已於98年11月公布「工作相關心理壓力事件引起精神疾病認定參考指引」；要了解勞工朋友面臨的職業壓力與生活壓力種類與相對權重，方能判斷精神疾病的個案是否因為職業壓力而造成。

十三、週休三日研議

目前計有阿拉伯聯合大公國（以下簡稱阿聯酋）、冰島、英國、紐西蘭及美國等少數國家實施或試辦週休三日：

(一)**阿聯酋的作法**：將作息改與歐亞其他國家一致，以適應國際商業模式並吸引外資，自2022年正式實施週休2.5日（週五下午至週日），為全球第一個全面週工作日少於5日的國家，其沙迦酋長國政府員工更進一步實施週休三日（週五至週日）。

(二)**冰島**：冰島於2015～2019年間進行每週工作四天的試驗，包括教育機構、社福機構和醫院等工作場所都納入。許多員工的工時由每週40小時減少至35～36小時，結果證明，工作效率非但未降低，甚至達到維持元效率或做得更好，更促使冰島工會重新談判工時安排。冰島近90%的工作人口都享有縮減工時，每週工作時間低於40小時，這項試驗也連帶影響其他北歐國家開始跟進。

(三)**英國**：非營利組織4 Day Week Global於2022年6月6日起在英國發動大規模週休三日試驗，共計70家企業、3300人參與半年的試驗，他們稱之為「100-80-100」模式，也就是100%的薪水、80%時間、100%的產能。此次參與實驗的企業從科技業到賣炸魚薯條的餐廳都有，實驗維持6個月。最終結果顯示，不僅企業營收上升，員工離職率、缺勤率大幅下降；更有39%員工表示，實驗後除了感覺工作壓力減輕外，病假次數也減少三分之二。

(四)**紐西蘭**：紐西蘭公部門週休三日試驗中，總理指出有助觀光業發展，實驗結果與效益仍待蒐集整理，初步反映相當正面。受試者覺得自己的生產力提高了，壓力也減輕了，且對工作與生活間的平衡感到滿意，紐西蘭政府正在考慮將試驗擴大到私部門。

(五)**美國**：國內10%企業已採行週修三日，以科技業、公部門較普遍，概念未被廣泛接受。根據數位薪資公司薪級表（Payscale）統計，美國約10%公司已開始工作4天的政策，相較去年增加0.6%。2019年調查發現，科

技業、服務業、公部門特別流行週休三日，但製造業、醫療業及教育業週休三日則相對少見。

(六) **瑞典（試辦後暫停）**：瑞典雖未辦理週休三日試驗，2015年哥德堡市於長照機構實施工時縮短試驗，員工每天工作6小時。結果顯示，勞工生產力、工作滿意度都上升。然而，該計畫凸顯週休三日的挑戰：工時縮短，導致機構人手短缺，需要聘用更多護理人員而增加勞動成本，2017年該計畫因成本效益不符，終被取消。

冰島與英國的制度都以員工生活品質為目標，要找到好的人才，雇主必須發展以「產能」為導向的思維，而非以工作時間為基準，讓員工有更多時間處理家事、運動、和家人及朋友相處，員工壓力變小了、幸福感提升了。對雇主來說，可降低薪資支出，減少召開無意義的會議。

反對聲浪計有：週休三日之實施攸關人民生活作息、工商運作、運輸調度、金融結匯、股市交易及學生受教權益等問題，影響層面甚廣。全世界未有其他國家公、私部門全面實施週休三日經驗，僅有極少數國家試辦部分政府機關週休三日之案例，尚缺乏實施週休三日對政府機關行政運作效能、人員健康狀況及業務推展影響之經驗或統計分析數據可供參考。基於政府機關負有遂行公共任務責任，須維護服務品質，在公共行政、產業、教育等面向之條件及配套措施未臻完備前，不宜貿然全面實施週休三日。

十四、勞雇雙方協商延後強制退休年齡

立法院在113年7月15日三讀通過《勞動基準法》第54條修正草案，明定勞雇雙方得協商延後強制退休年齡，正面是鼓勵高齡者勞動人力持續投入勞動市場，但衍生的勞資協商機制或與個別勞工重新簽訂勞動契約的過程沸沸揚揚。

勞動部表示，《勞動基準法》第54條第1項第1款規定勞工非年滿65歲，雇主不得強制其退休，其立法意旨，係規範勞工持續受僱至年滿65歲前，雇主不得任意強制勞工退休。本次修正明定勞雇雙方可協商延後強制退休年齡，將勞資協商明文列為法律，一則可讓資方鼓勵高齡勞工續留職場，再者讓有意願繼續留在職場的高齡勞工能有與資方協商的權益，對於勞雇雙方係為更進一步的退休保障之修正。

另，依《中高齡及高齡者就業促進法》第12條規定，「雇主對求職或受僱之中高齡者及高齡者，不得以年齡為由予以差別待遇」，所指差別待遇包括「薪資之給付或各項福利措施」等事項。因此，如勞僱雙方已依《勞動基準法》第54條規定，經協商同意延後勞工之退休年齡後，雇主除有正當事由外，不得對逾65歲繼續工作之勞工有降低薪資給付及其他勞動條件等不利對待，否則，地方勞動主管機關依法論處雇主新臺幣30萬元以上150萬元以下罰鍰，並公布其姓名或名稱、負責人姓名。

由於《勞動基準法》係規範勞動條件的最低標準，政府鼓勵雇主及勞工可依事業單位的工作性質及人力需求等，於團體協約或勞動契約協商約定優於《勞動基準法》之勞動條件。

1. 工會　Trade Union

是指薪資所得者為維持或改善其工作條件所組織的團體，通常包括職業工會（Craft Unions）：由相同技術或職業勞工所組成；產業工會（Industrial Unions）：由單一產業勞工所組成；以及總工會（General Unions）：由多種不同產業和職業的勞工所組成。

由於工會凝聚了多數的勞工，因而對生產環境的穩定有相當大的影響力，也是勞方與資方協調雙方關係的代表與基礎，其勢力甚至可擴及政治層面，協助政黨爭取選票，將其理想轉化成政治行動，如英國的工黨（Labor Party）即屬之。

社會學者對工會的研究主要著重在兩個層面：其一是勞工運動（labor movement），勞工藉以結合利益、推展福利及其在民主政治中的地位；其二階級意識（class-consciousness），工會與社會階級形成的關係及如何轉化成意識型態，成為判斷行為與建構社會制度的標準。

2. 工會主義　Unionism

勞工結合起來改善其工作條件，並與資方進行集體協商的過程，稱為「工會運動」（unions movement）。因其並非獨立的社會現象，而是一種普遍性社會趨勢，所以具有特殊的意義；在經濟上，對生產環境的穩定性有重大的影響力；在政治上，代表草根化的民主運動，使勞方擁有和資方平等的地位；在社會上，是勞工福利得以推展的重要促成因素之一。也正因為如此，各國政府均極力介入工會主義，以掌握其發展趨勢，並控制在可預測的範圍之內，以免對經濟體與政府的合法性造成嚴重衝擊。政府介入工會的方式大致有三點：(1)直接對工會組織的形成加以立法管理；(2)建立勞資雙方協商的「遊戲規則」；(3)強化專業工作人員制度，協助與潤滑勞資關係，避免形成抗爭事件。

3.工業行動　Industrial Action

勞資雙方爭議抗爭期間所採取的各種限制對方的行動，均稱為工業行動。而為了規範抗爭過程中勞資雙方均能有理性合理的行為，法律均明訂抗爭爭議的行為，哪些合法，哪些不合法。尤其是勞資雙方所採取的「次級行動」（Secondary Action），其合法性與否，經常引起爭議，因此有賴有關工業行動法律的明確規範。就雇主而言，工業行為可從警告、黑名單到關廠，而勞方的工業行動則可從示威、怠工、不定期罷工到定期罷工等。因此規範工業行為的相關法律主要列在勞資爭議處理法內，其他則可透過勞資雙方集體協商後訂定在團體協約中。為了減少抗爭所引起經濟、社會的傷害及對一般大眾造成不便，英國現階段的發展趨勢是逐漸採取較嚴謹的規範。

4.工業（勞資）關係　Industrial Relation

影響勞方與資方的結合及勞動條件改善的要素，「工業關係」受到重視、並成為一個研究主題，大約是始自1880年代，由於工會運動的勃興與勞資衝突的增加，加上政治勢力（如共產主義）的介入，破壞了資本主義社會原有的社會秩序，致令各國政府對勞資關係的和諧投以嚴重的關切。

另一方面，社會改革家，如英國韋布（Sidney & Beatrice Webb）夫婦，對工人生活慘狀的調查與公佈，也引起社會大眾改善社會不正義（Injustice）的意願，因而也促使社會改革的進行、強化勞工的生活福利。因此，勞資關係不僅是具有社會秩序和控制的意義，同時也蘊含濃厚的社會福利色彩。

二次世界大戰後，由於凱因斯經濟理論和福利國家思潮的盛行，使得勞工的爭議權受到廣泛的承認，而資方也開始重視勞工的管理與福利，政府更視勞資關係的和諧與否為政治安定的重要指標之一。這些發展均使「工業關係」成為工業社會中的專門研究領域。

5.工作分享　Work-Sharing

指藉由臨時性調整員工的工作內容與工作時間，使較少的工作機會卻能分配給較多的勞工獲得工作，以免閒置人力遭致資遣的工作重組方案。常見於勞方為避免資方因一時的業務緊縮而裁員所提出的維護會員工作權的協商訴求。

同意實施工作分享方案對於資方也有明顯利益，不裁員能讓企業保有豐富經驗的既有人力，安定員工因受業務緊縮影響的負面情緒，且日後業務復甦時，亦可免除再行招募新進人員的各項成本。此外，工作分享方案通常採員工自願參與的原則辦理，並對於自願臨時性減少工作時間的員工，由資方提供其所得損失的部分補償。

6.工會不當勞動行為　Unfair Labor Practice by Union

意指工會對於雇主或勞工在集體勞資關係中行使其正當權利所進行的干預或阻礙之行為。一般而言可以區分為兩種類型：一種是針對雇主或勞工行使其結社自由權時的工會不當行為；一種是針對雇主或勞工行使其集體協商權時的工會不當行為。以結社自由權為例：如工會強迫雇主加入一個其所指定的雇主組織，或是強制勞工繳納超越正常水準的會費等。以協商權而言，例如工會不以誠信的態度與雇主進行協商，或是工會強迫雇主與非法定承認之勞工組織進行協商等。對於是否構成不當勞動行為，通常會依據事實經過，並且依據各國法定程序進行判定。

7.工會協商委員會　Union Negotiating Committee

意指工會進行集體協商時所組成的協商小組，通常由工會的幹部組成，也可能包含工會中的某些會員，委員會的職責在進行集體協商之準備，通常會在協商前召開數次會議，他們會整理及決定工會預備與雇主協商的議題，同時也要訂出適當的協商底限以及協商的策略，他們也會決定協商團隊的工作任務分配。

8.工會安全　Union Security

是指在團體協約中關於工會工廠（Union Shop）或代理工廠（Agency Shop）的條款。在我國勞資關係中還可能包含如雇主協助代扣工會會費，或是同意工會幹部處理工會會務需要的請假規範等條款。

9.工會工廠　Union Shop

是指團體協約中資方同意所有在該協約涵蓋範圍內之所有可參加工會的勞工，必須加入締約之工會以作為其僱用之條件。亦即所有受僱於締約之雇主的勞工，一旦正式受僱後，即應加入所締約之工會。此一團體協約內容是在結社自由權的履行上，勞工通常有權決定是否加入工會，因此有些勞工縱使不參加工會，一樣可以享有工會與雇主締結之團體協約之權利與保護，工會為確保其團結性，避免勞工享有權利卻無需盡義務，因此會要求雇主簽訂工會工廠的條款，以保障工會安全。

10.工作規則　Work Rules

是指在工作職場內規範工作如何完成的規定，因此包含工作的速度與職務的難度、人員的調配、安全與衛生的注意事項、工作分類的範圍與數量等。在我國，由於集體協商不發達，加上政府法令之規範，工作規則的內容遠較其他先進國家複雜，通常除了上述內容外，還包含主要的勞動條件內容、例如工作時間、請假、休假、考績、懲戒獎勵之規定，績效鼓勵、薪資結構、資遣解僱規範，甚至於技能訓練等，幾乎包括所有勞動過程中的規範。

11.工作重整　Work Restructuring

是指企業重新調整勞工的工作流程與責任，以改善其生產效率的作為。在先進國家，工作重整成為勞資協商上的重要議題，是因為傳統集體協商架構造成企業經營彈性的限制，因此企業在經濟競爭加速後，引進新的工作模式如團隊工作（Team Work），同時也減少勞工的職位分類，擴大勞工的職責範圍。在集體協商上，工作重整意味著是企業重整再造（Corporate Restructuring and Reengineering）的一環，牽涉到員工的技能是否能夠符合新的職能，員工在職場社會關係之改變，也牽涉到勞工是否因為技能調整後需擔負更多的工作責任，相對而來的包含如薪資結構的改變或是工作安全與衛生的議題等，較嚴重還會包含如工會會員可能因為工作重整後面臨資遣、解僱的問題，以及工會如何在協商中要求雇主建立資訊揭露（Information Disclosure），或適時諮商（Timely Consultation）的程序等問題，以及相關的管理權重新定義其範疇的問題等。

12.不當勞動行為　Unfair Labor Practice

依據美國勞工關係法，勞工具有下列權利：(一)組織及參加工會：(二)透過工會代表進行集體協商；(三)從事集體協商或其他互助及保護勞工的勞動。雇主若違反了上述有關的勞工權益，即為從事不當勞動行為。這包括：干擾、限制或侵害勞工的權益、干擾工會的形成和行政運作、歧視工會會員、歧視追求法律權益的員工、拒絕和員工的代表進行集體協商等。但不當勞動行為標準也用來規範工會組織的行為，以保障勞工的權益，這如美國塔虎脫特華法（Taft-Hartley Act）所保障即包括保障員工被強迫參加罷工的威脅。不當勞動行為的規範，在於禁止工會限制或強制勞工為其權益所保障的行為而影響雇主。有違法者，即為從事不當勞動行為。其中包括：(一)阻止或強制員工或雇主行使其法定權利；(二)強迫雇主和員工實施不合法的差別待遇；(三)拒絕與雇主進行集體協商；(四)強迫勞工參與罷工或要脅勞工必須加入工會；(五)要求加入工會的勞工，繳交高額的工會服務費用；(六)要求雇主資助工會活動；及(七)未經正當程序，從事各項罷工行動等。

13.不當解僱　Unfair Dismissal

是指雇主未依法定程序，違反保障勞工權益有關法令而解僱勞工的行為。一般集體協商中均保留雇主有某種程度的處罰及解僱員工的權利，因此載有條列式或非條列式的解僱理由，稱為正當理由；例如員工違反請假規定，參加非法罷工、無故曠職、有竊盜行為、違反工作規則、工廠安全衛生等等。同時為顧及周延性的不足，均在團體協約中載明解僱應有的程序，包括給予足夠警告、事先調查、舉證、平等對待、合理處罰、公平處理、前後一致等。雇主另違反上述有關規定，則稱為不當解僱。

14.不當勞動行為罷工　Unfair Labor Practice Strike

因抗議雇主之不當勞動行為而生之罷工，雇主之行為需被認定係不當勞動行為。例如，如果雇主在收到通知應進行協商時，非法拒絕協商，或者不是誠信協商。甚至更有為了有利於協商，而歧視處罰參與工會活動之勞工，這種處罰即為不當勞動行為。然該不當歧視行為是否為不當勞動行為，仍需經全國勞工關係委員會認定裁決，由於雇主之不當勞動行為需經認定，因而其所衍生之罷工，需有全國勞工關係委員會之裁決為其基礎。

依美國全國勞工關係法第7條規範，勞工有三種權限，第一種權限為其積極團結權，其勞工於此類受保護之權利包括個別勞工之自行組織、參與組織或協助組織工會、協助集體協商與參與進行爭議活動之權利。第二類權限為勞工之消極團結權，即為勞工不參與有關工會之積極團結權之任何活動，而不會受僱主之不當歧視。第三類為其他受保護之團體行動之權利，乃因該條規定：「勞工……有權從事……或其他互助或相互保護為目的的團體行動的活動（concerted activities）。」而經法院與全國勞工關係委員會之擴張解釋，其包括對於個別勞工直接行使團體行動權限而與雇主直接進行爭議之保護，甚至包括停工爭議之保護。凡雇主違反全國勞工關係法第8條(a)(1)而干預、限制或壓制勞工，其勞工依全國勞工關係法第7條所得行使之權利，即為其不當勞動行為，勞工因而罷工，為不當勞動行為罷工。

15. 工會密度　Union Density

工會密度（Union Density）是最常用於社會對話指標，其計算公式為：

工會密度＝工會會員人數÷受僱勞工或非農部門勞動力×100%

工會密度一般常被用來表示工會力量（union strength），其意指工會密度和三方主義與勞資兩方產業關係（bipartite industrial relations）之間具有正向的關聯，亦即工會密度越高，則無論是三方諮商談判或兩方集體協商的社會對話潛力越大，故可做為顯示社會對話潛力的指標。

16. 集體協商覆蓋率　Collective Bargaining Coverage

集體協商覆蓋率其計算公式為：

集體協商覆蓋率＝團體協約覆蓋的勞工人數÷計算範圍內受僱勞工人數×100%

這是一種用以顯示集體協商效能（the effectiveness of collective bargaining）而受普遍採用的指標，它被用來顯示包含：(1)多數發生在全國層級三方產業關係（tripartite industrial relations），以及(2)多數發生在產業或職場層級兩方產業關係所進行的集體協商實際情形之總和。而兩者即為社會對話的主要內涵，故被用來做為社會對話的另一種指標。

17.分配（立場）性協商
Distributive Bargaining；Position-based Bargaining

又稱立場性協商，是常見的傳統協商方式。重視的是立場（position），也就是一方對於某一議題之對策、單一的解決方案。此種協商的過程中基本上靠的是給予對方的壓力，利用力量使對方取得妥協，因此在協商最後之結果常有可能是一方獲勝，一方則失敗的結果。在此種協商的過程中，資訊之控制與取得極為重要，因此協商的任一方都會盡可能隱藏己方資訊，同時雙方之壓力並非僅限於協商桌上，甚至會利用社會大眾、傳播媒體、社區的力量對對方施加壓力。縱使到今天，大多數的勞資協商本質上仍屬此種協商的模式為多。

18.生產力協商　Productivity Bargaining

總體經濟學所指的生產力是指生產數量與所使用之不同生產要素的使用與消耗間的相互關係，亦即「產出除以投入」（Output/input）的計算。隨著生產要素的不同，又區分為資本或勞動的生產力，而又有複雜的計算與認定方式。所謂生產力的協商，專指針對如何去除原無效率之生產活動，如何改進與提升產出與表現之協商，例如透過新科技與嶄新生產方式的引進，一次性的廢棄原先所使用之無效率方法，因此可能均包括資本或勞動生產力之問題。

19.代理人工廠　Agency Shop

僱用工會會員為員工的事業單位，在資方、代表工會，以及具有與不具代表工會會員身分的受僱勞工之間，其關係運作約可分為四種模式：封閉工廠（closed shop）、工會工廠（union shop）、代理人工廠（agency shop）及開放工廠（open shop）。代理人工廠是係指基於勞資團體協約規定，在本協商單位內的所有受僱勞工雖非必須加入代表工會，但仍須支付其會費或服務費，以分擔代表工會代表所有受僱者從事勞資關係活動的成本之工作職場；對於團體協約內所簽訂的前述性質條款，稱之為「代理人工廠條款」。

代理人工廠條款的訂定目的，雖然如同「工會工廠」條款一樣，係為摒除在訂有團體協約的協商單位內，出現受僱勞工僅享受工會爭得的權利，卻不加入工會、不負擔會員義務的搭便車現象；但不同的是，代理人條款僅要求受僱勞工分擔工會代言成本，並不強制受僱勞工加入代表工會，進而使受僱勞工不加入工會的消極性結社自由權利因此獲得維護。

20.企業倫理　Enterprise Ethics

是指企業的一套行為準則，用以定義何者是錯或對，或是公平的人性活動。企業倫理的考量要素是受既存的社會價值觀、規範和習俗的影響。通常倫理的判斷是基於個人的價值觀，包括個人的判斷和行為。企業應如何做才合乎倫理的行為？根據「功用理論」，所謂企業倫理是看企業行為的結果，強調企業行為所帶來的社會結果。另一種「權利理論觀」則認為企業倫理是基於企業行為是否尊重人所被賦予的權利。第三種倫理標準是來自「公平理論」，強調的是企業行為是否公平合理。這些看法說明了企業體應考量社會結果、他人權利以及公平與否等倫理標準。

21.次級行動　Secondary Action

勞資爭議抗爭過程中，雇主或勞工為擴大或增加抗爭效果，所採取的行動，即稱「次級行動」。如參與抗爭的勞工採取行動，使其他受僱勞工破壞勞動契約，或影響其他勞工干擾罷工或抗爭行動等。從勞資關係的相關法律看，次級行動可由團體協約加以規範，在工業行動中哪些次級行動屬於合法的範圍，哪些則不合法。一般衡量次級行動是否合法的標準，主要有是否故意動機，以及干擾的對象是否同屬工會會員或同一工廠勞工而定。次級行動最常採取的方式為罷工糾察。

22.次級協商程序　Sub-Processes of Bargaining

次級協商程序是指締結所有集體性協商協定中，所可能涉及之不同的協商層次，這比較屬於協商角度或重點的不同，亦即橫的關係，而非上下不同層級之縱的關係。一般常見的次級協商程序，例如分配性的協商、整合性的協商、組織內部的協商等。

23.仲裁聽證會　Arbitration Hearing

仲裁聽證會為仲裁程序之一，其在證據提呈和法庭程序上並無一定的正式規則，但在仲裁聽證會上各方當事人無需做辯論，且聽證會應採對外開放的形式辦理。仲裁聽證會的目的，係在給予仲裁當事人機會，以解釋其訴求，及當堂提呈文件、陳述證詞或提供其他證據，從而有助於證明己方之訴求。仲裁人經仲裁聽證會上聽取各方當事人陳述後，據以做出裁定。

24.任意集體協商事項　Permissible Subjects of Bargaining

除了義務集體協商事項以外，即使是雇主（或工會）有處分權限，但是(1)與勞工的待遇或工會的地位、活動無關之事項，或是(2)依據法令等雇主得保留決定權之事項（例如工作規則之內容、制訂方式），則為「任意集體協商事項」（permissible subjects of bargaining）。即使雇主（或工會）拒絕與工會（或雇主）針對「任意集體協商事項」進行集體協商（亦有稱為集體協商），亦不構成「拒絕集體協商之不當勞動行為」。

25.低度就業　Underemployment

又稱不完全就業（Incomplete Employment），即表面上為就業，但實際上並無充分就業，或未充分運用其勞力。依據美國芝加哥大學教授郝塞（Philip M. Hauser）的研究模式，將勞動力運用架構分為充分運用（即充分就業）與低度運用（即低度就業）；而低度運用的內涵包括失業、工作時間不足、薪資不足及職業與技能配合不當等，而後三者即統稱為「低度就業」。行政院主計處稱之為「未適當就業」。目前行政院主計處對低度就業或未適當就業的測度方法分別為：

(一)工作時數不足，指每週工作時數未滿40小時，而希望增加工作時數者。

(二)所得偏低，係將就業者按性別、教育程度及受僱與否分為36組，以各組所得中位數之半數為截略點，低於截略點者，即屬所得偏低的低度就業者；惟當截略點低於基本工資，對部分時間工作者仍以原截略點為標準，但全日工作者則改以基本工資為截略點。

(三)教育與職業不相稱，係根據中分類的職業別與科系別教育程度作對比判斷。

對於兼具二種以上低度就業條件者，判別優先順序是以工作時數不足為最優先，所得偏低次之，教育與職業不相稱又次之。

26.均等待遇　Equal Pay

主要是指婦女為保障其工作待遇不受性別歧視所強調的原則。為保障兩性工作機會的均等，許多國家都訂有「同酬法」（Equal Pay Act）。美國的同酬法係於1963年公布，原旨在修正補充其「公平勞動基準法」的不足，此法並於1972年及1974年修訂擴充。英國的同酬法雖於1970年公佈，但卻於1975年開始實施。1983年底曾修訂此法，並於1984年起修訂實施。

雖然英美兩國的同酬法條款內容不盡相同，但基本上均強調不分性別，男女同工同酬，並防止男女兩性間僱用條件的差別待遇。依美國同酬法的規定，其所指的同工同酬（Equal Pay for Equal Work），是以滿足下列四條件為主：(一)男女必須在同樣的環境（包括機構的位置、地點、建築等）下工作；(二)所擔任的工作必須相同——即具相等的技巧、心血（effort）及責任；(三)必須在相似的工作條件下執行此工作；(四)工作本質上必須相等。英國的同酬法則強調個人受僱時，其所從事的工作與異性具有同等價值者，即有要求均等待遇的權利（Equal Pay for Work of Equal Value）；而其所稱的同等價值是以所需的心血、技術及決斷程度來評量。同時，此法所稱的均等待遇，不僅包括薪資，尚包括紅利津貼、假期間薪資給付、工作時間及加班工資的計算等。

27.爭議行為　Dispute Behavior

分別有廣義與狹義的不同意義：廣義是係指勞工集體對個別或集體雇主，或是個別或集體雇主對集體勞工，為爭取工資或勞動條件之調整，亦或其他政治性、同情性等目的，所為之對抗行為。在德國法的概念中，進行勞資爭議所行使之爭議行為，其原意就是對抗行為之意。狹義的爭議行為，則專指以爭取工資或勞動條件之調整為目的的經濟性爭議行為，而不包括其他諸如政治性、同情性，或一般法秩序所不容許之爭議行為。爭議行為是一集體勞資關係、集體勞動法之問題，是以勞雇雙方之個別爭議，即使使用如我國勞資爭議處理法之處理程序，仍非屬此處所稱之爭議行為。以廣義定義為例，勞方之爭議行為可包括罷工、杯葛、集體休假或病假、有限度的拒絕勞務給付、集體行使同時履行抗辯權、集體終止契約、企業封鎖、企業佔領、遊行示威等，資方之爭議行為手段，則主要是鎖廠與關廠。

28.勞資爭議　Labor Disputes

勞資雙方由於立場不同，對於各種勞動條件時有爭議。一般的勞資爭議有對於勞動法規的爭議，有對於工作規則的爭議，有對於勞動報酬或利潤分配的爭議等。政府為合理解決勞資爭議，避免勞資關係的惡化與社會問題的產生，一般都賦予勞工組織工會、集體協商與爭議行為等三種合法權利。當勞資爭議發生時，可由合法的工會組織進行協商；當協商失敗時，勞方可以採取合法的爭議行為。集體協商的方式，主要有工作場所內的協商、個別企業內的協商及整體

產業的協商三種。此外，亦可透過第三者的勞資協議團體進行調解或仲裁。合法的爭議行為則包括怠工、罷工及封鎖等。總之，勞資爭議必須在組織權、協商權與爭議權三種合法權利的保障下，才能合理解決。

29.杯葛　Boycott

作為集體性爭議行為手段的一種，所謂的杯葛，係指多數勞動者，阻撓雇主與第三人進行法律行為的接觸，亦即間接透過第三人所形成之損害，以施壓予雇主。常見的杯葛態樣，包括杯葛交易、銷售杯葛或供應杯葛。基本而言，杯葛在本質上並無直接產生損害的效果，是以只要第三人與受杯葛者之契約自由不受影響，則杯葛之合法性並無疑問。如涉及違法之杯葛行為，則必須同時滿足一般勞資爭議行為之合法性要件，方得可能構成法律行為之轉換，而「間接」的承認其合法性，特別是造成損害之相當性，必須與爭議行為之行使非顯失比例，當然，集體勞動法學說上逐漸有反對的看法，而認為應依一般法律原則，而非勞資爭議原則來處理之，亦即，不論是同情性杯葛或消費者杯葛，皆應依一般的民事與刑事法律法理來處理，而無須拉至集體勞動法的領域來適用。

30.表面協商　Surface Bargaining

協商的代表缺乏實質的授權時，該協商代表即無法向對方作出代表組織的適當承諾，因此此種協商將無法真正獲得協議，可稱之為表面協商。此種協商又被稱為影子拳擊（Shadow Boxing）。表面協商其實是常見於勞資雙方協商過程中面臨的困境，有些僵局之產生可能來自因為協商代表缺乏足量的授權，因此在協商的某些階段面臨必須突破的關鍵時機時，需要其組織之上級能夠增加其授權的程度，才能達成最後之協議。但是有時候亦可能原因在於有權限之組織領導者，不希望任何協商之結果超過其所預訂之範圍，因此不願給予其協商代表較大幅度的授權。

31.協商議題清單　Laundry List

勞資協商初期工會通常會提出一長串的談判議題之清單，如同衣服送洗時所列之清單。這些議題通常會有些灌水，膨脹勞方的訴求，以作為與資方討價

還價之用，但是勞方的清單就工會的協商代表而言，卻是必須仔細斟酌的一項談判前的重要準備工作。因為這份清單中也包含實際上工會希望雇主真正考慮的訴求議題，因此工會必須在這份清單中清楚認知議題的重要性程度，談判代表必須了解清單內容之優先順序，何者是工會最重要的訴求？何者是次要的？何者又僅是煙霧彈？哪個議題是可以交換的？哪個議題是必須對方有配套措施的？哪個議題有可能必須是提供對方接受某些訴求之前提的？工會對於這些議題之產生更需仔細調查會員的意見，然後由理事會作篩選後提出作為談判之標的。工會亦須注意這些議題之代表性，也就是該項議題是否影響工會的政治生態，是否滿足大多數會員的需求等。協商議題之清單通常會在談判前數週提交給資方先作考慮，以強調工會訴求之合理性與希望對方協商之誠實信用。

32. 協商範圍　Scope of Bargaining

是指勞資協商所討論之議題的範疇，例如雇主與工會所締結之團體協約，而其內容，一般就可能包括純債法條款，例如工會的和平義務，或是包括勞動契約締結、勞動契約內容、勞動契約終止與消滅、企業廠場工作規則等部分之法規範效力條款，基於所協商處理之對象與範圍的不同，便有可能區分為工資團體協約、工時團體協約、工作規則團體協約等不同範圍，而為不同的協商對象。

33. 協商架構　Bargaining Structure

意指團體協約所涵蓋的員工與雇主的範圍，不論是正式或非正式的，或是集中或分散式的。協商架構通常來自於勞資協商的結果，勞資雙方任一方因為其集體協商上無論是目標或策略之需求，會決定以何種協商架構進行與對方的協商。協商架構可能與工會或雇主之架構完全一致，但大多數情形下工會或雇主之組織會決定最有利的方式進行協商。例如工會可能聯合同產業的工會同時與該產業相對應的雇主進行協商。工會亦可組織所有同業的勞工成為一個大的跨企業的工會組織進行與個別雇主之協商，或與雇主集體協商等，因此團體協約涵蓋之範圍就會因為其協商架構而有所不同。

34.協商力量　Bargaining Power

是指由於協商當事人或協商環境的某些特質，致使協商當事人擁有相對於他方的優勢。在經濟學上，協商力量係指訂定價格或工資的能力，通常協商力量得自於擁有壟斷或獨占的地位。同樣的，勞資集體協商場域裡，協商力量也端視勞資雙方擁有左右勞動力市場供需的影響力大小而定；具有協商力量優勢的一方，將會比他方擁有更多制訂出有利己方之協議的影響力。

但，有鑑於協商力量過度不均衡狀況下，勞資合理解決爭端的目的將難以實現，進而損害社會整體的公共利益，因此奉行勞資自願對等協商主義的國家，其政府便有責任介入勞資關係，以維持勞資協商力量的均衡。以美國為例，諸如強制誠信協商義務，以及約束勞資雙方禁止從事不正當勞動行為的法律規範，即可視為維持勞資雙方協商力量均衡的制度設計。

35.協商單位　Bargaining Unit

是指在美國為了以多數決來決定協商代表之基礎單位。同時，亦為劃定工會協商代表的權限之基礎，被選出來的工會代表協商單位內之所有的受僱人進行集體協商。

美國雖然是採複數工會制度，但是並非所有的工會均取得集體協商權。在美國的全國勞動關係法（National Labor Relations Act, NLRA，國內亦有譯為國家勞工關係法）中，集體協商制度採行「排他性協商代表制」（exclusive representation system，亦有稱之為「唯一性協商代表制」）。在「適當的協商單位」（appropriate bargaining unit）中，只有獲得過半數勞工支持之工會才能取得集體協商權，而且該工會係取得代表該協商單位之所有勞工之排他性集體協商權。因此，要決定某一工會取得排他性集體協商權時，首先必須先決定一個適當的協商單位，所以也被稱為「協商單位制」。

協商單位並非以法律定之。在選舉協商代表時，當事人對於協商單位若達成協議，則美國全國勞動關係局（National Labor Relations Board, 通稱為NLRB，國內亦有譯為國家勞工關係局）通常會尊重當事人之意見，將承認其為「適當的協商單位」。若當事人未能達成協議，則美國全國勞動關係局將考量各種情事而自行決定最適當之協商單位，並命令在該單位中實施選舉。

在決定適當的協商單位時，最受重視者為受僱人之「利益共通性」（community of interest），亦即在勞動條件、職務內容、勞務管理等共通性、相互關連

性。一個工廠內從事生產以及維修業務的所有受僱勞工之「生產、維修單位」（production and maintenance unit），乃最具代表性之協商單位。

36.契約管理　Contract Administration

為團體協約締結內容中的重要內容之一，包含契約的執行程序或者是申訴處理的過程（Grievance Procedure）、協商單位與附屬廠場（協約內容涵蓋哪些廠場的勞工）、協約存續期間、重新談判準備的時間、工會安全條款、雇主代扣會費制度、協商期間的特別委員會、仲裁、調解、罷工、鎖廠和契約履行等。

37.春鬥　Shuntou

日本的工會組織型態，主要是企業工會。可是，企業工會會員的組織範圍較小，所以實力亦較弱小，因此進行集體協商時不容易獲得較佳之勞動條件。為了克服集體協商能力較小的缺點，1955年8個單一產業工會聯合起來在春天一起進行加薪鬥爭，這也就是春鬥（shuntou，可譯為「春季一起加薪鬥爭」）的開始。

春鬥的本質乃是集體協商，進行的方式大致為先由較有協商能力之產業工會與雇主（或雇主團體）進行集體協商，再由較弱小的工會以這些成果為目標，與其雇主進行集體協商。其後在日本出現一個名詞「春鬥相場」（shuntou souba），也就是「春鬥行情」，亦即透過春鬥所贏得的加薪比例。因此，春鬥成為設定加薪之社會基準之場所。1960年代以後，日本企業在做加薪決定時所重視的要素，不僅止於企業的業績，同時也重視所謂的「世間相場」（seken souba，也就是一般社會行情）。例如，在日本勞動省（現改為厚生勞動省）的加薪等實態調查指出，在1975年以後企業在做加薪決定時，最重視的要素一直都是企業的業績，其次是「世間相場」（一般社會行情）。此外，在春鬥之中不僅談論加薪的問題，縮短工作時間等勞資間之重要課題，也會在春鬥中處理。

以春鬥所設定的加薪基準做為一般行情而為企業所重視。不僅是企業中有工會時，重視這樣的行情；在沒有工會的企業中，一般行情的重視更是顯著。這也顯示出，在沒有工會的企業中，也依據上述「一般行情」作為加薪的依據。這樣的重視一般行情或社會相當性一事，在日本法院判斷工作規則的不利益變更是否具有合理性時，也被列入考慮。

總之，春鬥乃是日本工運為了克服企業工會之弱點所發展出來的勞工運動，其本質仍為集體協商。在近年景氣不佳時，雖成效不彰；但在過去景氣好的時候，發揮了相當程度之決定勞動條件的功能。

38.怠工　Sit-in Strike; Slow Down

為勞資抗爭過程中，勞工所採取的罷工方式之一。怠工不同於罷工之處，在於怠工時勞工並未離開工作場所，而且仍繼續工作，惟其工作效率和工作速度降低，採取拖延策略，減少生產產品，進而對資方產生壓力，做為雙方爭議協商的手段。怠工是否符合勞資爭議中勞方抗爭的行動，在不同社會裡，有差異的規範，有些社會的工業關係法承認怠工的合法性，但有些則否定其合法性。

39.退讓性協商　Concessionary Bargaining

是指勞資集體協商的結果，不但未能提升原有的工作條件水準，反而使其水準降低。退讓性協商也是指勞方在集體協商過程向資方妥協的一種協商策略。

就美國勞資關係而言，退讓性協商主要發生在1980年代，儘管退讓性協商早在美國的橡膠、航太、肉品加工等產業均已出現，但最為凸顯的例子是克萊斯勒汽車公司勞資雙方的協商。由於當時克萊斯勒汽車公司瀕臨破產，資方正設法向銀行舉債，同時美國政府也宣布提供該項貸款的保證，故而代表勞方的美國汽車工人工會為了向貸款銀行展現誠信善意，和資方在1979年10月簽訂了一項在工資與福利上均做出退步的協議。

40.紳士協定型之團體協約　Gentlemen Agreement

關於團體協約的法律制度，大概有三大類型。

第一種為「德國」型，團體協約效力不只存在於協約當事人之間，同時亦有規範雇主與個別勞工的勞動契約之效力。我國團體協約法第16條即受到德國法的影響。

第二種為「契約」型，承認其具有契約之效力，但效力僅存在協約當事人之間，沒有規範雇主與個別勞工間之勞動契約之效力。

第三種為「紳士協定」型，團體協約當事人是否遵守團體協約，完全委由當事人的誠意，勞動法制上完全不加以干涉。亦即，團體協約當事人如果並未合意賦予其特別效力而明訂於團體協約中的話，團體協約即作為一種紳士協定來處理之。英國早在1871年的工會法（The Trade Union Law）就是採用此立法方式。

41.組織內部協商　Intra-organizational Bargaining

是指勞資雙方內部的協商，目的在組織或團體內部可以達成共識，以共同面對組織或團體外之協商對手。相對而言，勞資之間與對方的協商較為容易，因為對象與目標明確，利益與立場之區分也清楚。但是勞資雙方組織內部成員之間卻有可能因為認知的不同，或是個別部門間之利害關係不同，在協商過程中需要進行內部的協商。協商的過程中也常常因為對方之回應，使己方成員必須針對對方提出之方案加以回應，此時更須己方所有協商代表進行內部的協商研擬適當之對策。在實際協商的過程中，組織內部的協商通常會佔用協商過程中較多的時間，並且也會消耗協商者之精力。但是組織內部協商通常也是組織外協商是否成功的指標。

42.核心勞動標準　Core Labor Standards

核心勞動標準共有8個公約，區分為四個範疇：

一、結社自由（Freedom of association）：結社自由暨團結權保護公約（Freedom of Association and Protection of the Right to Organize Convention, 1948, No. 87）、組織暨集體協商權公約（Right to Organize and Collective Bargaining Convention, 1949, No. 98）

二、強迫勞動之禁止（The Abolition of Forced Labor）、強迫勞動公約（Forced Labor Convention, 1930, No.29）、強迫勞動之禁止公約（Abolition of Forced Labor Convention, 1957, No. 105）

三、平等權利（Equality）就業及職業歧視公約（Discrimination (Employment and Occupation）Convention, 1958, No.111）、同工同酬公約（Equal Remuneration Convention, 1951, No.100）

四、童工之消除（Elimination of Child Labor）最低年齡公約（Minimum Age Convention,1973, No.138）、最惡劣型態童工公約（Worst Forms of Child Labor Convention, 1999, No. 182）

國際勞工組織的核心國際勞動基準

四大領域	強迫勞動（Forced Labour）	結社自由（Freedom of Association）	工作歧視（Discrimination）	童工（Child Labour）
內容	剷除所有形式之強迫性或強制性勞動（The elimination of forced and compulsory labour）	結社自由及有效承認集體協商之權利（Freedom of association and collective bargaining）	剷除就業與職業上之歧視（The elimination of discrimination in the workplace）	有效的廢除童工（The abolition of child labour）
具體細部公約	1.第29號―強迫勞動公約（1930） 2.第105號―廢止強迫勞動公約（1957）	1.第87號―結社自由及組織保障公約（1948） 2.第98號―組織權及團體協商權公約（1949）	1.第100號―男女同工同酬公約（1951） 2.第111號―就業與職業歧視公約（1958）	1.第138號―最低年齡公約（1973） 2.第182號―最惡劣型態童工公約（1999）

資源來源：國際勞工組織網站，http://www.ilo.org/public/english/index.htm

43.閉鎖工廠　Closed Shop

又稱為「工會安全條款」，是指「雇主僱用勞工時僅能僱用該工會之會員」，或「雇主所僱用之勞工喪失該工會會員資格時，雇主必須予以解僱」之制度（工會安全條款），或者是意味著採行此種制度之事業單位（閉鎖工廠）。通常由工會與雇主以團體協約約定之。

但是採行此一制度之結果，將使工會操有勞工之生殺大權，因此在美國自1947年全國勞動關係法（National Labor Relations Act, NLRA）修法以來，即禁止此種制度。在日本，則因為工會之主流為企業工會，職業工會和產業工會並不發達，被認為幾乎不存在此項制度。不過，日本許多大企業與工會之間，訂有「工會工廠」（union shop）協定。

與「閉鎖工廠」或「工會工廠」相對立之概念，則為「開放工廠」（open shop）。所謂開放工廠，係指不以加入工會或保持工會會員資格為僱用條件之制度（或指事業單位）。

44.野貓式罷工　Wildcat Strike

是指勞工或是基層工會在未受其總會同意下的自發性罷工行動。通常此類罷
工行動不受法律支持，並且在團體協約中通常也被列為是違反協約之行為，
工會通常在團體協約中放棄野貓式罷工的權利，以交換當爭議發生時的仲裁
（Arbitration）－訴怨（Grievance）條款。

45.排他性協商代表　Exclusive Representation

又稱為「唯一性協商代表制」。被選為協商代表之工會，代表協商單位
（bargaining unit）中之所有勞工，與雇主進行集體協商。而代表權限之排他
性（exclusivity，亦有稱為唯一性），即意味著該工會以外之第三人不得代
表受僱人之意。也意味著受僱人不得與雇主直接進行協商。雇主若直接與受
僱人進行協商，則構成不當勞動行為（不公平勞動行為）。

美國雖然是採複數工會制度，但是並非所有的工會均取得集體協商權。在美
國的全國勞動關係法（National Labor Relations Act, NLRA）中，集體協商
制度採行「排他性協商代表制」。

在適當的協商單位中，只有獲得過半數勞工支持之工會才能取得集體協商
權，而且該工會係取得代表該協商單位之所有勞工之排他性集體協商權。因
此，要決定某一工會取得排他性集體協商權時，首先必須先決定一個適當的
協商單位，所以也被稱為「協商單位制」。

由於取得協商權限之工會亦須代表會員以外之勞工進行協商，在另一方面亦
隱藏不當地侵害少數派工會或個別勞工之利益之危險性。因此，該工會被課
以「公正代表義務」（duty for fair representation），須公正地代表該協商
單位中之所有勞工之利益，與雇主進行集體協商。

46.強制仲裁　Compulsory Arbitration

與任意仲裁相對立的概念，是指儘管當事人之一方或雙方反對，也開始進行之
仲裁程序。由於仲裁在法律上具有拘束力，若承認強制仲裁時，將會破壞自主
解決之大原則。因此在各國立法上，除少數例外，多不承認強制仲裁制度。
我國勞資爭議處理法設有仲裁程序，仍以任意仲裁為原則，應有雙方當事人
之申請或同意，才能開始進行仲裁程序。不過，勞資爭議處理法亦設有強制
仲裁制度。

47.集體病假　Go Sick

類似的爭議行為包括集體特別休假。是指多數勞動者同時請病假或同時請特別休假，以作為集體性之勞資爭議行為手段之一。個別勞動者在個別勞動法上，均係享有請病假或特別休假之權利者，是否得基於同一之集體性爭議目的，以共同行使？像是理論及實務上爭執的焦點。集體病假或集體休假的特徵在於：其共同行使乃係基於一彼此間的共同約定，目的在於施壓予雇主，如病假之申請無正當理由，僅是掩飾拒絕工作之內在目的，可能涉及勞動契約義務的違反與施予詐術，至特別休假的部分，由於擁有特別休假權之勞工，並無不理會企業預先安排或集體性合意協議，而逕行決定直接行使特別休假權，是以之作為集體性之爭議手段，迭有合法性（諸如權利濫用）之爭議。

48.勞資會議　Labor-management Committee

是指一群勞工或其代表或工會代表，甚至是經由勞資協議或法律規定所遴選出來的勞方代表，和資方管理者進行臨行性或定期性的非正式或正式會商，以解決事業單位內勞僱有關問題的勞資互動模式或制度。此種作法或制度的普遍性有效實施，將不免產生取代集體協商制度及削弱工會力量的效果。關於我國的勞資會議制度，詳見「勞資會議實施辦法」之規定。

49.雇主的不當勞動行為　Unfair Labor Practice by Employer

意指雇主對於勞工及工會在集體勞資關係中行使其正當權利所進行的干預或阻礙之行為。一般而言可以區分為兩種類型：一種是針對勞工或工會行使其結社自由權時的雇主不當行為；一種是針對勞工或工會行使其集體協商權時的雇主不當行為。以結社自由權為例：如雇主對於勞工籌組或參加工會給予不利待遇，或是以威逼、恐嚇、利誘等手段，干預工會幹部行使其權利等。以協商權而言，例如雇主不以誠信的態度與工會進行協商，或是在協商過程中，干預或騷擾工會協商權之行使，使工會無法正常協商等。對於是否構成不當勞動行為，通常會依據事實經過並且依據各國法定程序進行判定。

50.開放工廠　Open Shop

與閉鎖工廠（closed shop）或「工會工廠」（union Shop）相對立的概念，是指不以加入工會或保持工會會員資格為僱用條件之制度（或指事業單位）。

51.訴怨　Grievance（俗稱申訴）

工會與雇主為了解決勞工在職場上之不平不滿，所設之程序為訴怨程序（grievance procedure），在日本則稱之為苦情處理程序。工會與雇主通常係以團體協約約定訴怨程序，訴怨程序除為了解決勞工在職場上之不平不滿以外，亦為了解決團體協約的解釋適用之相關問題。而為了處理訴怨所設之機關，稱為訴怨機關，在日本則稱為「苦情處理機關」。

在美國的團體協約中，此種訴怨程序相當發達。勞資間之權利義務幾乎完全被規定在團體協約中，而關於團體協約之解釋運用上所生之所有紛爭，經過勞資間三到四階段之協議後，最終則依據勞資自行選任之中立仲裁人（arbitrator）之仲裁判斷而解決之。

在日本雖然也有許多工會在團體協約中設有訴怨程序，但是在程序上多僅是規定工會與公司上司之二階段程序，且訴怨之內容及其解決基準也有比較空泛而不具體之傾向。實際上，此種訴怨程序不太被利用，企業工會為解決人事等個別問題，多有利用「事前勞使協議程序」或事後以「集體協商」解決之傾向。

52.資遣　Redundancy

當雇主因歇業或轉讓、虧損或業務緊縮、或因業務性質變更而有減少勞工之必要時，或勞工對於所擔任的工作確定不能勝任時，雇主終止勞動契約，要求勞工不必再到職工作。此情形下，雇主為補償勞工失去工作後之損失，或酌予發給金錢補償，而此稱為資遣。

53.資遣費　Redundancy Payment

當雇主資遣員工時，其所付給被資遣勞工之金錢或物質的補償，即為資遣費。在未舉辦失業保險的國家，多以法令規定課以雇主在終止勞動契約時需

給予被資遣之勞工資遣費之義務。依中華民國勞動基準法第17條規定，當雇主資遣勞工時應發給資遣費，其給付之法定標準為每位被資遣之勞工其一年發給相當於一個月平均工資的資遣費；另依勞工退休金條例則規定，一年發給半個月平均工資資遣費，最高以6個月為限。

54.預告期間　Advance Notice Period

勞動契約的終止參考我國民法第488條及第489條規定，定期僱傭的關係於期限屆滿時消滅；僱傭未定期限亦不能依勞務性質或目的定有期限者，各當事人得隨時終止契約。但當事人的一方遇有重大事由，其僱傭契約縱定有期限，仍得於期限屆滿前終止之。但是勞動契約雖經行使解除權，立即解除勞動關係，常使勞工找尋工作困難，而雇主補充勞力不易，因此「勞動基準法」規定，勞資雙方聲明行使解除權後，除有第12條及第14條的事由，必須經一定期間，始能解除勞動契約，終止勞動關係。此一定期間，即稱為預告期間。

預告期間的長短，依據「勞動基準法」第15條及第16條規定，三年以上特定性定期契約逾3年者，勞工得終止契約，但應於30日前預告雇主。勞工終止不定期契約或雇主有第11條及第13條但書事由終止勞動契約時，繼續工作3個月以上1年未滿者，於10日前預告；繼續工作1年以上3年未滿者，於20日前預告之；繼續工作3年以上者，於30日前預告之。

55.經濟性罷工　Economic Strike

美國合法罷工之依據規範為其全國勞工關係法第7條的規定，該條部分內容規定：「勞工有權……從事其他以集體協商為目的或者其他互助或相互保護為目的的團體行動之活動。」對參與罷工之勞工之保護，就包括在這一條對勞工提供「保護」的團體行動之中。

我國法律對罷工有無經濟性罷工與不當勞動行為罷工（unfair labor practice strike）之分。就合於目的性而合法之美國罷工，可分為「經濟性罷工」和「不當勞動行為罷工」兩種。經濟性罷工之定義為若罷工的目的為要求雇主之經濟性讓步，例如更高的薪資、更短的工時，或者更好的其他工作條件，而參加這種罷工之勞工被稱為經濟罷工者，亦即其係為集體協商之過程而罷工，而為經濟性罷工。於經濟性爭議時，其與工會誠信協商中的雇主，有時甚至可以在協商陷入僵局之前，就可不讓工會所代表的勞工上班，亦即其可

進行鎖廠，以便加強雇主方的協商地位。因對應於罷工，雇主相對的可以行使鎖廠，而使勞工停止工作。甚且，美國最高法院於NLRB v. Mackay Radio & Telegraph Co. 一案中，判決雇主於勞工進行罷工時，其僱用替代勞工為合法。因而，罷工對勞工而言，風險仍然極高，該法規應範勞工團體行動之行為是否受到保護（protected concerted activity），而不單單規範罷工是否合法而已。

美國罷工之限制規範，對經濟性罷工與不當勞動行為罷工有區別。參與經濟性罷工之勞工，完全需倚賴其集體協商結果所立之有利約款以保護自己，因為雇主可以聘雇永久性替代勞工以取代之，其罷工後復職之權並未受到保護。然而，勞工參與不當勞動行為罷工時，其罷工後復職之權受到保護。

56.傳統型仲裁　Conventional Arbitration

美國勞資爭議處理程序的概念，也就是在勞資爭議處理程序中，仲裁人可以任意將勞資雙方之協定，在其認為適當的情形下，重新調整其內容。而現代的仲裁程序，仲裁人僅能在當時對勞資雙方爭議事件的標的，也就是面臨勞資雙方協商僵局時，進行具有拘束效力的決定。

57.誠實集體協商　Bargaining in Good Faith

法律上規定雇主、工會負有進行集體協商之義務時，則協商義務之主要內容應為「誠實協商義務」。

誠實協商義務亦可稱為「誠信協商義務」，是指「雇主（或工會）不僅聽取工會（或雇主）要求或主張，而且對於工會（或雇主）的要求或主張必須做出具體性或積極性程度之回答或主張，必要時還有提示根據或必要資料之義務。雖然雇主（或工會）沒有全盤接受工會（或雇主）的主張或對其讓步之義務，但是雇主（或工會）對於致力於尋求合意的工會（或雇主），有透過誠實的（in good faith）對應而摸索達成合意的可能性之義務。

雇主（或工會）是否盡到「誠實協商義務」，有賴實務累積判斷基準。日本實務上，「雇主一開始即宣示沒有簽訂團體協約的意思」、「雇主對實際進行協商者未賦予協商權限」、「雇主拒絕回答或不願進入實質檢討的協商態度」等，均被判斷為「無正當理由拒絕集體協商」之不當勞動行為（亦有稱為不公平勞動行為）。

58. 義務集體協商事項　Mandatory Subjects of Bargaining

如果是雇主（或工會）得處理（有處分權限）之事項，而雇主（或工會）願意進行集體協商時，則任何的事項均可以成為集體協商之事項。義務集體協商事項（mandatory subjects of bargaining）是指當工會（或雇主）提出集體協商之要求時，雇主（或工會）即負有誠實協商義務之事項，則有一定的範圍。

對於此種「義務集體協商事項」之釐清，即屬重要之事。在日本，一般而言，如果是雇主（或工會）有處分權限且與勞動關係有關之事項，均為義務集體協商事項。因此，關於工會會員之勞動條件與其他待遇或該集體勞資關係之運作等事項，而雇主（或工會）有處分權者，均為義務集體協商事項。

59. 團體協約之廢止　Abolition of Collective Agreements

團體協約法第31條規定，團體協約訂立時之經濟界情形於訂立後有重大變更，如維持該團體協約有與雇主事業之進行，或與原來工人生活標準之維持不相容，或依團體協約當事人之行為，致無達到當初目的之希望時，主管官署因團體協約當事人一方之聲請，得廢止團體協約。

不過，前述第31條由主管機關逕行廢止之規定，有侵害勞資自治之虞，並不妥當。因此未來團體協約法修法時，可能修改為「團體協約簽訂時之經濟情形於簽訂後有重大變更，如維持該團體協約有與雇主事業之進行或與勞工生活水準之維持不相容，或因團體協約當事人之行為，致有無法達到協約目的之虞時，當事人之一方得向簽約工會之主管機關申請認定，於認定後三個月內，以書面通知他方當事人終止團體協約。」亦即，由一方當事人申請，經主管機關認定後，再通知他方當事人。

60. 調整事項勞資爭議　Interests Disputes

勞資之間關於勞動契約關係的爭議，一般可分為權利事項與調整事項之爭議。依我國勞資爭議處理法第5條第1項的規定，調整事項之勞資爭議，係指勞資雙方當事人對於勞動條件，主張繼續維持或變更之爭議，簡言之，只要是本於不同之勞動法法源，不論是國家法令、團體協約、其他集體性協議、勞動契約，甚至學理上所稱之企業習慣或整體承諾，只要是勞資雙方已經成立之權利義務事項，勞資雙方嗣後有變更之意圖，訴諸爭議，則均屬調

整事項之勞資爭議。此類型之爭議的主要目的，與權利事項之勞資爭議不同的是，此並非既存權利義務之貫徹問題，而是「將來性的」問題，意圖變更原已存在之權利義務內容，而針對未來形成新的勞動條件內容，例如加薪或減薪。易言之，雇主承諾的薪資未給付，係為權利事項的爭議，只有在雇主主張應減薪、勞方主張應加薪的情事，方屬調整事項之爭議。調整事項之爭議，無法藉由國家所提供之司法處理程序予以救濟解決，是以學理的角度觀之，此類型之調整事項的勞資爭議，唯有訴諸勞資雙方當事人之自我對抗與形成，特別是允許其行使爭議行為手段以求貫徹。

61.罷工糾察　Picketing

屬於工業行動的次級行動之一，在勞資抗爭期間，勞工團體為強化抗爭效果，經常採取罷工糾察的次級工業行動，由進行工業行動的勞工團體派員在工廠外面執行罷工行動，並勸導或禁止勞工進入工廠工作。罷工糾察的合法性經常引起爭議，糾察勸服所屬工會勞工不得進入工廠工作，屬於合法罷工糾察範圍，但對非屬工會會員勞工或由外地載貨進入工廠的卡車司機，罷工糾察是否有權禁止進入工廠，輒引起爭議。在歐美工業國家，這類罷工糾察所引發的爭議極多，但依據最新的判例，如罷工糾察禁止非屬會員勞工或與無直接勞動契約關係的其他工人，如運送原料到工廠的卡車司機，罷工糾察無權干預或禁止，同時如罷工糾察有違社會公共秩序或妨礙警察執勤，亦屬不合法次級行動。

62.罷工糾察線　Strike Post

是指參與罷工之勞工，於工作場所之入口處或附近站立或集結，以說服不參與罷工且欲從事工作之其他勞工，請其基於團結而加入罷工行列。罷工糾察線的主要訴求對象有二，一是遭罷工波及之所涉企業工廠、但未參與罷工之所屬員工，另一則是非所涉企業工廠之其他勞工。在合法性的判斷上，以和平勸服的手段組成糾察線，不論是基於憲法保障之一般言論自由，亦或保障同盟自由權之同盟行動，罷工糾察線之合法性均無疑問。學理上認為，此合法之罷工糾察線的應有範疇，應係「和平勸服」與「呼籲團結」，換言之，超越這兩者的界限，或甚至侵害其他勞工、雇主或第三人之刑法上保護之法益，則可能涉及罷工過度，而有違法之嫌。

63.罷工程序　Strike Procedure

有廣義與狹義兩個內涵：廣義罷工程序是指與勞方行使罷工權所相關之所有過程中，有意義之法律行為與事實行為的整體，包括罷工決議、罷工實施、糾察線、維護工作、緊急工作、破壞罷工、罷工過度，乃至嗣後之民事求償與刑事追訴等情事。至狹義之罷工程序，則專指勞方所為之罷工決議，亦即「勞方集體為合法罷工之決定的法律程序」之意。我國工會法第26條第1項規定，勞資或雇傭之爭議，非經過調解程序無效後，會員大會以無記名投票，經全體會員過半數之同意，不得宣告罷工。是以由現行法觀之，狹義之罷工合法程序的要件，應包括「調解先行程序無效」、「會員大會無記名投票且過半數會員同意」之兩項。如以廣義之罷工程序來看，則我國工會法與勞資爭議處理法有關罷工的其他相關規定，例如不得妨害公共秩序之安寧、不得加危害於他人之生命財產身體自由、不得要求超過標準工資之加薪而罷工、調解與仲裁期間不得罷工、不得就團體協約已有事項進行罷工等，亦均可能為合法罷工程序之內容。

64.罷工　Strike

勞工集體停止工作稱為「罷工」；資方為抵制勞工過度要求而休業，則稱為「鎖廠」（lock out）。兩者性質不同，但結果往往一樣：勞工喪失收入，而資方則損失利潤。「罷工」是勞工強化其集體協商籌碼的重要手段之一，勞工如果沒有罷工權，則其與資方協商能力將大為降低；但罷工的蔓延亦會導致經濟體質的受損，甚而危及公共利益，因而常引起政府的介入，福利國家一般以規範勞資關係與增進勞工福利來消弭罷工事件，但亦有以武力鎮壓方式遂行其社會控制者。罷工的效力視當地的工會型態而有差異：在封閉式的工會型態中，工廠只能僱用具有工會會員資格的勞工，罷工的效力最大；而在開放式的工會型態中，工廠可以僱用非工會會員勞工，但該勞工在工作一段時間後須加入工會，則罷工效力的大小，端視工會對勞工的掌握程度而定。亦即，罷工係指同一產業或企業廠場中的多數勞動者，基於一爭議目的，共同而有計畫的停止提供勞務，但意在達成爭議目標與結束爭議行為之後，繼續原先之提供勞務。罷工之目的在於「施壓」，所以必須造成「雇主之損害」，因此罷工之理解應包括「造成雇主之經濟上不利益」、「阻礙資本假借外力而繼續運作利用的可能性」。罷工本質上具有「暫時性質」的特

點，並非以終局性的消滅勞動關係為目標。罷工可能由工會事前或事後組織接手，但原則上必須由工會主導組織之。罷工之目的，原則上必須為爭取簽訂團體協約之目標，因此非直接相關團體協約簽訂之罷工，例如同情性（團結性）罷工、政治性罷工、示威性罷工等，均可能在不同的法秩序中被認定為違法。罷工之範圍可能為「總罷工」、「完全罷工」、「部分罷工」、「循環罷工」、「逐步罷工」、「波浪罷工」、「警告罷工」。

65.磋（諮）商　Consultation

磋商為一般性的用詞，其係指雙方當事人為求化解歧見，所進行的非正式會商。就勞資關係而言，勞資諮商（labor-management consultation）係指提供勞方代表參與資方決策過程的制度之一，但和集體協商的勞資雙方對等談判不同。在勞資諮商制度下的勞方代表，僅享有被資方告知的資訊權、對資方決策過程享有提出勞方意見或建議的被諮詢權，然而對於資方的最終決定，勞方代表並無行使同意或否決的共同決定權。

例如，美國「聯邦受僱者勞僱關係法」（Federal Service Labor Management Relations Statute）針對在無代表一聯邦機構所有受僱者之代表性工會，卻有顯著部分的受僱者擁有代表工會的情形下，賦予該等部分受僱者代表工會享有「國家諮商權」（national consultation rights）。依據聯邦法第7113條規定，當一聯邦機構擬針對僱用條件作出任何具體變更時，均須事前告知享有「國家諮商權」之該等部分受僱者代表工會，並聽取其所提之意見與建議。該聯邦機構應以書面告知享有「國家諮商權」之該等部分受僱者代表工會其所作最後決定的理由。但此「國家諮商權」規定不得解釋作為對於聯邦機構或代表工會從事集體協商權利的限制。此一諮詢權又就諮詢事項的涉及機構範圍分為：僅涉及同一聯邦機構之機構面規範（agency-wide regulations）的諮商，以及跨越機構之聯邦政府面規範（Government-wide regulations）的諮商等兩類。

66.模式化協商　Pattern Bargaining

勞資雙方模仿他人協商之結果，作為雙方協商之結果。模式化協商是工會協商策略的一種，如果是行業別工會的結構下（可能是產業別工會，亦可能是

職業別工會）工會通常會與相關雇主之一進行協商，再將與該雇主協商之結果應用到另一同業雇主之協商過程，使該雇主接受同樣的勞動條件或標準。雇主願意接受的理由，一方面是因為如果是同業已經接受之標準，雇主將缺乏拒絕該條件之理由；但另一方面亦可因此減少同業間在勞動成本上之競爭。同一企業中不同工作場所或職種，亦可能發生模式化協商之過程與結果，工會在該企業某部門或職種進行之協商結果，如果是適用於全企業之勞動條件或標準的話，工會會要求企業將該條件擴及適用到全企業中不同的工作場所或職種。模式化協商與歐陸國家以政府命令或法令將某些在同業或同地區已經有勞資協議的結果擴張到其他同業或同區域雇主身上的「一般化宣告」機制，有異曲同工之妙。但差別在前者僅由工會發動，後者則是政府依法發動；同時前者僅能將協商結果運用到有工會組織代表其員工權益的企業身上，後者則可能將協商結果擴展到無工會的企業身上。

67.僵局　Impasse

集體協商過程中遇到雙方都無法妥協的時機點，沒有任何方案是雙方願意接受的共識，並且很可能罷工或鎖廠已經勢在必行時，此稱為協商僵局。遇到協商僵局時，勞資雙方可以使用事先約定的僵局解決的方法，例如以調解的機制協助雙方突破僵局，繼續協商以達成協議。

68.調解　Mediation

是指中立的第三人介入紛爭當事人之間，傾聽當事人之主張，說服紛爭當事人而謀求解決紛爭之行為。

我國勞資爭議處理法規定有調解程序，不論是權利事項爭議或調整事項爭議，均須經過調解程序。是否進入調解程序，原則上須由當事人申請，但是主管機關認為有必要時，亦得依職權交付調解。

依據我國勞資爭議處理法之規定，是否接受勞資爭議調解委員會所作成之調解方案，係屬當事人之自由。若當事人同意調解方案並在調解紀錄簽名者，調解為成立。勞資爭議經調解成立者，視為爭議當事人間之契約；當事人一方為工會時，視為當事人間之團體協約。

69.整合（權益）型協商
Integrative Bargaining；Interest-based Bargaining

又稱為權益型協商，是以權益（interest）為基礎之協商。因為協商結果通常是協商雙方所都可以滿足雙方的目標，因此有人稱為雙贏協商（Win-Win Bargaining）。權益是指一方對於某一議題之考量，或是真正想獲得的利益、擔心或期待的結果。此種協商模式重視議題而非個人，專注於權益，而非立場。建立不同選擇，滿足共同與個別權益。權益型協商過程中雙方會試圖發掘對方真正關心的協商目標，因此積極協助對方能夠協商成功，而資訊的交換為此必要的過程。雙方利用標準而非權力來衡量各種選擇。以權益為基礎協商之假設，是認為協商是為了促進關係的工具，並非為了將雙方關係予以惡化；協商的目的應該是達成雙贏為目標。因此雙方應該坦承的討論，擴展雙方之權益與選擇，並且在協商過程中以標準取代權力來決定這些選擇。

70.鋸齒協商　Whipsawing

為勞資協商手段之一。工會的鋸齒協商通常發生在與一個事業單位協商訂定團體協約後，會對下一個協商單位施壓，要求該事業單位之協約內容比照或超越前一協商單位的團體協約內容與水準。雇主的鋸齒協商通常發生在當雇主贏得工會的在某事業單位讓步後，會將此團體協約內容與水準當成模式，要求工會依此條件訂定團體協約，否則將以關廠做為威脅。

71.鎖廠（場）　Lock Out

是雇主集體性施壓予多數勞工的爭議行為手段，目的在於調整勞方經濟與勞動條件，以拒絕僱用勞工、拒絕給付工資、拒絕勞工進入工作場所，進而造成勞方壓力，以實現其原先之爭議目的。鎖場與罷工相同，本質上具有「暫時性質」的特點，並非以終局性的消滅勞動關係為目標，因此應認僅能有中止勞動契約的效力，是以「終止性的鎖場」，已屬19世紀的歷史陳跡。鎖場在概念上可區分為防禦性與攻擊性鎖場，前者是勞方須先罷工——不論合法或違法罷工，雇主方得鎖場，後者則是雇主主動先行採取，不待勞方罷工爭議手段的採取。不同的國家，對於鎖場之法律規範，存在著極大的差異，有國家直接在憲法中明文禁止（如葡萄牙），大部分的歐洲國家藉著司法實務

加以極其嚴格的限制，同時僅限於防禦性鎖場之行使，以避免不當的傷害勞工原本即較弱勢的結構關係，美國則限制較少，甚至攻擊性之鎖場亦為法律所允許。

72.國際架構協定　International Framework Agreement，IFA

國際工會運動自90年代開始推動國際架構協定，是一種市場性手段，企圖以跨國的集體協商來建立勞資關係之內容。IFA是國際工會運動早在60年代即已嘗試的社會對話的手段之一，IFA是跨國企業與全球工會所協商簽訂的關於該企業國際活動的一種架構協定。其主要目的是為了建立該企業與全球工會聯盟間一個正式且持續的關係，使雙方得以並解決相關問題，以在雙方利益下共同努力。IFA主要的貢獻在於它凸顯了政府在落實國際勞動標準上的無力感，工會經由IFA要求雇主接受適用於全球的最低勞動標準，也藉由IFA要求跨國企業必須重視其相關的協力廠商是否履行國際勞動標準，同時使勞工成為在IFA簽訂過程中的主角之一，勞工亦在IFA執行過程中扮演監督者的角色。IFA最強有力的立足點在於推動國際核心勞動標準成為跨國企業遵守的勞動關係規範，使這些標準成為普世的標準。

國際架構性協約是一種由國際工會組織與跨國企業簽訂之團體協約。通常勞方是全球性工會，資方則是跨國企業總部。這類由跨國企業與全球工會簽訂之架構性協定，其目的在推動企業遵守國際核心勞動標準。

嚴格而言IFA並非屬於傳統的團體協約，但此種協約也是自願性的，更重要的是它可以提供國際工會與跨國企業對話的平台，也使得在未來建立所謂真正的傳統團體協約之內容，有了想像的空間。

73.集體協商　Collective Bargaining

公司管理階層與工會之間的團體交涉，以期對薪資、紅利、工作條件等達成共同協議。此種協商係採集體方式進行，因而所達成的協議通用於全體工會會員，不同於個別受僱者與其雇主之間的勞動契約。也正由於此種特色，使得集體協商充滿權力鬥爭的色彩，勞資雙方各自代表不同的利益進行談判，所獲得的協議仍不須通過內部投票的表決始具有合法地位，否則即可能釀成罷工事件。但勞方的要求亦不能超過公司經濟及財務狀況的負擔能力，以免使公司營運困難而難以在市場上競爭。如就其正面意義而言，集體協商的達

成對穩定工作情緒、提高生產力,以及生產成本的估量等,均有積極貢獻,更是工會運動的重要突破之一。

74.勞工運動　Labor Movement

工會運動宗旨在於保障勞工權益,增進經濟生產為目的。工人透過集體行動不但可以對資本家顯示出力量,更可以消除工人內部的競爭,避免受到資方採取策略,各個擊破。集體行動不但針對工作環境的改善,還爭取工人的人數有所限制,以減除內部的矛盾和競爭。工會可以採取集體經濟籌措,保障抗爭時的經濟所需,集合所有工人的利益為一體,以及立法等手段,把工人團結成一個單位,和資方取得平等的地位討論。就此而論,工會運動也是工人爭取社會地位的方法。

為促使勞工階層地位提高與改善待遇,中央立法機關所推動的社會立法、社會政策,以及公共政策等均扮演著重要的角色。而推動此等立法與政策的原動力則為勞工運動。

75.員工諮商服務　Employee Counseling Services

是協助勞工與其家人更有效率地處理個人、家庭與工作有關的問題。雖然這並非新的概念,由於認同處理藥物濫用問題與員工服務運動掛勾,以及員工諮商服務被各類型組織和員工接受,因此得以快速成長。

76.國際勞工組織　International Labor Organization,簡稱ILO

國際勞工組織成立係依據一次大戰之後的凡爾賽和平條約,於1919年由十個國家之代表組成的勞動委員會研擬章程而成立之政府間組織。由於當時正逢工業急速發展時代,勞工的生產力為經濟發展不可或缺之要素,但也因為工作環境與條件面臨劇烈變革而爭議不斷,因此為求取長期的社會和平,與會者因此提出應成立一個具有捍衛社會正義、認同社會財富應由全體社會成員共同分享的普世價值,並決定參與成員應由勞動市場中的主要角色包括政、勞、資三方共同組成。自國際勞工組織成立迄今,其三方架構成為所有聯合國專門機構中的獨特設計,倡議政府與非政府組織等成員得以運用民主方式享有公平與平等的發言權與治能分享。這也是國際勞工組織成立迄今將屆90年,一直被國際各界稱為聯合國良心的原因。

國際勞工組織的組成共分為三大體系；包括一年一度的國際勞工大會（International Labour Conference，簡稱ILC，國勞大會）、治理委員會（Governing Body，簡稱GB）以及國際勞動局（International Labour Office，簡稱國勞局）。國勞大會為國際勞工組織的最高治理會議，每年6月上旬舉行，每個會員國推派4名代表包括兩名政府官員、政府推薦之具有全國代表性勞雇團體代表各1名，各國的代表得有顧問專家同行，並於開會期間根據憲章所賦予之權利發言並投票。會議的目的為討論並議決與勞動及社會問題相關之國際性議題、通過國勞大會之年度計畫與預算、議決國際勞動公約與建議書並選舉每3年輪替之治理委員會（GB）代表成員。

儘管國勞大會的政勞資組成比例為2：1：1；亦即政府的票佔了百分之五十，但由於會議期間各國利益權衡的複雜糾結，政府與勞資等三方為了各自權益，必須不斷進行溝通與協調，儘管某些大國（如歐盟、美、日與中國）具有國際政治上的影響力，但由於三方角色的權力相互制衡，所以無形中讓勞雇兩方的地位可以更加鞏固，某些活動力強的國際與各國勞雇團體發言尤其洞見觀瞻，使得社會夥伴的議政實力於ILC的場合得以發揮得淋漓盡致。目前國際勞工組織共有181個會員國，另有教廷（梵蒂岡）與巴勒斯坦解放組織為觀察員。

至於治理委員會（GB），係由28名政府代表、勞雇團體等各14名具投票權之代表組成。28席之政府代表中，有10席因其經濟影響力而獲得常任代表資格，無須參與三年一次之選舉。除前述正式代表之外，另有政府代表28席，勞雇團體各19席為候補委員或副委員（deputy members），這些代表享有發言權但不能參與投票。

國際勞工組織之策略目標依據其歷任局長之視野與領導力而有議題輕重緩急之分，但基本的目標包括：捍衛勞動基本權、創造就業、社會保障與社會對話。國際勞工組織即依據這四個基本策略性目標，努力落實相關之規範，以及為提升會員國執行能力而進行技術合作、訓練、資訊傳播與研究。

國勞大會（ILC）為貫徹前述四大目標，最基本的行動工具就是國際勞動公約、建議書以及大會的相關決議。國際勞動公約與建議書也因此成為國際勞動法的主要法源依據。各會員國必須針對其批准之公約善盡遵守義務，並接受國際勞工組織的監督機制之相關規範。公約相關之建議書雖非會員國之遵守義務，但各國仍可參考建議書之相關指引，藉以積極落實公約載明之義務。多數

的公約中均規定各批准國政府對於公約的落實須由權責相符的機關負責，一旦
政府批准某項公約，該國的政府就必須接受國際勞動組織的監督。

77.國際勞工公約　Intertional Labour Convention

是指國際勞工標準，以公約或建議書形式由國際勞工大會通過，國際勞工標
準基本上分為兩大類：一類是關於人權和工會權利，主要內容是保證自由結
社的權利，禁止強逼勞動以及消除工會的歧視來體現工人的平等和尊嚴平
等。例如：保障結社自由、保障集體談判；另一類則是關於就業條件和勞動
條件，如促進充分就業、職業培訓、工作和就業條件、保護工人的生命和健
康、社會保障和勞動關係等。

78.彈性兼保障的勞動關係　Labor Relations of Flexicurity

丹麥政府最感驕傲的就是flexicurity概念；亦即「彈性與保障兼具」，如今
已成為歐盟執委會發展經社政策與創造就業的主要立論依據。傳統「彈性與
保障兼具」模式是建立於僱用彈性、高度失業保障，以及積極就業市場政策
（active labour employment policy，ALMP）的三個支柱之上，而且三者缺
一不可。整個模式形成的邏輯為：如果工作者能夠得到高度的失業保障，企
業就可以擁有高度的僱用彈性，同時工作者又能很快的在就業市場上找到適
合的工作。要支撐這樣的概念，必須仰賴政府與社會夥伴高度的合作；亦即
勞動領域的規範主要透過集體協商與社會對話去完成，而政府則積極投資於
失業輔助與教育訓練，強化職場安全衛生，同時工會在協助勞工重返職場及
就業訓練部分扮演相當積極的角色，至於雇主則支持政府的就業訓練，並踴
躍提供實習與工作體驗的機會。

彈性與保障兼具的概念中所謂的「保障」，並非為了保有一份工作（例如傳
統的終身僱用制），而是透過積極的就業輔導與職業訓練，協助工作者在其
起伏不斷的職業生涯過程中保有足夠的受僱能力（employability）。

對政府而言，當勞動條件與規範主要均透過勞資自治來協商決定時，政府所
扮演的主要角色就是維護安全的勞動環境，協助企業訓練與開發適當的人力
資源，以及扮演積極就業市場的強力推手。訪談時，政府人員不斷強調推動
丹麥模式所須付出的高社會成本及其代價，並且必須思考如何將地下經濟與
體制內經濟之間的差距予以縮小，使地下經濟仍置於可規範的系統內。然

而，積極的就業市場政策並非沒有瑕疵，工會組織所質疑的不外乎導致低度就業，或者為了填補市場需求而無法適才適所等負面效應。

79. 社會責任8000　Social Accountability 8000

於1997年制定社會責任8000，是第一個由非官方機構開發的可監督勞動基準（auditable standards），此一國際認證是確認全球各種產品或勞務的生產者都能提供勞工基本的保護，進而提供「道德性的產品」（ethical production），提昇此一廠商成為一個「道德性的生產商」（ethical manufacturer）。

2001年12月12日「社會責任國際委員會」（Social Accountability International/SAI）發表SA8000標準第一個修訂版，即「SA8000：2001」，關心事項目包含以下九項：

(1)童工。　　　　　　　　(2)強迫勞動。　　(3)安全與衛生。
(4)結社自由與集體協商的權利。　(5)歧視。　　　　(6)懲罰性措施。
(7)報酬。　　　　　　　　(8)工作時間。　　(9)管道體系。

SA8000對企業而言，經由認證，不僅可以促進與上下游供應商與客戶的穩定關係，對企業形象亦有所提升，一舉數得。對勞工來說，經由認證的保障，在九大項的基準中，可以獲得符合基本勞動人權的保障。若能徹底實施，深信勞資雙方都能在此制度的運作下各取所需，促成勞資雙贏的理想。

80. 電傳勞動　Telework

王方（2008）指出，電傳勞動（telework）係指勞動者，於雇主主要的營業場所外之職場，或於自行選擇之職場之中，藉由電腦資訊技術或電子通信設備履行勞務的勞動形態。不同於以往職場集中情形、電傳勞動呈現分散化及多樣化現象。

電傳勞動最早的定義是由南加州大學Nilles（1976）提出的：在家中或分區辦公室（satellite office），藉著電話、電腦或終端機與中心辦公室（central office）聯繫，亦即透過資訊科技的電子溝通方式代替車輛往返。

楊通軒（1999）認為，電傳勞動是依特定計畫控制工具（資訊技術與電子通訊設備）的工作，其工作位置是與雇主或委託人在空間上分離，而該工作係藉由電子通信設備與企業總部聯繫。

張其恆（1997）則認為，電傳勞動是勞動者於雇主主要營業場所之外的職場，或自行選擇的職場中，藉電腦資訊科技與電子通信設備履行勞務的勞動型態，包括以下三項基本要素：

(1)職場選擇：電傳勞動職場的決定或變更，或於雇主主要營業場所外之職場、或於由電傳勞動者依其需要而選擇之職場，顯示著電傳職場在地理上具有相對之獨立性。

(2)使用技術設備：電傳勞動基本上依賴電子資訊設備與技術（如個人電腦、電腦網路與儲存記憶體等，包含軟體設備）。

(3)與雇主通信連線：依連線狀況，電傳勞動可區分為廣狹二義。狹義的電傳勞動乃指電傳勞動者與其雇主間，在溝通與勞動成果的傳輸上，有著直接的通信連線。至於廣義的電傳勞動則包括使用各種傳統媒介，如郵遞或託運磁碟或磁帶等方式，進行溝通與勞動成果的傳送。因此，電傳勞動在作業方式上，可採連線作業（on-line）或離線作業（off-line），可以個人獨立作業，亦可集體作業。可以是勞動者職務的部分或全部。

電傳勞動的主型態有以下：

(1)電子家內職場（electronic home work）：在家中使用電腦通信設備，為企業雇主提供勞務，這和傳統的家內勞動又不相同。

(2)衛星職場（satellite centers）：衛星職場屬企業中的獨立單位，然而在地理位置上遠離雇主的主要營業場所，以電腦通信設備加以聯繫維持勞雇關係。

(3)近鄰職場（neighborhood centers）：不同的企業受僱者或自僱勞動者，共同使用居家附近的辦公處所與電腦通信設備。

(4)移動職場（mobile work）：外勤勞動者使用電腦通信設備與主要辦公處所聯繫，並以之讀取電腦郵件或資料庫，作為與同仁或上司溝通之方式。

81.工作保障　Job Security

是指在工作中受到威脅的程度，其中包括失去現職（to loss present job）的可能性，或是保有目前職位卻改變工作特性（to keep present job but loss job features），甚至在間接的層面上，組織改變（organizational changes）對於員工心理上產生某種程度的變化，例如組織裁員（layoff）、組織縮減（downsizing）、組織再造（reorganization）、組織合併（merger）等都會對員工的心理層面上造成影響。

82. 勞資關係氣氛　Industrial Relations Climate

最早由Nicholson（1979）提出，是指勞資雙方產生摩擦、口角、衝突，溝通不良或員工利用激烈方法爭取福利等勞資相處的情況，是一組象徵工作環境普遍存在的規範（Norms）、情感（Feelings）及態度的變數。

勞資關係氣氛包含五個構面：

(1)和諧性（Harmony）：勞資之間互助、互信的程度。

(2)開放性（Openness）：勞資之間願意互相交換訊息與意見的程度。

(3)敵視性（Hostility）：勞資之間彼此厭惡、爭執，並不惜訴諸武力解決問題的程度。

(4)冷漠性（Apathy）：員工與企業對於工會事務的熱衷程度。

(5)即時性（Promptness）：員工申訴與勞資歧見獲快速解決的程度。

勞資關係氣氛因果變項架構：

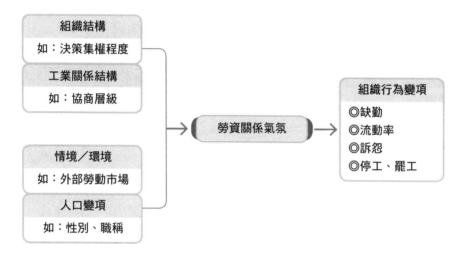

83. 情緒勞動　Emotion Labor

是指個人為了完成任務，而隱藏或控制某種程度的情緒表現，代表的是一種角色行為及個人在公眾下的努力。「高情緒勞動工作者」必須符合以下三種定義：

(1)必須是以聲音或是身體語言與顧客接觸的。

(2)在面對顧客時，產生的情緒狀態必須是在組織規範的範圍內。

(3)管理者對其所表現出來之情緒勞動具有某種的控制能力。

情緒勞動產生的原因來自：

(1)人際間互動的需要。

(2)組織內渴望良性的人際互動。

(3)這種良性互動所需要的情緒表現，是要由組織及組織成員共同努力去塑造的。

(4)為了能有適當的情緒表現及符合表現原則，員工必須把它們感受到的情緒（felt emotion）轉化成適當的情緒表現。

情緒勞動包含以下四個構面：

(1)情緒表現的頻率：服務提供者與顧客互動的頻率。

(2)情感規則：分為情感展現期間及情緒表現強度。情緒表現的時間越短，越可能需要情緒手冊，及需要較少的情緒表現強度。

(3)情緒表現的種類：服務提供者必須改變情緒表達種類（正面、中立、負面）去適合特定情境。

(4)情緒不和諧：真實感受的情緒與組織所要求表現的情緒有所衝突。

比較向度	克制負向情緒	表達正向情緒	處理他人負向情緒
遵循的規則	情緒規則	情緒規則	互動規則
處理的情緒類別	負向情緒	正向情緒	負向情緒
對象	以自己為焦點	以自己為焦點	以他人為焦點
行為表現	不為所不應為	為所應為	為所應為
情緒調節策略	偏向內在情緒狀態	偏向外在情緒表現	偏向外在情緒表現
訓練困難度	較難訓練	較容易訓練	較容易訓練
主動性	被動	由被動到主動	主動
目的	平息對方負面情緒	維持或促發對方的正向情緒	平息對方負面情緒

84.一元主義　Unitarism

或稱唯一論、單一論，否認雙元或三元的觀點，強調任何事務或團體只有一個，不相信兩個或三個以上共同組成。用於工會組織，強調只有單一工會，無多元工會的說法。

85.英國自願主義　British Voluntarism

自願主義是英國傳統勞資關係系統中成員共有的思想，又稱免受干涉主義，亦即民主國家，公民行使政治權或社會權都可以自動自發行使，而非在強迫或干涉下行使。套用於工會行動中，是指工會可依團體的自決權採取任何行動，而不受到政府的干涉。

86.血汗工廠　Sweatshop or Sweat Factory

是指一間工廠的工業環境恐怖，工人在危險和困苦的環境工作，包括與有害物質、高熱、低溫、輻射為伍，兼具長工時、低工資等；在臺灣又稱為「血尿工廠」、「慣老闆」（被慣壞的企業主）。血汗工廠多數出現在第三世界國家及地區，如中國大陸、印度、非洲、中南美洲等，這些社會缺乏法律和公義支持工會的保障，再加上利潤最大化的工廠老闆的主導。

而第一世界包括歐洲、美國、日本、澳大利亞、紐西蘭和亞洲四小龍過去也都有血汗工廠的歷史存在，但隨著產業轉型和經濟社會發展成熟，已較少在當地有所謂血汗工廠的存在。

87.冷卻期　cooling-off period

勞資爭議處理法明訂勞資爭議冷卻期，係指勞資爭議在調解、仲裁期間，資方不得因該勞資爭議事件而歇業、停工、終止勞動契約或為其他不利於勞工之行為；勞方不得因該勞資爭議事件而罷工或為其他爭議行為。目的在於保障勞工合法爭議權並使勞資爭議在此期間內得以暫為冷卻，避免爭議事件擴大。

一、工會法 中華民國111年11月30日修正

第一章　總則

第1條 為促進勞工團結，提升勞工地位及改善勞工生活，特制定本法。

第2條 工會為法人。

第3條 本法所稱主管機關：在中央為勞動部；在直轄市為直轄市政府；在縣（市）為縣（市）政府。

工會之目的事業，應受各該事業之主管機關輔導、監督。

第4條 **勞工均有組織及加入工會之權利。**

現役軍人與國防部所屬及依法監督之軍火工業員工，不得組織工會；軍火工業之範圍，由中央主管機關會同國防部定之。

教師得依本法組織及加入工會。

各級政府機關及公立學校公務人員之結社組織，依其他法律之規定。

第5條 工會之任務如下：

一、團體協約之締結、修改或廢止。

二、勞資爭議之處理。

三、勞動條件、勞工安全衛生及會員福利事項之促進。

四、勞工政策與法令之制（訂）定及修正之推動。

五、勞工教育之舉辦。

六、會員就業之協助。

七、會員康樂事項之舉辦。

八、工會或會員糾紛事件之調處。

九、依法令從事事業之舉辦。

十、勞工家庭生計之調查及勞工統計之編製。

十一、其他合於第1條宗旨及法律規定之事項。

第二章　組織

第 6 條　**工會組織類型如下**，但教師僅得組織及加入第2款及第3款之工會：

一、**企業工會**：結合同一廠場、同一事業單位、依公司法所定具有控制與從屬關係之企業，或依金融控股公司法所定金融控股公司與子公司內之勞工，所組織之工會。

二、**產業工會**：結合相關產業內之勞工，所組織之工會。

三、**職業工會**：結合相關職業技能之勞工，所組織之工會。

前項第3款組織之**職業工會，應以同一直轄市或縣（市）為組織區域**。

第 7 條　依前條第1項第1款組織之**企業工會，其勞工應加入工會**。

第 8 條　工會得依需要籌組聯合組織；其名稱、層級、區域及屬性，應於聯合組織章程中定之。

工會聯合組織應置專任會務人員辦理會務。

以全國為組織區域籌組之工會聯合組織，其發起籌組之工會數應達發起工會種類數額三分之一以上，且所含行政區域應達全國直轄市、縣（市）總數二分之一以上。

第 9 條　依本法第6條第1項所組織之**各企業工會，以組織一個為限**。

同一直轄市或縣（市）內之**同種類職業工會，以組織一個為限**。

第 10 條　工會名稱，不得與其他工會名稱相同。

第 11 條　**組織工會應有勞工三十人以上之連署發起**，組成籌備會辦理公開徵求會員、擬定章程及召開成立大會。

前項籌備會應於召開工會成立大會後三十日內，檢具章程、會員名冊及理事、監事名冊，向其會址所在地之直轄市或縣（市）主管機關請領登記證書。但依第8條規定以全國為組織區域籌組之工會聯合組織，應向中央主管機關登記，並請領登記證書。

第 12 條　工會章程之記載事項如下：

一、名稱。　　　二、宗旨。　　　三、區域。

四、會址。　　　五、任務。　　　六、組織。

七、會員入會、出會、停權及除名。

八、會員之權利及義務。

九、會員代表、理事、監事之名額、權限及其選任、解任、停權；置有常務理事、常務監事及副理事長者，亦同。

十、置有秘書長或總幹事者，其聘任及解任。

十一、理事長與監事會召集人之權限及選任、解任、停權。

十二、會議。

十三、經費及會計。

十四、基金之設立及管理。

十五、財產之處分。

十六、章程之修改。

十七、其他依法令規定應載明之事項。

第13條 工會章程之訂定，應經成立大會會員或會員代表過半數之出席，並經出席會員或會員代表三分之二以上之同意。

第三章　會員

第14條 代表雇主行使管理權之主管人員，不得加入該企業之工會。但工會章程另有規定者，不在此限。

第15條 工會會員人數在一百人以上者，得依章程選出會員代表。

工會會員代表之任期，每一任不得超過四年，自當選後召開第一次會員代表大會之日起算。

第16條 工會會員大會為工會之最高權力機關。但工會設有會員代表大會者，由會員代表大會行使會員大會之職權。

第四章　理事及監事

第17條 工會應置理事及監事，其名額如下：

一、工會會員人數五百人以下者，置理事五人至九人；其會員人數超過五百人者，每逾五百人得增置理事二人，理事名額最多不得超過二十七人。

二、工會聯合組織之理事不得超過五十一人。

三、工會之監事不得超過該工會理事名額三分之一。

前項各款理事、監事名額在三人以上時，得按其章程規定推選常務理事、常務監事；其名額不得超過理事、監事名額三分之一。**工會得置候補理事、候補監事至少一人；其名額不得超過該工會理事、監事名額二分之一。**

工會應置理事長一人，對外代表工會，並得視業務需要置副理事長。理事長、副理事長應具理事身分。

工會監事名額在三人以上者，應設監事會，置監事會召集人一人。監事會召集人執行監事會決議，並列席理事會。

第**18**條　會員大會或會員代表大會休會期間，由理事會處理工會一切事務。
工會監事審核工會簿記帳目，稽查各種事業進行狀況及章程所定
之事項，並得會同相關專業人士為之。
監事之職權於設有監事會之工會，由監事會行使之。

第**19**條　工會會員已成年者，得被選舉為工會之理事、監事。
工會會員參加工業團體或商業團體者，不得為理事或監事、常務
理事、常務監事、副理事長、理事長或監事會召集人。

第**20**條　工會理事、監事、常務理事、常務監事、副理事長、理事長及監
事會召集人之任期，每一任不得超過四年。
理事長連選得連任一次。

第**21**條　工會理事、監事、常務理事、常務監事、副理事長、理事長、監
事會召集人及其代理人，因執行職務所致他人之損害，工會應負
連帶責任。

第五章　會議

第**22**條　工會召開會議時，其會議通知之記載事項如下：
一、事由。　　　　　　二、時間。
三、地點。　　　　　　四、其他事項。

第**23**條　工會會員大會或會員代表大會，分定期會議及臨時會議二種，由
理事長召集之。
定期會議，每年至少召開一次，至遲應於會議召開當日之十五日
前，將會議通知送達會員或會員代表。
臨時會議，經理事會決議，或會員五分之一或會員代表三分之一
以上請求，或監事之請求，由理事長召集之，至遲應於會議召開
當日之三日前，將會議通知送達會員或會員代表。但因緊急事故
召集臨時會議，得於會議召開當日之一日前送達。

第**24**條　工會理事會分為定期會議及臨時會議二種，由理事長召集之。
定期會議，每三個月至少開會一次，至遲應於會議召開當日之七
日前，將會議通知送達理事。
臨時會議，經理事三分之一以上之請求，由理事長召集之，至遲
應於會議召開當日之一日前，將會議通知送達理事。理事長認有
必要時，亦得召集之。
理事應親自出席會議。

工會設監事會者，其定期會議或臨時會議準用前四項規定；會議應由監事會召集人召集之。

監事得列席理事會陳述意見。

第25條　前二條之定期會議，不能依法或依章程規定召開時，得由主管機關指定理事或監事一人召集之。

前二條之臨時會議，理事長或監事會召集人不於請求之日起十日內召集時，原請求人之一人或數人得申請主管機關指定召集之。

第26條　下列事項應經會員大會或會員代表大會之議決：

一、工會章程之修改。

二、財產之處分。

三、工會之聯合、合併、分立或解散。

四、會員代表、理事、監事、常務理事、常務監事、副理事長、理事長、監事會召集人之選任、解任及停權之規定。

五、會員之停權及除名之規定。

六、工會各項經費收繳數額、經費之收支預算、支配基準與支付及稽核方法。

七、事業報告及收支決算之承認。

八、基金之運用及處分。

九、會內公共事業之創辦。

十、集體勞動條件之維持或變更。

十一、其他與會員權利義務有關之重大事項。

前項第4款之規定經議決訂定者，不受人民團體法及其相關法令之限制。

會員之停權或除名，於會員大會或會員代表大會議決前，應給予其陳述意見之機會。

第27條　工會會員大會或會員代表大會，應有會員或會員代表過半數出席，始得開會；非有出席會員或會員代表過半數同意，不得議決。但前條第1項第1款至第5款之事項，非有出席會員或會員代表三分之二以上同意，不得議決。

會員或會員代表因故無法出席會議時，得以書面委託其他會員或會員代表出席，每一代表以委託一人為限，委託人數不得超過親自出席人數之三分之一；其委託方式、條件、委託數額計算及其他應遵循事項之辦法，由中央主管機關定之。

工會聯合組織之會員代表委託代表出席時，其委託除應依前項規定辦理外，並僅得委託所屬工會或各該本業之其他會員代表。

第六章　財務

第28條　工會經費來源如下：

一、入會費。　　　　二、經常會費。

三、基金及其孳息。　四、舉辦事業之利益。

五、委託收入。　　　六、捐款。

七、政府補助。　　　八、其他收入。

前項**入會費，每人不得低於其入會時之一日工資所得。經常會費不得低於該會員當月工資之百分之零點五**。

企業工會經會員同意，雇主應自該勞工加入工會為會員之日起，自其工資中代扣工會會費，轉交該工會。

會員工會對工會聯合組織之會費繳納，應按申報參加工會聯合組織之人數繳納之。但工會聯合組織之章程另有規定者，從其規定。

前項繳納會費之標準，最高不得超過會員工會會員所繳會費總額之百分之三十，最低不得少於百分之五。但工會聯合組織之章程另有規定者，從其規定。

第29條　工會每年應將財產狀況向會員大會或會員代表大會提出書面報告。會員經十分之一以上連署或會員代表經三分之一以上連署，得選派代表會同監事查核工會之財產狀況。

第30條　工會應建立財務收支運用及稽核機制。

工會財務事務處理之項目、會計報告、預算及決算編製、財產管理、財務查核及其他應遵行事項之準則，由中央主管機關定之。

第七章　監督

第31條　工會應於每年年度決算後三十日內，將下列事項，報請主管機關備查：

一、理事、監事、常務理事、常務監事、副理事長、理事長及監事會召集人之名冊。

二、會員入會、出會名冊。

三、聯合組織之會員工會名冊。

四、財務報表。

五、會務及事業經營之狀況。

工會未依前項規定辦理或主管機關認有必要時，得限期令其檢送或派員查核。

第32條 工會章程之修改或理事、監事、常務理事、常務監事、副理事長、理事長、監事會召集人之變更，應報請主管機關備查。

第33條 工會會員大會或會員代表大會之召集程序或決議方法，違反法令或章程時，會員或會員代表得於決議後三十日內，訴請法院撤銷其決議。但出席會議之會員或會員代表未當場表示異議者，不得為之。

法院對於前項撤銷決議之訴，認為其違反之事實非屬重大且於決議無影響者，得駁回其請求。

第34條 工會會員大會或會員代表大會之決議內容違反法令或章程者，無效。

第八章　保護

第35條 **雇主或代表雇主行使管理權之人，不得有下列行為：**

一、**對於勞工組織工會、加入工會、參加工會活動或擔任工會職務，而拒絕僱用、解僱、降調、減薪或為其他不利之待遇。**

二、**對於勞工或求職者以不加入工會或擔任工會職務為僱用條件。**

三、**對於勞工提出集體協商之要求或參與集體協商相關事務，而拒絕僱用、解僱、降調、減薪或為其他不利之待遇。**

四、**對於勞工參與或支持爭議行為，而解僱、降調、減薪或為其他不利之待遇。**

五、**不當影響、妨礙或限制工會之成立、組織或活動。**

雇主或代表雇主行使管理權之人，為前項規定所為之解僱、降調或減薪者，無效。

第36條 工會之理事、監事於工作時間內有辦理會務之必要者，工會得與雇主約定，由雇主給予一定時數之公假。

企業工會與雇主間無前項之約定者，其理事長得以半日或全日，其他理事或監事得於每月五十小時之範圍內，請公假辦理會務。

企業工會理事、監事擔任全國性工會聯合組織理事長，其與雇主無第1項之約定者，得以半日或全日請公假辦理會務。

第九章　解散及組織變更

第37條 工會有下列情形之一者，得經會員大會或會員代表大會議決，自行宣告解散：

一、破產。

二、會員人數不足。

三、合併或分立。

四、其他經會員大會或會員代表大會認有必要時。

工會無法依前項第1款至第3款規定自行宣告解散或無從依章程運作時，法院得因主管機關、檢察官或利害關係人之聲請解散之。

第38條 工會經議決為合併或分立時，應於議決之日起一年內完成合併或分立。

企業工會因廠場或事業單位合併時，應於合併基準日起一年內完成工會合併。屆期未合併者，主管機關得令其限期改善，未改善者，令其重新組織。

工會依前二項規定為合併或分立時，應於完成合併或分立後三十日內，將其過程、工會章程、理事、監事名冊等，報請主管機關備查。

行政組織區域變更時，工會經會員大會或會員代表大會議決，得維持工會原名稱。但工會名稱變更者，應於行政組織區域變更後九十日內，將會議紀錄函請主管機關備查。工會名稱變更者，不得與登記有案之工會相同。

依前項規定議決之工會，其屆次之起算，應經會員大會或會員代表大會議決。

第39條 工會合併後存續或新成立之工會，應概括承受因合併而消滅工會之權利義務。

因分立而成立之工會，其承繼權利義務之部分，應於議決分立時由會員大會或會員代表大會一併議決之。

第40條 工會自行宣告解散者，應於解散後十五日內，將其解散事由及時間，報請主管機關備查。

第41條 工會之解散，除因破產、合併或組織變更外，其財產應辦理清算。

第42條 工會解散時，除清償債務外，其謄餘財產之歸屬，應依其章程之規定、會員大會或會員代表大會之決議。但不得歸屬於個人或以營利為目的之團體。

工會無法依前項規定處理時，其賸餘財產歸屬於會址所在地之地方自治團體。

第十章　罰則

第43條　工會有違反法令或章程者，主管機關得予以警告或令其限期改善。必要時，並得於限期改善前，令其停止業務之一部或全部。
工會違反法令或章程情節重大，或經限期改善屆期仍未改善者，得撤免其理事、監事、理事長或監事會召集人。

第44條　主管機關依第31條第2項規定派員查核或限期檢送同條第1項資料時，工會無正當理由規避、妨礙、拒絕或未於限期內檢送資料者，處行為人新臺幣三萬元以上十五萬元以下罰鍰。

第45條　雇主或代表雇主行使管理權之人違反第35條第1項規定，經依勞資爭議處理法裁決決定者，由中央主管機關處雇主新臺幣10萬元以上50萬元以下罰鍰，並公布其名稱、代表人姓名、處分期日、違反條文及罰鍰金額。
雇主或代表雇主行使管理權之人違反第35條第1項第1款、第3款或第4款規定，未依前項裁決決定書所定期限為一定之行為或不行為者，由中央主管機關處雇主新臺幣20萬元以上100萬元以下罰鍰。
雇主或代表雇主行使管理權之人違反第35條第1項第2款或第5款規定，未依第1項裁決決定書所定期限為一定之行為或不行為者，由中央主管機關處雇主新臺幣20萬元以上100萬元以下罰鍰，並得令其限期改正；屆期未改正者，得按次連續處罰。

第46條　雇主未依第36條第2項規定給予公假者，處新臺幣二萬元以上十萬元以下罰鍰。

第十一章　附則

第47條　本法施行前已組織之工會，其名稱、章程、理事及監事名額或任期與本法規定不符者，應於最近一次召開會員大會或會員代表大會時改正之。

第48條　本法施行細則，由中央主管機關定之。

第49條　本法施行日期，由行政院定之。

二、工會法施行細則　中華民國103年10月6日修正

第一章　總則

第1條　本細則依工會法（以下簡稱本法）第48條規定訂定之。

第二章　組織

第2條　本法第6條第1項第1款所稱廠場，指有獨立人事、預算會計，並得依法辦理工廠登記、公司登記、營業登記或商業登記之工作場所。

前項所定有獨立人事、預算及會計，應符合下列要件：

一、對於工作場所勞工具有人事進用或解職決定權。

二、編列及執行預算。

三、單獨設立會計單位，並有設帳計算盈虧損。

本法第6條第1項第1款所稱事業單位，指僱用勞工從事工作之機構、法人或團體。

第3條　工會聯合組織依其組織區域，分為全國性工會聯合組織及區域性工會聯合組織。

前項區域性工會聯合組織所稱區域，指直轄市及縣（市）之行政區域。

區域性工會聯合組織會址應設於組織區域範圍內，並向會址所在地之直轄市、縣（市）政府登記及請領登記證書。

本法中華民國一百年五月一日施行前已設立之下列組織，應以中央主管機關為主管機關：

一、原臺灣省轄之工會聯合組織。

二、原經中央主管機關依法劃定之交通、運輸、公用等事業跨越行政區域組織之工會。

第4條　本法第8條第3項所稱工會種類數額，指在全國範圍內，與成立全國性工會聯合組織之種類相同之工會數額。

依本法第8條第3項發起之全國性工會聯合組織，其發起數額未達同種類數額三分之一，或所含行政區域未達全國直轄市、縣（市）總數二分之一者，中央主管機關不予登記。

第5條　本法第9條第2項所稱同種類職業工會，指該職業工會會員所具有之職業技能、工作性質，未能與其他職業工會相區隔者。

第6條　工會名稱應以我國文字登記，並以教育部編訂之國語辭典或辭源、辭海、康熙或其他通用字典中所列有之文字為限。

企業工會名稱，應標明廠場、事業單位、關係企業或金融控股公司名稱。

產業工會、職業工會與工會聯合組織名稱，除本法另有規定外，應標明組織區域及屬性。

第7條　本法第11條第1項所稱公開徵求會員，指採用公告、網路、新聞紙或其他使具加入工會資格者可得知之方式徵求會員。

第8條　本法第11條第2項所定會員名冊及理事、監事名冊，應記載姓名及聯絡方式，並載明工會理事長住居所。

企業工會會址，應設於廠場、事業單位、關係企業、金融控股公司或其子公司所在地之行政區域內。

產業工會及職業工會之會址，應設於組織區域範圍內。

工會聯合組織，應於會員名冊中記載會員工會名稱、會址及聯絡方式。

工會於領取登記證書時，應檢附工會圖記印模一式三份，送主管機關備查。

第9條　主管機關受理工會登記時，有下列情事之一者，不予登記：

一、連署發起人數未滿三十人。

二、未組成籌備會。

三、未辦理公開徵求會員。

四、未擬定章程。

五、未召開成立大會。

六、未於召開成立大會後三十日內，依規定請領登記證書。

前項第1款規定，於工會聯合組織籌組程序不適用之。

第9-1條　工會籌備會辦理登記時，應檢具發起人連署名冊及本法第11條第2項所定應備文件。

前項發起人連署名冊，應記載連署人姓名、聯絡方式、本業或足以證明勞工身分之資料及簽名。

工會聯合組織籌備會辦理登記時，應檢具發起工會連署名冊及其議決工會聯合之紀錄。

工會籌備會辦理登記，其情形得予補正者，主管機關應限期令其補正；屆期不補正者，不予受理。

主管機關於受理工會籌備會辦理登記時，基於調查事實及證據之必要，得通知相關之人陳述意見，並得要求當事人或第三人提供必要之文書、資料或物品。

第10條　主管機關受理工會籌備會辦理登記時，應依收件時間之先後次序編號。收件時間應記載至分鐘。

同一企業工會或同種類職業工會有二個以上之工會籌備會，依第1項及本法第11條第2項規定向主管機關請領工會登記證書時，主管機關應以收件時間在先者受理登記，並發給登記證書。收件時間相同且符合登記要件者，以抽籤方式決定之，並由請領登記證書之工會籌備會代表抽籤決定之。

同一請領事件，數主管機關依前二項規定受理收件且符合登記要件者，由收件在先之主管機關受理登記，不能分別先後者，由中央主管機關指定其中之一主管機關辦理抽籤。

前項受指定之主管機關，應通知申請之工會籌備會及其他受理主管機關辦理抽籤之時間及地點，並由請領登記證書之工會籌備會代表抽籤決定之。

第11條　本法第12條第7款、第9款與第11款有關入會、出會、停權、除名、選任及解任之章程記載事項，應包括其資格、條件及處理程序。

前項之選任及解任，應以無記名投票方式辦理。但工會聯合組織章程另有規定者，依其規定。

第12條　本法第14條所定代表雇主行使管理權之主管人員，不得為企業工會之發起人。

第13條　工會聯合組織之組織程序，準用本法第二章及本章之規定。

第三章　會員

第14條　工會依本法第15條第1項規定選出會員代表之數額，至少為應選理事名額之三倍。

工會聯合組織之會員代表數額，至少為應選理事名額之二倍。

第四章　理事及監事

第15條　工會理事長、副理事長，依工會章程規定直接由會員或會員代表選任者，當選後即具該工會理事身分。

前項理事名額，應計入工會章程所定理事名額。

本法第17條第1項第1款所稱會員人數超過五百人者，每逾五百人得增置理事二人，指工會會員人數超過五百人時，可增置理事二人；超過一千人時，可增置理事四人，以此類增。

第16條 工會之理事、監事，應於任期屆滿前辦理改選。

理事、監事之任期，自召開第一次理事會議、監事會議之日起算。第一次理事會議、監事會議，應於前屆任期屆滿日起十日內召開。

第17條 工會應於理事、監事選出之日起十日內通知其當選。

當選之理事、監事放棄當選，應於第一次理事會議、監事會議召開前，以書面向工會聲明之，並由候補理事、監事依序遞補。

第18條 工會理事、監事資格經法院判決撤銷確定或經工會依法解任時，其於撤銷判決確定前或解任前依權責所為之行為，仍屬有效。

工會理事、監事、會員代表或會員於其勞動契約經雇主終止時，工會於章程中規定有下列情形之一者，得保留其資格：

一、向主管機關申請調解、仲裁或裁決期間。

二、向法院聲請定暫時狀態假處分，並經法院裁定准許。

三、向法院提起確認僱傭關係存在之訴訟，或請求繼續給付原勞動契約所約定工資之訴訟，於訴訟判決確定前。

工會章程未有前項規定者，經會員大會或會員代表大會之議決，於有前項情形之一時，得保留前項人員之資格。

第19條 工會之候補理事、監事遞補時，以補足原任者未滿之任期為限。

工會依前項規定遞補理事、監事後，仍不足工會章程所定理事、監事會議召開之法定人數時，應就缺額部分進行補選，以補足原任者未滿之任期為限。

第20條 工會補選理事長、監事會召集人或推選其職務代理人時，應依工會章程規定辦理。

工會章程未記載前項補選事項者，理事長或監事會召集人所遺任期在工會章程所定任期四分之一以上者，應於出缺之日起九十日內進行補選，以補足原任理事長或監事會召集人未滿之任期；所遺任期未達工會章程所定任期四分之一者，應自理事或監事中推選職務代理人。但工會章程未訂定推選職務代理人規定者，應於出缺之日起九十日內進行補選。

第**21**條　本法第19條第2項所稱工業團體、商業團體，指依工業團體法、商業團體法設立之團體。

第五章　會議

第**22**條　工會理事會議、監事會議，應分別召開。

第**23**條　本法所定會議通知之送達，準用民事訴訟法相關規定。

第**24**條　依本法第23條第3項規定，由監事請求召開臨時會議時，於設有監事會之工會，應由監事會決議行使之。

第六章　財務

第**25**條　本法第28條第3項所稱經會員同意，指下列情形之一：

一、會員個別同意。

二、工會會員大會或會員代表大會議決。

三、工會章程規定。

四、團體協約之約定。

五、工會與雇主有代扣會費之約定或慣例者。

本法中華民國一百年五月一日施行前，工會與雇主間已具有前項各款情形之一者，不須重新取得同意。

產業工會及職業工會經會員個別同意，並與雇主約定或締結團體協約之代扣工會會費條款者，雇主應自勞工工資中代扣工會會費，並轉交該工會。

第**26**條　工會會員經常會費之繳納，得由雇主按同意代扣之全體會員當月工資總額統一扣繳轉交工會，或由會員自行申報當月工資，並按月計算繳納。

工會依本法第28條規定，得於章程中自行訂定入會費或經常會費收費分級表。

第**27**條　本法第28條第3項及前條第1項所稱之轉交，指直接交付工會或匯款至以工會名義開設之帳戶。

第**28**條　會員或會員代表依本法第29條規定查核工會之財產狀況，其連署應以書面為之。

依前項規定，會同監事查核工會之財產狀況，於設有監事會者，依本法第18條第3項規定，應由監事會指派監事會同查核。

第七章　監督

第29條　工會會員或會員代表依本法第33條第1項規定，對會員大會或會員代表大會之召集程序或決議方法提出異議者，工會應將異議者姓名、所代表之工會名稱及異議內容列入紀錄。

第八章　保護

第30條　本法第35條第1項第1款及第3款所稱其他不利之待遇，包括意圖阻礙勞工參與工會活動、減損工會實力或影響工會發展，而對勞工為直接或間接不利之對待。

本法第35條第1項第4款所稱其他不利之待遇，除前項規定情形外，並包括雇主對於勞工參與或支持依工會決議所為之行為，威脅提起或提起顯不相當之民事損害賠償訴訟之不利待遇。

第31條　本法第35條第1項第2款所稱不加入工會，包括要求勞工退出已加入之工會。

第32條　本法第36條所定辦理會務，其範圍如下：

一、辦理該工會之事務，包括召開會議、辦理選舉或會員教育訓練活動、處理會員勞資爭議或辦理日常業務。

二、從事或參與由主管機關或目的事業主管機關指定、舉辦與勞動事務或會務有關之活動或集會。

三、參加所屬工會聯合組織，舉辦與勞動事務或會務有關之活動或集會。

四、其他經與雇主約定事項。

第九章　解散及組織變更

第33條　工會因合併或分立，而成立新工會者，應依本法第11條規定辦理。但不須連署發起及辦理公開徵求會員。

第34條　依本法第38條第2項規定由主管機關令其重新組織之工會，應依本法第11條規定辦理。

未依前項規定重新組織者，主管機關得註銷其工會登記。

第35條　行政組織區域變更時，工會經會員大會或會員代表大會議決合併、變更名稱或維持原名稱者，應依本法第26條及第27條規定辦理。

行政組織區域變更時，工會未於九十日內議決變更工會名稱者，視為維持原工會名稱，並由主管機關依原名稱發給登記證書。但工會仍得依本法第26條規定修正章程變更名稱。

職業工會於行政組織區域變更前已成立，致同種類職業工會有一個以上者，不受本法第9條第2項之限制。

第36條　行政組織區域變更時，工會依本法第38條第5項規定議決其屆次之起算，應於行政組織區域變更時之當屆會員大會或會員代表大會為之。

經議決屆次重新起算之工會，其理事長任期重新起算者，應依本法第26條規定修正章程。

第十章　附則

第37條　主管機關依本法第43條第1項規定，令工會停止業務之一部或全部前，應會商該等業務之目的事業主管機關。

第38條　主管機關為本法第43條第2項所定之處分時，應衡量違反之情節有無妨害公共利益或影響工會運作及發展，其處分並應符合比例原則。

第39條　工會依本法第47條改正理事、監事名額或任期者，應於召開會員大會或會員代表大會修正章程時，一併議決其改正實施之屆次及期日。但工會理事、監事任期於本法施行日前屆滿者，不得改正任期。

第40條　本法中華民國一百年五月一日施行前，工會未置理事長及監事會召集人者，於本屆理事、監事任期屆滿後，應依本法第17條第3項、第4項規定置理事長及監事會召集人。理事長任期自第一任起算。

第41條　本細則自中華民國一百年五月一日施行。
本細則修正條文自發布日施行。

三、團體協約法　中華民國104年7月1日修正

第一章　總則

第1條　為規範團體協約之協商程序及其效力，穩定勞動關係，促進勞資和諧，保障勞資權益，特制定本法。

第**2**條　本法所稱團體協約，指雇主或有法人資格之雇主團體，與依工會法成立之工會，以約定勞動關係及相關事項為目的所簽訂之書面契約。

第**3**條　團體協約違反法律強制或禁止之規定者，無效。但其規定並不以之為無效者，不在此限。

第**4**條　有二個以上之團體協約可適用時，除效力發生在前之團體協約有特別約定者外，優先適用職業範圍較為狹小或職務種類較為特殊之團體協約；團體協約非以職業或職務為規範者，優先適用地域或人數適用範圍較大之團體協約。

第**5**條　本法所稱管機關：在中央為勞動部；在直轄市為直轄市政府；在縣（市）為縣（市）政府。

第二章　團體協約之協商及簽訂

第**6**條　勞資雙方應本誠實信用原則，進行團體協約之協商；對於他方所提團體協約之協商，無正當理由者，不得拒絕。

勞資之一方於有協商資格之他方提出協商時，有下列情形之一，為無正當理由：

一、對於他方提出合理適當之協商內容、時間、地點及進行方式，拒絕進行協商。

二、未於六十日內針對協商書面通知提出對應方案，並進行協商。

三、拒絕提供進行協商所必要之資料。

依前項所定有協商資格之勞方，指下列工會：

一、企業工會。

二、會員受僱於協商他方之人數，逾其所僱用勞工人數二分之一之產業工會。

三、會員受僱於協商他方之人數，逾其所僱用具同類職業技能勞工人數二分之一之職業工會或綜合性工會。

四、不符合前三款規定之數工會，所屬會員受僱於協商他方之人數合計逾其所僱用勞工人數二分之一。

五、經依勞資爭議處理法規定裁決認定之工會。

勞方有二個以上之工會，或資方有二個以上之雇主或雇主團體提出團體協約之協商時，他方得要求推選協商代表；無法產生協商代表時，依會員人數比例分配產生。

勞資雙方進行團體協約之協商期間逾六個月，並經勞資爭議處理法之裁決認定有違反第1項、第2項第1款或第2款規定之無正當理由拒絕協商者，直轄市或縣（市）主管機關於考量勞資雙方當事人利益及簽訂團體協約之可能性後，得依職權交付仲裁。但勞資雙方另有約定者，不在此限。

第7條　因進行團體協約之協商而提供資料之勞資一方，得要求他方保守秘密，並給付必要費用。

第8條　**工會或雇主團體以其團體名義進行團體協約之協商時，其協商代表應依下列方式之一產生：**

一、依其團體章程之規定。

二、依其會員大會或會員代表大會之決議。

三、經通知其全體會員，並由過半數會員以書面委任。

前項協商代表，以工會或雇主團體之會員為限。但經他方書面同意者，不在此限。

第1項協商代表之人數，以該團體協約之協商所必要者為限。

第9條　工會或雇主團體以其團體名義簽訂團體協約，除依其團體章程之規定為之者外，應先經其會員大會或會員代表大會之會員或會員代表過半數出席，出席會員或會員代表三分之二以上之決議，或通知其全體會員，經四分之三以上會員以書面同意。

未依前項規定所簽訂之團體協約，於補行前項程序追認前，不生效力。

第10條　團體協約簽訂後，勞方當事人應將團體協約送其主管機關備查；其變更或終止時，亦同。

下列團體協約，應於簽訂前取得核可，未經核可者，無效：

一、一方當事人為公營事業機構者，應經其主管機關核可。

二、一方當事人為國防部所屬機關（構）、學校者，應經國防部核可。

三、一方當事人為前二款以外之政府機關（構）、公立學校而有上級主管機關者，應經其上級主管機關核可。但關係人為工友（含技工、駕駛）者，應經行政院人事行政局核可。

第11條　團體協約雙方當事人應將團體協約公開揭示之，並備置一份供團體協約關係人隨時查閱。

第三章　團體協約之內容及限制

第12條　團體協約得約定下列事項：

一、工資、工時、津貼、獎金、調動、資遣、退休、職業災害補償、撫卹等勞動條件。

二、企業內勞動組織之設立與利用、就業服務機構之利用、勞資爭議調解、仲裁機構之設立及利用。

三、團體協約之協商程序、協商資料之提供、團體協約之適用範圍、有效期間及和諧履行協約義務。

四、工會之組織、運作、活動及企業設施之利用。

五、參與企業經營與勞資合作組織之設置及利用。

六、申訴制度、促進勞資合作、升遷、獎懲、教育訓練、安全衛生、企業福利及其他關於勞資共同遵守之事項。

七、其他當事人間合意之事項。

學徒關係與技術生、養成工、見習生、建教合作班之學生及其他與技術生性質相類之人，其前項各款事項，亦得於團體協約中約定。

第13條　團體協約得約定，受該團體協約拘束之雇主，非有正當理由，不得對所屬非該團體協約關係人之勞工，就該團體協約所約定之勞動條件，進行調整。但團體協約另有約定，非該團體協約關係人之勞工，支付一定之費用予工會者，不在此限。

第14條　團體協約得約定雇主僱用勞工，以一定工會之會員為限。但有下列情形之一者，不在此限：

一、該工會解散。

二、該工會無雇主所需之專門技術勞工。

三、該工會之會員不願受僱，或其人數不足供給雇主所需僱用量。

四、雇主招收學徒或技術生、養成工、見習生、建教合作班之學生及其他與技術生性質相類之人。

五、雇主僱用為其管理財務、印信或機要事務之人。

六、雇主僱用工會會員以外之勞工，扣除前二款人數，尚未超過其僱用勞工人數十分之二。

第15條　團體協約不得有限制雇主採用新式機器、改良生產、買入製成品或加工品之約定。

第16條　團體協約當事人之一方或雙方為多數時，當事人不得再各自為異於團體協約之約定。但團體協約另有約定者，從其約定。

第四章　團體協約之效力

第17條　團體協約除另有約定者外，下列各款之雇主及勞工均為團體協約關係人，應遵守團體協約所約定之勞動條件：

一、**為團體協約當事人之雇主。**

二、**屬於團體協約當事團體之雇主及勞工。**

三、**團體協約簽訂後，加入團體協約當事團體之雇主及勞工。**

前項第3款之團體協約關係人，其關於勞動條件之規定，除該團體協約另有約定外，自取得團體協約關係人資格之日起適用之。

第18條　前條第1項所列團體協約關係人因團體協約所生之權利義務關係，除第21條規定者外，於該團體協約終止時消滅。

團體協約簽訂後，自團體協約當事團體退出之雇主或勞工，於該團體協約有效期間內，仍應繼續享有及履行其因團體協約所生之權利義務關係。

第19條　團體協約所約定勞動條件，當然為該團體協約所屬雇主及勞工間勞動契約之內容。勞動契約異於該團體協約所約定之勞動條件者，其相異部分無效；無效之部分以團體協約之約定代之。但異於團體協約之約定，為該團體協約所容許或為勞工之利益變更勞動條件，而該團體協約並未禁止者，仍為有效。

第20條　團體協約有約定第12條第1項第1款及第2款以外之事項者，對於其事項不生前三條之效力。

團體協約關係人違反團體協約中不屬於第12條第1項第1款之約定時，除團體協約另有約定者外，適用民法之規定。

第21條　團體協約期間屆滿，新團體協約尚未簽訂時，於勞動契約另為約定前，原團體協約關於勞動條件之約定，仍繼續為該團體協約關係人間勞動契約之內容。

第22條　團體協約關係人，如於其勞動契約存續期間拋棄其由團體協約所得勞動契約上之權利，其拋棄無效。但於勞動契約終止後三個月內仍不行使其權利者，不得再行使。

受團體協約拘束之雇主，因勞工主張其於團體協約所享有之權利或勞動契約中基於團體協約所生之權利，而終止勞動契約者，其終止為無效。

第23條　團體協約當事人及其權利繼受人，不得以妨害團體協約之存在或其各個約定之存在為目的，而為爭議行為。

團體協約當事團體，對於所屬會員，有使其不為前項爭議行為及不違反團體協約約定之義務。

團體協約得約定當事人之一方不履行團體協約所約定義務或違反前二項規定，對於他方應給付違約金。

關於團體協約之履行，除本法另有規定外，適用民法之規定。

第24條　團體協約當事團體，對於違反團體協約之約定者，無論其為團體或個人為本團體之會員或他方團體之會員，均得以團體名義，請求損害賠償。

第25條　團體協約當事團體，得以團體名義，為其會員提出有關協約之一切訴訟。但應先通知會員，並不得違反其明示之意思。

關於團體協約之訴訟，團體協約當事團體於其會員為被告時，得為參加。

第五章　團體協約之存續期間

第26條　**團體協約得以定期、不定期或完成一定工作為期限，簽訂之。**

第27條　團體協約為不定期者，當事人之一方於團體協約簽訂**一年後，得隨時終止團體協約**。但應於三個月前，以書面通知他方當事人。

團體協約約定之通知期間較前項但書規定之期間為長者，從其約定。

第28條　**團體協約為定期者，其期限不得超過三年；超過三年者，縮短為三年。**

第29條　團體協約以完成一定工作為期限者，其工作於三年內尚未完成時，視為以三年為期限簽訂之團體協約。

第30條　團體協約當事人及當事團體之權利義務，除團體協約另有約定外，因團體之合併或分立，移轉於因合併或分立而成立之團體。

團體協約當事團體解散時，其團體所屬會員之權利義務，不因其團體之解散而變更。但不定期之團體協約於該團體解散後，除團體協約另有約定外，經過三個月消滅。

第31條　團體協約簽訂後經濟情形有重大變化，如維持該團體協約有與雇主事業之進行或勞工生活水準之維持不相容，或因團體協約當事人之行為，致有無法達到協約目的之虞時，當事人之一方得向他方請求協商變更團體協約內容或終止團體協約。

第六章　罰則

第32條　勞資之一方，違反第6條第1項規定，經依勞資爭議處理法之裁決認定者，處新臺幣十萬元以上五十萬元以下罰鍰。

勞資之一方，未依前項裁決決定書所定期限為一定行為或不行為者，再處新臺幣十萬元以上五十萬元以下罰鍰，並得令其限期改正；屆期仍未改正者，得按次連續處罰。

第七章　附則

第33條　本法施行前已簽訂之團體協約，自本法修正施行之日起，除第10條第2項規定外，適用修正後之規定。

第34條　本法施行日期，由行政院定之。

四、勞資爭議處理法　中華民國110年4月28日修正

第一章　總則

第1條　為處理勞資爭議，保障勞工權益，穩定勞動關係，特制定本法。

第2條　勞資雙方當事人應本誠實信用及自治原則，解決勞資爭議。

第3條　本法於雇主或有法人資格之雇主團體（以下簡稱雇主團體）與勞工或工會發生勞資爭議時，適用之。但教師之勞資爭議屬依法提起行政救濟之事項者，不適用之。

第4條　本法所稱主管機關：在中央為勞動部；在直轄市為直轄市政府；在縣（市）為縣（市）政府。

第5條　本法用詞，定義如下：

一、**勞資爭議**：指權利事項及調整事項之勞資爭議。

二、**權利事項之勞資爭議**：指勞資雙方當事人基於法令、團體協約、勞動契約之規定所為權利義務之爭議。

三、**調整事項之勞資爭議**：指勞資雙方當事人對於勞動條件主張繼續維持或變更之爭議。

四、**爭議行為**：指勞資爭議當事人為達成其主張，所為之罷工或其他阻礙事業正常運作及與之對抗之行為。

五、**罷工**：指勞工所為暫時拒絕提供勞務之行為。

第**6**條　**權利事項之勞資爭議，得依本法所定之調解、仲裁或裁決程序處理之。**

　　　　　法院為審理權利事項之勞資爭議，必要時應設勞工法庭。

　　　　　權利事項之勞資爭議，勞方當事人有下列情形之一者，中央主管機關得給予適當扶助：

　　　　　一、提起訴訟。

　　　　　二、依仲裁法提起仲裁。

　　　　　三、因工會法第35條第1項第1款至第4款所定事由，依本法申請裁決。

　　　　　前項扶助業務，中央主管機關得委託民間團體辦理。

　　　　　前二項扶助之申請資格、扶助範圍、審核方式及委託辦理等事項之辦法，由中央主管機關定之。

第**7**條　**調整事項之勞資爭議，依本法所定之調解、仲裁程序處理之。**

　　　　　前項勞資爭議之勞方當事人，應為**工會**。但有下列情形者，亦得為勞方當事人：

　　　　　一、未加入工會，而具有相同主張之勞工**達十人以上**。

　　　　　二、受僱於僱用勞工**未滿十人**之事業單位，其未加入工會之勞工具有相同主張者達**三分之二以上**。

第**8**條　勞資爭議在調解、仲裁或裁決期間，資方不得因該勞資爭議事件而歇業、停工、終止勞動契約或為其他不利於勞工之行為；勞方不得因該勞資爭議事件而罷工或為其他爭議行為。

第二章　調解

第**9**條　勞資爭議當事人一方申請調解時，應向勞方當事人勞務提供地之直轄市或縣（市）主管機關提出調解申請書。

　　　　　前項爭議當事人一方為團體協約法第10條第2項規定之機關（構）、學校者，其出席調解時之代理人應檢附同條項所定有核可權機關之同意書。

　　　　　第1項直轄市、縣（市）主管機關對於勞資爭議認為必要時，得依職權交付調解，並通知勞資爭議雙方當事人。

　　　　　第1項及前項調解，其勞方當事人有二人以上者，各勞方當事人勞務提供地之主管機關，就該調解案件均有管轄權。

第 10 條　調解之申請，應提出調解申請書，並載明下列事項：

一、當事人姓名、性別、年齡、職業及住所或居所；如為法人、雇主團體或工會時，其名稱、代表人及事務所或營業所；有代理人者，其姓名、名稱及住居所或事務所。

二、請求調解事項。

三、依第11條第1項選定之調解方式。

第 11 條　直轄市或縣（市）主管機關受理調解之申請，應依申請人之請求，以下列方式之一進行調解：

一、**指派調解人**。

二、**組成勞資爭議調解委員會（以下簡稱調解委員會）**。

直轄市或縣（市）主管機關依職權交付調解者，得依前項方式之一進行調解。

第1項第1款之調解，直轄市、縣（市）主管機關得委託民間團體指派調解人進行調解。

第1項調解之相關處理程序、充任調解人或調解委員之遴聘條件與前項受託民間團體之資格及其他應遵行事項之辦法，由中央主管機關定之。

主管機關對第3項之民間團體，除委託費用外，並得予補助。

第 12 條　直轄市或縣（市）主管機關指派調解人進行調解者，應於收到調解申請書三日內為之。

調解人應調查事實，並於指派之日起七日內開始進行調解。

直轄市或縣（市）主管機關於調解人調查時，得通知當事人、相關人員或事業單位，以言詞或書面提出說明；調解人為調查之必要，得經主管機關同意，進入相關事業單位訪查。

前項受通知或受訪查人員，不得為虛偽說明、提供不實資料或無正當理由拒絕說明。

調解人應於開始進行調解十日內作出調解方案，並準用第19條、第20條及第22條之規定。

第 13 條　調解委員會置委員三人或五人，由下列代表組成之，並以直轄市或縣（市）主管機關代表一人為主席：

一、**直轄市、縣（市）主管機關指派一人或三人**。

二、**勞資爭議雙方當事人各自選定一人**。

第**14**條　直轄市、縣（市）主管機關以調解委員會方式進行調解者，應於收到調解申請書或職權交付調解後通知勞資爭議雙方當事人於收到通知之日起三日內各自選定調解委員，並將調解委員之姓名、性別、年齡、職業及住居所具報；屆期未選定者，由直轄市、縣（市）主管機關代為指定。

前項主管機關得備置調解委員名冊，以供參考。

第**15**條　直轄市、縣（市）主管機關以調解委員會方式進行調解者，應於調解委員完成選定或指定之日起十四日內，組成調解委員會並召開調解會議。

第**16**條　調解委員會應指派委員調查事實，除有特殊情形外，該委員應於受指派後十日內，將調查結果及解決方案提報調解委員會。

調解委員會應於收到前項調查結果及解決方案後十五日內開會。必要時或經勞資爭議雙方當事人同意者，得延長七日。

第**17**條　調解委員會開會時，調解委員應親自出席，不得委任他人代理；受指派調查時，亦同。

直轄市、縣（市）主管機關於調解委員調查或調解委員會開會時，得通知當事人、相關人員或事業單位以言詞或書面提出說明；調解委員為調查之必要，得經主管機關同意，進入相關事業單位訪查。

前項受通知或受訪查人員，不得為虛偽說明、提供不實資料或無正當理由拒絕說明。

第**18**條　調解委員會應有調解委員過半數出席，始得開會；經出席委員過半數同意，始得決議，作成調解方案。

第**19**條　依前條規定作成之調解方案，經勞資爭議雙方當事人同意在調解紀錄簽名者，為調解成立。但當事人之一方為團體協約法第10條第2項規定之機關（構）、學校者，其代理人簽名前，應檢附同條項所定有核可權機關之同意書。

第**20**條　勞資爭議當事人對調解委員會之調解方案不同意者，為調解不成立。

第**21**條　有下列情形之一者，視為調解不成立：

一、經調解委員會主席召集會議，連續二次調解委員出席人數未過半數。

二、未能作成調解方案。

第22條 勞資爭議調解成立或不成立，調解紀錄均應由調解委員會報由直轄市、縣（市）主管機關送達勞資爭議雙方當事人。

第23條 勞資爭議經調解成立者，視為爭議雙方當事人間之契約；當事人一方為工會時，視為當事人間之團體協約。

第24條 勞資爭議調解人、調解委員、參加調解及經辦調解事務之人員，對於調解事件，除已公開之事項外，應保守秘密。

第三章　仲裁

第25條 **勞資爭議調解不成立者，雙方當事人得共同向直轄市或縣（市）主管機關申請交付仲裁。但調整事項之勞資爭議，當事人一方為團體協約法第10條第2項規定之機關（構）、學校時，非經同條項所定機關之核可，不得申請仲裁。**

勞資爭議當事人之一方為第54條第2項之勞工者，其調整事項之勞資爭議，任一方得向直轄市或縣（市）申請交付仲裁；其屬同條第3項事業調整事項之勞資爭議，而雙方未能約定必要服務條款者，任一方得向中央主管機關申請交付仲裁。

勞資爭議經雙方當事人書面同意，得不經調解，逕向直轄市或縣（市）主管機關申請交付仲裁。

調整事項之勞資爭議經調解不成立者，直轄市或縣（市）主管機關認有影響公眾生活及利益情節重大，或應目的事業主管機關之請求，得依職權交付仲裁，並通知雙方當事人。

第26條 主管機關受理仲裁之申請，應依申請人之請求，以下列方式之一進行仲裁，其為一方申請交付仲裁或依職權交付仲裁者，僅得以第2款之方式為之：

一、選定獨任仲裁人。

二、組成勞資爭議仲裁委員會（以下簡稱仲裁委員會）。

前項仲裁人與仲裁委員之資格條件、遴聘方式、選定及仲裁程序及其他應遵行事項之辦法，由中央主管機關定之。

第27條 雙方當事人合意以選定獨任仲裁人方式進行仲裁者，直轄市或縣（市）主管機關應於收到仲裁申請書後，通知勞資爭議雙方當事人於收到通知之日起五日內，於直轄市、縣（市）主管機關遴聘之仲裁人名冊中選定獨任仲裁人一人具報；屆期未選定者，由直轄市、縣（市）主管機關代為指定。

前項仲裁人名冊，由直轄市、縣（市）主管機關遴聘具一定資格之公正並富學識經驗者充任、彙整之，並應報請中央主管機關備查。第32條、第33條及第35條至第37條之規定，於獨任仲裁人仲裁程序準用之。

第28條 申請交付仲裁者，應提出仲裁申請書，並檢附調解紀錄或不經調解之同意書；其為一方申請交付仲裁者，並應檢附符合第25條第2項規定之證明文件。

第29條 以組成仲裁委員會方式進行仲裁者，主管機關應於收到仲裁申請書或依職權交付仲裁後，通知勞資爭議雙方當事人於收到通知之日起五日內，於主管機關遴聘之仲裁委員名冊中各自選定仲裁委員具報；屆期未選定者，由主管機關代為指定。

勞資雙方仲裁委員經選定或指定後，主管機關應於三日內通知雙方仲裁委員，於七日內依第30條第1項及第2項或第4項規定推選主任仲裁委員及其餘仲裁委員具報；屆期未推選者，由主管機關指定。

第30條 仲裁委員會置委員三人或五人，由下列人員組成之：

一、勞資爭議雙方當事人各選定一人。

二、由雙方當事人所選定之仲裁委員於仲裁委員名冊中，共同選定一人或三人。

前項仲裁委員會置主任仲裁委員一人，由前項第2款委員互推一人擔任，並為會議主席。

仲裁委員由直轄市、縣（市）主管機關遴聘具一定資格之公正並富學識經驗者任之。直轄市、縣（市）主管機關遴聘後，應報請中央主管機關備查。

依第25條第2項規定由中央主管機關交付仲裁者，其仲裁委員會置委員五人或七人，由勞資爭議雙方當事人各選定二人之外，再共同另選定一人或三人，並由共同選定者互推一人為主任仲裁委員，並為會議主席。

前項仲裁委員名冊，由中央主管機關會商相關目的事業主管機關後遴聘之。

第31條 主管機關應於主任仲裁委員完成選定或指定之日起十四日內，組成仲裁委員會，並召開仲裁會議。

第**32**條　有下列情形之一者，不得擔任同一勞資爭議事件之仲裁委員：
一、曾為該爭議事件之調解委員。
二、本人或其配偶、前配偶或與其訂有婚約之人為爭議事件當事人，或與當事人有共同權利人、共同義務人或償還義務人之關係。
三、為爭議事件當事人八親等內之血親或五親等內之姻親，或曾有此親屬關係。
四、現為或曾為該爭議事件當事人之代理人或家長、家屬。
五、工會為爭議事件之當事人者，其會員、理事、監事或會務人員。
六、雇主團體或雇主為爭議事件之當事人者，其會員、理事、監事、會務人員或其受僱人。
仲裁委員有前項各款所列情形之一而不自行迴避，或有具體事實足認其執行職務有偏頗之虞者，爭議事件當事人得向主管機關申請迴避，其程序準用行政程序法第33條規定。

第**33**條　仲裁委員會應指派委員調查事實，除有特殊情形外，調查委員應於指派後十日內，提出調查結果。
仲裁委員會應於收到前項調查結果後二十日內，作成仲裁判斷。但經勞資爭議雙方當事人同意，得延長十日。
主管機關於仲裁委員調查或仲裁委員會開會時，應通知當事人、相關人員或事業單位以言詞或書面提出說明；仲裁委員為調查之必要，得經主管機關同意後，進入相關事業單位訪查。
前項受通知或受訪查人員，不得為虛偽說明、提供不實資料或無正當理由拒絕說明。

第**34**條　仲裁委員會由主任仲裁委員召集，其由委員三人組成者，應有全體委員出席，經出席委員過半數同意，始得作成仲裁判斷；其由委員五人或七人組成者，應有三分之二以上委員出席，經出席委員四分之三以上同意，始得作成仲裁判斷。
仲裁委員連續二次不參加會議，當然解除其仲裁職務，由主管機關另行指定仲裁委員代替之。

第**35**條　仲裁委員會作成仲裁判斷後，應於十日內作成仲裁判斷書，報由主管機關送達勞資爭議雙方當事人。

第**36**條　勞資爭議當事人於仲裁程序進行中和解者，應將和解書報仲裁委員會及主管機關備查，仲裁程序即告終結；其和解與依本法成立之調解有同一效力。

第**37**條　仲裁委員會就權利事項之勞資爭議所作成之仲裁判斷，於當事人間，與法院之確定判決有同一效力。

仲裁委員會就調整事項之勞資爭議所作成之仲裁判斷，視為爭議當事人間之契約；當事人一方為工會時，視為當事人間之團體協約。

對於前二項之仲裁判斷，勞資爭議當事人得準用仲裁法第五章之規定，對於他方提起撤銷仲裁判斷之訴。

調整事項經作成仲裁判斷者，勞資雙方當事人就同一爭議事件不得再為爭議行為；其依前項規定向法院提起撤銷仲裁判斷之訴者，亦同。

第**38**條　第9條第4項、第10條、第17條第1項及第24條之規定，於仲裁程序準用之。

第四章　裁決

第**39**條　**勞工因工會法第35條第2項規定所生爭議，得向中央主管機關申請裁決。**

前項**裁決之申請，應自知悉有違反工會法第35條第2項規定之事由或事實發生之次日起九十日內為之。**

第**40**條　裁決之申請，應以書面為之，並載明下列事項：

一、當事人之姓名、性別、年齡、職業及住所或居所；如為法人、雇主團體或工會，其名稱、代表人及事務所或營業所；有代理人者，其姓名、名稱及住居所或事務所。

二、請求裁決之事項及其原因事實。

第**41**條　基於工會法第35條第2項規定所為之裁決申請，違反第39條第2項及前條規定者，裁決委員應作成不受理之決定。但其情形可補正者，應先限期令其補正。

前項不受理決定，不得聲明不服。

第**42**條　當事人就工會法第35條第2項所生民事爭議事件申請裁決，於裁決程序終結前，法院應依職權停止民事訴訟程序。

當事人於第39條第2項所定期間提起之訴訟，依民事訴訟法之規定視為調解之聲請者，法院仍得進行調解程序。

裁決之申請，除經撤回者外，與起訴有同一效力，消滅時效因而中斷。

第43條　中央主管機關為辦理裁決事件，應組成不當勞動行為裁決委員會（以下簡稱裁決委員會）。

裁決委員會應秉持公正立場，獨立行使職權。

裁決委員會置裁決委員七人至十五人，均為兼職，其中一人至三人為常務裁決委員，由中央主管機關遴聘熟悉勞工法令、勞資關係事務之專業人士任之，任期二年，並由委員互推一人為主任裁決委員。

中央主管機關應調派專任人員或聘用專業人員，承主任裁決委員之命，協助辦理裁決案件之程序審查、爭點整理及資料蒐集等事務。具專業證照執業資格者，經聘用之期間，計入其專業執業年資。

裁決委員會之組成、裁決委員之資格條件、遴聘方式、裁決委員會相關處理程序、前項人員之調派或遴聘及其他應遵行事項之辦法，由中央主管機關定之。

第44條　中央主管機關應於收到裁決申請書之日起七日內，召開裁決委員會處理之。

裁決委員會應指派委員一人至三人，依職權調查事實及必要之證據，並應於指派後二十日內作成調查報告，必要時得延長二十日。

裁決委員調查或裁決委員會開會時，應通知當事人、相關人員或事業單位以言詞或書面提出說明；裁決委員為調查之必要，得經主管機關同意，進入相關事業單位訪查。

前項受通知或受訪查人員，不得為虛偽說明、提供不實資料或無正當理由拒絕說明。

申請人經依第3項規定通知，無正當理由二次不到場者，視為撤回申請；相對人二次不到場者，裁決委員會得經到場一造陳述為裁決。

裁決當事人就同一爭議事件達成和解或經法定調解機關調解成立者，裁決委員會應作成不受理之決定。

第45條　主任裁決委員應於裁決委員作成調查報告後七日內，召開裁決委員會，並於開會之日起三十日內作成裁決決定。但經裁決委員會應出席委員二分之一以上同意者得延長之，最長以三十日為限。

第**46**條　裁決委員會應有三分之二以上委員出席，並經出席委員二分之一以上同意，始得作成裁決決定；作成裁決決定前，應由當事人以言詞陳述意見。

裁決委員應親自出席，不得委任他人代理。

裁決委員審理案件相關給付報酬標準，由中央主管機關定之。

第**47**條　裁決決定書應載明下列事項：

一、當事人姓名、住所或居所；如為法人、雇主團體或工會，其名稱、代表人及主事務所或主營業所。

二、有代理人者，其姓名、名稱及住居所或事務所。

三、主文。

四、事實。

五、理由。

六、主任裁決委員及出席裁決委員之姓名。

七、年、月、日。

裁決委員會作成裁決決定後，中央主管機關應於二十日內將裁決決定書送達當事人。

第**47-1**條　中央主管機關應以定期出版、登載於網站或其他適當方式公開裁決決定書。但裁決決定書含有依政府資訊公開法應限制公開或不予提供之事項者，應僅就其他部分公開之。

前項公開，得不含自然人之名字、身分證統一編號及其他足資識別該個人之資料。但應公開自然人之姓氏及足以區辨人別之代稱。

第**48**條　**對工會法第35條第2項規定所生民事爭議事件所為之裁決決定，當事人於裁決決定書正本送達三十日內，未就作為裁決決定之同一事件，以他方當事人為被告，向法院提起民事訴訟者，或經撤回其訴者，視為雙方當事人依裁決決定書達成合意。**

裁決經依前項規定視為當事人達成合意者，裁決委員會應於前項期間屆滿後七日內，將裁決決定書送請裁決委員會所在地之法院審核。

前項裁決決定書，法院認其與法令無牴觸者，應予核定，發還裁決委員會送達當事人。

法院因裁決程序或內容與法令牴觸，未予核定之事件，應將其理由通知裁決委員會。但其情形可以補正者，應定期間先命補正。

經法院核定之裁決有無效或得撤銷之原因者，當事人得向原核定法院提起宣告裁決無效或撤銷裁決之訴。

前項訴訟，當事人應於法院核定之裁決決定書送達後三十日內提起之。

第49條 前條第2項之**裁決經法院核定後，與民事確定判決有同一效力**。

第50條 當事人本於第48條第1項裁決決定之請求，欲保全強制執行或避免損害之擴大者，得於裁決決定書經法院核定前，向法院聲請假扣押或假處分。

前項聲請，債權人得以裁決決定代替請求及假扣押或假處分原因之釋明，法院不得再命債權人供擔保後始為假扣押或假處分。

民事訴訟法有關假扣押或假處分之規定，除第529條規定外，於前二項情形準用之。

裁決決定書未經法院核定者，當事人得聲請法院撤銷假扣押或假處分之裁定。

第51條 基於工會法第35條第1項及團體協約法第6條第1項規定所為之裁決申請，其程序準用第39條、第40條、第41條第1項、第43條至第47條規定。

前項處分並得令當事人為一定之行為或不行為。

不服第1項不受理決定者，得於決定書送達之次日起三十日內繕具訴願書，經由中央主管機關向行政院提起訴願。

對於第1項及第2項之處分不服者，得於決定書送達之次日起二個月內提起行政訴訟。

第52條 本法第32條規定，於裁決程序準用之。

第五章　爭議行為

第53條 **勞資爭議，非經調解不成立，不得為爭議行為；權利事項之勞資爭議，不得罷工。**

雇主、雇主團體經中央主管機關裁決認定違反工會法第35條、團體協約法第6條第1項規定者，工會得依本法為爭議行為。

第54條 **工會非經會員以直接、無記名投票且經全體過半數同意，不得宣告罷工及設置糾察線。**

下列勞工，不得罷工：

一、教師。

二、國防部及其所屬機關（構）、學校之勞工。

下列影響大眾生命安全、國家安全或重大公共利益之事業，勞資雙方應約定必要服務條款，工會始得宣告罷工：

一、自來水事業。

二、電力及燃氣供應業。

三、醫院。

四、經營銀行間資金移轉帳務清算之金融資訊服務業與證券期貨交易、結算、保管事業及其他辦理支付系統業務事業。

前項必要服務條款，事業單位應於約定後，即送目的事業主管機關備查。

提供固定通信業務或行動通信業務之第一類電信事業，於能維持基本語音通信服務不中斷之情形下，工會得宣告罷工。

第2項及第3項所列之機關（構）及事業之範圍，由中央主管機關會同其主管機關或目的事業主管機關定之；前項基本語音通信服務之範圍，由目的事業主管機關定之。

重大災害發生或有發生之虞時，各級政府為執行災害防治法所定災害預防工作或有應變處置之必要，得於災害防救期間禁止、限制或停止罷工。

第55條　爭議行為應依誠實信用及權利不得濫用原則為之。

雇主不得以工會及其會員依本法所為之爭議行為所生損害為由，向其請求賠償。

工會及其會員所為之爭議行為，該當刑法及其他特別刑法之構成要件，而具有正當性者，不罰。但以強暴脅迫致他人生命、身體受侵害或有受侵害之虞時，不適用之。

第56條　爭議行為期間，爭議當事人雙方應維持工作場所安全及衛生設備之正常運轉。

第六章　訴訟費用之暫減及強制執行之裁定

第57條　勞工或工會提起確認僱傭關係或給付工資之訴，暫免徵收依民事訴訟法所定裁判費之二分之一。

第**58**條　除第50條第2項所規定之情形外，勞工就工資、職業災害補償或賠償、退休金或資遣費等給付，為保全強制執行而對雇主或雇主團體聲請假扣押或假處分者，法院依民事訴訟法所命供擔保之金額，不得高於請求標的金額或價額之十分之一。

第**59**條　勞資爭議經調解成立或仲裁者，依其內容當事人一方負私法上給付之義務，而不履行其義務時，他方當事人得向該管法院聲請裁定強制執行並暫免繳裁判費；於聲請強制執行時，並暫免繳執行費。

前項聲請事件，法院應於七日內裁定之。

對於前項裁定，當事人得為抗告，抗告之程序適用非訟事件法之規定，非訟事件法未規定者，準用民事訴訟法之規定。

第**60**條　有下列各款情形之一者，法院應駁回其強制執行裁定之聲請：

一、調解內容或仲裁判斷，係使勞資爭議當事人為法律上所禁止之行為。

二、調解內容或仲裁判斷，與爭議標的顯屬無關或性質不適於強制執行。

三、依其他法律不得為強制執行。

第**61**條　依本法成立之調解，經法院裁定駁回強制執行聲請者，視為調解不成立。

但依前條第2款規定駁回，或除去經駁回強制執行之部分亦得成立者，不適用之。

第七章　罰則

第**62**條　雇主或雇主團體違反第8條規定者，處新臺幣二十萬元以上六十萬元以下罰鍰。

工會違反第8條規定者，處新臺幣十萬元以上三十萬元以下罰鍰。

勞工違反第8條規定者，處新臺幣一萬元以上三萬元以下罰鍰。

第**63**條　違反第12條第4項、第17條第3項、第33條第4項或第44條第4項規定，為虛偽之說明或提供不實資料者，處新臺幣三萬元以上十五萬元以下罰鍰。

違反第12條第3項、第17條第3項、第33條第4項或第44條第4項規定，無正當理由拒絕說明或拒絕調解人或調解委員進入事業單位者，處新臺幣一萬元以上五萬元以下罰鍰。

勞資雙方當事人無正當理由未依通知出席調解會議者,處新臺幣二千元以上一萬元以下罰鍰。

第八章　附則

第 64 條　權利事項之勞資爭議,經依鄉鎮市調解條例調解成立者,其效力依該條例之規定。

權利事項勞資爭議經當事人雙方合意,依仲裁法所為之仲裁,其效力依該法之規定。

第8條之規定於前二項之調解及仲裁適用之。

第 65 條　為處理勞資爭議,保障勞工權益,中央主管機關應捐助設置勞工權益基金。

前項基金來源如下:

一、勞工權益基金(專戶)賸餘專款。

二、由政府逐年循預算程序之撥款。

三、本基金之孳息收入。

四、捐贈收入。

五、其他有關收入。

第 66 條　本法施行日期,由行政院定之。

五、勞資爭議調解辦法　中華民國108年7月31日修正

第一章　總則

第 1 條　本辦法依勞資爭議處理法(以下簡稱本法)第11條第4項規定訂定之。

第二章　調解之受理

第 2 條　勞資爭議當事人應檢具**調解申請書**向直轄市、縣(市)主管機關(以下簡稱地方主管機關)申請調解。

地方主管機關受理前項調解申請時,應向申請人說明下列事項:

一、得選擇透過地方主管機關指派調解人,或組成勞資爭議調解委員會之方式進行調解。

二、選擇透過地方主管機關指派調解人之方式進行調解時,地方主管機關得委託民間團體指派調解人進行調解。

三、得請求地方主管機關提出調解委員名冊及受託民間團體名冊，供其閱覽。

四、得要求調解人說明其身分及資格。

地方主管機關所提供之調解申請書，應附記前項說明內容。

第3條　前條申請書應載明本法第10條所定事項，未依規定載明者，地方主管機關得限期補正，屆期未補正，不予受理。

第三章　調解委員之遴聘及義務

第4條　地方主管機關遴聘之調解委員，應具備下列資格之一：

一、有勞資爭議調解或協調實務經驗二年以上者。

二、曾任或現任各級勞工行政工作二年以上者。

三、曾任或現任各級行政主管機關擔任法制工作二年以上者。

四、曾任或現任工會或雇主團體理事、監事或專任會務工作五年以上者。

五、曾任或現任事業單位管理職五年以上者。

六、符合第13條所定調解人資格者。

七、符合勞資爭議仲裁委員資格者。

第5條　有下列情形之一者，不得擔任調解委員：

一、經褫奪公權宣告尚未復權。

二、受破產宣告尚未復權。

三、依消費者債務清理條例開始清算程序尚未復權。

四、受監護或輔助宣告尚未撤銷。

五、未成年人。

第6條　地方主管機關備置之調解委員名冊，應記載下列事項：

一、姓名、年齡及性別。　　二、學歷及經歷。

三、現任職務。　　　　　　四、專長。

五、勞資關係之處理經驗。　六、遴聘日期。

地方主管機關應於每年五月底前，將調解委員名冊公告之。

第7條　地方主管機關遴聘之調解委員，每屆任期為三年。

調解委員任期中，有增聘調解委員之必要，地方主管機關得增聘之，其任期至前項該屆調解委員任期屆滿為止。

第8條　地方主管機關依本法第13條指派或本法第14條指定之調解委員，須由第6條所備置之調解委員名冊中指派或指定。

勞資爭議當事人依本法第14條選定之調解委員，不得為現任各級勞工行政主管機關之人員。

第9條 調解委員有行政程序法第32條所定情形，地方主管機關不得指派之。受指派之調解委員有前項所定情形時，應即主動陳報，由地方主管機關另行指派之。

勞資爭議當事人認為受指派之調解委員，有行政程序法第33條第1項所定情形之一者，得請求其迴避。

前項之請求，應於調解方案作成前，以書面敘明理由向地方主管機關提出，地方主管機關須於五日內作成決定。

第10條 調解委員應於調解程序開始前，主動說明其與勞資爭議當事人之關係。調解委員就當事人請求調解之事項，有財產上利害關係者，亦同。

第11條 調解委員有下列情形之一者，地方主管機關於查證屬實後，應即解聘之：

一、不具第4條所定資格之一。

二、有第5條所定情形之一。

三、違反第9條第2項規定。

四、違反第24條第1項或第2項規定。

調解委員有前項第3款或第4款所定情形者，地方主管機關不得遴聘之；亦不得再擔任調解委員或調解人。

第12條 地方主管機關得支給調解委員出席費、交通費及調查事實費等相關費用。

第四章　調解人之資格、認證及義務

第13條 調解人應具備下列資格之一：

一、執行律師業務，並於最近三年內曾辦理勞資爭議案件者。

二、曾任或現任教育部認可之大專校院講師以上，並教授勞資關係或法律相關課程三年以上，且有實務經驗者。

三、曾任各級勞工行政主管機關，處理勞資爭議或擔任法制工作具三年以上經驗者。

四、具備第4條第1款資格，並依第14條規定取得中央主管機關核發之勞資爭議調解人認證證書。

地方主管機關應就前項符合調解人資格者，建立名冊。

地方主管機關為辦理勞資爭議調解業務，得聘請符合第一項所定資格之一者，專職擔任調解人。

第14條　主管機關推薦符合第4條第1款資格者，於完成中央主管機關指定之訓練，經測驗合格後，由中央主管機關發給勞資爭議調解人認證證書。

前項所定訓練時數，不得低於三十小時之課堂講習及不得低於十小時之實例演練。

第1項訓練之課程、測驗及受訓之名額，由中央主管機關擬定訓練計畫實施。

前項訓練，中央主管機關得委託民間團體或教育部認可之國內大專校院辦理。

第15條　具備第13條第1項資格之調解人，每二年應參加主管機關認可與調解業務相關之研習，時數至少十小時。

第16條　地方主管機關應每年度辦理調解人評量，其項目如下：
一、參與第15條研習，並取得證明。
二、符合第18條之說明義務。
三、符合第19條調解人適用規定。
四、符合第23條應遵循調查程序。
五、符合第25條第1項規定，製作調解紀錄內容。

第17條　具備第13條第1項資格之調解人，應參加第15條之研習，並依前條規定評量合格，經地方主管機關簽證後，始得續任調解人。

第18條　調解人應於調解程序開始前，主動向勞資爭議雙方當事人說明其身分及資格。

第19條　第5條、第9條至第11條之規定，於調解人適用之。

第五章　民間團體受委託調解

第20條　地方主管機關依本法第11條第3項規定**委託之民間團體，應符合下列要件：**
一、**須依法設立之社團法人或財團法人，其章程以促進勞資關係為宗旨，且協助勞資爭議之調處為目的。**
二、**聘任一位以上之專職會務人員。**
三、**聘任具第13條所定資格，並依第17條評量合格之調解人四人以上。**

前項受委託之民間團體，不得為勞工團體或雇主團體。

第21條　地方主管機關應備置受託民間團體名冊，並記載下列事項：

一、名稱、會所地址及電話。

二、代表人。

三、設立時間。

四、聘任調解人之姓名、學經歷職業、現任職務及符合調解人資格之事項。

前項受託民間團體名冊，應供公眾閱覽。

第22條　地方主管機關應於每年度辦理受託民間團體之考核，其項目如下：

一、本法第11條第5項補助經費支用情形。

二、第20條民間團體之資格要件。

三、第25條第2項調解紀錄之處理。

地方主管機關對受託民間團體之考核結果，應予公告。

考核不合格之受託民間團體，地方主管機關於二年內不得再委託辦理調解業務。

第六章　其他應遵行事項

第23條　調解人、調解委員為調查事實而有使當事人、相關人員或事業單位提出說明之必要時，應由地方主管機關事先以書面通知之。

調解人、受指派之調解委員為調查事實而有進入相關事業單位訪查之必要時，應事先取得地方主管機關之書面同意，並於進行訪查時，主動出示證明。

依本法第14條第1項規定由勞資爭議當事人選定之調解委員或由地方主管機關代為指定之調解委員，有第9條第1項所定迴避事由者，不得受指派進行事實調查。

第24條　調解委員及調解人就調解事務之處理，應遵守本法第二章調解之相關規定。

調解委員及調解人，不得有下列行為：

一、處理調解事務收受不當利益。

二、處理調解事務使用暴力脅迫。

三、未經地方主管機關依前條第1項規定通知，命當事人、相關人員或事業單位提出說明。

四、未經地方主管機關依前條第2項事先同意，進入相關事業單位訪查。

五、其他違反調解倫理之行為。

調解委員及調解人，有前項所定行為之一，且經地方主管機關查證屬實者，不得再擔任調解委員或調解人；其經地方主管機關遴聘為調解委員者，應即解聘，已取得勞資爭議調解人認證證書而其情節重大者，應通報中央主管機關註銷其證書。

第24-1條 中央主管機關為審查前條第3項調解人註銷證書案件，應成立勞資爭議調解人註銷證書審查小組（以下簡稱審查小組）。

前項審查小組置委員五人或七人，由中央主管機關指派一人兼任並擔任召集人，其餘遴聘專家學者擔任之，任期二年。

審查小組開會時，應有二分之一以上委員出席，其決議事項應有出席委員三分之二以上同意行之。

審查小組開會時，因案情需要，得邀請與議決事項有關之其他行政機關、相關單位或人員列席，陳述事實或提供意見。

審查小組開會時，委員應親自出席，並應就審查之案件，依行政程序法第32條及第33條規定迴避。

審查小組委員為無給職。但專家學者得依規定支領出席費。

第25條 勞資爭議調解委員會及調解人，應作成調解紀錄，記載下列事項：
一、本法第10條所定事項。
二、勞資爭議調解之申請日期。
三、舉行調解會議之日期及起迄時間；有數次者應分別記載。
四、舉行調解會議之地點。
五、雙方當事人之主張。
六、調查事實之結果。
七、調解方案之內容。
八、調解之結果。
九、雙方當事人出席之情形。
十、調解委員或調解人之姓名及簽名。

調解不成立時，調解人應向雙方當事人說明本法第25條第1項所定事項，並記載於調解紀錄。

調解委員會、調解人及受託辦理調解事務之民間團體，應於調解程序終結後三日內，將調解紀錄及相關案卷送地方主管機關。

地方主管機關於收到前項紀錄後七日內，將該紀錄送達勞資爭議雙方當事人。

前項紀錄之送達事項，地方主管機關得委託第3項所定之民間團體辦理。

調解紀錄及相關案卷，應由地方主管機關保存十五年。

第26條 地方主管機關對依本法第11條第1項規定指派之調解人者，得支給調解案件費及調解所衍生之費用。

地方主管機關對依本法第11條第3項規定委託之民間團體，得支給委託費用。

第27條 本辦法之書表格式，由中央主管機關定之。

第28條 本辦法自中華民國一百年五月一日施行。

本辦法修正條文，除第16條及第17條自中華民國一百零五年五月一日施行外，自發布日施行。

 六、勞資爭議仲裁辦法 中華民國103年5月9日修正

第一章　總則

第1條 本辦法依勞資爭議處理法（以下簡稱本法）第26條第2項規定訂定之。

第二章　仲裁之受理

第2條 勞資爭議當事人應檢具仲裁申請書，向主管機關申請仲裁。

主管機關受理前項仲裁申請時，應向申請人說明仲裁程序及下列事項：

一、得選擇獨任仲裁人或勞資爭議仲裁委員會之方式進行仲裁；但一方申請交付仲裁者，僅得以勞資爭議仲裁委員會之方式進行仲裁。

二、得請求仲裁委員或仲裁人說明其身分及資格。

三、得請求主管機關提出仲裁人或仲裁委員名冊，供其閱覽。

四、依第1款選定仲裁方式後，屆期未選定仲裁人或仲裁委員者，主管機關得代為指定。

五、合意申請仲裁者，如有必要委託第三人或機構提供專家意見所需之費用。

主管機關所提供之仲裁申請書，應附記前項說明內容。

第 **3** 條　仲裁之申請，有下列情形之一，主管機關應限期命其補正，屆期未補正者，不予受理：

一、當事人一方不符下列要件者：

　　(一)自然人。

　　(二)法人。

　　(三)非法人之團體設有代表人或管理人者。

　　(四)行政機關。

　　(五)其他依法律規定得為權利義務之主體者。

二、由代理人申請，而其代理權有欠缺。

三、申請不合程式或不備其他要件。

四、就已經申請仲裁之案件，於仲裁繫屬中，更行申請仲裁。

五、依本法第25條第3項申請交付仲裁，而書面同意不成立。

仲裁人或仲裁委員會審理案件發現有前項所定情形之一者，應即報由主管機關依前項規定處理。

申請仲裁事項為確定仲裁判斷之效力所及者，主管機關應不予受理。

第 **4** 條　勞資爭議經雙方當事人以書面同意申請交付仲裁者，一方對書面同意之有無爭執時，直轄市、縣（市）主管機關（以下簡稱地方主管機關）應以利於有效性原則解釋之。

當事人間之文書、信函、電傳、電報或其他類似方式之通訊，足認有仲裁合意者，以有同意仲裁認定之。

第 **5** 條　主管機關依據本法第34條第2項另行指定仲裁委員代替前，經解除職務之仲裁委員由勞資爭議當事人一方所選任者，應聽取該當事人之意見。

第 **6** 條　**勞資爭議當事人之勞方，依本法第25條第2項規定申請仲裁者，以工會為限**。

第 **7** 條　依本法第25條第2項及第4項交付仲裁時，主管機關應即以書面通知雙方當事人依本法第29條第1項選定仲裁委員，組成仲裁委員會並說明仲裁程序。

第三章　仲裁委員之遴聘及義務

第 **8** 條　具備下列資格之一且熟悉勞資關係事務者，主管機關得遴聘為仲裁委員：

一、曾任或現任國內、外仲裁機構仲裁事件之仲裁人。

二、曾任或現任法官、檢察官三年以上。

三、律師及其他依法具有專門執業及技術執業資格人員三年以上。

四、曾任或現任教育部認可之大專校院助理教授以上之教師三年以上。

五、曾任政府機關九職等以上之行政職務三年以上。

六、曾任或現任下列職務之一，五年以上：

(一)僱市、縣（市）以上勞、雇團體或民間中介團體之理事、監事或相當職務者。

(二)直轄市、縣（市）以上勞、雇團體或民間中介團體之理事、監事或相當職務者。

第9條　主任仲裁委員應具備下列資格之一：

一、曾任或現任國內、外仲裁機構仲裁事件之勞資爭議仲裁人三年以上。

二、曾任或現任法官、檢察官十年以上。

三、律師及其他依法具有專門執業及技術執業資格人員十年以上。

四、曾任或現任教育部認可之大專校院助理教授以上之教師十年以上。

五、曾任政府機關九職等以上之行政職務十年以上。

六、曾任或現任下列職務之一，十年以上：

(一)僱用勞工五十人以上之事業單位，代表雇主處理勞工事務之經理級以上相當職務。

(二)直轄市、縣（市）以上勞、雇團體或民間中介團體之理事、監事或相當職務者。

第10條　有下列情形之一者，不得擔任仲裁委員：

一、經褫奪公權宣告尚未復權。

二、受破產宣告尚未復權。

三、依消費者債務清理條例開始清算程序尚未復權。

四、受監護或輔助宣告尚未撤銷。

五、未成年人。

第11條　主管機關備置之仲裁委員名冊，應記載下列事項：
一、姓名、年齡及性別。　　二、學歷及經歷。
三、現任職務。　　　　　　四、專長。
五、勞資關係之處理經驗。　六、遴聘日期。
主管機關應於每年五月底前，將仲裁委員名冊公告之。

第12條　主管機關遴聘之仲裁委員，每屆任期為三年。
地方主管機關於任期中增聘仲裁委員者，其任期至該屆仲裁委員任期屆滿時為止。

第13條　地方主管機關依本法第29條第2項指定之仲裁委員或主任仲裁委員，應自仲裁委員名冊中指定之。
依本法第25條第2項交付仲裁時，勞資爭議當事人未能依本法第30條第4項共同選定一人或三人之仲裁委員或互推主任仲裁委員時，由中央主管機關自仲裁委員名冊中指定之。

第14條　勞資爭議當事人認為仲裁委員有本法第32條第1項、第2項所定迴避事由時，得申請仲裁委員迴避。
前項申請應舉其原因及事實，向各該主管機關為之，並為適當之釋明；被申請迴避之仲裁委員對於該申請得提出意見書。
第1項之申請，除有正當理由外，主管機關應於十日內為適當之處置。
被申請迴避之仲裁委員於主管機關就該申請事件為准許或駁回之決定前，應停止仲裁程序。但有急迫情形，仍應為必要處置。
仲裁委員有本法第32條第1項、第2項所定迴避事由不自行迴避，而未經當事人申請迴避者，應由主管機關依職權命其迴避。

第15條　仲裁委員應於仲裁程序開始前，主動向勞資爭議雙方當事人說明其身分及資格。

第16條　遴聘之仲裁委員有下列情形之一者，主管機關於查證屬實後，應即解聘：
一、違反本法第38條準用第24條規定。
二、不具第8條、第9條、第18條所定資格之一。
三、有第10條所定情形之一。
四、拒絕依第14條第5項規定迴避。
仲裁委員有前項第1款、第3款至第4款所定情形之一，不得再擔任仲裁委員，主管機關亦不得遴聘之。

第17條　主管機關應支給仲裁委員出席費、交通費、調查事實費、仲裁判斷書撰寫費及繕打費等相關費用。

第四章　仲裁人之選定

第18條　具備下列資格之一且熟悉勞資關係事務者，主管機關得遴聘為仲裁人：

一、曾任或現任國內、外仲裁機構仲裁事件之仲裁人。

二、曾任或現任法官、檢察官五年以上。

三、律師及其他依法具有專門執業及技術執業資格人員五年以上。

四、曾任或現任教育部認可之大專校院助理教授以上之教師五年以上。

五、曾任政府機關九職等以上之行政職務五年以上。

第19條　第10條至第17條之規定，於仲裁人準用之。

第五章　仲裁程序

第20條　仲裁程序違反本法、本辦法或仲裁合意者，爭議當事人得聲明異議。但當事人知悉或可得而知仍進行仲裁程序者，不得異議。

前項異議由仲裁人或仲裁委員會決定之。

第21條　勞資爭議當事人有下列主張之一，仲裁人或仲裁委員會認其無理由時，仍得進行仲裁程序，並為判斷：

一、仲裁合意不成立。　二、仲裁程序不合法。

三、違反仲裁合意。　　四、仲裁合意與應判斷之爭議無關。

五、仲裁人或仲裁委員欠缺仲裁權限。

六、其他依本法第37條第3項規定得提起撤銷仲裁判斷之訴之理由。

第22條　本法第33條第1項所定特殊情形，指有下列情形之一：

一、受通知或受訪查之人員，拒絕說明或妨礙調查者。

二、仲裁事件之事實複雜，顯然不能於十日內完成調查者。

三、其他有不能於十日內提出調查結果之特殊情形者。

受指派調查委員，應就前項事由提報仲裁委員會決議後，延長調查期間。

第23條　勞資爭議仲裁人或仲裁委員會應作成仲裁紀錄，記載下列事項：

一、準用本法第10條所列之事項。

二、勞資爭議申請交付仲裁之日期。

三、舉行仲裁會議之日期及起訖時間；如有數次，應逐次分別記載。

四、舉行仲裁會議之地點。

五、雙方當事人之主張及陳述。

六、調查事實之結果。

七、仲裁委員所提之意見。

八、仲裁會議之要旨。

九、雙方當事人之簽名。

十、仲裁人或仲裁委員之姓名及簽名。

前項紀錄，應於每次仲裁會議結束之日起十日內，送達勞資爭議雙方當事人。

仲裁紀錄及相關案卷應保存十五年。

第24條　仲裁人或仲裁委員會於仲裁判斷前，如有必要，得委託第三人或機構提供專家意見。

第25條　前條所需之費用，依下列規定處理：

一、於一方申請交付仲裁或依職權交付仲裁者，由主管機關編列經費支應。

二、應目的事業主管機關之請求依職權交付仲裁者，由目的事業主管機關負擔。

三、合意申請仲裁者，由雙方共同負擔。

第26條　仲裁委員會之仲裁判斷不能依本法第34條規定逾半數或逾四分之三者，仲裁程序依下列規定處理：

一、依本法第25條第1項規定或第3項規定申請交付仲裁者，程序視為終結。但當事人雙方得合意選擇下列方式之一另行仲裁：

(一)選定獨任仲裁人。

(二)組成仲裁委員會。

二、依本法第25條第2項規定由一方申請交付仲裁者，主管機關應依本法第29條重組仲裁委員會後，繼續進行仲裁程序。

三、依本法第25條第4項規定依職權交付仲裁者，主管機關應依
　　本法第29條重組仲裁委員會後，繼續進行仲裁程序。
依前項規定繼續進行仲裁程序者，仲裁委員會得援用爭議當事人
先前提出之主張、證據及調查事實之結果。

第27條　仲裁人或仲裁委員會作成仲裁判斷後，應於十日內作成仲裁判斷
　　　　書，載明下列事項：
一、當事人姓名、住所或居所；如為法人、雇主團體或工會，其
　　名稱、代表人及主事務所或主營業所。
二、有代理人者，其姓名、名稱及住居所或事務所。
三、有通譯者，其姓名、國籍及住所或居所。
四、主文。
五、事實。
六、理由。
七、仲裁人或主任仲裁委員及仲裁委員之姓名。
八、年、月、日。

第六章　附則

第28條　爭議當事人之一方不諳國語者，仲裁程序得用通譯。
第29條　勞資爭議當事人就仲裁程序未約定者，適用本法規定；本法未規
　　　　定者，準用仲裁法之規定。
第30條　本辦法相關書表格式，由中央主管機關定之。
第31條　本辦法自中華民國一百年五月一日施行。
　　　　本辦法修正條文自發布日施行。

七、不當勞動行為裁決辦法　中華民國110年9月29日修正

第一章　總則

第1條　本辦法依勞資爭議處理法（以下簡稱本法）第43條第5項規定訂
　　　　定之。

第二章　裁決委員會之組成及遴聘

第2條　不當勞動行為裁決委員會（以下簡稱裁決委員會），置裁決委員
　　　　七人至十五人，由中央主管機關遴聘之，任期二年，並由裁決委
　　　　員互推一人為主任裁決委員。

裁決委員會置常務裁決委員一人至三人，由中央主管機關於裁決委員中遴聘之。

裁決委員會之委員，任一性別比例不得少於三分之一。

裁決委員出缺時，由中央主管機關另行遴聘之，其任期至同屆裁決委員任期屆滿之日止。

第2-1條 主任裁決委員主持裁決委員會，綜理裁決案件審理相關事務。

常務裁決委員為促進裁決案件之妥善審理，其<u>職責如下</u>：

一、<u>追蹤裁決案件之進度</u>。

二、<u>檢視裁決案件之調查程序</u>。

三、<u>提出對裁決案件調查報告及裁決決定書之意見</u>。

四、<u>提供不當勞動行為裁決制度等之諮詢</u>。

五、<u>其他為促進裁決案件妥善審理有關事務</u>。

第3條 具備下列資格之一且熟悉勞工法令、勞資關係事務者，中央主管機關得遴聘為裁決委員：

一、曾任或現任法官、檢察官、律師及其他依法具有專門執業及技術執業資格人員五年以上。

二、曾任或現任教育部認可之大專校院法律、勞工、社會科學助理教授以上之教師五年以上。

三、有其他經歷足資證明熟悉勞工法令、勞資關係事務。

第4條 有下列情形之一者，不得遴聘為裁決委員：

一、經褫奪公權宣告尚未復權。

二、受破產宣告尚未復權。

三、依消費者債務清理條例開始清算程序尚未復權。

四、受監護或輔助宣告尚未撤銷。

五、受一年以上有期徒之宣告確定。但過失犯或諭知緩刑宣告者，不在此限。

第5條 遴聘之裁決委員有下列情形之一者，中央主管機關於查證屬實後，應即解聘：

一、不具第三條各款所定資格之一。

二、有前條各款情形之一。

第6條 裁決委員有下列各款情形之一者，應自行迴避：

一、曾為該爭議事件之調解委員或調解人。

二、裁決委員或其配偶、前配偶，就該爭議事件與當事人有共同
權利人或共同義務人之關係者。

三、裁決委員或其配偶、前配偶、四親等內之血親或三親等內之
姻親或曾有此關係者為爭議事件之當事人。

四、現為或曾為該爭議事件當事人之代理人或家長、家屬。

五、工會為爭議事件之當事人者，其會員、理事、監事或會務
人員。

六、雇主團體或雇主為爭議事件之當事人者，其會員、理事、監
事、會務人員或其受僱人。

七、有具體事實足認其執行業務有偏頗之虞。

第7條　遇有下列各款情形之一者，當事人得向中央主管機關申請裁決委
員迴避：

一、裁決委員有前條所定之情形而不自行迴避。

二、有具體事實足認裁決委員執行職務有偏頗之虞。

當事人已就該裁決案件有所陳述後，不得依前項第2款申請裁決
委員迴避。但迴避之原因發生在後或知悉在後者，不在此限。

第8條　申請裁決委員迴避，應舉其原因及事實，向中央主管機關申
請之。

前項原因事實及前條第2項但書之事實，應自申請之日起，於三
日內為適當之釋明。

被申請迴避之裁決委員，對於該申請得提出意見書。

第9條　被申請迴避之裁決委員，得考量申請人申請迴避之理由後，主動
迴避。

第10條　中央主管機關應於收到迴避申請後三日內，送交裁決委員會處
理之。

裁決委員會受理後，應於七日內作成決議；其因不足法定人數不
能召開者，由主任裁決委員決定之。

前項裁決委員會議之決議，由中央主管機關通知申請迴避之當
事人。

第11條　裁決委員被申請迴避者，在該申請事件為准許或駁回之決定
前，應停止參與裁決程序。但有急迫情形，主任裁決委員得為
必要處置。

第三章　裁決之受理

第12條 申請裁決者，為申請人，他造為相對人。

申請人及相對人，均為裁決事件之當事人。

第13條 申請人依本法第40條規定提出裁決申請時，除申請書外，應向裁決委員會提出相關書面說明或其附屬文件五份正本，並應按相對人人數，提出繕本或影本。

有委任代理人者，應提出委任書狀。

第14條 裁決委員會得以裁決委員二人至四人組成審查小組。

裁決委員會收到裁決申請書後，應將案件輪流分案予審查小組進行初步審查；審查小組應於審查後七日內，提交常務裁決委員。

前項初步審查，審查小組於必要時，得通知當事人到會說明。

第15條 裁決之申請，有下列情形之一者，裁決委員會應作成不受理之決定：

一、有違反本法第39條第2項規定。

二、有本法第44條第6項所規定之情事。

三、以工會為申請人時，該申請人非工會法所定之工會。

四、基於團體協約法第6條第1項規定所為之裁決申請，該工會並非同法第6條第3項規定有協商資格之勞方。

裁決之申請不符本法第40條規定時，應先限期令其補正，屆期未補正者，不受理其申請。

裁決委員會不受理決定，應作成決定書，其應載明事項，準用本法第47條規定。

第16條 裁決委員會除依前條規定作出不受理決定者外，應將申請書之繕本或影本送達於相對人，並得命相對人以書面提出說明。

相對人於申請書之繕本或影本送達之日起，應於七日內提出前項所規定之書面說明。

第17條 裁決程序進行中，當事人提出之書面說明或其附屬文件，除應提供五份正本予裁決委員會外，應按他方人數，逐行以繕本或影本直接通知他方。

他方就曾否收受前項書面說明之繕本或影本有爭執時，應由提出之當事人證明之；無法證明者，應即補行通知。

第18條　裁決申請人,得於本法第46條規定裁決委員會作成裁決決定之最後詢問程序終結前,撤回裁決申請之全部或一部。但相對人已於詢問程序為言詞陳述者,應得其同意。

裁決申請之撤回,應以書面為之。但於裁決委員會作成裁決決定之最後詢問程序終結前,得以言詞向裁決委員會聲明理由撤回。以言詞所為之撤回,應記載於紀錄,相對人不在場者,應將紀錄送達。

裁決委員會於裁決申請撤回後,應於七日內,將撤回之意旨通知相對人。

第四章　裁決委員會之召開

第19條　裁決委員會應公正進行裁決事件之調查、詢問及裁決決定等事項。

第20條　裁決委員會會議以主任裁決委員為主席,主任裁決委員因故不能出席時,應指定委員一人代理之。

第21條　裁決案件有必要時,裁決委員會得邀請學者、專家及與議決事項有關之其他行政機關、相關單位或人員列席會議,陳述事實或提供意見。

第五章　裁決之調查及詢問程序

第22條　裁決委員依本法第44條第2項、第3項規定進行調查時,得作成調查計畫書,並為下列之處置:

一、通知當事人、相關人員或事業單位以言詞或書面提出說明。

二、聽取當事人之意見或詢問證人。

三、命鑑定人提出鑑定書或詢問鑑定人。

四、通知有關機關協助提供相關文書、表冊及物件。

五、進入相關事業單位訪查。

裁決委員進行調查時,應作成調查紀錄。

常務裁決委員應檢視前項調查紀錄,如有意見應以書面提出,供審查小組參考。

第23條　裁決委員於調查會議中,得詢問當事人、證人、鑑定人、相關人員或事業單位。

當事人或代理人得經裁決委員之許可,陳述意見、詢問他方當事人、證人、鑑定人、相關人員或事業單位。

裁決委員認前項之陳述或詢問重複，或與爭點無關、或有其他不適當之情形時，得限制或禁止之。

第24條 裁決委員依前條詢問前，應告知受詢問人不得為虛偽說明、提供不實資料或無正當理由拒絕說明。

受詢問人違反前項規定者，依本法第63條處以罰鍰。

裁決委員得以記載第1項事項之結文，命受詢問人簽名。

第25條 裁決委員依本法第44條第2項規定，命當事人提出相關文書，當事人無正當理由拒絕提出文書時，裁決委員得審酌情形，認他造關於該文書之主張或依該文書應證事實為真實。

前項情形，裁決委員於調查終結前，應給予當事人陳述意見之機會。

第26條 當事人對於他方所提之書面說明或其附屬文件之正本與繕本或影本認有不符時，應以提出於裁決委員會之正本為準。

第27條 裁決委員作成之調查報告，應包含下列事項：

一、調查之處所及年、月、日。

二、裁決委員及記錄職員姓名。

三、裁決事件。

四、到場當事人、代理人、及其他經同意到場相關人員之姓名。

五、當事人及相關人員所為聲明或陳述之要點。

六、證人之陳述或鑑定人之鑑定結果。

七、調查紀錄。

八、調查意見。

前項調查報告，應送交裁決委員會。

常務裁決委員應檢視下列資料，並提出書面意見，供審查小組或裁決委員會參考：

一、第1項之調查報告。

二、裁決委員撰寫之裁決決定建議書。

三、裁決委員依裁決委員會作成之裁決決定撰寫之裁決決定書。

第28條 **主任裁決委員應於裁決委員作成調查報告後七日內，召開裁決委員會。**

裁決委員會應依本法第46條第1項後段規定，通知當事人以言詞陳述意見進行詢問程序。必要時得通知相關人員陳述意見。

裁決委員會進行前項詢問程序前，應訂定詢問期日，並製作詢問通知書，記載到場之日、時及處所，送達於當事人及相關人員。

第**29**條　裁決委員會依前條規定進行詢問程序時，得公開進行之。

詢問程序之進行，由主任裁決委員主持之。

詢問應作成詢問紀錄，並記載下列事項：

一、言詞陳述之處所及年、月、日。

二、裁決委員及記錄職員姓名。

三、裁決事件。

四、到場當事人、代理人及其他經通知到場相關人員之姓名。

五、當事人及相關人員為聲明或陳述之要點。

第**30**條　主任裁決委員於詢問程序終結前，應給予當事人雙方最後陳述意見之機會。

詢問程序終結後，主任裁決委員認有必要者，得聽取出席之裁決委員意見，再召開詢問程序或調查程序。

第**31**條　裁決委員或裁決委員會，對於妨礙調查程序或詢問程序進行者，得命其退場，必要時得請求警察機關協助排除。

第**31-1**條　裁決委員會認申請人之申請有理由者，應為全部或一部有理由之裁決決定；無理由者，應為全部或一部駁回申請之裁決決定。

全部或一部有理由之裁決決定，其主文得具體記載當事人履行之方法、內容。

裁決決定有誤寫、誤算或其他類此之顯然錯誤者，裁決委員會得依申請或職權更正；其正本與原本不符者，亦同。

第**32**條　當事人雙方對請求事項具有處分權，且其和解無礙公益之維護者，裁決委員於裁決委員會作成裁決決定之最後詢問程序終結前，得隨時試行和解。

因試行和解，裁決委員得命當事人、代表人或代理人到場。

和解成立者，裁決程序當然終結，並應作成和解書。

和解書應於和解成立之日起20日內，以正本送達於當事人。

第**33**條　對工會法第35條第2項規定所生民事爭議事件所為之裁決決定，當事人於裁決決定書正本送達三十日內，就作為裁決決定之同一事件，以他方當事人為被告，向法院提起民事訴訟者，應即以書面方式通知裁決委員會，撤回民事訴訟者，亦同。

第**34**條　本法第48條第1項所定視為雙方當事人依裁決決定書達成合意，包含起訴不合法被裁定駁回之情事。

第35條　裁決決定書經法院核定後，中央主管機關應將核定之裁決決定書送達當事人。

第36條　裁決委員會依本法第48條第2項規定將裁決決定書送請法院審核，法院不予核定時，中央主管機關應送請裁決委員會處理之。

裁決委員會於處理時，認有必要者，得徵詢當事人之意見。

第六章　附則

第37條　證人或鑑定人到場之交通費、滯留期間之住宿費，依國內出差旅費報支要點所定薦任級以下人員交通費、住宿費給與標準給與。有關鑑定所需之費用，由中央主管機關視裁決案件之繁簡酌定之。

前項費用，由中央主管機關編列預算支應之。

第38條　本辦法發布前，已受理之裁決案件，其以後之裁決程序，依本辦法規定審理之。

第39條　本辦法自發布日施行。

本辦法中華民國一百十年九月二十九日修正發布之條文，自一百十年十月一日施行。

 八、勞資爭議法律及生活費用扶助辦法
中華民國113年3月13日修正

第一章　總則

第1條　本辦法依勞資爭議處理法（以下簡稱本法）第6條第5項規定訂定之。

第2條　**勞資爭議扶助範圍**如下：

一、勞動事件之勞動調解（以下簡稱勞動調解）程序、訴訟程序、保全程序、督促程序、強制執行程序及文件撰擬之**律師代理酬金**（以下簡稱代理酬金）。

二、刑事審判程序開始前之**告訴代理酬金**。

三、**勞動調解程序、訴訟程序、保全程序、督促程序及強制執行程序之必要費用**。

四、勞動調解及訴訟期間必要**生活費用**。

五、依仲裁法仲裁之**代理酬金**。

六、勞工、求職者或工會因工會法第35條規定事由所生爭議，申請不當勞動行為裁決案件之**代理酬金**。

第二章　勞動事件處理及刑事告訴代理之扶助

第3條　勞工因下列情形之一，經主管機關調解不成立而向法院聲請勞動調解或起訴，且非屬有資力者，得申請前條第一款之扶助：

一、與雇主發生勞動基準法終止勞動契約、積欠工資、資遣費或退休金之爭議。

二、遭遇職業災害，雇主未給與補償或賠償。

三、雇主未依勞工保險條例、勞工職業災害保險及保護法或就業保險法辦理加保或投保薪資以多報少，致勞工受有損失。

工會認雇主侵害其多數會員利益，經主管機關調解不成立，依勞動事件法第40條第1項規定向法院起訴，且非屬有資力者，得申請前條第1款之扶助。

勞工符合第1項情形，依民事訴訟法第44-1條第1項規定，選定工會向法院起訴，且勞工非屬有資力者，該工會得申請前條第1款之扶助。

前3項之申請於訴訟程序進入第二審、第三審或再審者，得不經主管機關調解程序，申請前條第1款之扶助。

第1項第2款之扶助，於勞工死亡或因其他事由喪失行為能力時，得由其遺屬或法定代理人提出申請。

勞工或工會申請前條第1款之扶助，應於各該程序開始之日起一百八十日內提出。

第4條　不當勞動行為裁決委員會裁決認定雇主有不當勞動行為，雇主仍依本法第48條第1項規定，以裁決決定之同一事件，並以勞工為被告提起民事訴訟，且勞工非屬有資力者，勞工得不經主管機關調解程序，申請第2條第1款之扶助。

第5條　因雇主違反職業安全衛生法致勞工發生職業災害，經提起刑事告訴且非屬有資力者，勞工或得為告訴之人得申請第2條第2款之扶助。

第6條　第3條第1項、第3項、第4條、前條、第15條第1項第1款、第3款及第35條第1項第1款所定有資力者，為申請人或當事人申請時每月收入總計逾新臺幣（以下同）六萬五千元或其資產總額逾三百萬元者。但申請人或當事人名下之自住不動產，不含計在內。

第3條第2項、第15條第1項第2款及第35條第1項第2款所定有資力者，為工會前一年度流動資產逾五百萬元者。

第1項申請人或當事人之家庭人口中有重大傷病而需定期支付之必要費用，或因申請人或當事人單親扶養子女、照顧直系血親等經濟狀況顯較困難，不扣除部分收入或資產顯然違背扶助之目的者，得自第1項收入或資產扣除之。

第7條　**勞動調解、訴訟代理酬金扶助標準如下：**

一、個別申請者，勞動調解、每一審級訴訟最高四萬元。但因案件複雜經審核認有必要者，得增至六萬元。

二、共同申請者，勞動調解、每一審級訴訟最高十萬元。但因案件複雜經審核認有必要者，得增至二十萬元。

三、申請保全程序者，每次最高三萬元。

四、申請督促程序者，每次最高一萬元。

五、申請強制執行程序者，每次最高四萬元。

六、申請法律文件撰擬者，每件最高一萬元。

依第3條第2項或第3項申請扶助者，代理酬金扶助標準依前項第2款規定辦理。

第8條　同一原因事實之勞資爭議，多數勞工個別申請勞動調解、訴訟代理酬金扶助，中央主管機關得合併為單一案件，依前條第1項規定辦理。

第9條　勞工或第3條第5項所定遺屬或法定代理人，申請勞動調解、訴訟代理酬金扶助，應檢具下列文件：

一、申請書。

二、勞資爭議事件之陳述及相關證據。

三、勞工之資力狀況及相關釋明文件；其有第6條第3項所定得扣除收入或資產之情形者，應另檢具相關釋明文件。

四、直轄市、縣（市）勞工行政主管機關調解不成立之紀錄影本。

五、未獲政府機關或政府機關委託之民間團體同性質扶助之切結書。

工會申請勞動調解、訴訟代理酬金扶助，應檢具下列文件：

一、申請書。

二、勞資爭議事件之陳述及相關證據。

三、直轄市、縣（市）勞工行政主管機關調解不成立之紀錄影本。

四、未獲政府機關或政府機關委託之民間團體同性質扶助之切結書。

五、工會登記證書影本。

六、依工會法第31條規定所送事項，並經主管機關同意備查之最近一年證明文件。

依第3條第3項申請扶助者，並應檢附第1項第3款之文件。

依第4條申請扶助者，並應檢附不當勞動行為裁決決定書。

第10條　申請勞動調解、訴訟代理酬金扶助，有下列情形之一者，不予扶助：

一、勞動調解、訴訟顯無實益或顯無勝訴之望。

二、同一案件之同一扶助項目，曾經政府機關或政府機關委託之民間團體同性質扶助。

三、不符合第3條及第4條規定。

四、不符合第5條規定。

五、申請文件或證明有偽造、變造、虛偽不實或失效等情事。

六、未依第3條第6項規定期限提出申請或申請文件欠缺，經通知限期補正，屆期未補正。

七、勞工或工會勝訴所可能獲得之利益，小於律師酬金。但對社會及公益有重大影響或意義者，不在此限。

八、案件相對人為行政院或中央主管機關及其所屬機關（構）。

九、申請之事項不符本法扶助之目的。

第11條　申請案件經審核准予扶助者，申請人應自中央主管機關所提供扶助律師名冊中，委任適當之律師。

申請人未能依前項規定委任時，由中央主管機關自扶助律師名冊中指派之。

受申請人委任律師應按核定之律師酬金收取費用，不得額外收費。

違反前項規定者，中央主管機關得將該律師自扶助律師名冊中除名。

第12條　經核准扶助之案件，受委任律師應於核准日起九十日內，檢具起訴狀、聲請狀、委任律師帳戶、開庭通知書等文件及領據，向中央主管機關申請撥款。

經核定扶助之案件，由委任律師促成勞動事件法上之勞動調解或和解成立者，按核定之律師酬金給付。

第13條　經核准扶助之案件，申請人無正當理由不配合執行扶助、死亡、行蹤不明或有其他原因致無繼續扶助之必要者，中央主管機關得終止其扶助。

經核准扶助之案件，申請人有第10條第2款或第5款之情形，中央主管機關得撤銷其扶助。

符合前項情形者，中央主管機關應限期申請人返還已撥付受委任律師酬金之全部。屆期未返還者，應依法追繳。

申請人未依前項規定返還費用者，自依第2項規定撤銷之日起五年內，不得再申請扶助。

第14條　代理酬金非由申請人負擔者，應於獲償後三十日內返還，其返還金額以補助金額為限。

申請人未依前項規定返還者，中央主管機關應廢止原核准之扶助，並限期返還，屆期未返還者，應依法追繳，並自廢止之日起五年內，不得再申請第2條之扶助。

第三章　勞動事件必要費用之扶助

第15條　有下列情形之一，得申請第2條第3款之必要費用扶助：

一、勞工或第3條第5項所定遺屬或法定代理人，經核准依第3條第1項規定扶助代理酬金者。

二、工會依勞動事件法第40條規定向法院起訴，且非屬有資力者。

三、工會依民事訴訟法第44-1條規定受勞工選定而起訴，且該勞工符合第3條第1項規定情形者。

前項所定必要費用如下：

一、裁判費、聲請費、執行費、證人日費旅費、鑑定費、政府規費及借提費。

二、經法院裁定須支出之費用。

三、其他必需費用。

第1項申請，至遲應於法院判決確定後六十日內提出。但判決確定後，始以裁定確定訴訟費用額者，至遲應於該裁定確定後六十日內提出。

第16條　每一勞工或工會申請勞動事件必要費用扶助，中央主管機關或受其委託辦理扶助業務之民間團體，應依扶助案件之類型、勞動調解進行情況、訴訟標的及複雜程度，酌定扶助金額，同一案件最高五萬元。

第17條　同一原因事實之勞資爭議，多數勞工個別申請勞動事件必要費用扶助，中央管理機關得合併為單一案件，依前條款規定辦理。

第18條　勞工申請勞動事件必要費用扶助，應檢具下列文件：
一、申請書。
二、勞資爭議事件之陳述及相關證據。
三、勞工之資力狀況及相關釋明文件；其有第6條第3項所定得扣除收入或資產之情形者，應另檢具相關釋明文件。
四、直轄市、縣（市）勞工行政主管機關調解不成立之紀錄影本。
五、繳納必要費用之證明文件。但情況急迫或情形特殊者，得以法院命繳納必要費用之裁定影本為之。
六、未獲政府機關或政府機關委託之民間團體同性質扶助之切結書。
工會申請勞動事件必要費用扶助，應檢具下列文件：
一、申請書。
二、勞資爭議事件之陳述及相關證據。
三、直轄市、縣（市）勞工行政主管機關調解不成立之紀錄影本。
四、工會登記證書影本。
五、依工會法第31條規定所送事項，並經主管機關同意備查之最近一年證明文件。
六、繳納必要費用之證明文件。但情況急迫或情形特殊者，得以法院命繳納必要費用之裁定影本為之。
七、未獲政府機關或政府機關委託之民間團體同性質扶助之切結書。
依第15條第1項第1款申請扶助者，免附第1項第2款至第4款規定之文件。
依第15條第1項第2款或第3款申請扶助者，已依第3條第2項或第3項申請訴訟代理酬金扶助，免附第2項第2款至第5款規定之文件。
依第15條第1項第3款申請扶助者，並應檢附第1項第3款之文件。

第**19**條　申請勞動事件必要費用扶助經核准者，應於核准通知送達之日起三十日內，檢送領據及撥款帳戶向中央主管機關申請撥款。
前項經核准且為共同申請扶助者，應委託其中一人代表受領。
依前條第1項第5款但書及第2項第6款但書申請勞動事件必要費用扶助經核准者，應於繳納必要費用之日起三十日內，檢附繳納之證明文件向中央主管機關辦理核銷事宜。

第**20**條　申請勞動事件必要費用扶助，有下列情形之一者，不予扶助：
一、第10條第1款、第2款、第5款、第6款、第8款或第9款規定。
二、不符合第15條規定。
三、勞工勝訴所可能獲得之利益，小於勞動事件必要費用。但對社會及公益有重大影響或意義者，不在此限。

第**21**條　經核准扶助之案件，申請人無正當理由不配合執行扶助之要求，致該扶助案件無法進行，中央主管機關得終止其扶助。
經核准扶助之案件，申請人有第10條第2款或第5款之情形，中央主管機關得撤銷其扶助。
符合第1項或前項情形者，中央主管機關應限期申請人返還已撥付必要費用之全部。屆期未返還者，應依法追繳。
申請人未依前項規定返還費用者，自本次終止或撤銷之日起五年內，不得再申請第2條之扶助。

第**22**條　必要費用非由申請人負擔者，應於獲償或法院發還後三十日內返還，其返還金額以補助金額為限。
申請人未依前項規定返還者，中央主管機關應廢止原核准之扶助，並限期返還，屆期未返還者，應依法追繳，並自廢止之日起五年內，不得再申請第2條之扶助。

第四章　勞動事件處理期間必要生活費用之扶助

第**23**條　勞工因終止勞動契約所生爭議向法院聲請勞動調解或起訴，於該期間未就業，有下列情形之一者，得向中央主管機關申請勞動調解及訴訟期間必要**生活費用扶助**（以下簡稱生活費用扶助）：
一、依法律扶助法准予**全部扶助**。
二、**經審查符合無資力標準**。
三、**性別平等工作爭議之訴訟，依性別平等工作法律扶助辦法准予扶助，且無資力**。

前項第2款及第3款所定無資力，由中央主管機關參照法律扶助法無資力認定標準認定之。

第1項所定因終止勞動契約所生爭議聲請勞動調解或起訴，包含下列情形之一者：

一、請求給付資遣費或退休金。

二、請求確認僱傭關係存在。

三、請求雇主依法給與職業災害補償。

第24條　初次申請生活費用扶助者，應先向公立就業服務機構辦理推介就業。繼續請領者，應按次親自向公立就業服務機構辦理推介就業，並需檢附二次求職紀錄。

前項求職紀錄，指經求才單位或公立就業服務機構確認求職情形之介紹結果回覆卡或其他證明文件。

每次扶助期間，自該次推介就業日起算，且二次求職紀錄須在推介就業日起三十日內為之。

領取下列給付之期間，不得同時申請生活費用扶助：

一、就業保險法之失業給付、職業訓練生活津貼或臨時工作津貼。

二、勞工保險條例或勞工職業災害保險及保護法之傷病給付。

三、職業災害勞工保護法之生活津貼或補助。

四、就業服務法之臨時工作津貼或職業訓練生活津貼。

五、其他政府機關相同性質之扶助。

前條之申請，至遲應於辦理第1項或第2項推介就業日起九十日內提出。

第25條　申請生活費用扶助，應檢具下列文件：

一、申請書。

二、載明法院收件日期之調解聲請狀、起訴狀、答辯狀或上訴狀之影本。

三、勞工與其共同生活親屬之資力狀況及相關釋明文件，或依法律扶助法准予扶助之審查決定通知書之影本。

四、載明推介就業情形之求職紀錄證明。

五、前條第2項及第3項規定之求職紀錄。

六、扶助勞工勞動調解及訴訟期間必要生活費用切結書。

依第23條第1項第3款提出申請扶助者，另應檢附依性別平等工作法律扶助辦法准予扶助之相關文件影本。

第**26**條　請領生活費用扶助期間，為聲請勞動調解或起訴後第一次辦理推介就業之日至勞動調解成立、法院判決確定或和解之日。

再次申請生活費用扶助者，該次推介就業日期與前次給付期間重疊者，應扣除重疊日數。

生活費用扶助標準依核定扶助時勞工保險投保薪資分級表第一級投保薪資百分之六十計算，最高扶助一百八十日，每次以三十日計算，未滿三十日者，按比例計算之。

第**27**條　申請生活費用扶助有下列情形之一者，不予扶助：

一、不符合第23條第1項或第3項各款情形之一。

二、有第24條第5項所定之情形或逾第6項所定之期限。

三、申請或證明文件有偽造、變造、虛偽不實或失效等情事。

四、勞動調解、訴訟顯無實益或顯無勝訴之望。

五、同一案件曾經本部准予扶助達前條第3項之上限。

前項不予扶助原因消滅後，勞工得重新提出申請。

申請生活費用扶助之案件經核准後，有下列情形之一者，停止扶助：

一、不符合無資力標準。

二、有第24條第5項所定之情形。

第**28**條　申請生活費用扶助文件有欠缺，經通知限期補正，屆期未補正者，不予受理。

第**29**條　申請生活費用扶助經核准者，應於通知送達之日起三十日內，檢送領據申請撥款。

第**30**條　依前條撥款後，經查明勞工有第27條第1項第1款至第3款所定情形之一者，應撤銷其扶助，並限期返還扶助金額，屆期未返還者，應依法追繳。

勞工有第27條第1項第1款至第3款所定情形之一者，自撤銷扶助之日起五年內，不得再申請第2條之扶助。

第**31**條　申請生活費用扶助之案件，經法院判決確定事業單位（雇主）應給付工資之期間與核准扶助期間重疊者，勞工應於受領給付後三十日內，將原領扶助金額返還。

勞工未依前項規定返還者，中央主管機關應廢止原核准之扶助，並限期返還，屆期未返還者，應依法追繳，並自廢止之日起五年內，不得再申請第2條之扶助。

第五章　仲裁法仲裁代理之扶助

第32條　勞工、勞工遺屬或法定代理人依本法第6條第3項提起仲裁者,得向中央主管機關申請**仲裁代理酬金扶助**,其標準如下:

一、**個別申請者,最高四萬元。**

二、**集體申請者,最高十萬元。**

第33條　前條仲裁代理酬金扶助之申請,至遲應於仲裁程序終結後三十日內為之,並應檢具下列文件:

一、申請書。

二、書面仲裁協議。

三、仲裁聲請書狀。

四、繳交仲裁費用之證明文件。

五、仲裁人選定同意書。

六、律師酬金之收據。

七、未獲其他政府機關扶助之切結書。

前項所應檢附之文件有欠缺時,經通知限期補正,屆期未補正者,不予受理。

經核定扶助之案件,申請人應於同意扶助公文書送達之日起七日內出具領據及撥款帳戶送中央主管機關撥款。

第34條　依前條第3項撥款後,經查明申請文件或證明文件有偽造、變造、虛偽不實或失效等情事者,中央主管機關得撤銷核定之扶助,並限期返還已扶助金額之全部。屆期未返還者,應依法追繳。

未依前項規定返還費用者,自撤銷之日起五年內,不得再申請第2條之扶助。

第六章　不當勞動行為裁決代理之扶助

第35條　有下列情形之一,得不經主管機關調解程序,申請第2條第6款之扶助:

一、勞工或求職者因工會法第35條規定事由所生爭議,申請不當勞動行為裁決,且非屬有資力者。

二、工會因工會法第35條規定事由所生爭議,申請不當勞動行為裁決,且非屬有資力者。

前項扶助之申請，有下列情形之一者，不予扶助：

一、依勞資爭議處理法第41條第1項規定，經不當勞動行為裁決委員會作成不受理之決定。

二、經審查顯無扶助之必要或申請事項不符本法之扶助目的。

第36條 **不當勞動行為裁決代理酬金扶助標準**如下：

一、個別申請者，每案最高四萬元。但因案件複雜經審核認有必要者，得增至六萬元。

二、共同申請者，每案最高十萬元。但因案件複雜經審核認有必要者，得增至二十萬元。

同一不當勞動行為裁決案件，多數申請人個別申請代理酬金扶助，中央主管機關得合併為單一案件，依前項第2款規定辦理。

第37條 不當勞動行為裁決代理酬金扶助之申請，應於提起裁決之日起三十日內為之，並應檢具下列文件：

一、申請書。

二、不當勞動行為裁決申請書影本。

三、申請人之資力狀況及相關釋明文件。

四、未獲其他政府機關扶助之切結書。

前項所應檢附之文件有欠缺時，經通知限期補正，屆期未補正者，不予受理。

第38條 受申請人委任之律師應按核定之代理酬金收取費用，不得額外收費。

經核准扶助之案件，受委任之律師應於核准日起三十日內，檢具律師委任書、委任律師帳戶及領據，向中央主管機關申請撥款。

第39條 依前條第2項撥款後，經查明申請文件或證明文件有偽造、變造、虛偽不實或失效等情事者，中央主管機關得撤銷核定之扶助，並限期返還已扶助金額之全部。屆期未返還者，應依法追繳。

未依前項規定返還費用者，自撤銷之日起五年內，不得再申請第2條之扶助。

第七章　附則

第40條 准予扶助者，於扶助之相關法律程序終結後三十日內，受委任律師或勞工應將扶助結果、判決書、調（和）解筆錄、勞資雙方和解書或仲裁判斷書之影本送達中央主管機關查核。

勞工未依前項規定送達者，必要時中央主管機關得逕行查核。

第41條 基於惡意、不當目的或其他不正當行為領取本辦法各項扶助者，中央主管機關除應撤銷核定之扶助，並限期返還全部已扶助金額外，其涉及刑責者，移送司法機關處理。

未依前項規定返還費用者，應繼續要求返還，並自撤銷之日起五年內，不得再申請本辦法各項扶助。

第42條 中央主管機關為審核本辦法各項扶助案件，得成立勞資爭議法律及生活費用審核小組（以下簡稱審核小組）。

前項審核小組置委員三人或五人，由中央主管機關指派一人兼任並擔任召集人，其餘遴聘專家學者擔任之，任期二年。

審核小組應有委員過半數以上出席始得開會，並依扶助案件之類型、勞動調解進行情況、訴訟標的與複雜程度，決定扶助方式及金額。

前項委員應親自出席，並應就審核之案件，依行政程序法第32條及第33條規定迴避。

委員為無給職。但專家學者得依規定支領出席費。

第43條 受中央主管機關委託辦理扶助業務之民間團體，應依扶助案件之類型、勞動調解進行情況、訴訟標的與複雜程度，審核其應扶助之方式及金額。

依前項規定核准代理酬金扶助者，其委任律師應自受委託團體提供之律師名冊中選任。

第44條 因大量解僱爭議提起訴訟者，依大量解僱勞工訴訟及必要生活費用補助辦法辦理，不適用本辦法。

第45條 本辦法之相關書表格式，由中央主管機關定之。

第46條 本辦法自中華民國一百零九年一月一日施行。

本辦法修正條文，除中華民國一百零九年十一月十日修正發布之第2條、第6條及第三章規定，自一百十年七月一日施行；一百十年十二月三十日修正發布之條文，自一百十一年一月一日施行；一百十一年四月二十九日修正發布之條文，自一百十一年五月一日施行外，自發布日施行；一百十二年十月二日修正發布之第三條自一百十三年九月一日施行外，自發布日施行。

申請法律訴訟扶助程序

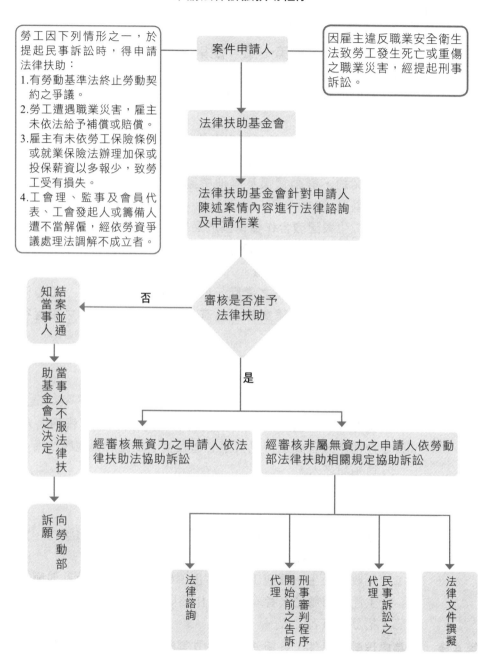

九、勞動事件法　<small>中華民國112年12月15日修正</small>

第一章　總則

第1條　為迅速、妥適、專業、有效、平等處理勞動事件，保障勞資雙方權益及促進勞資關係和諧，進而謀求健全社會共同生活，特制定本法。

第2條　本法所稱**勞動事件，係指下列事件：**
一、**基於勞工法令、團體協約、工作規則、勞資會議決議、勞動契約、勞動習慣及其他勞動關係所生民事上權利義務之爭議。**
二、**建教生與建教合作機構基於高級中等學校建教合作實施及建教生權益保障法、建教訓練契約及其他建教合作關係所生民事上權利義務之爭議。**
三、**因性別平等工作之違反、就業歧視、職業災害、工會活動與爭議行為、競業禁止及其他因勞動關係所生之侵權行為爭議。**
與前項事件相牽連之民事事件，得與其合併起訴，或於其訴訟繫屬中為追加或提起反訴。

第3條　本法所稱勞工，係指下列之人：
一、受僱人及其他基於從屬關係提供其勞動力而獲致報酬之人。
二、技術生、養成工、見習生、建教生、學徒及其他與技術生性質相類之人。
三、求職者。
本法所稱雇主，係指下列之人：
一、僱用人、代表雇主行使管理權之人，或依據要派契約，實際指揮監督管理派遣勞工從事工作之人。
二、招收技術生、養成工、見習生、建教生、學徒及其他與技術生性質相類之人者或建教合作機構。
三、招募求職者之人。

第4條　**為處理勞動事件，各級法院應設立勞動專業法庭**（以下簡稱勞動法庭）。但法官員額較少之法院，得僅設專股以勞動法庭名義辦理之。

前項勞動法庭法官，應遴選具有勞動法相關學識、經驗者任之。
勞動法庭或專股之設置方式，與各該法院民事庭之事務分配，
其法官之遴選資格、方式、任期，以及其他有關事項，由司法
院定之。

第5條 **以勞工為原告之勞動事件，勞務提供地或被告之住所、居所、**
事務所、營業所所在地在中華民國境內者，由中華民國法院審
判管轄。
勞動事件之審判管轄合意，違反前項規定者，勞工得不受拘束。

第6條 **勞動事件以勞工為原告者，由被告住所、居所、主營業所、主事**
務所所在地或原告之勞務提供地法院管轄；以雇主為原告者，由
被告住所、居所、現在或最後之勞務提供地法院管轄。
前項雇主為原告者，勞工得於為本案言詞辯論前，聲請將該訴訟
事件移送於其所選定有管轄權之法院。但經勞動調解不成立而續
行訴訟者，不得為之。
關於前項聲請之裁定，得為抗告。

第7條 勞動事件之第一審管轄合意，如當事人之一造為勞工，按其情形
顯失公平者，勞工得逕向其他有管轄權之法院起訴；勞工為被告
者，得於本案言詞辯論前，聲請移送於其所選定有管轄權之法
院，但經勞動調解不成立而續行訴訟者，不得為之。
關於前項聲請之裁定，得為抗告。

第8條 **法院處理勞動事件，應迅速進行，依事件性質，擬定調解或審理**
計畫，並於適當時期行調解或言詞辯論。
當事人應以誠信方式協力於前項程序之進行，並適時提出事實及
證據。

第9條 **勞工得於期日偕同由工會或財團法人於章程所定目的範圍內選派**
之人到場為輔佐人，不適用民事訴訟法第76條第1項經審判長許
可之規定。
前項之工會、財團法人及輔佐人，不得向勞工請求報酬。
第1項之輔佐人不適為訴訟行為，或其行為違反勞工利益者，審
判長得於程序進行中以裁定禁止其為輔佐人。
前項規定，於受命法官行準備程序時準用之。

第10條 受聘僱從事就業服務法第46條第1項第8款至第10款所定工作之外
國人，經審判長許可，委任私立就業服務機構之負責人、職員、

受僱人或從業人員為其勞動事件之訴訟代理人者，有害於委任人之權益時，審判長得以裁定撤銷其許可。

第11條　因定期給付涉訟，其訴訟標的之價額，以權利存續期間之收入總數為準；期間未確定時，應推定其存續期間。但超過五年者，以五年計算。

第12條　**因確認僱傭關係或給付工資、退休金或資遣費涉訟，勞工或工會起訴或上訴，暫免徵收裁判費三分之二。**
因前項給付聲請強制執行時，其執行標的金額超過新臺幣二十萬元者，該超過部分暫免徵收執行費，由執行所得扣還之。

第13條　**工會依民事訴訟法第44條之1及本法第42條提起之訴訟，其訴訟標的金額或價額超過新臺幣一百萬元者，超過部分暫免徵收裁判費。**
工會依第40條規定提起之訴訟，免徵裁判費。

第14條　勞工符合社會救助法規定之低收入戶、中低收入戶，或符合特殊境遇家庭扶助條例第4條第1項之特殊境遇家庭，其聲請訴訟救助者，視為無資力支出訴訟費用。
勞工或其遺屬因職業災害提起勞動訴訟，法院應依其聲請，以裁定准予訴訟救助。但顯無勝訴之望者，不在此限。

第15條　有關勞動事件之處理，依本法之規定；本法未規定者，適用民事訴訟法及強制執行法之規定。

第二章　勞動調解程序

第16條　勞動事件，除有下列情形之一者外，於起訴前，應經法院行勞動調解程序：
一、有民事訴訟法第406條第1項第2款、第4款、第5款所定情形之一。
二、因性別平等工作法第12條所生爭議。
前項事件當事人逕向法院起訴者，視為調解之聲請。
不合於第1項規定之勞動事件，當事人亦得於起訴前，聲請勞動調解。

第17條　勞動調解事件，除別有規定外，由管轄勞動事件之法院管轄。
第6條第2項、第3項及第7條規定，於勞動調解程序準用之。但勞工聲請移送，應於第1次調解期日前為之。

第18條　聲請勞動調解及其他期日外之聲明或陳述,應以書狀為之。但調解標的之金額或價額在新臺幣五十萬元以下者,得以言詞為之。

以言詞為前項之聲請、聲明或陳述,應於法院書記官前以言詞為之;書記官應作成筆錄,並於筆錄內簽名。

聲請書狀或筆錄,應載明下列各款事項:

一、聲請人之姓名、住所或居所;聲請人為法人、機關或其他團體者,其名稱及公務所、事務所或營業所。

二、相對人之姓名、住所或居所;相對人為法人、機關或其他團體者,其名稱及公務所、事務所或營業所。

三、有法定代理人者,其姓名、住所或居所,及法定代理人與關係人之關係。

四、聲請之意旨及其原因事實。

五、供證明或釋明用之證據。

六、附屬文件及其件數。

七、法院。

八、年、月、日。

聲請書狀或筆錄內宜記載下列各款事項:

一、聲請人、相對人、其他利害關係人、法定代理人之性別、出生年月日、職業、身分證件號碼、營利事業統一編號、電話號碼及其他足資辨別之特徵。

二、有利害關係人者,其姓名、住所或居所。

三、定法院管轄及其適用程序所必要之事項。

四、有其他相關事件繫屬於法院者,其事件。

五、預期可能之爭點及其相關之重要事實、證據。

六、當事人間曾為之交涉或其他至調解聲請時之經過概要。

第19條　相牽連之數宗勞動事件,法院得依聲請或依職權合併調解。

兩造得合意聲請將相牽連之民事事件合併於勞動事件調解,並視為就該民事事件已有民事調解之聲請。

合併調解之民事事件,如已繫屬於法院者,原民事程序停止進行。調解成立時,程序終結;調解不成立時,程序繼續進行。

合併調解之民事事件,如原未繫屬於法院者,調解不成立時,依當事人之意願,移付民事裁判程序或其他程序;其不願移付者,程序終結。

第**20**條　法院應遴聘就勞動關係或勞資事務具有專門學識、經驗者為勞動調解委員。

法院遴聘前項勞動調解委員時，委員之任一性別比例不得少於遴聘總人數三分之一。

關於勞動調解委員之資格、遴聘、考核、訓練、解任及報酬等事項，由司法院定之。

民事訴訟法有關法院職員迴避之規定，於勞動調解委員準用之。

第**21**條　**勞動調解，由勞動法庭之法官1人及勞動調解委員2人組成勞動調解委員會行之。**

前項勞動調解委員，由法院斟酌調解委員之學識經驗、勞動調解委員會之妥適組成及其他情事指定之。

勞動調解委員應基於中立、公正之立場，處理勞動調解事件。

關於調解委員之指定事項，由司法院定之。

第**22**條　調解之聲請不合法者，勞動法庭之法官應以裁定駁回之。但其情形可以補正者，應定期間先命補正。

下列事項，亦由勞動法庭之法官為之：

一、關於審判權之裁定。

二、關於管轄權之裁定。

勞動法庭之法官不得逕以不能調解或顯無調解必要或調解顯無成立之望，或已經其他法定調解機關調解未成立為理由，裁定駁回調解之聲請。

第**23**條　勞動調解委員會行調解時，由該委員會之法官指揮其程序。

調解期日，由勞動調解委員會之法官，依職權儘速定之；除有前條第1項、第2項情形或其他特別事由外，並應於勞動調解聲請之日起三十日內，指定第一次調解期日。

第**24**條　**勞動調解程序，除有特別情事外，應於三個月內以三次期日內終結之。**

當事人應儘早提出事實及證據，除有不可歸責於己之事由外，應於第二次期日終結前為之。

勞動調解委員會應儘速聽取當事人之陳述、整理相關之爭點與證據，適時曉諭當事人訴訟之可能結果，並得依聲請或依職權調查事實及必要之證據。

前項調查證據之結果，應使當事人及知悉之利害關係人有到場陳述意見之機會。

第25條 勞動調解程序不公開。但勞動調解委員會認為適當時，得許就事件無妨礙之人旁聽。

因性別平等工作法第12條所生勞動事件，勞動調解委員會審酌事件情節、勞工身心狀況與意願，認為適當者，得以利用遮蔽或視訊設備為適當隔離之方式行勞動調解。

第26條 勞動調解，經當事人合意，並記載於調解筆錄時成立。

前項調解成立，與確定判決有同一之效力。

第27條 勞動調解經兩造合意，得由勞動調解委員會酌定解決事件之調解條款。

前項調解條款之酌定，除兩造另有約定外，以調解委員會過半數之意見定之；關於數額之評議，意見各不達過半數時，以次多額之意見定之。

調解條款，應作成書面，記明年月日，或由書記官記明於調解程序筆錄。其經勞動調解委員會之法官及勞動調解委員全體簽名者，視為調解成立。

前項經法官及勞動調解委員簽名之書面，視為調解筆錄。

前2項之簽名，勞動調解委員中有因故不能簽名者，由法官附記其事由；法官因故不能簽名者，由勞動調解委員附記之。

第28條 當事人不能合意成立調解時，勞動調解委員會應依職權斟酌一切情形，並求兩造利益之平衡，於不違反兩造之主要意思範圍內，提出解決事件之適當方案。

前項方案，得確認當事人間權利義務關係、命給付金錢、交付特定標的物或為其他財產上給付，或定解決個別勞動紛爭之適當事項，並應記載方案之理由要旨，由法官及勞動調解委員全體簽名。

勞動調解委員會認為適當時，得於全體當事人均到場之調解期日，以言詞告知適當方案之內容及理由，並由書記官記載於調解筆錄。

第1項之適當方案，準用前條第2項、第5項之規定。

第29條 除依前條第3項規定告知者外，適當方案應送達於當事人及參加調解之利害關係人。

當事人或參加調解之利害關係人，對於前項方案，得於送達或受告知日後十日之不變期間內，提出異議。

於前項期間內合法提出異議者，視為調解不成立，法院並應告知或通知當事人及參加調解之利害關係人；未於前項期間內合法提出異議者，視為已依該方案成立調解。

依前項規定調解不成立者，除調解聲請人於受告知或通知後10日之不變期間內，向法院為反對續行訴訟程序之意思外，應續行訴訟程序，並視為自調解聲請時，已經起訴；其於第1項適當方案送達前起訴者，亦同。以起訴視為調解者，仍自起訴時發生訴訟繫屬之效力。

依前項情形續行訴訟程序者，由參與勞動調解委員會之法官為之。

第30條　調解程序中，勞動調解委員或法官所為之勸導，及當事人所為不利於己之陳述或讓步，於調解不成立後之本案訴訟，不得採為裁判之基礎。

前項陳述或讓步，係就訴訟標的、事實、證據或其他得處分之事項成立書面協議者，當事人應受其拘束。但經兩造同意變更，或因不可歸責於當事人之事由或依其他情形，協議顯失公平者，不在此限。

第31條　勞動調解委員會參酌事件之性質，認為進行勞動調解不利於紛爭之迅速與妥適解決，或不能依職權提出適當方案者，視為調解不成立，並告知或通知當事人。

有前項及其他調解不成立之情形者，準用第29條第4項、第5項之規定。

第三章　訴訟程序

第32條　**勞動事件，法院應以一次期日辯論終結為原則，第一審並應於六個月內審結**。但因案情繁雜或審理上之必要者，不在此限。

為言詞辯論期日之準備，法院應儘速釐清相關爭點，並得為下列處置：

一、命當事人就準備書狀為補充陳述、提出書證與相關物證，必要時並得諭知期限及失權效果。

二、請求機關或公法人提供有關文件或公務資訊。

三、命當事人本人到場。

四、通知當事人一造所稱之證人及鑑定人於言詞辯論期日到場。

五、聘請勞動調解委員參與諮詢。

法院為前項之處置時，應告知兩造。

因性別平等工作法第12條所生勞動事件，法院審酌事件情節、勞工身心狀況與意願，認為適當者，得不公開審判，或利用遮蔽、視訊等設備為適當隔離。

第33條 法院審理勞動事件，為維護當事人間實質公平，應闡明當事人提出必要之事實，並得依職權調查必要之證據。

勞工與雇主間以定型化契約訂立證據契約，依其情形顯失公平者，勞工不受拘束。

第34條 法院審理勞動事件時，得審酌就處理同一事件而由主管機關指派調解人、組成委員會或法院勞動調解委員會所調查之事實、證據資料、處分或解決事件之適當方案。

前項情形，應使當事人有辯論之機會。

第35條 勞工請求之事件，雇主就其依法令應備置之文書，有提出之義務。

第36條 文書、勘驗物或鑑定所需資料之持有人，無正當理由不從法院之命提出者，法院得以裁定處新臺幣三萬元以下罰鍰；於必要時並得以裁定命為強制處分。

前項強制處分之執行，準用強制執行法關於物之交付請求權執行之規定。

第1項裁定，得為抗告；處罰鍰之裁定，抗告中應停止執行。

法院為判斷第一項文書、勘驗物或鑑定所需資料之持有人有無不提出之正當理由，於必要時仍得命其提出，並以不公開方式行之。

當事人無正當理由不從第1項之命者，法院得認依該證物應證之事實為真實。

第37條 勞工與雇主間關於工資之爭執，經證明勞工本於勞動關係自雇主所受領之給付，推定為勞工因工作而獲得之報酬。

第38條 出勤紀錄內記載之勞工出勤時間，推定勞工於該時間內經雇主同意而執行職務。

第39條 法院就勞工請求之勞動事件，判命雇主為一定行為或不行為者，得依勞工之請求，同時命雇主如在判決確定後一定期限內未履行時，給付法院所酌定之補償金。

民事訴訟法第222條第2項規定，於前項法院酌定補償金時準用之。

第1項情形，逾法院所定期限後，勞工不得就行為或不行為請求，聲請強制執行。

第40條　**工會於章程所定目的範圍內，得對侵害其多數會員利益之雇主，提起不作為之訴。**

前項訴訟，應委任律師代理訴訟。

工會違反會員之利益而起訴者，法院應以裁定駁回其訴。

第1項訴訟之撤回、捨棄或和解，應經法院之許可。

第2項律師之酬金，為訴訟費用之一部，並應限定其最高額，其支給標準，由司法院參酌法務部及中華民國律師公會全國聯合會意見定之。

前4項規定，於第1項事件之調解程序準用之。

第41條　工會依民事訴訟法第44-1條第1項為選定之會員起訴，被選定人得於第一審言詞辯論終結前為訴之追加，並求對於被告確定選定人與被告間關於請求或法律關係之共通基礎前提要件是否存在之判決。

關於前項追加之訴，法院應先為辯論及裁判；原訴訟程序於前項追加之訴裁判確定以前，得裁定停止。

第一項追加之訴，不另徵收裁判費。

被選定人於同一事件提起第1項追加之訴，以1次為限。

第42條　被選定人依前條第1項為訴之追加者，法院得徵求被選定人之同意，或由被選定人聲請經法院認為適當時，公告曉示其他本於同一原因事實有共同利益之勞工，得於一定期間內以書狀表明下列事項，併案請求：

一、併案請求人、被告及法定代理人。

二、請求併入之事件案號。

三、訴訟標的及其原因事實、證據。

四、應受判決事項之聲明。

其他有共同利益之勞工，亦得聲請法院依前項規定為公告曉示。

依第1項規定為併案請求之人，視為已選定。

被選定人於前條第一項追加之訴判決確定後30日內，應以書狀表明為全體選定人請求之應受判決事項之聲明，並依法繳納裁判費。

前項情形，視為併案請求之人自併案請求時，已經起訴。

關於併案請求之程序，除本法別有規定外，準用民事訴訟法第44條之2規定。

第1項原被選定人不同意者，法院得依職權公告曉示其他共同利益勞工起訴，由法院併案審理。

第43條 工會應將民事訴訟法第44-1條及前條之訴訟所得，扣除訴訟必要費用後，分別交付為選定或視為選定之勞工，並不得請求報酬。

第44條 法院就勞工之給付請求，為雇主敗訴之判決時，應依職權宣告假執行。

前項情形，法院應同時宣告雇主得供擔保或將請求標的物提存而免為假執行。

工會依民事訴訟法第44-1條及本法第42條所提訴訟，準用前2項之規定。

第45條 勞工對於民事訴訟法第44-1條及本法第42條訴訟之判決不服，於工會上訴期間屆滿前撤回選定者，得依法自行提起上訴。

工會於收受判決後，應即將其結果通知勞工，並應於7日內將是否提起上訴之意旨以書面通知勞工。

多數有共同利益之勞工，於在職期間依工會法無得加入之工會者，得選定同一工會聯合組織為選定人起訴。但所選定之工會聯合組織，以於其章程所定目的範圍內，且勞務提供地、雇主之住所、居所、主營業所或主事務所所在地在其組織區域內者為限。

多數有共同利益之勞工，於離職或退休時為同一工會之會員者，於章程所定目的範圍內，得選定該工會為選定人起訴。

民事訴訟法第44-1條第2項、第3項，及本法關於工會依民事訴訟法第44-1條第1項為選定之會員起訴之規定，於第3項、第4項之訴訟準用之。

第四章　保全程序

第46條 **勞工依勞資爭議處理法就民事爭議事件申請裁決者，於裁決決定前，得向法院聲請假扣押、假處分或定暫時狀態處分。**

勞工於裁決決定書送達後，就裁決決定之請求，欲保全強制執行或避免損害之擴大，向法院聲請假扣押、假處分或定暫時狀態處分時，有下列情形之一者，得以裁決決定代替請求及假扣押、假

處分或定暫時狀態處分原因之釋明，法院不得再命勞工供擔保後始為保全處分：

一、裁決決定經法院核定前。

二、雇主就裁決決定之同一事件向法院提起民事訴訟。

前2項情形，於裁決事件終結前，不適用民事訴訟法第529條第1項之規定。裁決決定未經法院核定，如勞工於受通知後30日內就裁決決定之請求起訴者，不適用勞資爭議處理法第50條第4項之規定。

第47條　勞工就請求給付工資、職業災害補償或賠償、退休金或資遣費、勞工保險條例第72條第1項及第3項之賠償與確認僱傭關係存在事件，聲請假扣押、假處分或定暫時狀態之處分者，法院依民事訴訟法第526條第2項、第3項所命供擔保之金額，不得高於請求標的金額或價額之十分之一。

前項情形，勞工釋明提供擔保於其生計有重大困難者，法院不得命提供擔保。

依民事訴訟法第44條之1或本法第42條規定選定之工會，聲請假扣押、假處分或定暫時狀態之處分者，準用前2項之規定。

第48條　勞工所提請求給付工資、職業災害補償或賠償、退休金或資遣費事件，法院發現進行訴訟造成其生計上之重大困難者，應闡明其得聲請命先為一定給付之定暫時狀態處分。

第49條　勞工提起確認僱傭關係存在之訴，法院認勞工有勝訴之望，且雇主繼續僱用非顯有重大困難者，得依勞工之聲請，為繼續僱用及給付工資之定暫時狀態處分。

第一審法院就前項訴訟判決僱傭關係存在者，第二審法院應依勞工之聲請為前項之處分。

前2項聲請，法院得為免供擔保之處分。

法院因勞工受本案敗訴判決確定而撤銷第1項、第2項處分之裁定時，得依雇主之聲請，在撤銷範圍內，同時命勞工返還其所受領之工資，並依聲請附加自受領時起之利息。但勞工已依第1項、第2項處分提供勞務者，不在此限。

前項命返還工資之裁定，得抗告，抗告中應停止執行。

第50條　勞工提起確認調動無效或回復原職之訴，法院認雇主調動勞工之工作，有違反勞工法令、團體協約、工作規則、勞資會議決議、

勞動契約或勞動習慣之虞，且雇主依調動前原工作繼續僱用非顯
有重大困難者，得經勞工之聲請，為依原工作或兩造所同意工作
內容繼續僱用之定暫時狀態處分。

第五章　附則

第51條　除別有規定外，本法於施行前發生之勞動事件亦適用之。
　　　　本法施行前已繫屬尚未終結之勞動事件，依其進行程度，由繫屬
　　　　之法院依本法所定程序終結之，不適用第16條第2項規定；其已
　　　　依法定程序進行之行為，效力不受影響。
　　　　本法施行前已繫屬尚未終結之勞動事件，依繫屬時之法律或第6
　　　　條第1項規定，定法院之管轄。
　　　　本法施行前已繫屬尚未終結之保全事件，由繫屬之法院依本法所
　　　　定程序終結之。
第52條　本法施行細則及勞動事件審理細則，由司法院定之。
第53條　本法施行日期，由司法院定之。

十、勞動事件審理細則　中華民國112年8月23日修正

第一章　總則

第1條　本細則依勞動事件法（以下簡稱本法）第21條第4項、第52條規
　　　　定訂定之。
第2條　本細則所稱勞動事件，依本法第2條第1項規定定之。
　　　　本法及本細則所稱民事事件，係指前項事件以外之其他民事
　　　　事件。
第3條　**下列事件，由勞動專業法庭（以下簡稱勞動法庭）處理：**
　　　　**一、關於勞動事件之調解、訴訟、保全程序等事件，及其相關裁
　　　　　　定事件。**
　　　　**二、勞資爭議處理法之裁決核定事件，及關於同法第59條第1項聲
　　　　　　請強制執行之裁定事件。**
　　　　三、大量解僱勞工保護法之協議核定事件。
　　　　四、其他法律規定或經司法院指定由勞動法庭辦理之事件。

第 4 條　中華民國一百十二年二月十五日修正公布之智慧財產案件審理法施行前已繫屬於勞動法庭之勞動事件，涉及智慧財產及商業法院組織法第3條第1款、第4款所定之第一審民事事件者，其審理與強制執行，依本法及本細則之規定；本法及本細則未規定者，適用智慧財產案件審理法、智慧財產案件審理細則之規定。

第 5 條　民事事件，其訴訟標的與勞動事件之訴訟標的或攻擊、防禦方法相牽連，而事實證據資料得互為利用，且非專屬其他法院管轄者，得與勞動事件合併起訴，或於勞動事件訴訟繫屬中為追加或提起反訴，由勞動法庭審理。

第 6 條　民事事件訴訟繫屬中，當事人不得追加勞動事件之訴或提起勞動事件之反訴。

第 7 條　勞工起訴或聲請勞動調解之事件，經雇主為合意管轄之抗辯，且法院認當事人間關於管轄之合意，按其情形未顯失公平者，得以裁定移送於當事人以合意所定第一審管轄法院。但雇主不抗辯法院無管轄權而為本案之言詞辯論者，不在此限。
　　　　勞工依本法第6條第2項、第7條第1項後段及第17條第2項規定為移送之聲請，應表明所選定之管轄法院。未表明或所選定之法院依法無管轄權者，審判長應速定期間命其補正；逾期未補正者，法院應以裁定駁回之。

第 8 條　勞工依本法第9條第1項規定，於期日偕同輔佐人到場者，應釋明輔佐人符合該項所定之資格；未經釋明者，應經審判長或受命法官之許可。
　　　　本法第9條第1項規定之工會，不以勞工所屬工會為限。

第 9 條　本法第9條第1項之輔佐人，有下列情形之一者，審判長或受命法官得於程序進行中以裁定禁止其為輔佐人：
　　　　一、工會、財團法人或輔佐人，有挑唆或包攬訴訟之行為。
　　　　二、工會、財團法人或輔佐人，有向勞工請求報酬、對價、移轉權利或其他利益之行為。
　　　　三、輔佐人不遵從審判長或受命法官之訴訟指揮，或有其他妨礙程序進行之行為。
　　　　四、輔佐人不適為訴訟行為或有其他違反勞工利益之行為。
　　　　前項禁止擔任輔佐人之裁定，不得抗告。

第10條　有下列情形之一者，審判長或受命法官得依本法第10條規定，以裁定撤銷當事人委任同條所定訴訟代理人之許可：

一、私立就業服務機構或訴訟代理人，與委任人間有利益衝突。

二、訴訟代理人不遵從審判長或受命法官之訴訟指揮，或有其他妨礙程序進行之行為。

三、私立就業服務機構或訴訟代理人有其他不適訴訟行為或有害於委任人權益之行為。

前項撤銷許可之裁定，應送達於委任人，並得告知其得申請法律扶助。

第1項撤銷許可之裁定，不得抗告。

第11條　工會依民事訴訟法第44條之1及本法第42條規定提起之訴訟，其暫免徵收之裁判費依本法第13條第1項定之，不適用本法第12條第1項之規定。

以一訴主張數項標的者，其非屬本法第11條至第13條所列之訴部分，應依民事訴訟法相關規定計徵裁判費。

第12條　勞工主張有本法第14條第1項所定符合社會救助法規定之低收入戶、中低收入戶，或符合特殊境遇家庭扶助條例第4條第1項之特殊境遇家庭之事由，而聲請訴訟救助者，應釋明之。

勞工或工會敗訴，而有民事訴訟法第81條、第82條所定情形者，法院得命勝訴之雇主負擔該訴訟費用之全部或一部。

第二章　勞動調解程序

第13條　勞動事件當事人聲請調解者，應行勞動調解程序；其逕行起訴依法視為調解之聲請者，亦同。

勞動事件訴訟繫屬中依法移付調解者，由原法院、受命法官或受託法官依民事訴訟法所定調解程序處理。

第14條　以一訴主張數項訴訟標的之勞動事件，其一部合於本法第16條第1項規定者，合併起訴事件之全部均應經法院行勞動調解程序。

本法第2條第2項所定合併起訴之事件，其勞動事件部分合於本法第16條第1項之規定者，合併起訴事件之全部均應經法院行勞動調解程序。

第15條　**聲請勞動調解，應向管轄法院提出聲請書狀**，或依本法第18條規定以言詞為之，並依民事訴訟法第77條之20所定額數繳納聲請費。

　　前項聲請書狀，應記載本法第18條第3項所定事項，並宜記載同
條第4項所定事項。

　　關於本法第18條第3項第4款所定聲請之意旨及其原因事實項下，
應記載聲請人之請求、具體之原因事實、為調解標的之法律關係
及爭議之情形。

　　聲請人於聲請書狀內引用所執之文書者，應添具該文書繕本或影
本；其僅引用一部分者，得祇具節本，摘錄該部分及其所載年、
月、日並作成該文書之人之姓名、名稱及其簽名或蓋章；如文書
係相對人所知或浩繁難以備錄者，得祇表明該文書。

　　聲請人於聲請書狀內引用非其所執之文書或其他證物者，應表明
執有人姓名及住居所或保管之機關；引用證人者，應表明該證人
姓名、住居所及待證事實。

　　聲請書狀及其附屬文件，除提出於法院者外，應按勞動調解委員
二人及應送達相對人人數提出繕本或影本。

第16條　當事人就數宗勞動事件聲請合併調解，或就勞動事件聲請分別調
解者，由法官裁定之。法院依職權為合併調解或分別調解者，亦同。

　　依前項規定命為合併、分別調解前，應使當事人有陳述意見之
機會。

　　當事人依本法第19條第2項規定，合意聲請將相牽連之民事事件
合併於勞動事件調解者，應為合併調解。

　　勞動調解委員會如認因前項之合併調解，而有本法第31條第1項
所定之情形者，得依其規定視為調解不成立。

第17條　依刑事訴訟法第9編規定移送民事庭之附帶民事訴訟，如為勞動
事件者，應由勞動法庭處理。

　　前項情形，其係移送地方法院之第一審事件，且屬依法於起訴前
應經法院行勞動調解程序之事件者，應先行勞動調解程序。

第18條　法官應先依勞動調解聲請書狀調查聲請是否合法，並依下列方式
處理：

　　一、無審判權或管轄權者，得依聲請或依職權以裁定移送於有審
　　　　判權之法院或管轄法院。但無法移送者，應以裁定駁回之。

　　二、聲請有其他不合法之情形者，應以裁定駁回之。但其情形可
　　　　以補正者，應定期間先命補正。

　　三、有民事訴訟法第406條第1項第4款、第5款情形之一者，得逕
　　　　以裁定駁回其聲請。
　　以起訴視為調解之聲請而有前項第2款應以裁定駁回之情形者，
　　應改分為勞動訴訟事件後，依民事訴訟法第249條第1項規定，駁
　　回原告之訴。

第19條　勞工依本法第17條第2項準用第6條第2項及第7條第1項規定，聲
　　　　請移送，而應命補正、移送及駁回，或有其他事項依法應由法官
　　　　裁定者，由法官以勞動法庭之名義為之。法院組成勞動調解委員
　　　　會後，亦同。

第20條　當事人聲請或視為聲請勞動調解，除有前2條所定情形者外，勞
　　　　動法庭法官應儘速指定勞動調解委員二人，共同組成勞動調解委
　　　　員會。
　　　　前項情形，法官應依個案事件之類型、特徵等具體情形之處理所
　　　　需，自法院聘任列冊之勞動組、事業組勞動調解委員中，斟酌其
　　　　智識、經驗之領域、背景等，各指定適當之一人。
　　　　依前項規定指定之勞動調解委員，因迴避、解任、死亡或其他情
　　　　事致不能執行職務者，法官應自該勞動調解委員所屬組別之其他
　　　　勞動調解委員中，斟酌前項所列事項，指定一人接任。
　　　　兩造合意選任組成勞動調解委員會之勞動調解委員者，法官得依
　　　　其合意指定或更換之。

第21條　就勞動調解事件有利害關係之第三人，經法官許可，得參加勞動
　　　　調解程序；法官並得將事件通知之，命其參加。

第22條　當事人應於第一次調解期日前儘早提出事實、證據，並為調查證
　　　　據之必要準備。
　　　　當事人對於他造主張或攻擊防禦方法之意見，應儘速或依法官指
　　　　定之期間提出。

第23條　除有下列情形者外，法官應於聲請勞動調解或視為聲請勞動調解
　　　　之日起三十日內，指定第一次調解期日：
　　一、有本法第22條第1項、第2項所定情形。
　　二、為確保於第一次調解期日得為整理相關爭點與證據所需準備
　　　　之事由。
　　三、其他特別事由。

第一次調解期日之指定，除應斟酌前項第2款、第3款之情事外，並應斟酌下列情事：

一、當事人於第一次調解期日前需有相當準備期間之必要。

二、為使當事人、勞動調解委員到場之必要。

法官為確認勞動調解委員、當事人到場或為調解必要準備之需要，得命書記官或其他適當之法院所屬人員以便宜方法行之。

第24條　法官應定相當期間命相對人提出答辯狀，及命聲請人就答辯狀提出書面意見或於調解期日以言詞為之。

前項指定之期間，應斟酌聲請人得於第一次調解期日前，對於答辯狀記載內容為合理準備之必要期間，至少應有五日。

第25條　答辯狀宜記載下列事項，提出於法院：

一、對聲請意旨之答辯及其事實理由。

二、對聲請書狀所載原因事實及證據為承認與否之陳述；如有爭執，其理由。

三、供證明用之證據。

四、對聲請書狀所載有利害關係人之意見。

五、對聲請書狀所載定法院管轄及其適用程序所必要事項之意見。

六、對聲請書狀所載有繫屬於法院之其他相關事件之意見。

七、預期可能爭點及其相關之重要事實、證據。

八、當事人間曾為之交涉或其他至提出答辯狀時之經過概要。

第15條第4項、第5項關於聲請人提出聲請書狀之規定，於相對人提出答辯狀時準用之。

相對人提出答辯狀及其附屬文件，應併同提出繕本或影本二份，並另以繕本或影本直接通知聲請人。

第26條　當事人因補充聲請或答辯，或對於他造之聲請及答辯之陳述，得提出補充書狀，或於調解期日以言詞為之；法官認為必要時，亦得定相當期限命當事人提出補充書狀或於調解期日陳述之。

第15條第4項、第5項關於聲請人提出聲請書狀之規定，於當事人提出補充書狀準用之。

當事人提出補充書狀及其附屬文件，應併同提出繕本或影本二份，並另以繕本或影本直接通知他造。

第27條　勞動調解聲請書狀、答辯狀及補充書狀，應以簡明文字，逐項分段記載。

第28條　第一次調解期日通知書，應記載第22條第1項、第24條第1項所定之事項，並載明當事人不到場時之法定效果，及應於期日攜帶所用證物。

　　　　　勞動調解聲請書狀或筆錄及其附屬文件之繕本或影本，應與前項第一次調解期日通知書一併送達於相對人。但已於送達第一次調解期日通知書前先行送達者，不在此限。

第29條　除別有規定外，勞動調解委員會於調解期日，依個案之需求進行下列程序：

一、聽取雙方當事人陳述。

二、整理爭點及證據，並宜使當事人就調解標的、事實、證據或其他得處分之事項與爭點達成協議。

三、第30條、第31條所定事項。

四、適時曉諭當事人訴訟之可能結果。

五、勸導當事人達成調解合意。

六、酌定調解條款。

七、提出適當方案。

　　　　　前項第4款之曉諭由法官為之，曉諭前應先徵詢勞動調解委員之意見。

第30條　法官應隨時注意行使闡明權，向當事人發問或曉諭，令其為事實上及法律上陳述、聲明證據或為其他確定爭執法律關係所必要之聲明或陳述；其所聲明或陳述有不明瞭或不完足者，令其敘明或補充之。

　　　　　勞動調解委員告明法官後，得向當事人發問或曉諭。

第31條　勞動調解委員會為審究事件關係及兩造爭議之所在、促成當事人合意解決、酌定調解條款、提出適當方案或其他進行調解之需要，得聽取當事人、具有專門知識經驗或知悉事件始末之人或第三人之陳述，察看現場或調解標的物之狀況，請求第三人提供有關文件或資訊，並得以便宜方法行之。

　　　　　勞動調解委員會依個案情形認有必要時，得依該事件起訴時所應適用之通常、簡易或小額訴訟程序調查證據。

依前2項規定聽取陳述或訊問證人時，勞動調解委員告明法官後，得向為陳述之人或證人發問。

第1項、第2項處置及調查證據之結果，應使當事人及知悉之利害關係人有到場陳述意見之機會。

第32條　勞動調解委員會為促成調解成立，應視進行情況，本和平懇切之態度，適時對當事人兩造為適當之勸導，就調解事件酌擬平允方案，力謀雙方之和諧。但於進行第29條第1項第1款之程序前，除經當事人同意外，不得為之。

前項勸導向當事人兩造共同為之，必要時得分別為之。

第33條　勞動調解委員會依本法第25條第1項但書規定，或以同條第2項所定方式行勞動調解程序前，應使當事人有陳述意見之機會。

第34條　勞動調解程序不能於調解期日終結者，除有特別情形外，法官應當場指定續行之期日，並向到場當事人、參加調解之利害關係人告知預定於續行期日進行之程序，及於續行之期日前應準備之事項。

書記官應作成續行調解期日之通知書及前項之告知事項書面，送達於未到場之當事人及參加調解之利害關係人。

第35條　當事人就未聲請之事項或第三人參加勞動調解成立者，得為執行名義。

第36條　本法第27條第1項之合意，當事人經他造同意者，得撤回之。但依本法第27條第3項視為調解成立者，不得撤回。

第37條　依本法第28條第1項提出之適當方案，應記載下列事項：

一、當事人、參加調解之利害關係人之姓名及住所或居所；為法人、其他團體或機關者，其名稱及公務所、事務所或營業所。

二、有法定代理人、代理人者，其姓名、住所或居所。

三、勞動調解事件。

四、適當方案。

五、理由。

六、年、月、日。

七、法院。

理由項下，應記載作成適當方案理由之要領；如有必要，得合併記載爭執之事實。

依本法第28條第3項以言詞告知適當方案之理由，準用前項規定。

第 38 條　逾本法第29條第2項所定不變期間，始對於適當方案提出異議者，法院應將其情形通知提出異議之當事人或參加調解之利害關係人。但已有其他當事人或參加調解之利害關係人合法提出異議者，不在此限。

第 39 條　勞動調解聲請人依本法第29條第4項為反對續行訴訟之意思者，法院應將其情形通知其他當事人及參加調解之利害關係人。但於調解期日當場為之者，法院無庸通知到場之人。

逾本法第29條第4項所定不變期間，始為反對續行訴訟之意思者，法院應將其情形通知勞動調解聲請人，無庸為前項之通知。

以起訴視為調解之聲請者，如因本法第29條第3項規定視為調解不成立，應續行訴訟程序。

前項情形，如原告向法院為反對續行訴訟程序之意思者，無庸為第1項之通知；對於是否為訴之撤回有疑義時，審判長或受命法官應闡明之。

第 40 條　依本法第31條第1項視為調解不成立者，應作成書面，記明事由及年月日，或由書記官記明於調解程序筆錄，並由勞動調解委員會法官及勞動調解委員簽名。

前項情形，應告知或通知當事人及參加調解之利害關係人。

第 41 條　本法第31條第1項之視為調解不成立，及同條第2項之其他調解不成立之情形，準用第39條規定。

第 42 條　當事人及參加調解之利害關係人，因天災或其他不應歸責於己之事由，遲誤本法第29條第2項所定提出異議之不變期間者，得依民事訴訟法第164條、第165條規定，聲請回復原狀。

第 43 條　以起訴視為勞動調解之聲請者，如已繳納裁判費，於調解成立後，法院應依當事人之聲請，將原繳納之裁判費扣除應繳勞動調解聲請費之三分之一後退還當事人。

第 44 條　民事訴訟法第419條第1項至第3項規定，於勞動調解程序不適用之。但調解聲請人於調解不成立之期日，當場拋棄本法第29條第4項、第31條第2項所定反對續行訴訟權者，仍適用民事訴訟法第419條第1項規定。

民事訴訟法第436條之12規定，於勞動調解程序不適用之。但有下列情形之一者，不在此限：

一、調解聲請人於調解不成立之期日，當場拋棄本法第29條第4項、第31條第2項所定反對續行訴訟權。

二、以起訴視為勞動調解之聲請。

第45條　書記官應作勞動調解程序筆錄，記載下列事項：

一、勞動調解之處所及年、月、日。

二、法官、勞動調解委員及書記官姓名。

三、勞動調解事件。

四、到場當事人、法定代理人、代理人、輔佐人、利害關係人及其他經通知到場之人姓名。

五、依本法第25條第1項規定許為旁聽之人姓名，及依同條第2項規定以隔離方式行勞動調解。

第46條　前條筆錄內，應記載勞動調解進行之要領，並將下列各款事項，記載明確：

一、攻擊防禦方法之撤回。

二、證據之聲明或捨棄。

三、爭點及證據整理之結果。

四、當事人就調解標的、事實、證據或其他得處分之事項成立之協議。

五、依法應記載筆錄之其他聲明或陳述。

六、證人或鑑定人之陳述及勘驗所得之結果。

七、當事人成立調解之合意。

八、依本法第27條第3項規定記明之調解條款。

九、勞動調解委員會以言詞告知之適當方案與理由要旨。

十、勞動調解委員會依本法第31條第1項視為調解不成立及其事由。

十一、聲請人於調解期日撤回勞動調解聲請。

十二、於期日拋棄反對續行訴訟權。

除前項所列外，當事人所為重要聲明或陳述，及經曉諭而不為聲明或陳述之情形，法官得命記載於勞動調解程序筆錄。

第47條　勞動調解程序筆錄或所引用附卷之文書及作為附件之文書內所記載前條第1項事項，應依聲請於行勞動調解程序處所向關係人朗讀或令其閱覽，並於筆錄內附記其事由。

第**48**條　除別有規定外，法官及書記官應於勞動調解程序筆錄內簽名；法官因故不能簽名者，由勞動調解委員共同簽名；法官及勞動調解委員均不能簽名者，僅由書記官簽名；書記官不能簽名者，由法官或勞動調解委員簽名，並均應附記其事由。

前項簽名，勞動調解程序筆錄記載下列事項之一者，勞動調解委員應於筆錄內簽名：

一、本法第27條第3項所定由書記官記明於筆錄之調解條款。

二、本法第28條第3項所定之適當方案。

三、本法第31條第1項所定視為調解不成立。

前項簽名，勞動調解委員中有因故不能簽名者，由法官附記其事由。

第**49**條　記載第46條第1項第4款所定事項之勞動調解筆錄，經當事人兩造簽名者，亦屬本法第30條第2項所定之書面協議。

前項情形，法官應於兩造簽名前，先向兩造曉諭本法第30條第2項之效力。

第**50**條　有合併調解、經當事人及參加調解利害關係人同意續行調解、案情繁雜或有其他特別情事者，不受本法第24條第1項所定終結期限與期日次數之限制。

第**51**條　聲請人撤回勞動調解聲請者，書記官應通知相對人及參加調解之利害關係人。但於調解期日到場並受告知者，不在此限。

勞動調解經撤回後，其合併調解之民事事件，依本法第19條第3項、第4項關於調解不成立規定處理。

第三章　訴訟程序

第**52**條　勞動事件調解不成立續行訴訟程序者，依該事件應適用之通常、簡易或小額訴訟程序繼續審理。

前項訴訟事件應徵收之裁判費如未繳足，或以所繳勞動調解聲請費扣抵仍有不足者，由審判長限期命原告補正。

代理人於勞動調解程序中已提出委任書者，於續行之第一審訴訟程序中無庸再行提出。

第**53**條　法院審理勞動事件，應依職權調查有無勞資爭議處理法第42條第1項所定應停止訴訟程序之情形。

第**54**條　勞動事件逕向法院起訴者，宜於訴狀內表明其具有本法第16條第1項第1款、第2款所定事由，並添具釋明其事由之證據。

第**55**條　法院為本法第32條第2項第1款所定處置者，就當事人應提出之攻擊防禦方法，及提出之期限與逾期提出所生之失權效果，應為特定、具體內容之曉諭。

第**56**條　依本法第32條第2項第5款規定，聘請參與諮詢之勞動調解委員，不以參與同事件勞動調解程序者為限。

　　　　　最高法院、高等法院及其分院得聘請轄區內地方法院聘任之勞動調解委員參與前項諮詢。

第**57**條　法院審理勞動事件，依職權調查必要之證據時，應令當事人有陳述意見之機會。

第**58**條　本法第34條第1項得審酌之事實、證據資料、處分或解決事件之適當方案，不包括當事人於勞動調解程序中所為不利於己之陳述或讓步。但本法第30條第2項之書面協議，不在此限。

第**59**條　勞工聲明書證，係使用雇主依法令應備置之文書者，得聲請法院命雇主提出。

　　　　　前項情形，法院認應證之事實重要，且勞工之聲請正當者，應以裁定命雇主提出。

　　　　　法院依本法第33條第1項規定，得依職權命雇主提出依法令應備置之文書。

第**60**條　第4條第1項事件涉及智慧財產權部分，有智慧財產案件審理法第34條第4項情形，法院不得開示該文書、勘驗物或鑑定所需資料。但為聽取訴訟關係人之意見而有向其開示之必要者，不在此限。

　　　　　前項但書情形，法院於開示前，應通知文書、勘驗物或資料之持有人，持有人於受通知之日起十四日內聲請對受開示者發秘密保持命令者，於聲請裁定確定前，不得開示。

第**61**條　法院依本法第36條第5項規定，認依該證物應證之事實為真實者，於裁判前應令當事人有辯論之機會。

第**62**條　雇主否認本法第37條及第38條之推定者，應提出反對證據證明之。

第**63**條　勞工依本法第39條第1項為補償金之請求者，應表明請求之具體金額及其事由，並宜表明雇主履行一定行為或不行為之具體期限。

　　　　　前項請求之訴，其訴訟標的價額，依民事訴訟法第77條之2第1項但書規定計算之。

法院准許第1項之請求，應斟酌所命雇主為一定行為或不行為延滯履行對勞工即無實益之一切情形，定其履行期限。

第64條 法院就本法第39條第1項補償金之請求，應與命雇主為一定行為或不行為之請求同時裁判。

第65條 法院依本法第39條第1項判命雇主給付補償金確定後，於判決所定之履行期限內，勞工僅得就行為或不行為請求聲請強制執行。

雇主逾前項期限未履行或未經執行完畢者，勞工僅得就補償金請求聲請強制執行，不得就行為或不行為請求聲請強制執行或繼續執行。

第66條 雇主逾法院所定期限後，經勞工同意履行行為或不行為請求者，勞工不得就補償金請求聲請強制執行或繼續執行。

第67條 **本法第40條第1項所稱之會員，以自然人會員為限。**

工會就本法第40條第1項訴訟成立調解，應經法院之許可。於勞動調解程序中成立調解者，應經勞動調解委員會之許可。

本法第40條第1項訴訟，法院應公告之，並將訴訟事件及進行程度以書面通知已知悉之其他具相同起訴資格之其他工會。

前項情形，應於法院之公告處或網站公告。

其他具本法第40條第1項所定起訴資格之工會，得依法追加為原告或參加訴訟。

第68條 本法第40條第5項之律師酬金，其數額由法院於每審級終局裁判時，另以裁定酌定之；訴訟不經裁判而終結者，法院應於為訴訟費用之裁判時，併予酌定之。

第69條 法院依本法第41條第2項規定裁定停止原訴訟程序者，不妨礙依民事訴訟法為證據保全之裁定。

本法第41條第1項追加之訴確定後，法院就停止原訴訟程序之裁定，得依聲請或依職權撤銷之。

第70條 依本法第42條第1項規定併案請求之勞工，不以被選定人之會員為限。

第71條 本法第43條所定工會，不得向選定或視為選定之勞工請求報酬、對價、移轉權利或其他任何利益。

第72條 法院應依本法第44條第2項規定職權宣告免為假執行而未為宣告者，依民事訴訟法第394條規定以判決補充之。

第**73**條　勞工就民事訴訟法第44條之1或本法第42條之訴訟撤回選定者，其撤回應以文書證之。

　　　　勞工不服前項訴訟之裁判，撤回選定而自行上訴或抗告，其未提出前項證明者，法院應定期間命其補正。逾期未補正，駁回其上訴或抗告。

第**74**條　應行勞動調解程序之勞動事件，第二審法院不得以第一審法院未行勞動調解程序而廢棄原判決。

第**75**條　暫免徵收部分裁判費之勞動事件，經撤回起訴、上訴、成立和解或調解者，當事人所得聲請退還之裁判費，以所繳裁判費超過原應徵收裁判費之三分之一部分為限。

第**76**條　**勞動事件於訴訟繫屬中，法官宜隨時依訴訟進行程度鼓勵兩造合意移付調解**。

　　　　前項情形，得自法院聘任之勞動調解委員中，依個案需求酌選適當之人為調解委員先行調解，俟至相當程度，再報請法官共同行之。

　　　　高等法院及其分院得自轄區內地方法院聘任之勞動調解委員中，酌選適當之人為前項調解委員。

第四章　保全程序

第**77**條　**本法第46條所定之勞工向法院聲請假扣押、假處分或定暫時狀態處分，其保全之請求，以勞工依勞資爭議處理法規定向主管機關申請裁決之民事爭議事件之請求為限**。

　　　　本法第46條第2項所定代替釋明之裁決，以聲請保全之請求經裁決決定之部分為限。

　　　　勞工所為本法第46條第1項之聲請，於法院作成裁定前，提出裁決決定書者，適用本法第46條第2項規定；其提起抗告後始提出者，亦同。

第**78**條　裁決決定書未經法院核定者，雇主得聲請法院撤銷假扣押、假處分或定暫時狀態處分之裁定。但勞工於受未經法院核定之通知後三十日內，已就裁決決定之請求起訴者，不在此限。

　　　　法院為前項撤銷裁定前，應使勞工有陳述意見之機會。

第**79**條　勞工為本法第47條第1項之聲請，就請求或爭執法律關係及保全之原因未為釋明者，雖經釋明提供擔保於其生計有重大困難，法院仍應裁定駁回之。

第**80**條　本法第49條規定，於雇主提起確認僱傭關係不存在之訴者，亦有適用。

　　　　　勞工為本法第49條之聲請，就其本案訴訟有勝訴之望，且雇主繼續僱用非顯有重大困難，應釋明之。

　　　　　法院為本法第49條第4項之裁定前，應使當事人有陳述意見之機會。

第**81**條　勞工為本法第50條之聲請者，就雇主調動勞工之工作，有違反勞工法令、團體協約、工作規則、勞資會議決議、勞動契約或勞動習慣之虞，且雇主依調動前原工作繼續僱用非顯有重大困難，應釋明之。

　　　　　法院依本法第50條規定所為之定暫時狀態處分，以依原工作或兩造所同意工作內容繼續僱用為限。

　　　　　勞工與雇主依本法第50條規定所同意之工作內容，應以書狀提出於法院。但於期日，得以言詞向法院或受命法官為之。

第五章　附則

第**82**條　勞動事件，依法律移由司法事務官處理者，應以勞動法庭名義辦理之。

第**83**條　本細則自中華民國一百零九年一月一日施行。

　　　　　本細則修正條文，除中華民國一百十二年八月二十三日修正發布之條文自一百十二年八月三十日施行外，自發布日施行。

十一、勞資會議實施辦法　中華民國103年4月14日修正

第**1**條　本辦法依勞動基準法第83條規定訂定之。

第**2**條　**事業單位應依本辦法規定舉辦勞資會議；其事業場所勞工人數在三十人以上者，亦應分別舉辦之**，其運作及勞資會議代表之選舉，準用本辦法所定事業單位之相關規定。

　　　　　事業單位勞工人數在三人以下者，勞雇雙方為勞資會議當然代表，不受第3條、第5條至第11條及第19條規定之限制。

第**3**條　勞資會議由勞資雙方同數代表組成，其代表人數視事業單位人數多寡各為**二人至十五人**。但事業單位人數在一百人以上者，各不得少於五人。

勞資會議**勞方代表得按事業場所、部門或勞工工作性質之人數多寡分配，並分別選舉之。**

第4條　勞資會議之**資方代表，由事業單位於資方代表任期屆滿前三十日就熟悉業務、勞工情形之人指派之**。

第5條　勞資會議之勞方代表，事業單位有結合同一事業單位勞工組織之企業工會者，於該工會會員或會員代表大會選舉之；事業場所有結合同一廠場勞工組織之企業工會者，由該工會會員或會員代表大會選舉之。

事業單位無前項工會者，得依下列方式之一辦理勞方代表選舉：

一、事業單位自行辦理者，由全體勞工直接選舉之。

二、事業單位自行辦理，其事業場所有勞資會議者，由事業場所勞工依分配名額就其勞方代表選舉之；其事業場所無勞資會議者，由該事業場所全體勞工依分配名額分別選舉之。

三、勞工有組織、加入事業單位或事業場所範圍外之企業工會者，由該企業工會辦理，並由全體勞工直接選舉之。

第1項勞方代表選舉，事業單位或其事業場所應於勞方代表任期屆滿前九十日通知工會辦理選舉，工會受其通知辦理選舉之日起逾三十日內未完成選舉者，事業單位應自行辦理及完成勞方代表之選舉。

依前二項規定，由事業單位辦理勞工代表選舉者，應於勞方代表任期屆滿前三十日完成新任代表之選舉。

第6條　事業單位單一性別勞工人數逾勞工人數二分之一者，其當選勞方代表名額不得少於勞方應選出代表總額三分之一。

勞資會議勞方代表之候補代表名額不得超過應選出代表總額。

勞資會議勞方代表出缺時，由候補代表遞補之；其遞補順序不受第1項規定之限制。

第7條　**勞工年滿十五歲，有選舉及被選舉為勞資會議勞方代表之權。**

第8條　**代表雇主行使管理權之一級業務行政主管人員，不得為勞方代表。**

第9條　依第5條辦理選舉者，應於選舉前十日公告投票日期、時間、地點及方式等選舉相關事項。

第10條　**勞資會議代表之任期為四年，勞方代表連選得連任，資方代表連派得連任。**

勞資會議代表之任期，自上屆代表任期屆滿之翌日起算。但首屆代表或未於上屆代表任期屆滿前選出之次屆代表，自選出之翌日起算。

資方代表得因職務變動或出缺隨時改派之。勞方代表出缺或因故無法行使職權時，由勞方候補代表依序遞補之。

前項勞方候補代表不足遞補時，應補選之。但資方代表人數調減至與勞方代表人數同額者，不在此限。

勞方候補代表之遞補順序，應依下列規定辦理：

一、事業單位依第3條第2項辦理勞資會議勞方代表分別選舉者，以該分別選舉所產生遞補名單之遞補代表遞補之。

二、未辦理分別選舉者，遞補名單應依選舉所得票數排定之遞補順序遞補之。

第11條　勞資會議代表選派完成後，事業單位應將勞資會議代表及勞方代表候補名單於十五日內報請當地主管機關備查；遞補、補選、改派或調減時，亦同。

第12條　勞資會議代表在會議中應克盡協調合作之精神，以加強勞雇關係，並保障勞工權益。

勞資會議代表應本誠實信用原則，共同促進勞資會議之順利進行，對於會議所必要之資料，應予提供。

勞資會議代表依本辦法出席勞資會議，雇主應給予公假。

雇主或代表雇主行使管理權之人，不得對於勞資會議代表因行使職權而有解僱、調職、減薪或其他不利之待遇。

第13條　勞資會議之議事範圍如下：

一、報告事項

(一)關於上次會議決議事項辦理情形。

(二)關於勞工人數、勞工異動情形、離職率等勞工動態。

(三)關於事業之生產計畫、業務概況及市場狀況等生產資訊。

(四)關於勞工活動、福利項目及工作環境改善等事項。

(五)其他報告事項。

二、討論事項

(一)關於協調勞資關係、促進勞資合作事項。

(二)關於勞動條件事項。

(三)關於勞工福利籌劃事項。

　　　　(四)關於提高工作效率事項。

　　　　(五)勞資會議代表選派及解任方式等相關事項。

　　　　(六)勞資會議運作事項。

　　　　(七)其他討論事項。

　　三、建議事項

　　　　工作規則之訂定及修正等事項，得列為前項議事範圍。

第14條　勞資會議得議決邀請與議案有關人員列席說明或解答有關問題。

第15條　勞資會議得設專案小組處理有關議案、重要問題及辦理選舉工作。

第16條　勞資會議之主席，由勞資雙方代表各推派一人輪流擔任之。但必要時，得共同擔任之。

第17條　勞資會議議事事務，由事業單位指定人員辦理之。

第18條　勞資會議至少每三個月舉辦一次，必要時得召開臨時會議。

第19條　勞資會議應有勞資雙方代表各過半數之出席，協商達成共識後應做成決議；無法達成共識者，其決議應有出席代表四分之三以上之同意。

　　　　勞資會議代表因故無法出席時，得提出書面意見。

　　　　前項勞資會議未出席代表，不列入第一項出席及決議代表人數之計算。

第20條　勞資會議開會通知，事業單位應於會議七日前發出，會議之提案應於會議三日前分送各代表。

第21條　勞資會議紀錄應記載下列事項，並由主席及記錄人員分別簽署：

　　　　一、會議屆、次數。　　二、會議時間。

　　　　三、會議地點。　　　　四、出席、列席人員姓名。

　　　　五、報告事項。　　　　六、討論事項及決議。

　　　　七、臨時動議及決議。

　　　　前項會議紀錄，應發給出席及列席人員。

第22條　勞資會議之決議，應由事業單位分送工會及有關部門辦理。

　　　　勞資雙方應本於誠實信用原則履行前項決議，有情事變更或窒礙難行時，得提交下次會議復議。

第23條　勞資會議之運作及代表選舉費用，應由事業單位負擔。

第24條　本辦法未規定者，依會議規範之規定。

第25條　本辦法自發布日施行。

十二、大量解僱勞工保護法　中華民國104年7月1日修正

第1條　為保障勞工工作權及調和雇主經營權，避免因事業單位大量解僱勞工，致勞工權益受損害或有受損害之虞，並維護社會安定，特制定本法；本法未規定者，適用其他法律之規定。

第2條　本法所稱**大量解僱勞工，指事業單位有勞動基準法第11條所定各款情形之一、或因併購、改組而解僱勞工，且有下列情形之一：**

一、**同一事業單位之同一廠場僱用勞工人數未滿三十人者，於六十日內解僱勞工逾十人。**

二、**同一事業單位之同一廠場僱用勞工人數在三十人以上未滿二百人者，於六十日內解僱勞工逾所僱用勞工人數三分之一或單日逾二十人。**

三、**同一事業單位之同一廠場僱用勞工人數在二百人以上未滿五百人者，於六十日內解僱勞工逾所僱用勞工人數四分之一或單日逾五十人。**

四、**同一事業單位僱用勞工人數在五百人以上者，於六十日內解僱勞工逾所僱用勞工人數五分之一。**

五、**同一事業單位於六十日內解僱勞工於二百人或單日逾一百人。**

前項各款僱用及解僱勞工人數之計算，不包含就業服務法第46條所定之定期契約勞工。

第3條　本法所稱主管機關：在中央為勞動部；在直轄市為直轄市政府；在縣（市）為縣（市）政府。

同一事業單位大量解僱勞工事件，跨越直轄市、縣（市）行政區域時，直轄市或縣（市）主管機關應報請中央主管機關處理，或由中央主管機關指定直轄市或縣（市）主管機關處理。

第4條　事業單位大量解僱勞工時，應於符合第2條規定情形之日起六十日前，將解僱計畫書通知主管機關及相關單位或人員，並公告揭示。但因天災、事變或突發事件，不受六十日之限制。

依前項規定**通知相關單位或人員之順序如下：**

一、**事業單位內涉及大量解僱部門勞工所屬之工會。**

二、**事業單位勞資會議之勞方代表。**

三、事業單位內涉及大量解僱部門之勞工。但不包含就業服務法
第46條所定之定期契約勞工。

事業單位依第1項規定提出之**解僱計畫書內容**，**應記載下列事項：**

一、**解僱理由。** 二、**解僱部門。**

三、**解僱日期。** 四、**解僱人數。**

五、**解僱對象之選定標準。**

六、**資遣費計算方式及輔導轉業方案等。**

第5條 事業單位依前條規定提出解僱計畫書之日起十日內，勞雇雙方應
即本於勞資自治精神進行協商。

勞雇雙方拒絕協商或無法達成協議時，主管機關應於十日內召集
勞雇雙方組成協商委員會，就解僱計畫書內容進行協商，並適時
提出替代方案。

第6條 協商委員會置委員五人至十一人，由主管機關指派代表一人及勞
雇雙方同數代表組成之，並由主管機關所指派之代表為主席。資
方代表由雇主指派之；勞方代表，有工會組織者，由工會推派；
無工會組織而有勞資會議者，由勞資會議之勞方代表推選之；無
工會組織且無勞資會議者，由事業單位通知第4條第2項第3款規
定之事業單位內涉及大量解僱部門之勞工推選之。

勞雇雙方無法依前項規定於十日期限內指派、推派或推選協商代表
者，主管機關得依職權於期限屆滿之次日起五日內代為指定之。

協商委員會應由主席至少每二週召開一次。

第7條 協商委員會協商達成之協議，其效力及於個別勞工。

協商委員會協議成立時，應作成協議書，並由協商委員簽名或蓋章。

主管機關得於協議成立之日起七日內，將協議書送請管轄法院審核。

前項協議書，法院應盡速審核，發還主管機關；不予核定者，應
敘明理由。

經法院核定之協議書，以給付金錢或其他代替物或有價證券之一
定數量為標的者，其協議書得為執行名義。

第8條 主管機關於協商委員會成立後，應指派就業服務人員協助勞資雙
方，提供就業服務與職業訓練之相關諮詢。

雇主不得拒絕前項就業服務人員進駐，並應排定時間供勞工接受
就業服務人員個別協助。

第9條　事業單位大量解僱勞工後再僱用工作性質相近之勞工時，除法令另有規定外，應優先僱用經其大量解僱之勞工。

前項規定，於事業單位歇業後，有重行復工或其主要股東重新組織營業性質相同之公司，而有招募員工之事實時，亦同。

前項主要股東係指佔原事業單位一半以上股權之股東持有新公司百分之五十以上股權。

政府應訂定辦法，獎勵雇主優先僱用第1項、第2項被解僱之勞工。

第10條　經預告解僱之勞工於協商期間就任他職，原雇主仍應依法發給資遣費或退休金。但依本法規定協商之結果條件較優者，從其規定。

協商期間，雇主不得任意將經預告解僱勞工調職或解僱。

第11條　僱用勞工三十人以上之事業單位，有下列情形之一者，由相關單位或人員向主管機關通報：

一、僱用勞工人數在二百人以下者，積欠勞工工資達二個月；僱用勞工人數逾二百人者，積欠勞工工資達一個月。

二、積欠勞工保險保險費、工資墊償基金、全民健康保險保險費或未依法提繳勞工退休金達二個月，且金額分別在新臺幣二十萬元以上。

三、全部或主要之營業部分停工。

四、決議併購。

五、最近二年曾發生重大勞資爭議。

前項規定所稱相關單位或人員如下：

一、第1款、第3款、第4款及第5款為工會或該事業單位之勞工；第4款為事業單位。

二、第2款為勞動部勞工保險局、衛生福利部中央健康保險署。

主管機關應於接獲前項通報後七日內查訪事業單位，並得限期令其提出說明或提供財務報表及相關資料。

主管機關依前項規定派員查訪時，得視需要由會計師、律師或其他專業人員協助辦理。

主管機關承辦人員及協助辦理人員，對於事業單位提供之財務報表及相關資料，應保守秘密。

第12條　事業單位於大量解僱勞工時，積欠勞工退休金、資遣費或工資，有下列情形之一，經主管機關限期令其清償；屆期未清償者，中央主管機關得函請入出國管理機關禁止其代表人及實際負責人出國：

一、僱用勞工人數在十人以上未滿三十人者，積欠全體被解僱勞工之總金額達新臺幣三百萬元。

二、僱用勞工人數在三十人以上未滿一百人者，積欠全體被解僱勞工之總金額達新臺幣五百萬元。

三、僱用勞工人數在一百人以上未滿二百人者，積欠全體被解僱勞工之總金額達新臺幣一千萬元。

四、僱用勞工人數在二百人以上者，積欠全體被解僱勞工之總金額達新臺幣二千萬元。

事業單位歇業而勞工依勞動基準法第14條第1項第5款或第6款規定終止勞動契約，其僱用勞工人數、勞工終止契約人數及積欠勞工退休金、資遣費或工資總金額符合第2條及前項各款規定時，經主管機關限期令其清償，屆期未清償者，中央主管機關得函請入出國管理機關禁止其代表人及實際負責人出國。

前2項規定處理程序及其他應遵行事項之辦法，由中央主管機關定之。

第13條　事業單位大量解僱勞工時，不得以種族、語言、階級、思想、宗教、黨派、籍貫、性別、容貌、身心障礙、年齡及擔任工會職務為由解僱勞工。

違反前項規定或勞動基準法第11條規定者，其勞動契約之終止不生效力。

主管機關發現事業單位違反第1項規定時，應即限期令事業單位回復被解僱勞工之職務，逾期仍不回復者，主管機關應協助被解僱勞工進行訴訟。

第14條　中央主管機關應編列專款預算，作為因違法大量解僱勞工所需訴訟及必要生活費用。其補助對象、標準、申請程序等應遵行事項之辦法，由中央主管機關定之。

第15條　為掌握勞動市場變動趨勢，中央主管機關應設置評估委員會，就事業單位大量解僱勞工原因進行資訊蒐集與評估，以作為產業及就業政策制訂之依據。

前項評估委員會之組織及應遵行事項之辦法，由中央主管機關定之。

第16條　依第12條規定禁止出國者，有下列情形之一時，中央主管機關應函請入出國管理機關廢止禁止其出國之處分：

　一、已清償依第12條規定禁止出國時之全部積欠金額。

　二、提供依第12條規定禁止出國時之全部積欠金額之相當擔保。
　　　但以勞工得向法院聲請強制執行者為限。

　三、已依法解散清算,且無贍餘財產可資清償。

　四、全部積欠金額已依破產程序分配完結。

第17條　事業單位違反第4條第1項規定,未於期限前將解僱計畫書通知主
管機關及相關單位或人員,並公告揭示者,處新臺幣十萬元以上
五十萬元以下罰鍰,並限期令其通知或公告揭示;屆期未通知或
公告揭示者,按日連續處罰至通知或公告揭示為止。

第18條　事業單位有下列情形之一者,處新臺幣十萬元以上五十萬元以下
罰鍰:

　一、未依第5條第2項規定,就解僱計畫書內容進行協商。

　二、違反第6條第1項規定,拒絕指派協商代表或未通知事業
　　　單位內涉及大量解僱部門之勞工推選勞方代表。

　三、違反第8條第2項規定,拒絕就業服務人員進駐。

　四、違反第10條第2項規定,在協商期間任意將經預告解僱勞工
　　　調職或解僱。

第19條　事業單位違反第11條第3項規定拒絕提出說明或未提供財務報表
及相關資料者,處新臺幣三萬元以上十五萬元以下罰鍰;並限期
令其提供,屆期未提供者,按次連續處罰至提供為止。

第20條　依本法所處之罰鍰,經限期繳納,屆期不繳納者,依法移送強制執行。

第21條　本法自公布日後三個月施行。

本法修正條文自公布日施行。

大量解僱勞工保護法相關流程

事業單位大量
解僱勞工

符合本法第 2 條第 1 項所定
各款情形之日起 60 日內前

於事業單位內部公
告揭示大量解僱計
畫相關資訊，通知
相關人員

向主管機關通知
大量解僱計畫書

未依法
通報 →

主管機關依
本法第 17 條
裁處 10-50
萬元

通報之日起 10 日內

勞資自治協商

成立 →

結案

雙方拒絕協商或無法
達成協議起 10 日內

主管機關指派就業
服務人員進駐，提
供就業服務及職訓
諮詢

主管機關召集組
成協商委員會進
行協商

成立 →

於第 7 日內將協
議書送法院核定
（得為執行名義）

不成立

勞工可循勞資爭
議相關途徑維護
自身權益

十三、大量解僱勞工時禁止事業單位代表人及實際負責人出國處理辦法

中華民國110年6月8日修正

第1條 本辦法依大量解僱勞工保護法（以下簡稱本法）第12條第3項規定訂定之。

第2條 依本辦法禁止出國之事業單位代表人如下：
一、股份有限公司之董事長。
二、有限公司為章程特設之董事長；未設有董事長者，為執行業務之董事。
三、無限公司及兩合公司之執行業務股東；未設執行業務股東者為代表公司之股東。
四、合夥者為執行業務之合夥人。
五、獨資者為出資人或其法定代理人。
六、其他法人團體者為其代表人。
七、非法人團體者為其代表人或管理人。
前項事業單位代表人以公司登記證明文件、商業登記證明文件、法院或主管機關備查文書所記載之人為準。
事業單位經主管機關查證另有實際負責人屬實者，亦同。

第3條 事業單位於大量解僱勞工而積欠勞工退休金、資遣費或工資達本法第12條第1項所定之標準，經主管機關限期令其給付，屆期仍未給付者，主管機關應報請中央主管機關處理。
主管機關限期給付之期間，最長不得超過三十日。

第4條 主管機關依前條第1項規定，報請中央主管機關處理時，應載明下列事項：
一、代表人及實際負責人之姓名、性別、年齡、職業、出生年月日及住所或居所（外國住所或居所）、戶籍地址及國民身分證統一編號。
二、代表人及實際負責人為外國人者，其外文姓名、性別、出生年月日、國籍、護照號碼。
三、符合本法第12條第1項各款之情事。

第5條 中央主管機關為審核禁止事業單位代表人及實際負責人出國案件，應成立審查會，置委員十三人，其中一人為召集人，由中央

主管機關指派人員兼任之；其餘委員，由中央主管機關就下列人員派（聘）兼之：

一、中央主管機關代表二人。

二、內政部代表一人。

三、外交部代表一人。

四、法務部代表一人。

五、財政部代表一人。

六、經濟部代表一人。

七、專家學者五人。

前項委員，任一性別比例不得少於三分之一。

第6條　委員任期二年，期滿得續聘之。但代表機關出任者，應隨其本職進退。

第7條　委員為無給職。但專家學者得依規定支領出席費。

第8條　審查會置執行秘書一人，由中央主管機關指派現職人員兼任之，承召集人之命，執行委員會決議事項；所需工作人員，由中央主管機關指派現職人員兼任之。

第9條　審查會開會時，應有二分之一以上委員出席，其決議事項應有出席委員三分之二以上同意行之。

審查會開會時，因案情需要，得邀請專家學者及與議決事項有關之其他行政機關、相關單位或人員列席，陳述事實或提供意見。

前項出席之專家學者，得依規定支領出席費。

第10條　委員有下列各款情形之一者，應自行迴避：

一、本人或其配偶、前配偶、四親等內之血親、三親等內血親之配偶、配偶之三親等內血親或其配偶，或曾有此關係者為事件之當事人時。

二、本人或其配偶、前配偶，就該事件與當事人有共同權利人或共同義務人之關係者。

三、現為或曾為該事件當事人之代理人、輔佐人者。

四、於該事件曾為證人、鑑定人者。

第11條　中央主管機關於接獲主管機關報請事業單位有第3條之情事時，應於三日內召開審查會審查。

第12條　事業單位代表人及實際負責人經禁止出國者，於有本法第16條之情形時，中央主管機關應即請入出國管理機關廢止原禁止出國處分。

第**13**條　事業單位代表人及實際負責人於有本法第12條第1項之情形時，中央主管機關得先請入出國管理機關禁止其出國，但須於作出處分後二日內召開審查會審查追認。

前項處分，經決議不應禁止出國者，中央主管機關應即請入出國管理機關撤銷禁止出國案件。

第**14**條　本辦法自發布日施行。

十四、大量解僱勞工訴訟及必要生活費用補助辦法
中華民國 111 年 4 月 29 日修正

第**1**條　本辦法依大量解僱勞工保護法（以下簡稱本法）第14條規定訂定之。

第**2**條　符合本法第2條被解僱之勞工，**有下列情形之一而訴訟者，得向中央主管機關申請訴訟補助：**

一、雇主未依法給付勞工工資、資遣費或退休金者。

二、雇主違反本法第13條第1項或勞動基準法第11條規定解僱勞工者。

前項訴訟補助範圍，指民事訴訟程序、保全程序、督促程序、強制執行程序及文件撰擬之律師費。

第**3**條　符合本法第2條被解僱之勞工有前條第1項各款情形之一，因保險年資不足、雇主未依法為其投保就業保險或未依規定繳納保險費，致未得依規定請領失業給付且未就業，得向中央主管機關申請訴訟期間必要生活費用補助。

申請前項補助者，至遲應自解僱之日起六個月內為之。

申請第1項補助，應向公立就業服務機構辦理求職登記；繼續請領者，應按月向公立就業服務機構提供二次以上之求職紀錄。

領取下列給付之期間，不得同時請領第1項補助：

一、就業保險法之失業給付、職業訓練生活津貼或臨時工作津貼。

二、勞工保險條例或勞工職業災害保險及保護法之傷病給付。

三、職業災害勞工保護法之生活津貼或補助。

四、就業服務法之臨時工作津貼或職業訓練生活津貼。

五、其他政府機關相同性質之補助。

第**4**條　申請訴訟補助之勞工，其所涉及大量解僱之爭議，應先經當地勞工行政主管機關協調或調解。

第**5**條　申請訴訟補助案件，顯無理由或顯無實益者，不予補助。

第**6**條　因同一大量解僱事件申請訴訟補助之勞工，應共同提出，以一案為限。但經審核小組認定有正當理由者，不在此限。

第**7**條　申請訴訟補助，至遲應於第8條所定各該程序終結後三十日內為之。

第**8**條　**訴訟補助標準如下：**
一、**個別申請者，每一審級最高補助新臺幣四萬元。**
二、**共同申請者，每一審級最高補助新臺幣十萬元。**但經審核認有正當理由者，共同申請者，律師費得增至新臺幣二十萬元。
三、**保全程序每次最高補助新臺幣三萬元。**
四、**督促程序每次最高補助新臺幣一萬元。**
五、**強制執行程序每次最高補助新臺幣四萬元。**
中央主管機關為前項補助時，得扣除同一案件已獲當地勞工行政主管機關補助之金額。

第**9**條　申請訴訟補助，應檢具申請書、相關收據與證明文件、勞資爭議協調或調解紀錄影本及下列各款之一之文件：
一、第一審：起訴狀或答辯書狀影本。
二、第二審或第三審：上訴狀或答辯書狀、第一審或第二審裁判文書影本。
三、保全程序：假扣押或假處分聲請狀、法院裁定書影本。
四、督促程序：支付命令聲請狀、支付命令影本。
五、強制執行程序：強制執行聲請狀、相關證明文件影本。

第**10**條　必要生活費用補助標準，以核定補助時就業保險第一級投保薪資百分之六十計算，補助期間以六個月為限。

第**11**條　依第9條申請補助之文件有欠缺時，經通知限期補正，屆期未補正者，該次申請不予受理。

第**12**條　中央主管機關為審核申請補助案件，應成立審核小組。
前項審核小組置委員三人或五人，由中央主管機關指派一人兼任並擔任召集人，其餘遴聘專家學者擔任之，任期二年。
前項委員，任一性別比例不得少於三分之一。
第2項委員就審理之案件，應依行政程序法第32條及第33條規定迴避。

第**13**條　審核小組應有委員二分之一以上出席，始得開會。

委員應親自出席，不得委任他人代理。召集委員不能主持會議時，得指定委員一人代理之。

委員為無給職。但專家學者得依規定支領出席費。

第**13-1**條　中央主管機關得將本辦法所定補助業務，委託民間團體辦理。

第**14**條　訴訟補助及必要生活費用補助之申請書，由中央主管機關定之。

第**15**條　本辦法自中華民國九十二年五月七日施行。

本辦法修正條文，除中華民國一百十一年四月二十九日修正發布之條文，自一百十一年五月一日施行外，自發布日施行。

十五、海峽兩岸經濟合作架構協議

序言

財團法人海峽交流基金會與海峽兩岸關係協會遵循平等互惠、循序漸進的原則，達成加強海峽兩岸經貿關係的意願；雙方同意，本著**世界貿易組織**（WTO）基本原則，考量雙方的經濟條件，逐步減少或消除彼此間的貿易和投資障礙，創造公平的貿易與投資環境；透過簽署「海峽兩岸經濟合作架構協議」（以下簡稱本協議），進一步增進雙方的貿易與投資關係，建立有利於兩岸經濟繁榮與發展的合作機制；經協商，達成協議如下：

第一章　總則

第**1**條　目標

本協議目標為：

一、加強和增進雙方之間的經濟、貿易和投資合作。

二、促進雙方貨品和服務貿易進一步自由化，逐步建立公平、透明、便捷的投資及其保障機制。

三、擴大經濟合作領域，建立合作機制。

第**2**條　合作措施

雙方同意，考量雙方的經濟條件，採取包括但不限於以下措施，加強海峽兩岸的經濟交流與合作：

一、逐步減少或消除雙方之間實質多數貨品貿易的關稅和非關稅障礙。

二、逐步減少或消除雙方之間涵蓋眾多部門的服務貿易限制性措施。

三、提供投資保護，促進雙向投資。

四、促進貿易投資便捷化和產業交流與合作。

第二章　貿易與投資

第3條　　貨品貿易

一、雙方同意，在本協議第7條規定的「貨品貿易早期收穫」基礎上，不遲於本協議生效後六個月內就貨品貿易協議展開磋商，並儘速完成。

二、貨品貿易協議磋商內容包括但不限於：(一)關稅減讓或消除模式；(二)原產地規則；(三)海關程序；(四)非關稅措施，包括但不限於技術性貿易障礙（TBT）、食品安全檢驗與動植物防疫檢疫措施（SPS）；(五)貿易救濟措施，包括世界貿易組織「1994年關稅暨貿易總協定第6條執行協定」、「補貼及平衡措施協定」、「防衛協定」規定的措施及適用於雙方之間貨品貿易的雙方防衛措施。

三、依據本條納入貨品貿易協議的產品應分為立即實現零關稅產品、分階段降稅產品、例外或其他產品三類。

四、任何一方均可在貨品貿易協議規定的關稅減讓承諾的基礎上自主加速實施降稅。

第4條　　服務貿易

一、雙方同意，在第8條規定的「服務貿易早期收穫」基礎上，不遲於本協議生效後六個月內就服務貿易協議展開磋商，並儘速完成。

二、服務貿易協議的磋商應致力於：(一)逐步減少或消除雙方之間涵蓋眾多部門的服務貿易限制性措施；(二)繼續擴展服務貿易的廣度與深度；(三)增進雙方在服務貿易領域的合作。

三、任何一方均可在服務貿易協議規定的開放承諾的基礎上自主加速開放或消除限制性措施。

第5條　　投資

一、雙方同意，在本協議生效後六個月內，針對本條第2款所述事項展開磋商，並儘速達成協議。

二、該協議包括但不限於以下事項：(一)建立投資保障機制；(二)提高投資相關規定的透明度；(三)逐步減少雙方相互投資的限制；(四)促進投資便利化。

第三章　經濟合作

第6條　經濟合作

一、為強化並擴大本協議的效益，雙方同意，加強包括但不限於以下合作：(一)智慧財產權保護與合作；(二)金融合作；(三)貿易促進及貿易便捷化；(四)海關合作；(五)電子商務合作；(六)研究雙方產業合作布局和重點領域，推動雙方重大項目合作，協調解決雙方產業合作中出現的問題；(七)推動雙方中小企業合作，提升中小企業競爭力；(八)推動雙方經貿團體互設辦事機構。

二、雙方應儘速針對本條合作事項的具體計畫與內容展開協商。

第四章　早期收穫

第7條　貨品貿易早期收穫

一、為加速實現本協議目標，雙方同意對附件一所列產品實施早期收穫計畫，早期收穫計畫將於本協議生效後六個月內開始實施。

二、貨品貿易早期收穫計畫的實施應遵循以下規定：

(一)雙方應按照附件一列明的早期收穫產品及降稅安排實施降稅；但雙方各自對其他所有世界貿易組織會員普遍適用的非臨時性進口關稅稅率較低時，則適用該稅率。

(二)本協議附件一所列產品適用附件二所列臨時原產地規則。依據該規則被認定為原產於一方的上述產品，另一方在進口時應給予優惠關稅待遇。

(三)本協議附件一所列產品適用的臨時貿易救濟措施，是指本協議第3條第2款第5目所規定的措施，其中雙方防衛措施列入本協議附件三。

三、自雙方根據本協議第3條達成的貨品貿易協議生效之日起，本協議附件二中列明的臨時原產地規則和本條第2款第3目規定的臨時貿易救濟措施規則應終止適用。

第8條　服務貿易早期收穫

一、為加速實現本協議目標，雙方同意對附件四所列服務貿易部門實施早期收穫計畫，早期收穫計畫應於本協議生效後儘速實施。

二、服務貿易早期收穫計畫的實施應遵循下列規定：

(一)一方應按照附件四列明的服務貿易早期收穫部門及開放措施，對另一方的服務及服務提供者減少或消除實行的限制性措施。

(二)本協議附件四所列服務貿易部門及開放措施適用附件五規定的服務提供者定義。

(三)自雙方根據本協議第4條達成的服務貿易協議生效之日起，本協議附件五規定的服務提供者定義應終止適用。

(四)若因實施服務貿易早期收穫計畫對一方的服務部門造成實質性負面影響，受影響的一方可要求與另一方磋商，尋求解決方案。

第五章　其他

第9條　例外

本協議的任何規定不得解釋為妨礙一方採取或維持與世界貿易組織規則相一致的例外措施。

第10條　爭端解決

一、雙方應不遲於本協議生效後六個月內就建立適當的爭端解決程序展開磋商，並儘速達成協議，以解決任何關於本協議解釋、實施和適用的爭端。

二、在本條第1款所指的爭端解決協議生效前，任何關於本協議解釋、實施和適用的爭端，應由雙方透過協商解決，或由根據本協議第11條設立的「兩岸經濟合作委員會」以適當方式加以解決。

第11條　機構安排

一、雙方成立「兩岸經濟合作委員會」（以下簡稱委員會）。委員會由雙方指定的代表組成，負責處理與本協議相關的事宜，包括但不限於：(一)完成為落實本協議目標所必需的磋商；(二)監督並評估本協議的執行；(三)解釋本協議的規定；(四)通報重要經貿資訊；(五)根據本協議第10條規定，解決任何關於本協議解釋、實施和適用的爭端。

二、委員會可根據需要設立工作小組，處理特定領域中與本協議相關的事宜，並接受委員會監督。

三、委員會每半年召開一次例會，必要時經雙方同意可召開臨時
　　會議。

四、與本協議相關的業務事宜由雙方業務主管部門指定的聯絡人
　　負責聯絡。

第12條　文書格式

基於本協議所進行的業務聯繫，應使用雙方商定的文書格式。

第13條　附件及後續協議

本協議的附件及根據本協議簽署的後續協議，構成本協議的一部分。

第14條　修正本協議修正，應經雙方協商同意，並以書面形式確認。

第15條　生效

本協議簽署後，雙方應各自完成相關程序並以書面通知另一方。
本協議自雙方均收到對方通知後次日起生效。

第16條　終止

一、一方終止本協議應以書面通知另一方。雙方應在終止通知發
　　出之日起三十日內開始協商。如協商未能達成一致，則本協
　　議自通知一方發出終止通知之日起第一百八十日終止。

二、本協議終止後三十日內，雙方應就因本協議終止而產生的問
　　題展開協商。

本協議於六月二十九日簽署，一式四份，雙方各執兩份。四份文本中對應表
述的不同用語所含意義相同，四份文本具有同等效力。

附件一　貨品貿易早期收穫產品清單及降稅安排
附件二　適用於貨品貿易早期收穫產品的臨時原產地規則
附件三　適用於貨品貿易早期收穫產品的雙方防衛措施
附件四　服務貿易早期收穫部門及開放措施
附件五　適用於服務貿易早期收穫部門及開放措施的服務提供者定義

十六、海峽兩岸服務貿易協議簡介及協議內容

壹、服務貿易之定義

服務貿易係指「服務業的貿易」，由於服務通常不具實體，和貨品性質有
異，為便於世界貿易組織（WTO）會員協商彼此間的市場開放，WTO依照
服務提供的方式區分四種服務貿易模式：

模式一：指服務的直接跨境提供，例如臺灣的設計業者透過網路、電話等方式提供在大陸的消費者設計服務。

模式二：指消費者到服務提供者所在地消費服務，例如陸客來臺觀光。

模式三：指服務提供者至消費者所在地設立商業據點提供服務，例如臺灣的銀行在大陸設立分行，此種模式即服務業的投資。

模式四：指服務提供者以自然人移動方式至消費者所在地提供服務，例如臺灣的銀行派遣臺灣員工至其大陸分行擔任經理，提供銀行服務（註：因本協議規定不涉及雙方勞動市場，該員工倘不擔任分行經理即需返臺，並非可留在當地找其他工作）。本協議即依據前述WTO之定義及相關規定進行協商。

貳、海峽兩岸服務貿易協議主要內容

本協議內容包括文本（即條文）、特定承諾表（市場開放清單）及關於服務提供者的具體規定等三部分。文本部分規範任一方政府所採可影響服務貿易之措施應遵守之義務，包括：透明化、客觀公正、避免不公平競爭、允許相關的資金移轉及原則上遵守最惠國待遇及國民待遇等。特定承諾表則載明雙方相互開放服務業市場之內容，雙方約定採取正面表列，未列出之服務部門除雙方於WTO作出承諾且現已開放者外，則屬尚未開放。

本協議涉及眾多服務部門，依據WTO之分類方式包括商業服務；電信服務；營造服務；配銷服務；環境服務；健康與社會服務；觀光及旅遊；娛樂、文化及運動服務；運輸服務及金融服務等。此外，考量兩岸經貿互動發展及業者關切，我方並未就律師、醫師、會計師、建築師等專業服務業作出開放承諾。

參、簽署海峽兩岸服務貿易協議對我國之意義

一、協助業者進軍大陸市場：大陸已從「世界工廠」逐漸轉化為「世界市場」，成為各國廠商兵家必爭之地，繼ECFA早收清單為我國廠商搶得灘頭堡後，「海峽兩岸服務貿易協議」之簽署更進一步協助我國服務業者利用本協議之各項優惠，以更好的條件進入大陸市場。

二、促進融入區域經濟之整合：服貿協議之簽署將向外界放送兩岸經貿繁榮發展之強力訊息，加上臺星協議已完成實質協商、臺紐已近完成協商，可望激勵更多國家與我國洽簽經貿合作協議。

三、有助推動貨品貿易協議完成協商：在兩岸服務貿易協議簽署後，雙方將可集中心力，加速貨品貿易協議之協商。

肆、政府協助業者因應市場開放之作法

我方市場開放承諾內容均經過各服務業主管機關依據「衝擊極小化，利益極大化」之原則審慎評估後列入，預期可鼓勵更多陸商來臺投資，促進就業及刺激市場良性競爭。若國內業者仍因市場開放受到損害，我方除可依協議之相關機制積極與陸方磋商尋求解決方案外，政府亦將根據業者實際需要，採取適當措施協助業者妥善因應貿易自由化帶來之影響。

伍、國會監督與後續實施程序

在協議簽署前，行政部門已依據立法委員之需要個別進行報告，並在協議內容較為具體後向立法院進行專案報告，讓立法院掌握協商的進度。

本協議將俟兩岸各自完成內部程序，自換文之隔日起生效。至於市場開放內容之實施時間，原則上將自生效日起實施，部分部門或將因相關配套措施需要較多時間處理而延後，惟均將依照本協議之規定儘速實施。

陸、未開放部門之處理

考量服務業發展特性、兩岸管理體制差異及兩岸業者之需求，雙方同意參採WTO服務貿易漸進式自由化之精神，於本協議納入「逐步減少服務貿易限制」條文，規定雙方未來可在互惠互利之基礎上，經雙方同意，就服務貿易的進一步市場開放展開磋商。故本協議生效後，倘雙方對於彼此尚未開放之服務業或仍維持之限制性措施，均認為有必要進一步開放時，可依據本條文之規定再次進行磋商，磋商結果將構成本協議的一部分，使兩岸服務業往來更加開放與便利。

◉ 海峽兩岸服務貿易協議 ◉

（本協議尚待完成相關程序後生效）

為加強海峽兩岸經貿關係，促進服務貿易自由化，依據「海峽兩岸經濟合作架構協議」及世界貿易組織「服務貿易總協定」，財團法人海峽交流基金會與海峽兩岸關係協會經平等協商，達成協議如下：

第一章　總則

第1條　目標

本協議致力於：

一、逐步減少或消除雙方之間涵蓋眾多部門的服務貿易限制性措施，促進雙方服務貿易進一步自由化及便利化。

二、繼續擴展服務貿易的廣度和深度。

三、增進雙方在服務貿易領域的合作。

第2條　定義

就本協議而言：

一、「服務貿易」指：

　　(一)自一方內向另一方內提供服務。

　　(二)在一方內向另一方的服務消費者提供服務。

　　(三)一方服務提供者透過在另一方內的商業據點呈現提供服務。

　　(四)一方服務提供者透過在另一方內的自然人呈現提供服務。

二、「服務部門」指：

　　(一)對於一特定承諾，指一方承諾表中列明的該項服務的一個、多個或所有次部門。

　　(二)在其他情況下，指該服務部門的全部，包括其所有的次部門。

三、「人」指自然人或法人。

四、「法人」指根據兩岸任一方相關規定在該方設立的實體。

五、「服務提供者」指兩岸任一方提供服務的任何人。如該服務不是由法人直接提供，而是透過分支機構或辦事處等其他形式的商業據點呈現提供，則該服務提供者（即該法人）仍應透過該商業據點呈現享有本協議所給予的待遇。此類待遇應擴大至提供該服務的呈現方式，但不需擴大至該服務提供者位於提供服務的一方之外的任何其他部分。

六、「服務消費者」指接受或使用服務的任何人。

七、「措施」指兩岸任一方的規定、規則、程序、決定或任何其他形式的措施。

八、「一方影響服務貿易的措施」包括關於下列事項的措施：

　　(一)服務的購買、支付或使用。

　　(二)與服務提供有關，且該方要求向公眾普遍提供的服務的獲得和使用。

　　(三)另一方的人為在該方內提供服務的呈現，包括商業據點呈現。

九、「商業據點呈現」指任何類型的商業或專業據點，包括以下
　　列方式在一方內提供服務：

　　(一)設立、收購或維持一法人。

　　(二)設立或維持一分支機構或辦事處。

第3條　　範圍

一、本協議適用於雙方影響服務貿易的措施。

二、本協議不適用於：

　　(一)公共採購。

　　(二)在一方內為行使公共部門職權時提供的服務。

　　(三)一方提供的補貼或補助，或者附加於接受或持續接受這
　　　　類補貼的任何條件。但如果前述補貼顯著影響一方在本
　　　　協議下所做特定承諾，另一方可請求磋商，以友好解決
　　　　該問題。應另一方請求，一方應盡可能提供與本協議下
　　　　所作特定承諾有關的補貼訊息。

　　(四)兩岸間航空運輸安排，即「海峽兩岸空運協議」與「海
　　　　峽兩岸空運補充協議」及其後續修正文件所涵蓋的措施
　　　　及內容。

　　(五)與兩岸間航空運輸安排的行使直接有關的服務，但不包
　　　　括「海峽兩岸經濟合作架構協議」及其後續協議項下的
　　　　服務貿易市場開放承諾表所列措施。

　　(六)雙方有關海運協議的相關措施，但不包括「海峽兩岸經
　　　　濟合作架構協議」及其後續協議項下的服務貿易市場開
　　　　放承諾表所列措施。

　　(七)雙方同意的其他服務或措施。

三、世界貿易組織「服務貿易總協定」關於自然人移動的附件準
　　用於本協議。

四、雙方各級業務主管部門及其授權的機構應履行本協議項下的
　　義務和承諾。

第二章　義務與規範

第4條　　公平待遇

一、一方對於列入其在世界貿易組織中所作服務貿易特定承諾
　　表、「海峽兩岸經濟合作架構協議」附件四「服務貿易早期

收穫部門及開放措施」及本協議附件一「服務貿易特定承諾表」的服務部門，在遵守前述承諾表或開放措施所列任何條件和資格的前提下，就影響服務提供的所有措施而言，對另一方的服務和服務提供者所給予的待遇，不得低於其給予該一方同類服務和服務提供者的待遇。

二、本條第一款不適用於一方現有的不符措施及其修改，但該一方應逐步減少或消除該等不符措施，且對該等不符措施的任何修改或變更，不得增加對另一方服務和服務提供者的限制。

三、根據本條第一款所作的特定承諾不得解釋為要求任一方對於因相關的服務或服務提供者的非當地特性而產生的任何固有的競爭劣勢作出補償。

四、一方可對另一方的服務和服務提供者給予與該一方同類服務和服務提供者形式上相同或不同的待遇，以滿足本條第一款要求。如此類形式上相同或不同的待遇改變競爭條件，且與另一方的同類服務或服務提供者相比有利於該一方的服務或服務提供者，則應被視為較為不利的待遇。

五、關於一方影響服務貿易的措施，除符合世界貿易組織「服務貿易總協定」第二條第二款規定的豁免外，該一方對另一方的服務和服務提供者所給予的待遇，不得低於該一方給予的普遍適用於其他任何世界貿易組織會員的同類服務和服務提供者的待遇。

六、本條第五款不適用於一方現有的不符措施及其修改，但該一方應逐步減少直至消除該等不符措施，且對該等不符措施的任何修改或變更，不得增加對另一方服務和服務提供者的限制。

第5條　訊息公開與提供

一、一方應依其規定，及時公布或用其他方式使公眾知悉普遍適用的或針對另一方與服務貿易有關的措施。

二、應另一方請求，一方應依其規定，及時就已公布並影響另一方服務提供者的措施的變化提供訊息。

三、一方不得要求另一方提供一經披露即妨礙執行相關規定或有違公共利益，或損害特定企業正當商業利益的機密訊息。

第 6 條　管理規範

一、一方對已作出特定承諾的部門，應確保所有影響服務貿易的普遍適用措施以合理、客觀且公正的方式實施。

二、雙方應依其規定賦予受影響的服務提供者對業務主管部門作出的決定申請行政救濟的權利，並確保該行政救濟程序提供客觀和公正的審查。

三、對已作出特定承諾的服務，如提供此種服務需要取得許可，則一方業務主管部門應依其規定在申請人提出完整的申請資料後的一定期間內，將申請的審核結果通知申請人。應申請人請求，該一方業務主管部門應提供有關申請的訊息，不得有不當遲延。

四、為確保有關資格要求、資格程序、技術標準和許可要求的各項措施不構成不必要的服務貿易障礙，對於一方已作出特定承諾的部門，該方應致力於確保上述措施：

(一)依據客觀及透明的標準，例如提供服務的能力。

(二)不得比為確保服務品質所必需的限度更難以負擔。

(三)如屬許可程序，則該程序本身不成為對服務提供的限制。

五、一方可依其規定或其他經雙方同意的方式，認許另一方服務提供者在該另一方已獲得的實績、經歷、許可、證明或已滿足的資格要求。

六、在已就專業服務作出特定承諾的部門，一方應提供適當程序，以驗證另一方專業人員的能力。

第 7 條　商業行為

一、一方應確保該方內的任何獨占性服務提供者在相關市場提供獨占性服務時，並未採取違反其在本協議附件一及「海峽兩岸經濟合作架構協議」附件四中所作承諾的行為。

二、一方的獨占性服務提供者直接或經關係企業，參與其獨占權範圍外且屬該方特定承諾表中服務的競爭時，該方應確保該服務提供者不濫用其獨占地位在該方內採取違反此類承諾的行為。

三、一方有理由認為另一方的獨占性服務提供者的行為違反本條第一款或第二款規定時，在該方請求下，經雙方協商，可由另一方提供有關經營的訊息。

四、一方在形式上或事實上授權或設立且實質性阻止少數幾個服務提供者在該方內相互競爭時，本條第一款及第二款規定應適用於此類服務提供者。

五、除本條第一款至第四款所指的商業行為外，服務提供者的相關商業行為可能會抑制競爭，從而限制服務貿易。在此情形下，一方應就另一方請求進行磋商，以期消除此類商業行為。被請求方對此類請求應給予充分和積極的考慮，並盡可能提供與所涉事項有關且可公開獲得的非機密訊息。被請求方依其規定，在與請求方就保障機密性達成一致的前提下，應向請求方提供其他可獲得的訊息。

第 8 條　緊急情況的磋商

若因實施本協議對一方的服務部門造成實質性負面影響，受影響的一方可要求與另一方磋商，積極尋求解決方案。

第 9 條　支付和移轉

除本協議第十條規定的情況外，一方不得對與其特定承諾有關的經常項目交易的對外資金移轉和支付實施限制。

第 10 條　確保對外收支平衡的限制

一方對外收支出現或可能出現嚴重失衡時，可依規定或慣例暫時限制與服務貿易相關的資金移轉和支付，但實施該等限制應遵循公平、非歧視和善意的原則。

第 11 條　例外

本協議的任何規定不得解釋為妨礙一方採取或維持與世界貿易組織「服務貿易總協定」規則相一致的例外措施。

第 12 條　合作

雙方應本著互惠互利的原則，加強各個服務部門的合作，以進一步提升雙方服務部門的能力、效率與競爭力。

第三章　特定承諾

第 13 條　市場開放

對於本協議第二條第一款所指的服務提供模式的市場開放，一方對另一方的服務和符合本協議附件二及本協議其他所列條件的服務提供者給予的待遇，不得低於該方在本協議附件一及「海峽兩岸經濟合作架構協議」附件四中列明的內容和條件。對以本協議

第二條第一款第一目、第三目所指模式提供的服務，如一方就其作出市場開放承諾，則該方應允許相關的資本移動。

第14條　其他承諾

雙方可就影響服務貿易，但不屬於依本協議第十三條列入特定承諾表的措施，包括資格、標準、許可事項或其他措施，展開磋商，並將磋商結果列入特定承諾表。

第15條　特定承諾表

一、雙方經過磋商達成的特定承諾表，作為本協議附件一。

二、特定承諾表應列明：

　　(一)作出承諾的部門或次部門。

　　(二)市場開放承諾。

　　(三)本協議第十四條所述其他承諾。

　　(四)雙方同意列入的其他內容。

三、本協議附件一所列金融服務部門的開放承諾方式不受本條第二款規定的限制。

四、本協議附件一及「海峽兩岸經濟合作架構協議」附件四所列服務部門及市場開放承諾適用本協議附件二關於服務提供者的具體規定。

第16條　逐步減少服務貿易限制

一、為逐步減少或消除雙方之間涵蓋眾多部門的服務貿易限制性措施，促進服務貿易自由化，經雙方同意，可在互惠互利的基礎上，就服務貿易的進一步市場開放展開磋商。

二、依據本條第一款展開磋商形成的結果，構成本協議的一部分。

三、任一方均可在本協議規定的開放承諾的基礎上自主加速開放或消除限制性措施。

第17條　承諾表的修改

一、在承諾表中任何承諾實施之日起三年期滿後的任何時間，一方可依照本條規定修改或撤銷該承諾。如該承諾不超出其在世界貿易組織承諾水準，則對該承諾的修改不得比修改前更具限制性。

二、修改一方應將本條第一款所述修改或撤銷承諾的意向，在不遲於實施修改或撤銷的預定日期前三個月通知另一方。

三、應受影響一方的請求，修改一方應與其進行磋商，以期就必要的補償性調整達成一致，調整後結果不得低於磋商前特定承諾的總體開放水準。

四、如雙方無法就補償性調整達成一致，可根據本協議第二十條規定解決。修改一方根據爭端解決結果完成補償性調整前，不得修改或撤銷其承諾。

第四章　其他條款

第18條　聯繫機制

一、雙方同意由兩岸經濟合作委員會服務貿易工作小組負責處理本協議及與服務貿易相關事宜，由雙方業務主管部門各自指定的聯絡人負責聯繫，必要時，經雙方同意，可指定其他單位負責聯絡。

二、服務貿易工作小組可視需要設立工作機制，處理本協議及與服務貿易相關的特定事項。

第19條　檢視

自本協議生效之日起十二個月後，雙方可每年召開會議檢視本協議，以及雙方同意的其他與服務貿易相關的議題。

第20條　爭端解決

雙方關於本協議解釋、實施和適用的爭端，應依「海峽兩岸經濟合作架構協議」第十條規定處理。

第21條　文書格式

基於本協議所進行的業務聯繫，應使用雙方商定的文書格式。

第22條　附件

本協議的附件構成本協議的一部分。

第23條　修正

本協議修正，應經雙方協商同意，並以書面形式確認。

第24條　生效

一、本協議簽署後，雙方應各自完成相關程序並以書面通知另一方。本協議自雙方均收到對方通知後次日起生效。

二、本協議附件一所列內容應於本協議生效後儘速實施。

本協議於六月二十一日簽署，一式四份，雙方各執兩份。四份文本中對應表述的不同用語所含意義相同，四份文本具有同等效力。

附件一　服務貿易特定承諾表
附件二　關於服務提供者的具體規定

財團法人海峽交流基金會　　　　　　　　　　　海峽兩岸關係協會
董事長　林中森　　　　　　　　　　　　　　　會長　陳德銘

十七、跨太平洋夥伴協定（TPP摘要）

TPP全體締約方於2015年10月4日宣布達成協議，此一具高標準、企圖心、全面性、平衡性之協定旨在促進經濟成長，支持、創造並維持就業機會，提升創新、生產力與競爭力，提高生活水準，減少貧窮，促進透明度、良好治理及提升勞工及環境保護。

(一)**協定範圍**：共計30章，包括各項與貿易有關之議題。

涵蓋新興貿易議題及跨領域議題，例如：網路及數位經濟、國營企業、確保貿易協定有利於小型企業等。

結合不同背景之貿易夥伴，強調彼此間緊密合作、協助能力建構，並給予部分成員調適空間，以發展遵循新貿易規範之能力。

(二)**主要內容**

1.**初始條款及一般定義**：許多TPP締約方已相互簽署貿易協定。本章初始條款及一般定義認定TPP可以與其他締約方間之國際貿易協定併存，包括WTO協定、雙邊及區域協定。本章同時定義使用於多個章節的術語。

2.**貨品貿易**：TPP締約方同意對工業產品消除及減少關稅與非關稅貿易障礙，並對農業產品消除或減少關稅與其他限制性政策。TPP提供的優惠市場進入條件將增加TPP國家8億人口的貿易，並在所有12個締約方支持高品質的工作。大多數工業產品的關稅減讓將立即實施，部分產品的關稅將在TPP締約方同意的較長期限內消除。TPP締約方同意的關稅減讓表將涵蓋所有貨品。TPP締約方將發佈所有與關稅及貨品貿易有關之資訊，以確保中小企業及大型公司均可受益於TPP。TPP締

約方同意不使用當地自製率等產出規定，作為取得關稅優惠的條件。同時，TPP締約方亦同意不採行違反符合WTO規則的進出口限制及收費，包括限制回收零組件轉化成新產品的再製品。如果TPP締約方保留進口或出口許可證的規定，相關程序將通知對方，以提昇透明度及和便利貿易往來。

在農產品方面，締約方將消除或降低關稅及其他限制性政策，增加區域內的農產品貿易及加強糧食安全。除了消除或減少關稅，TPP締約方同意促進政策改革，包括取消農產品出口補貼，在WTO合作制定關於國營貿易企業的出口規定，以及出口信貸及縮短限制糧食出口期限，以加強區域內糧食安全。TPP締約方同意在農業生物科技有關之若干活動增加透明度及合作。

3. **紡織品和成衣**：TPP締約方同意對部分締約方市場經濟成長有重要貢獻的紡織品和成衣取消關稅。大多數關稅將立即取消，部分敏感產品的關稅將依TPP締約方之同意在較長期限內取消。本章還包括要求使用TPP區域內的紗線及紡織品的特定原產地規則，以促進此產業領域的供應鏈與投資，並透過「供應短缺清單（shortsupplylist）」機制，取得TPP區域內未能廣泛取得的部分紗及紡織品。此外，本章包括海關合作及執法之承諾，以防止逃稅、走私及欺詐，以及特定之紡織品的特別防衛措施，在進口激增時，得對受嚴重損害或面臨嚴重損害之虞的國內產業進行救濟。

4. **原產地規則**：為提供簡單的原產地規則、促進區域供應鏈、確保TPP締約方為協定之主要受益者，而不是非締約方。12個締約方同意一份原產地規則，詳細規定某特定產品得以適用TPP優惠關稅的原產地規則。特定產品的原產地規則係本協定文本的附錄。TPP允許「累計原產地」規定，亦即在某一TPP締約方生產之產品，其使用來自TPP其中一個締約方之材料，即視為是TPP其他締約方之材料。TPP締約方同時制定設置TPP區內系統規則，以顯示及驗證在TPP區域內製造的貨物符合原產地規則的情形，讓企業得以在區域內順利運作。進口商只要提供證明文件即可取得優惠關稅待遇。此外，本章亦規定主管機關之查證制定程序。

5. **海關管理及貿易便捷化**：為協助WTO實現貿易便捷化的努力，TPP締約方達成加強貿易便捷化的規定，提高海關程序的透明度，確保海關執法的完整性。本章將協助TPP區域內的企業，包括中小型企業，順利進行海關和邊境程序，並促進區域供應鏈。TPP締約方已同意透明

的規則，包括公布海關的法令規章，貨物放行排除不必要的延誤，對
於海關尚未決定關稅或收費的貨物，同意在進口商提供擔保或「保留
異議下付款（paymentunderprotest）」後放行。TPP締約方同意針對
海關估價及其他事宜實施預先裁定作業，以便利貿易的可預測性；同
意採取公正和透明的方式執行海關的處分及罰款。由於快遞服務對企
業，包括中小型企業的重要性，TPP締約方同意對快遞服務提供快速
通關手續。為打擊走私及逃稅，TPP締約方同意在接獲請求後，提供
資訊以利對方執行其海關法律。

6. **食品安全檢驗及動植物防疫檢疫措施（SPS）**：在制定SPS章節時，
   TPP締約方的共同利益係：措施透明化、不歧視性、以科學為基礎，
   並重申其保護境內人類與動植物生命健康的權利。TPP有關SPS風險指
   認與管理規範係建立在WTO之SPS協定的最小貿易限制規定之上。
   SPS章節大致內容為下：TPP締約方允許公眾對其將要採行之SPS措施
   進行評論、告知決策，並會確保受影響之貿易商瞭解他們將要遵行之
   新規範；進口之檢查體系係基於進口風險之考量而設計，且不得故意
   拖延進口查驗程序；如為了保護境內人類與動植物之生命健康，締約
   方在通告其他成員之後可採行緊急措施，惟在採行後6個月內須檢視其
   措施之科學基礎，相關之評估結果亦將應其他締約方之要求而提供；
   除此之外，TPP締約方承諾將對「同等效力」或「區域化」等議題強
   化彼此之資訊交換，且提倡系統性方式對輸出國之管制措施進行效能
   評估；另為快速反應並解決SPS爭端，締約方也同意將建立政府間之
   協商機制。

7. **技術性貿易障礙（TBT）**：就制定TBT規則方面，TPP締約方同意以
   透明及非歧視性的方式，制定技術性法規、標準及符合性評鑑程序，
   並同時維護締約方實現合法目的的權利。TPP締約方同意合作，以確
   保技術性法規和標準不會造成不必要的貿易障礙。TPP締約方為降低
   企業成本，特別是小公司的經營成本，同意制定有助於接受其他TPP
   締約方符合性評鑑機構所出具的符合性評鑑結果之規則，使企業更容
   易進入TPP市場。在TPP規定下，締約方須允許公眾對技術法規、標準
   及符合性評鑑程序等草案提供評論意見，告知法規制定過程及確保貿
   易商瞭解應遵守之規定。締約方並確保技術性法規與符合性評鑑程序
   之公布及生效有合理的期間，俾使企業有足夠時間調整，以符合新規
   定。此外，TPP包含特定部門別產品法規附件，以促進TPP區域內採

取相同的法規管理法規作法。特定的產品部門別包括化妝品、醫療器材、藥品、資訊和通信產品、葡萄酒和蒸餾酒，預先包裝食品及食品添加物的專門處方，以及有機農產品。

8. **貿易救濟**：同意在現有WTO所規定之權利與義務下，訂定提升透明性及正當程序之措施。締約方倘因TPP關稅減讓造成進口增加，致國內產業受有嚴重損害時，可依本章規定實施過渡性防衛措施（transitionalsafeguardmeasures）。實施過渡性防衛措施以2年為期限並可延長1年，實施締約方須符合通報與諮商規定，同時依本章規定提供協議補償。締約方對於同一產品於同一期間內不得重複實施防衛措施，且不得對適用關稅配額之產品實施防衛措施。另，締約方實施WTO防衛措施時，實施範圍可排除未造成產業損害或產業損害之虞之TPP進口產品。

9. **投資**：TPP締約方確立非歧視性的投資政策及提供法律之基本保障，同時確保各國政府執行政策之能力。TPP對投資的基本保障與其他國際投資協定相同，包括：國民待遇、最惠國待遇、最低標準待遇、禁止非為公共利益、未有正當程序或未提供補償之徵收、禁止自製率等實績要求、投資資金原則上應自由移轉，以及投資管理人不受國籍限制之規定。

TPP採取負面表列，意即除列入負面表列清單之項目外，締約方之市場完全開放外人投資。負面表列清單呈現於兩個附錄：(1)締約方不應就現有之投資相關措施採取進一步限制，並有義務在未來進行自由化；(2)締約方得以全權保留採行之政策及措施。

本章節提供中立而透明的投資爭端國際仲裁機制，以強而有力的保障機制，防止濫用及無理的仲裁要求，並確保政府規範各項公共利益，包括健康、安全及環境保護等之權利。相關程序性的保障包括：透明的仲裁過程、法庭之友陳述、非爭端方之陳述、無理之訴的快速審查及可能的律師費分配裁決、臨時裁決的審查程序、TPP締約方對協定內容的聯合解釋具拘束力、提出索賠的時間限制、防止訴訟人同時於多個場域提起同一訴訟。

10. **跨境服務業**：締約方核心義務包括WTO及其他國際協定規範之：國民待遇、最惠國待遇、市場開放（締約方不得設立數量限制、不得要求特定法人形式及合資、不得要求設立當地據點），締約方市場開放採行負面表列，例外則以不符合措施清單保留。

締約方同意其等管理措施應為合理、客觀、公正，另外在建立服務業新法規時應符合透明化要求。本章節之利益不適用空殼公司並設有禁止與非TPP締約方之特定企業交易條款，締約方同意允許跨境服務貿易有關資金可無償移轉，本章節包含專業服務（鼓勵相互認證合作與其他議題）及快遞服務等兩附件。

11. **金融服務業**：TPP金融服務業章節將提供重要跨境和投資之市場進入機會，並確保締約方維持其對金融市場和金融機構之監管能力，以及針對危機事件之緊急措施。這個章節包括類似其他國際協定之締約方核心義務，如國民待遇、最惠國待遇、市場開放，以及包含最低待遇標準之投資章節部分條文。當TPP締約方提供特定金融服務業跨境銷售時，可以取得當地登記或授權的方式，取代過去要求須在賣出地設有據點才能銷售之規定，以協助確認相關銷售，有適當之監管與檢視。若國內市場允許，締約方間可彼此同意夥伴國於其境內提供新金融服務。締約方之例外清單包含兩個現有保留措施附件：(1)締約方不應就現有措施採取進一步限制，並有義務在未來進行自由化；(2)締約方得以全權保留採行之業別及政策。

締約方亦制定保險服務業管理程序以加速已獲核准之保險業者提供服務；此外TPP締約方亦就投資組合管理、電子支付服務及以資料處理為目的之資訊移轉等作出特定承諾。

金融服務章透過中立及透明之投資仲裁，對部分條文規定提供爭端處理，包括與最低待遇標準有關之投資爭端、要求具金融服務業專長之仲裁者，以及締約方政府間之特別機制，以促進實施審慎例外以及本章與投資爭端有關之其他例外。最後，本章保留廣泛裁量權之例外措施，俾TPP締約方金融監理機關採取措施，以提升金融穩定性和金融體系完整性，包括審慎監理例外和追求貨幣或其他特定政策所採行之不歧視的例外措施。

12. **商務人士短期進入**：鼓勵締約方提供商務人士短期進入申請相關資訊，以確保申請費用合理以及迅速核定並通知申請人。締約方同意公告相關資訊（包括即時公告、可行時並應於網站公告），以及就簽證處理等短期進入議題持續進行合作。大多數締約方已於各締約方附件內承諾開放商務人士短期進入。

13. **電信**：TPP締約方應確保有效及可靠之國內電信網路。電信網路對於提供服務之大小企業均十分重要。TPP所訂之促進競爭之網路接取規

則亦適用於行動服務業者。TPP締約方承諾，在其境內將確保國內主要電信服務業者，在合理的條件下，即時提供網路互連、出租電路、共置、電線桿及其他設施之取得等服務。締約方並承諾，核照時應遵循法規程序透明化，且不得歧視特定技術規格。締約方承諾，對於稀有電信資源之管理及分配，包括：頻率、號碼及使用路權等，必須遵循客觀、及時、透明及非歧視之原則。TPP締約方認同電信產業仰賴市場力量及商業談判之重要性，並同意採取適當步驟，以促進國際漫遊服務之競爭，及使用漫遊之替代服務。TPP締約方同意，若締約方選擇管制國際漫遊之批發費率時，該國應允許其他不管制批發費率之締約方電信業者亦有機會享用較低費率。

14. **電子商務**：在合法公共政策目標（例如個人資料保護）下，TPP締約方承諾，為促進網際網路及數位經濟，確保全球資訊及資料自由流通。TPP締約方亦同意不要求企業建立資料儲存中心為在TPP市場營運之前提，亦不要求移轉或提供軟體原始碼。本章節禁止締約方對於電子傳輸課徵關稅，以及避免締約方因偏好本國製造商或特定產品提供者採取歧視性措施或完全封鎖。為保護消費者，締約方同意採行及維持消費者保護法規，防止網路詐欺及不實商業行為，並確保隱私權及其他消費者保護得以實施。TPP締約方亦同意採取措施防止垃圾郵件。另為促進電子商務，本章節亦鼓勵各式無紙化交易，例如電子通關表格、電子驗證及簽章。本章節允許締約方就部分義務得採取不符合措施。締約方亦同意合作協助中小企業利用電子商務及鼓勵推動個人資料保護、線上消費保護、網路安全等政策合作。

15. **政府採購**：TPP會員均有意願透過透明、可預測及不歧視規則，相互開放廣大政府採購市場。在政府採購章中，TPP會員承諾遵循國民待遇及不歧視的核心規則，同意即時公開相關資訊，使廠商有足夠時間獲取招標文件與提出投標文件，以及公平公正的對待每一個標，並對各標之內容保密。此外，會員同意採取公正客觀的技術規格，依據招標公告及招標文件所載審查條件辦理決標，並且建立決標異議、申訴審議的適當處理程序。有關本章之適用機關及承諾開放範圍，會員同意以正面表列方式列於附件。

16. **競爭政策**：TPP締約方的共同利益在於確保區域內公平競爭架構，透過規範要求TPP締約方立法禁止反競爭商業行為及損害消費者的詐欺與詐騙商業活動。

TPP締約方同意採取或維持禁止反競爭商業行為之全國性法律，適用該法至全境所有商業活動。為了確保法律之有效實施，TPP締約方同意建立或維持負責國家競爭法的執法機關，並採取或維持法律及規範以禁止詐欺與詐騙商業活動，以避免對消費者造成危害或潛在危害。各方同意接受正當程序及公平程序之義務，以及因違反國家競爭法而造成損害，被害人有權採取訴訟。此外，TPP締約方同意在競爭政策及執法上適時合作，包括通知、諮詢和資訊交流等。本章不適用TPP爭端解決規定，但TPP締約方可協商與本章相關的問題。

17. **國營企業及指定的獨佔企業**：所有TPP締約方均有國營企業，這些國營企業經常扮演公共服務之角色，然締約方咸認對該等國營企業進行規範之益處。本章規範對象為主要從事商業活動之國營企業。締約方同意，國營企業之採購及銷售行為應以商業考量為基礎，除非此舉將阻礙其提供公共服務。締約方並同意，國營企業或指定的獨占企業不得歧視其他締約方之企業、商品及服務。締約方同意其法院管轄外國國營事業在境內之商業活動，並確保行政機關對於國營企業及私部門企業之規範一視同仁。締約方同意不應對國營企業提供非商業援助，致對其他締約方之利益造成不利效果，或對在另一締約方境內生產及販售商品之國營企業提供非商業援助，致損害其他締約方之境內產業。締約方同意提供國營企業之名單，若其他締約方要求，應提供政府持股或控制情形，及政府提供非商業援助情形等額外資訊。本章設有例外情形，例如：全國性或全球性之經濟緊急情況，以及明列於附錄之個別國家例外情形。

18. **智慧財產**：本章包含專利、商標、著作權、工業設計、地理標示、營業秘密、其他形式之智慧財產、智慧財產權之執法，以及締約方同意進行合作之議題，旨在協助企業（特別是小型企業）更易於新市場檢索、註冊及保護其智慧財產權。

專利部分，本章依據世界貿易組織（WTO）與貿易有關之智慧財產權協定（TRIPS協定）及國際最佳實務建立專利標準。商標部分，本章針對企業及個人用以在市場上區別產品之品牌名稱及標誌提供保護。關於新的地理標示（包括依國際協定認定或保護之地理標示）之保護，本章要求締約方提供透明性及正當程序保護規範，包括確認對於商標及地理標示關係之共識，以及有關使用通用名稱之保護措施。

此外，本章也包括與藥品相關之規定，旨在促進創新救命藥品之開發及學名藥品之取得，並考量各締約方達成規範所需之時間。本章包含對於

為取得新藥或農藥上市許可向主管機關提交之未揭露測試資料及其他資料之保護承諾，並重申締約方對於WTO2001年TRIPS協定與公共衛生宣言所作之承諾，特別是確認不禁止締約方為保護公共衛生採行相關措施，包括對抗HIV／AIDS等傳染性疾病之情形。

著作權部分，本章要求締約方建立作品、表演、錄音物，例如歌曲、電影、書籍、電腦軟體之保護機制，並提供科技保護措施及權利管理資訊之有效且衡平之規定。本章要求締約方持續透過各種方式尋求著作權保護與合法目的之例外及限制規定之衡平，包含在數位環境下亦是如此。本章要求締約方建立或維持網路服務提供者（ISP）著作權避風港制度，且是否適用避風港條款，不得取決於網路服務提供者有無監督其系統中的侵權活動。

締約方同意強化執法體系，包括對具商業規模之商標侵權及著作權或相關權利之盜版提供民事程序、暫時性措施、邊境措施、刑事程序及罰責。特別是，締約方將提供法律手段以防止侵害營業秘密，並針對竊取營業秘密（包含網路竊取）及盜錄建立刑事程序及罰責。

19. **勞工**：所有TPP締約方均為國際勞工組織成員，並體認促進國際公認勞工權利的重要性。TPP締約方同意採取及維護其執行國際勞工組織1998年宣言之國內法規及慣例，以保障基本勞工權利，亦即結社自由及集體談判權、消除強迫勞動、廢除童工及禁止最惡劣形式的童工，及消除就業歧視。TPP締約方同意立法規範最低工資、工時及職業安全與健康，該等規定一併適用於出口加工區。12個締約方同意不會以免除或降低保障勞工基本權益之法規，或不能有效執行上述法律之方式吸引貿易或投資。除承諾消除境內的強迫勞動外，本章還包括禁止進口由強迫勞動或童工所生產的貨品，以及禁止使用以強迫勞動或童工生產原料之貨品，無論出口國是否為TPP締約方。TPP締約方承諾確保公平、公正和透明的行政和司法程序，並對違反勞動法提供有效的救濟措施。並同意包含以建立徵求公眾意見的機制等方式，使公眾參與勞工章之執行。

本章適用TPP爭端解決規則。為促進TPP締約方之間的勞工問題獲得迅速解決，本章規定締約方得選擇勞工對話以解決任何與本章相關之勞工問題。此方式允許締約方間快速協商並合意採取行動以解決問題。本章建立勞工議題之合作機制，包括提供機會予利害關係人確認合作領域，並基於妥適合意下參與工作。

20. **環境**：TPP締約方作為人、野生動物、植物及海洋生物的家園，堅定承諾保護及保育環境，共同努力應付環境的各項挑戰，例如污染、非法野生動物販賣、非法伐木、非法捕魚和保護海洋環境等。12個締約方同意有效執行環境法；不會為了鼓勵貿易或投資而弱化環境法規。締約方同意履行瀕臨絕種野生動植物國際貿易公約（CITES）之義務，並打擊、合作阻止非法野生動植物貿易。此外，締約方同意促進永續森林管理，並保育境內瀕危之野生動植物，包括採取措施以維護自然特別保護區的生態完整性，如濕地。為保護共同的海洋，TPP締約方同意採行永續的漁業管理，以保育重要的海洋物種（如鯊魚），並打擊非法捕魚，禁止危害最大的漁業補貼，該補貼造成過度捕撈魚類種群而影響漁群存量；並制止非法、不報告或不管制捕魚。締約方同意提高漁業補貼程序的透明度，並盡最大努力避免提出導致過度捕撈或產能過剩的新補貼。

    TPP締約方同意防止船舶污染海洋環境，以及保護臭氧層。重申執行多邊環境協定（MEAs）的承諾，並提高有關環境決策、執行和執法的透明度。締約方亦同意建立公眾諮商的機制，包括通過公眾意見書和設立環境委員會的公開會議以監督本章執行。本章適用TPP爭端解決規則，並進一步鼓勵自願的環境倡議，例如企業社會責任計畫。最後，締約方承諾合作以解決涉及共同利益的問題，包括生物多樣性保護區之維護及永續利用，以及轉型為低排放及具彈性的經濟體。

21. **合作和能力建構**：TPP締約方的經濟相當多元。所有締約方承認，TPP發展程度較低的締約方在執行協定以及充分利用本協定所創造之機會，可能面臨的特殊挑戰。為應對這些挑戰，本章設立合作與能力建構委員會，確認並檢視潛在的合作及能力建構範圍。各方互助活動在相互同意的基礎上和可資利用的資源內進行。本委員會將促進資訊交流，以協助合作與能力建構相關需求。

22. **競爭力和企業促進**：本章旨在協助締約方及亞太地區整體的發揮潛力以加強競爭力。本章建立正式機制，檢視TPP對締約方競爭力的影響，透過政府間、政府、企業及公民社會間的對話，特別聚焦於深化區域供應鏈。該機制亦評估TPP進展、善用新機會、以及處理任何TPP生效可能出現的挑戰。此外，TPP將設立競爭力和企業促進委員會，該委員會將定期舉行會議，檢視TPP對區域和國家競爭力及區域經濟整合的影響。委員會亦考慮採納利害關係人的建議，藉此TPP得以提

升其競爭力，包括強化中小型、微型企業參與區域供應鏈。本章亦建立基本架構，提供委員會評估供應鏈在本協定下的表現，包括提升中小企業參與供應鏈，以及檢視利害關係人及專家建議。

23. **發展**：TPP締約方將尋求確保TPP作為貿易和經濟整合的高標準規範，確保所有締約方都能夠獲得完整的利益，並完全實現承諾，成為具有較強市場的更繁榮社會。本章包括3個需要具體合作的領域：(1)廣泛經濟增長，包括永續發展、減少貧窮和促進小企業；(2)婦女與經濟成長，包括協助婦女技能建構，加強婦女進入市場的管道，獲得技術與資金支援，建立婦女領導網絡，並識別婦女在職場調適的最佳範例；及(3)教育、科學、技術、研究和創新。本章將設立TPP發展委員會，定期舉行會議，促進前揭領域自願的合作及機會拓展。

24. **中小企業**：TPP締約方共同利益在於促進中小企業參與貿易，並確保中小企業共享TPP之利益。除涵蓋TPP其他章節所規範之市場開放、文書減量、網路運用、貿易便捷化、快遞外，中小企業專章旨在各方承諾建立中小企業使用便利之TPP網站，讓中小企業獲得TPP資訊以及利用TPP的便利途徑，該網站將包括TPP有關中小企業條文描述、智慧財產權的規範與程序、外資規範、就業規範、稅務資訊。此外，本章設置「中小企業委員會」，定期檢視TPP服務中小企業之情形，討論如何強化對中小企業之效益，並監管支持中小企業合作及能力建構之平台，相關內容包括出口諮詢及協助、訓練計畫、資訊分享、貿易融資等活動。

25. **法規調和**：本章將確保公開、公平和可預測的法規環境，藉由促進各締約方政府間在TPP市場的透明度、公正性及協調性等方式形成法規調和，以利企業經營。本章旨在促進法規的一致性，在每個TPP締約方建立有效的協調機構及機構間協商的機制。鼓勵締約方接受廣泛實施的良好法規措施，例如法規草案的影響評估、備選方案的溝通及擬實施法規的介紹等。本章規定係協助確保法規之簡明扼要，民眾有取得新訂法規資訊的途徑，定期檢討現行法規確定是否仍為實現預期目標的最有效手段。鼓勵締約方提供一年度公告，涵蓋所有預計在該年度內採行的法規。本章將設立委員會，提供TPP締約方、企業及民間社會持續報告執行情況的機會，以及交換最佳做法的經驗，並考慮潛在的合作領域。本章並不以任何方式影響TPP締約方以公共衛生、安全、保防和其他公眾利益原因為由制訂相關法令之權利。

26. **透明度及反貪腐**：本章旨在促進良好的政府治理及解決敗壞經濟的賄賂。對於與TPP涵蓋範圍相關的法律規章及行政裁決應使公眾周知，並儘可能對於可能會影響締約方之間的貿易或投資的規定，進行通知並且允許評論。TPP締約方均同意確保提供給利害關係人正當法律程序之權利，包括透過公正的司法或行政程序及時審查。締約方同意採取或維持公職人員行求期約不正利益的刑事處罰，以及其他影響國際貿易或投資腐敗之貪腐行為的法律。締約方也承諾有效執行反貪腐之法律規。同意採取或維持關於公職人員之行為準則，採行管理與識別利益衝突之措施，加強公職人員的訓練，採取措施阻止送禮，並制定或提供便利舉報公職人員涉及貪腐行為的機制。本章附件規定，TPP締約方同意促進藥品或醫療器械有關上市及核價之透明度和程序公平規定。本章附件的承諾不適用爭端解決程序。

27. **管理及制度條款**：本章訂定制度架構，以利締約方評估及指導TPP相關措施的落實，特別是由締約方部長級或資深官員組成TPP委員會，將監督本協定的落實並指導其未來發展。該委員會將定期檢視締約方間經濟及夥伴關係，以確保本協定仍與締約方面臨之貿易及投資挑戰保持相關性。本章亦要求各締約方應設立聯絡窗口，以利溝通，並設立機制讓具有特定過渡期的締約方，有義務報告其落實該義務之計畫及進度，以確保締約方執行各項義務之透明度。

28. **爭端解決**：當締約方已用盡所有方式仍無法解決爭端時，屆時將透過公正之爭端解決小組裁決。本爭端解決機制除少數特定例外，適用全數TPP內容，且爭端程序中所提交之書狀應予公開、公開開庭審理、最終報告亦須公開且小組於爭端解決過程將參採涉入爭端締約方非政府實體之書面意見。

當諮商失敗，締約方要求，在提出諮商請求後60日內、或是涉及易腐產品有之請求時則縮短為30日內，成立小組。小組由獨立於爭端當事國以外的、嫻熟貿易及爭端所涉議題之三位專家組成，並應於最後一位專家獲指定後的150日內，或是在緊急如涉及易腐產品等案件中則提前於120日內提出機密版的初步報告供當事國評論，俾於30日做成最終報告，並於完成後15日內予以公開。

倘締約方遭認定確無遵守相關義務，爭端解決將同意允許控訴國實施貿易報復，惟敗訴國可於貿易報復展開前，透過談判或仲裁程序，爭取合理的執行期間。

29. **例外**：例外章節確保TPP締約方有充分的權利可具備彈性來規範公共利益，包括為其基本安全利益、其他公共福利等因素。本章節採用1994年關稅及貿易總協定和貨物貿易相關規定中有關第20條規定的一般例外條款，指明TPP不得妨礙締約方為了以下理由所採取或實施之措施：保護公共道德，保護人類、動物或植物的生命或健康，保護智慧財產權，執行有關監獄勞動產品，與保育用竭的天然資源。

本章節另針對服務貿易相關條款包含與服務貿易總協定第14條一般例外條款類似之規定。

本章節包括自我評斷的例外，適用於整個TPP，締約方可以採取其認為必要的任何措施來保障其基本安全利益。本章定義在國際收支危機以及其他經濟危機、危機之虞的情形下，締約方可以採取暫時性之防衛措施來限制移轉（如資本管制）之情況和條件，以確保各國政府保持彈性來管理其資金的波動。此外，本章規定在TPP架構下，締約方無義務提供違反其法律或者社會公共利益之資料，或是否損害特定企業的正當商業利益。締約方亦可就其菸害控管措施拒絕地主國投資人爭端解決。

30. **最終條款**：最終條款章節規定了TPP生效之方式、修改之流程、未來其他國家或關稅領域加入TPP的程序、締約方退出機制，以及TPP的正式語言。本章還指定一個存放機構負責做為協議文件接收和分發的單位。

本章亦確保了TPP的可修改性，係在經過所有締約方同意且完成各自締約方國內法律程序，並以書面通知存放機構之後。本章明訂TPP將開放給亞太經合組織論壇的成員和其他國家或關稅領域加入，前提是經過所有締約方同意且完成各自締約方國內法律程序後。最終條款章節還指定了締約方從TPP退出之程序。

Chapter

11 歷屆試題總覽

一、勞動經濟學暨勞資關係學者Bruce E. Kaufman在比較勞資關係與人力資源管理兩個研究領域差異時指出：「人力資源管理對於促進受雇者利益採取工具性的途徑，勞資關係則把受雇者利益看成是極重要的獨立最終目標。」請說明並分析這段話的涵義。（參見第五章）

二、在我國工會自由化與自主化的趨勢下，產業工會未來的發展頗值得期待；然而，勞動法對產業工會的保障似乎不如企業工會。請據以討論產業工會對勞工集體力量運用值得期待的理由，以及在未來發展上可能會遭遇的困難。（參見第五章）

三、根據我國勞資爭議處理法之規定，勞資爭議在那些情況下勞方不得罷工？並請評論這些規定。（參見第五章）

四、在全球化情勢下，跨國企業活動頻繁，而國家內的工會力量卻逐漸式微，國際勞工運動為促進及捍衛全球勞工權益也調整其策略與行動。請以國際工會聯盟（International Trade Union Confederation）為例，說明其在組織與工作上因應全球化情勢的做法。（參見第一章、第五章）

104年 普考

一、許多著名的勞資關係學者與研究組織試圖用「就業關係」（employment relations）或「勞工與就業關係」（labor and employment relations）取代傳統的「工業關係」（industrial relations）概念，他們的主要理由為何？（參見第一章）

二、勞工參與和集體協商均是勞資關係系統中的轉化機制，請說明二者之含義並比較其異同。（參見第五章）

三、請說明不當勞動行為（unfair labor practice）概念的興起與發展，以及我
　　國工會法與團體協約法對雇主和工會不當勞動行為之禁止規定。（參見
　　第五章）

四、解釋名詞

　　(一)怯志工作者（discouraged worker）（參見《就業安全制度》，千華數
　　　　位文化出版）

　　(二)勞動契約（labor contract）（參見第六章）

　　(三)行會（guild）（參見第五章）

　　(四)職場暴力（workplace violence）（參見第六章）

　　(五)工會密度（union density）（參見第五章）

104年　地特三等

一、在全球化經濟的影響下，企業面臨強大的競爭挑戰，組織調整將更加迅
　　速與巨大，大量解僱勞工的可能性也因而更為增加。我國政府為了保護
　　因市場競爭衝擊而受到不利影響的勞工，制定了大量解僱勞工保護法。
　　請說明當企業達到大量解僱勞工的定義標準後，其後續之大量解僱勞工
　　的程序應如何進行？

答：(一) 大量解僱勞工之定義是指事業單位有勞動基準法第11條所定各款
　　　　 情形之一，或因併購、改組而解僱勞工，且有下列情形之一：

　　　　 1. 同一事業單位之同一廠場僱用勞工人數未滿30人者，於60日內解
　　　　　　僱勞工逾10人。

　　　　 2. 同一事業單位之同一廠場僱用勞工人數在30人以上未滿200人
　　　　　　者，於60日內解僱勞工逾所僱用勞工人數三分之一或單日逾
　　　　　　20人。

　　　　 3. 同一事業單位之同一廠場僱用勞工人數在200人以上未滿500
　　　　　　人者，於60日內解僱勞工逾所僱用勞工人數四分之一或單日逾
　　　　　　50人。

　　　　 4. 同一事業單位僱用勞工人數在500人以上者，於60日內解僱勞工
　　　　　　逾所僱用勞工人數1/5。

（前項各款僱用及解僱勞工人數之計算，不包含就業服務法第46條所定之定期契約勞工。）

(二) 事業單位應辦事項及程序：

1. 60日前將解僱計畫書通知主管機關或相關單位或人員：

(1)所屬工會。 (2)勞資會議之勞方代表。 (3)全體員工。

2. 提出解僱計畫書：10天內與勞方代表進行協商。

3. 勞資雙方拒絕協商時，由主管機關召集雙方組成協商委員會。

（5～11人，勞資雙方人數相同，1位為政府機關代表。）

4. 大量解僱後再僱用應以原解僱之員工優先僱用。

5. 相關單位的通報：僱用勞工30人以上之事業單位，有下列情形之一者，由相關單位或人員向主管關通報：

(1)僱用勞工人數在200人以下者，積欠勞工工資達2個月；僱用勞工人數逾200人者，積欠勞工工資達1個月。

(2)積欠勞工保險保險費、工資墊償基金、全民健康保險保險費或未依法提繳勞工退休金達2個月，且金額分別在新臺幣20萬元以上。

(3)全部或主要之營業部分停工。

(4)決議併購。

(5)最近二年曾發生重大勞資爭議。

二、 在全球化及知識經濟發展的影響下，主要工業國家的工會都呈現萎縮的現象。論者以為，不論就工會的功能與動員空間，較之過去，都已受到限制。請說明在當前產業結構快速變遷與高度資訊化的環境下，工會本身應有何積極作為，方能維繫或強化其角色與功能？

答： 工會除承襲過去歷史，也必須對應現實勞工主體要求，加強調整本身結構特性，執行多樣功能。當今的工會應更積極發揮經濟、政治、社會、文化教育、心理等功能：

(一)經濟功能

1. 工會在經濟活動中，透過集體協商和訂定團體協約以保障勞工權益，另扮演勞資溝通角色，協助處理企業內部以及工作場所發生的問題。

2. 勞動問題改善：包括薪資、勞動時間、職務的分配等功能及基本
工資等，超越個別企業的問題。

3. 生產管理及經營民主的管理功能，包括：

(1)個別企業層級的管理。

(2)對產業經濟政策的一般要求。

(二) 政治功能：勞工人數快速增加，使得勞動者成為一個國家中最大的
選舉人團體，各政黨勢必叩足全勁，極力爭取廣大的票源，因此，
在政治層面上形成一股影響力，包括：

1. 一般政治功能：選舉、物價維持。

2. 區域問題：公害防止、環境破壞禁止及地方自治事項參與等。

(三) 社會功能：工業化社會中，勞工所佔人口比率很高，其所組織的
工會成為社會中舉足輕重的組織，因此，利用勞工多數力量，有
助於社會的進步與安定。工會為爭取更好待遇與合理勞動條件，
屬於人道關懷，為人們爭取公平健康的生活環境。再者，許多社
會的重大措施，常藉助於勞工的力量推動才可能達成。

(四) 文化教育功能：提升勞動者知識與工作技能及勞動者意識，增進終
身學習活動及滿足文化、藝術需求的各項創作。

(五) 心理功能：工會未出現前，勞工是一群受歧視的下層階級（under-
class），容易產生自卑、不滿的心理；工會成立後，可以做為勞工
保護傘，提高勞工自尊心及責任感，有了心理上的滿足，使勞工在
心理健全的狀態下，可以過正常生活，使其人格得以統整發展。

**三、根據我國勞資爭議處理法的規範，處理勞資爭議有「調解」、「仲裁」、
「裁決」及「司法訴訟」等方式。請說明在何種情況下可以申請「裁
決」？「裁決」後之效力。**

答：(一) 勞工因工會法第35條第2項規定所生爭議，得向中央主管機關申請
裁決。

工會法第35條，雇主或代表雇主行使管理權之人，不得有下列行為：

1. 對於勞工組織工會、加入工會、參加工會活動或擔任工會職務，
而拒絕僱用、解僱、降調、減薪或為其他不利之待遇。

2. 對於勞工或求職者以不加入工會或擔任工會職務為僱用條件。

3. 對於勞工提出團體協商之要求或參與團體協商相關事務，而拒絕僱用、解僱、降調、減薪或為其他不利之待遇。

4. 對於勞工參與或支持爭議行為，而解僱、降調、減薪或為其他不利之待遇。

5. 不當影響、妨礙或限制工會之成立、組織或活動。

(二) 裁決後的效力，依勞資爭議處理法第48、49條規定：

1. 對工會法第三十五條第二項規定所生民事爭議事件所為之裁決決定，當事人於裁決決定書正本送達三十日內，未就作為裁決決定之同一事件，以他方當事人為被告，向法院提起民事訴訟者，或經撤回其訴者，視為雙方當事人依裁決決定書達成合意。

2. 裁決經依前項規定視為當事人達成合意者，裁決委員會應於前項期間屆滿後七日內，將裁決決定書送請裁決委員會所在地之法院審核。

3. 裁決決定書，法院認其與法令無牴觸者，應予核定，發還裁決委員會送達當事人。

4. 法院因裁決程序或內容與法令牴觸，未予核定之事件，應將其理由通知裁決委員會。但其情形可以補正者，應定期間先命補正。

5. 經法院核定之裁決有無效或得撤銷之原因者，當事人得向原核定法院提起宣告裁決無效或撤銷裁決之訴。

6. 前項訴訟，當事人應於法院核定之裁決決定書送達後三十日內提起之。

7. 經法院核定後，與民事確定判決有同一效力。

四、「社會責任國際組織」（Social Accountability International；SAI）於2001年發布「社會責任8000」，要求各組織須保護為組織提供產品或服務而受組織控制與影響的工作人員。我國相當多的企業係為國際跨國公司提供服務，當然亦會受「社會責任8000」所規範與約束。請說明「社會責任8000」的施行，對企業、勞工及勞資關係所產生的影響。

答：於1997年制定社會責任8000（Social Accountability 8000），是第一個由非官方機構開發的可監督勞動基準（auditable standards），此一國際認證是確認全球各種產品或勞務的生產者都能提供勞工基本的保護，進而提供「道德性的產品」（ethical production），提昇此一廠商成為一個「道德

性的生產商」（ethical manufacturer）。2001年12月12日「社會責任國際委員會」（Social Accountability International, SAI）發表SA8000標準第一個修訂版，即「SA8000：2001」，關心事項目包含以下九項：

(一)童工、(二)強迫勞動、(三)安全與衛生、(四)結社自由與集體協商的權利、(五)歧視、(六)懲罰性措施、(七)報酬、(八)工作時間、(九)管道體系。

SA8000對企業而言，經由認證，不僅可以促進與上下游供應商與客戶的穩定關係，對企業形象亦有所提升，一舉數得。對勞工來說，經由認證的保障，在九大項的基準中，可以獲得符合基本勞動人權的保障。若能徹底實施，深信勞資雙方都能在此制度的運作下各取所需，促成勞資雙贏的理想。

104年 地特四等

一、勞務提供之契約，依其性質與型態，可分為勞動契約、承攬契約及委任契約，而是否為勞動契約之性質，可依勞工的從屬性（labor subordination）做為判斷標準。請說明如何從勞工的從屬性來判定契約係屬於勞動契約。

答：勞工依契約從事工作，依勞動契約提供勞務給付，係為雇主從事工作、受雇主指示、為雇主服勞務，因而勞工具有從屬性。此一從屬性是勞動契約特徵，另可分為人格上及經濟上之從屬性兩種。其中，經濟上從屬性是指一般而言，在勞資關係中，勞工先天上處於相對弱勢地位，因勞工不如事業主擁有資本、生產原料，勞工所有者只有勞動力，生存基礎唯有依賴提供勞務而獲致工資。因此，勞工之提供勞務為雇主工作，為求生存，不工作即無法生存，故勞工對雇主有經濟上、財產關係上之從屬性、依賴性，是資方基於所有權，對勞方主要三重控制中的第一重控制，亦即勞方勞動力須依賴資方生產物料才能進行勞動。經濟上從屬性尚包括資方對工資及其他勞動條件等勞動契約內容決定性之控制，是本於資方市場強勢而來的第二重控制。此外，勞工勞動所得之工資是勞工投入一般商品市場（為求生活而支出食、衣、住、行、育、樂等）之消費、購買力，但商品之價格又是由資方決定、控制，相較於立於單純

消費者地位之勞工對於商品價格無任何影響力，資方擁有較多影響商品價格之手段，如囤積、炒作等。以上是資方所有權對勞方主要的三重控制，也是勞工對資方所有權之經濟上從屬性、依存性。

二、非典型勞動型態的勞工已漸成為勞動市場的常態，其中勞動派遣人員更是成長快速，但派遣人員常被認為無法獲得如同典型勞動型態勞工的權益保障。因此，我國勞動部（原行政院勞工委員會）乃頒布了「勞動派遣權益指導原則」及「派遣勞動契約應約定及不得約定事項」之規範，以保障勞動派遣勞工之勞動權利。請根據我國「勞動派遣權益指導原則」及「派遣勞動契約應約定及不得約定事項」之規範，說明：(一)派遣人員應簽訂的勞動契約類型。(二)派遣人員之職災保護的規範。(三)派遣人員之籌組工會的權利。

答：勞動部（原行政院勞工委員會）為使派遣單位與要派單位確實符合勞動法令，保障派遣勞工權益，特訂定本指導原則，其中，派遣人員與派遣單位簽訂勞動契約，宜以書面為之，其內容除勞動基準法施行細則第7條列舉事項外，仍宜針對勞動派遣關係中較特殊事項，例如安全衛生、職業災害補償、就業歧視禁止、性騷擾防治、擔任職務或工作內容、獎勵懲戒、應遵守之紀律有關事項或獎金紅利等詳細約定，避免日後爭議。該勞動契約應至少一式二份，一份由派遣勞工收執。接受勞動派遣時，應要求派遣單位以書面載明要派單位名稱、工作地點、擔任職務、工作內容、工作時間（含休息、休假、請假）等事項。

依勞動基準法第8條規定，派遣機構應預防派遣勞工遭受職業上災害，建立適當安全之工作環境及福利設施，有關職災補償事宜，派遣機構應依勞動基準法第59條規定辦理。

(一) 派遣勞工因遭遇職業災害受傷或罹患職業病時，派遣機構應補償其必需的醫療費用。

(二) 派遣勞工在醫療中而不能工作時，派遣機構應自該勞工不能工作之日起，按其原領工資全數予以補償。

(三) 治療終止後，派遣勞工經指定醫院診斷審定其身體遺存殘廢者，派遣機構應按其平均工資及其殘廢程度一次給與殘廢補償。

(四) 派遣勞工遇職業災害或罹患職業病而死亡時，派遣機構除給予五個月平均工資之喪葬費外，並應一次給與其遺族四十個月平均工資的死亡補償金。

(五) 同一事故依勞工保險條例或其他法令規定，已由派遣機構支付費用補償者，派遣機構得予以抵充。

派遣人員可依工會法第6條規定，組織企業工會或職業工會的權利，與一般受僱勞工相同。

三、 **依勞動基準法規範，有繼續性質之工作，勞資雙方應簽訂不定期契約；非繼續性質工作，則可以簽訂定期契約。然定期契約與不定期契約常有勞資爭議的情形，請問就勞工而言，定期契約與不定期契約之權益有何差異？**

答：不定期契約的權益非常嚴苛，是定期契約不足的，計有：

(一) 普通解僱：雇主基於懲戒勞工以外之動機而解僱勞工，其應遵守下列法定情事：
 1. 歇業或轉讓時。
 2. 虧損或業務緊縮時。
 3. 不可抗力暫停工作在一個月以上時。
 4. 業務性質變更，有減少勞工之必要，又無適當工作可供安置時。
 5. 勞工對於所擔任之工作確實不能勝任時。

(二) 解僱之預告
 1. 預告期間：雇主為解僱之意思表示時，除懲戒解僱之事由可立即解僱勞工外，應依下列規定期間，向勞工為解僱之預告：（勞動基準法第16條第1項）
  (1)繼續工作三個月以上，一年未滿者，於十日前預告之。
  (2)繼續工作一年以上，三年未滿者，於二十日前預告之。
  (3)繼續工作三年以上者，於三十日前預告之。
 2. 預告工資：解僱之預告，原則上應依前述預告期間之規定；但雇主若未依上述期間預告時，可以預告工資代替之。此外，勞工於接到解僱預告後，為另謀工作，得於工作時間請假外出。其請假時數，每星期不得超過二日之工作時間，請假期間工資照給。

(三) 可增解僱之限制：勞動基準法上之限制：

1. 解僱時期之限制：雇主除因天災、事變或其他不可抗力致事業不能繼續，經報主管機關核定者外，對於勞工，在依規定請產假之停止工作期間或在職業災害之醫療期間，不得予以解僱。

2. 解僱手續之限制（勞動基準法第16條）：雇主基於懲戒勞工以外之動機而解僱勞工，應事先預告勞工或支付預告工資。

3. 違法理由申訴之解僱禁止（勞動基準法第74條）：勞工發現事業單位違反勞動基準法及其他勞工法令規定時，得向雇主、主管機關或檢查機關申訴，雇主不得因勞工為前項申訴而予解僱、調職或其他不利之處分。

(四) 資遣費發給之義務：勞工有資遣費之請求者，雇主應於終止勞動契約時發給之。

四、 請試述下列名詞之意涵：

(一)競業禁止條款（non-compete clause）

(二)有利勞工原則（advantageous to labor）

(三)禁止搭便車條款（no-free rider）

(四)冷卻期（cooling-off period）

(五)繼續營運（continued operation）

答：(一) 競業禁止條款：指事業單位為保護其商業機密、營業利益或維持其競爭優勢，要求特定人與其約定在職期間或離職後之一定時間、區域內，不得受僱或經營與其相同或類似之業務工作。其限制範圍廣泛，內容複雜。

1. 限制對象廣泛：包括企業經營管理人、董事、監察人、執行業務之股東、企業經理人及一般勞工。

2. 限制內容複雜：以企業經營管理人為例，其禁止內容皆是有關雙方營業利益上之衝突，屬單純財產權上的爭議；而一般技術性勞工則涉及雇主財產權與勞動者工作權的衝突。

(二) 有利勞工原則：或稱利益勞工原則，是指基於勞動法中保護勞工的基本原則，在法令位階的適用上，下位階法源內容較上位階者對勞工更為有利，應優先適用下位階法源，此在勞動法稱為有利勞工原則。例如：勞動基準法與團體協約之位階性雖高於個別勞動契

約，故個別勞動契約之內容本應不得與勞動基準法或團體協約內容不同，但若個別勞動契約之內容對勞工較為有利，則依利益勞工原則，下位階法源之個別勞動契約的約定得優先適用，亦即基於有利勞工原則，當事人應得任意為更有利於勞工之特別約定。例如：我國團體協約法第16條第2項但書後段之規定：「無效之部分以團體協約之規定代之，但異於團體協約之約定為該團體所容許、或為工人之利益變更勞動條件而該團體協約並無明文禁止者為有效」。

(三) 禁止搭便車條款：目的在於使雇主在事業場所的勞動條件可以統一，使非會員勞工有機會享有團體協約之勞動條件，因此，在團體協約法中訂有「禁止搭便車條款」，防止非工會會員搭便車，享受工會協商獲得的好處，因為工會法未強制員工加入工會。只要非會員勞工繳納一定費用給工會，即可享有團體協約所規範之各項勞動條件。

(四) 冷卻期：是指勞資爭議在調解、仲裁或裁決期間，資方不得因該勞資爭議事件而歇業、停工、終止勞動契約或為其他不利於勞工之行為；勞方不得因該勞資方爭議事件而罷工或為其他爭議行為（勞資爭議處理法第8條）。亦即，勞資雙方在勞資爭議調解、仲裁或裁決期間，負有和平義務，以冷卻雙方之爭議，並期待能達成協議、化解爭議。故勞資雙方負有和平義務之期間，可稱為冷卻期。

(五) 繼續營運：繼續營運是勞動者在罷工之際，雇主動員管理者、非工會會員之勞工或其他可代替罷工人員之勞動力，而維持事業之繼續營運。「繼續營運」與「鎖廠」同屬對抗勞動者爭議之行為，不同於「鎖廠」無論是攻擊性或防禦性之鎖廠仍屬消極不為營業之行為，「繼續營運」是積極地以其他人力代替罷工之人力繼續營運，以破壞勞動者罷工效果之行為。

105年　高考三級

一、就業問題是各國政府必須積極面對的問題，歐盟國家在過去十幾年中推出了彈性保障的政策與作法，請問何謂「彈性保障」（flexicurity）？丹麥、荷蘭等歐盟國家在此一彈性保障政策下有那些積極的作法，我國又有那些可以學習之處？

答：(一) 彈性保障是指一種政策上的策略（strategy），一方面以特定的方式來強化勞動市場、工作、工會組織和勞動關係的彈性；另一方面則加強勞動市場內、外之就業與社會安全，尤其是保障弱勢團體的就業權利。換句話說，「彈性保障」是一種連結「經濟」和「社會政策」的形式，以及為「勞工」和「雇主」建立共同風險（危機）管理（risk management）的體系。主要目標是希望在勞資雙方具有共識的基礎上創造互惠雙贏。同時，也希望克服對勞動市場和政策只談彈性或去管制化等單一面向的分析，進而化解勞動市場與社會安全在傳統上的對立。雇主容易資遣員工，造成勞工個人的工作不穩定，只有依賴政府推動就業與所得穩定的雙重保障。亦即人民失去工作之後，可以透過優渥的社會福利穩定其經濟生活，同時，政府也積極提供失業勞工大量職業訓練，幫助失業者在最短時間內取得新工作技能，順利再就業。

(二)1990年代後期，由於經濟全球化的競爭趨勢，以及為了解決長期失業問題、改革福利體制、鬆綁勞動市場的管制等，歐洲逐漸興起所謂的「彈性保障（flexicurity）」概念，特別是荷蘭與丹麥，這種連結勞動彈性與社會安全的策略，在勞動政策的面向上，不僅是可以降低失業率，更是一種創造弱勢民眾就業機會的積極勞動市場政策。在社會政策的面向上，「彈性保障」源自關懷社會排除與保障個人安全的社會凝聚。不同於1980年代以後的新自由主義（Neoliberalism）主張的福利去管制化，「彈性保障」下的社會福利政策在服務國家的勞動彈性策略，除了提供勞工失業期間的基本生活所需外，為避免福利依賴，更不斷地緊縮失業給付與失業救助的條件，並搭配各種就業服務方案，或甚至透過以工作換取福利的積極性政策（activation）等方式，都是臺灣可學習的重要措施。

又，有鑑於歐陸高保障的法令對國家的就業率具負面影響，對壯年勞動人口雖能產生高度穩定就業的保障，但對年輕人與婦女的就業機會與就業安全則有不利影響。甚至對於國家經濟成長速度、創新能力發揮與競爭力提升都有負面影響。因此，丹麥、荷蘭、芬蘭與瑞典等國家嘗試鬆綁法令，使雇主可以按其勞動需求快速調整，資遣不需要的勞工，再者，強化就業保險，使失業勞工可以獲得經濟上的保障，待業期間生活不致落入無法維持生計的狀態。因此，政府大力推動積極勞動市場政策，提供失業者

或是未失業者大量職業訓練機會，提升其就業能力，此項兼具彈性、安全與積極訓練是丹麥彈性兼安全模式的金三角。也是臺灣地區應積極學習的重要方案。

二、最近國內發生了幾件勞資爭議案件，爭議一方之雇主表示要將該爭議案件送交仲裁。請問何謂仲裁？我國的勞資爭議發生後在處理過程中，有那幾種情形可以進入勞資爭議的仲裁程序，請詳細說明之。

答：仲裁是指糾紛當事人在自願基礎上達成協議，將糾紛提交非司法機構的第三者審理，由第三者作出對爭議各方均有約束力的裁決的一種解決糾紛的制度和方式，仲裁是兼具契約性、自治性、民間性和準司法性的一種爭議解決方式。

依據勞資爭議處理法第25條規定，下列四種情形可申請或強制進入仲裁程序：

(一) 勞資爭議調解不成立者，雙方當事人得共同向直轄市或縣（市）主管機關申請交付仲裁。但調整事項之勞資爭議，當事人一方為團體協約法第10條第2項規定之機關（構）、學校時，非經同條項所定機關之核可，不得申請仲裁。

(二) 勞資爭議當事人之一方為第54條第2項之勞工（教師及國防部及其所屬機關（構）、學校之勞工）者，其調整事項之勞資爭議，任一方得向直轄市或縣（市）申請交付仲裁；其屬同條第3項事業調整事項之勞資爭議，而雙方未能約定必要服務條款者，任一方得向中央主管機關申請交付仲裁。

(三) 勞資爭議經雙方當事人書面同意，得不經調解，逕向直轄市或縣（市）主管機關申請交付仲裁。

(四) 調整事項之勞資爭議經調解不成立者，直轄市或縣（市）主管機關認有影響公眾生活及利益情節重大，或應目的事業主管機關之請求，得依職權交付仲裁，並通知雙方當事人。

三、解釋名詞：
　　(一)**工會民主**（union democracy）
　　(二)**黃犬契約**（yellow-dog contract）
　　(三)**協商層級**（bargaining level）
　　(四)**敵意式性騷擾**（hostile environment sexual harassment）
　　(五)**權利事項爭議**（dispute of rights）

答：(一) 工會民主（union democracy）：工會是為維持勞動條件或改善生活
　　　狀況為目的之法人團體，將民主落實在工會組織，是指舉凡工會組
　　　織、會員加入或退出工會、工會幹部推選、會務運作及財務處理等
　　　都交由會員或代表共同決議的方式稱之。
　　(二) 黃犬契約（yellow-dog contract）：黃犬契約意指以「約定勞工不
　　　加入工會或退出工會」作為僱用之條件。是在諾理斯－拉瓜地法
　　　（Norris-LaGuardia Act）中於1932年美國聯邦所通過，又稱為聯
　　　邦反禁止令法案。
　　(三) 協商層級（bargaining level）：可依集權程度分成不同層級。集權
　　　程度最低者是由單一工會或勞工組織與單一廠商或單一企業之資方
　　　代表進行協商，而協商結果僅適用於該廠商或企業；集權程度最高
　　　者是由全國總工會或勞工代表與全國資方代表進行協商，協商結果
　　　適用於所有產職業。除了這二個極端情況之外，其餘勞資協商之集
　　　權程度則介於二者之間。
　　(四) 敵意式性騷擾（hostile environment sexual harassment）：意指上
　　　司或老闆因性別歧視而對其員工惡意且持續的挑剔與敵視。不論是在
　　　言語上的「調戲」、「吃豆腐」、「黃色笑話」等，甚至提出工作機
　　　會的交換等，都是職業上性騷擾。而因為性騷擾貶低了女性的地位，
　　　將女性物化，而使得女性處於工作地位不平等的狀態下，或是性騷擾
　　　的發生，使女性處於不舒服的工作環境當中，都是不利於女性的工作
　　　平等。因此，職場上的性騷擾是一種職業性別歧視。
　　(五) 權利事項爭議（dispute of rights）：權利事項之勞資爭議是指勞資
　　　雙方當事人基於法令、團體協約、勞動契約之規定所為權利義務之
　　　爭議。

105年 普考

一、西方工會主義的起源大都是肇因於對於資本主義的不滿與憤怒,以及
對於工業主義剝削和疏離的反動,而到了現代的階段,在改進資本主義
和促使資本主義民主化的過程中,協商逐漸取代了憤怒與反動。工會通
常採用兩個方法去促成其目標與功能的達成,一是集體協商(collective
bargaining),另一則是政治行動(political action)。請說明集體協商與
政治行動的意義。這兩個作法在我國實施的情形又是如何,請說明之。

答:工會產生與資本主義發展,存在著歷史上的必然關係。工會組織源於18
世紀工業革命,當時越來越多農民湧進城市,為雇主工作。但是,他們所
處的工作環境極為惡劣,而且工資低廉,個別受雇者無能為力對付掌控一
切的雇主,不平衡的關係因而誘發工潮產生,工會組織因而誕生。

當工人團結起來形成集體力量,就可產生了協商與談判的能力,進而要
求雇主改善勞動條件,因此,工會可清楚定義成:基於共同利益而自發
組織的社會團體。透過這個團體,可以與雇主集體談判工資薪水、工作
時間和工作條件等等,工人透過集體協商達成保障工作權益及改善勞動
件為目標。

英國學者衛博夫婦(Sidney and Beatrice Webb)在1894年對於工會所
下的定義,是指「一個工資賺取者持續性的結社,其目的是維持或改
進工資賺取者工作生活的狀況」。工會通常採用兩個方法去促成其目
標的達成,一是集體協商(collective bargaining),另一則是政治行動
(political action)。

集體協商的制度,就是工會作為集體協商的代理人,代表工會會員與雇
主協商工時、工資等僱用條件,爭取會員最大的福利。政治行動,則是
透過贊助政治候選人,支持與協助親勞工的人士進入議會或政府機構,
進而制定有利勞工的政策和立法,促進勞工的經濟福利與社會地位。

以臺灣目前的狀況來說,集體協商的成效不彰,進行集體協商進而簽訂
團體的企業家數,依據勞動部統計資料顯示,比例相當低。而主動採取
集體協商的工會亦不多見,可見工會的集體協商功能是高度不佳的。

至於,政治行動表現亦是令人不滿意,工會會員身分的候選人或民意
代表寥寥可數,親勞工的民意代表也是屈指可數,亦即面對經濟能力

較低、無權力又無資源的弱勢勞工團體而言，政治行動並非最佳選擇，若以罷工的爭議權為核心展開集體行動權，才是保障勞工權益的自主性利器。

二、過去雇主因基於經濟上的事由終止勞動契約時，那些因雇主惡意關廠歇業而被資遣的勞工往往在工資、資遣費和退休金方面可能會遭受到莫大的損失，因而勞資爭議與員工抗爭事件層出不窮。在最近的幾年當中這類爭議事件似乎稍微緩和一些，請問在我國的勞資關係系統中有一個什麼樣的機制，可以在企業關廠歇業時暫時降低勞工在工資、資遣費和退休金方面的部分損失，請說明之。

答：工資為勞工的工作報酬，也是勞工及其家屬主要經濟來源，退休金及資遣費則是勞工退休（職）生活所必需，因此，工資、退休金及資遣費保障顯得非常重要。為使勞工面臨雇主歇業、清算或宣告破產而積欠工資、退休金及資遣費時受到即時保障，免於頓失生活依靠，勞動基準法第28條訂定積欠工資墊償基金制度，發揮企業互助精神及社會連帶責任，加強對勞工經濟生活的保障。凡適用勞動基準法的事業單位，雇主每月按僱用勞工投保薪資總額萬分之2.5提繳積欠工資墊償基金，當雇主歇業、清算或宣告破產時，勞工因而被積欠工資、勞基法退休金、資遣費或勞工退休金條例之資遣費時，可由該基金先行墊付，雇主應於規定期限內，將墊償款償還給積欠工資墊償基金。勞動基準法第28條第1項明定，雇主有歇業、清算或宣告破產之情事時，勞工之下列債權受償順序與第一順位抵押權、質權或留置權所擔保之債權相同，按其債權比例受清償；未獲清償部分，有最優先受清償之權：

(一) 本於勞動契約所積欠之工資未滿六個月部分。

(二) 雇主未依本法給付之退休金。

(三) 雇主未依本法或勞工退休金條例給付之資遣費。

有關基金提繳、墊償與管理運用等相關作業規定，訂有積欠工資墊償基金提繳及墊償管理辦法；積欠工資墊償基金由勞動部積欠工資墊償基金管理委員會管理之；基金提繳及墊償業務委任勞動部勞工保險局辦理；基金運用業務由勞動部勞動基金運用局辦理。

三、工資是勞動契約最重要的內容之一，工資雖由勞雇雙方議定，但是不得低於基本工資。現在國內引進的外籍勞工大約有60萬人，請問不同產業別的外籍勞工的基本工資分別為何？多年以來，有關外籍勞工的工資是否應與基本工資脫鉤一直是個爭議的話題，正反兩面各有其說詞，請問反對兩者脫鉤的主要論述為何？

答：臺灣外勞分為產業外勞與社福外勞，產業外勞的薪資不得低於基本工資，至於詳細內容則依外勞與企業簽訂的書面勞動契約而定，蓋依據勞動基準法的規定辦理；至於，社福外勞的工資大致上依據政府頒訂基本工資金額發給，但受制於與輸出國臺灣辦事處的約定，除工資之外的伙食費與其他房屋津貼等，則依據不同輸出國的約定有不同的內容。

本勞與外勞基本工資應否脫鉤，正面支持者的意見是：外勞輸出國的工資普遍低於臺灣現行的基本工資，應以輸出國的工資為計算基準，再略為增加部分工資內容即可，因此，本勞與外勞基本工資應要脫鉤，分別適用及計算。

持反對者的意見的理由是：

(一) 保障勞動者基本權利：ILO（國際勞工組織）主張勞動非商品價值下的人性議題，是「人權兩公約」的精神與原則，基本工資的規定是一普世價值，嚴格遵守人權公約的規定，不能忽略國際形象折損和可能帶來的貿易抵制，外勞薪資如與基本工資脫鉤，對國家整體利益及形象必然有影響。

(二) 我國係世界貿易組織（WTO）成員國，會員國必須遵守一致的勞工權益，隨著經貿自由化，國與國間之貿易，逐漸要求生產企業必需遵守企業社會責任（CSR）並符合國際勞工組織（ILO）所定之核心勞動基準。外籍勞工如不適用基本工資，除影響勞動人權，亦違反公平貿易原則，恐影響國際觀瞻並招致貿易報復。

(三) 各國簽訂自由貿易協定（FTA）時，協定中多有勞動條款，外籍勞工如排除基本工資適用，恐不利日後推動與外國簽訂自由貿易協定（FTA）。

(四) 國際上絕大多數國家都訂有基本（最低）工資，亦未將外勞脫鉤，這除了是普世人權價值，也是世界經貿中國民待遇原則的要求，臺灣一旦脫鉤，國際形象受到打擊的程度遠超過其他外籍勞工的不當事件。

(五) 本勞薪資基本上都高於基本工資，若能創造更多就業機會，企業有
強烈勞動需求時，勞工薪資會自動上漲。

四、美國經濟學者傅利門（Richard Freeman）和麥道夫（James Medoff）在
1984年合著了《What Do Unions Do?》一書，書中指出工會具有「雙面孔」
（two faces）的特質，請說明他們雙面孔理論的主要內容。現在已是21世
紀的第二個十年，勞資關係系統的主要結構方面已有重大的變化，工會的
雙面孔理論如果要進行必要的補充與修正，請問你有什麼看法？

答：美國經濟學者傅利門和麥道夫（Freeman and Medoff,1984）曾經指出，
工會具有「雙面孔」（two face）的特質，一方面工會有著「壟斷的面
孔」，另一方面又有「集體聲音／制度性回應的面孔」：

(一) 壟斷的面孔：新古典學派經濟學家如賽蒙斯（Henry Simons）、
米爾頓傅利門（Milton Friedman）等人主張，工會是一個「有害
的壟斷」，基本的論點是：工會是勞動市場壟斷性的專賣機構，
唯一的要求就是提高會員的薪資，在自由勞動市場中對工資與就
業方面形成障礙，並以無工會組織的勞工與經濟效率為犧牲品。
在工會比較強勢的國家，大部分的工會確實有壟斷的力量，可以利
用此一力量將工資提高至競爭水準之上，假如在一個競爭體系運作
得十分完善的經濟中，這些工資的上漲將產生有害的經濟效果，會
降低國家的產出與扭曲所得的分配，在一個企業之中亦會使產出減
少、就業機會降低和營運效率不彰。

(二) 集體聲音／制度性回應的面孔：賀許門（Hirschman, 1970）曾提
出兩個基本解決社會或經濟問題的機制，第一個是傳統市場的機
制，利用自由選擇的方式，處理個人對於實際社會情況和期望情況
之間的落差，也就是選擇「退出與進入」（exit-and-entry）；第
二個是「發出聲音」的政治性機制，利用意見表達進行直接溝通，
將實際狀況和期望狀況之間的差距拉近。
傅利門和麥道夫非常贊同並推崇第二個論點，並將「發出聲音」機
制引用到勞工運動與工會的範疇。在工作職場中，「發出聲音」代表
了勞工與其組織及雇主討論工作場所中可以改變的條件，而不是辭
去工作了事。工會是「發出集體聲音」的一個載具，提供給勞工一個
與雇主溝通的管道。在工作場要用集體聲音而不用個別聲音？基本

上工作場所的重要事項多屬於「公共財」（public goods），會影響每一個工作場所勞工的福利，個別勞工分享此公共財也不會排斥或減少別人的分享，例如安全衛生事項、照明設施、申訴處理制度、退休年金方案等。

105年 地特三等

一、根據我國勞資爭議處理法，勞資爭議交付仲裁有雙方合意、一方申請、強制等三種方式，請就爭議當事人、爭議類別、爭議情形詳細說明之，並請申論為何有三種不同方式之規定。

答：勞資爭議的仲裁，依據勞資爭議處理法第三章仲裁的規定，分別有下列三種方式：

(一) 雙方合意：勞資爭議處理法第25條規定，勞資爭議調解不成立者，雙方當事人得共同向直轄市或縣（市）主管機關申請交付仲裁。但調整事項之勞資爭議，當事人一方為團體協約法第10條第2項規定之機關（構）、學校時，非經同條項所定機關之核可，不得申請仲裁。

另，勞資爭議經雙方當事人書面同意，得不經調解，逕向直轄市或縣（市）主管機關申請交付仲裁。

(二) 一方申請：勞資爭議當事人之一方為第54條第2項之勞工者（教師及國防部以及其所屬機關（構）、學校之勞工），其調整事項之勞資爭議，任一方得向直轄市或縣（市）申請交付仲裁；其屬54條第3項事業（自來水事業、電力及燃氣供應業、醫院、經營銀行間資金移轉帳務清算之金融資訊服務業與證券期貨交易、結算、保管事業及其他辦理支付系統業務事業）調整事項之勞資爭議，雙方未能約定必要服務條款者，任一方得向中央主管機關申請交付仲裁。

(三) 強制仲裁：調整事項之勞資爭議經調解不成立者，直轄市或縣（市）主管機關認有影響公眾生活及利益情節重大，或應目的事業主管機關之請求，得依職權交付仲裁，並通知雙方當事人。

二、**聯合國全球盟約**（United Nations Global Compact）**是全球最大的企業可持續發展倡議，目前已經有一百六十餘國的一萬二千餘家企業或非企業組織加入；該盟約要求加入者支持十項原則，其中屬於勞動領域的四項原則來自於國際勞工組織「工作基本原則與權利宣言」**（Declaration on Fundamental Principles and Rights at Work）**，請說明這四項原則並申論這些原則在全球勞動治理中扮演的角色。**

答：國際勞工組織（International Labor Organization, ILO）是處理勞工問題的聯合國專門機構，總部在瑞士的日內瓦，1998年6月ILO在第86屆國際勞工大會通過「工作基本原則與權利宣言」（Declaration on Fundamental and Rights at Work）及附則。此宣言明白宣示強迫勞動的禁止、結社自由及集體協商權利、禁止就業歧視及男女同工同酬以及童工的禁止等四項基本權利，並要求各會員國應予以尊重與實踐。

根據此一宣言，原本在1994年，ILO理事長韓森（Michel Hensenne）特別提出一項報告，列出七項所謂核心公約，包括：(一)第29號強迫勞動公約；(二)第87號結社自由及組織保障公約；(三)第98號組織權及團體協商權原則之應用公約；(四)第100號男女勞工同工同酬公約；(五)第105號廢止強迫勞動公約；(六)第111號歧視（就業與職業）公約；及(七)第138號最低年齡公約。

前述七項核心公約內所列舉之四類基本勞動人權，包括：

(一)結社之自由及有效承認集體協商之權利。

(二)剷除所有形式之強迫性或強制性勞動。

(三)有效廢除童工。

(四)剷除就業與職業上之歧視。

都應受到各會員國之尊重、推展及實現，不論是否已正式批准這些公約。同時，此宣言特別強調，該組織將透過技術合作及諮詢服務之方式，推廣批准及執行基本公約，以協助會員國營造經濟及社會和諧發展氣候。再者，該宣言亦強調勞動基準不得用來作為貿易保護主義之措施。根據此一宣言附則，未正式批准這些公約之會員國，都應在每年提出報告予國際勞工局，並由理事會所聘請之專家加以審查，每年針對前述四類基本原則及權利，依序提出報告，藉以對所有會員國之情況，做一全面性之審查。

三、民主國家的一般國民都有結社權，而勞工又有特別的結社權，稱為團結權，請從權利之目的、價值、行使、效力四方面，比較一般國民的結社權與勞工團結權不同之處。

答：自由結社權在國際勞工標準中具有特別重要的地位，最基本的國際勞工公約是1948年通過的《自由結社和保障組織權利公約》（第87號公約）和1949年的《組織權與集體談判原則的實施公約》（第98號公約）。「自由結社權」的定義在第87號公約第2條有明確的解釋，即凡勞工和雇主均應無任何區別、有權建立自己選擇的組織，以及僅依有關組織的章程加入自己選擇的組織，無須事前得到批准。由此可見，該公約所指的自由結社權，不僅指勞工的自由結社權，也包括雇主自由結社的權利；不僅指加入某個組織不需事前得到批准，且建立組織也不需事前得到批准；無論是建立或參加組織，都可以進行自由選擇。

勞工結社權與一般結社權不同，有其目的、價值、行使和效力等特色：

(一) 目的：因為資本主義法律對資方私有財產權及經營管理權有具體保障，個別勞工在僱傭關係上相對資方處於不利的弱勢地位，勞工必須團結起來組織工會，才能展現或提升力量。

(二) 價值：勞工結社權具備可對抗第三人的效力，亦即可對抗雇主或雇主團體，與一般自由權僅對抗國家有別，另勞工結社權也保障外國籍身份的勞動者。

(三) 效力：勞工結社權以組織永久性工會為限，是為了達到改善勞動條件為目的而組織的團體，受勞工結社權的保障。

(四) 行使：勞工結社權是「自願性」，而非強制性，勞工個人可以依自由選擇權，可選擇亦可放棄其結社權利，任何人不得強制或脅迫。

四、全球工作型態正產生巨大變化，逐漸偏離典型僱用模式，除了一般的非典型僱用之外，非正式、非常短期、工時不規則等多樣化的僱用形式愈來愈普遍，於是僱用關係不穩定的勞工愈來愈多。面臨這些挑戰，國家在勞動立法與社會保障體系兩方面應如何因應？請申論之。

答：傳統的勞動契約關係，多是雇主直接僱用勞工，在雇主自己的指揮監督命令下行使勞務。因此，判斷勞工與雇主間是否有勞動契約關係存在

時，不論雙方當事人訂立契約合意之有無、或從屬關係之有無等要素，相對簡單可從作業上指揮監督狀況及勞資雙方履行契約內容之互動關係上探討真相。但隨著社會與經濟環境變遷，勞工的勞動意識與企業僱用型態轉變，定期契約工勞動、部分工時勞動、派遣勞動、電傳勞動、母子公司間勞動力之流動等非典型勞動契約關係，逐漸成形並廣泛運用在企業界。

政府在勞動立法與社會保障上的因應作法為：

(一) 制訂勞動派遣專法：非典型僱用型態下之勞工易遭受不當勞動待遇，因此在勞動政策上應採取限制非典型僱用型態之發展，保持積極態度，盡早制訂頒布勞動派遣法加以有效且具體規範。

(二) 釐訂非典型僱用之工作種類：非典型僱用型態已成僱用趨勢，如何防範雇主實際上是真實僱用，但外觀上卻採取非典型僱用型態，以規避勞動基準法上各項責任之「真僱用、假名目」，從保障勞工的工作權與勞動條件、甚至發生職業災害時何人應負起雇主法定補償責任之觀點，平衡與釐清勞資雙方權利義務是不可欠缺的。

(三) 在社會保障上另訂非典型僱用的就業保險、職業災害等各風險發生時的相關保障規定。

105年 地特四等

一、從一個國家勞資集體協商權力分配的情況來看，可以分成「集中（權）型協商」（centralized bargaining）與「分散（權）型協商」（decentralized bargaining），請說明這兩種類型的含義，並據此分析我國目前集體協商所屬的類型。

答：勞資協商依權力分配程度分為集權式協商（centralization bargaining）及分權式協商（decentralization bargaining），分別是：

(一) 集權式協商（centralization bargaining）：集權式是由全國總工會或勞工代表與全國資方代表進行協商，協商結果適用於所有產職業。集權制協商過程中，參與協商的資方面臨的產品市場競爭壓力小，勞資協商結果可能偏離市場自由運作結果的幅度愈大，產生的負面影響也愈大。

(二) 分權式協商（decentralization bargaining）：分權式是指由單一工會或勞工組織與單一廠商或單一企業的資方代表進行協商，協商結果僅適用於該廠商或企業。其影響力為，參與協商的資方所面臨的產品市場競爭壓力愈大，勞資協商的結果可能偏離市場自由運作結果的幅度愈小，故其所產生的負面影響較小。

此外，部分勞資協商是介於集權和分權之間。臺灣目前的勞資協商本就不夠普遍，也都以分權式的個別企業與工會的協商為主。

二、 根據我國勞資爭議處理法，勞資爭議當事人向地方主管機關申請調解，有那幾種調解方式可選擇？請詳細說明並申論這些方式的優缺點。

答：依據勞資爭議處理法第11條規定，直轄市或縣（市）主管機關受理調解之申請，應依申請人之請求，以下列方式之一進行調解：

(一)指派調解人。

(二)組成勞資爭議調解委員會。

分別說明兩種方式的優缺點：

(一) 指派調解人之調解

　　1. 優點：縮短調解時間，爭議點較為單純的，非常有利。另，縣（市）主管機關得委託民間團體指派調解人進行調解，對於勞工來說相對有利。

　　2. 缺點：獨任調解人之專業知識及技巧攸關調解成效，無其它委員可以討論或合議決定。

(二) 組成勞資爭議調解委員會

　　調解委員會置委員3人或5人，由下列代表組成之，並以直轄市或縣（市）主管機關代表1人為主席：(1)直轄市、縣（市）主管機關指派1人或3人。(2)勞資爭議雙方當事人各自選定1人。

　　1. 優點：3或5人調解委員會議可以相互討論，且主管機關代表亦在其中，採合議制方式議定，比較周延，無單獨一位主觀或知能不足的缺失。

　　2. 缺點：比較耗費時間。

三、請比較國際勞工組織與我國勞動基準法對童工（child worker）的界定，並申論童工在工作上需要特別保護的理由。

答：我國勞動基準法第44條對童工的界定：15歲以上未滿16歲之受僱從事工作者，為童工。而國際勞工組織（ILO）定義的童工是指那些需要在童年時期受工業或商業活動僱用的孩子，是屬於弱勢勞工，工作隨之而來的代價常不利於其身心發展。簡言之，童工工作（child labor）是指工作對於兒童的精神上、身體上、社會上或道德上有其危害性，且剝奪他們接受教育的機會，迫使他們離開學校工作，或要求他們做繁重、超時的工作。最極端的童工形式，兒童在年齡很小時就被迫與家人分離，接受奴役，甚至暴露在充滿危險與疾病的工作環境下。可以稱為童工「工作」的具體形式取決於孩子的年齡、類型和執行的工作時間。

以年齡界定童工是常見的規定：

ILO在1973年6月26日通過「准予就業最低年齡公約」，指定最低年齡：紫色，14歲；綠色，15歲；藍色，16歲。但也有幾種豁免情形：

(一) 為當地消費而生產又不正式僱工的家庭企業和小型企業（第5條第3款），例如個體戶自家兒童參與勞動。

(二) 在普通學校、職業技術學校或其他培訓機構中的兒童和年輕人所做的工作（第6條），例如普通學校的勞動技術課程、職業培訓的崗位實習等。

(三) 參加藝術表演（第8條第1款），例如兒童演員，一些需要從小培養並商業演出的職業（如雜技演員、戲曲演員、舞蹈演員等等）。

四、一般國家都會給予女性勞工、身心障礙勞工、原住民勞工在就業上特別保護，請分別說明這三類勞工需要特別保護的理由與目的。

答：女性、身障者及原住民勞工群都屬於勞動市場上所定義的次級勞動市場勞工，亦遭受就業上的歧視，勞動力參與率較一般勞工低，就業者的薪資亦較一般勞工的平均薪資低，遭解僱的機會亦較一般勞工來的高；除此之外，這三類勞工需要特別保護的差異化理由分述如下：

(一) 身障勞工：過去教育環境無障礙較不普及，使得身心障礙者接受教育的機會受到限制，加上科技輔具也不如現在發達，此外因一般

民眾刻板印象使然，造成身心障礙者即使具備工作能力，也容易遭企業忽略，求職上遭遇諸多困難。另外，身障者個人身心功能相較一般勞工稍顯薄弱，工作能力或多或少受到影響，若不加以特別保護，就業不易。

(二) 女性勞工：女性礙於家務或照顧負荷，勞動力參與力遠比男性來的低，女性在職場所面對的同工不同酬、玻璃天花板的升遷障礙以及生理假、產假、哺乳時間、育嬰假等各項女性勞工礙於職責必須要擔負責任的各種請假，使得女性勞工就業不易，需要特別保護。

(三) 原住民勞工：原住民相對於漢人，自始存在著種（民）族歧視問題，在職場也不例外。加上，原住民文化特性，多屬漢人的雇主或企業主管，心存偏見，對原住民的求職者或員工仍有薪資偏低、技能不足、喝酒曠職、人際互動不佳的刻板印象，因此需要在就業上特別立法或推動措施加以保護。

106年 高考三級

一、2016年發生的桃園市空服員職業工會針對中華航空公司進行的罷工行動，是近年來我國勞資關係的重要事件，請就該事件中出現的兩個議題：(一)禁搭便車條款；(二)工會協商代表權，分別申論分析對我國僱用關係及工會發展的影響。（請避免以勞動法角度之分析）

答：所謂的「禁搭便車條款」係引自美國制度，避免企業內團體協約簽訂後，受團體協約約束的雇主，對未加入工會的勞工，就團體協約所約定的勞動條件（例如薪資、獎金、工時、休假等等）或福利等採取同等給予對待，導致公司內部勞工間不正當競爭或產生嫌隙，間接損及工會協商權利。現行團體協約法第13條即屬於禁止搭便車條款。團體協約得約定，受該團體協約拘束之雇主，非有正當理由，不得對所屬非該團體協約關係人之勞工，就該團體協約所約定之勞動條件，進行調整。但團體協約另有約定，非該團體協約關係人之勞工，支付一定之費用予工會者，不在此限。以台北捷運工會為例，在新近修訂的團體協約中增列：

「非工會員工不能就該團體協約所約定的勞動條件做調整」，此舉將會增加勞工加入工會的比率。

至於，協商代表權問題，依團體協約法第8條所指，工會或雇主團體以其團體名義進行團體協約之協商時，其協商代表應依下列方式之一產生：

(一) 依其團體章程之規定。

(二) 依其會員大會或會員代表大會之決議。

(三) 經通知其全體會員，並由過半數會員以書面委任。

前項協商代表，以工會或雇主團體之會員為限。但經他方書面同意者，不在此限。

又同法第6條第3項明定，有協商資格之勞方，係指下列工會：

(一) 企業工會。

(二) 會員受僱於協商他方之人數，逾其所僱用勞工人數二分之一之產業工會。

(三) 會員受僱於協商他方之人數，逾其所僱用具同類職業技能勞工人數二分之一之職業工會或綜合性工會。

(四) 不符合前三款規定之數工會，所屬會員受僱於協商他方之人數合計逾其所僱用勞工人數二分之一。

(五) 經依勞資爭議處理法規定裁決認定之工會。

另，勞方有二個以上之工會，或資方有二個以上之雇主或雇主團體提出團體協約之協商時，他方得要求推選協商代表；無法產生協商代表時，依會員人數比例分配產生。

二、企業社會責任（Corporate Social Responsibility, CSR）是近年來為國際社會關切全球價值供應鏈（Global Value Chain）關係勞動權益的一種制度安排，通常透過建立企業行為準則（Codes of Conduct），藉由社會稽核（Social Auditing）執行，監督供應商的勞動關係是否符合國際勞動標準。請問這樣的作法對於改善供應商勞資關係，保障勞工權益的效果有多大？請就其利弊得失加以申論分析。

答：企業社會責任（Corporate Social Responsibility, CSR），是一種道德或意識型態理論，主要討論政府、股份有限公司、機構及個人是否有責任對社會作出貢獻。企業社會責任泛指企業超越道德、法律及公眾要求的標準，而進行商業活動時亦考慮到對各相關利益者造成的影響，企業社

會責任的概念是基於商業運作必須符合可持續發展的想法，企業除了考慮自身的財政和經營狀況外，也要加入其對社會和自然環境所造成的影響的考量。

企業社會責任觀念由營利組織發起，以可持續發展的企業為概念，以公益活動作為核心概念。因應企業的各利害關係人（指所有可以影響或會被企業決策和行動影響的個體或群體，包括：員工、顧客、供應商、社區團體、母公司或附屬公司、合作夥伴、投資者和股東）而編寫的企業社會責任報告書（CSR），詳實揭露公司在永續經營及社會責任的目標、成果、承諾及規劃。

臺灣企業永續獎（Taiwan Corporate Social Award, TCSA）為CSR獎項之一，評比中華民國各大集團及企業之企業社會責任報告書，活動目的為推動企業社會責任。由財團法人臺灣永續能源研究基金自2008年開始會舉辦評選活動，至2017年為止，共舉辦10屆。優點在於，CRS可作為企業治理的指導原則，含括遵守法律，管理與客戶、供應商、競爭者和相關監管機構的關係以及記錄保存、公司資產、非公開的信息和利益衝突等。讓企業關注國際間對於企業發展觀點與原則，企業營運關鍵因素得以隨時與國際同步，提高企業競爭力。缺點在於，缺乏有效的監督單位，無法透過外部力量持續予以監督其落實成果。

三、要強化我國工會組織集體協商談判的能力，實際運作上有那些必須改善的地方？請就工會之組織、財務、教育訓練及會員溝通四方面，申論說明之。

答：加強工會協商能力，扶植工會提升力量，是有效達成以集體協商簽訂團體協約，規範勞資互動、維持勞資合作關係的最佳利器。相對於資方的專業律師群與優質幹部能力，惟有強化工會力量才能就相對弱勢加以改善。過去臺灣工會的發展，並未呈現與歐美各國工會發展的道路，走向以集體協商為目標，國外工會力量較強，能提高薪資協商能力，臺灣的工會則相對薄弱。僅分別就工會組織、財務、教育訓練、會員溝通等分述如下：

(一) 工會組織：鼓勵勞工加入工會，提高工會組織率，並加強工會內部結構健全，提高工會管理能力。

(二) 工會財務：充裕工會財務，以為進行協商各項必要支出之超強後盾。

(三) 教育訓練：協商代表或工會幹部都必須具備一定專業知能與技術，甚至擁有豐富的協商經驗與國際觀，惟有透過內部或外部的教育訓練計畫才能克盡其功。

(四) 會員溝通：會員對加入工會與支持工會運作等向心力與態度等等，都必須透過有效的溝通，讓會內部形成高度凝聚力、共識，是工會強大的具體表現。

四、Uber, Airbnb等共享經濟之發展，提供了消費者之便利性，也可能降低經營成本，因此在過去幾年中快速發展，但其勞資關係上的不確定性也在社會上掀起討論，請問此種共享平台在勞資關係上可能產生那些問題？應如何解決？

答：共享經濟（Sharing economy）又稱租賃經濟，是一種共用人力與資源的社會運作方式。包括不同個人與組織對商品和服務的創造、生產、分配、交易和消費的共享。常見的型式有汽車共享、拼車、公共自行車以及交換住宿等。共享經濟具備弱化擁有權，強化使用權的作用。

在共享經濟體系下，人們可將所擁有的資源有償租借給他人，讓未被充分利用的資源獲得更有效的利用，進而使資源整體利用效率提高。Uber、Ubike是典型代表。由於網路、物聯網等科技，讓全球數十億人能以個人對個人方式連結，去除多餘的中間商，降低非必要成本，每個人成了兼具生產與消費力量的「消費＋生產者（prosumer）」。共享經濟體系中，一個個「消費＋生產者」透過出租、分享，用合理價格與他人共用自己的汽車、房子、衣服、玩具、知識、技能與所生產的產品，跳脫以往的買賣「交易」關係，改以「分享」方式進行。共享經濟的勞資關係不如以往相當明確，勞務提供者的勞工相對購買勞務者的資方，生產者同時兼具消費者身份，勞資關係變得更加模糊不清，將衍生眾多的勞資兩者間關係定義不清之矛盾與爭議，解決方法只有一個，訂定明確的契約內容，讓勞資關係轉以契約型態，是具體可行的方法。

106年 普考

一、各國工會力量衰退已經是共同的現象，請申論各國工會衰退的共通性原因？並請舉例解釋何以有些國家的工會組織率或團體協約覆蓋率仍然顯著，並且在勞資關係上仍具有影響力？

答：大多數國家都面臨工會組織率成長趨緩，以及會員數成長有限的困境，主要原因來自：

(一) 勞工教育程度提高，個人協商自主權相對提升，依賴工會集體協商需求下降。

(二) 原工會會員老化，相繼退休或死亡、退出工會。

(三) 科技製造業員工人力資本高，組織或加入工會意願低落。

(四) 小企業仍維持高比例，員工未達30人，未達組織工會低門檻。

政府為提高工會涵蓋率，增加勞工籌組工會之意願，勞動部於106年6月5日公告「勞動部補助工會輔導勞工籌組企業工會及產業工會教育訓練實施要點」，藉由既有工會的經驗傳承，讓有意願籌組工會的企業及產業勞工，對於工會籌組流程及工會角色定位更加熟悉，讓工會籌組更加順利；亦公告「勞動部補助新成立工會辦理教育訓練實施要點」，協助成立未滿1年的工會，透過辦理教育訓練來提升工會會員的勞動意識及對勞動相關法令的認識，讓工會運作更加健全。又配合100年5月1日新施行工會法，開放工會籌組採「登記制」、增加工會組織之類型，並積極輔導各類型工會成立，自100年5月1日至106年6月底，新成立並完成登記之工會家數共786家，包括聯合工會組織44家、企業工會154家、產業工會179家及職業工會409家。

值得一提的是，臺灣地區有一特殊現象，無一定雇主的勞工必須先行加入職業工會，才擁有加入勞工保險的資格，為了尋求個人的風險保障，職業工會方呈現成長趨勢。至於團體協約的簽訂，不因工會數成長趨緩，相反的有成長趨勢，是受到政府大力宣導及鼓勵結果，惟多以國營企業佔多數，甚或協約內容亦以現行勞動法令為主，自主協商內容非常有限。

二、**當代探討勞資關係變遷的論述中，認為各國集體談判已經出現所謂從集權化（centralization）到分權化（decentralization）的現象，試申論其意涵，並分析為何產生這樣的現象。**

答：勞資協商依權力分配程度分為集權式協商（centralization bargaining）及分權式協商（decentralization bargaining），分別是：

(一) 集權式協商（centralization bargaining）：集權式是由全國總工會或勞工代表與全國資方代表進行協商，協商結果適用於所有產職業。集權制協商過程中，參與協商的資方面臨的產品市場競爭壓力小，勞資協商結果可能偏離市場自由運作結果的幅度愈大，產生的負面影響也愈大。

(二) 分權式協商（decentralization bargaining）：分權式是指由單一工會或勞工組織與單一廠商或單一企業的資方代表進行協商，協商結果僅適用於該廠商或企業。其影響力為，參與協商的資方所面臨的產品市場競爭壓力愈大，勞資協商的結果可能偏離市場自由運作結果的幅度愈小，故其所產生的負面影響較小。

臺灣目前的勞資協商本就不夠普遍，也都以分權式的個別企業與工會的協商為主。

三、**請解釋並說明在限制罷工行動立法上，所謂的必要服務（essential service）和最低服務（minimum service）之意涵與區別。**

答：勞資爭議處理法對於罷工的限制有「必要服務」與「最低服務」兩項規定，意涵如下：

(一) 必要服務不得罷工：下列勞工不得罷工：1.教師。2.國防部及其所屬機關（構）、學校之勞工。前兩項屬於必要服務，勞工被限制罷工權。

(二) 須約定最低服務始得罷工：第54條第3項規定影響大眾生命安全、國家安全或國家重大公共利益之事業，須經約定必要服務條款（亦即最低服務規定）才能罷工。前項指定事業包含：水、電、燃氣、醫院以及經營銀行間資金移轉帳務清算之金融資訊服務業與證券期貨交易、結算、保管事業及其他辦理系統業務事業，必

要服務之範圍同樣由勞工主管機關及目的事業主管機關共同決定。提供固定通信業務或行動通信業務之第一類電信事業，於能維持基本語音通信服務不中斷之情形下，工會得宣告罷工。至於機關（構）及事業之範圍，由中央主管機關會同其主管機關或目的事業主管機關定之；前項基本語音通信服務之範圍，由目的事業主管機關定之。在重大災害發生或有發生之虞時，各級政府為執行災害防治法所定災害預防工作或有應變處置之必要，得於災害防救期間禁止、限制或停止罷工。

四、工作與生活平衡（work-life balance）為近年來政府積極推動的政策，請問從企業端、政府端，可以進行那些努力來促進此一政策目標的落實？

答：工作生活平衡又稱工作家庭平衡計畫，是指企業組織幫助員工認識和正確看待家庭和工作間的關係，調和職業和家庭的矛盾，紓解因工作和家庭關係失衡給員工帶來壓力的計畫。企業端和政府端可以努力的重點分別是：

(一) 企業端：可以制定有效且具體的工作家庭平衡計畫，其主要措施包括：

1. 向員工提供家庭問題和壓力紓解的諮詢服務。
2. 創造參觀或聯誼等機會，促進家庭和工作的相互理解和認識。
3. 將部分福利擴展到員工家庭範圍以分擔員工家庭壓力。
4. 將家庭因素列入考慮晉升或工作轉換的條件中。
5. 設計適應家庭需要的彈性工作制以供選擇。
6. 緊急家庭財政支援或員工協助方案。
7. 提供幼兒臨托服務。

(二) 政府端

1. 提供工作家庭平衡計畫手冊，以供企業推動參考。
2. 訂定獎勵措施或補助辦法，鼓勵企業推動。
3. 在現行補助企業辦理員工教育訓練計畫中列入工作家庭平衡課程。
4. 訂定勞工福利法，將工作家庭平衡措施列入法令規範中。

106年 地特三等

一、自民國100年工會法修法以來，有關代扣會費之爭議層出不窮，試問現行工會法對代扣會費有何規定？又依學理及實務，雇主代扣會費應遵守那些原則，以避免構成不當勞動行為？

解答索引：代扣會費屬工會法的新規定，也因此成為臺灣第一宗代扣會費的不當勞動行為裁決案件，不論從學理及實務運作上，法令規定確實有值得商榷之處。

答：工會法第28條第3項規定：企業工會經會員同意，雇主應自該勞工加入工會為會員之日起，自其工資中代扣工會會費，轉交該工會。

又，工會法施行細則第25條第1項規定：本法第28條第3項所稱經會員同意，指下列情形之一：

(一) 會員個別同意。

(二) 工會會員大會或會員代表大會議決。

(三) 工會章程規定。

(四) 團體協約之約定。

(五) 工會與雇主有代扣會費之約定或慣例者。

工會法施行細則第25條第2項規定：本法中華民國100年5月1日施行前，工會與雇主間已具有前項各款情形之一者，不須重新取得同意。

工會法施行細則第25條第3項規定產業工會及職業工會經會員個別同意，並與雇主約定或締結團體協約之代扣工會會費條款者，雇主應自勞工工資中代扣工會會費，並轉交該工會。

因此，代扣會費對於企業工會、產業工會及職業工會有不同的法令規定，讓公司與工會在運作上無所適從；加上，代扣會費必須從薪資中扣繳，一則課予雇主責任及工作負擔，再則對於新進員工，是否加入工會成為會員並從薪資中代扣會費，產生諸多爭議，已是實務運作上的難題。

若從學理觀之，薪資屬個人從事勞動的所得，加入工會屬勞工個人的權利行使，兩者都與勞動者權益息息相關，欲由雇主端的工資給付代扣會費，與勞務所得薪資給予的設計有所違背。尤以企業工會會員的影響最大。產業及職業工會必須是勞工個別會員同意，所以影響較小。

二、大量解僱勞工保護法中規定，事業單位大量解僱勞工時，應提出解僱
　　計畫書，勞雇雙方並應就該計畫書進行協商，此項規定之意義為何？
　　試論述雇主未依法進行協商之效力為何，以及對勞動契約之終止是否
　　有何影響？

解答索引：大量解僱勞工保護法的規範，主要在保障大量解僱勞工的基本程
　　　　　　序與規定，但法令中規範的解僱計畫書提出及與勞工進行協商，
　　　　　　實際上的保障效力值得商榷。

答：查依據大量解僱勞工保護法第4條規定：事業單位大量解僱勞工時，應
　　於符合第2條規定情形之日起60日前，將解僱計畫書通知主管機關及相
　　關單位或人員，並公告揭示。但因天災、事變或突發事件，不受60日之
　　限制。……事業單位依規定提出之解僱計畫書內容，應記載下列事項：
　　(一)解僱理由。(二)解僱部門。(三)解僱日期。(四)解僱人數。(五)解僱
　　對象之選定標準。(六)資遣費計算方式及輔導轉業方案等。
　　又同法第5條規定略以：事業單位依前條規定提出解僱計畫書之日起10
　　日內，勞雇雙方應即本於勞資自治精神進行協商。勞雇雙方拒絕協商或
　　無法達成協議時，主管機關應於10日內召集勞雇雙方組成協商委員會，
　　就解僱計畫書內容進行協商，並適時提出替代方案。
　　綜上，規範事業單位大量解僱勞工必須在事前提出計畫書的目的在於確
　　保大量解僱是有審慎考量且有其運作上的必要性，再者，對於遭解僱的
　　勞工也有明確的解僱標準與流程及後續輔導，對被解僱勞工是一項基本
　　的保障。
　　倘若雇主未依法提出計畫書，依同法第17條規定：事業單位違反第4
　　條第1項規定，未於期限前將解僱計畫書通知主管機關及相關單位或人
　　員，並公告揭示者，處新臺幣10萬元以上50萬元以下罰鍰，並限期令其
　　通知或公告揭示；屆期未通知或公告揭示者，按日連續處罰至通知或公
　　告揭示為止。又同法第18條規定：事業單位有下列情形之一者，處新臺
　　幣10萬元以上50萬元以下罰鍰：一、未依第5條第2項規定，就解僱計畫
　　書內容進行協商。……
　　因此，題意所指未依法進行協商，僅有行政處分規定，對於勞工的勞動
　　契約終止並無任何的影響，還是必須回到勞動基準法第二章的勞動契約
　　終止之認定。

三、 工會法對工會之成立設有人數之門檻規定，試問國際勞工組織對此類門檻規定之態度為何，並對我國規定之合理性加以評析？

解答索引： 保障勞工組織工會的結社權，是工會法的立法宗旨，然對於法令規範的30人門檻，與臺灣的中小企業為大宗之現況不符，常被質疑。

答： 臺灣地區對於籌組工會的人數限制在工會法第11條第1項規定：組織工會應有勞工30人以上之連署發起，組成籌備會辦理公開徵求會員、擬定章程及召開成立大會。

現行工會籌組門檻規定，主要避免工會因發起人數不足，進而影響工會會務之運作，以致參酌人民團體法對於籌組人民團體之門檻規定，訂定籌組工會30人之規範。相較日韓2人連署、香港7人、中國大陸25人的規定還要高。但也有對於籌組工會人數門檻偏低的反對聲浪，美國企業籌組工會需要一半以上員工同意，臺灣僅30名員工就可籌組工會，有門檻過低不具代表性的質疑，且深怕對於企業營運造成不利影響。

因此，有人提議工會法第11條、第17條進行修正，將現行組織工會應有30人以上連署門檻，修正為「100人以下之事業單位，得由勞工15人以上連署發起即可籌組工會，甚或提議以公司員工的一定比例為籌組工會的基本門檻。」基此，組織工會的人數限制確有必須重新提出討論。

四、 勞動基準法第84條之1規定，經中央主管機關核定公告之工作，得由勞雇雙方另行約定，排除工作時間、例假、休假及女性夜間工作之規定。本條並未如同變形工時之規定，以工會或勞資會議之參與為要件，試以此分析本條規定之利弊得失。

解答索引： 責任制一直是科技業的普遍現象，也有其它業別仿效，自己認定為屬於責任制的實施對象，也是困擾臺灣企業與勞工的常見難題，可從法令與實務運作面加以討論。

答： 依勞動基準法第84-1條規定：經中央主管機關核定公告之下列工作者，得由勞雇雙方另行約定，工作時間、例假、休假、女性夜間工作，並報請當地主管機關核備，不受第30條、第32條、第36條、第37條、第49條規定之限制。

一、監督、管理人員或責任制專業人員。

二、監視性或間歇性之工作。

三、其他性質特殊之工作。

前項約定應以書面為之，並應參考本法所定之基準且不得損及勞工之健康及福祉。

準此，規定中所指的勞雇雙方約定僅限於雙方以書面另行約定，並非工時調整必須由工會或勞資會議同意來得嚴苛，如此規範的優缺點在於：

(一) 優點：彈性大、操作容易，只要勞工與雇主同意，即可實施，對於勞動自由及企業生產都有實質上的助益。

(二) 缺點：勞工屬相對弱勢者，為薪資提供勞務，一旦雇主提出，為確保工作權，只得同意雇主所請；加上，大部分勞工不善於協商，無法與雇主取得對等優勢，常被迫同意，若能由工會代表或在勞資會議中加以討論，集合多數人力量與智慧，對個別勞工會有更好的保障。

106年 地特四等

一、依據工會相關理論，工會之成立除形式上與程序上之要求外，尚應具備那些要件？對照我國工會法之規定，有那些條文與各該要件相關？

解答索引：本題屬於工會法的基本題型，可以從工會發起成立的基本條件，仔細想想有哪些法令在工會組織這一章的相關規定，就可以找到理想的標準答案。

答：工會成立的基本要件與相對應條文分別是：

(一) 工會類型—工會法第6條

工會組織類型如下，但教師僅得組織及加入第二種及第三種之工會：

1. 企業工會：結合同一廠場、同一事業單位、依公司法所定具有控制與從屬關係之企業，或依金融控股公司法所定金融控股公司與子公司內之勞工，所組織之工會。

2. 產業工會：結合相關產業內之勞工，所組織之工會。

3. 職業工會：結合相關職業技能之勞工（應以同一直轄市或縣（市）為組織區域）。

(二) 單一工會—工會法第9、10條

工會法第9條：各企業工會以組織一個為限。

同一直轄市或縣（市）內之同種類職業工會，以組織一個為限。

工會法第10條：工會名稱，不得與其他工會名稱相同。

(三) 工會聯合組織—工會法第8條

工會得依需要籌組聯合組織，名稱、層級、區域及屬性應於章程中定之。

以全國為組織區域籌組之工會聯合組織，其發起籌組之工會數應達發起工會種類數額三分之一以上，且所含行政區域應達全國直轄市、縣（市）總數二分之一以上。

(四) 工會組織的排他性－工會法第4條

現役軍人與國防部所屬及依法監督之軍火工業員工，不得組織工會；軍火工業之範圍，由中央主管機關會同國防部定之。

各級政府機關及公立學校公務人員之結社組織，依其他法律之規定。

二、何謂警告性罷工？我國進行合法警告性罷工，依法應符合那些要件？並試由他國經驗及國際勞工組織之見解，探討現行規定之合理性。

解答索引： 本題屬時事題型，由華航及長榮工會的罷工事件導出，可從罷工的相關規範加以思索，逐一檢視就可找到標準答案。

答： 有關工會罷工係規範於勞資爭議處理法，該法對罷工的相關規定如下：

(一) 議決罷工的基本條件

第53條：勞資爭議，非經調解不成立，不得為爭議行為；權利事項之勞資爭議，不得罷工。

(二) 警告性罷工的基本法令要件

第54條第1項：工會非經會員以直接、無記名投票且經全體過半數同意，不得宣告罷工及設置糾察線。

第54條第3項：下列影響大眾生命安全、國家安全或重大公共利益之事業，勞資雙方應約定必要服務條款，工會始得宣告罷工：

1. 自來水事業。

2. 電力及燃氣供應業。

3. 醫院。

4.經營銀行間資金移轉帳務清算之金融資訊服務業與證券期貨交易、結算、保管事業及其他辦理支付系統業務事業。

第54條第5項：提供固定通信業務或行動通信業務之第一類電信事業，於能維持基本語音通信服務不中斷之情形下，工會得宣告罷工。

三、**勞工因雇主之不當勞動行為遭受解僱時，依現行法令勞工有何救濟？這些救濟是否能充分保障勞工勞動三權之行使，國際勞工組織與外國立法例對此又有何種見解？試申論之。**

解答索引： 本題屬於集體勞資關係的命題範圍，對於勞動三權的落實保障，裁決制度的設計有一定功能，至於國外或國際勞工組織的意見，就要平常留意相關訊息的披露，才能找到理想答案。

答：不當勞動行為的規範見諸於工會法第35條：

雇主或代表雇主行使管理權之人，不得有下列行為：

一、對於勞工組織工會、加入工會、參加工會活動或擔任工會職務，而拒絕僱用、解僱、降調、減薪或為其他不利之待遇。

二、對於勞工或求職者以不加入工會或擔任工會職務為僱用條件。

三、對於勞工提出團體協商之要求或參與團體協商相關事務，而拒絕僱用、解僱、降調、減薪或為其他不利之待遇。

四、對於勞工參與或支持爭議行為，而解僱、降調、減薪或為其他不利之待遇。

五、不當影響、妨礙或限制工會之成立、組織或活動。

勞工可依勞資爭議處理法第39條申請裁決的救濟：

勞工因工會法第35條第2項規定所生爭議，得向中央主管機關申請裁決。前項裁決之申請，應自知悉有違反工會法第35條第2項規定之事由或事實發生之次日起90日內為之。

裁決制度的設計主要在保障勞工的結社權及協商權。國際勞工組織早在1948年及1949年，即已通過第87號及第98號公約，雖在此二重要公約條文之本身，並未對何謂不當勞動行為加以界定，但在第98號公約第2條中，明確禁止雇主對勞工在籌組工會時加以控制及干涉，即是此類不法行為之一個重要型態。更重要的是，鑑於經濟全球化對全世界勞動者所帶來之各種不利影響，它在1998年，曾更進一步通過「工作基本原則與

權利宣言」，將此二公約所揭櫫之集體勞動權，列為四項核心國際勞動基準之一，不論是否為會員國均應遵循，以維護全世界勞動者不可偏廢之基本人權，又在跨太平洋夥伴協定草約第19章之勞工專章中，也被列為四項基本勞動人權之首，並在該章第8條中，訓令會員國應建構各類準司法裁決機制，藉由公平而獨立之機構來執行相關勞動法之規定。

四、何謂團體協約之餘後效力？我國法令規定為何？實務上有雇主與工會於原團體協約屆期後，談判數年之久仍未能簽訂新團體協約，試問此情形下是否仍得主張餘後效力？

解答索引：團體協約屬集勞資關係範圍，以國內實務運作來說，也是最難推動的一大制度，與國情及慣例有關，與美國的制度大不相同。

答：團體協約的餘後效力在團體協約法第21條有明確規範如下：

團體協約期間屆滿，新團體協約尚未簽訂時，於勞動契約另為約定前，原團體協約關於勞動條件之約定，仍繼續為該團體協約關係人間勞動契約之內容。

依本法規定，若在續約過程，因為工會和公司的主張出現落差或衝突，雙方持久協商仍為能達成一致意見，並另訂新約，原舊約的效力是可以持續有效的，但實務運作上，公司或工會在此期間的權利義務可能受到時間延宕有一方受損，只能透過民事訴訟途徑加以尋求保障。

107年 高考三級

一、複數／多元工會可能對於勞資關係造成複雜的影響，請回答下列問題：

(一)何謂複數／多元工會？工會法第6條第1項第1款所定的各個層級企業工會是否屬之？

(二)在工會法第6條第1項第1款各個層級企業工會發生權限爭議時，應以廠場的企業工會或事業單位的企業工會或關係企業的企業工會為優先管轄權？

(三)又，雇主對於複數的企業工會負有中立義務嗎？例如會務場所的提供（一律給予每個工會會務場所）？

解答索引：勞工組織或加入工會成為會員，是發揮勞工的結社權，也是工會
法的立法宗旨所在，但單一工會或多元工會有不同的見解，複數
工會影響其罷工權及相對的企業，例如機師職業工會議決的罷工
與其相對應服務的航空公司之間，本無直接的關係，由於複數工
會的存在引發運作上的困境。

答：複數工會是指單一勞工可身兼多種工會會員身份，至於多元工會則指同
一企業、職業或產業可以成立兩個以上的同類工會。

依據臺灣工會法第6條規定：工會組織類型如下，但教師僅得組織及加
入第2款及第3款之工會：

一、企業工會：結合同一廠場、同一事業單位、依公司法所定具有控制
　　與從屬關係之企業，或依金融控股公司法所定金融控股公司與子公
　　司內之勞工，所組織之工會。

二、產業工會：結合相關產業內之勞工，所組織之工會。

三、職業工會：結合相關職業技能之勞工，所組織之工會。

前項第3款組織之職業工會，應以同一直轄市或縣（市）為組織區域。
又同法第9條規定：依本法第6條第1項所組織之各企業工會，以組織一
個為限。同一直轄市或縣（市）內之同種類職業工會，以組織一個為
限。因此，企業工會和職業工會都屬單一工會，非多元會。又同法第10
條規定：工會名稱，不得與其他工會名稱相同。

我國工會法在工會組織型態上雖然採企業工會優遇及單一工會組織之政
策，企業工會包括同一廠場、同一事業及關係企業或金融控股公司等四
種類型的工會，再加產業工會和職業工會亦屬勞工可能直接參加之組織
型態，因此會有一個企業內二個以上工會並存或產業工會和職業工會等
企業外工會牽涉其中的情形。因此，不論是企業內或企業外，重疊之組
織區域內的工會間都會發生競爭的關係，甚至無廠場、關係企業或控股
公司之單一事業單位內，雖然僅可能存在一個企業工會，此時工會內部
發生派系紛爭時，在不可能分裂出第二個工會的情況下，可能發生工會
內部的「勞、勞之爭」。

二、針對勞基法中工會或勞資會議對於延長工作時間之同意權，可能影響企
　　業的運作，請回答下列問題：

(一)以工會而言，其延長工時的同意，效力是否侷限於會員？或者也及於非會員？理由？

(二)依據團結權的法理，勞工一旦加入工會，工會對於不遵守決議者，得行使何種統制（御）權？工會法的規定為何？又，依據勞基法第32條第1項及勞基法施行細則第20條第2款，工會一旦行使同意後，是否仍需經個別會員同意（尤其是會員得否表示不同意見）？

(三)在工會尚未成立前，雇主已經勞資會議同意延長工時，則在工會成立後，工會得否要求再送請其同意、否則不生效力？法院實務上的見解為何？

解答索引：延長工時必須經工會或勞資會議同意，賦予工會對資方所提勞動條件改善的同意權，因此，對於企業工會的運作與發展求正面幫助，然企業工會組織率低，因此，送交勞資會議決議是次要選擇，但勞資會議是由勞資雙方同數量代表組成，對於勞資會議勞方代表之代表性，不如工會來得足夠，成為實務上大家爭相討論的主題。

答：(一) 依勞動基準法第32條第1、2項規定略以：雇主有使勞工在正常工作時間以外工作之必要者，雇主經工會同意，如事業單位無工會者，經勞資會議同意後，得將工作時間延長之。前項雇主延長勞工之工作時間連同正常工作時間，1日不得超過12小時；延長之工作時間，一個月不得超過46小時，但雇主經工會同意，如事業單位無工會者，經勞資會議同意後，延長之工作時間，一個月不得超過54小時，每三個月不得超過138小時。

又，工會法第12條規定：工會章程之記載事項如下：1.名稱。2.宗旨。3.區域。4.會址。5.任務。6.組織。7.會員入會、出會、停權及除名。8.會員之權利及義務。……，因此，會員代表在大會作成決議或在章程中有明訂會員的權利與義務，是否同意延長工時，因關係會員的權利，得在章程中加以明訂，同樣的，工會會員不遵守工會決議，是否辦理會員出會、停權及除名，亦可在章程中加以規範，又同法第26條規定略以：下列事項應經會員大會或會員代表大會之議決：1.工會章程之修改。2.財產之處分。3.工會之聯合、合併、分立或解散。4.會員代表、理事、監事、常務理事、常務監

事、副理事長、理事長、監事會召集人之選任、解任及停權之規
定。5.會員之停權及除名之規定。……同樣交由大會作成決議。

(二) 至於勞基法第32條第1項及同法施行細則第20條第2項,均規定雇主
有延長工時之必要性,得依前述在章程訂定或大會決議,會員自有
遵守章程及決議之義務,自然不須再經過個別會員同意。至於,會
員有不同意見,只能在大會召開時提出修改章程之提案或在大會召
開時提出正式提案交由大會做成決議。

(三) 又,工會尚未成立,雇主提延長工時係經過勞資會議同意,工會成
立後,依據勞動基準法第32條第1項規定:「雇主有使勞工在正常
工作時間以外工作之必要者,雇主經工會同意,如事業單位無工
會者,經勞資會議同意後,得將工作時間延長之。」優先提工會同
意,若無工會再送勞資會議,工會同意是優先,勞資會議次之,因
此,延長工時仍必須送工會同意才可生效力。

三、 請就下列問題加以回答:
　　(一)何謂值班(工作)?雇主要求勞工值班,是否應經工會事先同意始可?
　　(二)請以勞基法的規定為例,說明工會在勞動彈性化所能扮演的積極
　　　　(促成)角色。
　　(三)雇主如對擔任勞資會議勞方代表為不當勞動行為,現行勞工法令有
　　　　何保障規定?其與工會幹部受到不當勞動行為時之保護有何不同?

解答索引: 工時縮短與工時調整政策是目前的重點內容,本次勞基法修法,
　　　　　　賦予工會優先的同意權,對於工會的代表性及功能發揮有很大的
　　　　　　幫助,端看後續工會的實際運作,能否真正發揮同意權的功能。

答:(一) 勞動基準法中所指的值班(工作)係規定於同法施行細則第7條第
　　　1、2款:勞動契約應依本法有關規定約定下列事項:1.工作場所
　　　及應從事之工作。2.工作開始與終止之時間、休息時間、休假、例
　　　假、休息日、請假及輪班制之換班。因此,雇主要求勞工值班,應
　　　視其個別勞工與雇主訂定之勞動契約而定,不須經過工會同意,除
　　　非是延長工作時間,才需依勞基法第30條:勞工正常工作時間,每
　　　日不得超過8小時,每週不得超過40小時。前項正常工作時間,雇

主經工會同意，如事業單位無工會者，經勞資會議同意後，得將其2週內2日之正常工作時數，分配於其他工作日。其分配於其他工作日之時數，每日不得超過2小時。但每週工作總時數不得超過48小時。第1項正常工作時間，雇主經工會同意，如事業單位無工會者，經勞資會議同意後，得將8週內之正常工作時數加以分配。但每日正常工作時間不得超過8小時，每週工作總時數不得超過48小時；以及第32條規定，經工會同意即可延長或調整。

(二) 工會在勞動彈性化所扮演的積極角色，首先要看勞基法第30-1條：中央主管機關指定之行業，雇主經工會同意，如事業單位無工會者，經勞資會議同意後，其工作時間得依下列原則變更：一、4週內正常工作時數分配於其他工作日之時數，每日不得超過2小時，不受前條第2項至第4項規定之限制。二、當日正常工作時間達10小時者，其延長之工作時間不得超過2小時。三、女性勞工，除妊娠或哺乳期間者外，於夜間工作，不受第49條第1項之限制。但雇主應提供必要之安全衛生設施。

簡言之，2週、4週或8週的彈性工時，都必須經工會同意，是工會對於彈性工時制的製訂最為積極性的功能。

(三) 不當勞動行為的規範主要在工會法第35條：雇主或代表雇主行使管理權之人，不得有下列行為：

1. 對於勞工組織工會、加入工會、參加工會活動或擔任工會職務，而拒絕僱用、解僱、降調、減薪或為其他不利之待遇。

2. 對於勞工或求職者以不加入工會或擔任工會職務為僱用條件。

3. 對於勞工提出團體協商之要求或參與團體協商相關事務，而拒絕僱用、解僱、降調、減薪或為其他不利之待遇。

4. 對於勞工參與或支持爭議行為，而解僱、降調、減薪或為其他不利之待遇。

5. 不當影響、妨礙或限制工會之成立、組織或活動。

是保障勞工的團結權，與本題所指勞工擔任勞資會議代表的不當勞動行為有所不同，依法應屬勞動（僱傭）契約一部分，若有爭議應屬權利事項勞資爭議，可循勞資爭議處理途徑處理。

四、針對集體勞資關係上的運作，請回答下列問題：
(一)何謂強制調解？
(二)何謂罷工替代？要派機構使用派遣勞工從事罷工替代，是否合法？
(三)何謂集體休假？其對於合法罷工之運用產生何種影響？

解答索引：集體休假是無法達成合法罷工的替代做法，現行法令無法完全給
予明確規範，因此，幾宗臺灣航空業的勞資爭議，勞工都以集體
休假的方式造成公司在營運上的壓力與影響社會大眾的利益，勢
必在集體休假上要再加以有效規範。

答：(一) 強制調解屬於勞資爭議理法第9條第3項：第1項直轄市、縣（市）
主管機關對於勞資爭議認為必要時，得依職權交付調解，並通知勞
資爭議雙方當事人。與同法第9條第1項：勞資爭議當事人一方申請
調解時，應向勞方當事人勞務提供地之直轄市或縣（市）主管機關
提出調解申請書。是屬於自願調解大不相同。強制調解之主動權在
於政府機關。

(二) 罷工替代是指事業單位的勞工正進行合法罷工，事業單位另行招
募新進員工替代罷工勞工的工作，是謂罷工替代，依據勞資爭議
處理法第8條規定：勞資爭議在調解、仲裁或裁決期間，資方不得
因該勞資爭議事件而歇業、停工、終止勞動契約或為其他不利於勞
工之行為；勞方不得因該勞資爭議事件而罷工或為其他爭議行為。
因此，要派機構使用派遣勞工從事罷工替代，應屬不利於勞工之行
為，是違法的，依同法第62條規定，雇主或雇主團體違反第8條規
定者，處新臺幣20萬元以上60萬元以下罰鍰。

(三) 集體休假係游走於罷工與休假兩個規範中的一個邊緣名詞。事實
上，勞工以集體意識進行集體休假，以達成勞工爭議目的，與
勞工單純的休假有所不同，其目的與罷工的不完全提供勞務是一
樣，對於合法罷工的影響力是存在的。實際上，集體休假容易操
作，且具備合法性，端視事業單位勞工請假程序之規定，若勞工
不論申請何種假別完全符合公司請假規定，則很難論定其違法並
給與處分。臺灣目前的工會要完成合法罷工很不容易，因此都以
集體休假的方式達成其集體拒絕提供勞務的目的。

107年 普考

一、勞動派遣的使用，常引起勞資政學各方的爭論不休，請回答下列問題：

(一)派遣的使用，對於要派機構正職勞工的僱用及工資有何影響？又，對於要派機構的工會有何影響？

(二)派遣勞工有無權利主張與要派機構的勞工獲得平等對待（禁止歧視）？請分別就職業安全衛生裝備與工資說明之。

(三)如由工會法規定觀之，派遣勞工有無權利要求加入要派機構的工會？理由？

解答索引： 派遣勞工的權益保障，自始都是大家關心的主題，勞動派遣法草案已公開一段時日，遲遲無法完成立法，要派機構與派遣機構及派遣勞工的三角關係，一直是問題的根源。

答： 依據勞動部107年3月9日訂頒「勞動派遣權益指導原則」所指，題意中所指各事項分別是：

(一) 派遣勞工提供勞務時之就業歧視禁止、性騷擾防治、職業安全衛生等事項，要派單位亦應積極辦理。

(二) 同工同酬等「均等對待」原則，不得有薪資差別待遇，正職人員與派遣員工是同工同酬的。

(三) 派遣勞工因遭遇職業災害而致死亡、殘廢、傷害或疾病時，派遣單位應給予職業災害補償。派遣單位與要派單位應於要派契約明確約定要派單位應盡設置安全衛生設施、實施安全衛生管理與教育訓練之義務及其他雙方權利義務有關事項，並得於派遣勞工工作前，事先透過保險規劃雇主之補償及賠償責任。

(四) 派遣單位僱用勞工人數在30人以上者，受僱勞工可依法組織產業工會，團結勞工力量，維護勞工權益。準此，派遣勞工不得要求加入要派機構之工會，因為工會法第6條第1項規定：企業工會是結合同一廠場、同一事業單位、依公司法所定具有控制與從屬關係之企業，或依金融控股公司法所定金融控股公司與子公司內之勞工，所組織之工會。顯然，派遣勞工之雇主並非要派機構，而是派遣機構。

二、企業營運中或許會面臨大量解僱的困境，請回答下列問題：

(一)請問大量解僱勞工保護法的最主要立法目的，是在於保護個別勞工的被免於解僱？或制裁惡意的雇主？或勞動市場上的規範與調整？理由？

(二)依據大量解僱勞工保護法第5條第1項規定，勞雇雙方應本勞資自治精神進行協商。此一「協商」是否即為團體協約法之「團體協商」？如果勞雇雙方無法達成協議，勞方是否即得依勞資爭議處理法發動爭議行為？

(三)勞工主管機關面對雇主基於歧視原因的大量解僱，得採取何種行政作為？

解答索引： 大量解僱勞工保護法在經濟景氣不佳的時機，是保障勞雇雙方最佳的規範，也是讓政府機關可以有條理面對大宗勞工解僱案的利器，本題亦歸入時勢題的命題範圍。

答：(一) 大量解僱勞工保護法的立法宗旨在第1條明確規定：為保障勞工工作權及調和雇主經營權，避免因事業單位大量解僱勞工，致勞工權益受損害或有受損害之虞，並維護社會安定，特制定本法。

(二) 至於，該法第5條所定：事業單位依前條規定提出解僱計畫書之日起10日內，勞雇雙方應即本於勞資自治精神進行協商。勞雇雙方拒絕協商或無法達成協議時，主管機關應於10日內召集勞雇雙方組成協商委員會，就解僱計畫書內容進行協商，並適時提出替代方案。
本處所指的協商，若屬於勞資雙方就已簽訂團體協約進行勞動契約終止的協商，則屬於團體協約法所指的協商；若勞資雙方並未簽訂團體協約在前，此處所指的協商屬一般性的勞資協商。不論何種勞資協商，只要協商未果，就可依據勞資爭議處理法提出勞資爭議調解，一旦進入調解程序，雙方即不可採取任何爭議行為，必須等待調解結果再伺機而動。

(三) 地方勞工行政主管機關面對歧視的大量解僱案，依據同法第5、6、18條規定，應有以下作為：
第5條：勞雇雙方拒絕協商或無法達成協議時，主管機關應於10日內召集勞雇雙方組成協商委員會，就解僱計畫書內容進行協商，並適時提出替代方案。

第6條：協商委員會置委員5人至11人，由主管機關指派代表一人
　　　　及勞雇雙方同數代表組成之，並由主管機關所指派之代表
　　　　為主席。資方代表由雇主指派之；勞方代表，有工會組織
　　　　者，由工會推派；無工會組織而有勞資會議者，由勞資會
　　　　議之勞方代表推選之；無工會組織且無勞資會議者，由事
　　　　業單位通知第4條第2項第3款規定之事業單位內涉及大量解
　　　　僱部門之勞工推選之。
　　　　勞雇雙方無法依規定於10日期限內指派、推派或推選協商代表
　　　　者，主管機關得依職權於期限屆滿之次日起5日內代為指定之。
第18條：事業單位未依第5條第2項規定，就解僱計畫書內容進行
　　　　協商；違反第6條第1項規定，拒絕指派協商代表或未通
　　　　知事業單位內涉及大量解僱部門之勞工推選勞方代表，
　　　　主管機關可處新臺幣10萬元以上50萬元以下罰鍰。

三、輪班制工作對於企業營運及勞工的權益利弊互見，請回答下列問題：
　　(一)面對輪班工作對於勞工身心狀況不好的影響，職業安全衛生法規有
　　　　何規定？
　　(二)面對我國勞工長工時的現象，輪班制工作有何正面（改善）的影
　　　　響？輪班制工作與失業率的高低，又有何關聯？
　　(三)實務上常將輪值工作／輪值加班與勞基法之輪班制工作混淆，依你
　　　　所見，兩者有何不同？

解答索引：企業採輪班制，有其經營上的必要性，且部分勞工基於個人或家
　　　　　庭因素也可以接受輪班制，關注焦點在於輪班制的班別間應該有
　　　　　的休息時間隔，8～11小時是一法令規定。又，輪班制後的加班
　　　　　與正規輪班的法定工時，勞工常有混淆狀況發生，事實上與法令
　　　　　規定上都是不同的。

答：(一) 有關輪班制的規範是在勞動基準法第三章工時休息休假章，勞基法
　　　　第34條明確規定：勞工工作採輪班制者，其工作班次，每週更換一
　　　　次。但經勞工同意者不在此限。依前項更換班次時，至少應有連續
　　　　11小時之休息時間。但因工作特性或特殊原因，經中央目的事業主
　　　　管機關商請中央主管機關公告者，得變更休息時間不少於連續8小
　　　　時。雇主依前項但書規定變更休息時間者，應經工會同意，如事業

單位無工會者，經勞資會議同意後，始得為之。雇主僱用勞工人數在30人以上者，應報當地主管機關備查。

而職業安全衛生法又有相關規定：

1. 第6條第2項：雇主對下列事項，應妥為規劃及採取必要之安全衛生措施：

    (1)重複性作業等促發肌肉骨骼疾病之預防。

    (2)輪班、夜間工作、長時間工作等異常工作負荷促發疾病之預防。

    (3)執行職務因他人行為遭受身體或精神不法侵害之預防。

    (4)避難、急救、休息或其他為保護勞工身心健康之事項。

2. 第20條第1項：雇主於僱用勞工時，應施行體格檢查；對在職勞工應施行下列健康檢查：一、一般健康檢查。二、從事特別危害健康作業者之特殊健康檢查。三、經中央主管機關指定為特定對象及特定項目之健康檢查。

3. 第21條第1項：雇主依前條體格檢查發現應僱勞工不適於從事某種工作，不得僱用其從事該項工作。健康檢查發現勞工有異常情形者，應由醫護人員提供其健康指導；其經醫師健康評估結果，不能適應原有工作者，應參採醫師之建議，變更其作業場所、更換工作或縮短工作時間，並採取健康管理措施。

(二) 輪班制對於改善高工時有正面影響，可以因應企業生產所需，適度安排班別，又可保障勞工的身心健康。對失業率的降低應該有正面的幫助，因為企業界可以依據現有人力進行輪班安排，對保障現職員工的工作是有助益的。

(三) 輪值加班是指原排班表以外，必須臨時延長工作時間，與本題所指的輪值工作屬於常規性的法定工時安排是不一樣的。勞基法的輪班加班是必須勞工或工會同意，且事後必須支付延長工時之工資給勞工，兩者有很大的差異點。

四、勞基法給予勞工最低限度的保障，但下列的人員或情形是否適用勞基法，請提出您的看法：

(一)其適用的對象，是否及於外國籍貨櫃輪上的隨船從事貨物裝卸的來自外國的勞工？理由？

(二)何謂境外僱用的漁工？其是否受到勞基法的適用？

(三)雇主依就業服務法引進之外國籍勞工，其定期契約的訂定是否須遵守勞基法定期契約的規定？

解答索引： 外籍商船之外籍勞工是否適用勞基法，是大家議論紛紛的焦點，端看其雇主是臺灣登記公司或機構與否，若是的話，其所聘僱之外籍勞工，當然適用勞基法。就業服務法始制規範得以引進與否和流程規定，與適用勞基法是無涉的。

答： 外國籍貨櫃輪上的外籍勞工是否適用勞基法，依據勞動部指定適用勞基法範圍中，船舶租賃用早在適用範圍，若是本國公司或在臺灣登記的外國公司，其僱用的貨櫃輪上的外籍勞工都適用勞基法。凡是適用勞動基準法之勞工，不分本勞、外勞，均一體適用基本工資相關規定。依勞動基準法規定，工資由勞雇雙方議定之。如基於習慣或業務性質，得於勞動契約內訂明部分以實物給付。有關外勞在臺之膳宿費用得計入工資，應由勞雇雙方於外勞入國前協議，並於勞動契約中載明。又契約存續期間，雇主不應片面變更勞動條件。如有變更之需要，仍須經勞雇雙方合議後，始得為之。

若是依就業服務法引進之外國籍勞工，雇主當然必須依據前開規定簽訂定期勞動契約。依就業服務法第46條第1、3項規定如下：

雇主聘僱外國人在中華民國境內從事之工作，除本法另有規定外，以下列各款為限：

一、專門性或技術性之工作。

二、華僑或外國人經政府核准投資或設立事業之主管。

三、下列學校教師：

(一)公立或經立案之私立大專以上校院或外國僑民學校之教師。

(二)公立或已立案之私立高級中等以下學校之合格外國語文課程教師。

(三)公立或已立案私立實驗高級中等學校雙語部或雙語學校之學科教師。

四、依補習及進修教育法立案之短期補習班之專任外國語文教師。

五、運動教練及運動員。

六、宗教、藝術及演藝工作。

七、商船、工作船及其他經交通部特許船舶之船員。

八、海洋漁撈工作。

九、家庭幫傭及看護工作。

十、為因應國家重要建設工程或經濟社會發展需要，經中央主管機關指
　　定之工作。

十一、其他因工作性質特殊，國內缺乏該項人才，在業務上確有聘僱外
　　　國人從事工作之必要，經中央主管機關專案核定者。

雇主依第1項第8款至第10款規定聘僱外國人，須訂立書面勞動契約，
並以定期契約為限；其未定期限者，以聘僱許可之期限為勞動契約之期
限。續約時，亦同。

107年　地特三等

一、我國不當勞動行為裁決的現行制度設計，基本上是以專家為主體建立之
　　裁決委員會，近來有建議應該增加或調整裁決委員會的結構，增加勞資
　　團體推薦之代表，請就此建議之利弊得失進行申論。

解答索引：不當勞動行為裁決制度是美國勞工關係法的產物，我國自100年
　　　　　　開始推動該項制度，委員組成7-15人，背景都是學者專家，並未
　　　　　　涵蓋勞資團體推薦的代表，建議聲浪已行之多年，有其利弊點。

答：不當勞動行為裁決委員組成依「勞資爭議處理法」第43條第2項及「不
　　當勞動行為裁決辦法」第2條第1項規定，勞動部遴聘熟悉勞工法令、勞
　　資關係事務裁決委員會的專業人士共7至15人組成。擔任不當勞動行為
　　裁決委員會委員需要符合曾任或現任法官、檢察官、律師或具專門執業
　　及技術執業資格人員、大專校院法律、勞工、社會科學助理教授5年以
　　上，如有其他經歷證明嫻熟勞工法令、勞資關係事務者，透過勞動部遴
　　聘也可以擔任裁決委員。性質上屬於獨立專家委員會，委員皆具備專業
　　勞工法令背景的產學界代表，因此裁決委員會所作出的裁決決定有極高
　　度的專業性及專屬性。

　　若增加勞資團體推薦的代表加入不當勞動行為裁決委員會，其利弊如下：

　(一) 利：增加勞資團體背景的代表，可擴增對勞資事務或衝突的代表
　　　　　性，亦即可充分反映或代表雙方的意見，以免當前的全然專家學者
　　　　　的一面觀點。

(二) 弊：增加勞資團體代表進入不當勞動行為裁決委員會，會過度執著或堅持代表立場，失去其公平公正性，惟比率若不高，當不影響最終裁決結果，其產生的缺點應該有限。

部分內容參見本書第五章第三、不當勞動行為。

二、勞動基準法的規範通常被稱為是勞動條件的最低標準，在勞基法修改的過程中，企業界希望依據不同產業訂定不同的標準，以因應不同產業產品市場競爭的條件，此種說法可以成立嗎？請試行分析。

解答索引： 臺灣的勞動基準法適用所有行業，一直以來，成為各方詬病，不斷提出應針對各業別訂定不同的勞動基準法之聲浪，理想是如此，但訂定上的操作確有其困難之處，本題可試著提出個人的觀點，無是非對錯，僅有周全與否之別。

答： 臺灣約有1,100萬勞動人口，分佈在中華民國行業標準分類中的19大類行業，加上行業的中類、小類都算入，有超過300類行業。每一行業有各自特色，其雇主及受僱者訴求都不同，一套相同的勞動基準法如何代表全部勞工，特色不同、需求迥異的行業很難全部涵蓋。

可行做法是將勞動基準法以母法和子法方式分層處理。亦即，訂定《勞動基準法》母法，簡單規範勞動基準的基本原則，如基本工資、最高工時、休假日數……等等，其他例如輪班方式、休假安排、加班費發給等等，就行業分類以子法方式處理，例如：「《製造業勞動基準法》為《勞動基準法》之子法，依據《勞動基準法》第00條制定之……」。

就性質上來說，母法先於子法制定，內容為原則性、基本性及一般性，子法內容則偏向具體性、細節性及個別性，兩者不僅同時適用，且具補充適用關係。就法律位階而言，子法源自母法而生，母法若修正或廢止，子法亦需隨同修正或廢止，若子法有修正或廢止，母法不因此受到影響。倘若，特定行業嚴重意見分歧，僅需修改子法，對整體衝擊降至最低，也可契合不同行業需求。

三、全球化經濟使資本移動更為方便，但亦使各國工會運動與集體協商制度面臨嚴重壓力，國際工會組織因此曾經嘗試推動跨國集體協商，但成效不彰，請試分析跨國集體協商之障礙為何？

解答索引：全球化風潮所帶來的跨國資金與勞動力高度且快速流動，外派或跨國企業相較以往熱絡很多，影響所及是跨國集體協商的問題出現，難度高，推動不易，問題重重，可以個人觀點加以表達，無標準答案。

答：在「全球化」的競爭和「新經濟與新科技」的發展過程中，無論是企業或勞工都有所謂的「機會者」或「受害者」。換言之，跨國談判隨著經濟全球化的深化和跨國公司的不斷發展，跨國性的集體協商正陸續擴展中，跨國公司內的跨國集體談判也日益活躍。主要是由總公司的雇主代表與工會代表透過談判簽訂團體協約，並提供設在各國和各地區的分公司簽訂團體協約時參考。分公司團體協約的規定不得低於總公司團體協約的標準。從相關的案例中發現，現在的跨國集體協商存在著許多困難，計有：

(一) 每個國家的社會經濟形勢和國情不同，勞動者和工會處境和力量也有差異，即使同一跨國公司內的不同分公司也難以進行統一的集體協商。

(二) 分散在各國和各地的工會或協商代表，因為國情不同、企業內部狀況不一、工會功能與運作也不同，要以總公司層級先進行集體協商再進行團體協約簽訂，就有其難度。

(三) 分散各國的所在地法令規定也不盡相同，一份總公司的團體協約要適用各個國家或作為各個國家工會的參考，也是難以實施的。

總括來說，跨國集體協商的實施是理想類型的目標，實施上困難重重。

四、工會與勞資會議都是勞工得以參與雇主決策的機制，請試從目的及操作方式分析兩種制度的差異，並評估這兩種機制對我國勞資關係之過程（process）與結果（outcome）產生的影響？

解答索引：工會在勞資關係上扮演橋樑及溝通角色，重點在於工會密度高低與工作運作功能良好與否；勞資會議是定期勞資溝通管道，重視定期的相互對話及會商機制，不論在過程上和操作上都將產生不同的影響。

答：部分內容參見本書第五章第四、工會組織與第八章第五、勞資會議。

107年 地特四等

一、科技社會發展過程中，例如在人工智慧（Artificial Intelligence）的發展上，對未來勞動體制可能產生什麼樣的衝擊？面對這些體制上的衝擊，勞資關係有何影響？

解答索引： 大家當非常關心AI對於人力取代與企業運作的正負面影響，更加關注對於那些產業，甚至未來勞資關係的衝擊，本題屬發揮題型。

答： 人工智慧（Artificial Intelligence，簡稱AI）發展自2010年無人自駕車在美國公路測試，以及2016年ALPHAGO擊敗人類圍棋棋士後引爆話題，現今成為全球新聞媒體與雜誌、學術與產業社群、各國政府與國際組織所熱衷討論的主題。AI對未來社會衝擊問題是常被討論的重點，尤其是對勞動體制的影響及因應對策如下：

(一) 就業機會與工作模式改變：學者認為，未來機器人在產業界的應用會越加廣泛，對人類就業機會及工作模式將產生重大影響，機器人創新應用隨之帶來新的工作機會，但機器人可以執行重復性高的工作，取代人類員工的可能性變高。

(二) 消費者的接受度影響就業機會的增減：機器人取代人類員工的可能性，取決於多個變數，無法僅就技術角度來看，技術外的變數，例如人們對新興技術接受的觀感，亦即一般民眾對機器人的接受度高，則此機器人取代人類員工的趨勢可能加快，將促使未來勞動力人口組成及職場所需技能的類型有所調整。

(三) 提高企業營運效率及服務品質：AI對企業帶來的好處計有：減少人力、改善決策、提高企業營運效率、改善客戶服務、提高安全性、改善法規遵從性、提高客戶體驗、增加銷售收入、降低風險等等。調查結果顯示，產業界期待5年內（短期）AI技術對企業最大的幫助是提高企業營運效率、改善決策及改善客戶服務品質為主。

　　因此，AI技術逐漸引入各類產業，對受僱員工是福音或是災難？相關調查結果顯示，能幫助員工將工作做好，並改善工作效率；但不否認，人工智慧將取代某些工作職缺。

對於勞資關係的影響，端視影響的業別及勞資關係在此轉變過程中的協商與調整機制運作成效，有利的一面，也可能有弊的一端。

二、一般而言，在勞資關係中之爭議行為需具有其正當性。請問爭議行為的正當性有那些層面上的討論？

解答索引： 從華航機師及長榮空服員的罷工事件，引導出勞工爭議行為的正當性探討，本題屬時事題型，也是基本題型，易拿分數。爭議行為正當性可從主體、目的、程序及手段等四面向探討。

答： 內容參見本書第五章第六、爭議權與爭議行為(一)勞資爭議行為的正當性。

三、育嬰假申請上，有關「回任原職」之規定。在運作過程中容易產生那些勞資爭議？其問題又如何解決？

解答索引： 面對少子化，不斷提出鼓勵生育及撫育子女，但從申請育嬰假的人數看出，效果並不佳，且多數申請者擔心無法回復原職，以致問題出現，確有修法上的必要性。

答： 查「性別平等工作法」第17條第1項規定：「前條受僱者於育嬰留職停薪期滿後，申請復職時，除有下列情形之一，並經主管機關同意者外，雇主不得拒絕：一、歇業、虧損或業務緊縮者。二、雇主依法變更組織、解散或轉讓者。三、不可抗力暫停工作在一個月以上者。四、業務性質變更，有減少受僱者之必要，又無適當工作可供安置者。」前開規定固然提供育嬰留職停薪期滿勞工復職之保障。惟就「復職」之定義為何，該法並未有進一步之規範，致生「復職」係指「回復原有之工作」，抑或「回復工作」之疑義。

經查「復職」係指回復原有之工作，抑或回復工作即可，並不明確。不可否認，目前出現的問題分別有：

(一) 專業性的工作回復原工作相對困難：某些職務有相當之專業性，或涉及特別人事任用規定（如公部門之人事主管），一旦從事此職務之受僱者申請育嬰假，雇主以僱用替代者，往往必須具備特定條件或資格，雇主在此情況下欲使申請育嬰假受僱者回復原有工作，有相當程度之困難性或對事業進行產生過大影響。因此，回復原有工作應是原則，而非絕對。

(二) 事業單位業務或工作內容改變，育嬰假申請者不具備新技術，無法回復原工作：特殊情況下，雇主或企業的生產技術變革，申請育嬰假受僱者欲回復原工作，但不具備該新工作應具備的新工作技術，因此，雇主有正當理由無法使申請育嬰假之受僱者回復原有工作，重新指派新工作也是有可能的。

準此，符合育嬰假與復職相關規定之立法目的在於保障申請育嬰假者的工作權，因此，相關規範或配套措施必須明確才是。

四、 我國在實踐國際勞動人權的部分有那些層面的缺失？針對這些缺失，又如何進行改善？

解答索引： 國際勞動人權在聯合國及國際勞工組織已討論一段很長時間，臺灣的現況是部分未能趕上腳步，部分已站穩腳步，本題屬綜合題型。

答： 國際勞動人權主要包括以下五個面向，相對的缺失和改善建議分別是：

(一) 結社自由與集體談判：臺灣的結社自由在100年工會法修法後，改為自由組織與自由入會，以完全符合國際勞動人權的基本保障，只是企業工會組織率及工會密度與團體協約的簽訂，仍是相對不足的，亟待改善。

(二) 自由選擇就業、禁止強迫勞動：在就業服務法與勞動基準法中已有充分的規範，相對而言，禁止從事勞動及選擇工作的自由，實施成效是比較理想的。

(三) 就業均等和男女同工同酬：雖有勞動基準法與性別平等工作法的規範和推動，但從僱用女性管理的年度調查報告可知，男女薪資差距為14.5%，108年同酬日為2月23日，可見男女工同酬還有一段很長的路要走。

(四) 禁止使用童工：有關童工的規範在勞動基準法中以明確規範，加上國人重視子女教育，童工問題已不存在。

(五) 合理的工作條件（包括工資、工時、休息、休假及職業安全衛生等）：近幾年不斷調漲基本工資，無非是反映勞工的一般勞動條件太差，工資水準無法趕上物價上漲，是勞工最關心的議題，改善之道，確有難度；要顧及企業經營成本提高，能否永續經營，又要關心勞工收入和支出能否平衡，只有從企業經營成本改善，改變成本結構或營業模式，才能收到短期的效果。

108年 | 高考三級

一、國際勞工組織一向強調三方主義（Tripartitism）與社會對話（Social Dialogue）的重要性，請說明三方主義和社會對話的意涵，以及推動社會對話應具備的條件，並據以評析我國推動社會對話的優缺點？

解答索引： 社會對話是推動勞資政三方或雙方之間的共同利益或政策議題時，非常重要的溝通機制，歐盟國家推動已久，臺灣地區多年推動的成效有限，尤其是勞資雙方的對話更是成效不佳。

答：內容參見本書第五章第八、社會對話。

二、何謂「職場霸凌」（Workplace Bullying），並請說明職場霸凌的態樣和分析職場霸凌對於勞資雙方可能產生的影響？

解答索引： 職場霸凌是新近臺灣地區屢見不鮮的職場議題，在員工普遍重視個人隱私與權益的當下，霸凌的發生影響勞資關係的品質，不僅降低相互間的信任感，也可能造成員工的離職或申訴。

答：(一) 職場霸凌可從主管和同仁間發生的分別定義

1. 管理階層主管職場霸凌：員工於執行職務時，雇主、管理階層主管藉由權力濫用對員工有持續性的冒犯、威脅、冷落、孤立、侮辱行為或有不適當行為的強迫性需求，使受僱者感到被威脅、羞辱、被孤立，使員工處於具有敵意或不友善之職場環境，產生精神上、生理上或財產上之損害，或影響正常工作之進行。

2. 同仁間職場霸凌：同仁於執行職務時，個人或集體持續性以言語、文字、肢體動作或其他方式，直接或間接為貶抑、排擠、欺負、騷擾等行為，使同仁處於具有敵意或不友善之職場環境，產生精神上、生理上或財產上之損害，或影響正常工作之進行。

(二) 常見職場霸凌行為的樣態

1. 對員工有暴行、暴力，造成其身體傷害。

2. 對員工精神上的攻擊：對被霸凌者有言語侮辱、咆哮、脅迫或持續的吹毛求疵，在小事上挑剔，把微小的錯誤放大、扭曲或貶抑被霸凌者地位與價值。

3. 人際關係的隔離：對被霸凌者以無視存在、排擠、孤立、絕交等
各種方式來孤立被霸凌者，不讓被霸凌者參與重要事務或社交活
動，把被霸凌者邊緣化。

4. 過度的工作要求或不給予工作：給被霸凌者過重的工作或強迫被
霸凌者執行業務上不必要或不可能完成之事、縮短其工作時間或
妨害工作進行。

5. 個人隱私之侵害：例如上下班時間之持續性監視，或未得勞工同
意而打開置物櫃，或拍照私人物品。

三、何謂「勞工參與」（Labor Participation）和「產業民主」（Industrial
Democracy），請比較兩者之間的異同，並請說明和評析我國目前發展的
概況？

解答索引：產（工）業民主強調勞資雙方應享有民主的權利，內容包含勞工
以受僱者身分參與企業決策過程的勞工參與制度，兩者之間有相
同與相異點。

答：內容參見本書第八章第一、工業民主勞工參與。

四、就勞資雙方與勞資政三方互動關係而言，有所謂「自由集體主義」
（Liberal Collectivism）和「統合主義」（Corporatism），請說明其各
自的意涵，並請根據我國有關規定來評析我國當前的發展方向為何？

解答索引：勞資關係理論涵蓋最早期的馬克思主義（又稱集體主義）、英國
學者的統合主義及美國學者的系統理論。本題的自由集體主義是
強調以集體為基礎之下的自由權保障，亦即，保障勞工的集體結
社權、協商權及爭議權。與統合理論主張的勞資各自透過集體對
抗的方式，論點不同。

答：集體主義強調社會集體的重要，無個人權利的強調或保障，個體（含雇主
及勞方）從屬於國家，常見於國家法令規範或施政措施侵犯或剝奪雇主
或勞方的權益。強調國家權益高於個體權益。而自由集體主義則主張國
家權力不宜過度擴張，應還給勞工個體的基本權益之外，更應保障勞工

的集體權，提倡國家應允許且保障勞工擁有基本的勞動三權（團結權、協商權、爭議權）。（統合理論內容參見本書第三章第一、統合理論）

108年　普考

一、我國工會法將工會區分為三種類型，請分別加以說明其定義，並據以分析不同類型工會的強項與弱項？

解答索引： 工會法第6條將工會分為企業工會、產業工會及職業工會三大類，各自的強項在於企業工會以工作場所為組織單位，密度高、力量強，足以和企業產生對等力量和協商功能；產業工會和職業工會都屬跨出工作場所的同業勞工結合，若密度高且力量強，可產生區域範圍較大的勞資協商功能。

答： 內容參見本書第五章第四、工會組織。

二、我們一般會將勞資關係區分為「個別勞資關係」（Individual industrial relations）和「集體勞資關係」（Collective industrial relations），請說明各自的內涵，並比較兩者間的異同？

解答索引： 勞資關係領域分為個體的微觀和集體的鉅觀兩大面向，屬基本概念，易拿高分。

答： 內容參見本書第一章第三、勞資關係的領域。

三、請說明何謂「不當勞動行為」（Unfair labor practices），並根據我國有關規定來比較與美國有關規定的異同？

解答索引：不當勞動行為裁決制度完全是美國勞工關係法的產物，我國自
　　　　　　 100年開始推動該項制度，其內容不論是在強制執行面上，臺灣
　　　　　　 相對是薄弱的。

答：內容參見本書第五章第三、不當勞動行為。

四、為因應企業內部工會的籌組與設立，雇主常會採取所謂「無工會政策」
　　（Non-union Policy），請說明其具體內容？

解答索引：勞資關係的模式可分無工會的非集體協商、有工會也有集體協商
　　　　　　 及有工會並無集體協商的三種運作模式，本題屬第一種，也是當
　　　　　　 前臺灣地區很多企業的勞資關係運作模式，撇開工會組織，仍有
　　　　　　 其他可以促進勞資關係運作的管道。

答：內容參見本書第一章第六、勞資關係模式。

109年　高考三級

一、「誤判（miscalculation）」是英國經濟學者John Hicks（1963）提出
　　的一個論說，他的理論探討中認為誤判是造成罷工的一個重大原因，因
　　為勞資雙方談判薪資時可能誤判對方可供協議的範圍區間，因此造成罷
　　工。請問Hicks的「誤判」論說是否可以用來解釋長榮空服員罷工的決
　　定？為何？除了誤判以外還有其他原因會導致罷工嗎？

解答索引：本題屬時事題，就華航及長榮航空公司的罷工案提出談判過程的
　　　　　　 資訊獲得與決策判斷的難題，屬於談判過程中的遊戲論中常見的
　　　　　　 兩難及決策困境，談判的決策困境在於對他方的資訊未能完全掌
　　　　　　 握，對談判結果的預估也不能完全有把握，就勞資雙方來說，談
　　　　　　 判是高風險的重大過程與決定。

答：經濟學家希克斯（John Hicks）在二十世紀初提出此模型，又稱為「希
　　克斯悖論」（Hicks paradox）。

談判過程中，雇主面對員工的罷工時間拖得越長，可能遭受的損失越大。因此，罷工進行到後面階段，雇主提高工資的意願越強，常以「雇主的抵抗」加以描述，但對勞工來說，罷工期間越長，餓肚子的期間就越久，因此願意勉強接受較低的工資（見下圖）。

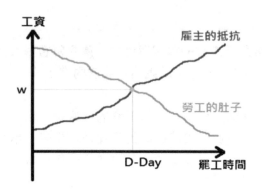

上述兩條曲線的走向就罷工期間與工資高低呈反比關係，若兩條曲線交會的點簡稱D-Day。亦即這一天，雇主願意提出的工資與勞工願意接受的工資相等，罷工便順利結束。若雇主與勞工事先都對雙方的底線（目標工資）掌握正確訊息，也就是工會在採取罷工行動前，雙方透過事前協商，將工資設定在雙方都能接受的底價上，以避免罷工的重大損傷發生。換言之，透過事前談判就能調整薪資，不須承受罷工後餓肚子的幾天危機，因此發動罷工成為非理性的行動，就是希克斯宣稱罷工行動為「悖論」的主要原因。但上述模型的基本前提要件是，假設勞資雙方的資訊是完全透明且公開的。在現實生活中，勞方基本上無法獲知資方的經營現況與利潤高低；資方也不清楚員工的實際家庭或生活現況，雙方又不願坦承公開實際的資訊給對方，造成罷工行動的推動不一定是以雙贏收場。

除了，勞方誤判而採取罷工行動之外，其他影響罷工決策的因素尚有：

(一) 受第三者的影響：工會及公司以外的第三者促動，例如上級工會、地方民意代表或其他的第三方。

(二) 罷工僅是晃子，最終目的是勞資雙方促請政府重視勞動權益或勞動法令的修正。

(三) 工會內部的重要決策，工會方的想法是不會餓肚子，有罷工基金支持或有其他的利益補助。

二、80年代有學者引據西方學者提出的理論，分析臺灣勞動關係是所謂的國家統合主義（state corporatism）的體系，試從臺灣政治經濟及社會發展之過程，以及勞資雙方組織在實際勞動關係運作中之角色，探討究竟此一論述是否成立？原因為何？

解答索引： 理論是本科命題的來源之一，不論從單一論點或馬克思的衝突觀點，甚至國家統合主義的多元觀點，都是從不同的立論點出發，探討國家勞動或勞資關係政策的制定與產出過程，熟悉社會學的理論對本題的回答有很大幫助。

答： 統合主義（corporatism）原本指不同的利益團體之間的分歧意見整合及決策過程，影響任何決策或措施的產出，是任何民主社會必須面對不同利益團體、多元意見的決策過程。而國家統合主義（state corporatism）亦即由政府中央的最高權力核心為統合來源，政府操縱利益團體的結合程序與運作方向及發展，致使利益團體喪失自主性和既定的目標及任務。也就是說，國家統合主義是指政府和民間利益團體的組合，建立在國家機器與利益團體的關係基礎上，研究重點在於國家、資方企業團體及勞方的勞工團體間利益的複雜「三角關係」。

從臺灣的政治經濟與社會發展過程可見，重要經濟決策及勞動法令修改，甚至基本工資的調漲過程，勞動部與工業會、商業會負責人的會商，甚至拜訪各國性工會的協調，在在看出重大經濟或勞動政策的制定或修改過程中，國家機器的政府機關在國家政策的制度安排與重大控制，這也是過去威權社會所留下來的根基。

（其他內容參考本書第一章）

三、勞資集體協商過程中，學者提出所謂整合性協商（integrative bargaining）之概念（Walton & McKersie,1958），在實務上發展出所謂「以利益為基礎的協商」（interest-based bargaining）模式，請問此一模式的主要意涵是什麼？有何特性？並就勞資集體協商時所謂之立場（position）與利益（interest）之內涵做比較與分析。

解答索引： 勞資協商或談判的模式概分為三大類：分配性、策略性、整合性，必考題，容易獲得好分數。

答： （詳見本書第五章）

四、越南政府今年初修改勞動法令，將原本單元工會組織結構調整為多元工
　　會組織結構，越南國會最近又通過國際勞工組織的核心勞動標準，特別
　　是與強迫勞動及童工禁止相關之勞動標準。請問，越南政府大幅度改變
　　原有勞資關係政策之目的為何？當我國雇主倡議所謂外勞與基本工資應
　　該脫鉤時，政府勞政部門應如何說服雇主？

解答索引：從近幾年台商在越南設廠的諸多勞資爭議案件及非台商企業的罷
　　　　　工案件，充分顯示越南的勞工群體之權利意識逐漸高漲，工會力
　　　　　量崛起，逼迫越南當局必須盡速加快修正勞動法的腳步，與臺灣
　　　　　政府在1980-1990年代的處境相似，若能關注國際勞動情勢，本
　　　　　題可望拿到理想分數。

答：越南在近兩年發生多起重大罷工事件，讓越南政府當局加速修正法令腳
　　步，所提勞動法修正案於2019年11月20日國會通過，2021年1月1日施
　　行，適用對象為勞動、學徒與無勞動關係的工作者、僱傭者以及在越南
　　工作的外國勞動者。目的在於從社會主義方向完善市場經濟機制觀點，
　　促進勞動市場發展，解決實際遭遇的問題。尤其在近10年來，陸續進行
　　2013年修憲以確保勞資雙方正當利益、2013年就業法、2014年社會保險
　　法、企業法及職業訓練法、2015年職場安全及衛生法、2016年兒童福利
　　法等，綜整越南政府近年的勞資關係政策為：
　　(一) 勞動法擴大適用對象：包括具有具勞資關係及無勞資關係的勞工，
　　　　 已接近國際勞動標準，尤其是基本勞動標準，具勞資關係勞工約
　　　　 2,000萬人及無勞資關係勞工約5,500萬人。
　　(二) 加強勞動契約的協商、執行及終止彈性，尊重市場經濟契約原則，
　　　　 具彈性的試用方式，勞動契約中可訂試用期。
　　(三) 增列勞動契約的終止：勞方擬離職僅需事先通知資方無需提出理
　　　　 由；特殊情況下，如遭暴力、強制工作等，勞方可不需事先通知，
　　　　 單方終止勞動契約。
　　(四) 透過溝通、協商機制增加勞資關係的彈性及自主性。
　　(五) 訂定基本工資的議定範圍：政府依照7個因素提出基本工資：1.勞
　　　　 方及其家庭基本生活標準；2.最低工資與市場工資相較；3.消費物
　　　　 價指數及經濟成長率；4.勞力供給—需求關係；5.就業及失業率；
　　　　 6.勞動生產力；7.企業支付能力等等。

(六) 資方實際支付工資應高於勞動契約或團體協議書中所協商的最低工資。

(七) 每年加班時數維持200小時，惟每月最多加班時數由30小時調高至40小時，另開放每年加班時數可達300小時之適用產業。

(八) 在性別平等基礎上保護女性勞工，保障工會幹部不受歧視對待及工會運作不被干涉或操縱等等。

109年 普考

一、探討勞資關係因為切入的視角不同，因此產生不同的理論框架，試圖解讀勞資關係的過程與結果。這些理論框架中有所謂的自由（新古典）經濟學派【The Liberal（Neo-classical）Economics School】、制度經濟（勞資關係）學派【The Institutional Economics（Industrial Relations）School】、人力資源管理學派（The Human Resource Management School）以及激進勞資關係學派（The Critical Industrial Relations School）。請就這四種不同學派的觀點比較論述上的差異性。

解答索引：勞資關係的理論觀點是影響甚至左右政策走向的重要關鍵，屬容易獲取分數的基本題型。

答：（內容參考本書第一、三章）

二、聯合國通過的九大核心人權公約中與勞動人權相關之課題甚多，請就我國已通過施行法之「公民權利和政治權利國際公約ICCPR」及「經濟、社會和文化權利國際公約ICESCR」分別摘列其勞動人權內容進行分析，並闡述其意義。

解答索引：保障人權是國際趨勢也是臺灣地區在近十年來重大政策成效，聯合國公布人權兩公約後，政府旋即公布兩公約的施行法，顧名思義在保障一般國民（包括勞工朋友）的公民權、政治權、經濟權，本題屬相對冷門題型。

答：兩公約是指「公民與政治權利國際公約」及「經濟社會文化權利國際公約」的簡稱，而「經濟社會文化權利國際公約」又稱「A公約」、「公民權利和政治權利國際公約」又稱「B公約」，以作為全世界遵循之人權規範。為實施聯合國在1966年公布的「公民與政治權利國際公約」（International Covenant on Civil and Political Rights，簡稱ICCPR）及「經濟社會文化權利國際公約」（International Covenant on Economic Social and Cultural Rights，簡稱ICESCR），以健全我國人權保障體系，特於98年4月22日制定「公民與政治權利國際公約及經濟社會文化權利國際公約施行法」。

兩公約施行法中的第6至27條是生命權和人身自由的保障，是自由權最重視的面向，ICCPR強調任何人跨越國境以及取得國籍的權利。另，受公平審判權利和正當法律程序。亦即，ICCPR架構強調生命和人身自由、跨越國境自由以及在形式上最基本的公平與正當程序，再提到一般的政治性權利（思想、表現、集會結社自由）、平等與少數族群保障等；其次是家庭及兒童權利保護。ICCPR和ICESCR基本概念有點相同，ICCPR意識型態是天賦人權，亦即人人生而擁有人權，不依附國家主權上；惟ICESCR則重視人與國家的關係，以及國家身為資源分配者的社會角色；充分反映兩公約制訂過程中，資本主義與社會主義意識型態的對抗。ICCPR和ICESCR反映在勞動人權，其主要精神在於保障勞動自由權、平等權、結社權、經濟權、移工工作及自由權等等，國家必須保障勞動者的基本權利。

三、在2019年長榮空服員進行的罷工過程中，有幾個爭議性之課題，勞資雙方無法獲得協議。其中一個是所謂禁搭便車條款。如果你是專家，被政府延請協助調解該爭議，請問該如何解決，以促使雙方達成協議？請解釋並分析你的理由。

解答索引：由工會發動的爭議行動罷工成功威脅資方讓步，最終在團體協約中進行修正，未加入企業工會的勞工，是否同樣享有勞動條件的提高，此等勞工未加入工會，但卻享有工會行動後的利益，是本題的題意，屬容易獲取分數的題型。

答：禁搭便車（free rider）條款源自美國，目的是為凝聚工會團結力，保障工會會員權利，避免當資方與工會簽訂團體協約時，對工會會員與非工會成員享受同樣對待，造成不公平的情事發生，間接影響工會協商力量的削減。目前臺灣的「禁搭便車」條款，訂定在《團體協約法》第13條：「雇主不得無故對所屬非團體協約關係人之勞工進行調整」。團體協約一旦簽定後，受該團體協約拘束之雇主，非有正當理由，不得對所屬非該團體協約關係人之勞工，就該團體協約所約定之勞動條件進行調整。但團體協約另有約定，非該團體協約關係人之勞工，支付一定之費用予工會者，不在此限。意指，勞資雙方合意訂定的團體協約條款，目的是將同一工作場所但非屬工會會員之勞工，排除於團體協約權益或福利適用範圍之外，意即非工會會員之勞工不得搭便車獲得工會協商爭取的任何權益與保障，以凸顯工會力量，並藉以鼓勵勞工加入工會，以提高工會密度。

因此，身為華航勞資爭議調解的專家，可採非會員繳納代理費用，即可獲取和華行企業工會會員同樣的調解方案內容，是解決本項爭議和落實團體協約內容最佳的做法，至於代理費金額，可請華航工會提出，尊重工會內部的決議，對企業工會的地位及未來吸收新會員，甚且提高工會形象，以及對華航公司和政府機關來說，都是三贏的結果。

四、勞動事件法已於今年初實施，此法中最重要的制度安排是建立法院的前置調解程序，亦即在法官進行訴訟審理之前，得先行進行調解，協助爭議雙方當事人以非訟手段解決勞資爭議，以減少訟源，並可維持勞資關係之穩定。請就此法之制度安排探討可能的影響。並可就正反兩面分別論述之。

解答索引：勞動事件法109年1月1日上路，將勞資爭議案件的處理流程增加司法介入調解及縮減訴訟時程的新作法，對於勞資雙方迅速解決爭議是有正面幫助的，但部分與現實狀況或習慣不一之處，該如何修正，也是近2年觀察的重點，本題屬時事題型。

答：本次勞動事件法的重要特色之一在於，強化勞資爭議當事雙方可自主及迅速解決爭議，其正面意義在於：

(一) 建立勞動調解程序：由1位法官與2位分別熟悉勞資事務的勞動調解委員共同組成勞動調解委員會，進行調解。勞動調解委員會先經由快速的程序（包括聽取雙方陳述，整理爭點，必要時並可調查證據），對於事實與兩造法律關係予以初步解明，並使當事人瞭解紛爭之所在，及可能的法律效果，再於此基礎上促成兩造自主合意解決，或由勞動調解委員會作成解決爭議之適當決定，以供兩造考量作為解決之方案。

(二) 勞動調解前置原則：除部分法定例外情形外，原則上勞動事件起訴前，需先經法院行勞動調解程序，如當事人未先聲請調解逕為起訴，仍視為調解之聲請。

(三) 勞動調解程序與後續訴訟之緊密銜接：勞動調解不成立時，除調解聲請人於法定期間內向法院為反對續行訴訟程序之意思外，法院即應由參與勞動調解委員會的同一法官續行訴訟程序，並視為自調解聲請時已經起訴，且原則上以勞動調解程序進行中已獲得事證資料之基礎進行。

由於勞動事件法性質為民事訴訟法的特別法，主要在於因應勞資爭議特性，在既有民事訴訟程序架構下，適度調整勞動事件爭訟程序規定，使勞雇雙方當事人於程序上實質平等，也讓法院更加重視勞動事件處理，以達成勞資爭議的實質公平審理，有效的權利救濟目標。和過往的行政調解比較優點是快且未收費，但調解方案無關對錯是非，促成和解可能性高，缺點是可能出現打折正義。

綜論本次勞動事件法的勞動調解前置原則：除部分例外，勞動事件起訴前，需先經法院進行勞動調解程序，由臺灣過去在行政調解後勞工可選擇方向，每年約8千件行政調解不成立的案件僅2千件進入司法程序，顯見，臺灣勞工對於走入法院的司法程序是有障礙的。因此，如何設計以判決為基礎的調解，而此調解程序又能讓當事人的勞工取得高度信任，更能接近社會正義。

110年 高考三級

一、當代勞資關係或工業關係（industrial relations, IR）之學術研究（field）通常區分為二種不同之範型（paradigms）：以就業關係為核心之傳統範型（an original paradigm centred on the employment relationship）、以工會及勞資關係為核心之現代範型（a modern paradigm centred on unions and labor–management relations）。以此，試述：此二種勞資關係或工業關係範型之內涵及意義為何？

當前社會已邁向工業4.0（Industry 4.0）時代，勞資關係或工業關係（IR）又將如何變遷？

解答索引： 經常論及工業4.0時代以帶動臺灣社會的新生產模式，網路的普及化，自動化的趨勢化，人力的高度智慧性，智慧製造與智慧服務是未來的主軸，影響所及是以人為本的勞資關係，勢必面臨蛻變與轉型，本題屬靈活題型，可由經濟與生產方式發展提出個人見解與觀點。

答： 勞資關係範型不論是傳統的就業為導向的勞資關係或是以工會為核心的勞資關係內容請參考本書第三章，至於，工業4.0時代的勞資關係，必須先了解工業發展的不同世代。18世紀引入機械製造設備定義為工業1.0；20世紀初的電氣化為2.0；20世紀70年代的生產工藝自動化定義為3.0；物聯網和製造業服務化帶動以智慧製造為主導的第四次工業革命，即稱為「工業4.0」。工業4.0的核心是連結，將設備、生產線、工廠、供應商、產品、客戶緊密連結一起，工業機器人自動化設備是生產的重要關鍵，因此，勞資關係必須面對的不同於傳統就業導向或工會主導的勞資關係，亦即，工業4.0對勞資關係來說，是一個衝擊與過度，如何有效轉型端是勞資雙方對於相互間的依賴與信任程度而定。

二、現代工會理論（Trade Union theory）之發展，通常以二次大戰作為分水嶺，有戰前途徑（pre-war approaches）與戰後途徑（post-war approaches）之區別，且透過所謂Dunlop-Ross爭論（Dunlop-Ross debate）而呈現出概念之轉變（conceptual transformation）。以此，試述：此等工會理論之內涵及意義為何？當代工會組織式微，工會理論又將如何發展？

解答索引：系統理論是屬於大型理論，應用於勞資關係的建立與轉變，可從靜態面轉向動態面的觀察與研究，本題屬於送分題，Dunlop的系統理論屬於必考題，易拿高分。

答：（內容參考本書第三章）

三、我國勞動基準法訂定有勞動契約專章。在現代經濟，企業也已成為契約之連結體（a nexus of contracts），企業與勞動者（員工）之間是一種關係契約（relational contract）。以此，試述：完全契約（complete contract）與不完全契約（incomplete contract）之內涵及意義為何？在關係契約之形式，企業與勞動者（員工）之治理模式（governance model）又有何特質？

解答索引：勞動契約在勞動基準法第二章有完整的規範，經勞資雙方合意可進行變更，惟實際的運作狀況，簽訂者寡，變更者亦不常見，多以口頭為常見，因此，如何加強勞資雙方以公司治理的精神帶入關係契約中，是對臺灣的勞資關係相對有利的方式。

答：2016年諾貝爾經濟獎得主哈特（Oliver Hart）教授，被稱為「契約理論」泰斗。提出「不完全契約」，擴展新古典經濟學的不足。新古典經濟學只將生產活動視作投入與產出作業，其間生產者內部生產誘因，完全一無所知。哈特教授提出的不完全契約理論，主要有兩個重點：

(一) 契約是不可能完全的，因為我們無法預測全部的風險，制定完整的應對措施在契約中。

(二) 當契約不完全時，產權擁有者將行使剩餘控制權，而此所有權將影響生產及分配，哈特將權力置於經濟分析中。

因此，勞資雙方先簽訂勞動契約，又屬於不定期勞動契約，原計畫維持長期密切的合作關係。但之後因為企業的經營方式轉變，必須重新議定契約或更換新約以繼續進行後續的合作關係。本項契約簽訂背後隱藏的問題在於為何一開始不選擇簽訂半年的定期契約，之後又必須花費時間或其他成本議定或變更新契約，短期契約的簽訂是否更恰當？亦即，面對無法掌握或預測的外在變動因素，簽訂不完全契約對勞資雙方來說，是否更為有利。

企業與勞工的治理模式以工（產）業民主或稱勞工參與為典型代表，若能落實勞工董事制度，讓純勞工身分者可進入公司的核心決策部門，對於不完全契約所面對必須隨時變更契約的可能性可以降低，勞工董事可將董事會的重要資訊或決策過程轉達員工，對於完全契約內容的掌握，甚或發言討論都相對有利，部分內容請參考本書第8章。

四、諾貝爾經濟學獎得主T. W. Schultz於1960年即發表〈人力資本投資〉（investment in human beings）系列演說。我國有關外籍勞工累計在臺工作年限已經修法由9年延長為12年，外籍勞工聘僱許可期限不須經展延程序即為3年。以此，試述：人力資本投資之內涵及意義為何？「外籍勞工累計在臺工作年限由9年延長為12年且聘僱許可期限不須經展延程序即為3年」之意涵為何？對勞動市場或勞資關係又有何效果？

解答索引：移工政策在近幾年來成為顯學，主要原因來自，臺灣的勞動力不足，缺工是個企業常見的問題，對移工的依賴性愈形增加，造成對移工又愛又恨的矛盾情感，對於表現優異的藍領移工延長工作年限，甚且可永久居留成為移民，而非移工，對於臺灣的經濟與社會影響不可忽視，對勞資關係的影響也有正面與負面的作用。

答：人力資本投資是指國家為了經濟發展，在教育經費和技術訓練等方面所進行的投資。經濟學者認為：教育投資是最有效的投資；此投資能增進全民知識、技術和能力。人力資本理論將教育和訓練成本分為兩類：一類教育費用，含政府撥款和個人負擔的學費等；另一類是學生放棄的收入，即學生因上學放棄工作機會而放棄的收入。此兩項費用是人力資本投資的主要內容。

移工在臺灣工作年限愈長，企業投資在移工身上的訓練成本愈形增加，因此，延長移工的工作年限，可降低企業的人力資本投資，更可獲得缺工窘境下的人力填補問題，以維持生產的正常運作，因此，政府延長移工的工作年限目的在此，相對的，對於勞動市場的人力短缺問題可獲得改善，對於穩定勞資關係也有正面的幫助。

（本題部分內容可參考本公司出版就業安全乙書的第1章及第9章）

110年　普考

一、當代工會組織有所謂勞動關係之戰略性群體（Strategic Group in Labor Affairs）與衝突性群體（Conflictive Group in Labor Affairs）之分野。臺灣總工會體制從2000年之前的單一總工會制轉型至2008年之雙總工會制，再轉型至2008年之後的多層峰總工會制。以此，試述：勞動關係之戰略性群體與衝突性群體之內涵及意義為何？
當代臺灣之工會體系轉型為多層峰總工會制，其勞動關係之走向為何？又如何建立社會對話之勞動參與（labor participation）途徑？

解答索引：臺灣的全國性總工會共有11個多層峰狀態，與過往的單一個全國總工會，與政府機關進行一對一的政治或經濟性協商，大不相同，目前所見的是多層峰工會與勞動部的對話，最難克服的是多層峰的意見整合，影響所及是多層峰工會的功能下降，意見分歧多方衝突，影響最高層級的社會對話機制運作，在諸多重大勞動政策或法令修正上，無法確實發揮工會的影響力。

答：臺灣現行有11個全國性工會，分別是：全國總工會（全總）、全國產業總工會（全產總）、全國聯合總工會（全聯總）、職業工會全國聯合總會（職總）、全國職業總工會（全職總）、臺灣總工會、全國工人總工會（全工總）、全國勞工聯合總工會（全勞總）、全國產職業總工會、全國勞工聯盟總會及臺灣勞工大聯盟總工會。多層峰的工會運作對勞資關係的影響有利有弊，有利點在於各自運作所屬的企業或組織，對穩定個別行職業的勞資關係有助益；缺點在於，11個全國性工會各立山頭，各有主張或看法，意見無法整合，影響所及是和勞動不在重要法令或政策的更迭上，以工會的集體力量發揮影響作用，由近幾年的工會領導者和勞動部的對話成效可見一斑。
社會對話內容請參考本書第五及七章。

二、資本主義與社會主義最大分歧點在於是否承認私有財產制。當代勞資關係或工業關係（IR）乃據以雇主須承擔業務風險、須負職業安全之責。以此，試述：Uber數位勞動平台（digital labor platforms）之業者、司

機、乘客等三方之法律關係為何？Uber平台之交易行為存在有那些風險？政府部門對Uber商業模式之規範有何決策？

以生產工具所有權論，在勞動過程中生產工具維護發生意外時，Uber平台之司機是否須負維護及職業安全之責？現行制度有何保護措施？其政策意涵為何？

解答索引： 新冠疫情影響外送員興起，外送平台與外送員的承攬關係浮上檯面，勞動部亦曾多次針對外送員的重大職業災害案件訂定規範，並呼籲外送員加入當地的職業工會，以保障自身的健康與安全，並獲得經濟上的保障，本題屬相對容易回答的時事題。

答：（內容參考本書第六章）

三、我國勞動基準法第21條規定：工資由勞雇雙方議定之。現代勞雇之間之治理關係（governance relations）也已進化，諸如勞動市場形成為內部勞動市場（internal labor market）形式。以此，試述：在內部勞動市場運作下，勞雇雙方如何議定工資？

何謂隱含契約（implicit contract）？在內部勞動市場運作下，現代勞雇之治理關係有何特質？

解答索引： 勞動契約在勞動基準法第二章有完整的規範，經勞資雙方合意可進行變更，惟實際的運作狀況，簽訂者寡，變更者亦不常見，多以口頭為常見，因此，如何加強勞資雙方以公司治理的精神帶入關係契約中，是對臺灣的勞資關係相對有利的方式。

答： 2016年諾貝爾經濟獎得主哈特（Oliver Hart）教授，被稱為「契約理論」泰斗。提出「不完全契約」，擴展新古典經濟學的不足。新古典經濟學只將生產活動視作投入與產出作業，其間生產者內部生產誘因，完全一無所知。哈特教授提出的不完全契約理論，主要有兩個重點：

(一)契約是不可能完全的，因為我們無法預測全部的風險，制定完整的應對措施在契約中。

(二)當契約不完全時，產權擁有者將行使剩餘控制權，而此所有權將影響生產及分配，哈特將權力置於經濟分析中。

因此，勞資雙方先簽訂勞動契約，又屬於不定期勞動契約，原計畫維持長期密切的合作關係。但之後因為企業的經營方式轉變，必須重新議定契約或更換新約以繼續進行後續的合作關係。本項契約簽訂背後隱藏的問題在於為何一開始不選擇簽訂半年的定期契約，之後又必須花費時間或其他成本議定或變更新契約，短期契約的簽訂是否更洽當？亦即，面對無法掌握或預測的外在變動因素，簽訂不完全契約對勞資雙方來說，是否更為有利。

企業與勞工的治理模式以工（產）業民主或稱勞工參與為典型代表，若能落實勞工董事制度，讓純勞工身分者可進入公司的核心決策部門，對於不完全契約所面對必須隨時變更契約的可能性可以降低，勞工董事可將董事會的重要資訊或決策過程轉達員工，對於完全契約內容的掌握，甚或發言討論都相對有利，部分內容請參考本書第8章。

四、當代英美工會主義重視勞資雙方的對等作用，在經濟分配上強調「對抗」達致「平衡」；歐陸工會主義則是重視勞資雙方的法人人格獨立性，因此在經濟分配上強調「社會夥伴」關係。以此，試述：從英美與歐陸兩者工會的發展歷程觀之，此二者工會主義之意義及其差異為何？當代臺灣之工會主義或勞資關係是屬於英美的「對抗」關係，或是歐陸的「社會夥伴」關係？

解答索引：臺灣的勞資關係與歐美迥異，歐美是以工會運作的集體協商為架構的勞資關係，臺灣則是有工會但集體協商能力相對薄弱的勞資關係，以及無工會亦無集體協商的個別勞資關係，整體而言，臺灣不屬於對抗型的勞資關係，政府積極推動勞資雙方成為生產上好夥伴的和諧關係，屬於基本概念的送分題，了解國情不同與勞資關係的發展面貌與特點，可獲得理想分數。

答：（內容參考本書第一章）

111年　高考三級

一、臺灣鐵路企業工會與臺灣鐵路產業工會發動順法鬥爭（Work-To-Rule）協調個別勞工進行集體國定假日不加班，以企圖達到交通部臺灣鐵路管理局於國定假日停工，依集體行動權之法理，其是否對雇主構成違法罷工之爭議行為？

解答索引： 本題屬時事題，111年5月1日台鐵員工發動集體休假，以日本法上之順法鬥爭法理——集體拒絕加班和集體休特休為中心的操作模式，在臺灣屬首見。集體休特休假的效果和罷工相近，是備受爭議之處，尤其是大眾運輸業，背負社會大眾行的便利性，更應妥善對待。

答： 111年5月1日臺鐵員工發動集體休特休假，屬日本法上之順法鬥爭法理——以集體拒絕加班和集體休特休為中心的方式，事實上，臺鐵勞資雙方在排班的調整事項發生爭議時，勞工得採取暫時拒絕提供勞務之爭議行為，係勞資爭議處理法明定勞工的權益。實務上，服務於公共交通運輸業勞工，面臨勞資爭議之際，常透過罷工或集體休假策略，爭取資方滿足其訴求目的。但罷工權操作大不易，必須先經過調解不成立，再由會員以無記名票決後過半數同意才能啟動合法罷工。

亦即罷工權是指勞工計畫性不履行工作義務；或是工會有組織、有計畫發動多數勞工透過違反勞動契約手段，如不上工或怠工等，對雇主施加經濟壓力，以達到改善其共同勞動及經濟條件為目的之行動。在法律層面上，依勞資爭議處理法第54條：「工會非經會員以直接、無記名投票且經全體過半數同意，不得宣告罷工」。

罷工權的法律性質是勞工於一定期間內，以單方法律行為片面改變勞動關係內容，並中止其工作義務，無須終止勞動契約，為一形成權。罷工權屬個別勞工之形成權，但需要集體行使，由工會宣告及發動，亦即，罷工權行使取決於工會同意，惟有工會宣告及發動之罷工才屬合法。

罷工權屬憲法保障勞工之基本權，在罷工權發動及行使上須具備一定要件，才是法律保障之罷工權。勞資爭議處理法第53～55條，罷工權在主體、目的、程序及手段等須具有正當性。簡言之，勞資爭議限於調解不成立之調整事項（勞資爭議非經調解不成立，不得為爭議行為；權利事項之勞資爭議，不得罷工）。因此，得宣告罷工之勞資爭議事項須經調解後仍不成立之調整事項；其次，工會投票通過並宣告方屬合法罷

工（工會非經會員以直接、無記名投票且經全體過半數同意，不得宣告罷工。至於，教師、國防部及其所屬機關（構）、學校之勞工，不得罷工。另，針對影響大眾生命安全、國家安全或重大公共利益之事業，勞資雙方應約定必要服務條款，工會始得宣告罷工）；至於行使原則方面：爭議行為應依誠實信用及權利不得濫用原則為之。

因此，勞工集體休特休假雖屬集體行為，但概念上不屬於罷工權範疇。勞基法明定勞工每7日中應有2日之休息，其中1日為例假，1日為休息日（勞基法第36條）。此外，勞工休假係依內政部所定應放假之紀念日、節日、勞動節及其他中央主管機關指定應放假日；特別休假則依勞工在同一雇主或事業單位，繼續工作滿一定期間者，依規定享有（勞動基準法第37、38條）。在臺鐵員工的實務操作上，交通運輸業勞工藉由集體休假，欲達到改善其勞動條件訴求，集體休假正因集體行使，其外在表現方式與罷工極為類似。然集體休假並非違反勞動契約之手段，屬勞動關係中休假權利之合法行使，屬勞工法定權益，休假權益亦明訂於勞動契約中。僅在天災、事變等特殊事由加倍發給工資，事後補假休息及報請主管機關核備，才可停止勞工休假（勞動基準法第39、40條）。簡言之，勞工休假乃勞工依法於勞動契約之請求權，雇主未有上述法定事由及條件不得拒絕。

綜合以上，就手段而言，勞工集體休假非屬罷工範疇；就權利行使行為而言，合法權利單獨行使若屬合法，則不得因多數權利人同時行使即否定其合法性。簡言之，只要勞方有個別勞動契約作為合法依據，該行為本身並未違反勞動契約，原則上不需訴諸相當於罷工合法性的檢查標準。

二、我國合於2000年「聯合國打擊跨國組織犯罪公約關於預防、禁止和懲治販運人口特別是婦女和兒童行為的補充議定書」而制定有「人口販運防治法」以防制人口販運，該法之勞動上人口販運之規範為何？而其子法「跨國境人口販運防制及被害人保護辦法」中，可對人口販運受害外籍勞工之特別保障的具體規範為何？

解答索引：人口販運法很少入勞工行政職類考題，本題屬相對難以預測之題型，惟可從外國人來台工作中有涉及人口販運著手，可能從事招募、買賣、質押、運送、交付、收受、藏匿、隱避、媒介、容留

國內外人口或以前述方法使之從事性交易、勞動與報酬顯不相當之工作等等入手。

答：105年5月25日修正公布之人口販運防制法第2條對於勞動上人口販運的規定可見：「(一)人口販運：指意圖使人從事性交易、勞動與報酬顯不相當之工作或摘取他人器官，而以強暴、脅迫、恐嚇、拘禁、監控、藥劑、催眠術、詐術、故意隱瞞重要資訊、不當債務約束、扣留重要文件、利用他人不能、不知或難以求助之處境，或其他違反本人意願之方法，從事招募、買賣、質押、運送、交付、收受、藏匿、隱避、媒介、容留國內外人口，或以前述方法使之從事性交易、勞動與報酬顯不相當之工作或摘取其器官。(二)指意圖使未滿18歲之人從事性交易、勞動與報酬顯不相當之工作或摘取其器官，而招募、買賣、質押、運送、交付、收受、藏匿、隱避、媒介、容留未滿18歲之人，或使未滿18歲之人從事性交易、勞動與報酬顯不相當之工作或摘取其器官。」其中，勞工主管機關負責人口販運被害人的就業服務、就業促進與保障、勞動權益與職場安全衛生等政策、法規與方案之擬訂、修正、持有工作簽證人口販運被害人之安置保護、工作許可核發之規劃、推動、督導及執行。

110年10月14日修正公布的「跨國境人口販運防制及被害人保護辦法」中對於被害人提供下列服務：

1.庇護安置：安排或提供適當之庇護安置處所。
2.個案輔導：危機處理、情緒支持及關懷、個案安全計畫、轉介心理諮商輔導、醫療協助。
3.法律協助：陪同偵訊、出庭及提供相關法律協助。
4.協助宣導：協助辦理防制跨國（境）人口販運議題之認識及相關宣導。
5.福利服務：福利諮詢、各福利服務資源之轉介。
6.其他服務：住宿與生活照顧、通譯服務、職業訓練、教育訓練、休閒娛樂及返國（家）協助。

三、在美國工會惟一協商代表制之下，若雇主繞過（BY-PASS）工會，直接與非工會會員勞工協商直接約定（direct dealing）勞動條件，依其國家勞動關係法，雇主之行為是否符於誠信協商？為鼓勵與提升團體協商，我國團體協約法第6條亦有誠信協商之規範，其於雇主繞過（BY-PASS）工會，直接與非工會會員勞工協商直接約定（direct dealing）勞動條件，雇主之行為是否違反我國誠信協商規範？

解答索引： 團體協約的簽訂必須經過集體協商的過程，在協商過程中常出現
彼此意見相左，最常發生的是雇主不願再與工會代表協商，直接跳
過工會，和非具備工會會員資格的員工代表進行協商，主體偏頗，
削弱工會力量，違背協商之誠信原則，是無效的作為，本題屬簡
單易回答的題型，掌握集體協商的精神，可正確的回應題意。

答： 團體協約法第6條明定：「勞資雙方均有進行團體協約協商之義務，非
有正當理由，不得任意拒絕」，是所稱的「誠信協商義務原則」。違反
該條文，可依同法第32條，經勞動部不當勞動行為裁決委員會認定，處
新臺幣10萬元以上50萬元以下罰鍰；另外，雇主或雇主團體經裁決委員
會認定違反誠信協商之不當勞動行為者，工會得依勞資爭議處理法第53
條規定為爭議行為。

也就是說，勞資任一方未依以下原則進行團體協約之協商，則屬於「違
反誠信協商」的不當勞動行為：勞資雙方應本誠實信用原則，進行團體
協約之協商。

對於他方所提團體協約之協商，無正當理由者，不得拒絕。所稱「無正
當理由」，包括對於他方提出合理適當之協商內容、時間、地點及進行
方式，拒絕進行協商。未於60日內針對協商書面通知提出對應方案，並
進行協商。拒絕提供進行協商所必要之資料。

由此可知，勞資雙方開啟集體協商時，應了解「誠信協商義務」內涵，
避免發生違反誠信協商之不當勞動行為。因此，雇主繞過工會與非會員
進行協商，顯然構成違反誠信協商義務，因雇主採取迴避協商作為，使
集體協商空洞化，是屬於不當勞動行為，工會可提出不當勞動行為裁決。

**四、國際勞工組織公約第190號暴力與騷擾公約中，如何對所規範之「勞動
世界中（WORLD OF WORK）的暴力與騷擾」給予解釋？又該公約之
適用範圍為何？**

解答索引： 本題屬相對冷門題型，2019年通過的公約內容，主要針對職場的
性別暴力加以規範，性別平等是近年來的熱門社會議題，在職場
的落實更是重點的政府政策與措施，可從職場的性別平等加以發
揮，也可回應題意。

答： 國際勞工組織（ILO）於2019年6月21日通過第190號公約——暴力及騷
擾公約（Violence and Harassment Convention）。本公約及第206號建

議書提供明確的行動框架，勞動者有權在尊嚴和尊重的基礎上，免於受到暴力和騷擾。每個工作者都應受到保護，不論其契約身分（包括實習生、志工、求職者和行使雇主權力者），亦適用於公私部門、正式和非正式經濟活動，及都市或農村地區。在特定部門、職業和工作安排下的勞動者都被認定是相對容易遭受暴力及騷擾的，例如，醫療、運輸、交通及家庭工作者或夜間或偏遠地區工作者。

在公約中特別強調基於性別暴力和騷擾，必須考慮第三方的存在（例如客戶、服務提供者和患者），第三方可能是性別暴力/騷擾受害者，也可能是犯罪者。又家庭暴力亦可能影響就業、生產力和健康與安全，政府、雇主組織和勞工組織及勞動市場機構可作為其他措施的一部分，幫助承認、應對和解決家庭暴力的影響；該建議書亦規定實際措施，包括為受害者提供假期、彈性工作安排和提高意識等等。

本公約通過的重要象徵意義在於，承認勞動世界中的暴力和騷擾將影響個人心理、身體和健康，更衝擊勞動尊嚴、家庭和社會環境，甚至暴力和騷擾也會影響公私部門的服務品質，可能阻止人們——特別是婦女進入勞動市場；與促進企業持續發展不相容，主要考量暴力和騷擾將對工作安排、工作場所關係、勞工參與、企業聲望和生產力都產生負面的影響。

111年　普考

一、美國設置直屬總統常設之具準司法性之獨立機關，國家勞工關係委員會以負責管轄不當勞動行為事務，其組織之人員配置含有五位委員會委員之政務官，任期五年內皆為專任專職負責所屬業務。而依我國的勞資爭議處理法，其所設置負責處理不當勞動行為事務之機關，在組織設置上與委員職位身分之性質上，與美國有何差異？

解答索引：臺灣的不當勞動行為裁決制度和美國大不相同，美國的國家勞動關係委員會是獨立機構，臺灣的不當勞動行為裁決委員會則屬於勞動部延聘專家組成，負責審理申請案件，職位高低及功能運作大不相同，一般在介紹美國勞資關係制度時，都會特別介紹美國獨特的NLRB，答題時可朝美國的勞資關係制度與臺灣的不當勞動行為裁決制度加以比較，即可獲得答題的架構與方向。

答：勞動部於111年5月25日上午辦理勞動部不當勞動行為裁決委員會與美國勞動關係委員會（National Labor Relations Board，NLRB）視訊交流會議，針對臺美不當勞動行為裁決案例及制度充分交流，以精進我國不當勞動行為裁決制度。

經查美國國家勞動關係委員會（NLRB）是美國聯邦政府的一個獨立機構，負責執行集體談判和不當勞動行為有關的美國勞工法。根據1935年的《全國勞資關係法》規定，NLRB監督工會代表的選舉，並可調查和糾正不當勞動行為。NLRB由5名委員和1名總理事組成，由總統經參議院同意任命。委員會成員任期5年，總理事任期為4年。總理事為檢察官，委員會作為裁決上訴的準司法機構。總部位於華盛頓特區，在美國各地設有30多個辦事處。

反觀我國的不當勞動行為裁決委員會是由勞動部延聘15名裁決委員，其中1人為主任裁決委員，進行裁決案件的審理。對於不當勞動行為的界定在於勞資雙方集體勞資關係中，不正當侵害對方集體勞動基本權行為。目的在於保護工會集體權利，立法制定資方不得為之不當勞動行為，又資方為壓抑工會之不當發展，再制定勞方之不當勞動行為及勞資雙方均不得為之不當勞動行為，並藉由主管機關以裁決方式加以救濟，以迅速回復穩定之勞資關係。工會法第35條及團體協約法第6條第1項之不當勞動行為樣態，以保障勞工組織工會或參與工會活動的團結權、與雇主簽訂團體協約之集體協商權與不當勞動行為裁決之集體爭議權。

臺美在裁決的委員職位界定、功能、運作、效力上大不相同，與國情及制度初始設計原意有關，無好壞之分，只能說制度迥異。

二、何謂勞資爭議各種類型中之次級杯葛？其爭議行為在美國法制下之效力原則上為何？我國現行的勞資爭議體制對其並無界定與規範，因此工會進行次級杯葛行為時，其效力目前不明。針對次級杯葛，若參考美國立法例而在我國勞動三法中加以立法規範，其效力部分應如何規範？

解答索引：本題是焦興鎧老師多年來一直關注的集體勞資關係範疇，台灣在勞資關係互動過程中，很少出現杯葛或次級杯葛現象，一般的公平交易或企業違反道德標準的拒買運動可見（例如餿水油事件），但在勞工工會領域未發生，應試者在回應本題應從勞工或工會的爭議行動之一的杯葛入手才是正途。

答：杯葛（Boycott）又稱抵制，屬不買運動，是指聯合杯葛個人或公司，甚至國家的集體行為。由於被杯葛者被認為做了不道德行為，具體行動包括拒絕參加與被杯葛者相關的活動，更嚴厲的杯葛包括拒絕各種形式的貿易往來，杯葛屬於勞工或工會採取的爭議行動之一。簡言之，受僱者和工會聯合拒絕購買雇主的產品或與之交易。若此行動針對直接涉入爭議的雇主，稱為一級杯葛；或此行動是針對未涉入爭議的第三者或拒絕交易影響到第三者，就稱之為次級杯葛（Secondary boycott）。

美國勞工關係法案對於次級杯葛是完全禁止的，因為杯葛對象非首要雇主，而是次級雇主，讓次級雇主無端捲入該項勞資爭議，顯然不當侵犯次級雇主及消費者的權益，因此，聯邦或各地法庭，對於類似罷工的次級杯葛案件認定是不合法的。

反觀，台灣地區的勞資爭議處理法對於次級杯葛並無任何規範，個人以為，在現行的勞動三法中，將杯葛及次級杯葛行動加以立法規範，適合訂定在勞資爭議處理法中，但對於消費杯葛所產生的爭議，又無法在勞資爭議處理法加以界定，不在本法令立法保護及處理範圍之列，僅能在公平交易法或消費者保護法中進一步規範。

三、國際勞工組織規範勞資爭議得強制仲裁之原因要件為何？其與我國勞資爭議強制仲裁之原因要件有何差異？

解答索引：強制仲裁在台灣很少見，即使合意仲裁案件一年亦未超過百件，亦即仲裁制度及運作不受重視，強制仲裁將影響勞資雙方的自主協商精神，在強調勞資自主運作的大前提下，強制仲裁制度必須謹慎操作。

答：台灣的仲裁分為合意仲裁及強制仲裁兩大類，均規定於勞資爭議處理法第25條，其中，強制仲裁兩大情形是：

(一) 針對「調整事項」之勞資爭議經調解不成立時，主管機關認為有影響公眾生活及利益情節重大，或應目的事業主管機關之請求時，此時主管機關即得依職權交付仲裁，並通知雙方當事人（見勞資爭議處理法第25條第4項）。

(二) 在團體協商之情形，為避免勞、資任一方有不誠信協商或拖延協商，導致協商進入僵局，因此，在團體協約之協商超過6個月，且一方經不當勞動行為裁決認定構成違反誠信協商之不當勞動行為

時，此時主管機關在裁量勞資雙方當事人之利益、以及簽訂團體協約之可能性後，可依職權交付仲裁（見團體協約法第6條第5項）。

國際勞工組織指出強制仲裁將削弱勞資雙方自行進行集體協商的意願，原因在於雙方對於彼此無須妥協，而將兩造之間本來能自行處理的問題交由第三方加以決定，導致自主協商精神遭到破壞。國際勞工組織指出，在多數工業化或已發展國家，多半僅有公部門勞資爭議或屬於必要服務（essential service）行業才適用強制仲裁，私部門一般相對少見，可看出國際勞工組織對強制仲裁的適用抱持嚴格限制的觀點。

國際勞工組織強調強制仲裁度可能侵犯工會團結權，強制仲裁若因為政府基於勞資間一方利益遭受破壞而發動強制仲裁，是嚴重侵害工會團結權，且違背第98號公約第4條所訂定以勞資雙方自主協商為原則的核心精神；縱然基於政府保障公共利益觀點，仍必須加以限縮。因此，國際勞工組織雖未直接限制發動強制仲裁，仍建議給予勞資雙方充足空間與時間，且由第三方協助其自行協商，僅在協商無效且對公共利益可能產生嚴重侵害時才能啟動強制仲裁。基於勞資自主的精神，當勞資雙方有意重新回到談判桌時，應立即停止強制仲裁程序。

四、若產業民主就是勞工要參與國家勞工事務之政策決定、企業經營與廠場管理，大量解僱勞工保護法中之強制協商委員會應屬何一層級之勞工參與？試述其具體勞工參與中之得行使權限內涵？

解答索引： 產業民主及勞工參與是勞動部推動的重點工作，集體協商和團體協約的簽訂是關鍵之外，勞工參與的推動更是關鍵，但實際推動的勞動參與層次更是低且普及率不高，即使在大量解僱勞工保護法中有具體規範，但參與層次仍不高，本題屬容易發揮的題型。

答： 依據大量解僱勞工保護法第4條規定：「事業單位大量解僱勞工時，應於符合第2條規定情形之日起60日前，將解僱計畫書通知主管機關及相關單位或人員，並公告揭示。但因天災、事變或突發事件，不受60日之限制。依前項規定通知相關單位或人員之順序如下：

1. 事業單位內涉及大量解僱部門勞工所屬之工會。
2. 事業單位勞資會議之勞方代表。
3. 事業單位內涉及大量解僱部門之勞工。但不包含就業服務法第46條所定之定期契約勞工。」

由此可知，通知對象為事業單位遭解僱勞工所屬之工會，屬於廠場層次之基層工會。

又依同法第5條：「事業單位依前條規定提出解僱計畫書之日起10日內，勞僱雙方應即本於勞資自治精神進行協商。勞僱雙方拒絕協商或無法達成協議時，主管機關應於10日內召集勞僱雙方組成協商委員會，就解僱計畫書內容進行協商，並適時提出替代方案。」同上第6條：「協商委員會置委員5人至11人，由主管機關指派代表1人及勞僱雙方同數代表組成之，並由主管機關所指派之代表為主席。資方代表由雇主指派之；勞方代表，有工會組織者，由工會推派；無工會組織而有勞資會議者，由勞資會議之勞方代表推選之；無工會組織且無勞資會議者，由事業單位通知第4條第2項第3款規定之事業單位內涉及大量解僱部門之勞工推選之。」由上可知，協商代表由工會推派，亦屬廠場層次之基層工會。

綜上，台灣的大量解僱勞工保護法是屬於基層工會層級的勞工參與。

勞工參與方式依照國際勞工組織（ILO）的分類，可分為以下四種不同層級：

1. 獲得資訊：屬最低層次的勞工參與。勞工可以藉由參與獲取企業經營和管理等方面的相關資訊，僅止於獲得資訊。

2. 勞資諮商：勞工有被諮詢權利。透過企業內勞資諮商組織，勞工和雇主可進行溝通協商。

3. 共同管理：勞工和企業共同管理與制定決策。透過參加董事會或其他企業內的管理機構和會議，勞工可獲得資訊、提出意見，甚至可和資方共同管理共同決定企業營運的事項。

4. 自我管理：管理機構成員由勞工選定，等同由勞工代表管理企業，此種方式少見。

111年 地特三等

一、國內平台經濟發展所引發零工經濟參與高度提升，上述工作模態的轉化直接挑戰及衝擊勞動市場中既有的勞資關係，就您的觀察，此多樣化的參與模態容易引發那些問題？其解決方向之思考為何？

答題索引：外送員職業大量增加，零工經濟一直是熱門的勞工問題，和外送平
　　　　　台之間的承攬關係，與傳統的僱傭關係大不相同，因此，承攬的相
　　　　　互關係成為矚目的焦點，本題宜從承攬契約的相互關係著手。

答：企業運用非典型勞動之誘因在於增加人力彈性運用、降低成本、滿足特
　定技能人力需求、正職員額管制等，外送員職業大量增加，其潛藏的問
　題及解決方向如下：

(一) 正式勞資溝通管道不通暢：外送員為非典型僱用勞工，與雇主之溝
　　通管道不如一般勞動者可透過企業工會或採取員工的集體活動為
　　之，或是透過勞資會議的定期進行，進行正式或非正式的溝通，要
　　求平台給予和典型僱用勞動者完全相同之待遇亦不切實際，解決之
　　道在於，透過政府的法令規範保障外送員的基本薪資等勞動條件；
　　再者，透過外送員職業工會的入會人數加大，亦即會員人數多到可
　　以和各外送平台之間進行勞動條件的協商和溝通工作，或由政府促
　　成外送工會及外送平臺業者之對話溝通，建立「外送工會與外送平
　　臺業者對話平臺」。

(二) 無固定雇主，外送員和平台間多為承攬關係，現行法令保障不足：
　　為保障外送員勞動權益，針對職災、平台介面、停權申訴與合理薪
　　資等問題，應訂頒非典型僱用勞動者專法才是正途。

二、國內勞動檢查是改善國內職場中，勞動條件及職業安全衛生環境相當重
　　要的機制。您認為其執行過程目前存在那些體系上的困境？又如何進行
　　改善？

答題索引：勞動檢查工作無法落實執行，是每當發生重大職業災害時，備受
　　　　　苛責的問題，不僅存在檢查人力不足，在是否由工會陪檢、發生
　　　　　職災的鑑定是否邀請外部專業人士參與，以提升勞動檢查效能等
　　　　　等，是目前關注的勞檢問題。

答：勞動檢查是透過政府公權力主動介入勞資關係之私領域，利用具備事前
　預防性的勞動監督行政措施，檢核事業單位有無違反勞動法令最重要的
　工具之一，並確保所有規範的勞動基準與安全衛生等規定得以落實。雖
　然近年來我國勞動檢查無論在次數及處分率上，相較過去大幅成長，職
　業災害發生率亦呈現降低趨勢。惟勞動檢查在法制及實務運作上，仍有
　檢討並精進的空間。現行勞動檢查的困境及改善之道分別是：

(一) 工會陪檢權之工會定義不明確：依《勞動檢查法》第22條及同法施行細則第19條規定，勞動檢查員依法進入事業單位進行檢查前，應將檢查目的告知雇主及工會，並請其派員陪同，此為勞動檢查「工會陪檢權」之法源依據。事實上，依《工會法》第6條規定，工會類型包括「企業工會」、「產業工會」、「職業工會」，惟前述《勞檢法》第22條並未明確界定工會態樣，「產、職業工會」與「企業工會」有同等地位，各類型工會行使陪檢權理應完全一致。未來修法時應將此三類公會全數納入。

(二) 未明定事業單位拒絕工會「陪檢」之法律效果：依《勞檢法》第14條第1項規定，勞檢員進入事業單位勞檢，雇主不得拒絕。違反者可依同法第35條第1款裁罰新臺幣3萬元以上15萬元以下罰鍰，僅針對拒絕勞政單位「勞檢員」檢查的狀況。又《勞檢法》第22條僅規定，勞檢員在進入事業單位勞檢時，要「通知」工會，工會接到通知到場，稱為「陪同（勞檢員）檢查」，未規定事業單位拒絕工會「陪檢」法律效果與相關罰則。準此，未規定違反此一義務之法律效果，使該項規定形同虛設，未來修法時應納入。

(三) 勞動檢查外部參與機制不足：依《勞檢法》第23條第1項規定，勞動檢查員實施勞動檢查認有必要時，得報請所屬勞動檢查機構核准後，邀請相關主管機關、學術機構、相關團體或專家、醫師陪同前往鑑定，事業單位不得拒絕。勞動部雖訂頒「地方主管機關執行勞動條件檢查邀請專家學者陪同作業處理原則」，但實際上各勞動檢查工作進行中邀請外部參與的運作，仍是不足的。建議可透過各行職業專家學者、工會幹部及資歷豐富之從業人員陪同鑑定，以提升勞動檢查效能、實質改善勞動條件的效果。

三、國內施行勞動事件法多年，其涉及勞資關係及爭議處理之主要內容有那些？上述內容對於勞資爭議未來之處理有那些重要影響？

答題索引： 勞動事件法屬程序法，與勞基法、勞資爭議處理法等勞動法令的實體法不同，自109年1月1日正式施行後，每年有近萬件的勞動調解案件，對妥適化解勞資爭議及恢復勞雇關係具實質幫助，未來針對權利事項的勞資爭議可循勞動調解程序進行，對穩定雙方關係及縮短爭議處理時效確有實質上的幫助。

答：勞動事件法自109年1月1日施行。依據司法院統計數字顯示，地方法院勞動調解事件及勞動訴訟事件平均終結日數分別為63.47天、116.35天，遠少於法定辦理期間90天、180天；勞動事件平均調解成立率為57.06%。顯見，勞動事件新制對於迅速解決勞動事件爭議，有相當成效。所涉勞動糾紛之案件類型以請求「給付退休金或資遣費」占41.9%最高，請求「給付工資」占35.4%次之，請求「給付獎金或分配紅利」占4.0%最低。

再就各類型勞動糾紛案件在法院進行之程序觀察，行「調解」比率以請求「給付職業災害補償或賠償」60.3%為最高，其次為請求「損害賠償」58.5%；行「調解不成立，續行訴訟」之比率，以請求「給付退休金或資遣費」38.8%居首，請求「給付工資」及「給付獎金或分配紅利」各為36.8%及34.1%，分居第二及第三位；「未先行調解，逕行起訴」之比率，則以請求「給付職業災害補償或賠償」21.5%最高，「給付退休金或資遣費」17.2%次之。

勞動調解制度由1位法官與2位熟悉勞資事務的勞動調解委員共同組成勞動調解委員會。調解程序中，委員會已聽取當事人陳述、整理相關爭點與證據，適時曉諭當事人訴訟可能結果；於調解不成立時，由參與調解的同一法官續行訴訟程序，並視為自調解聲請時已經起訴，且以調解程序中已獲得之事證資料，進行訴訟，可有效提升勞動調解程序效率，解決勞動紛爭，兼顧司法資源合理運用及尊重當事人之程序選擇權。

四、請問企業社會責任的具體推展架構有那些重要的方向？有關勞資關係的促進策略上，企業社會責任（CSR）之推動及其成功與否如何影響勞資關係之建立？

答題索引：企業社會責任（CSR）首次出現在考題中，凸顯對於企業爭取最大的經濟利益之餘，如何恪盡法律責任、倫理責任及慈善責任，本題屬亦拿高分題型。

答：請見本書第五章「九、企業社會責任」。

111年 地特四等

一、國內、外因應AI人工智能科技化的迅速發展,除了在職場產生高度的工作替代效應之外,對於勞資關係將產生那些重大的影響?對於上述所產生之影響或衝擊,其對應之思考方向為何?

答題索引: AI發達的結果除了帶給大家生活的便利之外,影響所及是部分被取代的工作,以及企業和工會必須審視的新問題,本題屬個人發揮的題型。

答: 隨著AI新科技快速發展,不僅改變我們的生活,更衝擊到眾多人的就業機會。對勞資關係產生的影響如下:

(一) 缺乏互動與溝通,對勞動意識凝聚相當不利。宜透過資訊化方式持續提供或加強勞工議題的討論與交流。

(二) 強調專業以及獨立作業,對工會依賴度不高,組織或加入工會的比例下降。工會應調整組織和集體談判戰略以因應高度變動的經濟、勞動市場及人力資源管理。擴大會員招募範圍與對象,強化集體協商能力等。

(三) 工作地點分散,很難對企業組織產生認同感與歸屬感,組織文化不易培養且員工流動率高,缺乏集體意識。企業必須投入相對的資源,建立與管理層相互信任的文化,透過良好的溝通和共同努力解決關注的問題。

二、勞動者因工作型態轉變,導致工作與生活疆界日益產生模糊。面對上述現象的發展,在勞資關係層面上,如何建構兼顧企業經營管理與勞動者職場勞動權益之維護?

答題索引: 員工的工作壓力大,企業為照顧及留住員工,在政府鼓勵下推動工作與生活平衡方案,從工作、生活及健康三大面向著手,靈活的工作安排、彈性的給假制度、家庭支持措施及健康管理等具體作法,建構友善職場,對提升組織凝聚力及生產效率,尤其是保障勞工權益是非常重要的,本題屬易拿高分題型。

答: 請見本書第八章「八、工作與家庭和諧」。

三、全球於1930年通過禁止強迫勞動公約。國內截至目前為止，依然有許多
　　強迫勞動的具體事證被揭露。面對這樣的強迫勞動所產生之勞動剝削，
　　其主要處理思維，在「實務」及「法令」層面各有何值得努力之空間？

答題索引： 不當對待移工，並強迫其勞動之新聞時有所聞，尤其是在海上的
　　　　　　漁工，更是遭受不仁道的待遇，惟有加強勞動檢查及仲介機構與
　　　　　　各聘僱移工之企業重罰雙管齊下，才能收到短期遏止之效（與
　　　　　　112年高考三級勞工行政與立法第三題內容相近）。

答： 根據國際勞工組織（ILO）估計，2022年全球強迫勞動人數約2,760萬
　　人，亞太地區高達1,510萬人；除中國大陸以外，東南亞與南亞國家因製
　　造業與捕撈業興盛，外籍移工與漁工人數眾多，是最常見的強迫勞動受
　　害者。我國遠洋漁業漁獲分別於2020、2022年兩度遭美國列入「童工及
　　強迫勞動製品清單」，臺灣漁船外移漁工遭仲介機構以不實工資與契約
　　資訊欺騙，被強迫支付仲介費及簽下借貸契約，背負龐大債務，且面臨
　　證件被沒收，工時長且生活條件惡劣，甚至遭受身心暴力對待，連薪資
　　也被苛扣的不當對待。
　　在實務運作上可以從加強勞動檢查及鼓勵移工吹哨檢舉兩方面著手，雖
　　有1955申訴專線，但部分移工無法撥打，甚至無法與移工相關協會取得
　　聯繫申請援助，申訴無門；只能從加強仲介機構與聘僱移工的企業之勞
　　動檢查著手，才能冀收遏止之效。至於，法令層面上的加強，惟有從加
　　強罰則及一旦觸法立即撤銷其仲介機構的許可證著手。

四、有關對於身心障礙者促進進用之策略上，從憲法、就業服務法到身心障
　　礙者權益保障法皆有相關之規定。請分析有那些相關的法令規定及政策
　　設計之方向及作為，可以具體協助身心障礙勞工在職場尋找到具有尊嚴
　　及穩定性的勞動工作？

答題索引： 本屬屬就業安全制度的命題範圍，在協助身障者就業上有諸多措
　　　　　　施及計畫性服務，屬簡易題型。

答： 請見千華數位文化出版《就業安全制度》一書第八章「五、身心障礙者
　　就業促進」。

112年 高考三級

一、數位科技導致Uber等組織平台（Organizational platform）的發展，進而對就業型態產生影響；當這些平台大量運用獨立工作者（Independent workers）提供勞務時，對於勞工與勞資關係發展的影響為何？應該如何因應？

答題索引：外送員職業大量增加，零工經濟一直是熱門的勞工問題，和外送平台之間的承攬關係，與傳統的僱傭關係大不相同，因此，承攬的相互關係成為矚目的焦點，本題宜從承攬契約的相互關係著手。

答：同111年地特三等第一題內容。

二、實務上現行職業工會在會員結構上可以區分「以自營作業者為主」和「以受僱者為主」兩種型態，請根據現行團體協商之法制來闡述兩種不同型態職業工會要如何進行團體協商？並據以討論現行團體協商之法制是否有值得修正或調整之處？

答題索引：臺灣的團體協約簽訂以企業工會為主體，有特定的協商對口—企業或工廠，反觀產業工會或職業工會，尤其是職業工會，會員有特定雇主也有些會員為無一定雇主者，在簽訂團體協約的資格門檻有限制，無一定雇主之職業工會會員又無特定的雇主團體或自然人，如何進行協商並簽訂協約，是目前團體協約法過於嚴苛或未規範的領域。

答：依據團體協約法第6條第3項規定：「依前項所定有協商資格之勞方，指下列工會：

一、企業工會。

二、會員受僱於協商他方之人數，逾其所僱用勞工人數二分之一之產業工會。

三、會員受僱於協商他方之人數，逾其所僱用具同類職業技能勞工人數二分之一之職業工會或綜合性工會。

四、不符合前三款規定之數工會，所屬會員受僱於協商他方之人數合計逾其所僱用勞工人數二分之一。

五、經依勞資爭議處理法規定裁決認定之工會。」

準此，本題所指職業工會，具備團體協商資格，但無特定協商對象及對方並無意願。最常見的是教師產業工會或職業工會，以某各縣市來說，並無特定的協商對象，不可能是政府機關教育局，教師分散於各公私立學校，且對產業工會及職業工會特別規定必須會員受僱於協商他方之人數，必須逾其所僱用勞工人數二分之一，門檻很高，很難取得協商資格；相較企業工會並無此限制（只要依工會法成立即可），且職業工會會員尚包含無一定僱主但從事特定職業之勞工，既然是無依定僱主，就無特定對象可以進行協商，因此，職業工會協商的高門檻協商資格要求，或無特定僱主對象，限制職業工會進行團體協商的可能性，未來修法上必須適度降低此一協商門檻。

三、請說明何謂「行政調解」與「勞動調解」，並請比較兩者在解決勞資爭議上的優缺點？

答題索引： 勞資爭議的處理制度，在109年1月1日勞動事件法上路後，增加當事人可向地方法院提出勞動調解，除行政調解之外，增加勞動調解的途徑，兩仔在功能上、處理時程上、後續訴訟上、調解方案的效力，都有很大的差異性。

答： 勞動部統計指出，111年行政部分受理勞資爭議案件達2萬5025件，其中多數為權利事項爭議，占比達99.6％，在109年1月1日勞動事件法上路後，權利事項爭議可直接到地方法院申請調解，調解不成立後可再進行訴訟，行政調解仍存在，兩者最大差異在於，行政調解相較法院調解速度快，且行政調解性質偏向於「止爭」，法院調解則趨近於「定紛」。惟這2種調解制度確有重疊之處，但行政調解不需支付費用，速度相較於法院的勞動調解快，行政調解「止爭」性質高於「定紛」，若循勞動調解，一旦調解不成立進入法院後仍是由同一法官承審，可加速訴訟進度。

另，勞動事件法上路後，為協助勞工爭取應有權益，勞動部在勞動調解程序上提供律師代理酬金、聲請費及必要生活費等法律扶助，但行政調解期間律師陪同僅限於職災事件、資遣費、退休金、確認僱傭關係等行政調解，亦即勞動調解對於勞工的協助與支持相較行政調解來得多。

再就調解成立的效力來說，勞動調解成立之效力，依勞動事件法第26條規定：「勞動調解，經當事人合意，並記載於調解筆錄時成立。前項調解成立，與確定判決有同一之效力」；但行政調解就無此效力。

四、國際勞工組織於2019年通過第190號公約：暴力及騷擾公約（Violence and Harassment Convention），請說明職場暴力（workplace violence）與職場霸凌（workplace bullying）的異同，並請說明兩者對於勞資關係與勞工權益的影響？

答題索引：這兩年來，有關職場霸凌案件與性騷擾案件沸沸揚揚，職場暴力問題再度成為熱門話題，企業如何建置友善職場，以確保員工人身安全與尊嚴確保，成為企業大力改善與政府加強修法速度的推力，職場霸凌最常見於雙方的權利不對等，多屬權力大的一方欺凌相對小的一方，本題屬時事題。

答：職場暴力（workplace violence）是指工作人員在與工作相關的環境中（含通勤）遭受虐待、威脅或攻擊，以致於明顯或隱含地對其安全、福祉或健康構成挑戰的事件。若傷害性質分類，包含肢體暴力、心理暴力、語言暴力、性騷擾等四種類型。再按暴力來源分類，則有內部暴力及外部暴力兩種；內部暴力是指是在員工（含雇主及監督與管理者）間，外部暴力則是員工與其他人間所發生的。

而職場霸凌可定義為在工作環境中，個人或團體對於上司、同事或下屬進行不合理的欺凌行為，包含言語、非言語、生理、心理上的虐待或羞辱，使被霸凌者感到受挫、被威脅、羞辱、被孤立及受傷，進而折損其自信並帶來沉重的身心壓力。此外，這種行為或情境具有5項特徵：(一)經常發生且持續數週、數月以上之長期事件；(二)是一種職場上組織性（或集團性）的迫害行為，包括集體性的對個別勞工所造成的精神壓制或虐待，或企業裁員解僱時對於個別勞工所造成的精神壓力等。至少有1位或1位以上加害者；(三)對受害者進行語言或非語言的攻擊行為；(四)對受害者產生負面的影響；(五)受害者無力反擊或終止反抗行為。霸凌常以多種形式呈現，包括身體上的、心理上的、間接的方式。而一般大眾所認知的霸凌行為類型大致上包括：

(一) 肢體霸凌：毆打身體、搶奪財物等，這是最令人恐懼的行為。

(二) 關係霸凌：排擠孤立、操弄人際等，這是最常見，容易被忽視的行為。

(三) 語言霸凌：嘲笑污辱、出言恐嚇等，肉眼看不到傷口，但心理傷害大。

(四) 反擊霸凌：受凌反擊、有樣學樣。

(五) 網路霸凌：散播謠言或不雅照片，霸凌速度快、管道多、殺傷力大。

(六) 性霸凌：性侵害、性騷擾。

職場暴力與職場霸凌的最大差異在於，職場霸凌是發生於權力不對等的社會關係，亦即加害者與被害者處於上對下的權勢關係；而職場暴力則除了包含上司對下屬的欺凌之外，也可能來自權力對等的同事或來自顧客、客戶、照顧對象甚至陌生人等。不論職場暴力或職場霸凌都影響勞工的權益與人身安全及尊嚴的確保，若企業不力求防範，並建置一個友善的職場，對於勞資關係的建立與維護是相對不利的。

112年 普考

> 一、為保障勞工的團結權和工會的發展和運作，就工會安全（Union safety）條款加以立法規範似有其必要。請說明工會安全條款主要包括的項目有那些，而其對應於我國有關的立法規定為何？

答題索引： 自由入會可尊重勞工的團結權，但臺灣的企業工會密度偏低，以致簽訂團體協約後，未加入企業工會的員工，受一體適用的制度影響，出現不付費搭便車的不公平現象，因此工會安全條款的訂定，以及未入會的員工繳交代理費，以保障工會的權益及維持既定活動，是修正的作法，本題屬基本題型。

答： 工會安全條款（又稱禁止搭便車條款）最早源自美國，係透過團體協約限制不參與工會勞工的權利，避免非會員既不付出成本，又可享受工會爭取的權益，亦即成為「搭便車者」（free rider）。目的在於提高勞工加入、參與工會的意願，達成保障工會持續活動；惟基於個別勞工選擇自由（消極團結權），仍應採間接方式辦理，以避免強制入會等方式為之。我國團體協約法第13及14條有明確規範（請見本書第五章「五、協商權與集體協商」有詳細內容）。

> 二、團體協商制度在實務上可以區分為利益性團體協商、整合性團體協商和策略性團體協商三種類型，請說明三種類型團體協商的內涵，以及不同類型團體協商在協商策略、互動上的差異？

答題索引： 集體協商的種類屬於記憶題型，傳統的題目，屬容易拿分題型。

答： 請見本書第五章「五、協商權與集體協商」。

三、有關團體協商的研究理論與方法（Approach），包括歸納法（Induction）、原則性協商（Principle Negotiation）與利益導向協商（Interest-based Negotiation）等，請說明其各項的主要內涵，並評析原則性協商（Principle Negotiation）與利益導向協商的異同？

答題索引：本題屬基本集體勞資關係題型，但加入歸納法的題目後，可能擾亂答題方向，靜下心思考三個子題的關係與意涵，應該可以破題拿分。

答：歸納法（Inductive method）與演繹法同屬科學的研究方法，歸納法是指在確認前提為真的法則下，可得到一個同樣為真的結論。運用於集體協商的過程中非常重要，要將歷次與企業協商過程中整理成相同相異點，以便列入團體協約中。至於原則性協商與利益性協商，在協商過程中，考量相對的談判優勢、時機及資訊。協商過程中的有力的協商技巧是：如果無法同意對方解決爭議的立場，應立即分析並專注於對方的利益，在可能且適當的情況下，以自己滿意的方式，滿足對方的利益，必須發掘互利的方案，創造雙贏的解決辦法，並訂出客觀標準及條件，找出雙方均可接受的決定，此種利益型的集體協商（interest-based negotiation）亦稱為整合性協商模式（Integrative Bargaining Model）或雙贏協商（win-win bargaining）。在此過程中，必須應用歸納法找出雙方利益兼顧的內容，也就是說重視雙方的共同性而非差異性，試圖表達需求和利益，而非立場，使協商雙方需求都能達成，且在協商過程中注意資訊和想法互相交換，以創造雙贏結果的方案為前提，運用客觀標準選擇方案。反觀，原則型又稱整合型協商則專注談判議題而非個人，專注立場而非利益，僅重視滿足自己的利益而忽略對方利益，利用權力而非客觀客觀標準，確定選擇方案；因此，可能達成雙輸的不當局面。

四、許多國家都在嘗試推動週休三日或每週工作四日（Four-day workweek）的工時制度，請比較冰島與英國有關週休三日方案內涵的異同，並評析若我國推動類似方案，應該採取的作法？

答題索引：長工時低工資是臺灣最被詬病，也是勞工最不滿意的勞動條件，加上過勞猝死案例頻傳，縮短工時的呼聲與日俱增，尤其是疫情期間員工在家工作的氛圍打開，若能關注社會熱門議題，當可在本題拿到滿意分數。

答：冰島於2015-2019年間進行每週工作四天的試驗，包括教育機構、社福機構和醫院等工作場所都納入。許多員工的工時由每週40小時減少至35-36小時，結果證明，工作效率非但未降低，甚至達到維持元效率或做得更好，更促使冰島工會重新談判工時安排。冰島近90%的工作人口都享有縮減工時，每週工作時間低於40小時，這項試驗也連帶影響其他北歐國家開始跟進。

非營利組織4 Day Week Global於2022年6月6日起在英國發動大規模週休三日試驗，共計70家企業、3300人參與半年的試驗，他們稱之為「100-80-100」模式，也就是100%的薪水、80%時間、100%的產能。此次參與實驗的企業從科技業到賣炸魚薯條的餐廳都有，實驗維持6個月。最終結果顯示，不僅企業營收上升，員工離職率、缺勤率大幅下降；更有39%員工表示，實驗後除了感覺工作壓力減輕外，病假次數也減少三分之二。

冰島與英國的制度都以員工生活品質為目標，要找到好的人才，雇主必需發展以「產能」為導向的思維，而非以工作時間為基準，讓員工有更多時間處理家事、運動、和家人及朋友相處，員工壓力變小了、幸福感提升了。對雇主來說，可降低薪資支出，減少召開無意義的會議。

112年　地特三等

一、聯合國人權委員會於2011年訂頒「企業與人權指導原則（UN Guiding Principles on Business and Human Rights, UNGPs）」，以預防和救濟企業營運上的人權風險。請說明其政策框架的三項支柱？涉及勞動人權部分，採納那些國際勞動基準與推動架構？

答題索引：聯合國通過的工商企業與人權指導原則，實屬冷門題型，坊間討論甚少，考生容易忽略，屬艱難題型。若可從政府推動的人權保障及轉型正義出發，再從國勞組織通過的各項公約加以瀏覽與說明，當能拿到少數分數。

答：聯合國人權理事會於2011年6月16日通過UNGPs（United Nations Guiding Principles on Business and Human Right），《聯合國工商企業與人權指導原則》，目的在於釐清國家及企業就與商業活動相關之人權

風險之義務與責任，UNGPs整合既有的國際人權標準與實踐，為建議性質，不具拘束力。

UNGPs共有31個指導原則，分為以下三大支柱：

(一) 國家保護義務（指導原則1-10）：國家尊重、保護和實現人權與基本自由之現有義務；

(二) 工商企業遵守所有可適用之法律及尊重人權之責任（指導原則11-24）；

(三) 受害人於權利受損時，可獲得適當且有效之救濟，國家與企業均應提供有效的救濟機制（指導原則25-31）。

綜上，涉國家義務部分為支柱一及支柱三；涉企業義務部分則為支柱二及支柱三。

涉及勞動人權部分，面對三大支柱國家應採行的措施計有：

(一) 支柱一：推行保護人權之相關文件，例如：承諾促進國際勞工組織（ILO）《工作中基本原則和權利宣言》及採行額外措施以保護特定弱勢團體。

(二) 支柱二：《工作中基本原則和權利宣言》所載之8項ILO核心公約：ILO第111號《禁止就業與職業歧視公約》、100號《男女勞工同工同酬公約》、98號《組織權與集體協商權利原則的實施公約》、105號《廢除強迫勞動公約》、第29號《禁止強迫勞動公約》、87號《結社自由及組織保障公約》、138號《准予就業最低年齡公約》、182號《禁止及消除最惡劣型態童工公約》。

(三) 第三支柱：要求各國透過司法、行政或其他適當的手段，確保權利持有者在發生人權侵犯時能夠獲得有效救濟。

　　所有企業皆有尊重人權的責任，亦即在各項作為時應盡責管理避免侵害他人的權利，並在侵害發生時提供有效救濟。「人權」至少應包含《國際人權憲章》及國際勞工組織《工作中基本原則和權利宣言》所肯認的權利。且，企業須注意的不僅是其自身行為可能直接造成的影響，而是在整個營運過程、供應鏈中可能產生的影響，即便是往來夥伴所造成的亦是。

　　企業盡責管理的做法計有：(1)公開承諾尊重人權，並將其作為企業整體營運政策的一環；(2)持續進行「人權盡責管理」（human right due diligence，HRDD）；(3)設置管道為企業直接、間接促成的侵害提供有效救濟。

二、工作環境安全衛生係勞資關係的重大事項，請問勞工和雇主分別負有何種義務？勞工又應享有那些權利？請敘述之。

答題索引：本題涉及勞工立法與勞資關係，首先應從職業安全衛生法著手，說明該法中對於預防職業災害所課予雇主的責任，亦即雇主應負的義務，再從勞工端說明勞工應遵守的相關規定，若發生職業災害，勞工可享有補償的各項權利，本題屬跨科目的整合題型。

答：職業安全衛生法規範的雇主責任屬一般責任（general duty clause），工作場所必然存在危害、該危害可以被辨識、該危害造成或可能造成嚴重損害或死亡、該危害可以被改正的。因此，法令規定雇主使勞工從事工作，應在合理可行範圍內，採取必要之預防設備或措施，使勞工免於發生職業災害，例如：雇主應事前評估風險，採取相關預防作為，以降低發生職業災害之機率，達到保護勞工安全的目標。雇主的義務包括：

(一) 設置安全衛生管理組織及人員，負責工作場所內的所有預防與宣導工作。

(二) 對勞工應施以從事工作與預防災變所必要之安全衛生教育及訓練、宣導安全衛生規定，讓勞工周知。

(三) 依法會同勞工代表訂定適合其需要之安全衛生工作守則，報經勞動檢查機構備查後公告實施。

(四) 依規定辦理員工體格或健康檢查，發現應僱勞工不適於從事某種工作，不得僱用其從事該項工作。又，健康檢查發現勞工有異常情形者，應由醫護人員提供其健康指導；其經醫師健康評估結果，不能適應原有工作者，應參採醫師之建議，變更其作業場所、更換工作或縮短工作時間，並採取健康管理措施。

至於，勞工的義務在於切實遵行安全衛生工作守則，接受安全衛生教育訓練及定期依企業規定辦理健康檢查。

三、勞資爭議行為有其界限，涉及重大公共利益部分，勞資爭議處理法訂有必要服務條款與維持安全及衛生設備正常運轉之維持義務。請敘述其規範內容與理由。

答題索引：勞資爭議處理法對於民生與健康事業的勞資爭議訂定有維護必要服務條款的爭議權限制，工會發動的罷工是受到某種程度的限制，因其事業及勞務活動的特殊性，不能因為員工爭取權益發動的罷工，影響無辜的社會大眾，本題屬基本題型易拿高分。

答：勞資爭議處理法第54條：下列影響大眾生命安全、國家安全或重大公共利益之事業，勞資雙方應約定必要服務條款，工會始得宣告罷工：

一、自來水事業。

二、電力及燃氣供應業。

三、醫院。

四、經營銀行間資金移轉帳務清算之金融資訊服務業與證券期貨交易、結算、保管事業及其他辦理支付系統業務事業。

若勞資爭議當事人之一方為前述（第54條第2項之勞工），其調整事項之勞資爭議，任一方得向直轄市或縣（市）申請交付仲裁；其屬同條第3項事業調整事項之勞資爭議，而雙方未能約定必要服務條款者，任一方得向中央主管機關申請交付仲裁。

訂定前述維持必要服務條款的最終目的在於，不因勞資爭議發生而嚴重影響社會大眾生活與健康的便利及保障。

四、新冠疫情期間，平台勞動與居家辦公等工作型態成長快速，請問兩者與傳統勞動關係有何差異？對勞動者權益有何影響？請敘述之。

答題索引：非典型勞動中的在家工作，又稱遠距工作，與平台勞動的外送員，和傳統的固定工作地點與工作時間及工作內容大不相同，雖然居家辦公在推動上出現工作時間認定、差勤計算、工作績效評量、延長工時計算、工作場所安全及性騷擾等議題的處理問題，因此勞動部亦頒定外送平台與外送員兼法律關係與權益保障，屬容易獲高分題型。

答：詳見本書第二章「十一、後疫情時代勞動市場的轉變」及第六章「十八、非典型勞動與勞動派遣」，居家工作及外送員權益保障。

112年 地特四等

一、國際勞工組織（ILO）第87號公約第3條規定「工人及雇主團體應有權制訂其組織規章，自由選舉其代表、規劃其行政與活動，並釐定其計畫。政府機關不得對上述權利加以任何限制、或對其合法行使予以任何阻撓。」又我國工會法第43條規定：「工會有違反法令或章程者，主管機關得予以警告或令其限期改善。必要時，並得於限期改善前，令其停止業務之一部或全部。工會違反法令或章程情節重大，或經限期改善屆期仍未改善者，得撤免其理事、監事、理事長或監事會召集人。」試分析我國規定是否符合國際勞工公約所訂之基本原則？

答題索引：ILO在1948年公布的第87號《結社自由與團結權保護公約》，保障勞工和雇主的團結自主權，也是勞動三權第一權（團結權）的具體規範，然工會法的監督與罰則中對工會的干預，顯然與該公約之內容大相逕庭，本題屬基本題型。

答：ILO在1948年公布的第87號《結社自由與團結權保護公約》，指出勞工組織和雇主組織應有權制定其各自組織的章程和規則，充分自由地選擇其代表，自行管理與安排活動，並制訂其行動計畫。政府當局應避免進行任何目的在限制這種權利或妨礙其合法行使的干涉。

由上可見，我國工會法第43條：「工會有違反法令或章程者，主管機關得予以警告或令其限期改善。必要時，並得於限期改善前，令其停止業務之一部或全部。工會違反法令或章程情節重大，或經限期改善屆期仍未改善者，得撤免其理事、監事、理事長或監事會召集人。勞動部亦訂頒勞動派遣指導原則，以保障派遣勞工權益」規定，明顯與ILO公布的第87號《結社自由與團結權保護公約》相違背，本於保護勞工和雇主的團結自主權，應由工會或雇主團體自行處理，若該組織活動顯然違背章程，可由受影響之會員或其他人循其他法律途徑尋求個人權益維護才是正途。

二、工會之組織制度可區分為單一工會制與複數工會制（亦稱為一元工會制與多元工會制）兩種類型，試說明此兩類組織制度之特性及其優缺點？另我國工會係採何種組織制度？

答題索引：工會為單一或多元工會，在不同國家有差異性規範，我國工會法規定企業工會與職業工會為單一工會，但產業工會可有兩個以上，為多元工會，傳統題型，容易拿分。

答：詳見本書第五章「四、團結權與工會組織」。

三、美國團體協商制度中有所謂「排他性協商代表制」（exclusive representation system），試說明何謂「排他性協商代表制」？另此項制度與我國協商資格之規定有何差異？

答題索引：本題屬集體勞資關係題型，由於我國工會法的企業工會屬單一工會制，並非多元工會，因此，並無美國的排他性協商代表制問題，屬基本題型。

答：排他性協商代表制（exclusive representation system）又稱為唯一性協商代表制。亦即，被選為協商代表之工會，得代表協商單位（bargaining unit）中之所有勞工，與雇主進行團體協商。而代表權限之排他性（exclusivity，亦有稱為唯一性），意味著該工會以外之第三人不得代表受僱人之意，也就是說，受僱人不得與雇主直接進行協商，雇主若直接與受僱人進行協商，則構成不當勞動行為。其目的在保護工會在集體協商過程的權益。

美國是採複數（多元）工會制度，並非所有工會均取得集體協商權，美國全國勞動關係法（National Labor Relations Act, NLRA）的集體協商制度採「排他性協商代表制」。在適當的協商單位中，只有獲得過半數勞工支持之工會才能取得集體協商權，且該工會係取得代表該協商單位之所有勞工之排他性集體協商權。因此，要決定某一工會取得排他性團體協商權時，首先先決定一個適當協商單位，因此被稱之為「協商單位制」。由於取得協商權之工會亦須代表會員以外之勞工進行協商，可能隱藏不當侵害少數派工會或個別勞工利益之危險性。因此，工會被課以「公平代理義務」，須公正代表該協商單位中之所有勞工利益與雇主進行集體協商。我國工會法的企業工會屬單一工會制，並非多元工會，因此，並無美國的排他性協商代表制問題。

四、勞資爭議處理法第6條第1項規定，「權利事項之勞資爭議，得依本法所定之調解、仲裁或裁決程序處理之。」試說明在何種要件下，權利事項勞資爭議得進行本法所定之仲裁程序？其理由為何？

答題索引： 勞資爭議的仲裁可分勞資雙方合意仲裁、單方申請或政府主動交付等三種，法令規範非常明確，考生可在本題拿到滿意分數。

答： 勞資爭議的仲裁依勞資爭議處理法第三章第25條規定，可分勞資雙方合意仲裁、限制罷工必須約定必要服務條款的特定企業與工會一方申請及政府交付仲裁三種：

(一) 勞資雙方合意申請仲裁：勞資爭議調解不成立者，雙方當事人得共同向直轄市或縣（市）主管機關申請交付仲裁。但調整事項之勞資爭議，當事人一方為團體協約法第10條第2項規定之機關（構）、學校時，非經同條項所定機關之核可，不得申請仲裁。

(二) 勞資雙方約定必要服務條款之勞資爭議當事人申請仲裁：一方為第54條第2項之勞工者，其調整事項之勞資爭議，任一方得向直轄市或縣（市）申請交付仲裁；其屬同條第3項事業調整事項之勞資爭議，而雙方未能約定必要服務條款者，任一方得向中央主管機關申請交付仲裁。

勞資爭議經雙方當事人書面同意，得不經調解，逕向直轄市或縣（市）主管機關申請交付仲裁。

(三) 政府交付仲裁：調整事項之勞資爭議經調解不成立者，直轄市或縣（市）主管機關認有影響公眾生活及利益情節重大，或應目的事業主管機關之請求，得依職權交付仲裁，並通知雙方當事人。

113年 高考三級

一、何謂「非典型僱用型態（non-standard forms of employment）」？其在勞動關係構成要素上，有那些偏離（deviations）傳統的典型僱用型態？並請列舉主要的非典型僱用型態說明之。

答題索引： 非典型勞動為時勢所趨，與過往的典型勞動大異其趣，在轉型過程中也出現與其他國家不盡相同之處，但在新冠疫情期間的加持之下，加速非典型勞動的普及性與接受度，本題屬簡單題型。

答：詳見本書第二章「十一、後疫情時代勞動市場的轉變」及第六章「十八、非典型勞動與勞動派遣」，常見型態與傳統上有很大的差異。

二、根據氣候變遷因應法第3條的定義，所謂「公正轉型」係指：在尊重人權及尊嚴勞動之原則下，向所有因應淨零排放轉型受影響之社群進行諮詢，並協助產業、地區、勞工、消費者及原住民族穩定轉型。試申論對於因應淨零排放轉型受影響的勞工，有那些方面的勞工政策或措施可以提供協助穩定轉型？

答題索引：維護地球得以永續，淨零排碳為全球共同推動的重點工作，期待在2050年可達到目標，因此在近年來臺灣各界陸續就此議題進行探討，112年12月在台北辦理一場有關淨零排碳公正轉型的研討會，探討政府的積極作為，本題屬時事題，若無法獲知會議上的結論或建議，也可從協助轉型的失業勞工如何盡速轉業或輔導勞工加入新開發的淨零排碳產業，從這兩方面著手論述的方向就是正確的。

答：淨零排碳我國於2022年3月正式公布「2050淨零排放政策路徑藍圖」，提供至2050年淨零之軌跡與行動路徑，以促進關鍵領域之技術、研究與創新，引導產業綠色轉型，帶動新一波經濟成長，期盼在不同關鍵里程碑下，促進綠色融資與增加投資，確保公平與銜接過渡時期。

路徑將以「能源轉型」、「產業轉型」、「生活轉型」、「社會轉型」等四大轉型及「科技研發」、「氣候法制」兩大治理基礎，輔以「十二項關鍵戰略」，就能源、產業、生活轉型政策預期增長的重要領域制定行動計畫，落實淨零轉型目標。透過打造具競爭力、循環永續、韌性且安全之各項轉型策略及治理基礎，以促進經濟成長、帶動民間投資、創造綠色就業、達成能源自主並提升社會福祉。

為達公正轉型及保障受轉型影響的勞工可以穩定順利轉型，政府該推動的政策或措施為：

(一) 強化淨零政策與公正轉型的社會溝通，重視青年世代與女性的轉型權益，並積極規劃勞工與中小企業獲得更多淨零決策參與機會；

(二) 成立氣候社會基金或公正轉型基金，提高勞工在淨零轉型過程的工作機會與技能並協助中小企業轉型，以及扶助社區及弱勢群體；

(三) 增進碳定價與能源轉型政策，以驅動產業積極邁向低碳轉型。

亦即，政府應積極協助勞工與中小企業獲得更多淨零決策參與機會，並
將政策聚焦於提高勞工所得、工作機會、技能，協助中小企業轉型，使
臺灣淨零轉型走在穩健、正確的公正轉型軌道。

三、新冠病毒（COVID-19）流行期間，許多企業採用在家工作（working
　　from home）型態，以兼顧公共衛生防疫與企業持續營運之需求。疫情
　　結束後，許多企業停止採用，另有許多企業繼續採用在家工作型態。試
　　從勞雇雙方與公共利益的角度，列舉在家工作型態的利弊得失，並析論
　　企業未來是否採用在家工作型態的可能趨勢？

答題索引： 非典型勞動中的在家工作，又稱遠距工作，在推動上出現工作時
　　　　　　間認定、差勤計算、工作績效評量、延長工時計算、工作場所安
　　　　　　全及性騷擾等議題的處理問題，但相對企業來說，減少經營成
　　　　　　本、提高勞工福利及穩定僱用勞工等優點，在實施上，有很多的
　　　　　　問題亟待因應。

答：詳見本書第二章「十一、後疫情時代勞動市場的轉變」及第六章
　　「十八、非典型勞動與勞動派遣」，在家工作蔚為趨勢。

四、勞動基準法第2條第6款定義「勞動契約」為：「指約定勞雇關係而具有
　　從屬性之契約。」何謂「從屬性」？有那些具體內容。

答題索引： 個別勞動權益是勞動基準法基本保障內容，勞工一旦成為企業生
　　　　　　產要素之一，勞務的從屬性隨即出現，不僅在人格上服從雇主的
　　　　　　指揮監督，在經濟面向上亦成為付出勞務換取工資的從屬關係，
　　　　　　本題屬基本概念題型。

答：詳見本書第六章「二、個別勞動關係」，勞務從屬性可分為人格上從屬
　　性及經濟上從屬性兩種。

113年 普考

一、何謂「派遣勞動關係」？勞動基準法對於派遣勞動關係，在勞動契約締結上，提供何種特別保護？請說明。

答題索引：人才招募不易，為達招募及人力填補目標，委託派遣機構進行人力推介成為主流，政府特別在勞動基準法增列派遣勞工的保障條款，勞動部也訂頒勞動派遣指導原則，保障派遣勞工權益，本題屬基本題型。

答：詳見本書第六章「十八、非典型勞動與勞動派遣」詳細內容，勞動部亦訂頒勞動派遣指導原則，以保障派遣勞工權益。

二、勞動基準法有關正常工作時間延長與彈性調整機制，請列舉那些情形需要勞資會議行使同意權？

答題索引：延長工時需取得勞工同意，輪班排班或彈性工時的實施，若無工會亦須經過勞資會議同意，傳統題型，容易拿分。

答：詳見本書第八章「五、勞資諮商與勞資會議」內容。

三、請說明勞資爭議的種類？各類勞資爭議分別藉由何種方式處理？

答題索引：本題屬基本集體勞資關係題型，對於爭議類別的權利事項及調整事項以及處理方式敘述即可，屬基本題型。

答：詳見本書第五章「六、爭議權與爭議行為」。

四、國際勞工組織（ILO）成立迄今已超過百年，乃國際治理體系中最重要的勞資關係論壇，請說明其主要的任務？

答題索引：國際勞工組織（ILO）成立於1919年第一次世界大戰之後，成立迄今已超過100年，每年都會召開一次大會，也有國勞局組織的持續推動各項全球性的勞動議題與政策，ILO的四大基本任務

為：捍衛勞動基本權、創造就業、社會保障與社會對話，若關注
勞資關係的國際組織議題，當可在本題拿到滿意分數。

答：詳見本書第九章「名詞解釋76、國際勞工組織（ILO）」。

高普｜地方｜各類特考
共同科目

名師精編・題題精采・上榜高分必備寶典

1A011141	法學知識－法學緒論勝經	敦弘、羅格思、章庠	近期出版
1A021141	國文--多元型式作文攻略(高普版) ♛榮登博客來暢銷榜	廖筱雯	近期出版
1A031131	法學緒論頻出題庫　　♛榮登金石堂暢銷榜	穆儀、羅格思、章庠	570元
1A041101	最新國文多元型式作文勝經	楊仁志	490元
1A961101	最新國文－測驗勝經	楊仁志	630元
1A971081	國文－作文完勝秘笈18招	黃淑真、陳麗玲	390元
1A851141	超級犯規！國文測驗高分關鍵的七堂課	李宜藍	近期出版
1A421131	法學知識與英文(含中華民國憲法、法學緒論、英文)　　♛榮登博客來、金石堂暢銷榜	龍宜辰、劉似蓉等	690元
1A831122	搶救高普考國文特訓　　♛榮登博客來暢銷榜	徐弘縉	630元
1A681131	法學知識－中華民國憲法(含概要)	林志忠	590元
1A801131	中華民國憲法頻出題庫	羅格思	530元
1A811141	超好用大法官釋字+憲法訴訟裁判(含精選題庫)	林俐	近期出版
1A051141	捷徑公職英文：沒有基礎也能快速奪高分	德　芬	590元
1A711141	英文頻出題庫	凱　旋	近期出版

以上定價，以正式出版書籍封底之標價為準

千華數位文化股份有限公司
■新北市中和區中山路三段136巷10弄17號　■千華公職資訊網 http://www.chienhua.com.tw
■TEL: 02-22289070　FAX: 02-22289076　　■服務專線: (02)2392-3558・2392-3559

高普｜地方｜各類特考

名師精編課本・題題精采・上榜高分必備寶典

教育行政

1N021121	心理學概要(包括諮商與輔導)嚴選題庫	李振濤、陳培林	550元
1N321131	國考類教育行政類專業科目重點精析 (含教概、教哲、教行、比較教育、教測統)	艾育	690元
1N381131	名師壓箱秘笈－教育心理學 ♔ 榮登金石堂暢銷榜	舒懷	590元
1N401131	名師壓箱秘笈－教育測驗與統計(含概要)	舒懷	550元
1N411131	名師壓箱秘笈－教育行政學精析	舒懷	720元
1N421121	名師壓箱秘笈－教育哲學與比較教育 ♔ 榮登金石堂暢銷榜	舒懷	790元

勞工行政

1E251101	行政法(含概要)獨家高分秘方版	林志忠	590元
2B031131	經濟學	王志成	620元
1F091141	勞工行政與勞工立法(含概要)	陳月娥	近期出版
1F101141	勞資關係(含概要)	陳月娥	700元
1F111141	就業安全制度(含概要)	陳月娥	近期出版
1N251101	社會學	陳月娥	750元

以上定價，以正式出版書籍封底之標價為準

千華數位文化股份有限公司

■新北市中和區中山路三段136巷10弄17號　■千華公職資訊網 http://www.chienhua.com.tw
■TEL: 02-22289070　FAX: 02-22289076　　■服 務 專 線：(02)2392-3558・2392-3559

高普｜地方｜原民
各類特考

一般行政、民政、人事行政

1F181131	尹析老師的行政法觀念課 ---- 圖解、時事、思惟導引 👑 榮登金石堂暢銷榜	尹析	690 元
1F141141	國考大師教你看圖學會行政學　👑 榮登金石堂暢銷榜	楊銘	690 元
1F171141	公共政策精析	陳俊文	590 元
1F271071	圖解式民法 (含概要) 焦點速成＋嚴選題庫	程馨	550 元
1F281131	國考大師教您輕鬆讀懂民法總則　👑 榮登金石堂暢銷榜	任穎	510 元
1F351131	榜首不傳的政治學秘笈	賴小節	610 元
1F361131	公共人力資源管理	沙斌邱	460 元
1F591091	政治學 (含概要) 關鍵口訣＋精選題庫	蔡先容	620 元
1F831131	地方政府與政治 (含地方自治概要)	朱華聆	690 元
1E251101	行政法 -- 獨家高分秘方版測驗題攻略	林志忠	590 元
1E191091	行政學 -- 獨家高分秘方版測驗題攻略	林志忠	570 元
1E291101	原住民族行政及法規 (含大意)	盧金德	600 元
1E301111	臺灣原住民族史及臺灣原住民族文化 (含概要、大意) 👑 榮登金石堂暢銷榜	邱燁	730 元
1F321131	現行考銓制度 (含人事行政學)	林志忠	560 元
1N021121	心理學概要 (包括諮商與輔導) 嚴選題庫	李振濤 陳培林	550 元

以上定價，以正式出版書籍封底之標價為準

千華數位文化股份有限公司

■ 新北市中和區中山路三段136巷10弄17號　■ 千華公職資訊網 http://www.chienhua.com.tw
■ TEL：02-22289070　FAX：02-22289076　　■ 服務專線：(02)2392-3558・2392-3559

千華會員享有最值優惠!

立即加入會員

會員等級	一般會員	VIP 會員	上榜考生
條件	免費加入	1. 直接付費 1500 元 2. 單筆購物滿 5000 元	提供國考、證照相關考試上榜及教材使用證明
折價券	200 元	500 元	
購物折扣	・平時購書 9 折 ・新書 79 折 (兩周)	・書籍 75 折　・函授 5 折	
生日驚喜		●	●
任選書籍三本		●	●
學習診斷測驗(5科)		●	●
電子書(1本)		●	●
名師面對面		●	

facebook

公職 · 證照考試資訊

專業考用書籍 | 數位學習課程 | 考試經驗分享

f 千華公職證照粉絲團

按讚送 E-coupon

Step1. 於FB「千華公職證照粉絲團」按讚

Step2. 請在粉絲團的訊息，留下您的千華會員帳號

Step3. 粉絲團管理者核對您的會員帳號後，將立即回贈e-coupon 200元。

千華 Line@ 專人諮詢服務

☑ 有疑問想要諮詢嗎？歡迎加入千華LINE@！

☑ 無論是考試日期、教材推薦、勘誤問題等，都能得到滿意的服務。

☑ 我們提供專人諮詢互動，更能時時掌握考訊及優惠活動！

學習方法 系列

如何有效率地準備並順利上榜，學習方法正是關鍵！

作者在投入國考的初期也曾遭遇過書中所提到類似的問題，因此在第一次上榜後積極投入記憶術的研究，並自創一套完整且適用於國考的記憶術架構，此後憑藉這套記憶術架構，在不看好的情況下先後考取司法特考監所管理員及移民特考三等，印證這套記憶術的實用性。期待透過此書，能幫助同樣面臨記憶困擾的國考生早日金榜題名。

榮登金石堂暢銷排行榜

連三金榜 黃禕

翻轉思考 破解道聽塗說	適合的最好 調整習慣來應考	一定學得會 萬用邏輯訓練

三次上榜的國考達人經驗分享！
運用邏輯記憶訓練，教你背得有效率！
記得快也記得牢，從方法變成心法！

作者線上分享

網路書店

最強校長 謝龍卿

榮登博客來暢銷榜

作者線上分享

經驗分享＋考題破解
帶你讀懂考題的know-how！

open your mind！
讓大腦全面啟動，做你的防彈少年！

108課綱是什麼？考題怎麼出？試要怎麼考？書中針對學測、統測、分科測驗做統整與歸納。並包括大學入學管道介紹、課內外學習資源應用、專題研究技巧、自主學習方法，以及學習歷程檔案製作等。書籍內容編寫的目的主要是幫助中學階段後期的學生與家長，涵蓋普高、技高、綜高與單高。也非常適合國中學生超前學習、五專學生自修之用，或是學校老師與社會賢達了解中學階段學習內容與政策變化的參考。

國家圖書館出版品預行編目(CIP)資料

勞資關係(含概要) / 陳月娥編著. -- 第十四版. --
　　新北市 : 千華數位文化股份有限公司, 2024.09
　　面 ; 　　公分
　高普考
　ISBN 978-626-380-708-2(平裝)

　1.CST: 勞資關係

　556.6　　　　　　　　　　113013815

［高普考］ **勞資關係 (含概要)**

編 著 者：陳 月 娥

發 行 人：廖 雪 鳳
登 記 證：行政院新聞局局版台業字第 3388 號
出 版 者：千華數位文化股份有限公司
　　　　　地址：新北市中和區中山路三段 136 巷 10 弄 17 號
　　　　　電話：(02)2228-9070　　傳真：(02)2228-9076
　　　　　客服信箱：chienhua@chienhua.com.tw

法律顧問：永然聯合法律事務所
編輯經理：甯開遠
主　　編：甯開遠
執行編輯：蘇依琪
校　　對：千華資深編輯群
設計主任：陳春花
編排設計：林婕瀅

千華官網
／購書　　　　千華蝦皮

出版日期：2024 年 9 月 15 日　　第十四版／第一刷

本書如有勘誤或其他補充資料，
將刊於千華官網，歡迎前往下載。

升大學
學習資源 50

【高普考】 投資關係（含概要）

編著者：陳雪‧陳日昌

發 行 人：陳威豪
地 址：台北市⋯⋯
出 版 社：千華數位文化股份有限公司
地址：新北市中和區中山路三段 136 巷 10 弄 17 號
電話：(02)2228-9070　傳真：(02)2228-9076
客服信箱：chienhua@chienhua.com.tw

登記證：行政院新聞局出版事業
編輯經理：甯開遠
主　編：甯開遠
執行編輯：廖信凱
校　對：千華數位文化編輯群
排版主任：陳春花
製版印刷：屹碁印刷

出版日期：2024 年 6 月 15 日　第十四版／第一刷